2020 年 12 月 15 日，中国共产党上海市工业经济联合会第一次代表大会召开。

2020 年 12 月 15 日，中国共产党上海市工业经济联合会第一次代表大会选举产生中共上海市工业经济联合会新一届委员会

2020 年 8 月 11 日，上海市工业经济联合会、上海市经济团体联合会召开六届一次会员代表大会暨理事会。

2020 年 8 月 11 日，市工经联、市经团联六届一次会员大会选举管维镛为第六届理事会会长，吴正杨为监事长，朱宁宁、裴崎、黄国伟、史文军、邱平为执行副会长，裴崎兼任秘书长。

2020 年 7 月 7 日，上海市工经联党委召开党委工作报告会。

2020 年 7 月 7 日，上海市工经联党委召开“四史”学习教育报告会。

2020 年 9 月 24 日，上海市经济团体联合会举行 2020 上海市企业社会责任报告发布会。上海三枪等三家单位获科技创新奖，光明食品等三家单位获海外拓展奖，三菱电梯等三家单位获绿色生态奖，医药行业协会等三家单位获品牌贡献奖。

2020 年 10 月 23 日，上海市工经联、市经团联专家委员会成立仪式暨上海制造业发展研讨会举行。

2020 年 8 月 18 日，2020 上海企业百强榜发布。

2020 年 11 月 20 日，上海市工经联、市经团联召开促进“十四五”上海先进制造业高质量发展座谈会。

2020 年 10 月 23 日，上海市工经联、市经团联召开编纂《百年上海工业故事》丛书和举办《百年上海工业影像作品展》征集工作动员会。

2021 年 6 月 11 日，《百年上海工业影像作品展》开幕暨《百年上海工业故事》丛书出版启动仪式举行。第十届市政协主席，市工经联、市经团联专家委主任蒋以任、市人大副主任肖贵玉、市经信工作党委书记沈军、市地方志办公室主任洪民荣等领导出席。

2021 年 6 月 11 日，市工经联、市经团联召开百年上海工业亲历者座谈会。

2020 年 11 月 4 日，应市人大副主任、市总工会主席莫负春邀请，第十届市政协主席，市工经联、市经团联专家委主任蒋以任及市工经联领导参观上海工匠馆。

2021 年 9 月 3 日，2020 上海市品牌引领示范企业授牌仪式举行。

2020 年 4 月 30 日，市工经联召开媒体通气会 聚焦社会热点 助力复工复产。

申能
SHENERGY

申能创建于1987年，1996年成立集团公司，注册资本200亿元，是上海市国资委出资监管的国有独资有限责任公司。创立30余年来，申能始终将保障上海能源安全和国资保值增值作为核心使命，秉持“锐意开拓、稳健运作”的经营理念，逐步发展成为一家涉足电力、燃气、金融、线缆、分布式供能、氢能、环保等领域的综合性能源企业集团。截至2020年底，公司系统全资和控股管理企业逾100家，员工近1.7万人，其中直属企业包括申能股份（600642.SH）、上海燃气、东方证券（600958.SH、03958.HK）、上海电缆所等。

截至2020年底，公司总资产2099亿元，归属母公司所有者权益1059亿元，当年实现营业收入447亿元，归母净利润58.2亿元。截至目前，申能已连续20年名列中国企业500强。

申能临港海上风电项目

申能集团应急指挥中心
上海市燃气调度中心

申能集团旗下
东方证券股份有限公司

申能集团旗下
上海电缆研究所检测平台高压试验大厅

申能集团旗下
企业研发制造的氢气管束式集装箱

2020年，申能集团坚决贯彻落实市委市政府和市国资委的决策部署，围绕中心、服务大局，坚持“两手抓”“两不误”，各项工作取得了新进展、新成效。

奉献清洁电力，引领行业发展。截至2020年底，公司累计建成控股装机1263万千瓦，全年控股发电量达到393.6亿千瓦时。公司大力发展新能源产业，截至2020年末，风电、光伏控股项目达到42个，新能源装机超过215万千瓦，较“十二五”末增长7.5倍。节能减排行业领先，2020年，控股电厂标准供电煤耗280.9克/千瓦时，较全国平均低24克/千瓦时以上。

优化产供储销体系建设，加快天然气全产业链拓展。公司构建生产采购、管网配输、销售供应为一体的完整的天然气产业链，2020年，天然气经营规模达到91.5亿立方米，占上海市场份额95%以上，拥有天然气用户639万户。

坚持金融服务实体，深入推进产融协同。证券优势业务保持行业领先。东证资管业务净收入行业排名第一，获近三年、五年权益类基金业绩双冠军，汇添富基金管理规模超过1万亿元，公募非货币理财规模4898亿元，排名全行业第二。

打造能源“双创”升级版，加快企业创新转型。公司打造“产学研用”创新联合体。高温超导电缆示范工程加快推进；5G光电混合线缆缆材料等一批新产品投入市场、反响良好，电缆检测业务影响力不断提升，年业务受理量超过1.2万项。新兴业务加快培育。围绕“大虹桥，大浦东”布局，积极开展分布式供能业务，累计区域供能面积近400万平方米。

上海电气

宁波银行 上海分行
BANK OF NINGBO SHANGHAI BRANCH
宁波银行
宁波银行上海分行成立于2007年5月。作为上海首家城商行跨区域分行，上海分行已经发展成为存款规模超1300亿元、年盈利突破10亿元、员工数量接近1700人的城商行分行。分行现下设24家营业网点，实现上海行政区域全覆盖。
依靠稳健的经营管理和卓越的品牌服务，上海分行逐步赢得客户的信任，获得监管部门和社会各界的认可，先后荣获“全国金融系统企业文化建设先进单位”“上海市文明单位”“上海科技金融合作优秀银行”“上海中小企业融资服务杰出合作伙伴”“上海银行业科技金融服务奖”等众多荣誉。

宁波银行上海分行坚持扎根属地、服务实体、专业制胜、创新发展，不断探索异地城商行发展的特色模式。

始终坚持以扎根本地市场为基础，立足上海全力打造公司银行、零售公司、个人银行、国金票据、金融市场、投资托管等板块，持续积累比较优势。

始终坚持以服务实体经济为己任，依托特色产品、业务流程、服务效率优势，向1万家大企业，5万家中小企业和80万个人客户提供一站式高效、快捷的优质金融服务。

始终坚持以精品化服务为宗旨，秉承专业理财理念，构建了覆盖现金管理、固定收益、权益投资、另类投资、保障传承、海外配置等六大类产品的财富管理体系。在人民币汇率双向波动加大的背景下，发挥国际业务和金融市场的比较优势，帮助客户有效规避汇率风险。

始终坚持以创新发展为着力点，不断加大科技系统建设投入力度，持续深化应用系统建设，开发了财资大管家、政务新管家、外汇金管家、票据好管家、易收宝等拳头产品，为客户搭建多元化的服务生态，已在同类银行中建立起一定的比较优势。

在业务发展的同时，上海分行不断完善全面、全员、全流程的风险管理体系，努力推动管理效益持续转化为实际业绩，不良贷款率连续10年低于1%，在银行同业中继续保持较低水平。

展望未来，宁波银行上海分行将秉承“诚信敬业、合规高效、融合创新”的理念，坚守主业，回归本源，持续积累比较优势，继续加大对实体经济的支持力度，努力提供更好更新的金融服务，为建设成为一家令人尊敬、具有良好口碑和核心竞争力的现代商业银行而不懈努力。

张江集团

张江人工智能岛和张江人工智能馆

上海张江（集团）有限公司（前身上海市张江高科技园区开发公司）成立于1992年7月28日，作为张江科学城“开发主力军、新兴产业推动者、科创生态营造者”，统筹承担开发建设、项目引进、产业培育、功能服务、创新创业氛围营造等重要功能。

张江科学城

张江科学城起源于1992年7月创建的张江高科技园区，规划面积220平方千米，承载着打造世界级高科技园区、国家科创中心的战略任务。2015年4月经国务院批准张江园区37.2平方千米纳入中国（上海）自由贸易试验区。2017年，《张江科学城建设规划》正式获批，张江科学城将充分依托国家实验室建设和高校、科研机构等，集聚全球顶尖创新企业和人才资源，转型发展成为“科研要素更集聚、创新创业更活跃、生活服务更完善、交通出行更便捷、生态环境更优美、文化氛围更浓厚”的国际一流科学城。到2025年，张江科学城将打造成为大师云集的科技创新策源地、硬核主导的高端产业增长极、共治共享的创新生态共同体、活力四射的国际都市示范区。

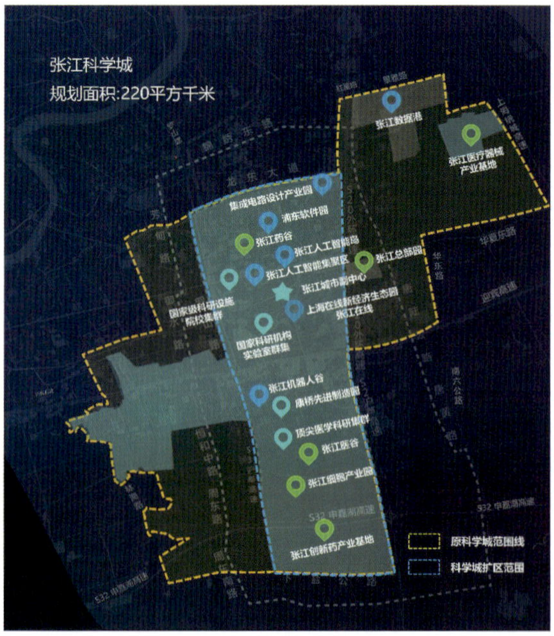

张江科学城

CSSC

中国船舶集团第七二六研究所

中国船舶集团第七二六研究所隶属于中国船舶集团有限公司（世界五百强企业），是以水声电子技术为主导专业的事业单位，总部坐落于上海，地处闵行区莘庄工业园区，占地面积 153 亩。

七二六研究所主要从事水声电子、水声探测、水下防御、水声导航、舰艇消防等专业技术研究和装备研制生产任务，是国内领先水声电子技术总体单位；是国内一流的水下攻防、水下预警体系装备重要供应商；是水声电子、港口防御装备、水下攻防、水下预警体系等装备发展的引领者。

【产品 1 便携式水下通讯机】便携式水下通讯机用于水下无线通讯。救援人员通过腰间佩戴水下无线通讯机，实时接收水面指挥员的指令和信息引导，也可实时向救援队友和水面指挥员通报水下搜救状况。便携式水下通讯机包括水下单元及水面设备，其中水下单元最大配置数量为 8 套。水下单元之间的通讯距离：≥800 米；水下单元与水面设备之间的通讯距离：≥1500 米；水下通讯设备工作深度最大 60 米。

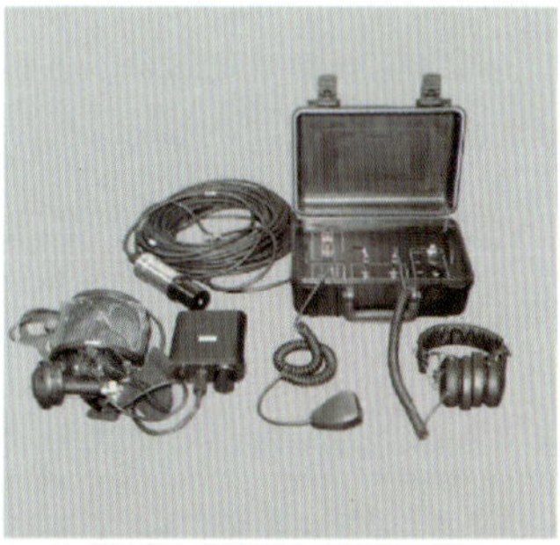

【产品 2 图像声呐】图像声纳安装在船舶或 ROV 等平台上，实时对水下目标进行搜索，进行成像显示和目标信息输出，快速引导搜救员或无人搜救设备前往指定地点进行水下搜救。对直径为 1cm 的目标发现距离为 20m，识别距离为 8m。水平观察扇面不小于 90°，垂直开角不小于 20°，成像速度不小于 10 帧 / 秒。

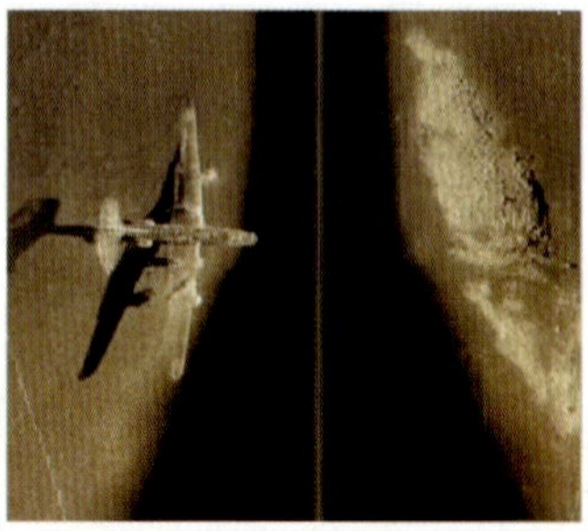

EDO 和辉光电
EVERDISPLAY OPTRONICS

上海和辉光电股份有限公司，一直专注于中小尺寸高解析AMOLED显示屏研发、生产和销售，2021年5月28日，和辉光电成功登陆上交所科创板。股票代码：688538。

公司成立于2012年10月，一期总投资70.5亿元，建成第4.5代低温多晶硅（LTPS）AMOLED量产生产线，设计月产能1.5万片G4.5大板。一期项目于2014年实现量产，并成功为一线品牌批量供货。二期项目即第6代AMOLED显示项目于2016年12月开工建设，总投资达272.78亿元，是上海市“十三五”重大建设工程和战略性新兴产业重点项目。二期项目占地687亩，总建筑面积约54万平方米。其中主厂房建筑面积为39万平方米，净化间面积达到32万平方米。项目规划月产能为3万片G6大板，并可批量生产手机、笔记本、平板电脑和车载工控等多用途中小尺寸高端显示屏产品。二期项目于2018年7月开始首台工艺设备搬入，同年11月成功实现产品点亮，2019年5月开始手机用AMOLED产品批量出货，实现了和辉光电产能和技术的重大升级，也创造了新的和辉速度和业界纪录，2020年二季度平板/笔电用AMOLED产品量产出货，公司成为全球第二家、国内第一家具备平板/笔电AMOLED领域量产能力的企业。

随着AMOLED市场规模的不断增长和辉光电不断加大研发力度，凝心打造具有自主知识产权的新型显示核心技术。利用占据国内绝对领先地位的硬屏产能和已量产化的先进柔屏技术，在智能穿戴、智慧手机、平板笔电和车载显示四大领域持续深耕发力。目前，和辉光电已成功进入华为、联想、步步高、小米、传音、魅族等国内外知名品牌客户供应链。

和辉光电秉承勇敢、诚实、智慧、谦和的企业精神，不断开拓国际视野，打造了国内最完整的AMOLED技术团队。勇于创新、自主研发，持续探索，全力推进下一代显示屏技术研发与生产，通过持续的技术创新赢得业界的广泛认可。

中国人民解放军第四七二四工厂

（上海海鹰机械厂）

中国人民解放军第四七二四工厂，又名上海海鹰机械厂，是海军装备部直属的装备保障性企业，组建于1958年4月，地处上海市静安区场中路3127号，占地面积450亩，现有职工1500余名，总资产近23亿元。

建厂60多年来，在上级党委的正确领导下，经过几代海鹰人的不懈努力，尤其是“十二五”“十三五”期间专项建设，工厂已经从小到大、由弱变强，具有专业齐全、设备精良、技术全面、管理科学、质量可靠、环境整洁等众多优势，是一家具有一定生产规模和实力的航空装备维修保障企业。

在企业经济建设发展中，工厂始终坚持以党的方针和政策指导改革发展工作，以装备保障性企业的使命任务为立足点，以狠抓技术、质量和基础管理为动力，以全面提升企业综合维修保障能力为目标，全面规划、周密部署、精心组织、合理安排，促进了生产、建设的快速发展，取得了良好的军事效益和经济效益。近年来，工厂通过了“武器装备承制资格”“高新技术企业”、质量管理体系、环境和职业健康安全管理体系、党群管理体系等认证。获得了“上海市文明单位”、上海市“守合同、重信用”AAA级企业、全国“企业文化建设先进单位”、全国“实施卓越绩效模式先进企业”“全国质量奖”“全国文明单位”等荣誉称号。

上海中昊针织有限公司

上海中昊针织有限公司成立于 2000 年，是一家专营袜类产品出口的民营企业， 上海总部自有厂房 10 万平方米。毗邻国家会展中心、上海虹桥机场等，交通便捷。

公司现有外贸销售员 230 余名，自控工厂 15 家，产品100% 出口。2013 年，上海中昊在上海徐泾设立上海东北亚新纺织科技有限公司，作为智能生产研发和设计中心，2017 年被授予"上海市高新技术企业"，2018 年中国对外贸易民营企业 500 强企业中名列第 367 位，获 2019—2020年度上海市"专精特新"企业称号，连续多年被评为上海市"诚信创建企业"和"中国纺织服装进出口行业企业信用等级评价" 3A 级企业，同时在江苏、安徽和湖北三省近 10 个国家级贫困县设立多个织造中心和扶贫车间，直接解决当地劳动就业共 6700 余人。

上海中昊针织有限公司始终坚持专业化和国际化的经营理念，坚持科技创新，经过 20 年的不懈努力，公司连续至今袜类出口为全国第一并且遥遥领先于同行，是行业龙头企业，拥有 ENERWEAR、PLUSAG 等多个自有品牌，60% 以上为自有技术和自有品牌的功能原料或由自有智能机器人生产。产品主要出口到美国、日本和欧洲。公司在日本京都和美国纽约设有设计室，2019 年出口丝袜、棉袜、裤袜等各类袜子超过 17 亿双，年出口额 4 亿美元，销售袜品数量世界第一，主要为尖端品牌的 ODM 和自有品牌产品。

上海中昊针织有限公司创业之初，外贸自主品牌占公司销售份额仅为 5%～10%，经过 20 多年的不懈追求，如今，外贸自主品牌的比例已上升至一半以上，公司的自主品牌 "ENERWEAR"早已成为美国开市客、沃尔玛、亚马逊和日本佳世客等零售渠道的畅销货。自主品牌的价值就在于有了一批固定的海外消费者， 从而有了议价权，有了自主品牌，公司在海外市场就有一批忠诚的消费者。

应对新冠肺炎疫情，既是一场抗疫阻击战，也是一场经济保卫战。公司在青浦区相关部门的支持下，及时转型布局口罩生产线，公司投资设立了专门生产口罩的上海蟠龙医用材料有限公司，马上投入生产，并向包括政府、社区、有关企业、一线工作人员等各方面捐赠口罩 200 万只。

平安养老保险股份有限公司上海分公司

平安养老保险股份有限公司上海分公司（以下简称平安养老险上海分公司或分公司)2007 年 3 月在上海成立，主要经营以年金为主的养老资产管理，以企业员工福利保障和城乡居民大病保障为主的保险业务，具备企业年金、职业年金、基本养老金、第三方资管等资质。公司拥有优秀的专业团队，截至 2021 年末，公司员工总数 600 余人。

自 2007 年成立以来，分公司紧紧抓住了平安养老险成立快速发展、做大做强的历史机遇，公司业务规模不断扩大，经营绩效持续提升。截至 2021 年末，保费规模 27.05 亿，市场份额 39.2%。

作为市场上首批同时拥有受托、投资、帐管三项资格的专业养老险公司，平安养老险上海分公司凭借平安养老险强大的专业能力和集团强大的后台 IT 系统，为上海地区广大客户提供“三位一体”的年金服务。在 2021 年上海市机关事业单位职业年金计划受托人评选中，平安养老险脱颖而出，成功中标。

同时，作为企业保险福利的供应商，平安养老险上海分公司全面关注员工健康，协助企业完善员工福利体系，十几年间为众多行业知名企业提供优质保险服务，受到广大客户的普遍认可。

放眼未来，平安养老险上海分公司将以“专业的养老资产管理机构”和“专业的民生福利保障供应商”为目标，继续肩负服务民生保障的重任，坚持创新、协调、绿色、开放、共享的发展理念，将更加聚焦民生服务事业并支持养老健康产业发展，解决好老百姓“老有所养、病有所医、贫有所助”的民生问题，为全面建成小康社会做出更大的贡献。

上海回力鞋业有限公司

◆ 企业简介

上海回力鞋业有限公司是上海华谊集团股份有限公司全资的子公司，专业从事回力、飞跃、回力 1927 等品牌鞋类及其衍生产品的开发、制造及销售，产品涵盖时尚休闲鞋、运动鞋等多个品类，畅销全国，并出口东南亚、中东、欧洲等几十个国家和地区。

回力品牌始创于 1927 年，历史悠久，深受喜爱，先后被评为上海市著名商标和中华老字号，“回力”鞋类产品历获国家质量银质奖、化工部及上海市优质产品奖，连续数年获上海市名牌产品称号和上海市出口免验证书，中华老字号传承创新先进单位，并荣获第 21 届西班牙国际质量奖。企业通过了 ISO 9001:2015 质量管理体系的认证和诚信企业评审等，代表着上海制造的品质，也承载了几代国人对青春时代的美好回忆。

近年来，公司深入贯彻落实国家和上海民族品牌振兴的各项工作要求，推进品牌战略规划发展。回力品牌坚持“永远的陪伴，永恒的记忆”为品牌定义，明确“大众化、高品质、全系列、更时尚”的品牌定位，注重质量及健康环保，选材严格，做工精良。公司不断加强创新研发，提升产品品质，获得了市场的认可和青睐。

展望未来，回力人将“不忘初心，顺势而为”，继续贯彻落实品牌强国战略，努力讲好新时代的回力故事，培育新一代的国潮品牌！

上海市经济团体联合会年鉴

（2021）

上海市经济团体联合会
上海市工业经济联合会 编

上海社会科学院出版社

《上海市经济团体联合会年鉴（2021）》编纂委员会

本年鉴编纂出版得到以下单位大力支持，特此致谢！

上海汽车工业销售有限公司

上海汽车集团股份有限公司

上汽大通汽车有限公司

上海汽车进出口有限公司

新奥能源动力科技（上海）有限公司

华领医药技术（上海）有限公司

上海宝山区顾村工业公司

上海市固体废物处置中心

东方美谷企业集团股份有限公司

运研材料科技股份有限公司

上海众幸防护科技股份有限公司

上海汽车制动系统有限公司

三菱电机（上海）机电电梯有限公司

上海出版印刷高等专科学校

上海青赛生物科技有限公司

《上海市经济团体联合会年鉴（2021）》编纂委员会

编纂说明

一、上海市工业经济联合会是经上海市人民政府批准成立、上海市民政局注册登记的社会团体，成立于1991年3月。经批准，2008年9月起，同时使用上海市经济团体联合会名称。

二、《上海市经济团体联合会年鉴（2021）》记载的主要是：2020年上海市工业经济联合会/上海市经济团体联合会及行业协会和会员企业积极贯彻“服务企业、规范行业、发展产业”的宗旨，以“维权、服务、自律、协调”为己任，紧紧围绕政府、社会、行业、企业所关注的问题，着力搭平台、育品牌、强机制、优生态，在产业发展、行业规范、协会建设、抗疫复工、履行社会责任、节能减排、管理创新等方面工作的重大事件、重要情况。

三、《上海市经济团体联合会年鉴（2021）》是由上海市工业经济联合会/上海市经济团体联合会组织编辑，联合400多家行业协会、会员企业及相关部门共同编写的大型年鉴，具有权威性、客观性、公正性、资料性等特点；其编写以存史、资政、育人、服务为宗旨。

四、《上海市经济团体联合会年鉴（2021）》设置16个栏目。

1. 特载：刊载有关领导关于行业协会工作及上海产业发展的讲话和文章。
2. 综述：概述上海市工业经济委员会党委、上海市工业经济联合会2020年工作情况及2021年工作打算。
3. 党代会：概述上海市工经联第一次党代会筹备工作情况、市工经联第一次党代会情况。
4. 换届选举：概述上海市工经联、市经团联第五届理事会工作情况及上海市工经联、市经团联六届一次大会的情况。
5. 抗疫复工：记述上海市工经联、市经团联及行业协会、会员企业响应党中央号召，按照中共上海市委、市政府统一部署，抗击疫情和复工复产的情况及经验。
6. 协会亮点：反映行业协会围绕经济发展，积极发挥功能，加强自身建设，开展各项工作的情况及经验。
7. 社会责任：刊载相关企业、行业协会履行企业社会责任的经验介绍。
8. 节能减排：刊载行业协会、会员企业开展节能减排JJ小组活动，推进上海节能减排工作的经验体会。
9. 管理创新：选载上海企业通过管理创新增强核心竞争力，提高企业经济效益、社会效益和生态效益的成果。
10. 领军人物：刊载表彰上海市第五届工商业领军人物的决定、名单及领军人物事迹。
11. 专委会工作：概述上海市工经联、市经团联专家委员会成立、上海制造业发展研讨会及专委会对“十四五”上海制造业发展的建议。
12. 调研报告：选载行业协会关于行业改革发展的调研成果。
13. 合作交流：刊载上海市经济团体联合会开展对外交流合作的情况。
14. 会员单位：介绍工业、信息、服务、金融、建筑等行业协会会员，以及先进制造业、现代服务业相关会员企业的情况。
15. 大事记：记录2020年上海市工业经济联合会/上海市经济团体联合会发生的重要事件。
16. 统计资料：刊载2020年上海工业经济发展的重要统计数据，均选自上海市统计局。

《上海市经济团体联合会年鉴（2021）》编纂委员会

目　录

特　载

综　述

党代会

换届选举

抗疫复工

协会亮点

社会责任

节能减排

管理创新

领军人物

专委会工作

调研报告

合作交流

会员单位

大事记

统计资料

特载

Te Zai

2020年上海市工经联、市经团联十件大事

一、助力抗击疫情和复工复产，彰显社会组织责任担当

新型冠状病毒感染的肺炎疫情爆发后，市工经联、市经团联成立疫情防控工作领导小组，排摸、汇总上海市防护用品应急物资重点生产企业信息，协同防控物资生产企业迅速复工复产。组织发动系统广大党员干部为抗击疫情捐款。撰写情况专报和信息60余篇，汇编《上海工经联》抗击疫情专刊。召开媒体通气会，呼吁社会各界关注空调安全卫生。

上海市工经联和系统内70余家行业协会受到市经信委、市商务委发来的感谢信。

二、市工经联、经团联被市人大常委会确定为基层立法联系点

市工经联作为上海重要的枢纽型社会组织被市人大常委会确定为基层立法联系点。市工经联基层立法联系点挂牌后，参与《上海市促进中小企业发展条例》（修订草案）有关建议的起草，列席市人大法制委的审定会。

三、市工经联、经团联召开六届一次会员大会暨理事会，李强书记作重要批示

8月11日，市工经联、市经团联召开六届一次会员大会暨理事会，选举产生新一届领导班子。

中共中央政治局委员、上海市委书记李强在市工经联、市经团联报送的《关于召开上海市工经联六届一次会员大会的情况汇报》上作出重要批示，希望新一届联合会深入学习贯彻习近平总书记考察上海的重要讲话精神，按照市委、市政府决策部署，充分发挥枢纽型行业协会联合组织作用，坚定信心、凝聚共识，更好地服务企业发展、助推产业转型升级，为建设“五个中心”、强化“四大功能”、打响“四大品牌”作出新的更大的贡献！

上海市委常委、副市长吴清出席并讲话，上海市第十届政协主席蒋以任以及中国工经联、市委组织部、市经信委、市国资委、市民政局等领导出席会议。苏、浙、皖三省工经联分别发贺信祝贺。

四、举办上海市企业社会责任报告发布会，彰显九方面特色

9月24日，市工经联、经团联举行“2020上海市企业社会责任报告发布会”。334家企事业单位和社会团体书面和现场发布2019年度社会责任报告。

本次发布会彰显九方面的特色与亮点：一是发布数量历史新高；二是研发投入稳步增长；三是合规经营注重信用；四是绿色发展意识增强；五是安全生产势头良好；六是劳动关系和谐稳定；七是权益保护注重实效；八是就业岗位大幅增加；九是公益事业成效显著。

五、广泛走访、深入调研，为“十四五”产业发展建言献策

市工经联、市经团联新一届领导班子成立后，在3个月内走访行业协会78家、会员企业48家，征求对工经联工作意见和“十四五”规划的建议。围绕“十四五”上海产业高质量发展规划，先后4次召开不同类型座谈会，编发《专报》供相关政府部门参考。

六、助力高质量发展，推荐中国工业大奖、制造业单项冠军和上海产学研合作项目特等奖

市工经联、市经团联推荐4家企业分别获得中国工业大奖、表彰奖、提名奖，12家企业被评为制造业单项冠军，得到工业和信息化部及中国工经联的表彰。

推荐“上海产学研合作优秀项目奖”4项，其中1项获特等奖。

七、发挥枢纽组织作用，构建“1+5”委员会体系

为落实市委、市政府要求，发挥市工经联、市经团联“枢纽、平台、智库、助推”作用，建立“1+5”委员会体系，分别为：专家委员会、品牌建设专业委员会、文化创意专业委员会、合作交流专业委员会、投融资服务专业委员会、法治服务专业委员会。

年内，专家委员会、投融资服务专业委员会已成立。

八、组织编纂《百年上海工业故事》丛书和筹备《百年上海工业摄影展》

为庆祝建党100周年，市工经联、市经团联在市经信工作党委、市经信委和相关部门指导下，组织编纂《百年上海工业故事》丛书和筹备举办《百年上海工业影像作品展》。10月23日，召开编纂《百年上海工业故事》丛书和举办《百年上海工业影像作品展》工作动员会。至12月初，共收集到100多个选题。2021年2月初，基本完成丛书初稿。

九、市工经联第一次党代会成功举行

12月15日，中国共产党上海市工业经济联合会第一次代表大会召开。大会听取和审议通过管维镛同志做的《加强党建引领，凝聚各方力量，为行业协会健康发展提供坚强政治保证》的报告；大会采取无记名投票、差额选举的方式，选举产生中共上海市工业经济联合会新一届委员会。市经信工作党委书记陆晓春出席会议并讲话。

十、2020年上海市企业管理现代化创新成果评选产生

12月，经上海市企业管理现代化创新成果评审委员会审定，共有159项成果被审定为“2020年上海市企业管理现代化创新成果”。其中，一等奖成果15项，二等奖成果61项，三等奖成果83项。

为推进上海产业发展发挥更加积极有效作用

中共上海市委常委、副市长 吴清

（2020 年 8 月 11 日）

今天，上海市工经联第六届第一次会员大会顺利召开，选举产生了新一届理事会。首先，我谨代表市委、市政府，对新当选的会长、副会长、主席团主席以及各位理事，表示热烈的祝贺！向长期以来支持上海经济建设和产业发展的各位新老理事会会员、企业家，表示衷心的感谢！

作为经济类的行业联合组织，市工经联自 1991 年成立以来，在历届理事会、主席团成员的辛勤付出下，为推动上海产业经济发展、促进两化融合、推进行业协会建设等方面发挥了重要作用。近年来，市工经联认真贯彻落实党中央、国务院的决策部署和市委、市政府的工作要求，积极对接国家和上海发展战略，在推进社会组织规范化建设、打造合作交流平台、建立高技能培训基地等方面开展了规范有序的工作，为推动上海经济社会发展、产业转型升级做出了重要贡献。借此机会，我谈三点意见。

一是要凝聚新合力，彰显新作为，进一步助推产业高质量发展。当前，上海正深入贯彻落实习近平总书记一系列重要讲话和全国“两会”精神，全力实施新的“三大任务”，协同建设一大平台，将强化四大功能作为做好上海经济工作的突破点和重要着力点。构建实体经济高质量发展，以高端产业为引领，加快上海先进制造业和现代服务业融合发展，提升产业链现代化水平，构筑产业战略新优势，推动经济发展质量变革、效率变革、动力变革。市工经联作为以“服务企业，规范行业，发展产业”为宗旨的社会组织，既是大型行业协会，也是行业协会的联合体，有基础、有条件、有能力集聚各方资源，探索产业高质量发展的创新路径，而上海的产业转型也为联合会进一步发展提供了广阔空间和难得机遇。希望工经联联合各行业协会，加快探索和发展社会组织在助推产业发展中的新思路、新途径、新方法，不断加强自身建设，完善治理结构，更好服务上海经济发展大局。同时，要进一步发挥长三角省市工经联联席会议机制作用，推动产业集聚区产学研深度融合，促进长三角产业的一体化发展。

二是要应对新挑战，满足新要求，在经济增长过程中体现担当作为。今年以来，面对疫情挑战，上海统筹抓好疫情防控和经济社会发展，两手抓、两手硬、两手赢，全力做好“六稳”工作、落实“六保”任务，发布了一系列惠企政策举措。中午刚刚得到统计局的数字，7 月份工业经济增长出现翻转，克服了疫情的影响，工业投资继续保持两位数增长。传统产业转型升级出现了好的势头，但持续回升的基础还不牢固。世界形势也出现很大的不确定性，经贸规则也在重构。市工经联在疫情发生后积极反应、主动作为，帮助企业复工复产，为政府相关职能部门制定援企稳岗政策建言献策，获得社会各界肯定。在当前世界呈现竞争优势重塑、经贸规则重构的叠加态势下，市工经联要深入开展调查研究，及时分析产业形势，认真研究建议对策，发挥好协同政府、协会、企业等各界的桥梁纽带作用，主动反映企业诉求，提供广泛服务，充分利用自身的人才优势、信息优势和功能优势，贴近产业和市场的优势，加快推动产业融合发展，帮助企业协调解决融资、市场、技术等困难，促进金融、科技、产业的三角互动，助力企业参与到国内大循环和国际国内双循环相互促进的新发展格局中，有的放矢、主动作为。

三是要顺应新趋势，激发新动能，推动企业加快转型发展。在疫情防控常态化的前提下，上海主动化危为机，乘势而上，抓住新技术、新产业、新业态、新模式发展趋势，在全国率先发布“促进在线新经济发展行动方案”，推动以在线新经济为代表的新兴产业发展壮大、新生代互联网发展成势、工业互联网创新升级，加快培育经济发展的新生动力。市工经联要加快顺应产业变革趋势，发挥资源链接优势，积极开展产业前瞻研究，搭建产学研合作和行业技术公共平台，引导企业加大研发投入，助力推动企业数字化赋能、智能化转型，充分激发企业活力和创造力，加快企业生产组织创新、技术创新、市场创新，进一步推进优势传统产业转型升级，新兴产业培育成势，打造未来产业竞争新优势。同时，市工经联还要加强对会员单位的自律管理，引导企业加强行业自律、参与标准制定，推进行业诚信建设，促进行业规范发展。

各位代表，企业家朋友们。上海具有雄厚的工业基础和深厚的工业发展文脉，正在加快构建以现代服务业为主体、战略性新兴产业为引领、先进制造业为支撑的现代化产业体系。面向未来，上海还将持续扩大对外开放，持续优化营商环境，为企业发展提供最适宜的土壤，创造最优越的生态，热忱欢迎各类企业投资落户。上海发展制造业是坚定不移的，未来将着力营造更好的产业生态，推进绿色制造、智能制造，推动传统制造业进一步转型升级。上海不缺土地，缺好企业、好项目、好企业家。希望各协会发挥专业优势、资源优势，吸引好的企业、好的项目落户上海。让我们一起为上海制造业、服务业的发展贡献力量。同时，我们也将大力支持各类行业协会蓬勃发展，深化优化企业服务，促进产业转型。

我相信，在新一届理事会领导下，市工经联和企业家们一定会为推进上海的产业发展发挥出更加积极有效的重要作用，为上海产业发展和现代国际化大都市建设作出新的更大的贡献。谢谢大家！

（本文系在市工经联〈市经团联〉第六届一次会员大会上的讲话）

要进一步创新工作思路　开拓发展新局

上海市经济和信息化工作党委书记 陆晓春

（2020 年 8 月 11 日）

尊敬的吴清副市长、蒋以任主席、各位领导、同志们：

首先，我代表市经信工作党委、市经信委，向新当选的新一届理事会表示热烈的祝贺！一直以来，在市委市政府和有关部门的关心支持下，在历任理事会班子的带领下，市工经联坚持“服务企业、规范行业、发展产业”的宗旨，在工业经济领域做了大量卓有成效的工作。特别是最近几年，工经联以新发展理念引领高质量发展，围绕上海建设“五个中心”、打响“四大品牌”和建设“三大任务、一大平台”等中心工作，积极发挥枢纽型社会组织作用，在加强枢纽型党建、践行枢纽式管理方面积极探索创新，为促进上海产业经济进一步提质增效和社会组织改革发展发挥了重要作用。前段时间中组部调研时，我汇报了上海发挥枢纽型社会组织作用的做法，中组部领导非常认可。

刚才，党委书记、会长管维镛代表新一届理事会对今后 5 年的工作提出了设想，作出了简要部署。希望市工经联在新一届理事会班子的带领下，继承和发扬优良传统，提升服务能级，在“十三五”即将收官，迎接“十四五”开局的重要阶段，迈出新步伐，取得新成绩。

这里，我谈三点希望，与大家共勉。

一是要进一步发挥政治优势，强化党建引领。市工经联党委是上海第一家成立党委的行业组织，有很好的党建基础。上个月，市经信工作党委宣布了市工经联党委主要负责同志的任免决定。希望在今天理事会换届后，市工经联新的党委班子能够及时充实，以习近平新时代中国特色社会主义思想为指引，按照李强书记对市工经联的要求，把党建扛在肩上、抓在手上，发挥枢纽型党组织的政治核心作用，以党建引领市工经联各项工作。

二是要进一步强化枢纽作用，凝聚各方力量。当前，疫情防控趋于常态化，世界正在经历百年未有之大变局，机遇与挑战并存。市工经联要用好自身丰富的人力资源、协会资源、企业资源，在联合、融合、整合上做好文章。特别要发挥枢纽型社会组织特有的专业优势、渠道优势和凝聚优势，当好政府和行业、企业之间的桥梁纽带，汇聚各方力量，共克时艰，为夺取疫情防控和实现今年经济社会发展目标的双胜利作出新的贡献。

三是要进一步创新工作思路，开拓发展新局。积极搭建科技创新的平台、跨界融合的平台、协会发展的平台，在促进产业优化升级上走出发展新路。要积极协助政府部门培育壮大新兴产业，把加快发展新一代人工智能、集成电路、生物医药等产业作为头等大事，助推互联网、大数据、金融资本与实体经济深度融合，为上海加快建设新时代人民城市和具有世界影响力的社会主义现代化国际大都市而努力奋斗！

最后，祝愿市工经联新一届理事会工作顺利，再上新台阶！谢谢大家。

（本文系在市工经联〈市经团联〉第六届一次会员大会上的讲话）

充分展现上海社会组织的使命与担当

上海市民政局二级巡视员　方文进

（2020 年 8 月 11 日）

非常高兴参加市工经联（市经团联）第六届一次会员大会暨六届一次理事会。首先，我代表市民政局（市社会组织管理局）对大会的召开表示热烈的祝贺！

多年来，市工经联作为本市近 200 家经济类行业协会、专业协会的联合组织，在党和政府的领导下，充分发挥枢纽型社会组织的功能与作用，以“服务企业、规范行业、发展产业”为宗旨，在坚持依法办会、自主办会、不断加强自身建设、完善内部治理的同时，积极带领各协会适应改革发展新要求，不断提升治理能力和规范化水平。近年来，市工经联先后被评为上海市品牌社会组织、上海市先进社会组织，并顺利通过了上海市社会组织评估 5A 级复评。市工经联还积极配合、协助市民政局开展社会组织评估工作，坚持深入协会调查研究，如实反映情况，提出了很多有价值的意见和建议。今年初，市工经联与各协会携手抗击疫情，积极支持企业复工复产，充分展现了上海社会组织的使命与担当。

协会是联系政府、企业、市场之间的桥梁和纽带，是促进企业、行业交流协作、互联互通互动的平台，是加强和改善行业管理、市场规范、社会治理的重要支撑，是促进国民经济发展、构建美好社会的重要力量。在新形势下，行业协会等社会组织面临着深度市场化的改革浪潮。市工经联（市经团联）作为枢纽型社会组织，更应当在充满机遇和挑战的环境下找准定位，提高站位，立足本位，在上海社会组织的改革与发展中起到示范引领作用。

在此，对市工经联新一届理事会工作提三点建议：

一是强化党建引领，助推中心工作。在社会组织中加强党的建设、发挥政治引领、确保政治方向，是新时期社会组织工作的基本方针，社会组织的党建工作日益成为党的工作和群众工作的重要阵地。市工经联要按照中央和市委关于进一步加强社会组织党建工作的意见精神，更好发挥党组织的政治核心作用、党支部的战斗堡垒作用和党员的先锋模范作用，以党建引领各项工作，不断探索具有上海特色的社会组织党建创新之路。

二是强化市场导向，服务市场主体。市场化作为一个重要的衡量指标，贯穿社会组织改革的始终。市工经联要带领各协会主动探寻市场化的服务路径，创新服务方式，丰富服务内容，开拓发展空间。要更好的为行业、企业提供指导、咨询、信息等智力服务支撑，引导各类所有制企业公平竞争、诚信经营，引领产业创新升级，实现优化发展。

三是强化规范运作，提升管理能级。打铁还需自身硬。市工经联和广大协会要严格遵照章程，加强制度化建设，坚持诚信办会。要充分发挥理事和会员单位的主体作用。要通过事业发展、政策激励、合理薪酬吸引和稳定人才，通过技能培训和实践历练，进一步培养专业化、职业化员工队伍。要努力实现服务能力和形象的品牌化，进一步提升核心竞争力和社会公信力。

最后，预祝市工经联（市经团联）在新一届理事会的领导下，乘风破浪，扬帆远航，为上海的社会组织建设作出新的贡献！谢谢大家。

（本文系在市工经联〈市经团联〉第六届一次会员大会上的讲话）

市政府领导在市工经联、市经团联《专报》上的批示

2020 年 2 月 16 日，市委常委、副市长吴清在市工经联、市经团联第 2 期《专报》“上汽上柴 2020 年生产提速 67%”上批示：**“上柴在复工复产中加速跑，在新四化推进中初见成效。望继续努力，在数字化转型和新四化建设中做出新成就，树立新标杆”**。

《专报》上汽上柴 2020 年生产提速 67%

上海柴油机股份有限公司前身为上海柴油机厂，始建于 1947 年。1993 年改制为国有控股上市公司，目前隶属于上汽集团，是一家以发动机研发、制造、销售服务为核心业务的国家大型高新技术企业，拥有国家级企业技术中心和国家认证（CNAS）的试验中心，产品广泛应用于商用车、工程机械、农用机械、船舶、电站机组等领域。上柴公司成立 73 年以来，累计生产发动机 200 万余台，为国民经济建设做出了突出贡献。

2020 年，上柴公司秉持“主动求变、创新发展”的经营战略，锐意进取，克服新冠肺炎疫情给生产经营的带来的不利影响，企业党政领导班子团结一致，奋力拼博，积极落实市委市政府和上汽集团要求，发扬“奋斗者”精神，一手抓“抗疫”；一手抓生产经营。公司党员“抗疫志愿者小分队”，坚守公司“抗疫”一线，守护一方平安；公司营销团队第一时间奔赴市场一线，深入主机厂和用户，抢抓市场订单；公司各级管理人员深入生产一线“高产陪护”，及时解决各种矛盾问题，产销屡创新高。

2020 年，在全体上柴人共同努力下，企业抓住了市场机遇，在历年徘徊在年产 10 万台上下柴油机的情况下，在复工复产中提速，全年发动机销量突破 16 万台，同比大增 69%，远超行业平均 20% 的增幅，增速位列行业第一。上柴公司能够在复工复产中加速发展，得益于坚持“主动求变、创新发展”的经营战略，得益于具有上柴发动机业务特色的“新四化”（标准化、平台化、新能源化，智能网联化）产品发展战略，在市场销售、产品开发、创新业务、企业管理等各方面都产生了深刻变化。

一、狠抓配套，业内外市场两翼齐飞

上柴公司根据上汽集团战略要求，要建设成为商用车板块自主品牌的动力基地，这是上柴的业内配套主战场。与此同时，上柴也在工程机械、农机市场、船电市场等业外市场配套领域积极探索，这是上柴的“传统配套市场”。业内业外市场同步发展，是上柴的长期战略。

业内做好整零协同。上柴公司整体进入上汽集团后，多年来致力与业内整车企业同步规划、同步开发，紧密协同，共拓市场，实现了上柴公司业内市场销量占比持续增长。2020 年，上柴公司在上汽集团业内销量突破 10 万台大关，业内配套销量占比由进入上汽集团之初的 5% 增加至 64%，销售额占比达 51%。上汽大通柴油版车型 100% 配套上柴公司发动机，带动了上柴公司销量的快速增长，2020 年贡献了 8.4 万多台发动机销量。得益于业内整零协同效应，业内配套市场形成了上柴公司市场的基本盘。

业外狠抓市场开拓。竞争格局日趋激烈，上柴在确保业内动力配套的基础上，积极探索在工程机械、农机市场、船电市场等业外市场配套机遇，大力挖掘新业务增长点。一方面，上柴依托在工程机械领域的多年深耕稳固了市场地位，尤其是保持了与行业龙头企业的紧密战略合作关系，在路面机械和汽车起重机两个细分市场占据主导地位，市场增幅均超过行业平均。特别在农机市场，2020 年销量同比增长 160%；另一方面，抓住排放升级、产品迭代的市场机遇，着力开拓三新市场，即新市场、新客户、新产品，抢抓增量，全面布局。新市场全年实现增量近 1 万台，目标完成率达到 223%。抢占矿井专用防爆机市场，以高可靠性、安全性、实现配套销售 1200 台，同比增长 115%；打破外资、合资动力品牌独霸挖掘机市场的局面，以优异的产品性能和质量完成了三一重工、徐工机械的试配，走出了市场配套的第一步；发电机组国三产品进入了军品、数据中心、快递物流、石化等高品质高要求市场。

二、聚焦产品，落地“新四化”战略

产品是企业名片，是用户感知企业实力的载体，公司瞄准未来商用车、工程机械等市场智能网联化与新能源化的发展趋势，制定了上柴“新四化”的产品发展战略。

标准化：由于配套市场面特别广，客户对产品定制要求多样，如何兼顾满足市场需求和内部精益管理的平衡，上柴将标准化设计作为一个基本解决方案，通过建立配套件库和类标准件库的方式，提升零部件通用性，2020 年减少零件品种 20%，涉及物料号 8800 个，提升了管理效率、降低了管理成本，同时因为提升了单件生产规模，也支持降低了生产成本。

平台化：上柴公司早期仅有缸径 135 一个系列的产品，随着新市场的不断开拓，目前已经拥有九大系列，18 种排量，功率覆盖 50KW–1100KW 的柴油发动机。为了提高产品开发效率，降低开发成本，同时也减少整车单位和最终客户对产品变化的适应性，上柴公司对产品型谱进行平台化规划，目前公司的主力产品 D/H/E 系列已具备平台化产品的基本特点，具备多种排量、多种用途、多种排放水平的系列扩展，可以覆盖商用车、工程机械、农机、船电等多用途领域的多样化需求。

新能源化：未来动力能源将是多种能源并存的格局，在夯实现有柴油动力的基础上，近年来公司在天然气清洁能源动力上已经基本实现了产品自主开发，国六天然气产品已于 2019 年上市，累计销量近 1 万台，经受了市场的考验。同时在上柴的重点市场如重载商用车和大型工程机械等领域与徐工、红岩、申沃等主机厂开展了混合动力解决方案的合作研发，首个产品应用于徐工 25 吨汽车起重机，成为全球首款具有插电式混合动力的汽车起重机。为整机单位应对节能减排要求提供了有竞争力的解决方案。

智能网联化：产品智能控制零部件如 ECU/ACU 等（发动机控制单位、后处理控制单元）目前已经成为发动机老 5C 件（机体、缸盖、曲轴、连杆、凸轮轴）之外的新主关件，长期以来都依赖国外技术和厂家。上柴突破国外技术壁垒，历时 3 年自主开发成功 ECU 控制软件，2020 年 6 月在 7H 发动机上成功点火，2021 年将批量投产。通过自主开发的 T–BOX 远程智能终端的网联技术，为产品增添一双千里眼，实时传输产品使用状态并可进行远程控制，可以在用户无感知的情况下开展故障早期诊断和预警。

三、加快开发，建立高质量标准化的开发流程

上柴在计划经济时期，新产品开发始终周期长、速度慢。为此，研发团队聚力“新产品”开发，加快产品迭代升级，聚焦“新四化”创新，打造差异化竞争力，为市场创造超预期的价值。上柴公司通过吸收消化上汽集团的全球整车开发流程理念和精髓，结合自身特点，建立了适用于商用车发动机开发特点的 GPDP（Global Powertrain Development Process）产品研发体系，GPDP 整合了各职能板块在项目各阶段的同步开发工作，采用矩阵式项目管理的模式。可以根据项目特点，通过识别和评估关键路径，拟定项目主进度计划，设定 9 个里程碑交付物评审节点把关质量，细化到各部门、各阶段累计 414 项交付物，使产品开发流程也同样形成标准化可复制的工作流程。通过内部客户交叉确认、用户批准、分阶段授权技术、质量、生产负责人开阀等方式，确保新产品高质量地投放市场。

经过流程改造后，标准的全新发动机产品开发周期从 51 个月压缩至 44 个月，发动机上市早期交付满足率平均水平从 70% 提升至 90% 以上，早期质量报修率也有大幅下降了约 30%。得益于严格的开发验证流程的保证，上柴产品在业内也取得了良好的口碑，E 系列发动机在第十届“我信赖的商用车动力评选”活动中荣获“十年经典机型”殊荣，M 系列发动机成功入选“中国心”2020 年度十佳发动机，并成为登榜产品中唯一柴油发动机。

四、勇于创新，数据化、智能化驱动企业管理再造

上柴公司通过业务数据化推动企业管理变革，挖掘数据价值，让数据驱动业务发展，使公司的创新氛围更浓、科技含量更高。

向智能制造转型，上柴公司以 M 车间智能工厂建设为标杆，应用高级排程系统（APS）实现订单直连、智能制造、智能产品和服务共享，订单 OTD 响应周期缩短 18%；通过大数据管理实现在生产效率提升、能源利用率改进、运营成本优化、设备预测性维修、产品不良率改善等多个环节的智能化，生产效率提升 20%。目前公司正在将 M 车间智能化建设成果逐步推广到其他生产车间，并将该管理系统逐步扩展到核心供应商，实现供应链的整体高效协同。

向智慧管理转型。在售后服务市场，通过柴油机的智能网联系统，形成产品大数据平台上柴“云”，在云端管理用户发动机的位置、启动状态、车速、油耗、故障码等关键信息，创新无故障报修主动服务新模式，

提升客户体验，并为产品配套服务积累了海量数据信息。公司移动管理系统初显成效，目前已实现了电脑端和手机端4张信息看板上线（经营看板、销售看板、生产看板、售后看板），取消了原先人工维护的20多张日报表，管理者可以随时随地查询公司经营、生产、销售、存货等实时数据，实时监控，挖掘数据价值，快速科学做出决策。

2021年是“十四五”开局之年，上柴公司全体干部员工将以“奋斗新征程、突破新高度”的积极姿态，咬定挑战目标不放松，落实战略举措不动摇，加快创新突破不停步，在动力能源多样化、燃料电池、智能发动机、5G技术的纯电动无人驾驶运车等新领域加速研发，在振兴上柴的道路上大踏步前进。

关于纪念中国共产党成立100周年征集《百年上海工业故事》丛书和《百年上海工业影像作品展》作品的通知

2021年是中国共产党成立100周年。上海是中国共产党的诞生地，是中国近代工业的发祥地，是中国工人阶级的摇篮。百年党史，也是一部上海工业的英勇斗争史、艰苦创业史、改革开放史、创新发展史，100年来，上海工业发生了翻天覆地的变化，涌现了无数可歌可泣的动人故事。

为纪念建党100周年，上海市工经联、市经团联在市经信工作党委、市经信委和相关政府部门指导下，将组织编纂出版《百年上海工业故事》丛书和举办《百年上海工业影像作品展》，以挖掘和铭记上海工业发展历程中的英雄史迹，宣传和弘扬上海工人阶级筚路蓝缕、接续奋斗的光荣传统，汇聚和光大党史、新中国史、改革开放史、社会主义发展史的精彩篇章，也为"四史"教育提供生动教材。现将征集工作的具体要求通知如下：

一、指导和编纂单位

编纂出版《百年上海工业故事》丛书和举办《百年上海工业影像作品展》，由市经信工作党委、市经信委和市国资委、市档案局、市地方志办公室等相关政府部门为指导单位，市工经联、市经团联会同市摄影家协会、相关行业协会和主席团成员单位编纂出版和共同举办。

二、《百年上海工业故事》丛书征集内容

《百年上海工业故事》丛书撷取百年来上海工业发生的100余个故事，设想以渊源、洪流、创业、奋起、登攀等主题为主线，贯穿全书，按照历史发展阶段的顺序，布局谋篇，聚焦重大时间节点和重要典型事件，多角度、全景式反映上海工业百年发展历程。

1.《渊源》：讲述上海是中国现代工业发祥地，上海百年老厂、百年老品牌的故事。
2.《洪流》：讲述上海是中国工人阶级摇篮，中国第一个工会组织上海机器工会成立、工人运动兴起、配合解放上海、反封锁反轰炸、公私合营、手工业合作化、扶持私营经济发展的故事。
3.《创业》：讲述社会主义建设时期上海工人阶级自力更生、艰苦创业，为上海和全国作出巨大贡献的故事。
4.《奋起》：讲述上海工业在改革开放年代取得的飞跃发展，涌现出的动人故事。
5.《登攀》：讲述21世纪新时代特别是党的十八大以来，上海工人阶级发展新产业、创造新业绩、攀登新高峰的故事。

全书根据内容、篇幅和字数，拟分上、下两册。

三、文稿选题范围

按照以上各个历史时期，选择编纂各类创业、创造、创新发展的典型故事。

可以是企业：如，百年老厂江南造船厂、中华制药厂、大隆机器厂，以及上海石化、宝钢、上海大众、上海通用的诞生。上海日立、上海贝尔、上海外高桥造船公司、上海振华重工集团等的发展，上汽、宝武进入世界500强，以及在某些领域全国领先的"单项冠军"和"独角兽"企业。

可以是品牌：如，百年品牌雷允上、老凤祥、固本、冠生园、马利、红双喜等，以及新的"上海名牌""上海品牌"等。

可以是产品：如，第一根无缝异型钢管、第一台1万伏高压电桥、第一台双水内冷发电机、第一辆国产轿车、第一艘潜艇、第一支运载火箭、第一台万吨水压机等，以及改革开放以来上海创造的"中国第一""世界首台"等先进高端产品。

可以是工程：如，梅山工程、701工程（火箭卫星）、728工程（核电）、708工程（运10飞机）、909工程（大飞机）、长征系列运载火箭等。

可以是事件：如，小三线建设、全国第一例"全员承包责任制"、新中国第一张股票、全国压锭第一锤、全国首创再就业服务中心等。

可以是园区：如，创造全国“十个第一”的漕河泾开发区、围海造地建设的上海化工区、全国首家以民营企业为开发主体的国家级紫竹高新区，以及临港新片区重装备基地的建设和发展等。

四、《百年上海工业影像作品展》的内容

与上海市摄影家协会一起，共同主办《百年上海工业影像作品展》，按照文献性、史料性、时代性的要求，通过搜集典型历史照片和组织拍摄新的摄影作品，从不同侧面反映上海工人阶级在中国共产党的领导下，自力更生、艰苦奋斗的历史进程和光荣传统，反映改革开放特别是党的十八大以来上海工业的辉煌成就和巨大变化，反映新时代上海工业打响“上海制造”品牌的崭新风采和光明前景。

组织专家评选优秀摄影作品，对优秀摄影作品予以表彰，颁发证书。

五、组稿方法和要求

1．在市经信工作党委宣传处具体领导下，市工经联、市经团联名义向工业系统企业集团、行业协会、会员单位发出征稿通知，发动各企业集团、各协会和会员单位积极提供选题、素材、图片等，经讨论确定选题后，鼓励企业和协会撰写稿件。

2．书稿以叙述事件为主，在事件中见精神、见人物；注重广泛性、代表性、典型性，选用各种所有制企业、大中小型企业的典型故事；坚持思想性、真实性、可读性，记录有影响、有情节的生动故事。

3．文稿字数一般为 3000 字左右，每篇文稿提供 3~5 张相关照片，做到图文并茂。

4．搜集报刊杂志、档案馆、图书馆相关资料，对合适素材进行整理、改写，形成文稿。对有需求的亲历者，主办单位可派员采访。

5．成立编纂工作班子，加强沟通协调、检查督促、审稿改稿等工作，确保编纂工作按进度要求顺利进行。

六、工作进度安排

1．2020 年 10 月 12 日，讨论确定编纂方案，成立工作班子。

2．2020 年 10 月 23 日，召开筹备工作动员会。

3．2020 年 11 月 10 日前，相关单位明确选题和撰稿人，报市工经联办公室。

4．2020 年 11 月—2021 年 2 月，编写、修改编纂稿件，搜集选用书稿图片。同时进行摄影展作品的征集、拍摄工作。

5．2021 年 2 月底，书稿定稿，交出版社编辑付印。

6．2021 年 3 月—5 月，设计、制作、布展《百年上海工业影像作品展》。

7．2021 年 6 月下旬，举行《百年上海工业影像作品展》开幕式暨《百年上海工业故事》丛书首发仪式。

七、具体工作要求

1．请行业协会和主席团成员企业，按上述要求，落实部门，指定专人负责此项工作。积极提供具有历史价值且能充分展示上海工业发展水平和历史文化底蕴的故事和图片，为上海工业留下一份宝贵的历史记忆。

2．此次征集活动来稿均采用电子稿的形式，请将征文和图片一并发送至邮箱邮箱：42193176@qq.com。稿件后附单位名称或个人姓名，注明作者所在单位、地址、联系方式。

报送摄影展参展作品含：照片、照片标题、文字介绍、摄影作者或照片所有人的真实姓名和联系方式。

照片标准：纸质相片或数码照片均可。纸质相片原则上是原件，须清晰可见，可供扫描。数码照片统一投送 jpg 格式，每幅不小于 3M。不得用 PS 方法对图片进行事实修改。

特此通知

上海市工业经济联合会

上海市经济团体联合会

2020 年 10 月 23 日

综述

Zong Shu

把党建工作贯穿市工经联及各行业协会运行和发展全过程

——上海市工业经济联合会党委2020年工作总结

2020年，市工经联党委以习近平新时代中国特色社会主义思想为指导，全面贯彻落实党的十九大精神，深入学习贯彻习近平总书记考察上海重要讲话精神，按照市经信工作党委的部署和要求，进一步加强党建工作，把党建工作贯穿市工经联及各行业协会运行和发展的全过程，党建工作取得一定成效。

一、加强理论武装，开展“四史”学习教育，用习近平新时代中国特色社会主义思想武装头脑

年初，市工经联党委根据上级文件的要求，结合工作实际，提出2020党委中心组学习计划。二季度，根据市委、市经信工作党委的部署和要求，及时调整全年中心组学习计划和安排，将“四史”学习教育活动纳入学习的重要内容。6月上旬，召开“四史”学习教育工作推进会，对系统开展“四史”学习教育情况作了具体的部署。并要求各党组织、党建工作站在会后要组织好学习传达和部署落实，将“四史”学习教育工作覆盖到每一个支部、每一个党员。在开展“四史”学习教育中，党委中心组多次组织学习讨论，邀请上海市委“四史”专家宣讲团成员、原市委党校常务副校长王国平教授以《学习“四史”，迎接中国共产党建立100周年》为题做辅导报告。各行业协会党支部按照党委实施方案的要求，用好党员组织生活、党日活动、学习强国等载体和平台，不断丰富、深化“四史”学习教育；组织党员群众到一大会址、四大会址、嘉兴南湖红船纪念馆、刘长胜故居、上海工匠馆、银行博物馆等红色场馆开展学习参观考察活动。

二、加强党的领导，发挥党组织政治核心作用，顺利完成工经联理事会和党委会换届工作

2020年，市工经联先后开展理事会和党委会的换届工作。党委认真贯彻落实中央、市委以及民政部的有关文件精神，加强党的领导，把党建工作融入行业协会运行和发展的全过程。在市工经联（经团联）换届准备工作中，认真组织开展章程修改工作，明确：党委发挥政治核心作用，保证社团组织发展的社会主义方向，领导党组织归口管理的行业协会党建工作，配合做好行业协会负责人的审核，决定本会各机构负责人的建议人选，对重要事项决策、重要业务活动、大额经费开支、接受大额捐赠、开展涉外活动等提出意见。按照市经信工作党委的要求，认真做好市工经联党委的换届选举的各项准备工作。党委把筹备召开党代会作为对党员开展党性教育的一个过程，明确学习材料、明确工作要求，做到周密部署，稳步推进。按照市工经联党委系统的实际情况，党委提出“坚持党对社团组织的领导，保证党的组织覆盖和工作覆盖，基本上做到每个支部有1名代表”的代表推荐原则，并适当向党员人数较多的党支部和先进党支部增加代表名额。12月15日，市工经联第一次党代会顺利召开，党代表出席率为94.3%，大会选票有效率为100%，选举产生了新一届党委会。提出了今后一段时间党建工作的目标和任务是：不断推进市工经联系统党组织实现组织力全面提升，政治引领更加突出，体制机制更加科学，党支部建设更加规范，党员教育更加精准，行业协会党建与业务工作结合更加紧密，党组织保障中心工作更加有力的总体目标，更好发挥党组织的政治引领作用。

三、加强责任意识，抓好党建工作三项责任制的落实，认真履行管党治党主体责任

年初，分别制定了党建工作、党风廉政建设、意识形态工作三项责任制任务清单，同时，把任务分解到协会党支部，把工作落实到协会党支部，督促指导党组织正常开展党建工作。严格贯彻落实党中央《关于加强党的政治建设的意见》、市委《关于进一步严明党的政治纪律和政治规矩，坚决做到“两个维护”的意见》，结合开展“四史”学习教育，落实全面从严治党主体责任，加强党风廉政建设力度，深刻认识抓党风廉政建设的重要性和紧迫性，增强执行党的政治纪律、政治规矩和组织纪律的自觉性。把抓党风廉政建设作为硬任务抓紧、抓实、抓出成效。要求党组织书记切实履行各行业协会党风廉政建设第一责任人的职责，发挥好带头、带领、带动作用，既以身作则，带头严格执行“三重一大”和中央八项规定，自觉接受监督；又守土有责，从严带好队伍，做到敢抓敢管、真抓真管、严抓严管。

在抗击新冠肺炎疫情阻击战中，贯彻落实习近平总书记关于新冠肺炎疫情防控工作重要指示批示精神和党中央、市委、市政府决策部署以及市经信工作党委的具体要求，以高度的政治责任感，履行党委职责，加强组织领导，健全工作机制，为统筹推进疫情防控工作提供坚强保证。积极做好信息收集和舆论导向工作，及时将各行业协会在疫情防控工作中的情况及时采集、汇编、上报；围绕复工复产面临的各种情况和问题，及时了解各相关行业的实际情况和呼声，形成情况专报报上级有关部门；在《文汇报》开辟专版，宣传报道工经联系统复工复产情况，进一步扩大社会影响面。

四、加强调查研究，紧紧围绕中心工作以及上海的产业发展献计献策

党的十九届五中全会和十一届市委十次全会召开后，市工经联党委认真组织学习全会精神以及市经信委关于上海制造业转型升级“十四五”规划的征求意见稿。围绕“十四五”期间上海的产业发展，市工经联、经团联党政班子开展了大量深入调研。不仅走访了行业协会和会员企业，还与9个政府部门和相关机构，召开了3次专题座谈会，听取了12家主席团成员单位、27家行业组织和32人次的专家意见。在大量走访调研和学习研讨的基础上，撰写情况专报。撰写了《抓住“六点发力”，推进上海制造业高质量发展》专报。分别报送市委李强书记、龚正市长、吴清副市长及市经信委、市国资委等委办局领导。专报内容主要围绕“十四五”时期制造业在上海建设“国内大循环中心节点、国内国际双循环战略链接”中如何扮演好重要角色，如何定位于上海经济的重要支撑点、国家战略的重要承载地、高端产业的引领集聚地、科技创新的重要策源地，实现更高质量、更高效率、更可持续的发展等进行阐述，并建议在“增长、创新、集群、突破、融合、聚力”“六点”发力，夯实产业实力，提升上海产业的核心竞争力。

为进一步传达学习、贯彻落实李强书记对市工经联工作的重要批示和吴清副市长在市工经联六届一次会员大会暨理事会上的讲话精神，班子成员带领职能部门深入协会、走进企业，采取多形式、多渠道的调研方式，包括走访、参加行业协会会员大会和重要活动，参加企业的发展论坛和专题座谈会等。在调研中，传达贯彻市委、市政府领导重要批示和讲话精神；在调研中征求行业协会、会员企业对新一届工经联改革发展的建议；在调研中了解掌握和反映行业协会与企业的诉求。据各部门统计，在12周、55个工作日内，联合会领导班子成员开展调研走访共137人次，班子成员共走访调研了78家行业协会和48家会员企业。

五、加强制度建设，制订并组织实施党建工作三年规划，夯实党支部工作基础

为进一步贯彻落实中央、市委一系列关于加强社团组织党建工作的意见精神，明确市工经联系统党建工作目标，在广泛开展调研的基础上，2020年年初，党建工作三年规划制订完成并实施。《规划》根据中央、市委、市经信工作党委有关进一步加强社团组织党建工作的意见和要求，按照党建工作五大建设的内容，结合市工经联系统党建工作实际，提出了19项重点工作要求。用2~3年时间，推动市工经联系统党组织实现组织力全面提升，政治引领更加突出，体制机制更加科学，党支部建设更加规范，党员教育更加精准，行业协会党建与业务工作结合更加紧密，党组织保障中心工作更加有力的总体目标。

认真落实“三会一课”和党内各项工作制度，加强党员教育管理。以协会党支部为单位，开展党员民主评议工作。按时完成党内年报统计，做好党管系统信息维护工作。按照“控制总量、优化结构、提高质量、发挥作用”的要求，始终坚持标准、保证质量、规范程序，做到成熟一个，发展一个；认真履行发展党员工作程序，确保党员先锋模范作用得到充分发挥。2020年，共有3名入党积极分子发展为预备党员，有4名预备党员转为正式党员。

六、加强组织建设，以党支部书记队伍建设为龙头，推进党支部标准化建设

根据党要管党、从严治党的总要求，以党章为根本遵循，按照组织健全、制度完善、运行规范、活动经常、作用突出的要求，大力推动党支部工作制度化、规范化、科学化建设。坚持由符合条件的协会会长、副会长、秘书长担任党支部书记，特殊情况下由部门负责人担任党支部书记的，由党员会长或秘书长担任党建督导员，保证支部工作开展。2020年共有15个党支部换届改选或调整党支部书记人选，党支部书记全部由行业协会由会长、副会长、秘书长、副秘书长担任。同时，坚持一年2次的党支部书记培训工作，不断提高行业协会党支部书记队伍的思想政治水平和业务工作能力。

积极参加市经信党委系统党支部建设示范点推荐工作，继生物医药行业协会已在上一轮推荐工作中被命名以外，今年又有信息服务业行业协会秘书处以及建材行业协会等党支部被市经信工作党委命名为党支部建设示范点。在今年纪念“七一”大会上，党委举行了党支部建设示范点授牌仪式，并请党组织负责人作经验交流，引导各行业协会向先进党支部学习，进一步推进党支部标准化建设。

切实加强党建引领工作　日益增强党组织政治功能

——上海市工业经济联合会党委2021年工作要点

2021年是中国共产党成立100周年，也是我国现代化建设进程中具有特殊重要性的一年，更是“十四五”开局之年、全面建设社会主义现代化国家新征程开启之年。市工经联党委工作的指导思想是：高举中国特色社会主义伟大旗帜，以习近平中国特色社会主义思想为指导，全面贯彻党的十九大和十九届二中、三中、四中、五中全会精神，坚持全面从严治党的总要求，切实加强党建引领，凝聚各方力量，进一步加强系统党建工作，使党组织政治功能日益增强，党员干部政治思想更加坚定，党组织服务中心、建设队伍成效更加显著，为行业协会健康发展提供坚强的政治保证。坚持稳中求进工作总基调，立足发展新阶段，贯彻发展新理念，以推动高质量发展为主题，以强化“四大功能”、深化“五个中心”建设为重中之重，确保“十四五“开好局，以优异成绩庆祝建党100周年。

要重点做好以下工作：

一、认真学习习近平新时代中国特色社会主义思想，进一步加强领导班子思想政治建设

要深入学习贯彻落实党的十九大精神，学习习近平新时代中国特色社会主义思想，以习近平总书记考察上海重要讲话和在浦东开发开放30周年庆祝大会上重要讲话精神为指引，加强党政领导班子和班子成员的政治理论学习，强化自学与集中学习研讨相结合，理论学习与工作实际相结合，坚定理想信念，增强理论素养，切实把新时代中国特色社会主义思想内化于心，外化于行，做到学有所悟、学有所成、学以致用。

二、学习贯彻党的十九届五中全会精神和十一届市委十次全会精神，助推产业高质量发展

贯彻落实十一届市委十次全会决议，按照李强书记对市工经联工作的批示意见，始终不忘“服务企业、规范行业、发展产业”的宗旨，为上海推进更深层次改革、更高水平开放、奋力创造新时代新奇迹做出贡献。要以推进浦东高水平改革开放和三项新的重大任务为战略牵引，以强化“四大功能”、深化“五个中心”建设为重中之重，全力配合政府主管部门做好产业“十四五”规划的制订与实施，打好“十四五”开局。

三、以庆祝中国共产党成立100周年为契机，开展党内主题教育活动和群众性主题宣传教育活动

结合巩固深化“不忘初心、牢记使命”主题教育成果，在各级党组织、党员中深化开展党内主题教育，结合学习宣传贯彻习近平新时代中国特色社会主义思想和党的十九大精神，深入进行理想信念教育、爱国主义教育，依托主题党日、“三会一课”等载体广泛开展党史、新中国史、改革开放史、社会主义发展史教育。举办庆祝中国共产党成立100周年系列活动——编纂《百年上海工业故事》丛书、举办《百年上海工业影像作品展》，以文字、影像生动反映上海百年工业的发展历程，记录上海百年工业的感人时刻，向党的百岁诞辰献礼。

四、抓好党建工作三项责任制的落实，把领导班子成员“一岗双责”落到实处

进一步深入学习贯彻党的十九大精神，落实全面从严治党的要求，党委书记履行第一责任人职责，班子其他成员做到“一岗双责”，按照各自分工和任务清单，认真抓好党建工作责任制的落实。进一步强化党风廉政建设责任制落实，强化组织领导，增强责任意识，团结进取，开拓创新，持之以恒地推进党风廉政建设向纵深发展，努力营造风清气正好氛围。进一步强化政治意识，把意识形态工作纳入重要议事日程，在建立健全意识形态工作责任制的同时，在抓落实上下功夫。

五、发挥枢纽型社会组织和行业协会党组织的功能优势、联合优势和平台作用

要进一步凝聚系统内行业组织和企业的力量，加强基础调研，发现问题瓶颈，反映真实情况，提出发展对策。重点针对集成电路、人工智能、生物医药产业等（3+6产业）开展调查研究，助力新旧动能转换。深度结合并充分发挥市工经联、经团联专家委员会、专业委员会的各项职能与作用，进一步引导行业协会加强在服务企业、规范行业、发展产业中的作用，努力通过学习提升、助推发展、交流协作、诉求表达、典型示范等载体和平台，助力政府部门持续优化营商环境，激发市场主体活力，聚焦助推“十四五”上海产业经济的高质量发展。

六、搭建多维度合作交流体系，促进区域协作、产业融合和产学研用一体化建设

全力主动投入浦东“社会主义现代化建设引领区”和上海自贸区新片区建设，带领行业协会和企业会员对标国际最高标准、最好水平，在扩大开放、制度创新、人才培育、生态营造等方面，找准服务切口、形成工作特色、走出实践新路。持续加强与长三角工经联和行业组织的联合联动，参与长三角产业融合和产业集聚区一体化进程，共聚力量、共促发展。

七、落实好市工经联第一次党代会明确的各项任务，按照党建工作三年规划抓好组织落实

切实加强党的领导，坚持党建引领，不断提高社会组织党的建设质量和水平，努力把党组织的政治优势、组织优势转化为行业协会和企业的发展优势、竞争优势。要落实系统党建工作三年规划，使市工经联党委系统党建工作形成比较健全的管理体制、比较完善的工作体系和比较规范的工作机制；进一步扩大党组织和党的工作覆盖面；党组织和党员在推动发展、服务群众、凝聚人心、促进和谐方面，能力明显提高，作用明显发挥，成效明显增强，并涌现一批“领导班子好、党员队伍好、工作机制好、发挥作用好、各方反映好”的行业协会党建工作示范点。

八、进一步强化党建基础工作，引导各行业协会党组织正常开展党建工作

建立和完善党支部各项工作制度，进一步加强党支部书记队伍建设，坚持每年 2 次的书记培训，提高书记的责任意识和工作能力；坚持由符合条件的协会会长、副会长、秘书长担任党支部书记，特殊情况下由部门负责人担任支部书记的，由党员会长、秘书长担任党建督导员，保证支部工作开展；坚持以党建促会建，把协会的改革发展作为党建工作的出发点和落脚点，作为评先创优的重要内容。加大发展党员工作力度，特别要注重把符合条件的行业协会负责人和年轻化、专业化、职业化人才等重点对象发展为党员。

九、开展党内“两优一先”评比活动，更好发挥先进典型的引领示范作用

结合纪念建党 100 周年，组织开展市工经联系统“优秀共产党员、优秀党务工作者、先进基层党支部”评比活动。坚持典型引路，及时总结和宣传系统各行业协会、会员单位各级党组织和广大党员在干事创业、开拓创新过程中的先进经验和典型事例，组织和动员系统各级党组织和广大党员群众群策群力，建言献策，凝心聚力，共谋发展，为本市经济社会发展做出新的贡献。

十、坚持问题导向，加强调查研究，积极探索新形势下做好社会组织党建工作的新路

认真学习贯彻中央、市委以及市经信工作党委有关加强社会组织党建工作的精神和要求，结合行业协会党建工作实际，积极探索党组织在社会组织中发挥作用的实现形式，积极探索协会负责人审核把关工作路径和工作机制，积极配合政府主管部门开展调研，形成合力，努力提升行业协会公信力和公正性。坚持问题导向，按照一会一策、分类指导的工作方法，认真梳理矛盾，解决突出问题。对一些“空壳”支部、未按期换届选举支部、缺少合格书记人选支部，本着先易后难、实事求是的原则，逐项提出整改措施，妥善加以解决。

更好地服务企业发展　助推产业转型升级

——上海市工经联、市经团联2020年工作总结

2020年是极不平凡的一年，面对百年未遇的新冠肺炎突然爆发的严重冲击，上海市工经联、市经团联在市经信工作党委、市经信委和政府有关部门的关心指导下，在广大会员的大力支持下，联合各行业协会抗击疫情、助力复工复产；认真做好市人大常委会基层立法联系点工作；全力以赴推进政府购买服务项目建设；坚持党建引领，开展“四史”教育；顺利完成换届选举工作，新老班子平稳交替。

新一届领导班子成立后，认真传达学习、贯彻落实中共中央政治局委员、上海市委书记李强对市工经联工作的重要批示和上海市委常委、副市长吴清在市工经联六届一次会员大会上的讲话精神，坚持传承与创新的工作方针，强化服务宗旨，深入调研走访；加强智库建设，提升决策咨询能力；创新服务内容，搭建交流平台。筹建了市工经联专家委员会和专业委员会；成功举办2020年上海市企业社会责任报告发布会。积极扎实有效推进联合会各项工作，续写服务企业，服务经济社会高质量发展的新篇章。

一、助力抗击疫情和复工复产，彰显社会组织责任担当

新型冠状病毒感染的肺炎疫情爆发后，市工经联、市经团联领导班子第一时间成立疫情防控工作领导小组，先后召开多次专题会议，部署疫情防控工作。积极做好所属行业协会的组织协调工作，及时将各行业协会抗击疫情的动态信息汇总整理上报。完成“上海市企业复工复产30问”和“上海市企业疫后用工情况排摸”等网上问卷调查。主动配合市经信委排摸挖掘、收集汇总上海市防护用品应急物资重点生产企业信息，积极协同相关防控物资原料生产企业迅速复工复产。组织发动系统广大党员干部为抗击疫情捐款13余万元。领导班子成员先后深入30多家协会进行慰问和调研，召开多次专题座谈会，撰写题为《上海家装行业受新冠疫情重创期盼得到政府有关政策扶持》《关于加快完善本市中药储备应对突发疫情的建议》的情况专报，向政府有关部门进言献策。整理编辑抗疫内容信息稿件60余篇，推送市工经联微信公众号8期，汇编《上海工经联》抗击疫情专刊。

3月，上海市工经联和系统内70余家行业协会收到市经信委、商务委发来的感谢信。

市工经联、市经团联主席团主席、红豆集团党委书记周海江荣获“全国优秀共产党员”“全国抗击新冠肺炎疫情先进个人”两项殊荣。市工经联、经团联理事、上海针织服装服饰行业协会会长、上海龙头（集团）股份有限公司党委书记、董事长王卫民获“全国抗击新冠肺炎疫情先进个人”荣誉称号。

二、做好市人大常委会确定的基层立法联系点工作

4月21日，市人大常委会举行基层立法联系点“扩点提质”工作推进会。宣布上海市人大常委会基层立法联系点从原先的10家扩充至25家，基本覆盖上海16个区。市工经联作为上海重要的枢纽型社会组织被确定为第二批基层立法联系点。

基层立法联系点自挂牌后，积极投入工作，先后与市企业法律顾问协会、乔文律师事务所就立法点相关工作开展了交流对接，商讨合作。参与起草《上海市促进中小企业发展条例》（修订草案）的有关建议，列席市人大法制委的审定会，多次参加市区两级人大相关活动。逐步建立制度，不断完善工作机制，将此项工作作为一项重要的常态化工作持续开展。

三、举办媒体通报会，打造行业协会新闻发布新平台

为更好地发挥枢纽型社会组织的积极作用，为会员提供发布信息的新渠道，面向社会传递正能量，创新举办以“传递行业之声，回应社会关切”为主题的市工经联、经团联媒体通报会。聚焦政府关心、社会关注的重点领域，传递会员已经做的、正在做的和计划做的工作亮点和成果。

4月，以聚焦“商务写字楼空调设备的有效清洗和消毒，消除常态化疫情防控中的盲点和潜在隐患”为主题，携手空调清洗行业协会，召开媒体通气会，呼吁社会各界关注空调安全卫生。新华社、人民网、东方网、《解放日报》《新民晚报》等10多个新闻媒体到会采访并作重点报道。媒体通气会在社会上引起广泛反响，各方对空调公共卫生安全的重视程度普遍提高，有效推动商务写字楼空调清洗和消毒，助力本市常态化疫情防控。据上海空调清洗行业协会统计，1月—11月，上海商务写字楼空调清洗工程的备案数比上年增长70%。在此基础上，市工经联会同空调清洗行业协会举办“聚焦常态化疫情防控，关注秋冬季空调卫生”主题活动，推动空调清洗消毒的技术升级，助力本市常态化疫情防控。上海主要媒体对活动做了专题报道，产生了较好的社会效应。

四、成功举行市工经联、经团联召开六届一次会员大会暨理事会，李强书记作重要批示

8月11日，市工经联、市经团联召开六届一次会员大会暨理事会，选举产生新一届领导班子。

中共中央政治局委员、上海市委书记李强在市工经联、市经团联报送的《关于召开上海市工经联六届一次会员大会的情况汇报》上作出重要批示，希望新一届联合会深入学习贯彻习近平总书记考察上海重要讲话精神，按照市委、市政府决策部署，充分发挥枢纽型行业协会联合组织作用，坚定信心、凝聚共识，更好地服务企业发展、助推产业转型升级，为建设“五个中心”、强化“四大功能”、打响“四大品牌”作出新的更大的贡献！

上海市委常委、副市长吴清出席并讲话，上海市第十届政协主席蒋以任，中国工经联、市委组织部、市经信委、市国资委、市民政局等领导出席会议。苏、浙、皖三省工经联分别发贺信祝贺。

五、聚焦重点，全力以赴完成好政府购买服务项目

聚焦政府购买服务重点项目，加大工作力度、加快推进速度，克服疫情影响，确保全年任务的完成。

（一）助推科研成果产业化

进一步参与政协科促会产学研优秀合作项目奖，推荐优秀项目参与并做好相关调研、推荐等工作。8月，市工经联与上海科技成果转化促进会一起，推进2020年“上海产学研合作优秀项目奖”申报评选，动员会员企业和行业协会参加项目奖申报。市工经联共推荐4个项目参加2020年上海市产学研合作优秀项目评选，其中：推荐的上海电气核电设备有限公司“三代核电蒸汽发生器关键检测技术研究及系统开发”项目获特等奖。

（二）组织推荐上海制造业单项冠军

开展制造业单项冠军交流会，并策划上海市制造业单项冠军评选活动，推动上海制造业高质量发展。同时，在市经信委、市中小办的支持下，开展“专精特新”中小企业培育工作，办好制造业单项冠军交流会。组织、动员开展第五批上海制造业单项冠军申报推荐关注，并做好申报辅导及评审遴选工作，共计收集48家申报企业，从中推荐15家企业上报工信部和中国工经联，并协助中国工经联做好单项冠军受疫情影响的调查等工作。最终12家企业榜上有名，其中，7家企业获得第五批制造业单项冠军示范企业（产品）荣誉，5家企业通过复核。

（三）做好2020年上海市企业管理创新成果奖的评审

进一步发掘、总结、评审、推广上海企业的管理创新成果，推广上海企业管理创新经验，鼓励和引导各类企业不断提升管理水平，促进创新发展。持续做好上海市企业管理创新成果奖的评审工作。

12月，经上海市企业管理现代化创新成果评审委员会审定，共有159项成果被审定为“2020年上海市企业管理现代化创新成果”。其中，一等奖成果15项，二等奖成果61项，三等奖成果83项。

（四）评选第五届上海市工商业领军人物

2020年，市工经联与市商业联合会、企业联合会等联合成功开展了第五届上海市工商业领军人物评选工作。在11月中旬完成初审，12月完成终审。共评选出领军人物62名，其中，工经联系统29名。2月5日，在市政协江海厅召开“第五届上海市工商业领军人物表彰交流会”。

通过评选、表彰和交流，进一步弘扬企业家爱国敬业、追求卓越、勇于创新的精神，营造尊重企业家价值、发挥企业家作用的氛围，共同营造更加法治化、国际化、便利化的营商环境。

（五）继续推进（JJ）小组等活动，拓展项目成效

2020年是JJ小组活动新十年的起点。该项工作在体现活动群众性、基层性的同时，在日常工作中不断创新机制，将活动参与对象从传统制造业、服务业领域向新经济领域拓展。继续做好节能减排丛书的编辑出版工作。开展JJ小组活动实际成效的量化研究。举办多场节能减排知识培训、积极参与交通运输行业节能减排小组工作指南标准制定、研究2021年JJ项目评分标准，优化评分细则。推进该项工作创新可持续开展。

（六）举办上海市企业社会责任报告发布会，彰显九方面特色

9月24日，市工经联、市经团联举行“2020上海市企业社会责任报告发布会”。334家企事业单位和社会团体书面和现场发布2019年度社会责任报告。

本次发布会彰显九方面的特色与亮点：一是发布数量历史新高；二是研发投入稳步增长；三是合规经营注重信用；四是绿色发展意识增强；五是安全生产势头良好；六是劳动关系和谐稳定；七是权益保护注重实效；八是就业岗位大幅增加；九是公益事业成效显著。

六、加强内部管理，推进进修学院和高技能人才培训基地建设

8月以来，市工经联、市经团联以完善和修订内部管理制度为抓手，加强内部管理。秘书处各部门根据会长办公会议工作部署，按照对会员服务联络制度、秘书处内部管理制度、党建工作制度三大板块内容，对市工经联原有规章制度进行梳理。根据梳理情况，提出完善、修订的具体意见。按照简洁、规范、务实的方针，注重可行性及可操作性，重点对财务报销、会议制度等进行修订和完善。

进修学院和和高技能人才培训基地建设取得成效。进修学院克服疫情影响，积极探索线上教育的培训模式，加大企业培训力度，采取送教上门，将疫情带来的影响降到最低。全年完成培训收入673万元，比上年增长45%；完成培训人次5000人，同比上升10%。同时，积极拓展新的培训项目，与100个左右行业协会建立业务联系，与10多个行业协会开展紧密的合作。2020年，进修学院完成通过光电子基地3年一次绩效评估。推进与商业会计学校战略合作，积极与上海微电子公司合作推进实训基地建设。此外，在组织开展新一轮新型学徒制、新技能和专项职业能力培训等方面都取得新的突破。

七、加强智库建设，建立“1+5”委员会体系

为提升决策咨询与服务能力，将智库建设作为工作重点，建立起“1+5”委员会体系，即1个专家委员会，5个专业委员会。

六届二次会长办公会议审议通过关于设立市工经联（市经团联）专业委员会的议案。设立品牌建设专业委员会、文化创意专业委员会、合作交流专业委员会、投融资服务专业委员会、法治服务委员会。明确专业委员会主要职能、组织机构、管理运行等将由各专业委员会负责制定。并要求新设立的专业委员会要做到有计划、有载体、有活动，方案要可操作、可持续、有成效。

四季度，按照成熟一家，成立一家的要求。各专业委员会加快制定的工作方案，年前专家委员会、投融资服务专业委员会成立运作，发展态势良好。

八、深入开展走访与调研，搭建交流平台，助力制订“十四五”规划

为进一步传达学习、贯彻落实李强书记对市工经联工作的重要批示和吴清副市长在市工经联六届一次会员大会暨理事会上的讲话精神，六届一次会长办公会议提出，将开展调查研究，提升服务能级作为新一届领导班子重点工作之一。党委书记、会长管维镛带头，各班子成员带领职能部门深入协会、走进企业，采取多形式、多渠道的调研方式，包括走访、参加行业协会会员大会和重要活动，参加企业的发展论坛和专题座谈会等。在调研中，传达贯彻市委、市政府领导重要批示和讲话精神，征求行业协会、会员企业对新一届工经联改革发展的建议，了解掌握和反映行业协会与企业的诉求。

据统计，新班子成立后的3个月，调研走访共137人次，走访调研行业协会78家、会员企业48家，同时，还拜访市经信委、市场管理监督局、市总工会等政府部门以及金融机构9家。平均每位会领导走访调研19家单位，其中行业协会11家、会员企业8家。通过走访调研，进一步了解到行业协会的工作亮点、企业创新发展的经验，征求到对市工经联工作的意见和建议。进一步增强服务意识，推动工作作风改进，为谋划好新一轮发展打好基础。

围绕“服务企业、规范行业、发展产业”的宗旨，按照市委、市政府决策部署和市经信工作党委、市经信委工作要求，努力发挥枢纽型行业协会作用，在深入调研的基础上，搭建交流平台，助力政府部门更好地制订和完善“十四五”规划。先后多次举行行业协会“十四五”规划座谈会、主席团主席活动、会长沙龙活动。邀请企业家、专家为“十四五”实体经济高质量发展建言献策，共有主席团成员单位的20位企业家代表、27家行业协会负责人、32位专家出席。通过对企业家和专家们提出的建议认真梳理，编发《专报》，提供相关政府部门参考，得到政府有关委办领导的高度赞扬。

九、组织编纂《百年上海工业故事》丛书和筹备举办《百年上海工业影像作品展》

为纪念建党100周年，在市经信工作党委、市经信委和相关政府部门指导下，组织编纂《百年上海工业故事》丛书和筹备举办《百年上海工业影像作品展》，以挖掘和铭记百年上海工业发展历程中的英雄史迹，宣传和弘扬上海工人阶级的光荣传统，为开展党史、新中国史、改革开放史、社会主义发展史“四史”学习教育提供生动教材。

四季度正式启动此项工作，召开行业协会、企业工作部署会，进行发动。拟定丛书编纂提纲，成立5个采编工作小组，共收集到100多个选题，落实到各小组，分头负责组稿。有序推进百年上海工业摄影展筹备工作，与市摄影家协会一起面向社会广泛征集作品。

强基础　筑平台　建载体　促发展
力争取得新突破　形成新亮点

——上海市工经联、市经团联 2021 年工作要点

2021 年是“十四五”开局之年，也是两个百年目标的交汇点。市工经联、市经团联也迎来建会 30 周年。在新的一年，我们将坚定不移地以习近平新时代中国特色社会主义思想为指导，深入学习贯彻习近平总书记考察上海重要讲话精神，根据市委市政府的总体部署要求，进一步强化四大功能、打响四大品牌，发展五型经济，在市经信党委和经信委等政府部门领导下，以“服务企业、规范行业、发展产业”为宗旨，坚持“政府所想、企业所需、协会所能”的定位，强化枢纽功能、平台功能、智库功能、助推功能，进一步强基础、筑平台、建载体、促发展，在过去成绩的基础上取得新突破，形成新亮点。

重点做好以下四方面、26 项工作：

一、围绕中心服务大局，抓好宣传阵地，扩大影响力和凝聚力

1. 隆重纪念建党百年华诞，编纂《百年上海工业故事》丛书，举办《百年上海工业影像作品展》。
2. 进一步健全新闻发布会（媒体通气会）制度，扩大联合会和行业协会的社会影响力。
3. 统筹抓好《上海工经联》《上海市经济团体联合会年鉴》等刊物的编纂工作，不断优化联合会官网和微信公众号，探索市场化运作方式。
4. 结合形势热点举办 1~2 次高层次的经济形势报告会和政策解读会。
5. 弘扬企业家精神，做好第五届工商业领军人物的宣传表彰。
6. 做好工经联系统先进行业协会和优秀企业会员联络员的评选与表彰。

二、构筑平台搭建载体，形成多层次服务体系，形成向心力

7. 进一步发挥专家委员会作用，加强调研，为“十四五”上海产业发展开好局积极建言献策，形成高质量专报。
8. 进一步发挥品牌建设、文化创意、合作交流、投资促进、法治服务五大专业委员会的职能作用，拓展功能、开拓渠道、深化服务。
9. 进一步办好“智造 + 合作”平台，打造“产融荟”，继续办好主席团讲坛和行业协会会长沙龙，扩大朋友圈，促进合作交流。
10. 建立市工经联、经团联信息采集样本群，实现产业、行业动态信息采集的规范化、标准化，提高信息采集质量，增强数据挖掘能力。
11. 探索建立区工经联，增强市工经联、经团联区域基础，扩展服务行业和企业的深度与广度。
12. 与市政协科促会等机构进一步加深合作，持续助推产学研用一体化建设，促进科技成果转化。

三、以市场化为导向，多项并举促发展，增强竞争力

13. 进一步抓好政府购买服务项目的全过程管理，在经费逐年减少的趋势下，做到开源节流。
14. 依托工业经济管理进修学院办好行业协会教育联盟，拓展教育培训业务，进一步加强高技能人才基地和新型学徒制建设。
15. 吸引社会机构和企业共同创办上海产业经济创新发展研究院，创新体制机制，加强调查研究，积极承接课题，全面提升研究、咨询、策划和服务能力。
16. 抓好上海市制造业单项冠军和上海工业大奖评选项目，与中国工业经济联合会的评选活动形成呼应。进一步打响“上海制造”品牌，服务中小企业。
17. 促进企业科技与管理创新，做好“科技创新最佳案例”和企业管理现代化创新成果评审。
18. 做好企业社会责任建设，办好上海市企业社会责任报告发布会。
19. 进一步做好企业品牌培育、团体标准建设和行业质量提升等工作。
20. 深化长三角区域合作，加强与苏、浙、皖三省工经联的工作交流。
21. 践行“一带一路”倡议，办好“上海之帆”经贸巡展及配套活动，推动加强国际合作。
22. 继续推进节能减排（JJ）小组活动，拓展项目成效。

四、不断夯实基础，完善制度和能力建设，强化战斗力

23．策划举办行业协会秘书长及从业人员岗位培训。坚持职业化、专业化、年轻化的方向，引导行业协会把完善职能、强化功能、提升效能作为核心工作，一以贯之。

24．加强秘书处内部管理，持续完善各项制度，提高办会水平，充实秘书处人才队伍，搭建多样化人才结构体系。

25．与政府部门建立健全长效沟通机制，畅通信息渠道。

26．继续联合行业协会和企业会员落实常态化疫情防控工作。

党代会

Dang Dai Hui

市工经联党委召开第一次党代会筹备工作会议

2020 年 9 月 28 日，市工经联党委召开第一次党代会筹备工作会议。市工经联党委书记、会长管维镛在会上就开好工经联首届党代会提三点要求：

一是要充分认识召开市工经联第一次党代会的重要意义。一次成功的党代会，有利于实现党组织领导班子正常平稳过渡，增强领导班子的凝聚力和战斗力；有利于发扬党内民主，更好地贯彻落实民主集中制，强化党员的主体地位，充分调动广大党员的积极性、主动性和创造性，增强党员队伍和基层党组织的凝聚力、向心力；有利于研究和探索新时期社会组织党的建设的新途径、新方法，不断增强党建工作的针对性和实效性，不断提高行业协会党的建设科学化的水平；有利于加强和改进各级党组织的领导，使领导体制更加健全，领导方式更加科学，群众基础更加巩固。

二是以《党章》和条例为指南做好党代会筹备工作。党的十八大以来，以习近平同志为核心的党中央高度重视基层党组织选举工作，对坚持和加强党的全面领导、贯彻执行民主集中制、规范完善党内选举制度作出一系列重大部署，有力推动了基层党组织建设。今年 6 月 29 日，习近平总书记主持中共中央政治局会议，审议通过了《中国共产党基层组织选举工作条例》。在筹备市工经联党代会的过程中，我们一定要严格按照《党章》《条例》的规定和要求，做好各项筹备工作。

三是以召开党代会为契机，进一步加强市工经联党委系统党建工作。近期，围绕党代会的筹备工作，市工经联党委、各行业协会党组织要充分运用党委中心组学习、党支部专题组织生活会等形式，认真组织学习讨论，进一步统一思想，凝聚共识，要把召开党代会作为对党员党性、党纪、党的观念、党内民主集中制等方面教育的一个过程。要全面总结市工经联党委成立以来，特别是党的十八大以来党建工作所取得的经验和成效。要用好各种宣传阵地，宣传近年来市工经联党委以及各行业协会党组织在加强党建工作、促进行业发展等方面所取得的成绩。各行业协会党组织要认真按照党委的部署，按照工作要求和时间节点，做好各项筹备工作。同时，要做到两不误、两促进，以实际行动，全面完成今年的各项工作和任务，将市工经联第一次党代会开成一个凝心聚力、献计献策、团结奋进、再出发的会议。

会议由市工经联党委副书记、执行副会长黄国伟主持。党委办公室主任范岚岚就党代会代表条件、代表分配原则、产生办法、时间节点等作了布置。市工经联党政班子成员、各行业协会党组织书记 90 余人出席会议。

中国共产党上海市工业经济联合会第一次代表大会决议

中国共产党上海市工业经济联合会第一次代表大会于2020年12月15日召开。大会听取和审议通过了管维镛同志所做的《加强党建引领，凝聚各方力量，为行业协会健康发展提供坚强政治保证》的报告；选举产生了中共上海市工业经济联合会新一届委员会，圆满完成了大会确定的各项议程。

大会认为，党的十八大以来，特别是中央、市委相继印发《关于加强社会组织党的建设工作的意见》后，市工经联党委认真贯彻落实中央、市委有关《意见》精神，按照市经信工作党委的部署要求，进一步加强党建工作，系统党建工作取得了新的成效。围绕提高党员干部的思想政治素质，加强以政治理论学习为重点的思想政治教育，先后开展了“两学一做”学习教育、“不忘初心、牢记使命”主题教育、“四史”学习教育。按照党建工作、党风廉政建设、意识形态工作等三项工作责任制的要求，切实履行党委主体责任。通过建立党建工作站，开展党建联建活动，建立行业协会党的工作小组、推进行业党建等形式，不断探索创新行业协会党建工作。扎实推进协会党建工作的规范化建设，落实“两个覆盖”，强调并落实符合条件的协会会长或秘书长担任协会党组织书记。不断加强领导班子自身建设，坚持党管干部原则，树立正确选人用人导向，突出政治标准，培养年轻干部，注重加强对青年人才的培养。在抗击新冠肺炎疫情阻击战中，市工经联党委积极主动开展工作，发挥各级党组织的政治优势和组织优势，体现党组织的主体意识和责任意识。

大会指出，近5年来，在市经信工作党委的正确领导下，在市工经联党委班子成员、各行业协会党组织书记以及广大党员的共同努力下，市工经联党委系统党建工作在探索中创新，根据行业协会党的建设实际情况和特点，形成了“六个坚持”的工作思路和“六种模式”的组织架构。提出了关于进一步加强市工经联党委系统党建工作的实施意见，制定了2019—2021党建工作三年规划，为进一步做好行业协会党建工作打下了良好工作基础。

大会要求，要深入学习贯彻党的十九届五中全会精神，以习近平总书记考察上海重要讲话和在浦东开发开放30周年庆祝大会上重要讲话精神为指引，贯彻落实十一届市委十次全会决议，按照李强书记对市工经联工作的批示精神，充分发挥枢纽型行业协会党组织的作用，始终不忘“服务企业、规范行业、发展产业”的宗旨，围绕中心，服务大局，为上海推进更深层次改革、更高水平开放、奋力创造新时代新奇迹做出贡献。要发挥优势，彰显作为，助推产业高质量发展；要持续创新，勇于担当，促进行业协会能级提升；要顺应新趋势，孕育动能，激发市场主体创新活力；要凝心聚力，融合发展，加强社会组织自身建设；要明确目标，抓好落实，不断夯实党建工作基础。要全面贯彻党的十九大精神，贯彻中央、市委关于加强社会组织党建工作的意见，按照市经信工作党委的要求，做好党建工作三年规划中提出各项工作，推动市工经联系统党组织实现组织力全面提升，政治引领更加突出，体制机制更加科学，党支部建设更加规范，党员教育更加精准，行业协会党建与业务工作结合更加紧密，党组织保障中心工作更加有力的总体目标，更好发挥党组织的政治引领作用。

大会号召，市工经联党委系统各级党组织要以市工经联第一次党代会胜利召开为契机，坚持党要管党、从严治党，按照上级党委的部署和要求，继续保持和发扬成绩，不断改进和完善工作，紧密联系行业协会和会员企业的工作实际，进一步加强系统党建工作，切实加强党建引领，凝聚各方力量，为行业协会健康发展提供坚强的政治保证。

在市工经联第一次党代会上的讲话

中共上海市经济和信息化工作委员会书记 陆晓春

2020 年 12 月 15 日

各位代表、同志们：

大家下午好！很高兴参加上海市工经联第一次党代会。首先我代表市经信工作党委，对大会的胜利召开表示热烈的祝贺！对当选的市工经联新一届党委会全体成员表示热烈的祝贺！

市工经联党委成立至今已有 30 年的历史了。30 年来，市工经联党委从成立之初的 8 个党支部、几十名党员到目前的 140 多个党支部，1500 余名党员，发展很快，成效明显。党的十八大以来，特别是中央、市委相继印发《关于加强社会组织党的建设工作的意见》后，市工经联党委认真贯彻落实中央、市委《意见》精神，进一步加强党建工作，系统党建工作取得了可喜成绩。

刚才，维镛同志代表市工经联，对党委成立以来的工作，尤其是近 5 年的工作作了简明扼要的回顾总结；对党建工作的主要经验以及存在的问题和薄弱环节作了比较实事求是的分析；对今后一段时间的目标任务提出了清晰明确的意见。作为上级党委，我们对此表示赞同，并对市工经联党委的工作给予充分肯定。借今天党代会的机会，我讲三点意见：

一、深入学习领会习近平总书记重要讲话精神，助推上海“十四五”产业高质量发展

前不久，市委召开十一届十次全议，审议通过《中共上海市委关于深入学习贯彻习近平总书记在浦东开发开放 30 周年庆祝大会上重要讲话精神的决定》《中共上海市委关于制定上海市国民经济和社会发展第十四个五年规划和二〇三五年远景目标的建议》。“十四五”时期是上海在新起点上全面深化“五个中心”建设、加快建设具有世界影响力的社会主义现代化国际大都市的关键五年。党中央对上海发展高度重视，习近平总书记连续 4 年亲临上海，今年 11 月出席浦东开发开放 30 周年庆祝大会并发表重要讲话，对上海发展赋予新使命、寄予新期望。谋划和推动上海“十四五”发展，必须始终以习近平总书记对上海工作的重要指示为根本指引，始终胸怀“两个大局”、坚持“四个放在”，在新征程上奋力创造新时代上海发展新奇迹。上海工经联汇集了全市 200 多家行业协会、200 多家会员企业，希望市工经联更好发挥枢纽型、联合性的功能优势、资源优势和协同作用，在围绕做强做优集成电路、生物医药、人工智能等三大重点产业和电子信息、汽车、高端装备、先进材料、生命健康、时尚消费品等六大产业集群以及生产性服务业，下好先手棋，打好主动仗，为打造符合上海城市发展要求的产业体系当好参谋助手，持续探索产业高质量发展的创新路径。

二、认真贯彻落实李强书记批示精神，努力使上海市工经联系统各项工作再上一个新的台阶

中共中央政治局委员、上海市委书记李强 8 月 11 日在《关于召开上海市工经联六届一次会员大会的情况汇报》上作了重要批示。李强书记的批示对市工经联历年来的工作和成绩给予了积极评价，对市工经联进一步开创工作新局面寄托了殷切期望，提出了更高要求，明确了努力方向。这既是对市工经联的工作要求，也对进一步推动各行业协会的工作和建设具有重要指导意义。希望市工经联党委系统广大党员干部一定要认真学习、深刻领会李强书记重要批示精神，结合各单位工作实际，积极贯彻落实。要按照市委、市政府的决策部署，充分发挥枢纽型行业协会联合组织作用，更好地服务企业发展，助推产业转型升级，为建设“五个中心”、强化“四大功能”、打响“四大品牌”作出新的贡献。要进一步统一思想、坚定信心、凝聚共识，明确行业协会的职能与定位，从服务城市发展战略的高度、满足企业和行业需求的角度、加强党建工作的力度出发，发挥行业协会特有的专业优势、渠道优势和凝聚优势，当好政府和行业、企业之间的桥梁与纽带，在围绕中心、服务大局中发挥积极作用。要把学习贯彻李强书记的批示精神和市委市政府的决策部署作为推动工作的强劲动力，做到凝聚新合力，落实新举措，助推产业实现高质量发展；应对新挑战，满足新要求，为促进经济稳定增长担当作为；顺应新趋势，激发新动能，推动企业加快转型发展。要紧密联系工作实际，助推“六稳”“六保”工作，努力完成年内各项工作任务和目标。

三、切实加强党的领导，坚持党建引领，不断提高社会组织党的建设质量和水平

要认真落实新时代党的建设总要求，认真落实中央、市委关于进一步加强社会组织党建工作的意见，加强党对社会组织的领导。要增强“四个意识”、坚定“四个自信”、坚决做到“两个维护”。当前，要把学习贯

彻习近平总书记在浦东开发开放30周年庆祝大会上的重要讲话精神作为当前和今后一个时期的重大政治任务和头等大事，进一步提高政治站位，将党的建设与业务工作同谋划、同部署、同推进、同考核，把党的政治优势和组织力量转化为推动工作和业务发展的强大力量。要强化党委的政治核心作用，发挥枢纽型党组织在政治上的桥梁、纽带作用，发挥会员单位在服务阵地、服务平台等方面的作用，更好促进产业发展。要全面贯彻新时代党的组织路线，深化细化全面从严治党“四责协同”机制，落实全面从严治党主体责任，切实抓好书记的第一责任和班子成员的“一岗双责”，要结合自身特点梳理出风险点和薄弱环节，在实践中进一步细化、量化“三个责任制”责任清单。要积极探索、创新社会组织党建工作，要进一步加强党的组织覆盖和工作覆盖。要强化基层党支部的战斗堡垒作用，强化党支部规范化建设，强化党员教育管理，强化党建基础工作。希望在工经联党委、基层党支部和全体党员的共同努力下，不断加强党对社会组织的领导，努力把党组织的政治优势、组织优势转化为行业协会和企业的发展优势、竞争优势，为上海经济和社会发展做出新贡献。

（本文系在中共上海市工经联第一次代表大会上的报告）

加强党建引领　凝聚各方力量
为行业协会健康发展提供坚强政治保证

——中共上海市工业经济联合会委员会工作报告

上海市工业经济联合会党委书记、会长 管维镛

2020 年 12 月 15 日

上海市工业经济联合会党委成立于 2000 年 1 月，是上海及全国第一家成立党委的枢纽型社会组织。市工经联党委成立 20 年来，大致经历了 4 个发展阶段：第一阶段：2002 年，市政府发布《上海市行业协会暂行办法》及《关于本市促进行业协会发展的指导意见》后，市工经联党委所属党支部从成立之初的 8 个增至 20 个。第二阶段：2006 年 8 月，市委组织部、市经委、市社会工作党委、市社会服务局、市社团局决定开展本市社会组织枢纽式管理试点工作，市工经联作为市级三家试点单位之一，开展了试党建、试功能、试保障的工作。一批行业协会党组织划转市工经联党委，所属党支部增至 68 个。第三阶段：2008 年，市经委与市信息委合并为市经信委后，从原市信息党委划转 1 个党委、17 个党支部，党委系统党员人数达 1000 人以上。第四阶段：2015 年以来，中央、市委对社会组织党的建设工作提出了一系列新的要求；同时，随着行业协会与行政机关脱钩，转入了一批脱钩行业协会党组织，建立了一批新兴产业行业协会党组织，还有一批新经济组织的加入。目前，市工经联党委下属党组织已达 143 个，党员 1517 人。

党的十八大以来，特别是中央、市委相继印发《关于加强社会组织党的建设工作的意见》后，市工经联党委认真贯彻落实中央、市委有关《意见》精神，按照市经信工作党委的部署要求，进一步加强党的思想、政治、组织、制度建设，系统党建工作取得了新的成效。

下面，分三个部分向各位代表报告党委成立以来，特别是近 5 年来的工作情况。

一、主要工作成效

（一）*认真学习，切实加强党员干部思想政治教育。*市工经联党委围绕提高党员干部的思想政治素质，加强以政治理论学习为重点的思想政治教育，着力在针对性、实效性、主动性和创造性上下功夫。严格执行党委中心组学习制度，每年制订并落实党委中心组学习计划，采用走出去、请进来，结合参观活动和观看专题教育片，召开中心组学习扩大会议以及联组学习等方式，拓展学习深度，扩大教育幅度，不断提高中心组学习质量。2016 年以来，按照市委、市经信工作党委的统一部署和工作要求，先后开展了“两学一做”学习教育、“不忘初心、牢记使命”主题教育、“四史”学习教育等一系列活动。每年对加强党员教育提出明确目标，各行业协会党支部运用“三会一课”和主题党日活动等形式，开展党员教育，确保学习教育覆盖到全体党员。“学习强国”学习平台运作以来，市工经联党委系统已建立 118 个学习党组织，共有 1000 余名党员加入学习。围绕纪念改革开放 40 周年、庆祝中华人民共和国成立 70 周年等重要节点，开展宣传教育。通过筹办《上海工业改革开放成果图片资料展》《辉煌七十年——喜迎中华人民共和国成立 70 周年》职工摄影展评等活动深化宣传教育，取得良好成效。

（二）*从严要求，层层落实党建工作三项责任制。*市工经联党委按照党建工作、党风廉政建设、意识形态工作三项工作责任制的要求，切实履行党委主体责任，坚持领导干部“一岗双责”，年初制定任务清单，年底开展责任制落实情况自查，推进各项重点工作的落实。与各行业协会党组织签订党风廉政建设责任书，明确责任目标和措施，形成齐抓共管、共同促进的局面。高度重视意识形态工作，加强正面宣传教育，坚持团结稳定鼓劲，确保意识形态安全，确保不发生大的意识形态事件。加强制度建设，先后建立和完善了党委会议事规则、党支部书记工作职责、“三会一课”制度、民主评议党员制度、党费收缴管理制度、保密工作制度等。在抗击新冠肺炎疫情阻击战中，市工经联党委积极主动开展工作，发挥党组织的政治优势和组织优势，勇于担当，善于作为，体现党组织的主体意识和责任意识。做好信息收集和舆论导向工作，围绕复工复产所面临的各种情况和问题，及时了解各相关行业的实际情况和呼声，形成情况专报报上级有关部门；在《文汇报》开辟专版，宣传报道复工复产情况，进一步扩大社会影响；系统有 50 多家行业协会组织开展捐款、捐物活动，党员干部还为抗击疫情自愿捐出特殊党费 13 余万元。

（三）紧扣实际，积极探索创新行业协会党建工作。市工经联党委认真学习领会中央、市委关于进一步加强社团组织党建工作的意见精神，积极探索行业协会党建工作，把促进协会改革发展作为党建工作的落脚点和出发点，努力把党组织的政治优势、组织优势转化为协会的发展优势、竞争优势，将党建工作融入行业协会工作的各个环节。注重开展调查研究，深入研究系统党建工作，通过走访行业协会、召开座谈会、个别访谈、问卷调查、资料汇总等形式，了解情况，破解难题，总结经验，形成成果。近年来，每年度编制《加强行业协会党的建设材料汇编》，完成一系列党建工作专题调研报告，得到上级有关部门和领导的好评和肯定。2014 年以来，市工经联党委为了破解行业协会党建工作中存在人员流动性大、活动难以开展或者组织活动形式单一等问题，探索建立了行业协会党建工作站，目前，15 个党建工作站覆盖了近 100 个行业协会。为进一步贯彻落实中央、市委一系列关于加强社团组织党建工作的意见精神，明确市工经联系统党建工作目标，2019 年，市工经联党委启动并完成了系统《党建工作三年规划》的制订工作。

（四）夯实基础，扎实推进基层党支部组织建设。市工经联党委扎实推进协会党建工作的规范化建设，把抓好基础工作放在突出位置，努力发挥党组织的引领作用，把行业协会党组织的政治优势、组织优势转化为推动行业协会改革发展、行业协会规范化建设的重要保障，不断提升行业协会党建工作科学化水平。强化组织保障，落实“两个覆盖”，指导符合条件的行业协会成立党组织，强调并落实符合条件的协会会长或秘书长担任协会党组织书记。坚持一年 2 次党支部书记培训，每期均有 80 多名支部书记参加学习。2018 年以来，连续 2 年组织部分党建工作站站长、行业协会党支部书记、行业协会秘书长赴遵义学习考察，考察活动集现场教学、党性锻炼、扶贫帮困、学习参观等内容于一体，使参加者获益匪浅。加强党建基础工作，按时完成党内年报统计，做好党管系统信息维护工作。2016 年以来，共有 19 名入党积极分子发展为预备党员，有 12 名预备党员经过考察转为正式党员。

（五）巩固提高，不断加强领导班子和干部队伍建设。2016 年以来，党委不断加强领导班子自身建设，坚持党管干部原则，树立正确选人用人导向，突出政治标准，培养年轻干部，选优配强行业协会党组织书记，按照上级党组织的要求和行业协会发展的需要，做好各方面人才的培养、选拔和推荐。市第五届工经联理事会换届工作完成后，市工经联党委调整了党委班子成员，增补 2 名党委副书记，将党委办公室与行政办公室分设，加强了党委抓党建工作的力量。市工经联党委坚持 2 年一次开展党内“两优一先”评选工作，2016 年以来，共有 50 个（次）先进党支部和 56 名（次）优秀共产党员受到表彰。同时，经党委推荐，有 4 名（次）同志分别被评为市经信工作党委系统优秀共产党员、优秀党务工作者，3 个（次）党支部被评为市经信工作党委系统先进基层党组织；有 2 名同志分别被评为上海市“两新组织”优秀共产党员、优秀党务工作者。党委坚持党建带工建，进一步加强和改进对工经联秘书处党支部和工会的领导，注重加强对市工经联青年人才的培养，2016 年以来，共提拔“80 后”优秀青年 6 人，其中 1 担任部门正职，5 人担任部门副职。

二、主要工作体会

近 5 年来，在上级党组织的正确领导和指导下，在市工经联党委班子成员、各行业协会党组织书记以及广大党员的共同努力下，市工经联党委系统党建工作经过有益探索，积累了一定经验，取得了初步成效：形成了党建工作“六个坚持”的工作思路，明确了行业协会“六种模式”的组织结构，提出了关于进一步加强市工经联党委系统党建工作的实施意见，制订了 2019—2021 党建工作三年规划，为进一步做好行业协会党建工作打下了一定的工作基础。

一是坚持组织覆盖。市工经联党委从行业协会的实际出发，采用多种形式，强化并落实党的建设的组织覆盖和工作覆盖。根据各行业协会具体情况，明确行业协会党的组织构架或党建工作联络人，保证行业协会党建工作的开展。

二是坚持体制保证。市工经联党委强调并落实符合条件的协会会长或秘书长担任协会党组织书记，保证协会党建工作与协会中心工作相结合、产业发展方向与党和国家的方针政策相一致、经济效益与社会效益相统一。协会党组织书记中，由会长、副会长、秘书长或副秘书长担任协会党支部书记占比不断提高，目前已达 89%。

三是坚持制度完善。市工经联党委以落实党建工作三项责任制为抓手，巩固和深化“两学一做”学习教育、“不忘初心、牢记使命”主题教育、“四史”学习教育中形成的各项制度，根据上级的要求和行业协会的实际情况，不断完善党建工作制度，建立党建工作长效机制。

四是坚持方式创新。针对行业协会党支部数量多、分布广、每个协会党员人数少，难以开展活动的问题，市工经联党委成立了 15 个党建工作站。鼓励和支持各行业协会党支部开展多种形式的党建联建活动；鼓励和支持具备条件的行业协会开展行业党建工作。

五是坚持工作融入。党委强调，要把促进协会改革发展作为党建工作的落脚点和出发点，努力把党组织的政治优势、组织优势转化为协会的发展优势、竞争优势。越来越多的行业协会将党建工作融入协会工作和秘书处工作的各个环节，党建工作的成效更加显现。

六是坚持自身建设。党委每年举办 2 次党支部书记培训班，学习文件、交流经验、部署工作。充分运用党内主主题教育活动和党的组织生活，加强党员思想政治教育。强调党员要在协会中发挥先锋模范作用，重点是要把党员培养成骨干、把骨干培养成党员。

通过多年的探索实践，目前工经联系统行业协会党组织“六种模式”的组织结构基本成形。即，符合条件的成立独立党支部；党员不满 3 人的行业协会成立联合党支部；党员超过 3 人，但党组织关系转入不满 3 人的成立临时党支部，党支部书记由市工经联党委任命；根据实际情况在部分行业协会理事会层面建立党的工作小组；非协会负责人担任党支部书记的，由党员会长（或副会长、秘书长）兼任党建工作督导员；暂不具备建立党支部条件的行业协会，设立党建工作联络员。

在总结近 5 年工作的同时，我们也深深地感到，按照中央、市委从严治党以及关于进一步加强社会组织党建工作的要求，工经联党委系统党建工作还存在一些薄弱环节和不足之处，有待于在今后的工作中不断改进和完善。

从市工经联党委工作层面来看，党建工作三项责任制的落实以及对行业协会党支部的督促、检查、指导工作还要进一步加强，党风廉政建设以及党员教育管理长效管理机制还有待于进一步健全，党建工作如何更好融入行业协会工作、更好引领行业协会改革发展还有待于进一步探索、研究。

从行业协会党支部工作层面来看，各行业协会党建工作发展还不够平衡，党支部基础工作有待进一步加强。极个别行业协会党支部书记还存在缺位现象，由符合条件的协会党员负责人担任党支部书记还有提升空间，部分党支部“三会一课”及其他党内制度的贯彻执行有待改进完善，在协会工作的党员同志以及离开协会的党员同志党组织关系有待进一步理顺。

三、今后目标和任务

回顾过去，我们深感所做的工作和取得的成绩离不开上级党委和领导的关心指导，离不开工经联系统各级党组织和广大党员的支持。在此，我代表工经联党委向市经信工作党委、市经信委，向工经联历届党政领导班子成员，向工经联系统党务工作者和全体党员表示衷心感谢和崇高敬意。展望未来，我们深感任务艰巨、责任重大。新一届党委会的任期，正逢实施经济社会发展“十四五”规划时期，明年，还将迎来中国共产党成立 100 周年华诞。我们要深入学习贯彻党的十九届五中全会精神，以习近平总书记考察上海重要讲话和在浦东开发开放 30 周年庆祝大会上重要讲话精神为指引，贯彻落实十一届市委十次全会决议，按照李强书记对市工经联工作的批示意见，始终不忘“服务企业、规范行业、发展产业”的宗旨，围绕中心，服务大局，为上海推进更深层次改革、更高水平开放、奋力创造新时代新奇迹做出贡献。

（一）发挥优势，彰显作为，助推产业高质量发展。要以推进浦东高水平改革开放和三项新的重大任务为战略牵引，以强化“四大功能”、深化“五个中心”建设为重中之重，全力配合政府主管部门做好产业“十四五”规划的制订与实施。发挥枢纽型、联合性行业协会和协会党组织的功能优势、资源优势和协同作用，凝聚系统内 400 多家行业组织和企业的力量，加强基础调研，发现问题瓶颈，反映真实情况，提出发展对策。围绕做强做优集成电路、生物医药、人工智能等三大重点产业和电子信息、汽车、高端装备、先进材料、生命健康、时尚消费品等六大产业集群以及生产性服务业，下好先手棋，打好主动仗，为政府部门的规划制订、实施和评估提供信息和专业支撑，为打造符合上海城市发展要求的产业体系当好参谋助手，持续探索产业高质量发展的创新路径。

要不断优化“智造 + 合作”平台，全力搭建多维度合作交流体系，促进区域协作、产业融合和产学研用一体化建设。主动投入浦东“社会主义现代化建设引领区”和上海自贸区新片区建设，带领行业协会和企业会员对标国际最高标准、最好水平，在扩大开放、制度创新、人才培育、生态营造等方面，找准服务切口、形成工作特色、走出实践新路。持续加强与长三角工经联和行业组织的联合联动，参与长三角产业融合和产业集聚区一体化进程，共聚力量、共促发展。

（二）持续创新，勇于担当，促进行业协会能级提升。要充分领会并深入实践“人民城市人民建”的理念，进一步发挥行业协会贴近基层、了解企业的特点，掌握企业动态，协调企业生产经营，全力协助政府部门统筹抓好疫情防控和经济社会发展，两手抓、两手硬、两手赢，协助做好“六稳”工作、落实“六保”任务，助推经济稳步回升和产业转型升级。

要认真研究行业协会脱钩改革后所面临的形势任务，重视行业协会在社会治理中的作用发挥，持续倡导完善协会法人治理结构和能力建设，及时总结、反映研究协会改革发展的新经验、新情况、新问题，促进协会职业化、专业化。深入了解协会的发展需求，积极为协会发展争取各项权益。

要引导构建行业协会新闻和信息发布平台和机制，完善行业协会新闻发言人制度，进一步扩大行业协会的社会影响力。发挥行业协会在质量提升、标准制定、品牌打造中的引领作用，培育行业协会的核心竞争力。

要着力探索适合行业协会发展的人才培育体系，培育懂经济、懂管理、组织协调能力强、工作热情高、创新精神足的人才队伍，努力提高协会的综合素质，更好地发挥专业协会人才在社会主义市场经济中的独特作用。

（三）顺应趋势，孕育动能，激发市场主体创新活力。要加快顺应产业变革趋势，积极开展前瞻研究，搭建产学研用合作和行业技术公共平台，引导各类企业加大研发投入，加快企业生产组织创新、技术创新、业态创新、管理创新，助推企业数字化赋能、智能化转型和传统技术改造提升，配合政府部门完善政策激励，激发企业活力和创造力。

要主动了解反映中小企业、民营企业困难和诉求，提供针对性服务，充分利用自身的人才优势、信息优势和功能优势，贴近产业和市场的优势，参与投融资一体化平台建设，帮助企业协调解决融资、市场、技术等困难，促进金融、科技、产业的三角互动，助力企业在国内大循环为主体，国际国内双循环相互促进的新发展格局中获得更大的发展契机。

要配合政府部门持续优化营商环境，绘制产业地图和产业链图谱，为企业发展提供适宜的土壤，创造优越的生态，吸引各类企业投资落户。进一步利用好“进博会”的溢出带动效应，引导企业把高端产品、高新技术和高能级贸易主体“引进来”，推动企业高质量产品和高水平技术“走出去”。帮助企业特别是科创型中小企业打通资本市场与创新资源的对接通道。

要引导各类企业履行社会责任，进一步强质量、提标准，树品牌，把打响上海“四大品牌”贯穿于高质量发展的全过程，积极组织开展工业大奖、制造业单项冠军的培育和推荐，助推重点领域、重点行业、重点企业的产品和服务品质达到先进水平。瞄准国家战略和上海需求，积极培育、推荐、挖掘产业领军人才、工商业领军人物和高技能人才。

（四）凝心聚力，融合发展，加强社会组织自身建设。要紧密结合中央、市委、市经信工作党委对社会组织党建工作的要求，将党建工作与中心工作有机融合。我们的根基在企业，价值在服务，力量在党建，优势在联合。要紧密结合工作实际，抓好党建工作的着力点和落脚点，围绕中心抓党建，加强党建促发展。特别要发挥枢纽型社会组织特有的专业优势、渠道优势和凝聚优势，用好自身丰富的人力资源、协会资源、企业资源，当好政府和行业、企业之间的桥梁纽带。要联合各行业、各阶层、各群体的力量，在结合、联合、融合上做好文章，共聚力量，共促发展，共建和谐。

要建立完善规范化、制度化的专家委员会和专业委员会，最大限度发挥智库专家咨政建言的重要作用，为政府优化产业政策建言献策。发挥专业委员会的业务延伸作用，进一步扩大联合会的服务领域，在产融结合、产城融合等领域发挥更大作用。

要坚持典型引路，及时总结和宣传系统各行业协会、会员单位、广大党员群众在干事创业、开拓创新过程中的先进经验和典型事例，组织和动员系统各级党组织和广大党员群众群策群力，建言献策，凝心聚力，共谋发展，为本市经济社会发展作出新的贡献。

（五）明确目标，抓好落实，不断夯实党建工作基础。要全面贯彻党的十九大精神，贯彻落实中央、市委关于加强社会组织党建工作的意见精神，按照市经信工作党委的部署和要求，按照党建工作三年规划中提出各项任务，推动市工经联系统党组织实现组织力全面提升，政治引领更加突出，体制机制更加科学，党支部建设更加规范，党员教育更加精准，行业协会党建与业务工作结合更加紧密，党组织保障中心工作更加有力的总体目标，更好发挥党组织的政治引领作用，为行业协会健康发展提供坚强政治保证。

要以加强党的执政能力建设和先进性建设为主线，不断创新管理体制和工作机制。力争经过 2~3 年的努力，使市工经联党委系统党建工作形成比较健全的管理体制、比较完善的工作体系和比较规范的工作机制；进一步扩大党组织和党的工作覆盖面；党组织和党员在推动发展、服务群众、凝聚人心、促进和谐方面，能力明显提高，作用明显发挥，成效明显增强，并涌现一批“领导班子好、党员队伍好、工作机制好、发挥作用好、各方反映好”的行业协会党建工作示范点。

要切实加强思想政治建设、制度建设和队伍建设。坚持把思想政治建设放在首位，牢固树立和践行“四个意识”，坚定“四个自信”，做到“四个服从”，把落实“两个坚决维护”作为最高政治原则，自觉在政治立场、政治方向、政治原则、政治道路上同以习近平同志为核心的党中央保持高度一致。充分发挥党委中心组学习龙头带动作用，引导党员干部在学懂弄通做实上下功夫，真正把党中央、市委各项决策部署以及市经信工作党委的工作要求落到实处。认真落实党建工作、党风廉政建设和意识形态工作三项责任制，抓好“三会一课”、民主评议党员等基本制度的落实。持续开展“两优一先”评选活动，充分发挥党支部战斗堡垒作用和党员先锋模范作用。

我们将以市工经联第一次党代会胜利召开为契机，坚持党要管党、从严治党，按照上级党委的部署和要求，继续保持和发扬成绩，不断改进和完善工作，紧密联系行业协会和会员企业的工作实际，进一步加强系统党建工作，使党组织政治功能日益增强，党员干部政治思想更加坚定，党组织服务中心、建设队伍成效更加显著，切实加强党建引领，凝聚各方力量，为行业协会健康发展提供坚强的政治保证。

（本文系在中共上海市工经联第一次代表大会上的报告）

关于中国共产党上海市工业经济联合会第一次代表大会筹备工作情况的报告

上海市工业经济联合会党委副书记、执行副会长 黄国伟
2020年12月11日

各位代表，各位同志：

中国共产党上海市工业经济联合会第一次代表大会，在上海市经济和信息化工作党委的领导下，在系统各行业协会党组织的共同努力下，各项准备工作基本就绪。现在，我代表市工经联党委，将大会筹备工作情况报告如下：

一、准备工作情况

8月下旬，草拟《中共上海市工业经济联合会第一次代表大会实施方案》，在市经信工作党委有关处室的具体指导帮助下，各项工作进展顺利。9月上旬，市工经联党委正式向市经信工作党委呈报《关于召开中共上海市工业经济联合会第一次代表大会的请示》。

9月18日，市工经联党委召开2020年第4次党委会议。讨论审议市工经联第一次党代会实施方案。党委委员对党代会实施方案原则上表示同意，大家认为，上海市工经联党委成立于2000年1月，是上海乃至全国第一家成立党委的社团组织。市工经联召开第一次党代会具有探索性、创新性、示范性，一定要严格按照《党章》及《中国共产党基层组织选举工作条例》认真做好筹备工作。同时，对进一步修改完善实施方案提出意见和建议。管维镛书记对做好党代会筹备工作提出三点要求：一是提高认识，高度重视。要把党代会的召开作为对党员开展党性教育的一个过程，要明确学习材料、明确党性教育的内容。二是要周密部署，把握节点。对代表的分配要结合行业协会的实际，体现代表性、先进性，体现层次性。三是凝心聚力，开出成效。召开党代会不能当事务性工作来做，要认真做好党委工作的回顾总结，做好会前、会中的学习教育并做好先进基层党组织、优秀党员、优秀党员干部的宣传工作。

二、启动实施情况

9月28日，市工经联党委召开第一次党代会筹备工作会议。市工经联党政班子成员、各行业协会党组织书记90余人出席会议。市工经联党委书记、会长管维镛在会上就开好工经联首届党代会提三点要求：一是要充分认识召开市工经联第一次党代会的重要意义；二是以《党章》和条例为指南做好党代会筹备工作；三是以召开党代会为契机，进一步加强市工经联党委系统党建工作。会议就党代会代表条件、代表分配原则、产生办法、时间节点等作了布置。

9月底以来，市工经联党委系统各党支部根据市工经联党委换届工作实施方案及有关工作要求，召开专题组织生活会，传达市工经联党代会筹备工作会议精神，组织全体党员认真学习《党章》和《中国共产党基层组织选举工作条例》，使代表推选过程成为加强党性党风党纪教育的过程，成为党内民主实践和民主集中制教育的过程，成为保持党员先进性、巩固和扩大“四史”学习教育成果的过程。

三、党代会代表推选情况

按照工经联党委系统的实际情况，党委提出“坚持党对社团组织的领导，保证党的组织覆盖和工作覆盖，基本上做到每个支部有1名代表”的代表推荐原则，并适当向党员人数较多的党支部和先进党支部增加代表名额。按照代表分配名额，以党支部为单位，组织全体党员推荐提名，各党支部共推荐党代表候选人选168名，报市工经联党委审批后再次下发至各支部进行差额选举，最终产生141名正式代表名单。

141名代表候选人中，代表平均年龄为54岁，年龄最小的25岁，年龄最大的73岁。其中：女性55名，占39%；党组织书记69名，占49%；协会副秘书长及以上干部70名，占49%；企业党员25名，占18%；代表均为大专及以上学历，其中本科学历107名，占76%；硕士及以上学历31名，占22%；中级职称42名，占30%，高级职称43名，占30%。

四、党委委员候选人推选情况

经市经信工作党委批准，市工经联新一届党委拟设委员11名（其中设书记1名，副书记2名），按照

"委员候选人的差额为应选人数的百分之二十"的规定，候选人为 14 名。

根据中央、市委和市经信工作党委的有关规定和要求，结合市工经联的实际情况，10 月 23 日，市工经联党委办公室将《关于做好市工经联新一届党委委员候选人推荐工作的通知》下发到各协会党组织，对市工经联新一届党委委员候选人的推荐工作作了明确要求和部署。经过自下而上的酝酿提名，市工经联党委系统各协会党支部 1400 余名党员参与党委委员候选人的第一轮推荐，截至 11 月 2 日，收到有效提名人选 48 名。

新一届党委委员候选人安排按照班子结构、行业分布、代表性以及年龄、性别等多方面考虑，经 11 月 4 日市工经联党委会议讨论，提出党委委员候选人初步人选建议名单 14 名，并将名单再次发至各协会党组织广泛征求了意见。经反复酝酿讨论后，确定了党委委员候选人预备人选建议名单，现已报市经信工作党委审查同意。

五、大会会务筹备情况

市工经联党委对召开系统第一次党代会高度重视，对党委工作报告和党代会相关文件进行专题讨论，并在一定范围内征求意见；对大会的时间、地点、议程以及会前准备的有关事项进行了具体研究和安排。这次大会的各项工作由市工经联党委办公室负责具体落实，做到了分工明确，责任到人，确保了大会筹备工作的顺利进行。在会务准备方面，党委办公室对整个会议程序作了细致考虑，完成了会议通知的编发、大会证件的制发、大会会场的布置等具体工作。

到目前为止，在市工经联党委系统各协会党组织和党员的共同努力下，市工经联第一次党代会筹备工作已基本就绪，特向大会报告。

（本文系在中共上海市工经联第一次代表大会预备会议上的报告）

换届选举

Huan Jie Xuan Ju

市委领导在市工经联、市经团联《情况汇报》上的批示

2020 年 8 月 11 日，中共中央政治局委员、上海市委书记李强对市工经联、市经团联《关于召开上海市工经联六届一次会员大会的情况汇报》作出批示：**“近年来，上海市工业经济联合会（上海市经济团体联合会）秉持“服务企业、规范行业、发展行业”的宗旨，着力搭平台、育品牌、强机制、优生态，为促进我市先进制造业和现代服务业发展发挥了重要作用，希望新一届联合会深入学习贯彻习近平总书记考察上海重要讲话精神，按照市委、市政府决策部署，充分发挥枢纽型行业协会联合组织作用，坚定信心，凝聚共识，更好地服务企业发展、助推产业转型升级，为建设“五个中心”，强化“四大功能”，打响“四大品牌”作出新的更大的贡献！”**

上海市工业经济联合会（上海市经济团体联合会）第五届理事会工作报告

上海市工经联（市经团联）第五届理事会会长 俞国生

（2020 年 8 月 11 日）

各位理事、各位会员：

现在我代表第五届理事会，向大会报告工作，请审议。

2015 年 12 月 24 日，市工经联（市经团联）召开了五届一次会员大会，至今已有 4 年多。4 年多来，我们以习近平新时代中国特色社会主义思想和党的十九大精神为指引，按照中共上海市委、市政府的决策部署，在市经信工作党委、市经信委、市民政局的领导下，在各位副会长单位、主席团单位和会员单位的共同努力下，始终围绕完成习近平总书记交给上海的三项新的重大任务和加快建设“五个中心”、打响“四大品牌”，坚持“服务企业、规范行业、发展产业”的宗旨，以新的发展理念提升工作质量，为促进上海产业经济进一步提质增效、为上海社会组织进一步转型发展发挥了积极作用。

一、四年工作回顾

（一）凝心聚力、服务大局，彰显影响力

4 年来，我们紧扣时代脉搏，对接国家和上海发展战略，主动服务于中心工作，积极开展各项活动，提升了联合会的影响力。

1. 以“创业、创造、创新”为主线追梦建国 70 年

2019 年，我们以特有的方式庆祝新中国成立 70 周年，激发广大职工不忘初心，牢记使命，为实现中国梦不懈奋斗的决心和信心。一是编撰《创业 · 创造 · 创新——上海工业 70 年大事记》。上海市十届政协主席蒋以任为本书作序。全书精选近 4000 个条目和 800 余幅图片，生动再现上海工业 70 年的辉煌历程和精彩瞬间，宣传弘扬上海工业精神。二是举行“市工经联纪念新中国成立 70 周年座谈会”。邀请 60 余位参与上海工业发展历程的老领导、老劳模及行业协会代表座谈，共同忆历史、谈传统、话未来。三是举办“辉煌七十年——

喜迎中华人民共和国成立70周年”职工摄影展评活动。通过摄影镜头记录祖国70年来的沧桑巨变，记录上海工业改革开放的精彩画面。这项活动共收到各行业协会选送的180多幅照片。经网上展评，共有8万多人次浏览，2.6万人次参与投票，评选出多个奖项。

2. 以“深化改革、扩大开放、实现发展”为主题纪念

改革开放40周年我们举办了系列纪念活动，颂扬上海工业改革开放，快速发展的伟大成就。一是举办“勇于创新——上海工业改革开放40年500例成果展”。2018年，在市经信工作党委、市经信委、市国资党委、市国资委、市政协经济委、市档案局、市地方志办公室的指导和支持下，我们会同各相关企业集团、企业和行业协会共同举办“勇于创新——上海工业改革开放40年500例成果展”。在一个月时间里，董云虎、吴清等市领导及1万余名观众参观展览，观众留言179条，各媒体广泛宣传报道，取得良好社会反响。二是举行《勇于创新——上海工业改革开放40年500例成果展》邮册首发仪式。在中国邮政集团公司上海市分公司等单位的支持和帮助下，我们编辑发行《上海工业改革开放40年500例成果展》纪念邮册，展示上海工业深厚的历史底蕴和改革开放的喜人成就。三是召开“庆祝改革开放40周年上海工业部分亲历者座谈会”。邀请部分上海工业改革开放的亲历者座谈，弘扬上海工业自力更生的创新精神，抒发实现上海工业新腾飞的雄心壮志。四是开展“上海工业改革开放40年——我最关注的10件事”评选活动。在全市范围内发起网络投票，并经过专家评审，评出上海工业改革开放40年10件大事。

3. 积极投身长三角一体化发展国家战略

为学习贯彻长三角一体化发展国家战略，我们成功举办2019年长三角省市工经联联席会议”。沪苏浙皖及中国工经联近100位领导和代表出席会议。市委常委、副市长吴清为大会发来贺信。会上，三省一市工经联签署《关于促进长三角产业集聚区一体化发展的上海共识》，提出要以促进长三角产业集聚区一体化、高质量发展为共同任务，共使一股劲，共下一盘棋，共绘一幅画，共推一体化，共同开创三省一市工经联联动发展新局面。会议成果获得市领导和中国工经联领导的高度肯定。此外，我们积极学习贯彻《长江三角洲区域一体化发展规划纲要》，全力支持、参与长三角开发区协同发展联盟的建设，近年来在长三角区域以开发区为载体举办了30多场合作交流及招商引资活动。

4. 积极响应“一带一路”倡议开展合作与交流

2019年，我们联合上海化工协会、纺织协会、通信制造行业协会、轻工业协会、进出口商会等20多家协会商会及下属企业，参加上海之帆“一带一路”经贸巡展，赴匈牙利、斯洛文尼亚为上海企业进入东欧市场搭建平台。接待了由印度泛亚洲工商会、印度中小企业商会、孟买证券交易所有限公司等10多家印度企业和组织组成的2019印度商业文化交流代表团，促进了印度同上海之间的经贸往来与合作。4年来，我们加强与中国台湾地区“三三企业交流会”的联系，举办多场沪台企业合作与发展交流会。与韩国光州市政府建立合作关系，与丹麦工业联合会、日本关西经济联合会开展友好交流互访。组织行业协会拓展与德国、古巴、加拿大等国商会和企业间的合作，为中外民间经济合作交流做出了积极贡献。

5. 积极贯彻市委市政府要求营造良好营商环境

围绕市委、市政府提出的营商环境改革1.0、2.0、3.0版方案，结合发展上海民营经济、促进实体经济振兴发展等主题，我们深入开展调研，并举办一系列活动，推动改善上海营商环境。在市委、市人大相关部门部署下，我们承办优化改善上海营商环境专题座谈会，总结有关材料，撰写专报，得到时任市人大主任殷一璀同志的批示；组织行业协会参与市委“上海制造”品牌调研督查组的调研，了解和反映企业的困难，提出相应建议；配合市人大财经委组织召开“振兴发展实体经济，支持民营企业发展”调研座谈会。这些工作既服务了全市工作大局，也向政府部门及时传递了行业协会、民营企业和中小微企业的呼声。

6. 积极联合广大行业协会齐力抗击疫情

今年伊始，新型冠状肺炎疫情来势凶猛。我们响应党中央号召，联合系统内各行业协会的党组织、党员和会员单位积极做好应急响应、支援疫区等工作。有50多家行业协会开展捐款、捐物活动，组织防疫物资的生产运输。许多行业协会想方设法为企业尽早复工复产解决难题，为打赢防控疫情阻击战做出积极贡献。我们撰写了多份专报向政府部门反映情况，领导带领秘书处同志深入多家协会进行慰问和调研，关心和支持疫情防控和复工复产工作，对今后协会如何在社会治理中进一步发挥作用、提升能级提出了建议。

（二）精准服务、创新发展，形成向心力

4年来，我们坚持以供给侧结构性改革为主线，以问题和需求为导向，落实创新驱动战略，在打响“四大品牌”过程中不断创新服务，总结经验，团结行业协会和企业，促进高质量发展。

1. 创建“智造与合作”沙龙交流平台

“智造与合作”沙龙成立于2018年，旨在促进不同行业、不同领域的协会和企业实现跨界交流与合作，助推“上海制造”转型升级和产学研用一体化建设。两年来，沙龙月月有活动，每次有主题，做到制度化、常态化、系列化。近年来累计举办40多场活动，参加单位超过400家。如“设备智能化管理暨远程诊断应用技术推广交流”沙龙活动，成功将智能化设备管理技术推广到化工企业，助力化工行业安全、环保、高质量发展。结合活动撰写的情况专报得到多位市领导的圈阅和批示。此外，我们连续多年组织推荐企业参与申报“上海产学研合作优秀项目奖”，沪东中华造船（集团）有限公司、上海航空工业（集团）公司、上海电气上海汽轮机厂的项目先后获得特等奖。

2. 创办“上海品牌”微视频大赛

为落实上海打响“上海制造”品牌三年行动计划，在市经信委等部门指导下，我们发起并会同市电商协会、市企联等单位，自2018年起每年举办一届爱姆意杯“上海制造”品牌微视频大赛。2019年参赛企业达257家，吸引网络投票达2953万票，网络推广和投票平台访问量近1000万次。上汽集团、外高桥造船公司等多家知名制造企业先后获得大奖殊荣。我们与东方网等新媒体平台深度合作，与参赛企业和相关协会及社会组织的自媒体公众号互相联动，结合线下展览展播，共同推广和宣传参赛微视频，为打响上海“四大品牌”发挥了积极作用。

3. 发起成立上海产业创意设计协会

2017年，在中国工经联主席团主席、上海市工经联原会长蒋以任亲自倡导和组织下，我们会同上海工业投资集团等单位，发起成立上海产业创意设计协会。协会成立以来，在推动各会员单位及协会内外的创意设计成果对接，促进产学研用跨界融合发展，加快科创成果产业化等方面发挥了桥梁纽带作用，先后举行30多个项目对接签约和30多次专题会议及沙龙活动推介项目，推动科创型企业发展，促进产学研用深度融合，打通科技成果转化为现实生产力的“最后一公里”。

（三）继往开来、弘扬品牌，提升竞争力

4年来，我们在历届工作成果的基础上，坚持把原有的特色工作常做常新，不断弘扬和发展特色品牌，使联合会的社会知名度和竞争力进一步提升。

1. 强化调查研究工作出现新气象

市工经联（市经团联）与会员单位之间呈现走访调研多、交流对接多的新态势。2018年，围绕“如何在服务上海五个中心、四大品牌建设中有新作为”“如何完善枢纽型社会组织的功能和定位”“如何进一步改进和加强社会组织的党组织建设工作”等6个主题，领导班子成员走访80多家会员单位，召开8次专题座谈会，发放184份书面调研问卷，收集到50多条富有建设性的意见和建议，征集到20多项行业协会改革发展的成功案例。2019年，领导带队走访调研超过150次。4年来，累计完成《进一步改善临港产业区营商环境研究》《保持上海化工区排头兵、先行者研究》《传统产业转型升级研究》《新时代推动上海国有企业产融结合的研究》《黄浦区文化创意产业发展研究》等25项重点课题调研，向政府部门提交30篇反映行业发展重点问题的专报，发挥了枢纽型社会组织当好政府助手，为政府部门建言献策的作用。

2. 上海市制造业创意促进中心拓展新功能

我们在2012年发起成立的上海市制造业创意促进中心，紧紧围绕搭建制造业与创意产业对接的公共服务平台这一宗旨，坚持创意、创新理念，为促进制造业高质量发展做出了贡献。4年多来，中心积极推介前沿科技和先进技术，促成10余项合作成果，持续助力先进制造业转型发展。如与全国锅炉压力容器标准化技术委员会、上汽集团等共同开展“LNG自动化智能供应系统”技术在汽车制造业的应用可行性研究；牵头组织大数据与化工情报调研的应用合作；与有关企业合作推动“甲醇重整制氢发电技术氢燃料电池及配套功能项目”的产业化；持续组织开展石墨烯科技成果产学研用一体化建设等。此外，承接政府部门多项课题，走访调研30余次；与上海交大科学技术发展研究院、华谊集团等签订了战略合作协议。为助推上海先进制造业转型发展和“上海制造”品牌建设添砖加瓦。

3. 推进企业社会责任工作涌现新亮点

近年来，我们组织开展的上海市企业社会责任推进工作影响力与日俱增，形成了企业、专业机构、社会组织、政府部门等多元共促社会责任建设的良好局面。2019年上海市企业社会责任报告发布会上，发布单位达到316家，是2012年第一届发布会的近10倍。4年来，这项工作有了许多新亮点：一是发布形式有创新，采用微视频结合PPT发布形式，增强发布效果的感染力。二是参加范围有扩大，邀请市人大代表和市政协委员列席发布会，扩大发布会的影响力。三是成果奖项有内涵，设立“科技创新”“合作共赢”“绿色生态”“品牌贡献”等4个奖项，提升了企业履行社会责任的积极性。四是发布层次有提升，每年组织30多家企业参加“中国企业可持续发展大会暨中国工业行业和企业社会责任报告发布会”并发布报告，上海企业发布数量占全国发布企业数量的1/3，充分展示了上海企业的风采。

4. 评选工商业领军人物和“十大杰出青商”结出新硕果

2018年，我们会同市商联会、市企联会组织第四届上海市工商业领军人物评选活动，经专家评审，从行业协会和集团公司推荐的140位候选人中评出35名“第四届上海市工商业领军人物”。2016年和2017年，我们联合青年报社举行第五、第六届“上海十大杰出青商”评选活动，有40位青年企业家和创业精英获得殊荣。这些活动弘扬了企业家爱国敬业、追求卓越、勇于创新的精神，营造了尊重企业家价值、发挥企业家作用的氛围，助推了上海产业创新发展和能级提升。

5. 开展节能减排JJ小组活动创造新成绩

至2019年，我们创立的具有群众性、广泛性、科普性特点的节能减排JJ小组活动已走过10年路程。10年来，JJ小组共完成2602个节能减排项目。据不完全统计，4年来JJ小组活动实现经济效益达20亿元，举办80多期节能减排培训班，30多个行业和400多家企业参与，培训员工4200人次。修订出版《节能减排知识培训简明教材》；开展1185项成果评比；汇编4套《上海市节能减排JJ小组活动案例集》；出版4册“节能减排JJ小组活动丛书”。2019年，编印《十年磨一剑砥砺再出发》JJ小组活动10周年风采录，举行JJ小组“五个十”评选活动，评选出一批JJ小组活动成绩突出的先进企业、小组、项目、个人和组织者。

6. 管理创新成果评审和科技创新最佳案例工作形成新局面

我们承办的上海市企业管理现代化创新成果评审工作已连续开展12年。4年来，报名参加的企业数量持续增加，参评企业所有制结构更均衡，评选标准更严格，共有679项成果被评为市级企业管理创新成果，充分反映上海国有、民营、外资等各类企业积极落实创新驱动战略、打响“四大品牌”、发展数字经济、培育新增长点、形成新动能所取得的新成就，具有创新意义和推广价值。此外，自2016年起，我们每年开展企业科技创新最佳案例征集工作，得到广大行业协会的积极支持和企业的热情响应。4年来，共征集125篇企业科技创新最佳案例。有力促进企业开发自主知识产权，提高科技成果转化能力，增强核心竞争力和持续发展能力。

7. 质量、标准、品牌建设工作再上新台阶

我们围绕强质量、立标准、树品牌，做了大量工作。在强质量方面，配合市场监督管理局组织开展上海行业质量工作促进会的各项活动，促进会成员单位已增加至51家行业协会和专业机构，为引导规范行业组织、提升行业质量水平发挥了积极作用。此外，积极参加市经信委“质量标杆”评选活动，助推企业不断树立追求卓越的理念，有效提升综合竞争能力。在提标准方面，发起成立团体标准促进会，积极组织行业协会编制、推广团体标准，联合专业机构共同举办了8场专题培训和研讨会。至2019年底，市工经联（市经团联）系统的协会累计制订了315项团体标准，充分发挥了行业协会在团体标准制定中的主体作用。在树品牌方面，组织行业协会推荐企业参加“上海品牌”认证以及“上海品牌培育试点示范企业”的申报。在全市首批“上海品牌”认证示范企业中，有8家市工经联（市经团联）会员企业榜上有名。

2019年，我们被市社会组织管理局授予“上海市品牌社会组织”称号。此外，根据工信部、中国工业经济联合会有关文件精神，与市经信委联合发文，同相关行业协会合作，连续3年共推荐60家企业参加全国制造业单项冠军企业（产品）申报。连续两届共推荐9家知名制造企业参加第五、第六届中国工业大奖评选。

8. 推进社会组织规范化建设获得新进展

多年来，我们积极配合政府部门推进行业协会规范化建设，认真开展规范化指导工作。2016年，组织专家对122条社会组织评估指标进行逐条讨论修改，将《相关指标修改建议稿》《关于开展社会组织评估中期指导工作情况的报告》和《2016—2017年的社会组织规范化建设有关工作情况总结报告》报政府有关部门审议。经过我们和有关协会的共同努力，4年来系统内累计有26家协会通过5A级、31家协会通过4A级、8家协会通过3A级社会组织评审或复评。此外，我们进一步完善了行业协会新闻发言人制度，先后举办3期行业协会新闻发言人培训班，近150家协会秘书长及有关负责人参加培训。

（四）完善自身、苦练内功，增强凝聚力

4年多来，我们努力完善自身职能和内部治理，强化服务功能和服务能力，积极发挥枢纽型社会组织作用。

1. 建立健全线上信息平台

市工经联（市经团联）官网和微信公众号已成为发布本会和会员单位信息、提升大型活动质量、加强秘

书处内部管理的重要媒介。4 年来，官网总访问量达 250 万次，微信公众号编辑推送各类新闻 800 余条，总访问量 5 万多次，其中 2019 年访问量增长 43.42%。

2. 打造线下高端交流平台

结合形势教育和工作任务，我们多次邀请市政府领导、知名专家学者为会员单位作专题报告。4 年来，围绕政策对接、品牌创建、时事热点、新媒体传播等主题，累计组织 40 多场报告会和讲座，受到会员单位欢迎，取得良好反响。我们努力提高《上海工经联》《经济信息摘编》《工经联年鉴》等刊物的编辑质量，与线上平台形成良性互动，刊物发行量稳步上升。

3. 建设合作共赢的教育平台

2017 年，市工经联（市经团联）下属的上海市工业经济管理进修学院与 60 多家行业协会联合建立了教育合作联盟。

目前，学院同有关行业协会合作共建了 19 个高技能培训基地，参加基地举办的新型学徒制、新技能、专项职业能力及技能岗位等培训项目的人数近 5 万人次。学院负责承办的市工经联光电子高技能人才实训基地建设工作经过努力取得新突破，已完成三轮政府验收，并通过了政府委托的有关题库开发工作，取得了阶段性成果。学院与和辉光电、鼎晖科技和自动化仪表公司等企业合作开展了新型学徒制培训工作。此外，职称培训、学历教育、企业委托培训等传统工作在培训内容、课程设置、招生渠道等方面得到了发展与扩大。

4. 锻炼一支能打硬仗的职工队伍

我们高度重视秘书处干部员工队伍的培养。经过多年历练，秘书处员工特别是青年员工健康成长，在各项工作中发挥了生力军作用。自 2016 年开始，我们按照财政部门要求，通过市场化运作申请政府购买服务项目。在转型过程中，秘书处青年员工直面挑战，边学习、边实践、边提高，实现从“一无所知”到“融会贯通”的跨越，顺利完成每年的投标工作。2018 年，又积极投入 5A 级社会组织复评筹备工作，并顺利获得通过。充分体现了秘书处自我管理、自我完善和团队能力的提升。

5. 完善监事会制度和财务制度

监事会工作是本届联合会的一大亮点。监事会成员来自行业协会和企业会员。4 年来，监事会牢固树立“四个意识”，关注制度执行、程序规范、决策民主，以坚持反腐倡廉强化监督管理为切入口，完善制度、注重监督、忠实履职，列席联合会重要会议和活动，定期查阅财务和审计报告，对联合会重要工作和未来发展建言献策，推动联合会各项工作顺利开展。此外，我们健全、完善、创新财务管理制度，在资金有限而重大工作任务不断增加等新形势下，坚持一方面走向市场，探索和践行市场化项目的预算管理；一方面坚持内部挖潜，开展日常经费收支预算的目标管理，优化流程、责任到位，使有限资产发挥最大效用，并实现保值增值。

（五）党建引领、旗帜鲜明，强化战斗力

市工经联党委系统共有党组织 143 个，党员 1400 余名。4 年来，市工经联党委以习近平新时代中国特色社会主义思想为指导，按照市经信工作党委的部署和要求，坚持党的领导与行业协会依法自治相统一，扎实有效地推进各项工作。

1. 切实加强党员干部思想政治建设

市工经联领导班子坚持党委中心组学习制度，每年确定中心组学习计划，围绕党的十九大报告、习近平新时代中国特色社会主义思想、习近平总书记视察上海重要讲话精神等内容，认真开展自学、准备发言提纲，在中心组学习会上交流学习心得、开展互动研讨。党委还通过召开党委中心组学习扩大会的形式，将学习范围扩大至秘书处部门负责人、各党建工作站站长及部分行业协会党支部书记，将中央、市委领导讲话和重要文件精神及时传达到基层。按照市委、市经信工作党委的统一部署和具体工作安排，先后开展了“两学一做”学习教育、“不忘初心、牢记使命”主题教育和“四史”学习教育，认真制订并实施学习教育计划和方案，结合工作实际，加强调查研究，广泛征求意见，梳理检视问题，落实整改措施，推动各项工作。广大党员干部通过党委中心组学习、党员组织生活、专题党课、党日活动、参观学习以及“学习强国”平台等载体，进一步提高了政治理论水平和思想认识，激发了不忘初心、砥砺奋进的决心和信心。

2. 认真落实党建工作三项责任制

市工经联党委按照党建工作、党风廉政建设、意识形态工作等三项工作责任制的要求，切实履行党委主体责任，坚持领导干部“一岗双责”，每年年初制定任务清单，年中督查、年底检查，推进各项重点工作的落实。层层落实党风廉政建设工作责任，每年修订并与各行业协会党组织签订党风廉政责任书，明确责任目标和措施，形成齐抓共管、共同促进的局面。认真组织学习《中国共产党廉洁自律准则》和《中国共产党纪律处分条例》，组织党员干部观看党风廉政题材教育片，使党员干部进一步明确党的政治纪律、政治规矩和组织纪律，抓早抓小、防微杜渐。2016—2019 年，调查处理了 5 件有关干部廉洁、工作作风方面的群众来信，做到件件来信有调查、有落实、有反馈。坚持开展各类主题宣传

教育，围绕改革开放 40 周年、新中国成立 70 周年等主题开展系列宣传教育活动，坚持团结稳定鼓劲、正面宣传为主，确保不发生大的意识形态事件。注重制度建设，先后建立和完善了党委会议事规则、党支部书记工作职责、“三会一课”制度、民主评议党员制度、保密工作制度、党费管理制度等。同时，加强对制度落实情况的督促检查，建立完善基层党建工作经常性督查指导机制，按照党建工作责任制任务清单，推动党建工作责任压实、任务落地。

3. 积极探索创新行业协会党建工作

市工经联党委认真学习领会中央、市委关于进一步加强社会组织党建工作的意见精神，全面回顾总结本系统党建工作成效和经验，深入开展调查研究。近年来，先后完成《关于进一步加强市工经联系统党建工作的意见（试行）》《市工经联系统党建工作三年规划（2019—2021）》以及一系列党建工作专题调研报告，将加强协会党建工作摆在突出位置。党委根据行业协会特点，在党的建设方面做到“六个坚持”，在坚持组织覆盖、坚持体制保证、坚持制度完善、坚持方式创新、坚持工作融入、坚持自身建设方面取得了一定成效。我们从行业协会实际出发，采用建立独立党支部、联合党支部，设立党建联络员、党建督导员等多种形式，强化落实党的建设的组织覆盖和工作覆盖，保证行业协会党建工作的开展。坚持由符合条件的协会会长或秘书长担任协会党组织书记，保证党建工作与协会中心工作相结合、产业发展方向与党和国家的方针政策相一致、经济效益与社会效益相统一。针对行业协会党支部数量多、分布广、每个协会党员人数少，难以开展活动的情况，成立了 15 个党建工作站，开展党员集中学习、教育、培训活动，加强党建和业务工作的交流，受到各支部和广大党员的欢迎。通过积极探索，把促进协会改革发展，作为党建工作的落脚点和出发点，努力把党组织的政治优势、组织优势转化为协会的发展优势、竞争优势，将党建工作融入协会工作和秘书处工作的各个环节，使党建工作的成效更加显现。

4. 扎实推进基层党支部组织建设

遵循党要管党、从严治党的总要求，按照组织健全、制度完善、运行规范、活动经常、作用突出的要求，大力推动党支部工作制度化、规范化、科学化。坚持一年两次举办系统行业协会党支部书记培训班，学习上级党委文件，交流党支部工作，部署党建工作，开展党建工作实务操作培训；坚持开展两年一次的“两优一先”评选表彰活动，共表彰先进党支部 50 家（次），优秀共产党员 56 人（次）；组织部分党建工作站站长、协会党支部书记、协会秘书长、优秀共产党员赴革命老区学习考察，开展扶贫帮困工作；指导推动 60 家协会党支部完成换届，7 家协会新成立党支部。根据上级党委的统一部署，开展党员民主评议，评定优秀党员和合格党员；完成失联党员的清查和处理，指导市信息服务业党委对所管理的新经济组织中的 199 名失联党员提出处理意见，并对 12 名不合格党员进行处理；在主题教育中做好问题支部专项整治工作，对党组织不健全的 7 个行业协会以及联合党支部覆盖社会组织数超过 5 个等问题进行整改；坚持标准、保证质量、规范程序，做好发展党员工作，共有 19 名入党积极分子发展为预备党员，有 12 名预备党员经过考察转为正式党员。

同志们，过去 4 年取得的成绩，是各行业协会、企业会员在习近平新时代中国特色社会主义思想指引下，团结合作，共同努力的结果。我代表市工经联（市经团联）向各行业协会、企业会员表示诚挚感谢！

当然，我们清醒地看到，我们的工作与政府部门的要求以及行业协会和企业会员的期待相比，还有需要进一步改进和提高的地方。主要表现在：围绕中心、服务大局的思想和举措有待进一步强化和完善；服务行业协会和企业会员的领域和方式有待进一步拓展和创新；对外合作交流的广度和效果有待进一步扩大和增强；自身建设的制度和能力有待进一步完善和提高，以更好地适应新的形势、任务和要求。

二、四年工作体会

回顾 4 年的工作，我们有以下 4 点体会：

（一）适应新形势、坚持搞调研，是协会工作的重要前提

4 年来，国内外经济形势发生深刻变化。面对新形势、新要求、新任务，市工经联（市经团联）和行业协会只有打破思维定势，深入调查研究，及时分析形势，认真研究对策，才能发挥好社会组织的人才优势、信息优势和功能优势，当好政府的参谋助手，为政府制定产业政策献计献策，协助政府推进落实产业政策和具体措施；才能加强行业管理，提出行业发展规划建议，协调推进行业之间的融合，组建产业联盟，为企业技术创新、市场拓展、标准制定、品牌培育、人才培训等提供服务。

（二）扎实练内功、实干育英才，是协会发展的战略需要

党的十九大对社会组织的改革和发展指明了方向。市工经联（市经团联）和行业协会只有努力学习贯彻党中央及市委、市政府的方针政策，学习新的业务知识，不断提高内部治理能力、财务管理能力、信息搜集运用能力、产业行业分析能力和活动组织能力，才能肩负起推动经济社会发展的重要使命。要集聚和培养专业人才，在富有经验的老同志的指导帮助下，充分发挥年轻人的作用，使社会组织事业生生不息，蓬勃发展。

（三）协会手牵手、企业心连心，是协会前进的制胜法宝

4年来，我们秉承优良传统，紧密联系行业协会和会员企业，加强联合联动，优势互补，心往一处想，力往一处使，在协会规范化建设、开展调查研究、促进政策对接、举办重大活动等方面取得了许多合作成果。我们加强与包括主席团单位在内的广大会员企业的合作，推动产学研用一体化建设和合作交流。实践证明，我们只有紧密团结和依靠行业协会和会员企业，在改革浪潮中抱团奋进、砥砺前行、成果共享，我们的事业才能不断发展，更上一层楼。

（四）党建为核心、支部筑堡垒，是协会建设的政治保证

4年来，市工经联党委根据行业协会的特点，探索和创新协会党建工作的新路径和新方法，坚持组织覆盖和工作覆盖，发挥了党委的政治核心作用、党支部战斗堡垒作用和党员先锋模范作用。实践告诉我们，只有以服务群众、服务党员、凝聚群众为主要任务，加强基层服务型党组织建设，通过创新服务把党的声音及时传递给每个党员和群众，把党员和群众的思想和行动统一到党的路线方针上，把对党员的教育、管理、发展落实到优化党员队伍结构、提高组织战斗力上，把党的任务落实到党员的实际行动和协会的工作中，才能确保行业协会始终坚持党的领导，沿着中国特色社会主义道路前进。

三、对下一届工作建议

2020—2024年是新一届理事会的任期，正逢实施经济社会发展“十四五”规划时期。做好“十四五”时期的工作，对于上海进一步打响“四大品牌”，全面建成“五个中心”和社会主义现代化国际大都市具有重要意义。新一届理事会要以习近平新时代中国特色社会主义思想为指引，在市委、市政府的坚强领导下，在市经信工作党委、市经信委、市民政局的指导和支持下，进一步加强党建工作，发挥党组织政治核心作用，坚持“服务企业、规范行业、发展产业”的宗旨，进一步坚定信心、凝聚人心，共聚力量、共促发展。不断完善枢纽功能，深化服务职能，激发工作动能，引领广大行业协会和企业，全力助推上海先进制造业和现代服务业发展，深入促进两化融合，为上海经济社会发展和行业协会建设再立新功。

（一）坚持胸怀大局，把握好新时代改革发展的高度

要提高政治站位，立足新的起点，围绕习近平总书记提出的三项重大任务，并结合“十四五”上海产业发展规划，开拓服务新领域，创新服务新方式，提升服务新高度。一是主动投入上海自贸区临港新片区建设，引导行业协会和企业对标国际最高标准、最好水平，在助推新片区打造成对外开放的“升级版”、制度探索的“创新版”、人才环境的“国际版”、营商环境的“优化版”的过程中，做好服务工作，使协会和企业同时得到新发展。二是积极参与长三角一体化建设，促进长三角区域合作和长三角产业集聚区一体化，推动长三角建设成为发展强劲的增长极和具有全球竞争力的世界级城市群。三是把科创板的推行和试点注册制作为发展新动能的新机遇，帮助企业特别是科技型中小企业打通资本市场与创新资源的对接通道，增强创新策源能力。四是进一步利用好“进博会”的溢出带动效应，引导企业把高端产品、高新技术和高能级贸易主体“引进来”，推动企业高质量产品和高水平技术“走出去”。

（二）助力发展产业，加快转型升级融合发展的速度

要助推产业链、价值链、服务链向高端环节迈进。一是认真总结“十三五”以来上海产业发展的成果与经验，配合政府对接国际高新技术和产业前沿，打造人工智能、集成电路、生物医药等产业发展高地，做实做强产业链条、产业集群和产业生态。二是协助培育一批国际一流品牌，真正把打响上海“四大品牌”贯穿于高质量发展的全过程，积极组织开展工业大奖、制造业单项冠军的培育和推荐，推动重点领域、重点行业、重点企业的产品和服务品质达到国际一流水平。三是瞄准国家战略和上海需求，积极培育、推荐、挖掘产业领军人才、工商业领军人物和高技能人才。四是探索建立规范化、制度化、科学化的专家智库，发挥智库专家咨政建言的重要作用，提升和拓展联合会工作。通过调查研究，反映产业转型升级存在的问题和行业企业的诉求，为政府优化产业政策建言献策，为产业升级厚植发展土壤。

（三）扎实服务企业，拓展优化创新服务的深度

要把握好核心、高端、基础等3个关键，聚焦企业高质量发展，不断优化和创新服务。一是深入调查研究，了解新形势下企业创新发展之所需，分析短板与不足，反映问题与瓶颈，探索企业高质量发展的路径，提出措施与建议。重点关注"首台套""卡脖子"技术攻关与突破，助力企业提升核心竞争力。二是完善平台建设，继续强化产学研用一体化平台、线上与线下信息化平台，助力科技成果产业化，为成果走向市场、企业赢得市场贡献力量。三是创新工作方式。发挥组织协调功能，帮助缓解企业融资困境，协助企业拓展市场，提供政策咨询、创业指导等更多增值服务。

（四）有效规范行业，加大行业协会能力建设的力度

要进一步转变观念，引导协会把提升能力建设作为重要工作贯以始终，抓紧抓实。一是深入了解行业协会、专业协会的发展需求，通过服务协会，助推上海先进制造业和现代服务业的融合发展。二是重视行业协会在社会治理中的作用发挥，不断完善协会法人治理结构，积极探索协会管理体制机制，及时总结研究协会改革发展的新经验、新情况、新问题。三是建立、健全行业协会新闻和信息发布平台和机制，进一步扩大社会组织影响力。四是精心培育懂经济、懂管理、组织协调能力强、工作热情高、创新精神足、年轻化、职能化、专业化的人才队伍，努力提高协会的综合素质，更好地发挥协会在社会主义市场经济中的独特作用。

同志们：让我们在党中央、市委和市政府的坚强领导下，在新一届理事会的带领下，不忘初心，牢记使命，团结一致，奋楫扬帆，为开创上海经济社会发展和行业协会建设的新局面做出更大贡献！为加快建设具有世界影响力的社会主义现代化国际大都市而努力奋斗！谢谢大家。

（本文系在上海市工经联、市经团联六届一次会员大会上的报告）

上海市工业经济联合会（上海市经济团体联合会）第五届监事会工作报告

上海市工经联（市经团联）第五届监事会副监事长 韩励贞

（2020 年 8 月 11 日）

各位理事、各位会员：

根据市工经联（市经团联）《章程》的有关规定，我受市工经联、市经团联监事会的委托向大会做第五届监事会工作报告，请予审议。

4 年来，在上海市工业经济联合会（上海市经济团体联合会）领导们的关心、支持下，在各会员单位的热情支持下，监事会以贯彻落实习近平新时代中国特色社会主义思想为工作指导，紧紧围绕市委、市政府以及市经信委、市民政局（市社团局）对市工经联（市经团联）提出的以增强“政治意识、大局意识、核心意识、看齐意识”为先导，围绕协会“服务企业、规范行业、发展产业”的宗旨，以贯彻供给侧结构性改革为主线，以反腐倡廉强化监督管理为切入口，监事会在理事会和全体会员的大力支持下，认真履行协会章程赋予监事会的各项工作职能，发挥监督职能作用。现报告如下：

一、为造就忠诚、干净、担当的监事队伍而加强学习

为了恪尽职守、充分发挥监督作用，监事会进一步加强自身建设，不断提高理论水平、政策水平和专业能力；增强创新意识，提高监督能力，执行规定注重实效。监事会设立学习制度。为了方便学习，设立了监事会微信群。先后组织学习形势和政治，学习中央及市委、市政府重要精神，学习新的业务知识，从而认清形势，了解任务，拓宽视野，严以律己，担当责任。更好地发挥监事会的作用，更好地为会员单位提供服务。

二、在忠实履职中，注重监事会的各项制度建设

监事会成立后如何运作是个新课题，工经联的领导十分重视，俞国生会长亲自主持、二次召开专题会议，听取与研究监事会工作。经市工经联 2016 年第 15 次执行会长办公会议讨论，通过《上海市工业经济联合会（上海市经济团体联合会）监事会工作若干规定》，2016 年 9 月 8 日印发给各会员单位，监事会据此规定开展工作。完善社会组织法人治理结构和营造社会组织在法制化环境下运行是时代的需要。监事会依据《上海市工业经济联合会（上海市经济团体联合会）监事会工作若干规定》，制定了《监事会报告制度》（试行）及《监事会制度》，以基本情况报告、监事长专报、年度监督评价报告等制度，使监事会工作不缺位、不错位、不越位、从而使各项工作规范化、程序化、常态化。

三、围绕中心和重点工作，寓监督于服务之中

（一）着眼大局，关注实效

列席与参与各种会议是监事会工作的重要方式之一。历年来监事会参加多次会议，如：列席会长办公会议、主席团扩大会议、贯彻落实十九大精神学习讨论会、企业联络员座谈会、会员大会等，从中了解会长、副会长、秘书长为会员单位服务的敬业、务实、创新的精神。如：2019 年，市工经联以特有的方式成功举办了庆祝建国 70 周年系列活动。组织编撰了《创业・创造・创新——上海工业七十年大事记》，生动再现了上海工业 70 年来所走过的辉煌历程和精彩瞬间，弘扬了上海工业精神。进一步激发上海工人阶级在习近平新时代中国特色社会主义思想指引下，为实现上海“五个中心”和“四大品牌”的建设目标而继续奋进的决心和信心。受到广大会员单位的一致好评。在参会的同时及时了解工作动态，实时进行监督。监事会通过列席会议检查协会贯彻执行有关党的政策、法律法规的情况，检查监督协会重大决策和重要经济管理活动的合法性。通过各种途径和媒体了解市工经联（市经团联）的工作动态，从中梳理出监事会工作中的难点、重点、亮点。4 年来，在实施监督的过程中，围绕作风建设以及落实中央八项规定精神的情况，监事会通过参加各种活动，走访基层会员单位和第三方审计机构审计，关注到市工经联（市经团联）党政领导在履职过程中，自觉遵守财经法规和廉洁自律的规定，没有发现在业务活动和财务收支中存在违纪、违规和违反《章程》的现象。

（二）常抓不懈，强化监督

监督会费的收缴和使用是监事会一项经常性的重点工作。监事会通过委派监事或听取汇报，查看报表、审计报告等形式对联合会经费收支的预、决算等了解情况。市工经联（市经团联）历年委托审计机构对会费收支情况进行全面审计。根据审计机构出具的审计报告内容，协会的会费收入与支出符合章程规定，会费收入均用于会员单位服务的相关活动。

（三）深入调研

忠实履职深入调研，忠实履职，是监事会的责职所在。为了使监督检查有序有力，合规合法，在参与各项活动中深化服务，忠实履职。

（1）理事会会议为监事会监督管理提供了舞台，在第五届各次理事会与会员大会上，监事会都做了工作报告。使监事会的监督力度加强，监督范围更广。

（2）积极配合协会有关部门，在社会组织5A级评审中发挥作用。

（3）参加企业联络员座谈会、协会每半年工作通报会、年度工作总结会等，从中感受到协会工作在上级领导、在协会等各方的支持下，各项工作更规范、运作更有序、服务更到位。充分体现了团结、创新、勤奋、求实。

（4）参与并监督市场招聘员工的面试、评分工作。该项工作在监事会的现场监督和参与下，整个流程规范、有序、高效，为协会增添了年轻的有生力量。

（5）积极参与市工经联（市经团联）组织有关活动。例如：在市工经联5A级社会组织复评过程中，对市工经联主要领导的德、勤、能、绩、廉进行客观的考评，履行了监事会监督管理职责；通过不定期参加上海市经济团体联合会主席团企业和部分行业协会座谈会，从中了解市工经联以及各行业协会为企业服务，搭建了与政府沟通的桥梁，分享、沟通、了解上海制造业发展的前景与未来，特别是上海的第二产业与第三产业有效融合，为上海新时期的经济发展做出了贡献。

四、对下一届监事会工作的建议

4年来，在市工经联领导的支持和配合下，在会员单位的大力支持下，监事会履行工作职责，做了一些工作。但是距离新时期社会组织对监事工作的要求，以及会员单位对监事会工作的期待还有一定差距。这主要表现在，对做好新时期社会组织监事会工作的重要性和紧迫性认识有待于进一步深化；对社会组织的监督、管理的方法有待进一步深化、完善和创新；监事会成员监管的知识与专业能力以及素质培养、有待于进一步加强和提高。

在习近平新时代中国特色社会主义思想的指导下，新一届监事会将紧紧围绕市工经联（市经团联）的今后的重点和中心工作，开展各项监督管理工作。为此我们对下一届监事会的主要工作，提出以下几点工作建议：

（一）围绕监事会的建设、深化监事的个人素质的培养

1. 强化学习，提升监管的知识与专业能力

监事会成员继续认真学习法律、法规和有关政策，学习协会管理、财务、审计等专业知识，不断提高履职能力。

2. 注重自律，建设一支作风优良的团队

注重自律意识，建设一支清正廉洁、作风优良、乐于奉献的高素质监管队伍。

3. 严守规则，促进工作规范化严格按照规则办事

促进各项工作的流程依法、有序、规范。

（二）创新监事工作机制，进一步健全、完善监事会的各项工作制度

1. 完善各项制度

以创新、改进工作方式为先导，完善和监督各项监管制度，建立与完善监管工作基础信息库。

2. 深化日常监督

以深化日常监督为工作内容，对重大决议的实施进行重点监督，实现事前、事中、事后全过程的监督。

3. 强化专项检查

以强化专项检查为切入口，根据协会的实际，积极开展专项检查，以达到总结经验，发现执行制度中的薄弱环节，增强各会员单位制度的执行力。

（三）在履职中，不断探索监事会参与的各种方式

在紧紧围绕市工经（市经团联）的各项工作，开展各种监督管理的过程中，不断探索方法及实效，深入参与各项活动中，深化服务，认真履职。

1. 找准切入点

围绕市工经联党、政工作的中心和重心，积极开展监督管理工作，找准切入点，在实践中做到强化与规范相结合。

2. 注重结合点

注重了解、关心会员单位设立监事或监事会的情况，适时地予以推进，加强健全监事机构的建设，促进3个强化：强化监督机制；强化规范服务；强化业务指导。以规范化、专业化的服务水准应对复杂环境的挑战，防范各类风险。

3. 聚焦着力点

加强与会员单位的联系和沟通，了解企业状况，总结务实创新的经验，服务一线。特别是当前疫情期间，按照上海市委、市政府关于复工复产复市的要求，实地调研，深入了解会员单位的基本情况和真实需求，积极反映会员单位的呼声，为会员单位排忧解难。维护会员单位正当的合法权益。聚焦监事工作的着力点，为协会的发展建言献策，使监督有序有力，合规合法，为优化营商环境提供优质服务。

（四）加强财务监督，寓检查于监督、管理之中

加强财务监督，切实发挥监事会在协会治理中的制衡作用，突出重点，延伸监督触角，将日常监督检查工作与重点检查工作有机结合，寓检查于监督、管理之中。

（本文系在上海市工经联、市经团联六届一次会员大会上的报告）

上海市工业经济联合会（上海市经济团体联合会）关于修改《章程》的说明

上海市工经联、市经团联执行副会长 朱宁宁

（2020 年 8 月 11 日）

各位理事、各位会员：

受理事会委托，就提请第六届会员大会审议的《章程（草案）》作说明。

根据有关行政管理机关的要求，以及本会工作的实际运作，需要对本会《章程》作相应的修改。

本次修改，以上海市民政局 2019 年 5 月颁布的《社会团体章程示范文本》（以下简称"示范文本"）为基础，原《章程》中凡本意与"示范文本"一致的内容，均按"示范文本"的表述、结构修改。"示范文本"未列示具体内容或未涉及的事项，仍保留 2018 年 12 月核准的原章程条款。原章程个别条款，经多年实践，从可操作又符合"示范文本"的精神出发作适当修改。

1. 在关于党组织的第三条中，增加了第二款"本会党委发挥政治核心作用，保证社团组织发展的社会主义方向。领导党组织归口管理的行业协会党建工作，配合做好行业协会负责人的审核。研究决定本会各机构负责人的建议人选"。

2. 第四条本会宗旨，增加了坚持习近平新时代中国特色社会主义思想和新发展理念以及国家治理体系治理能力现代化等内容。

3. 第七条本会的主要任务中，充实了本会历届开展的一些工作。

如："接受企业以及其他经济组织委托编制产业发展规划，进行产业和市场研究等课题研究；围绕高质量发展主题，推进自主创新，推进品牌战略的实施，推进团体标准制定，增强企业国际竞争力；组织实施上海市光电子技术高技能人才培养基地项目；推进"一带一路"建设与国际产业合作；组织上海企业社会责任报告的指导、征集和发布，评选市工商领军人物，上海品牌培育和推荐，编撰《上海工业志》等工作；配合中国工业经济联合会开展中国工业大奖和制造业单项冠军在上海地区的推荐和申报"等工作。依据主要任务，相应调整充实了本会的业务范围。

4. 第十一条会员条件补充了具体规定"上海经济类行业协会、专业性协会、经济团体；上海经济类研究机构、大专院校；上海工业和信息化行业以及相关服务业的企业；经济界知名人士，在经济类组织和企业有较长的工作经历并担任过一定的领导职务、在本会的业务领域内具有一定的影响的个人"。

5. 第二十五条关于主席团的设置，从实际操作出发，删去了原来设 2 名执行主席的条款，增加"主席团会议和活动由会长召集和主持"，并规定"主席团会议或活动每年不少于一次"。

6. 关于主席团的职责，在第二十六条中增加了"就本会以及有关行业协会和企业的发展问题，提供决策建议"

鉴于五届理事会将部分工作性的事项（如执行会员大会的决议、制定内部管理制度等），授权会长办公会议在理事会闭会期间处理并向下一次理事会报告，第三十三条增加了"处理理事会授权的事务"职责。

7. 其他增加的条款或有变动的表述，均参照"示范文本"修改。

如："第三条本会坚持中国共产党的全面领导，根据中国共产党章程的规定，设立中国共产党的组织，开展党的活动，为党组织的活动提供必要条件。本会邀请党组织负责人参加或列席本会管理层会议。党组织对本会重要事项决策、重要业务活动、大额经费开支、接受大额捐赠、开展涉外活动等提出意见"；第十二条吸收会员"经理事会审核同意，并发给同意吸收入会的有关证书"；第二十二条理事会设置"理事人数不少于 7 人，但不超过会员数的三分之一，应为单数"；第三十四条秘书长职权"向理事会提议聘任或解聘副秘书长和各机构负责人人选；向理事会提议聘用或辞退各机构工作人员"；第三十八条监事会权利义务"主持召开本会内部矛盾调解会议，协调各方意见形成调解方案（协议），督促调解方案（协议）的执行，必要时可提出解决方案并经会员大会审议通过后执行"等项。

请各位审议。

（本文系在上海市工经联、市经团联六届一次会员大会上的报告）

上海市工业经济联合会（上海市经济团体联合会）章程

第一章 总则

第一条 名称：上海市工业经济联合会（上海市经济团体联合会）。英文名称：Shanghai Federation of Industrial Economics 缩写为 SFIE（Shanghai Federation of Economic Organizations）缩写为（SFEO）。

第二条 本会依照《社会团体登记管理条例》规定，由上海经济类行业协会、专业性协会、经济团体联合组织，以及相关的企业、经济研究单位、大专院校和经济界知名人士等自愿组成的联合性的非营利性的社会团体法人。

第三条 本会坚持中国共产党的全面领导，根据中国共产党章程的规定，设立中国共产党的组织，开展党的活动，为党组织的活动提供必要条件。

本会党委发挥政治核心作用，保证社团组织发展的社会主义方向。领导党组织归口管理的行业协会党建工作，配合做好行业协会负责人的审核。研究决定本会各机构负责人的建议人选。

本会邀请党组织负责人参加或列席本会管理层会议。党组织对本会重要事项决策、重要业务活动、大额经费开支、接受大额捐赠、开展涉外活动等提出意见。

第四条 本会的宗旨是：高举中国特色社会主义伟大旗帜，坚持马列主义、毛泽东思想、邓小平理论和“三个代表”重要思想，科学发展观，坚持习近平新时代中国特色社会主义思想；围绕党和国家“五位一体”总体布局，“四个全面”战略布局，围绕上海市委市政府中心工作，遵守宪法、法律、法规和国家政策，遵守社会道德风尚，增强社会责任意识；以加快推进“四个率先”“五个中心”和社会主义现代化国际化大都市建设为目标，以发展先进制造业、发展现代服务业和战略性新兴产业为重点，坚持服务企业、规范行业、发展产业的工作方针，在国家和城市治理体系治理能力现代化中发挥好积极作用；积极促进以服务经济为主导、实体经济为支撑、二三产业融合发展共同发展的产业体系建设，积极促进创新型、资源节约型、环境友好型城市建设，为上海经济可持续高质量发展作出贡献。

第五条 本会的登记管理机关是上海市民政局，业务主管单位是上海市经济和信息化委员会。本会接受登记管理机关和业务主管单位的监督管理。

第六条 本会的住所和活动地域：上海市。

第二章 任务、业务范围和活动原则

第七条 本会的主要任务是：

（一）围绕市委、市政府制定的上海产业发展的方针、目标和各个时期的中心任务开展工作，促进工业和信息化及相关的服务业发展。

（二）面向全社会，推进产业发展，对本市产业发展战略、产业政策、改革政策、行政法规、管理体制、科技进步、国际贸易和行业协会的培育、发展等进行调查研究，为政府决策提供依据和建议，为行业、企业提供经济、政策信息和研究成果。

（三）接受政府和企业以及其他经济组织委托编制产业发展规划，进行产业和市场研究等课题研究，促进产业的发展，促进产业行业间的融合和创新，推进产业链的延伸和发展。

（四）协助政府，对本会的行业协会会员进行指导、服务和协调；组织行业协会会员建立行业诚信体系、出具公信证明、推动行业统计和行业协会信息化建设；指导行业协会会员开展行业标准制定、职称评定、人员培训、展览等工作，推进行业协会会员职能落实和思想、组织、功能建设。

（五）搭建产学研合作和行业技术公共平台，推广新技术、新产品、新成果，推进产业自主技术创新和业态创新。合作搭建行业知识产权公共服务平台，推进企业知识产权保护、创新和管理，提高企业竞争力。

（六）围绕高质量发展主题，推进自主创新，推进品牌战略的实施，推进团体标准制定，增强企业国际竞争力。

（七）推进“一带一路”倡议与国际产业合作，建立与国外及港、澳、台地区民间团体的联系和交流机制，开展经济、科技、人才的交流和合作。推进国际经济贸易健康发展，组织行业协会参与国际贸易争端的协调。

（八）举办展览、交流等活动，开展产业经济理论研究和学术交流活动。

（九）采集产业经济信息，整理、交流国内外经济信息，编辑、出版会刊、会讯和各种经济刊物，建立网站等综合信息服务平台。

（十）开展区域性经济协作，进行地区间、行业间、企业间的信息交流、技术合作、产业转移对接、资产重组、经济联合，促进长三角区域经济一体化高质量发展。

（十一）开展经济管理人才及行业协会工作人员的培训。组织实施上海市光电子技术高技能人才培养基地项目。

（十二）经市政府以及有关部门批准，组织上海市企业管理现代化创新成果评审，组织上海企业社会责任报告的指导、征集和发布，评选市工商领军人物，上海品牌培育和推荐，编撰《上海工业志》等工作。

（十三）搭建企业与政府沟通平台，反映协会和企业的诉求，促进行业协会建设和产业发展。

（十四）开展会员诚信体系建设，引导会员加强自律，增强社会责任，维护正当的市场竞争秩序。引入仲裁协调机制，维护会员合法权益。

（十五）配合中国工业经济联合会开展中国工业大奖和制造业单项冠军在上海地区的推荐和申报等工作。

（十六）承担市委、市政府有关部门委托的从事公益性或非营利性活动及其他任务。

第八条 本会的业务范围

政策咨询、教育培训、编撰志史刊物、合作交流、会展会务、品牌建设、团体标准、评价评审评估、承接政府及经济组织购买服务。（以上事项涉及行政许可的，凭许可证开展业务）

第九条 本会的活动原则

（一）本会遵守宪法、法律、法规和国家政策，自觉遵守宪法确定的基本原则，践行社会主义核心价值观，遵守社会道德风尚。自觉维护国家的统一、安全和民族的团结，自觉维护国家利益、社会公共利益以及其他组织和公民的合法权益，遵守社会公德和公序良俗，按照核准的章程开展公益性或者非营利性活动。

（二）本会实行民主集中制，民主办会，建立民主决策、民主选举和民主管理制度，领导机构的产生和重大事项的决策，须经集体讨论，并按少数服从多数的原则作出决定。

（三）本会开展活动时，诚实守信，公正公平，不弄虚作假，不损害国家、会员和个人利益。

（四）本会遵循“自主办会”原则，工作自主、人员自聘、经费自筹。

第三章 会员

第十条 本会由单位会员和个人会员组成。

第十一条 申请加入本会，必须具备下列条件：

（一）自愿加入本会；

（二）承认本会章程；

（三）上海经济类行业协会、专业性协会、经济团体；

（四）上海经济类研究机构、大专院校；

（五）上海工业和信息化行业以及相关服务业的企业；

（六）经济界知名人士，在经济类组织和企业有较长的工作经历并担任过一定的领导职务、在本会的业务领域内具有一定的影响的个人。

第十二条 会员入会程序：

（一）提交入会申请书；

（二）经理事会审核同意，并发给同意吸收入会的有关证书。

第十三条 会员享有下列权利：

（一）本会的选举权、被选举权和表决权；

（二）参加本会的有关活动；

（三）优先享受本会提供的服务；

（四）对本会工作的提案权、建议权、监督权；

（五）对本会的知情权（如查阅本会章程、规章制度、会员名册、理事名册、会议记录、会议决议、会议纪要、财务审计报告等）；

（六）入会自愿、退会自由。

（七）法律法规规章以及本章程规定的其他权利

第十四条　会员履行下列义务：

（一）遵守本会的章程；

（二）执行本会的决议；

（三）维护本会的合法权益；

（四）完成本会交办的工作；

（五）向本会反映情况，提供有关信息（资料）；

（六）按规定缴纳会费；

（七）法律、法规、规章以及本会章程规定的其他义务。

第十五条　会员退会应向本会递交书面函件，并交回会员有关证书。

会员如在两年内无故不缴纳会费或不参加本会活动的，经理事会确认，视为自动退会。本会取消其会员资格。

第十六条　会员如有严重违反国家法律、法规、规章或本会章程的，经理事会三分之二以上与会者表决通过，取消其会员资格并公示。

会员如对理事会取消其会员资格决定不服，可提出申诉，由理事会作出答复，必要时提交会员大会审议后答复。

第十七条　本会建立完整的会员名册和会员诚信档案，并根据变化情况及时调整。

第四章　组织机构、负责人和监督机构

第十八条　本会最高权力机构是会员大会。

第十九条　本会的负责人是指会长、副会长和秘书长。会长、副会长的数量不超过理事数量的三分之一。

本会负责人应当遵守法律、法规、规章和章程的规定，忠实履行职责，维护本会的权益，遵守下列行为准则：

（一）在职务范围内行使权利，不越权；

（二）不利用职权为自己或他人谋取不正当利益；

（三）不从事损害本会利益的活动。

第二十条　会员大会每届四年。到期应召开换届大会。如遇特殊情况，由理事会决定随时召开。因特殊情况需要延期换届的，须经理事会表决通过，报业务主管单位审查同意并经登记管理机关批准。延期换届最长不超过一年。

第二十一条　会员大会每年至少召开一次。会员大会须有三分之二以上的会员出席方能召开，其决议须经到会会员三分之二以上表决通过方能生效。

决定终止的会议，经实际到会会员过半数同意，决议方为有效。

召开会员大会，应提前 7 个工作日，将大会的主要议题、召开时间、召开地点书面通知各会员。

经半数以上理事或者五分之一以上会员提议，可以召开临时会员大会。如会长不能或者不召集，提议理事或者会员可推选召集人。召开临时会员大会，会长或召集人需提前通知全体会员并告知会议议题。

会员可以委托其他会员作为代理人出席会议，代理人应当出示授权委托书，在授权范围内行使表决权。每个会员只能接受一份委托。

第二十二条　会员大会的职权是：

（一）制定或修改章程；

（二）制定或修改会费标准；

（三）制定或修改理事、监事及会长、副会长选举办法；

（四）选举或者罢免理事、监事；

（五）审议理事会的工作报告和财务报告；

（六）审议监事会的工作报告；

（七）改变或者撤销理事会不适当的决定；

（八）决定更名、终止等重大事宜；

（九）决定其他重大事宜。

第二十三条 本会设理事会，由会员大会选举理事组成。理事会为本会的执行机构，领导本会开展工作，对会员大会负责。理事人数不少于 7 人，但不超过会员数的三分之一，应为单数。

理事会每届任期四年，到期应当召开会员大会进行换届选举。如因特殊情况需要延期换届的，须经理事会表决通过，报业务主管单位审查同意并经登记管理机关批准。延期换届最长不超过一年。理事可连选连任。

第二十四条 理事会的职权是：

（一）执行会员大会的决议；

（二）召集会员大会，并向大会提交工作报告和财务报告；

（三）起草章程草案，会费标准草案，监事、理事、负责人（不含秘书长）选举办法草案，提交会员大会审定；

（四）决定办事机构、分支机构、代表机构和实体机构的设立、变更或者终止，并向登记管理机关报告；

（五）决定会员的除名；

（六）选举或者罢免会长、副会长；

（七）制订秘书长聘任工作方案和聘任程序，决定秘书长、副秘书长和各机构负责人的聘免；

（八）决定名誉职务的设立和人选；

（九）决定主席团主席人选；

（十）领导各机构开展工作；

（十一）制定内部管理制度；

（十二）听取、审议秘书长的工作报告，检查秘书长的工作；

（十三）决定其他重大事项以及本章程规定的其他事项。

第二十五条 理事会每年至少召开二次会议，情况特殊可随时召开。

理事会会议由会长负责召集和主持。有三分之一以上理事提议，应当召开理事会会议。如会长不能或者不召集，提议理事可推选召集人。召开理事会会议，会长或召集人需提前 7 个工作日通知全体理事并告知会议议题。

理事会会议，应由理事本人出席。理事因故不能出席，可以书面委托其他理事代为出席，委托书中应载明授权事项。每个理事只能接受一份委托。

理事会须有三分之二以上理事出席方能召开，其决议须经到会理事三分之二以上通过方能生效。

增补理事，须经会员大会选举。特殊情况下可由理事会补选，但补选理事须经下一次会员大会确认。

监事会成员和秘书长列席理事会会议。

第二十六条 本会设主席团。

主席团主席人选由会长提名，理事会决定产生；主席团在理事会领导下，履行本章程规定的职责，对理事会负责；主席团任期同届。

主席团主席的条件：除个人会员被选举为主席团主席外，单位会员的主席人选一般须是本会理事单位现职领导人，企业规模、地位和作用在本行业中具有引领性、代表性。

主席团会议和活动由会长召集和主持。

主席团会议或活动每年不少于一次。

第二十七条 主席团的职责是：

（一）调研有关上海产业经济发展的重大问题，提出决策建议；

（二）就本会以及有关行业协会和企业的发展问题，提供决策建议。

第二十八条 本会会员大会、理事会进行表决，应当采取民主方式进行。选举理事、监事、监事长、会长、副会长，制定或修改会费标准，应当采取无记名投票方式进行。

以上会议应当制作会议记录（会议纪要），形成决议的，应当根据会议纪录制作会议决议，由法定代表人签字确认，会后向全体会员公告，涉及重大事项应抄报登记管理机关及业务主管单位。

第二十九条 本会负责人、监事需具备下列条件：

（一）坚持党的路线、方针、政策，遵守国家法律法规；

（二）在本会业务领域内有较大的影响和较高的声誉；

（三）最高任职年龄一般不超过 70 周岁；

（四）身体健康，能坚持正常工作；
（五）未受过剥夺政治权力的刑事处罚；
（六）具有完全民事行为能力；
第三十条　本会法定代表人由理事会根据会长提名，在执行副会长中选举一名担任。
本会法定代表人代表本会签署重要文件。
本会法定代表人由中国内地居民担任，本会法定代表人不得同时担任其他社会团体的法定代表人。
第三十一条　有下列情形之一的人员，不能担任本会负责人：
（一）因犯罪被判处管制、拘役或者有期徒刑，刑期执行完毕之日起未逾 5 年的；
（二）因犯罪被判处剥夺政治权利正在执行期间或者曾经被判处剥夺政治权利的；
（三）曾在因违法被撤销登记的社会团体中担任负责人，且对该社会团体的违法行为负有个人责任，自该社会团体被撤销之日起未逾 3 年的；
（四）不具有完全民事行为能力的。
第三十二条　本会会长连任一般不超过两届，因特殊情况需继续连任的，须事先经业务主管单位和登记管理机关审查同意方可任职。
本会会长行使下列职权：
（一）主持会员大会，召集、主持理事会会议；
（二）检查各项会议决议的落实情况；
（三）领导理事会工作；
（四）召集和主持会长办公会议；
（五）提名法定代表人人选；
（六）秘书长人选；
（七）本章程规定的其他职权。
第三十三条　经理事会表决，在副会长中设一至二名常务副会长、若干名执行副会长。常务副会长协助会长工作；执行副会长协助会长分管业务工作。
第三十四条　由会长、常务副会长、执行副会长、秘书长组成会长办公会议。会长办公会议检查各项会议决议的落实情况，处理理事会授权的事务。
第三十五条　本会秘书长为专职。秘书长在理事会和会长领导下开展工作，行使下列职权：
（一）主持办事机构开展日常工作，组织实施年度工作计划；
（二）协调各分支机构、代表机构开展工作；
（三）拟订内部管理规章制度；
（四）向理事会提议聘任或解聘副秘书长和各机构负责人人选；
（五）向理事会提议聘用或辞退各机构工作人员；
（六）向会长和理事会报告工作情况；
（七）处理其他日常事务；
（八）本章程规定和理事会、会长授权的其他事项。
第三十六条　本会设日常办事机构秘书处，处理本会日常事务性工作。设秘书长一人，副秘书长若干人。
秘书长负责主持秘书处日常工作。
设立日常办事机构须经理事会同意。
本会专职工作人员应当参加登记管理机关或业务主管单位组织的岗位培训，熟悉和了解社会团体法律、法规和政策，努力提高业务能力。
第三十七条　本会根据工作需要设立分支机构、代表机构，在本会领导下开展工作。
第三十八条　本会设监事会。监事会由三至五名监事组成，应为单数。本会负责人、理事、财务和秘书处工作人员不得兼任监事。监事会每届任期与理事会相同，监事可以连选连任。
监事会设监事长一名，由监事会无记名投票选举产生或罢免。
第三十九条　监事会的权利和义务：
（一）向会员大会报告工作；
（二）监督会员大会和理事会的选举、罢免；监督理事会履行会员大会的决议；
（三）检查本会财务和会计资料，向业务主管单位、登记管理机关以及税务、会计主管部门反映情况；

（四）列席理事会会议，有权向理事会提出质询和建议；

（五）监督理事会遵守法律和章程的情况。当会长、副会长、理事和秘书长等开展业务活动损害本会利益时，要求其予以纠正，必要时向会员大会或政府相关部门报告。

（六）主持召开本会内部矛盾调解会议，协调各方意见形成调解方案（协议），督促调解方案（协议）的执行，必要时可提出解决方案并经会员大会审议通过后执行。

监事会监事应当遵守有关法律法规和本会章程，接受会员大会领导，切实履行职责。

第四十条　监事会每半年必须召开一次会议，情况特殊可随时召开。

监事会会议由监事长负责召集和主持。有二分之一以上的监事提议，可以临时召开监事会。如监事长因特殊原因不能履行职务时，可委托其他监事召集和主持。

监事会须有三分之二以上监事出席方能召开，其决议应由全体监事半数以上通过方能生效。监事会的选举和表决，应采取民主表决方式进行，重大事项必须采用无记名投票方式表决。

第五章　财务的管理和使用

第四十一条　本会的收入来源于：

（一）会费收入；

（二）在核准的业务范围内开展活动或服务的合法收入；

（三）捐赠收入；

（四）政府补贴收入；

（五）其他合法收入。

第四十二条　本会的收入及其使用情况应向会员大会公布，接受会员大会的监督检查。

本会接受境外捐赠与资助的，应当将接受捐赠与资助及使用的情况向登记管理机关和业务主管单位报告。

第四十三条　本会取得的收入除用于与本会有关的、合理的支出外，全部用于登记核定或者本章程规定的公益性或者非营利性事业，不得在会员中分配。对取得的应纳税收入及其有关的成本费用、损失应与免税收入及其有关的成本、费用、损失分别核算。

第四十四条　本会的财产及其孳息不用于分配，但不包括合理的工资薪金支出。

本会专职工作人员的工资、福利待遇等开支控制在规定的比例内，不变相分配本会的财产，其中，工作人员平均工资薪金水平不得超过上年度税务登记所在地人均工资水平的两倍，工作人员的福利按照国家规定执行。具体制度由理事会按照国家相应的政策规定制定执行，从本会收入中支付。

第四十五条　本会的资产，任何单位、个人不得侵占、私分和挪用。

资助人对投入本会的财产不保留或者享有任何财产权利。

第四十六条　本会执行《民间非营利组织会计制度》，依法进行会计核算、建立健全内部会计监督制度，保证会计资料合法、真实、准确、完整。

本会使用国家规定的社会团体票据。

本会接受税务、会计主管部门依法实施的税务监督和会计监督。

第四十七条　本会配备具有专业资格的会计人员。会计不兼任出纳。会计人员调动工作或离职时，必须与接管人员办清交接手续。

第四十八条　本会每年 1 月 1 日至 12 月 31 日为业务及会计年度，每年 3 月 31 日前，理事会对下列事项进行审定：

（一）上年度业务报告及经费收支决算；

（二）本年度业务计划及经费收支预算；

（三）财产清册。

第四十九条　本会进行换届应当进行财务审计，更换法定代表人应当进行法定代表人离任审计，并将审计报告报送登记管理机关。本会注销清算前，应当进行歇业财务审计。

第六章　年度检查、重大事项报告及信息公开

第五十条　本会按照《社会团体登记管理条例》规定接受登记管理机关组织的年度检查。

第五十一条　本会按照登记管理机关重大事项报告的相关要求和指引，履行报告义务。

第五十二条　本会按照登记管理机关信息公开的相关要求，履行信息公开义务。

第七章　终止和剩余财产处理

第五十三条　本会有以下情形之一，应当终止：

（一）完成章程规定的宗旨的；

（二）决议解散的；

（三）因分立、合并需要解散的；

（四）由于其他原因终止的。

第五十四条　本会终止，应由理事会提出终止动议，经会员大会表决通过后 15 日内，报业务主管单位审查。经业务主管单位审查同意后 15 日内，向登记管理机关报告。

第五十五条　本会终止前，应当在登记管理机关、业务主管单位及其他有关机关的指导下成立清算组织，清理债权债务，处理善后事宜。清算期间，不开展清算以外的活动。

本会的剩余财产，应当在登记管理机关的监督下，用于公益性或非营利性目的，或者由登记管理机关组织捐赠给与本会性质、宗旨相同的社会公益组织，并向社会公告。

第五十六条　本会经登记管理机关办理注销登记手续后即为终止。

第五十七条　本会清算期间，不开展清算以外的活动；自清算结束之日起 15 日内，提交法定代表人签署的注销登记申请书和清算报告书，向登记管理机关申请注销，完成注销登记后即为终止。

第八章　附则

第五十八条　本章程经 2020 年 8 月 11 日第六届第一次会员大会表决通过。

第五十九条　本章程的解释权属于本会理事会。

第六十条　本章程的修改，须经理事会表决通过后，提交会员大会审议通过。会员大会审议通过后 15 日内，报业务主管单位审查同意，经业务主管单位审查同意后 15 日内，报登记管理机关核准。

第六十一条　本章程经登记管理机关核准后，自会员大会表决通过之日起生效。

第六十二条　本章程规定如与国家法律、法规、规章和政策不符，以国家法律、法规、规章和政策为准。

抗疫复工

Kang Yi Fu Gong

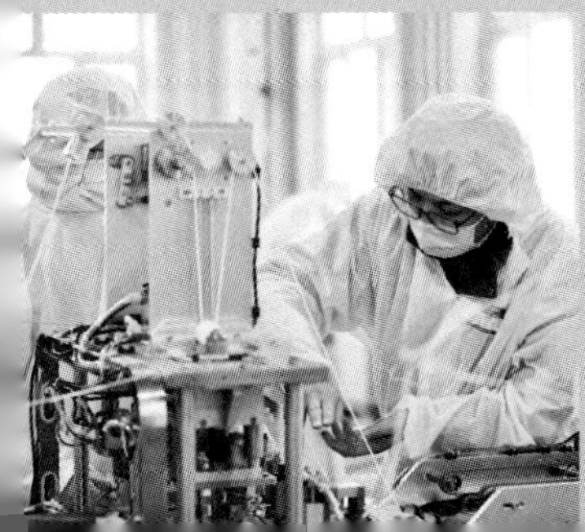

一手抓疫情防控　一手抓复工复产

上海市化工行业协会

一、助力行业打赢疫情防控战

1. *畅通信息渠道，及时传递抗疫信息。*协会搭建企业间互通互联平台，为企业寻找防护物品、交换所需物资和生产设备发挥了平台协调作用。协会利用官网、公众号、《上海化工》杂志、会员微信群等信息媒介，及时向上级部门和会员单位传递行业抗击疫情情况，反映会员单位在抗击疫情和复工复产过程中遇到的问题和困难。2020 年 1 月 28 日—2 月 24 日，共编辑“上海化工行业抗击新冠肺炎疫情”简报 28 期。

2. *开展调研走访活动，提升抗疫产品质量。为充分了解上海抗疫产品的生产状况，提高抗疫产品质量，协会开展以抗“疫”企业和产品为重点的质量状况专题调研。*调研组先后走访了抗疫产品重点生产企业，针对产品技术攻关、质量提升中所面临的问题和发展需求，采用座谈会、走访企业、问卷调查、资料收集等方式，全方位收集、深层次了解行业质量现状，并对其经验做法、面临的痛点、短板，制订质量提升实施方案。

3. *捐款捐物同献爱心，彰显大爱无疆情怀。*据不完全统计，在疫情阻击战中，协会各会员单位共捐款 6000 多万元，捐赠口罩 20 万只、护目镜 15 万副，以及医用防护服、一次性手套、消毒洗涤等大量防护物品。协会秘书处成员也以特殊党费和捐款形式捐款 5050 元，并向上海市公安局刑侦总队和湖北省咸宁市公安局捐赠次氯酸钠消毒剂和消毒洗涤用品，为战胜疫情贡献了绵薄之力。

二、助力行业克服困难复工复产

1. *解读相关政策法规，优惠政策惠及企业。*协会通过各种媒介宣传党中央和市委市政府有关复工复产的决策部署，以及相关抗疫惠企政策，帮助会员单位理解有关政策、了解工作流程，推动企业有序复工复产。针对中小化工企业因疫情而遇到的现金短缺，融资难、融资贵等困惑，借助于“政会银企”四方金融合作机制，对接相关银行，开展银行信贷线上对接，为中小企业拓宽融资渠道，降低融资成本，实打实地帮助中小企业渡过难关。为如实反映企业在复工复产过程中遇到的困难，协会专门编辑了 3 期《情况专报》（包括一期“长三角化工行业复工复产情况和建议”专报），为市政府有关部门及时了解和掌握行业复工复产情况提供信息支持。

2. *发挥桥梁纽带作用，确保安全有序复工。*协会及时了解和掌握企业复工复产做法和成功经验，在会员单位中推广分享。金山第二工业区切实抓好“告知、承诺、核准、日报、抽查”等 5 个环节，推进园区安全稳定复工复产。协会在微信群中推广，得到会员单位积极响应。协会总结复工复产过程中做到员工来源地清楚、上班人数清楚、健康信息清楚、体温测量清楚、未复岗员工观察隔离期限清楚、企业防疫应急预案清楚、企业主体责任承诺清楚的“七个清”，要求会员单位照此执行。2020 年，上海化工行业不惧挑战，砥砺奋进，夺取了抗击疫情、复工复产的全面胜利。据统计，2020 年，上海化工行业实现工业总产值 3488 亿元，同比增长 0.5%，在上海规模以上工业总产值中占比 10.1%。

3. *积极拓展服务渠道，助力行业转型升级。*协会紧紧抓住移动互联技术与传统化工产业融合发展的机遇，围绕传统产业升级、在线制造业发展、业态模式创新等三大方面，推动在线新经济蓬勃发展、创新发展和提质发展。协会以人工智能、大数据、5G、区块链等新一代信息技术融合发展为契机，与上海电子制造行业协会签订战略合作协议，为行业提供物联网和智能工厂技术服务，联手打造行业领先的智能工厂，实现装置自动化、数字化、可视化、模型化、集成化，智能制造贯穿新工厂的全过程。与上海市工经联合作，在化工行业推广应用设备智能化管理，为企业搭建技术和管理创新平台，对接上海化工区、金山第二工业区和华谊集团，运用高新技术服务化工行业安全运营。另辟蹊径拓展线上新经济。因疫情影响，线下经贸活动受阻，协会与上海“一带一路”经贸巡展组委会联手，对外贸易由线下活动转为线上互动，在上海金山第二工业区和惠生工程举办两场“上海之帆”线上对接会——化工专场活动，金山第二工业区的相关企业与泰国、新加坡以及波罗的海沿岸国家近 20 家客商通过远程视频直播方式对企业、产品及发展需求进行展示交流，并达成多项合作意向。

落实防控责任　加快复工复产

上海医药商业行业协会

一、启动早、行动快、措施实，严格落实行业企业防控责任

1. 全力服务疫情防控工作大局。时值疫情最严峻时期和春节假期，根据市有关方面会议精神，协会于2020年1月21日投入紧急运转，在第一时间向企业发出动员令，结合行业实际积极部署和组织落实有针对性的疫情防控和保供促销措施，确保市场供应，发挥好防疫商品保障供应主渠道作用。根据上海市商务委的要求，第一时间对零售企业发出增加采购满足市场供应的通知，明确国大药房上海连锁、华氏大药房连锁、益丰大药房连锁、好药师大药房连锁、第一医药连锁5家企业为指定供应药房。

2. 结合行业特点，制订指导文件。协会于2月1日、4日相继制定推出《本市药品零售企业药师服务公约》《上海药品零售企业疫情防控工作服务指南（暂行）》，进一步压实企业责任。第一时间与上海市药监局沟通，提出防疫药品团购目录的建议，在市药监局的协调下取得国家药监总局的同意，使零售药店能够及时向企业销售防疫药品。

二、多措并举，助力行业企业加快复工复产

1. 开展“疫情对企业影响”调研工作。2月26日—3月17日，协会先后深入益丰大药房、国大药房、华氏大药房、上海好药师大药房等10余家企业，了解防控防疫工作及企业复工复产情况，做好调研中的信息收集工作，及时反馈并帮助协调企业复工过程中遇到的各种困难和问题。同时及时把政府出台的惠企政策带给企业，推动惠企政策落到实处，助力企业共渡难关、共同发展。在对行业融资需求企业进行征集的基础上，向市商务委报送行业84家“稳企业保就业金融重点支持企业推荐名单”，匹配全方位金融支持工具，破解重点企业融资瓶颈，保障企业平稳运行。

2. 践行协会服务宗旨，帮助企业提升应对效率。协会积极征询企业复工复产情况以及受疫情影响所遇困难、瓶颈，共同寻求解决方案，齐心协力攻克时艰。如对接相关银行和企业，促成金融机构实现对行业企业的金融支持，为行业企业加快复工复产提供支持；及时向市商务委请示，全力协调解决防疫物资保障等方面的困难问题，总计为零售企业提供108000多只口罩，切实解决企业的实际问题。助力疫情防控，服务社会治理和民生建设。后疫情期间，为解决部分乘客因忘戴口罩、中途遗失或口罩损坏等意外状况，协会会同市商务委积极开展调研，为上海地铁站点设置自动售口罩机的工作出谋划策，共同筑起上海这座超大城市的生命防线。地铁的自动售口罩机既是零售药店向地铁销售的延伸，也是上海防疫工作的一道亮丽风景线。在疫情常态化防控下，协会以“零售药店医保支付与电子处方联动制度和管理模式”为题深入零售药店调研，探索医保结算信息与药品零售消费信息互联互通、实施共享，进一步推动药品零售向健康服务转型。该课题已完成初稿提交政府相关职能部门。从疫情发生到疫情防控再到复工复产的各个阶段，协会应对及时，举措有力，成效显著，发挥协会在重大突发事件应对中的重要作用。为此，市商务委在2月15日、17日向全市药品零售企业、上海医药商业行业协会连发来2封感谢信，对协会在新冠肺炎疫情防控期间所做的各项工作，特别是在初建预约口罩销售体系的紧张时刻，为高效完成本市口罩市场保供稳价工作做出的突出贡献予以高度肯定和诚挚的感谢。

主动作为　积极开展疫情防控和复工复产

上海室内净化协会

一、倡导高质稳价保供

2020年初疫情到来后，防疫涉疫商品物资出现价格上扬，协会立即开展产业稳价保供工作，向会员企业传达市经信委、市发改委、市商务委、市市场局等相关部门关于稳价保供的相关工作要求，并于1月23日向全体会员企业发出《关于严禁囤积居奇、哄抬物价等扰乱正常市场秩序的行为通知》，号召行业企业不囤积居奇，不乱涨价，做良心企业、行业典范。涉疫物资生产企业纷纷响应，承诺坚决不涨价，为国家抗疫做贡献，确保了涉疫净化行业产品价格总体稳定。

受新型冠状病毒肺炎疫情加重影响，部分防疫情涉疫相关商品和物资出现短缺和脱销情况，协会积极推动行业企业和市场急需对接。通过协会各种宣传平台发布防疫商品信息目录，对行业内负压隔离病房设计、建造、维护以及相关材料、工艺设备制造生产的企业进行备案登记，全力保障涉疫物资的供应。

二、倡议支援武汉

协会根据新冠疫情快速蔓延的严峻形势，向全体会员发起《抗击新冠疫情倡议书》，集中调配全产业链资源。根据武汉疫情严峻形势，协会主动对接武汉市青山区防疫指挥部，提出“一个行业支援一个系统”共同抗疫工作思路，于1月30日发布《武汉市青山区六家医院接受社会捐赠的公告通知》，请求行业企业支援武汉青山区医疗系统。协会会员企业积极响应，捐赠了智能雾淋室、净化传递窗、消毒机、空气净化器、口罩、消毒液等防疫物资，并对医院净化隔离区技术改造、医护人员消毒装备使用规范等提供技术方案，有力支持了青山区医疗系统抗疫工作，受到武汉市青山区政府及医院好评和由衷感谢。4月15日，协会与武汉市青山区疫情防控指挥部专门举办了“上海空净企业驰援武汉市青山区医院疫情物资在线表彰会”，对以上企业进行了表彰嘉奖。经统计，在疫情期间协会会员单位向包括武汉在内的多地捐款捐物总价值超过2000万元。

三、积极建言献策

疫情期间协会向上海市政协、统战部门、民主党派提出了《有关加大现有隔离病房数量评估和改造，防控新型病毒疫情建议》《有关疫情防控加大对口罩管理的建议》《关于征用社会闲置洁净房建议》《关于疫情期间减轻中小企业负担，为企业人力资源成本减负的建议》《社区居委会在重大公共卫生事件中的社会治理能力及建议》《上海需要建设高等级生物安全实验室》以及《关于进一步加强我国在全球公共卫生安全领域国际话语权的建议》等9篇建议和提案，为疫情防控和后时代发展贡献了真知灼见，得到了相关部门的肯定和采纳。其中，《上海需要建设高等级生物安全实验室》得到两位上海副市长的批示，《关于进一步加强我国在全球公共卫生安全领域国际话语权的建议》得到全国政协的采纳。

四、规范助复工

为了更好地满足消毒市场需求，抢占时间窗口，协会用最快的速度制定、发布了《公共场所新冠肺炎疫情期间预防性消毒服务指引》《消毒杀菌服务企业服务资质等级认定暂行办法》等一系列行业指导性文件。为公共场所提供专业的消毒服务规程，引导会员加强行业自律和技术提升，以应对消毒服务市场需求高潮的到来。

五、培训助服务

在工复产前期，协会提前布局，迅速为会员推出线上培训课程，让会员员工在家储备能量，为复工做好前期准备。协会会员从事消杀服务企业约150多家，为切实指导会员规范从事消杀服务，防止出现消毒安全事故，协会在疫情中期紧急推出消毒防控员培训项目。紧急编制培训大纲、教材和考题，邀请疾控、医院和大学专家开展了《消毒产品管理要求》《公共场所消毒技术与防控》《疫情期间的空调使用》在线培训课程。近100家企业，1100多名职工参加了在线培训和在线课题考试，切实提升了企业从事疫情消杀服务的能力。

为更好推动洁净高技术服务在高端制造业的重大支撑作用，疫情防控、复工复产期间，协会编制《上海洁净高技术产业“十四五”规划建议》报告，得到市经信委生产性服务业处的认可，并与行业企业共同召开了洁净高技术服务业“十四五”规划建议讨论会。会议要求吸纳更多企业的意见建议编制到“十四五”规划中去，为洁净高技术服务业发展助力。2021年1月，市经信委综合规划处印发洁净高技术产业“十四五”规划工作简报。

积极发挥协会作用　促进抗疫复工

上海市汽车销售行业协会

一、广泛沟通和了解行业发展过程中遇到的问题

协会走访各级会员单位 83 家，其中，走访会长、副会长单位 12 家，走访理事单位 25 家，走访会员单位 48 家。基本做到周周有走访，得到受访的各级会员企业的欢迎和赞许。

协会为更好为会员企业做好抗击疫情的服务，第一时间开启线上办公模式，每日召开视频工作会议，了解情况，落实企业需求，及时反馈问题。唐华会长要求协会发挥承上启下的作用，配合政府，及时反映企业的困难，提出政策需求；呼吁行业做到防疫工作不松懈，确保安全健康的工作环境和购物环境；发挥专家委员会的作用，为企业复工复产提出专业意见。

从 2 月下旬起至 3 月中旬，协会积极向政府部门反映防疫物资短缺的情况，分三批分拨口罩，克服人手少、场地小、在线办公联系不便等困难，在短时间内将口罩发放到位，解决企业在防疫工作的燃眉之急，为帮助企业及时复工复产复市提供保障。

协会受市商务委的委托，在全市汽车销售行业中推广使用“复产统计表 APP”，通过经销商每日填报，及时掌握经销商在复工过程中出现的问题或困难，为政府精准地为汽车销售行业恢复市场出台相关扶持政策，保障有序复工提供可靠的依据。至 3 月底，行业复工率达到 100%。

二、加大对企业开展疫情防控，复工复产的宣传工作，并在行业内进行交流

在疫情爆发期间，协会收到各经销商提供的各类相关稿件 45 篇，秘书处据此撰写 10 篇《抗击新冠肺炎，上海汽车销售行业在行动——全市各经销商企业抗疫行动》的纪实报道，及时对疫情防控及复工复产进行宣传报道，指定专人及时跟踪和了解政府出台的相关纾困政策，每日进行更新发布，起到协会的桥梁作用。

复工后，针对展厅客流大幅减少，新车销量急剧下滑的现状，协会大力推广经销商的各种新型营销模式，通过微信、抖音、快手、西瓜视频等短视频或直播平台介绍汽车，或利用 VR 展厅、电销等多种形式尝试新型的线上销售活动，开展线上直播，努力降低疫情所造成的客流减少的情况，探索出既能反映品牌特点又能突显企业特色的新颖的销售模式，不断扩大汽车销售的影响力。

三、推动汽车销售行业积极履行社会责任

积极行动驰援武汉，向奋斗在抗击病毒一线的勇士，捐款捐物。上海永达汽车集团有限公司、广汇宝信集团、上海宝钢住商汽车贸易有限公司、上海佳昌实业有限公司、绿地汽车服务（集团）有限公司等公司，相继进行援助，体现了上海汽车销售人的崇高境界。

协会推动专家委员会专家裘文才、浦维达、陈永革等相继发表文章，对疫情期间汽车销售情况进行影响分析，提供提振汽车消费的建议，充分发挥了协会专家的作用。

四、在全行业开展提振汽车消费市场的有力举措

协会开展主题为“战新冠肺炎促汽车消费”活动，共举办 120 场促进汽车消费活动，通过采用各种优惠举措，让利于消费者，从而促进了汽车消费。

为贯彻落实国务院、市政府和市商务委等部门关于各行业要做好疫情防控、防止疫情反弹的工作部署，8 月下旬，协会向全市汽车销售行业发出《关于进一步做好全市销售企业疫情控工作的通知》，要求各企业提高政治站位，思想上高度重视，不麻痹、不松懈，持续关注国内外疫情发展的动态，进一步贯彻落实好各项疫情防控措施，坚决防止疫情的反弹。

全力抓好疫情防控和复工复产工作

上海市物流协会

一、积极响应政府号召，把政府有关防疫各阶段要求及时贯彻布置到行业、落实到企业

从春节起，协会秘书处按市商务委、市经信委的通知要求，联系重点物流企业，落实配送车辆、人员和企业负责人，保证拉得出、用得上。协调相关物流企业参加市商务委召开的物资保供紧急会议，做好对物流配送企业节后复工情况进行调查并上报，及时调研并上报了“上海市物流协会关于物流企业复工复产情况和相关建议”等报告。

二、做好统计调研，为政府疫情防控和复工复产的精准施策提供服务

认真做好物流运力保障统计、防疫用品统计、企业复工复产情况统计等，为宏观政策调整提供行业的参考意见。并应政府要求，分多批次，对共计188家企业配发口罩40万余只及其他防疫用品，帮助缓解企业防控疫情燃眉之急。

三、及时发出疫情防控指导意见和倡议，积极反映企业复工复产中的困难和问题

协会制订印发《上海市物流协会关于防控疫情的倡议书》《上海市物流协会关于做好快递物流和餐饮快送企业节后复工疫情防控的指导意见》等。协会还联合苏浙皖物流行业协会，提出《关于复工复运稳企稳供共同维护长三角经济社会发展的联合倡议》。与此同时，协会还就会员企业资金困难、政策性补贴需要完善等诉求，汇总符合条件的企业51家，向政府部门提出意见和建议。

四、积极协调联络，为支援疫情阻击战发挥协会的作用

积极协调有关单位调集800套包装材料支援口罩工厂节日生产防疫急需的口罩；联系物流企业将上海捐赠的防疫医用设备运抵武汉第九医院并安装；应市经信委要求联系浙江省物流协会，解决消毒液包装材料因疫情通行困难而受阻问题等。

五、坚守岗位、网上办公

从小年夜起，秘书处工作团队就开始不间断运转，为企业、为社会提供24小时的服务。

六、加强宣传，积极报道会员企业的疫情防控先进事例

通过协会公众号、网站连续刊发会员企业在防控疫情中的先进事迹计37篇。在“5·6物流日”还表彰对抗击疫情作出重要贡献的30家会员单位。

努力落实联防联控复工复产工作

上海中药行业协会

一、及时部署，抓好协调

在疫情期间，协会主动参与市政府相关部门有关抗疫物资生产供应和药品储备情况、复工复产等调研协调工作。秘书处及时建立微信工作群，调整上班方式，建立全天候的值班制度，通过与会员企业保持联系，坚持为会员企业服务。上半年，湖北成为全国抗击新冠肺炎疫情的主战场，协会主动协调上海市驰援武汉医疗队进驻雷神山医院后遇到使用中药饮片和汤剂的困难问题，同时湖北省的经济恢复也面临严峻考验，大量中药材种植企业、合作社及种植户面临严重的产品滞销困难，再生产受阻。协会接到“中国中药材基地共建共享联盟”发出的关于《优先“采购荆楚药材优品，助力湖北经济复苏”》的文件后，当即由协会中药饮片专委会和中药制药专委会下发通知，动员上海中药企业积极响应号召，结合自身生产经营情况加大对鄂产中药材采购的力度，立刻作出部署帮助相关会员单位了解有关情况，并协助中药材基地共建联盟湖北联络站进行后续对接工作。

二、当好桥梁，发布消息

在众多企业忙于抗击疫情的情况下，协会坚持当好企业和相关政府部门的沟通桥梁。及时在网站上发布上海市经济和信息化委员会《关于开展征集第一批防控新型冠状病毒感染的肺炎疫情新技术、新产品、新应用的通知》；根据市药监部门的要求，在药品零售企业微信工作群中发布《关于加强中药饮片审方工作的通知》，在网站上发布《关于加强新型冠状病毒肺炎疫情防控期间广告管理的通告》，在第一时间公布《新型冠状病毒感染：零售药店工作指导与防控策略专家共识（第一版）》。根据抗疫形势，协会培训中心及时发出“暂停中药调剂员实训”的通知，以确保安全。

三、及时调研，反映情况

及时在会员企业中开展应急防护用品需求排摸和复工复产情况调研，并对企业复工复产过程中遇到的问题和困难进行统计和梳理，形成《疫情对上海中药产业带来的初步影响和产业发展机遇》材料向有关部门汇报。同时，协会还坚持做好对会员企业的服务工作。有药品零售企业的员工体检证书即将到期，经与药监部门联系，企业及时得到特殊时期特殊处理的回复。

四、搜集资料，弘扬先进

从 1 月底开始努力搜集会员企业抗击疫情感人的事例，并在协会网站连续刊登几十篇报道，宣传战“疫”中涌现出的一大批感人事迹，展现行业一线员工和共产党员的专业精神和无私奉献，做好抗疫宣传工作。

全方位落实疫情防控措施

上海市会展行业协会

一、发出《致全体会员的倡议书》

倡议会展企业主动承担起“第一道防线”责任，助力打赢新冠肺炎疫情防控阻击战。此后，协会牵头国家会展中心（上海）、上海新国际博览中心、上海世博展览馆、上海展览中心等上海四大主要场馆联合发出倡议，努力为主办单位安排更合适、更方便的档期，并提供全方位的解决方案。积极配合市商务委等政府相关部门，开展企业受损情况和金融信贷需求的调查，组织企业做好扶持政策的申报，及时组织会展企业参加市商务委的各类专题座谈会。

二、反映企业呼声

疫情给会展行业带来前所未有的颠覆性打击，近半年的展会停摆，使会展企业尤其是会展服务企业承受着停工期间产生的人工成本、房屋租金、厂房成本以及订单交付、违约赔偿及银行还贷等各种压力。秘书处汇总会员受损情况，形成专报，向行业主管部门反映；协会领导通过各种渠道向行业主管部门反映企业受损情况。桑敬民会长在参加国务院调研组、商务部王受文副部长和许昆林副市长召集的复工复产调研座谈会上，积极反映行业实际情况及复工复展的迫切呼声。

三、推动会展业复展

当疫情得到控制时，协会向市商务委提出不失时机，抓紧研究上海会展业复展的建议，并起草制定《上海市会展行业新冠肺炎疫情防控指南》《上海会展业档期协调机制》等文件，为重启会展业发挥积极作用。5月25日，举办以“疫情冲击下的展会发展新思路”为主题的线上沙龙。上海市国际贸易促进委员会副会长、上海市国际展览有限公司董事长顾春霆、东浩兰生会展集团总裁陈辉峰、上海博华国际展览有限公司执行董事王明亮等行业知名企业负责人围绕创新展会服务模式，探讨线上展会的商业营运等新形势下行业发展的应对思路。本次沙龙活动得到业内人士的广泛关注，共计37674人次收看直播。

四、为会员提供法律咨询服务

防控指南出台后，各会展项目进入重启备展阶段。针对因疫情带来的主办、展商间矛盾频出情况，协会与上海市会展业促进中心、上海市律师协会会展与旅游业务研究委员会共同发起“会展业防疫义务法律咨询服务”活动，为会员单位提供法律帮助。同时，协会对各类投诉电话耐心疏导，引导双方互相体谅，化解矛盾。

疫情使上海会展业遭遇了半年停摆，给会员企业带来较大的资金压力。协会秘书处向理事会提出所有会员减免3300元的意见，经8月6日五届四次理事会审议通过后执行。协会给予一般会员免缴会费的举措，在上海社会组织之先河。

为疫情防控复工复产多做贡献

上海市设备管理协会

新冠肺炎疫情发生后，作为最重要的疫情防控物资之一的口罩需求激增。为保障口罩生产供应，市经信委于2月9日向协会下达了保障全市口罩设备正常运行的任务。协会第一时间作出应急响应，选派多个业内骨干维修企业24小时待命，全力以赴地完成各项抢修、改造和安装调试任务。在历时56天任务期中，协会共调集精干技术力量1000余人次，完成口罩机制造14台，为9家企业的38台（套）口罩生产设备提供故障维修、改造和新建生产线的安装调试等保障，日新增口罩产能约250万只，为缓解本市防疫口罩需求做出应有贡献。

本市设备维修安装行业在此次疫情防控阻击战中充分体现了共克时艰、勇于承担社会责任的使命与担当，为全面打赢疫情防控阻击战提供了有力的技术支撑，得到社会、政府主管部门的高度评价，4月1日的《新民晚报》以《口罩生产背后的幕后英雄》为题，专题报道本市部分设备维修安装企业为口罩机提供安装调试维修保障的事迹；市经信委于3月13日特向协会发来感谢信，对协会会员单位在疫情防控阻击战中展现的强烈的社会责任感和和使命感、对所有无私奉献的同志们致以衷心感谢和崇高敬意。

按照习近平总书记提出的“要发挥行业协会、商会等社会组织的作用，指导和帮助企业等会员单位科学精准防疫、有序复工复产”的要求，协会及时对会员单位开展调查研究，对企业在复工复产过程中遇到的问题和困难进行统计分析和梳理，并积极向有关部门提出政策建议。同时，协会通过网站、微信公众号等平台，及时推送《上海市全力防控疫情支持服务企业平稳健康发展的若干措施》、“疫情期间本市各区县支持中小企业政策汇总”和“上海企业复工指南”等政策和信息，积极帮助企业落实惠企政策，尽快恢复正常生产秩序。疫情防控取得阶段性成效后，业内企业主动克服各种困难有序推进复工复产，积极消除疫情带来的不利影响，生产和经营逐步走上正轨，为推动产业链各环节复工复产和总体稳定提供了有力保障。

努力帮助企业解决复工复产困难

上海锅炉压力容器行业协会

受疫情影响，锅炉压力容器行业的一些中小微企业生产经营遇到诸多困难，协会精准施策，积极主动为企业提供支持与便捷。协会充分利用网络平台、微信群，在信息传递、政策宣传、关爱走访、援助帮困等方面为会员单位提供服务和指导，取得实效。协会及时将中央、市、区政府有关为中小微企业提供防控复工优惠政策、调研表、承诺书、倡议书等30多项政策信息及时传递给会员单位，并对50多家会员单位开展调研，搜集汇总他们所遇到的困难，及时反馈给上级部门。当了解到个别企业防控物资短缺时，协会秘书处第一时间在行业内为上、下游企业牵线搭桥，为5家企业解决了生产材料、技术咨询、技术服务、质量评价等方面的困难，为3家企业牵线解决产业链上、下游对接，并签约合同，预计金额达近100万元。

针对疫情防控和有序复工复产，协会积极主动与企业联系，了解企业内重点项目的主要瓶颈问题及相关技术标准和加工工艺，协助制订解决困难的实施方案，委派专人跟踪企业进展的全过程，以最大限度减少企业因受疫情影响而导致误工或延期。围绕企业创新技术为抓手，为企业搭建协同创新平台，强化信息政策、人员、金融等服务指导。充分发挥协会专家组的作用，为企业提供技术上的支持。

协会积极走访、深入调研，先后走访会员单位48家、156人次。了解会员单位经营、生产、销售、培训、咨询等情况，听取会员单位对政府、行业、协会工作的诉求，并将协会开展的各项工作进行互动交流与沟通，让会员单位能更好了解协会的工作动态。同时，接待来访16家企业、52人次，尽最大努力帮助解决合理诉求，增加了协会与会员单位之间的凝聚力。

推动复工复产　提升企业竞争力

上海市食品协会

一、找准定位，提高工作能效

深入会员企业，通过走访和召开现场会议的形式，了解会员企业所需所求，为企业出谋献策。同时，将了解到的会员企业在复工复产复市中所遇到的实际困难和诉求，以专报的形式报送市有关部门。协会努力加强为会员企业服务的针对性，协助会员企业解决在生产经营中遇到的各类问题，引导企业在要素配置、供需对接、内需体系中，开拓思路，勇于创新，提升对国内经济循环的推动力，做足国内国际双循环能量交换的文章。

二、推出民心工程

疫情期间，水产流通分会深入水产流通企业，了解企业诉求，及时向市场管理部门和政府有关部门反映、沟通，及时疏导会员单位的诉求，鼓励水产流通分会配合江杨（江阳）水产批发市场对进场人员进行测温，对进场货运车辆进行消毒，并向员工、客商发放口罩，确保市场供应不断、不乱。协会积极开展内容丰富、形式新颖的活动，为企业和社会服务。为在疫情时期帮助会员企业提升企业竞争力，特邀上海交通大学竞争战略中心陈韬老师，通过上网课的形式，主讲《食品行业突围竞争之道》。

三、协会培训中心坚持疫情期间不停课

1 月—11 月，各类线下培训参加人员共计 2503 人。2 月 10 日起，开展线上直播培训活动，至 11 月末，共开设各类直播培训课程 95 场，观看人次超过 550 万人次，最高同时在线人数为 9861 人；协会培训中心通过“下厨房”平台，进行 5 场直播培训课程，观众累计订购课程 7.1 万人次，单课程最高订购量为 4.9 万人次。开班课程、次数和参加培训人数，均名列上海同类教育之首。

抓好标准制定　促进复工复产

上海防静电工业协会

协会向会员征询在复工复产中，材料供应、物流运输、资金保障、招工用工等重要环节所遇到的困难。了解各企业现状，产业链上下游情况，向主管部门反馈，帮助企业尽快恢复产能，减少损失，增加受益。通过函询，取得无异议意见，批准同意辅朗“光学级防静电硬化树脂板（片）”“涂布型透明抗静电聚氯乙烯板（片）”两个团体标准的立项；黄山佳美奇科技有限公司申请的《防（抗）静电粉末涂料标准》团体标准已通过立项，正抓紧编写、修改、完善。组织开展《非湿度依赖型防静电产品静电性能检测方法》《防静电产品合格供应商评定规范》《防静电地面现场检测抽样规则》《防静电工作区静电指标在线监测系统》《光学级防静电硬化树脂板（片）》《涂布型透明抗静电聚氯乙烯板（片）》等团体标准的编写。

积极推动行业防疫复工工作

上海船舶工业行业协会

由于疫情影响，协会每年举办的“中国国际船艇及其技术设备展览会”被迫延期，但协会并没有停止对行业的服务。下半年，疫情基本被控制。协会秘书处认真梳理会员单位现状，甄别重组、转产、破产等单位情况；秘书长带队走访船厂、院所学校等会员单位，了解疫情所带来的影响，听取对协会工作的意见和建议。

为应对防止全球污染及保护海洋环境，国际航运面临可持续发展的重大挑战，新生效和正在出台的排放法规预计将会推动这一格局产生重大变化。协会与美国船级社举办“新能源联合研讨会”，为业界共同探讨、交流关于船舶新能源技术发展和应用的最新成果建立开放的平台，以期产生积极的示范和引领效应。为贯彻落实国家及上海有关船舶行业挥发性有机物（VOCs）综合治理要求，推广和共享上海船舶企业VOCs治理及减排的技术经验，推动综合治理先进技术的传播和科技成果的转化，协会联合中船协和中船上海船舶工业有限公司共同举办“推绿色修造护蓝天白云——船舶工业VOCs综合治理成果展暨研讨会”，交流企业综合治理的成功经验以及过程中遇到的痛点难点，探讨适应现阶段船舶企业VOCs综合治理的理念、途径和方法。

把疫情不利影响降到最低

上海金融信息行业协会

协会积极响应市政府、市经信委号召，以身作则，引领全体会员单位开展疫情防控、支援武汉、复工复产等工作，包括发布疫情防控倡议书、征集反馈受疫情影响单位的诉求和建议、鼓励企业为支援武汉和抗击疫情捐款捐物、宣导企业复工相关政策资讯、协助采购援鄂医疗队急需物资、捐赠警用口罩和慰问品、帮助企业筹措复工所需口罩及消毒物资等事宜。坚持一手抓疫情防控，确保疫情防控的各项措施落实到位；一手抓复工复产，努力把疫情所带来的不利影响降到最低，努力保持生产经营稳定运行。

协会亮点

Xie Hui Liang Dian

助力上海形成创投机构与创新企业相互促进、共同发展的良好格局

上海市创业投资行业协会

一、投身疫情抗击，承担社会责任

协会竭力筹集物资驰援武汉，并将5万元会员大会的预算费用悉数捐赠武汉，为抗击疫情略尽薄力；协会响应国家号召，减少人员聚集，用书面通信替代现场会议的方式进行工作报告，以此来降低病毒传播概率，践行社会责任；协会搜集并记录抗疫过程中的感人之举，制成公益视频广为宣传，分享那一幕幕感人至深的大爱时刻。

二、开展会员活动，做好服务工作

创投协会是创投机构之家，根据会员的需求，协会汇聚社会资源，搭建合作平台，开展多项适合于行业特点、内容丰富的会员活动。

（一）组织项目对接，筹办路演活动。项目对接工作旨在将社会上优秀企业和优秀项目推荐给创投机构，助力上海形成创投机构与创新企业相互促进、共同发展的良好格局。通过自身与政府、开发区、创业园区等的联系渠道，组织项目资源，举办多场线下项目融资路演活动，项目涉及领域广泛，包含高端装备、生物医药、新一代信息技术、新材料、新能源、节能环保、大消费等众多领域，重点聚焦国家战略新兴产业。

协会通过线上“云路演”的方式帮助创投企业与创投机构进行“无缝对接”，共举办8次网上云路演，超过130家创投企业参加，同时还与创合汇资本联合推出20多场线上公益直播活动，在线观众达数万人次。

（二）组织行业交流，实现长三角联动发展。协会从会员单位的实际需求出发，围绕创投行业的“热点”问题发掘议题，组织多场信息沙龙活动。围绕生物科技、科技型中小微企业投融资、大数据项目投融资、新零售等话题展开讨论，通过研讨、交流、沟通，各界代表对各自关心的问题增进了解和共识。

为强化区域联动发展，打造区域创业投资服务平台，加强社会各界对长三角区域人才、资本、技术等多维度的关注，协会组织会员与长三角资本市场服务基地、上交所等，于5月20日赴镇江举办对接科创板金融合作交流活动，与当地一批有上科创板潜力的企业对接交流。7月，组织会员参加上海—张家港科技企业投融资对接会，以实现上海优质资本与张家港市需求企业的高效对接。10月，组织20多家会员参加在温州举办的世界青年科学家峰会·高层次人才硬科技创新创业投融资对接会。

（三）联合组织创客大赛，助力科创企业发展。协会继续与工信部、市经信委等联合组织创客中国上海市中小企业创新创业大赛、阿里巴巴全球诸神之战创客大赛（上海赛区）及上海市最具投资潜力50佳创业企业评选活动。通过政府、市场、金融等三方合力的组织机制，“创客中国、诸神之战、最具投资潜力50佳”一赛三评的办赛模式，高规格、高效率、高质量“赛马”遴选一批上海创业英雄。以往四届大赛，累计吸引近1700个参赛项目，超80万次“云”上参与最具人气项目投票。10家企业晋级创客中国全国榜单，13家企业亮相诸神之战全球决赛舞台，200家上海最具投资潜力创业企业脱颖而出。

三、认真完成政府委托的各项任务

（一）完成政府引导基金申请审批及绩效评价工作。受市发改委等政府部门的委托，协会认真做好政府创业投资引导基金、天使投资引导基金的评审工作。评审工作全程做到公平、公正、透明，助力于提升政府出资投资基金服务实体经济的质效，构建行业守信联合激励和失信惩戒机制，促进行业高质量持续健康发展。

（二）做好创投企业的备案年检，完成创投联动项目的资格认定。协会承担收集、整理资料预审等前道工作，方便企业申报和相关部门的审查。为加快审批速度，使创投企业尽快享受到税收优惠政策，协会采取“收集一批、评审一批”的工作方法，2020年通过备案的投资机构，总计312家。

（三）编制行业发展报告，加强软课题研究。创业投资是全球科技创新中心产生和发展的关键支撑性要素，是上海建设具有全球影响力科技创新中心的重要力量。受政府部门委托，协会努力做好《创投行业发展年度报告》和《上海市创业投资协会行业调查报告》的编纂工作。根据上海市创业投资发展遇到的新问题、所面临的新形势，梳理总结上海创业投资发展的特点与问题并展开分析研究，提出上海创业投资发展过程中亟待解决的若干问题和瓶颈，为相关部门提供决策参考。

（李忠湖）

解难题　促进园区企业发展

上海漕河泾新兴技术开发区企业协会

一、服务至上，营造开发区良好营商环境

协会始终坚持服务至上，工作中以促进企业稳步发展、科技创新和改善园区营商环境为主要目标，切实关注并解决企业及企业员工诉求。

（一）解难题促进园区企业发展。面对疫情防控管理的大考，企业协会第一时间向园区会员企业推送开发区及上海市关于园区企业开展疫情防控工作的相关要求，及时在邮件和微信群中推送最新实用信息，并随时就会员单位的各种咨询和需求如企业开工备案、园区餐饮服务、公共区域消毒情况、企业部分员工复工前进出、外籍员工出入境政策等及时协调资源沟通解答，为园区整体防控工作的铺开，贡献积极力量。

协会依托政府和开发区，努力协助企业解决发展中所遇到的政务咨询、办公搬迁、工商年检、海关稽查、安全环保、高新申报、非公党建等问题。如现场了解并协助对接老牌外企的关停及后续人员安置问题；向企业发布并协助寻找可采购的防疫物资；走访了解多家企业的退扩租及搬迁需求，促进二次招商的达成；协助多家单位联系对接疫情期间的医疗服务尤其是单位体检需求；协助园区生产型企业咨询反馈环评问题；协助多家园区企业对接街道党建服务等行政服务资源。

（二）落实帮助企业员工发展。员工是企业发展的根本和源泉。协会关注企业高管和员工的身心健康、积极促进员工个人发展、帮助解决单身男女婚恋问题等，为区内企业发展解决后顾之忧。例如，帮助技术人员对接人才公司的职称申报和培训服务；送健康到企业和白领身边，分别联合龙华医院、嘉会医院和全景医疗开展医疗咨询服务和健康宣讲会；推送有政府补贴的专场医疗急救培训活动进入多家会员企业；为解决开发区内的青年员工婚恋问题，举办相约漕河泾单身男女联谊活动等。各项工作均落实到位并深受好评。

（三）跨区域实现异地联动。协会在积极确保园区企业平安发展的同时，还多方为企业谋求更大更广阔的发展空间。协会紧跟漕总公司和临港集团战略发展布局，帮助需求企业积极实现与赵巷、海宁、遵义、大同、重庆等分区及友好园区的对接，还向企业推送传递玉环招商会等外省市招商推介活动信息。与产业转移促进中心合作，联合召开人工智能对话美丽乡村、茶产业研讨会等多地互动活动。

二、资源整合，打造便捷有效资源网络

企业协会作为开发区的“企业之家”，一直致力于搭建开发区与企业之间、政府与企业之间以及企业与企业之间多方交流沟通的平台。

（一）整合开发区内自有资源。协会整合开发区总公司和创业中心、人才公司、企服公司等开发区系统内子分公司服务资源，面向会员单位统一发布铺开。协会发挥开发区品牌优势，塑造良好的文化体育氛围，通过会员邮件、微信公众号和微信群的方式，持续向会员企业推送“漕河泾微课堂”“漕河泾大讲堂”等优秀的文化资源和精神食粮；推送和协助组织企业参加企服公司和开发区企业协会承办的“活力漕河泾”开发区公共文化体育类活动；联合创业中心开展高新技术企业申报和研发加计扣除政策宣讲会议，并及时转发政府扶持资金申报信息；联合物业公司开展卫生防疫宣传；转发人才公司的服务贸易系列和人才政策等公益性专场政策解读会，并转发推送开展的各类企业内训和职称素养类培训项目等；联合嘉会医院开展粉红丝带公益宣传；走访了解开发区企业公益项目发展情况和现实需求，积极咨询公益组织探讨开发区的公益发展之路。

（二）利用5块牌子附带优势。协会一套班子同时兼任开发区侨联、园区科协、工商联和欧美同学会分会等5块工作。协会秘书处一岗多能统筹发展，充分吸取各个条线的资源优势，极大丰富协会服务的广度和活动内容的丰富度。

（三）挖掘会员单位和其他社会机构资源。协会以专业委员会为活动抓手，开展形式多样的活动，并有效推进园区企业的互动交流与资源分享。例如，企业协会金融专委会开展了两次业务交流活动，互通有无促业务发展；组织会员单位参加工博会主题论坛和高新技术企业系列宣讲活动、帮助多家会员单位寻求会务场地和医疗服务，向会员单位宣传海关和社区卫生服务中心最新服务信息等。

（四）做好政府和开发区发展智囊。协会不仅做好面向企业端的输送传达工作，还充分发挥企业资源聚集优势，做好政府的智囊团和对接通道。在开发区和政府需要的时候，做好政企沟通的桥梁纽带。多次邀请企业参加市、区两级政府机构和行业协会等组织的调研和政策发布会；协助接待上海市及全国多地政府和开发区

代表团参观区内会员单位；积极发布信息，邀请企业参加开发区展示厅升级改造；积极参与对口条线如市工经联和市科协的“十四五”规划讨论。

三、基础扎实，确保协会发展稳中有新

协会注重内部治理的严谨性，不忘创新活动模式，确保协会有序和可持续性运转。

（一）做好园区企业的联络与会员发展工作。全年，协会累计走访企业 110 余家。举办一次较大规模会员单位联络员专场活动，与会单位相互了解企业特色和可共享资源，现场气氛活跃；同时不定期举办多场小规模会员企业交流活动；组织企业参加区工商联开展的羽毛球赛，并取得季军的好成绩。通过丰富多彩的活动，在更轻松的氛围下密切协会与会员单位之间，以及会员单位与会员单位之间的关系。

（二）实现对会员单位的科学有序管理。协会通过分会建设和园中园，对开发区内企业实现更有效的管理和沟通。通过“双创分会”，针对科技型中小企业开展全生命周期特色服务；保持与贝岭科技园、聚科生物园、普天科技园、仪电产业园等园中园的联动与合作，形成协会在本部园区的全面覆盖。同时，做好与会员单位的日常信息沟通工作，做到活动信息全覆盖。

（三）通过党建引领促进秘书处人才发展。秘书处在 2020 年度实现工作人员全部加入党组织。在全年度持续的党员教育和实践活动中，不断锤炼党性，提升思想境界，不忘艰辛发展历史，牢记协会人的初心和使命，为开发区和园区企业发展贡献自己的全部力量。

（郑百慧）

以科学管理促进开发区健康发展

上海市开发区协会

一、坚持多措并举，为抓好疫情常态化防控工作打下坚实基础

协会坚持“两手抓”，一手抓疫情防控，自觉遵守市政府关于疫情防控的各项要求，科学防控、精准施策，切实管好自己的人，守好自己的门。努力帮助会员做好疫情防控和复工复产工作。党员带头组织开展全体员工捐款活动。积极主动为各开发区对接有关防疫物资生产设备、原料等物资信息，对接各政府部门和相关金融机构，加快各类防疫要求和惠企政策的信息传递和落地，帮助园区内中小企业减负；协会还在金山区相关防疫物资生产企业驻厂近 2 个月，面对在生产防疫物资中遇到的原材料短缺、用工困难、资金不足等问题，第一时间将企业的信息报告至市经信委，为企业生产保驾护航；利用《上海开发区》杂志、上海开发区网和上海产业园区微信公众号等媒体平台宣传党中央、国务院的决策、部署以及上海相关委办、各有关开发区应对疫情的相关政策和措施，宣传开发区抗疫期间的先进事迹，推广开发区在推进疫情防控和复工复产方面的经验做法。

二、《上海市志·开发区分志》正式通过验收出版

受市经信委委托，协会于 2013 年 10 月作为参编单位承接并启动上海市第二轮地方志《上海市志·开发区分志（1978—2010）》的编纂工作。历时 7 年，从定立篇目、制订实施方案；搜集资料、制作资料卡片、编纂资料长篇；编纂分纂、总纂；开发区确认、组织内部审议，于 2021 年 1 月出版发行。《上海市志·开发区分志》分上下两册，240.5 万字，收录卷首照 191 张。志书对上海开发区的创建设立、管理机制、规划建设、招商引资、产业集聚、土地利用、生态保护等内容作了全面记述，系统反映开发区 30 多年来的发展历程和在改革开放发展中做出的巨大贡献，在推动上海经济和社会发展中发挥的重要作用。

三、做好常规工作，以强烈的事业心和责任感谋服务、促发展

配合政府部门工作。加强与市政府有关委办的沟通联系，积极配合相关部门的工作。受市经信委委托，对全市 26 家特色园区开展统计调研及实施意见编制工作，为相关部门决策提供第一手资料。按要求完成各级政府部门委托的研究任务：（1）受市经信委委托，组织撰写《2020 年上海市开发区发展报告》；（2）完成《上海市产业园区转型升级“十四五”规划》编制工作；（3）组织开展 2020 年上海市国家新型工业化示范基地发展质量评价工作，跟踪指导上海市 29 个国家级、市级新型工业化示范基地材料申报及填报工作；（4）受张江管委会委托，开展上海市张江高新区“十四五”产业规划及园区统筹协调研究工作；（5）《上海工业开发区建设规范标准》完成标准发布流程，于 11 月正式发布实施。

与上海市社团管理局共同发起“公益进园区”活动，有 10 家产业园区荣登“产业园区公益热度榜 top10”。会员交流工作。全年举办 9 场会议培训活动，开展 2 家开发区个性化服务业务。年初，根据防疫工作的要求，积极协调相关单位开展线上培训，宣传防疫政策和提升园区服务能力；开设“产业园区服务规范”课程，全面讲解产业园区服务的相关操作规范，通过园区服务标准的宣传贯彻，帮助园区管理机构进一步提升园区的营商环境。5 月，举行上海市开发区 2020 年投资促进高级研修班，来自本市各个开发区、产业集团等从事招商引资、投资促进的中高级管理人员近 60 人参加研修班。研修班围绕全球经济与园区战略选择、投资促进政策解读、园区营商环境建设、疫情下园区招商新变化和招商实务等主题，邀请政府经济部门领导、高校专家、咨询机构及园区一线招商领导等进行培训，通过线下 + 线上结合、理论和实际结合、课堂和考察调研结合的方式，为疫情常态化形势下的招商提供新政策、新方式、新思路。6 月，举行智慧园区建设及数字化升级研讨会，以园区分享智慧园区建设和企业服务智能化的应用为主题，邀请资深专业老师，通过现场讲解、案例分析、交流互动等形式，进一步推进智慧园区建设和优化营商环境的工作。7 月，举办上海产业园区自媒体运营暨综合管理能力提升研修班，以加强园区的营商环境建设，提高产业园区公文质量和对外宣传工作水平为出发点，使园区的行政宣传工作更好地适应新时期发展态势和特点，提升上海产业园区新闻宣传和综合管理队伍的业务水平；当月还举办《上海市促进在线新经济发展行动方案（2020—2022 年）》政策解读会，本市 27 家园区、企业参与线下交流，300 余人收看线上直播；还举办“金融服务进园区”活动，邀请银行机构进行金融产品介绍，帮助园区拓宽金融服务渠道，解决银行和企业信息不对称问题，并将金融服务延伸到园

区内企业。9月，举办2020年招商引资新模式和开放发展新路径中国产业园区高级管理人才研修班，来自浙江、安徽、山东、黑龙江等地区各园区管委会负责人、产业园区各领域专业人士共33名园区高级管理干部参加研修班。11月，举办上海产业园区优化环境暨综合服务能力提升研修班，围绕开发区高质量发展需求，邀请专家进行专题培训。当月还举办首期产业园区知识产权服务能力提升培训班，以"知识产权＋金融"为切入点，专设"面向企业创新创业与投融资需求"的互动教学与交流环节，邀请专家就从投资人角度看知识产权助力企业科技创新、创新型企业不同发展阶段的知识产权特性与融资需求等进行专题讲解，本市40多家园区及企业共60多人参加培训。年内还为2家开发区开展个性化服务。10月，在上海宏方公司邀请银行及证券等专家讲解企业在IPO过程中的政策、法律、金融等问题；12月，在北斗西虹桥基地举行中国进出口银行与相关园区企业，就扶持航空航天产业与银行信贷支持组织金融的对接交流会。

研究咨询服务。协会依托礼森智库一方面注重在提升研究咨询能力、集聚整合智力资源上下功夫；另一方面通过研究咨询对开发区论断、把脉，树立协会品牌服务，更好地解决开发区的实际问题与需求。在对长三角乃至全国开发区先进经验进行整理汇总基础上，完成张江高新区"十四五"规划课题工作、杭州湾化工新材料特色园区产业发展规划课题工作、上海市产业园区和结构调整"十四五"规划编制工作、2020年国家级经开区运行统计分析和综合评价课题编撰工作、开展张江科学城工业企业绩效评估工作等数十个咨询研究服务项目。

宣传信息方面。精心打造《上海开发区》杂志，增强内容权威性，密切关注时政焦点、宏观经济、热点话题，全面提升内容可读性；在年初新冠肺炎疫情爆发之际，通过"抗疫特刊"，以写实手法反映市区级领导奔走一线、全市开发区抗击疫情、复工复产两手抓、各级政府企业扶持政策及时出台，众志成城，打赢园区疫情防控战和经济发展保卫战抗疫全景。杂志设《浦东开放30周年》专栏，回顾浦东国家级开发区的开发建设历程和浦东开发先行者们的光荣事迹。同澎湃新闻推出"追踪调研上海26个特色园区"系列报告，对上海特色园区进行集中宣传报道。大力推进网站、微信平台建设工作。疫情期间，微信和网站成为协会线上培训的载体。微信公众号每日进行内容更新，受到各园区的重视，关注人员超4300人。

会员管理方面。协会新发展11家开发区会员单位，其中5家为特色产业园区。全面梳理会员单位通讯信息变更情况，对有变化的单位重新启动填报工作，编印2020版《会员单位通讯录》并发送至各会员单位。根据会员活跃度分析，重点加强活跃度一般和活跃度低的会员单位的联系。完成新会员档案归档工作，并按章程规定履行了因机构撤销等原因而提出退会申请的会员单位退会手续。

内部建设方面。完成协会及下属单位的年度审计和专项审计工作；完成2019年度协会年检和《上海开发区》杂志年检工作；召开四届三次理事会和会员大会；加强保密工作，签署《上海市开发区协会在职人员保密承诺书》；制定《车辆使用管理办法》。

四、凝心聚力，以科学管理促进分支机构健康发展

协会成立青年工作专业委员会，为在开发区开发主体内工作的青年干部和员工提供社交和学习的优质平台。招商工作专业委员会先后走访30余家产业园区，了解园区的招商和企业服务工作情况、问题和困难、意见和建议；接待来自江苏、浙江、安徽、山东、吉林、天津、广西等省市的20余批外省市开发区代表，深入交流开发区发展经验和产业对接合作意向；与高力集团、联东集团、万科地产、碧桂园等地区总部建立联系开展合作，不定期交流项目信息，加强产业地产商与本市园区的对接合作，促进招商资源共享，帮助本市优秀园区的品牌输出。科创园区专业委员会聚焦知识产权保护，助推园区科技创新，与国家知识产权国际运营（上海）平台建立战略合作关系，设立"上海国际知识产权服务窗口"，提供知识产权专业咨询服务、建立"上海产业园区国际知识产权实训基地"、健全知识产权保护工作例会制度，形成有利于服务产业园区的工作机制。全年调研走访863软件基地、临港浦江国际科技城及临港松江科技城等多家产业园区。6月，联合闵行交大科技园、南京大学环境规划设计研究院，设立首个"上海产业园区绿色制造工作驿站环境管理工作室"。11月，与上海市环境保护产业协会建立战略合作关系。12月，联合市环保产业协会发起的首个"上海现代环境治理与绿色制造试点园区"项目在国盛产投·宝山药谷揭牌。协会政策研究工作委会成功吸纳接近30个专委会会员单位，年内分别召开上海产业园区"十四五"规划研讨会和上海市产业用地指南政策解读会，编辑出版《2020年度上海开发区政策汇编》，为各会员单位提供政策查询便利。长三角开发区协同发展联盟初步完成《长三角开发区营商环境评价标准》。编制完成《长三角开发区发展报告系列之一》。完善长三角开发区产业创新协同发展试点基地工作。形成马鞍山经济技术开发区、江苏南通未来岛硬科技产业园、浙江慈溪滨海经济开发区等合作试点基地，完善基地网络建设。

（严佳）

更接地气地服务企业

上海市股份合作制企业协会

一、提升特殊时期的协会服务内涵和效率

（一）牢记协会工作主要服务的宗旨。协会紧扣市政府27号文件精神，对一些有计划自愿按照文件精神进行深化改革改制的企业，提供服务，先后帮助上海长江企业发展合作公司、上海虹口商业服务总公司、上海中艺美术合作公司、上海新镇江酒家经营总公司、上海申一百货（九百集团）、上海宝山盈源燃料物资有限公司（改制后企业）等企业深化改革改制；为上海千斤顶厂、上海漂染二厂、上海益中食品合作公司、上海灯具厂有限公司、上海华东木器厂、上海黄浦区五金合作公司、上海虹口区新唐建筑装饰工程公司、上海羽毛球厂、上海焦化化工发展商社、上海汽车配件总公司威海路进口配件分公司、上海开源制罐厂、上海新康达商业贸易合作公司、上海同缘商贸合作公司等企业提供上门咨询和服务及来访接待工作。

（二）用正确的导向做好维稳工作。协会适时调整服务工作对企业的切合性，积极协调，为股份合作制企业解决历史遗留难题。年内接待大量来访群访，包括咨询答疑、上下沟通、化解和缓解矛盾及冲突，减轻政府相关接待部门压力，为维护社会稳定尽心尽责。

（三）完成续用5年所有申报手续。5月12日，协会接到市发改委办公室来电，如果继续延用市政府27号文件精神，必须走延用程序，且要通过评估。5月14日，市发改委要求协会一星期完成，写一份10年使用27号文件的情况评估报告。6月17日，经各方专家论证，一致同意27号文件再次续用，并在会议决议上确认。后送报市政府审批。8月3日，《上海市人民政府批转市发改委关于进一步深化本市股份合作制企业改革指导意见的通知》，同意有效期延长至2025年7月20日。

二、协会抗疫工作有序进行

新冠肺炎疫情肆虐期间，协会接到急需寻找生产口罩耳带的信息，会长第一时间协调上海宽紧带厂的生产基地（当时还没有复工）的聚豪织带公司，尽快安排复工投入试产，让聚豪织带公司加入保供企业队伍中来，并将市、区抗疫与复工要求转给企业；由于复工来沪员工要有规定的隔离时间，厂长亲力亲为，将已退休在家的工程师派去郊区工厂提前打样做试产的准备。与此同时，上海宽紧带厂在资金调动上帮助解决聚豪公司的后顾之忧，力争早出产品。得知任务重、时间紧，协会又联系另外二家织带企业迅速行动，抓紧购置备件、采购原料尽快投产扩产。通过努力，上海潜鑫织带、怿颉绳带等3家企业首批200万米口罩耳绳带直供上海东方国际“三枪”集团等5家单位的口罩生产线；上海宽紧带厂聚豪织带基地生产绳带提供给上海港凯净化制品有限公司的生产线。协会会员单位新镇江餐饮集团连续数日为华东医院、华山医院、静安区中心医院、静安寺警署和曹家渡警署等抗疫第一线单位捐赠餐食供应、爱心午餐。协会秘书处还为会员单位上海长江企业发展合作公司急需额温枪和上海漫极（国际）控股集团所需防护服、消毒洗手液及各类规格口罩等需求提供8家供货信息和渠道，给予有力支持与帮助。

在协会群里及时转发市政府有关部门和市促进中小企业发展协调办公室发布的支持企业抗疫复产政策的每条信息，让会员单位互相之间在群里沟通、了解和对接，疫情中协会平台更好地接地气的服务企业；大家纷纷表示：“齐心抗疫，奋力拼搏，复工复产，协会和企业一起在行动！”

（朱桂芬）

了解企业需求　协调各方资源　帮助企业解决难题

上海生产性服务业促进会

一、携手共抗新冠肺炎疫情，积极助力复工复产

第一时间响应号召，积极履行社会责任。促进会自年初三起积极部署开展防疫各项工作，发布《上海生产性服务业促进会关于疫情防控倡议书》，号召会员单位、行业企业及生产性服务业功能区，强化组织领导，严格落实疫情防控工作。促进会发动理事、会员单位捐款捐物，会长单位爱企谷带头捐款20万元。据不完全统计，理事、会员单位累计捐赠20532万元。响应市民政局号召，参与市民政局基金会管理处发起的"爱心助力"疫控紧缺物资支持项目，关爱养老服务机构的易感老人，得到惠生工程、西信信息、汇珏网络、昂丰矿机、邑通道具、筑想信息、金石湾功能区等会员单位的积极响应，共募得资金22万元，资助养老服务机构。

对接需求协调资源，助力企业抗疫复产。促进会广泛了解企业需求，协调各方资源，帮助企业解决前期防疫物资紧缺的难题，先后对接近10万多只口罩的购买途径，向部分企业免费捐赠2万只口罩及额温枪、消毒液，发动企业向市民政局捐赠200台红外线测温仪，向徐汇区商务委捐赠部分额温枪，支持企业复工复产等。促进会助力各类生产性服务业复工复产，发布《上海生产性服务业复工复产复市工作指引》，建立"复工复产供需对接公益服务平台"，会商相关金融机构拓宽企业融资渠道和采购防护物资渠道，帮助企业做好稳就业工作。

实时跟踪广泛调研，排摸情况密集宣传。促进会定期跟踪调研100多家企业及42家生产性服务业功能区情况，形成每周1次的生产性服务业重点领域复工复产专报；促进会平均每天发布1篇微信公众号、1篇电子简报，加强企业、功能区复工复产相关典型案例的报道。

开展深度分析研究，做好政府决策高参。促进会开展《关于新冠肺炎疫情对于上海生产性服务业发展影响及对策建议的分析报告》专题研究，被市经信委收入《上海产业和信息化研究》专报；通过《本市生产性服务业与长三角产业链联动企业在复工复产中的问题及建议》报告，提出产业链联动发展的相关建议。同时，通过搜集整理复工复产中远程办公、无人经济、无接触配送等新业态新模式，形成《上海生产性服务业复工复产及经验总结》报告。这些研究报告得到市经信委、市民政局、上海工业经济联合会、中国工业经济联合会的肯定。

二、拥抱在线新经济，推动两业深度融合

4月28日—7月8日，举办首届中国（上海）工业品在线交易节。此次活动由市经信委指导，上海生产性服务业促进会和上海电子商务协会共同主办，是上海市在线消费节"五五购物节"的重要活动之一。交易节依托"生产性服务＋商业模式＋金融供应链"的专属电商平台，联动线上线下，筹划百场活动、汇聚千家企业、撬动百亿消费，推动制造业数字化转型升级。活动期间，共举办15场线下活动周、149场次线上直播，超过2.5万家企业参与，60万名专业人士观看，累计交易额突破130亿元。促进会因精心组织企业参与首届"五五购物节"，获得上海市国际消费城市建设领导小组办公室的感谢与嘉奖。

5月27日，由促进会和爱企谷共同举办的东方美谷"5·27"爱企谷网红直播节暨2020首届中国(上海)工业品在线交易节奉贤分会场、上海生产性服务业功能区分论坛在促进会会长单位爱企谷开幕。据不完全统计，此次直播节共有1240家企业、3820个产品参与本次直播节活动，80家企业参与直播，销售8500件，销售额580.3万元。

6月28日，"海智在线非标零部件品牌日"作为"2020首届中国（上海）工业品在线交易节"活动分会场之一，在松江G60科创长廊启迪展示厅举办"创新赋能NEW智造云峰会"，旨在为制造业企业提供数字化转型参考和交流平台，围绕新技术、新材料、新工艺，探讨行业前沿热门话题，共享核心商业资源。

7月8日，"2020长三角生产性服务业创新云峰会暨上海市产业电商'双推'工程启动仪式、中国（上海）工业品在线交易节闭幕式"在上海临港松江科技城举行。峰会以"拥抱新经济，助力长三角"为主题，展开长三角联动的系列活动，回顾总结首届中国（上海）工业品在线交易节的成果。促进会特邀请福卡智库首席研究员王德培教授就"在线新经济助力长三角产业高质量发展"作主旨演讲。下午，峰会召开长三角三

省一市经信部门工作会议，围绕长三角生产性服务业“十四五”规划协同、推进长三角生产性服务业一体化高质量发展进行研讨；组织“双推”工程新服务平台企业微谱化工、摩库数据、画龙信息进行路演宣传。

4 月 23—25 日，促进会在惠生中心举办先进制造业与现代服务业融合创新高级研修班。研修班开设服务型制造的商业模式创新如何重塑制造业价值链、全球疫情影响下的企业发展战略思考、基于大数据的企业数字化转型的调整与研究、疫情影响下的供应链创新及优化、工业互联网在两业融合创新中的价值探讨等课程，并邀请相关委办领导、专家解读相关政策实施细则，指导符合要求的企业积极申报。

三、提升服务水平能级，共创良好营商氛围

长三角协同联动，服务全国共谋发展。促进会联手各区有序开展各项资源对接、招商引资活动。与青浦区携手调研江苏吴中、浙江嘉善，了解产业发展动态情况，助力招商引资工作。与常熟经济技术开发区联动，合作成立“上海－常熟生产性服务业发展联盟”。与江苏淮安、泰兴开展资源对接，推动企业落户，设立工业品在线交易节分会场，进行生产性服务业高质量发展课题研究等。9 月 17 日，携手阿里云、爱企谷功能区合作召开云栖大会 2020 百城汇 · 爱企谷专场，阿里云和爱奇网联合推出“爱企 360 云智付”智慧园区解决方案。

积极扩大服务半径，推进产业纵深发展。受新冠肺炎疫情冲击，许多企业供应链一度中断。促进会及时了解、反馈企业遇到的问题，帮助企业重新畅通供应链，衔接产业链。疫情缓解后，促进会通过举办工业品在线交易节、东方美谷“5 · 27”网红直播节、2020 长三角生产性服务业创新云峰会、阿里云云栖大会等各类活动，组织企业支持援疆，推进喀什呼叫中心生产性服务业功能区建设，以及在全国各地开展资源对接服务。

首次开展线上培训，深入推进政策宣贯。召开 2020 年上海市产业转型升级发展专项资金（生产性服务业和服务型制造发展）政策线上解读培训会、奉贤贤商汇在线培训 2020 年上海市产业转型升级发展专项资金（生产性服务业和服务型制造发展）等。举办 2020 年上海市生产性服务和服务型制造发展专项资金立项管理工作会议。联手各区开展相关政策指导培训。

举办各类座谈调研，服务企业发展需求。如分别举行先进制造业企业、生产性服务业重点领域企业、三大先导产业企业、生产性服务业相关行业协会、跨境电商互联网企业、在线新经济典型企业、二转三企业、供应链金融企业座谈会，听取企业发展中面临的问题，为政府部门出台专项政策提供依据；调研生产性服务业及服务型制造企业，实地考察数十家典型企业，为企业传达政策、答疑解惑、出谋划策。10 月 11 日，促进会与宝武集团、上海电气、金桥管委会、爱姆意等企业负责人参加国家发改委召开的服务型制造企业座谈会；11 月，促进会将组织优秀示范企业一同赴杭州参加 2020 年中国服务型制造大会。

加强人才队伍建设，积极推荐产业人才。根据《上海市人力资源和社会保障局关于开展 2020 年技能大师工作室及首席技师资助申报工作的通知》，在市经信领域内开展相关高技能人才的推荐工作，推荐一批生产性服务业领域和服务型制造领域的专家。

完善宣传服务功能，加强交流沟通力度。编辑出版《2019 年上海生产性服务业发展报告白皮书》《服务型制造在上海》两本书，获得国家发改委、工信部等部委的认可。进一步加强《生产性服务业》刊物、简报、网站功能，上海生产性服务业、上海检验检测及上海产业电商与产业互联网三大微信公众号，其中上海生产性服务业公众号推送公众号 110 多篇。

四、承接政府服务委托，认真做好政府助手

加快推动功能区建设发展工作。（1）受市经信委委托，组织开展《关于促进本市生产性服务业功能区发展的指导意见》《上海市生产性服务业功能区建设指引（2018 年版）》以及复审评估标准的修订完善工作。（2）指导帮助园区进一步明确产业定位，加快产业集聚，提升服务平台能力。加强市区联动，形成申报一批、培育一批、储备一批生产性服务业功能区库。

做好电子商务“双推”第三方服务工作。（1）积极做好“双推”工程全过程服务工作。启动前组织召开培训会讲解政策，指导企业申报。过程中专人现场参与和监督平台企业推介会，召开操作培训会。活动结束后，及时总结，搜集整理相关验收材料，组织跟踪与后评估等，并召开总结工作会议。全年申请资金补贴的 20 家“双推”平台企业，累计新签约发展中小企业客户数共计 1655 家，其中全国客户达 468 家，超过总数的 28%；长三角区域客户达 332 家，占全国客户总数超过 71%。（2）开展产业电商宣传推广，联合相关行业组织和专业机构，围绕电子商务领域的模式创新、技术创新，通过“上海产业电商与产业互联网”简报专栏，每月动态更新产业电商平台企业发展情况，通过“双推工程”宣传册、杂志专题报道、上海产业电商与产业互联网微信公众号等媒体渠道，及时推送和宣传推广本市电子商务“双推”平台的应用发展成果、创新模式。

开展本市服务型制造专项资金申报、示范遴选等工作。通过座谈培训积极发动服务型制造企业，争取专项资金支持，2020 年共支持服务型制造项目 20 个。配合市经信委，开展第二批市级服务型制造示范遴选工作。收集到申报材料近 80 多份，11 月上旬组织开展对申报企业、平台、项目的评审。

做好生产性服务业统计工作。按照市经信委、市统计局要求，开展季度数据预报工作，定期上报预报数据，包括全市、各区县、主管集团分类的数据汇编；分析每季度统计数据，完成季度统计分析报告的编写任务。多次组织开展统计培训会，不断提高样本企业的上报率和业务水平。对生产性服务业重点领域的 top50 头部企业进行常态化跟踪，定期组织召开头部企业座谈会，了解跟踪企业的经济运行情况，做好全年发展情况的预测。加强与各区、集团的沟通联动，主动上门走访调研，发现问题沟通改进，提升各区统计上报质量。

承接一系列区级服务委托。开展奉贤相关项目服务工作、闵行区生产性服务业推进工作及青浦区系列服务工作。做好各区开展统计培训、建立数据库等。

五、不断加强创新研究，积极发挥智库作用

开展市级重大课题研究，包括上海生产性服务业“十四五”规划项目研究、上海先进制造业和现代服务业深度融合发展试点方案研究、“上海市产业人才结构”专题三——“二产转三产对我市产业人才影响情况及下一步预测”项目研究。

积极助力区域经济发展，做好顶层设计。开展金山区生产性服务业“十四五”规划项目研究、松江区生产性服务业高质量发展项目研究、浦东新区商业综合体项目研究、加快奉贤区现代服务业发展、综合保税区建设等项目研究。

六、不断提升工作能力，做好会员服务工作

积极联系沟通、服务会员企业，开展上门走访、座谈交流和资源对接活动，帮助企业解决实际问题，帮助园区开展招商引资工作。促进会连续第五年获得上海市优秀中小企业服务机构称号。

加强内部建设，按 5A 级社团组织标准，进一步调整细化秘书处各部门的分工和制度章程，加强工作绩效考核，提升工作能力和水平。定期开展内部学习，就生产性服务业发展热点、政策等展开讨论。不定期召开秘书长工作会议，使促进会工作更上一层楼。

加强党支部建设，充分发挥党员先锋模范作用，做到一个党员一面旗帜。疫情期间，各位党员积极带头，放弃休息，做好各项工作。支部书记王惠珍被评为金桥开发区综合党委 2018—2020 年度优秀党务工作者。

（张建民）

拓展协会队伍　助力优化营商环境

上海市企业法律顾问协会

一、不断转型，做好会员服务

月度培训服务。上半年，疫情防控处于关键期，协会迅速反应，将常规月度线下培训课程改为线上教学，应需举办 23 场线上专题培训及研讨会。下半年，举办 21 场线下培训、讲座、沙龙及研讨会。

企业内部培训服务。协会承接上海铁路局、上海医药集团股份有限公司、中船重工集团第 711 研究所等 11 家单位的内部培训工作。

调解咨询服务。协会与上海市先行法治调解中心共同设立的“联合调解中心”发挥着重要作用。一年来，纠纷化解率达到 90.24%。协会还为一批企业提供专项法律服务，追回或避免损失近 1 亿元。

协会窗口服务。协会出版 6 期《企业法律顾问》会刊和《业务学习资料》。协会向会员、企业发布《疫情防控倡议书》，并联合《法治天地》频道，对一些与保民生企业的抗疫情况进行采访报道。协会在疫情期间所做的卓有成效的工作得到市政府有关部门的肯定，上海市经信委专程寄来感谢信，向无私奉献的同志们致以崇高的敬意。

二、多措并举，开展法宣工作

成功承办第四届上海市企业法务技能大赛和评优活动。这一年，由协会承办，市法宣办、市经信委、市司法局、市国资委、市工商联共同举办第四届上海市企业法务技能大赛。本届大赛通过征文的形式，充分反映企业法务工作者对法治精神的追求和为上海法治建设作出的新贡献。共收到参赛征文 168 篇，其中长三角地区企业报送征文 11 篇。同时，大赛组委会还开展 2017—2020 年度企业法务技能大赛“法务之星”和“优秀法务团队”评选表彰活动。最终评选出“法务之星”和“优秀法务团队”奖各 10 名，提名奖 10 名。

普法相关工作。协会配合市经信委起草“上海经信系统 2019 年法宣工作总结和 2020 年法宣工作安排”、经信系统各单位 2019 年法宣工作总结，协会还完成经信系统各单位“七五”普法工作总结的收集汇总等工作。

法治工作调研。协会领导先后赴市工经联、市中小企业发展服务中心、市企联、市外商投资协会、市律协等单位就法律相关工作进行商洽，并先后走访诸多单位开展法治工作调研，听取了解有关方面意见，与企业负责人进行交流，思考协会如何进一步开展法治宣传工作。

编纂书籍。协会组织编写《法治抗疫》书籍。还从参加第四届上海市法务技能大赛的优秀征文中遴选近 70 篇文章汇编成《责任与担当——防疫抗疫中的企业法务》一书。

三、资源共享，做好合作交流工作

建立合作共赢机制。10 月，协会与上海市企业联合会组建“法律培训服务部”，为更多的市企业单位提供法律培训服务。11 月，协会与上海市经济团体联合会商洽，探讨共同组建企业法律服务机构，拟为全市企业提供法律培训、咨询服务。12 月，协会与上海市外商投资协会进一步细化战略合作协议，开展更多的合作服务。12 月 29 日，成立协会“外资企业法务专委会”，并联合上海市外商投资协会共同成立“上海市外商投资企业联合法律服务中心”，服务于外资企业。

全国地方法律顾问协会、长三角协会深化合作。5 月，协会受浙江省企业法律顾问协会邀请，与浙江法总会联合举办“企业合规体系建设的探索和实践”专题分享会、与浙江中小企业协会开展法律服务经验交流会。8 月，长三角企业法律顾问协会联席会议暨扩大会议在杭州召开，就长三角协会间的合作理念、机制、路径进一步探讨交流。9 月，第十届全国地方企业法律顾问协会论坛在长春召开，12 省市地方企业法律顾问及部分省市国资委、企业代表逾 100 人出席。10 月，长三角企业法律顾问协会联席会议在江苏南京中船重工第八研究院召开，江浙皖沪同行集聚一堂，互相交流，共同探讨合作服务新模式。

发挥“特邀专委会”作用。疫情期间，协会“特邀专家委员会”和“特邀专业委员会”各成员单位众志成城，各自发挥独特优势，或是运用法理研究提出减少疫情对企业影响的对策措施；或是开设线上直播讲座，为企业传经送宝提升企业法务抗疫意识和能力；或是直接担任企业维权的卫士，为企业挽回涉疫经济损失。

四、对接政府，助力优化营商环境

《公平监管和公正执法》课题项目。根据上海市委常委、常务副市长陈寅“关于开展进一步提升上海优化营商环境国际竞争力”为主题的大调研工作部署，4月，协会受市司法局委托承接“提升公平监管和公正执法法治化水平”课题项目。通过采取问卷调查、征询意见、走访座谈等方式，并在此基础上对本市近年来工作实践进行简要总结，组织法律和实务专家进行论证，最终于7月完成课题调研报告。

《上海市促进中小企业发展条例》实施情况课题报告。6月18日，新修订的《上海市促进中小企业发展条例》正式开始实施。7月起，在上海市中小企业发展服务中心指导下，协会开展一系列调研活动，形成若干大类问题及其对策建议。经有关专家论证后，已撰写《上海市促进中小企业发展条例实施情况调研报告（审议稿）》，得到市有关部门肯定。

配合开展市国资系统优秀法务评选工作。6月，协会受市国资委政策法规处委托，组织开展“上海国企优秀法务工作者最佳网络人气奖”投票评选活动，该活动以协会微信公众号平台为依托，共有逾10万人参与此次评选活动。

中小企业培训项目。受上海市中小企业发展服务中心委托，协会承办第八期上海中小企业法律风险防范培训班。该班围绕中小企业法律风险防范主题，开设风险控制等相关理论结合实务的系列课程。全市82家中小企业的管理人员参加培训。

市人社局紧缺人才培训项目。经上海市人社局批准，协会承办优化营商环境法律保障实务高级研修班，全市62位学员参加培训。针对高级研修班培训要求，协会邀请7位专家教授领导授课。课程设置具有系统性和针对性，教学既有理论又有实际操作经验，学员反应较好。

五、凝聚团队，抓好自身建设

协会规范化建设。协会顺利通过上海市民政局（上海市社会组织管理局）规范化社会组织复评，获得中国社会组织评估4A等级证书（2020年1月—2025年1月）。

拓展协会队伍。在稳定现有会员、理事单位的基础上，协会通过自身品牌建设和外界良好口碑，不断拓展会员队伍规模。

推进党建工作。（1）协会党支部采取线上形式，组织大家重点学习习近平总书记系列重要讲话以及中央关于新冠肺炎防控工作的重要指示精神，并组织捐款活动，获得全体党员的一致支持和积极响应。（2）党支部组织全体党员学习聆听华东政法大学民商法学博士、民商法学副教授、硕士研究生导师吴一鸣老师的《民法典》专题线上讲座。（3）制订《协会党支部“四史”学习教育实施方案》。7月16日，与市经信委政策研究和法规处党支部、市国资委政策法规处党支部、长三角一体化示范区执委会政策法规组党支部共同举办联合党建活动，此次活动对加强“四史”学习，推动支部下一步工作具有启发作用。协会还与上海稀土协会共同组织党建活动，参观上海市劳动模范、先进工作者展览馆。

（姜潮）

整合资源　创新方式　提升会员发展与会员服务质量

上海市质量协会

一、全力打赢质量战“疫”与复工复产行动

新冠肺炎疫情爆发后，市质协根据上级党委和政府主管部门要求，与会员单位同舟共济，协同作战，把疫情防控作为协会工作的重中之重，将质量推进和年度重点工作融入疫情防控大局。通过微信公众号“上海质量”和上海质量网等编发、转发相关信息，开展上海市民对疫情认知调查和免费在线质量教育系列课程。向所在新华街道社区和部分会员捐助口罩、额式体温仪等防疫用品。调查了解会员单位疫情防控、复工复产情况和存在的主要困难，并及时上报上级党委和政府主管部门。

二、服务质量强国与长三角一体化国家战略

市质协对接质量强国战略的工作部署，承担2020年全国公共服务监测项目，完成国家市场监管总局质量发展局委托的“质量文化建设及全面质量管理创新工作”与“先进质量文化和管理创新应用推广项目”二项工作任务。依托全国公共服务质量监测的工作网络技术优势，发挥市质协战略研究会的专家力量和会长、副会长单位的平台优势，充分应用互联网、大数据等技术手段，开展科创板上市企业创新质量指数研制工作。

在长三角区域合作办公室的支持下，在政府相关部门的指导下，市质协会同苏浙皖3省的质量专业组织，牵头筹建“政府指导、社团协作、企业互动”的长三角地区质量专业组织负责人圆桌会议机制。举办首次“长三角质量组织负责人圆桌会议”和“首届长三角质量创新论坛”。

在国家和市相关部门指导下，围绕打造“国际化高端质量人才的培养基地、具有国际影响力的质量智库”的目标定位，汇聚国际、国内资源，积极探索筹建治理规范、运作高效的国际高端质量人才培养机构。

三、服务上海经济社会高质量发展大局

9月17日，举办中国国际工业博览会质量创新论坛暨首届长三角质量创新论坛。9月18日，与中国德国商会合作，在第22届中国国际工业博览会期间，举办中德“隐形冠军”质量标杆研讨会。11月6日，举行2020国际质量创新论坛暨中外企业家论坛。本次论坛是进博会上海交易团配套活动之一，多个国际质量组织负责人、进博会参展企业及中外企业家进行交流分享。

配合市市场监督管理局标准化主管部门，推动、指导7家会员单位完成上海市标准化试点申报。配合市经信委，市市场监管局标准化主管部门，推进本市10家战略型新兴产业的国家级创新中心、市级创新平台的标准化创新工作。

市质协策划2020年度质量月系列活动10项。举行上海市“质量月”升旗仪式。宣传新发展理念和高质量发展思想，倡导和营造“政府重视质量、企业追求质量、社会崇尚质量、人人关心质量”的浓厚氛围。“质量大讲堂”作为上海市质协定期举办的公益质量宣传教育品牌活动，旨在传播先进质量理念和交流质量管理的最佳实践，线上线下结合，先后举办3期，参与人数超过10万人。受疫情防控影响，采用线上线下交互的质量教育新模式。

参与上海市经济团体联合会主办的“2020上海市企业社会责任报告发布会”，引导本市企事业单位和社会团体瞄准标杆，切实提高履行社会责任的能力和绩效水平，促进全市企业社会责任建设可持续发展。

根据国家发展战略、中共上海市委和市政府的重点工作，结合民生热点、难点、痛点，市质协主动开展关于新型肺炎疫情居民的认知情况、2020年夏令热线投诉回访满意度、本市居民早餐现状及需求、本市老年人积极养老现状、长三角地区轨道交通服务质量等5项社会公益调查，为政府主管部门决策提供科学支撑。开展“质量志愿者进园区”便民服务活动。全年，上海市质协通过“上海质量网”上海市质协官方网站、“上海质量”微信公众号、《上海质量》杂志，先后发布近800篇信息、报道，并在《质量强国》《文汇报》《新民晚报》《中国质量报》等新闻媒体与平台上发布8篇专题报道。

四、整合资源、创新方式，提升会员发展与会员服务质量

发挥市质协公益平台作用，转变服务理念和工作方式，加快建成集在线活动、在线申报、在线研讨、在线分享等功能的会员在线服务平台。先后发布2020年会员活动与服务指南，开通“中国企业品牌创新成果·

上海优秀成果发布”和“上海市质量品牌故事比赛优秀作品巡展活动”在线平台，拓展会员活动和互动的方式。

在线下活动受限的情况下，年内举行二次线上、线下结合的会员大组活动，分别是“众志成城防控疫情、质量管理赋能逆行”为主题的物业会员大组活动，主题为“抗击疫情砥砺前行质量管理疏而不漏”的医药食品和医疗养护会员大组交流活动。举办4次会员日活动，分别是以在线分享和录播分享形式举行。另外，采用线下交流方式，举办5次群众性质量提升活动。通过各项会员服务与活动、助力会员单位在疫情防控下的质量提升。组织专家队伍深入企业现场一线，累计为98家会员企业，就质量技术6个领域，开展35人次的专家诊断活动，支撑解决会员单位的质量技术共性问题和改进难点。

五、政治引领、规范治理，提升治理水平与服务能级

市质协通过会长工作会议、会长传达两会精神专题会议、党总支会议、秘书处例会等渠道，及时传达学习习总书记系列重要讲话、中共十九届五中全会和市委、市政府重要会议精神。召开战略研究会会议，请专家指导如何更好地服务国家重大战略、服务上海市经济社会发展大局出谋划策。会长班子坚持贯彻自主办会和民主办会的原则，引领上海市质协各项工作。上海市质协从管理制度着手，精心策划、分步推进规范治理。加强重点项目、重大活动的管理，指导下属机构合规经营与规范化管理。通过管理制度的完善，推进协会和下属机构的规范治理。

中共市质协党总支委员会于6月16日举行换届选举会议，选举产生新一届党总支委员会。党总支组织开展“四史”学习教育活动，包括龙华烈士陵园主题党日活动、“学‘四史’、守初心、担使命”征文活动，以及党总支书记上党课等活动。通过高质量的党建活动，引领业务工作高质量发展。

（华蔚筠）

夯实自身服务功能　服务行业企业发展

上海服装行业协会

一、直面疫情，积极承担社会责任

积极主动发挥政企间桥梁作用，为抗击新冠疫情建言献策。年初，新冠肺炎疫情来势凶猛，疫情就是命令，防控就是责任，协会秘书处第一时间统一行动，积极承担社会责任，春节假期主动放弃休息，配合市经信委排摸挖掘、收集汇总上海市防护用品应急物资重点生产企业信息。协会领导带队深入会员企业三枪、嘉麟杰、东隆、吉玫、服良、杰西、伊佳林等单位了解企业生产信息，开展调查研究，对企业复工复产过程中遇到的问题与困难进行统计与梳理，积极帮助企业寻找和协调相关原材料与设备尽快到位，落实惠企政策，尽快恢复正常生产秩序，从而为相关企业得以迅速开通生产线。疫情无情行业有爱，三枪、嘉麟杰、东隆等会员企业急国家之所需，转产口罩、防护服等防疫物品，及时保证防疫用品的供应。为此，市经信委特发感谢信，对秘书处在疫情期间所做的工作给予肯定。

推荐企业积极参与“五五”购物节，促进企业复工复产。4 月 23 日，市政府宣布 5 月 4 日起开始举办“五五”购物节系列活动，组织重点商圈、特色商街、商业企业、品牌企业开展营销活动，多家在线新经济企业参与，实现电商与实体零售融合互动，通过线上流量优势反哺线下卖场带动实体消费，促进消费回补和潜力释放，提振消费信心强力释放消费需求，驱动消费复苏。协会在市经信委等有关部门的指导下，推荐服装行业内的民族品牌、传统品牌和时尚潮牌等积极参与“五五”购物节的营销活动，扩大品牌影响力，提升品牌销售，为有关企业的复工复产有益增力。

在企业复工复产中，协会秘书处主动上门服务，多次到会员企业进行现场调研，对企业遇到的困难与问题进行梳理统计，在政府、企业间多方协调，帮助落实惠企政策。同时，利用新媒体手段，克服疫情的影响，以视频通话形式举办理事会和会长会议，探讨疫情对服装行业企业发展的影响，汇总整理行业企业呼声，及时向政府相关部门反映。

二、开展行业研讨，服务行业企业发展

开展产业研究，积极建言献策。针对国内外经济形势和服装产业发展现状与趋势，坚持在收集整理汇总上海服装行业经济数据的基础上，为市政府相关职能部门提供季度上海市服装行业经济运行简报、半年度和年度上海市服装行业经济运行分析报告，为政府部门的行业决策提供参考和依据。

收集整理上海服装行业协会网络信息商场的服装销售情况，每月编写《上海服装行业协会网络商场销售情况分析》、发布月度服装销售品牌排行榜。配合中国服装协会组织开展的全国“百强”企业申报评审活动，协会秘书处动员具有核心竞争力的企业参与评审活动。最终，在对申报企业“营收收入”“利润总额”和“利润率”三项指标进行排序的百强榜单中，由协会推荐的嘉麟杰纺织品股份有限公司、上海东隆羽绒制品有限公司、安莉芳（上海）有限公司等 6 家会员单位榜上有名。

为进一步整合供应链资源，帮助企业寻求优质制造工厂，秘书处在严守疫情防控要求的同时，组织部分企业分别考察福建泉州、山东青岛等地同行，交流对接。此外，配合定制专业委员会工作要求，组织企业赴绍兴柯桥参加中国服装定制高峰论坛和纺织面料博览会等活动。

三、开展人才培育，确保行业持续发展

认真做好中（高）级职称的评审工作。根据市经信委、市人社局关于开展 2020 年度上海市工艺美术系列服装设计专业中（高）级专业技术职务任职资格评审工作的通知精神，协会秘书处认真落实、积极做好中（高）级职称的评审工作，经过考前辅导、专业考试及专家评审，有 77 位同志顺利通过专家评审委员会的评审，获得上海市工艺美术师系列服装设计专业中级技术职务任职资格，有 1 位同志获得上海市工艺美术师系列服装设计专业高级技术职务任职资格。

积极开展职业技能竞赛活动。协会带领选拔的行业优秀选手参加 11 月 13 日—16 日在上海国际时尚教育中心举办的第六届“富怡杯全国十佳服装制版师大赛”，并取得优异成绩。协会被大赛组委会授予“优秀组织奖”称号；协会选派的、来自会员企业上海东方国际创业品牌管理有限公司的赵叶云以总分第二名，获得“全国十佳服装制版师”称号。另有领克贸易（上海）有限公司王太平和上海蔓楼兰企业发展有限公司王华获得竞赛优秀奖。

推荐企业参与2020年度“上海工匠”培养选树的申报工作。为大力弘扬劳模精神、工匠精神和劳动精神，推进产业工人队伍建设，培养造就有理想、守信念、懂技术、会创新、敢担当、讲奉献的高技能人才队伍，上海工匠培养选树活动在全市范围内开展。协会结合本行业发展实际，将本系统中具有工艺专长、掌握高超技能、确能体现领军作用、作出突出贡献的职工作为申报对象进行推荐申报，推荐会员企业上海雅缇服饰有限公司技术总监王彬参与评审活动。

四、积极开展行业标准编制工作，规范行业企业运行

上海作为全国定制领域的风向标，必须制定适合服装定制地方标准，以规范服装定制行业。在市消保委的指导下，协会作为发起单位，积极配合上海市纺织标准化委员会牵头起草《服装高级定制技术规范》上海市地方标准，经过多次专家论证和市经信委立项，2020年已基本结束此项工作，2021年将正式发布，填补服装定制领域的一项空白。

上海市质量检验院纤维研究所编写的上海市地方标准《纺织产品绿色供应链管理通则》，协会有20多家会员单位参与前期调研工作，协会秘书处也积极配合，邀请企业家三批次参加编写方组织的通则制定意见征求会。该项地方标准在年底已通过上级部门最终审定，2021年将付诸实施，为行业的绿色环保生态发展保驾护航。

五、夯实自身服务功能，加强协会规范建设

做好各项筹备工作，平稳有序完成协会换届选举。因为新冠疫情，原定年初举行的协会换届选举再次推迟，秘书处积极直面变化，认真仔细做好换届改选工作的各项材料准备、章程修改等工作，充分做好各项会务准备，最终于10月20日圆满顺利地完成换届选举，受到与会会员单位、相关单位和上级主管部门的一致肯定。

为切实联系会员服务会员，秘书处积极走访会员企业，倾听会员心声，关注会员需求，特别是在疫情期间，为会员企业的转产防疫产品、复工复产提供力所能及的服务。协会充分利用协会官网、协会微信公众号等新媒体，及时为会员企业提供行业动态、经济形势，发布活动通知等，提升信息服务的时效性。

扎实推进党建工作，充分发挥党员凝聚力、创造力和战斗力，使党组织有力推进企业发展、服务企业、凝聚人心，促进劳动关系和谐发展，先后组织秘书处全体党员群众观看“勇立潮头——庆祝浦东开发开放30周年文艺晚会”，参观上海工匠馆等。

（杨红穗）

发挥桥梁纽带作用　实现高质量绿色发展

上海市节能协会

一、明确协会"围绕中心、突出重点、做好服务"工作主线

围绕中心：贯彻国家节能减排要求和实施《长江三角洲区域一体化发展规划纲要》精神；为上海打响"四大品牌"、推进"五个中心"建设，实现高质量绿色发展发挥桥梁纽带作用。

突出重点：聚焦绿色制造、高技术引领、新能源应用、能源互联网、临港新片区建设、长三角一体化发展等关键要素；积极关注节能和环境约束性指标，把握新动向，适应新发展。

做好服务：服务于会员需求，服务于政府决策，服务于社会发展；提升平台服务能力，加快建设品牌协会。

二、众志成城、共克时艰，认真做好新冠肺炎疫情防控工作

面对突如其来的疫情，协会第一时间成立疫情防控工作组，建立应急机制，在工作群内发布《倡议书》《关于突发新冠疫情应急处置预案》。《上海节能》杂志开通免费线上阅读，微信公众号开辟《抗击疫情》专栏，帮助企业了解疫情最新动向、防疫知识，协调物资购买渠道；连续发送25篇有关复工复产动态、复工复产扶持政策，积极宣传企业复工复产、保障城市能源和物资供给的推文。市经信委特地发来感谢信，充分肯定协会在抗击新冠疫情中的防控工作。

三、主动作为、开拓创新，"三为"服务工作取得可喜成绩

积极配合市经信委编制"十四五"节能环保产业规划，补充重大技术装备发展情况；并认真组织"节能金点子"征集活动，7个"金点子"涵盖智慧用能、生物制氢、LNG冷能利用等领域。参与市发改委"十四五"能源发展规划编制工作，并配合该委开展"基于分布式供能的增量配网实施方案"研究。年内，共承接各类课题、项目23个，已完成15个。

完成《燃气直燃性溴化锂吸收式冷（热）水机组安全和能效技术要求》《燃煤凝汽式汽轮发电机组单位产品能源消耗限额》2个地方标准的修编工作。

配合市能效中心开展节能减排技术产品评审，并充分利用协会的媒体矩阵进行宣传和推广。累计推荐节能减排技术产品100多个。联合该中心，进一步做好本市余热回收利用有关工作。上海余热资源信息共享服务平台已有1456家企业入驻，可查询总余热量1200万千瓦。

全年举办（协办）各类专业展会、论坛和培训14次，约2000人参与，有效提高专业人员节能减排意识和业务水平。协会还收到第22届工博会主办方感谢信。8月6日，在浙江杭州与有关单位合作举办"第三届长三角区域能源互联网创新发展论坛"；积极参与长三角其他省份能源互联网组织的筹建工作。

经协会评审推荐，《上海电力大学临港校区智能微电网项目》和《退役电池储能技术项目》入选市工经联2019年企业科技创新最佳案例。同时，协会获得市工经联"创新最佳案例优秀组织奖"。

四、创新工作理念和工作载体，节能宣传工作取得新进展

《上海节能》杂志品质进一步提升，在同类杂志中处于中上水平，为推动上海节能减排工作发挥了应有作用。

承担"上海节能宣传"微信公众号运营工作，共发布推文442篇，总阅读量达到130907次，推文转发数103421次，订阅用户数从两位数增长至五位数。

节能宣传周活动与时俱进、精彩纷呈。首先，揭晓上海市节能重点领域10件大事，及首次开展直播带货；其次，启动"节能宣传践行者评选活动"微信2.0版。再次，举办"上汽杯"节能绿色知识竞赛活动。同时，评选出节能减排先进集体20个、先进个人30名；发布2020年上海市节能宣传周专刊数字版。

五、坚持专业化发展道路，推进天然气分布式能源建设

在市分布式供能推进办指导下，客观评价本市天然气分布式供能系统四轮政策取得显著成效：上海现有分布式供能项目62个，累计装机容量约21万千瓦，扶持资金总量约2.5亿元，拉动社会投资约20亿元，项目建成数量及规模均居国内领先水平。这些项目节能率平均超过30%，二氧化碳减排率平均超过40%，每年可

节约标煤9万吨，减排二氧化碳23万吨。7月23日，市发改委第五轮政策相关文件正式印发，将推动本市天然气分布式供能项目新一轮发展。同时，《天然气分布式能源系统建设和运维评价标准化试点》以总分103分（考核96分、附加7分）顺利通过验收，得到市市场监督管理局高度认可。

六、立足上海，放眼长三角，主动联手发展氢能源

加强课题研究，协会组织专家通过《上海氢能源开发和利用研究》摸清上海氢能源全产业链“家底”，客观分析了氢能源行业发展的瓶颈和痛点，并建设性地提出上海氢能源开发和利用的技术路径、政策路径。关注国内外氢能源发展前沿技术、宏观政策和新闻动态，进一步明确联盟的定位和发展方向。

指导长三角区域氢能源基础设施产业联盟有序开展工作。为科学布局上海氢能产业不同环节的发展，积极构建高质量发展的长三角区域氢能产业生态圈，3月5日，协会筹建成立上海市氢能产业发展专业委员会。

七、夯实基础、创新机制，加强协会自身建设

继续优化秘书处人力资源，不断提升能力和水平。初步建立专兼职人员两套不同收入分配体系，专委会专家库和《上海节能》编辑部专家库进一步融合，形成相对固定的生态“工作圈”“工作流”。

及时完成“上海节能宣传微信公众号”迁移工作，上海节能网与协会OA系统、杂志编务系统的“链接”进一步优化。同时，在全面梳理会员基础上，按照行业、企业性质、地域等属性把会员分成6个类别，组建微信小群，为更好地开展线上服务奠定基础。

加强协会党建工作，充分发挥党支部战斗堡垒作用。不断完善党内的基本工作制度，积极探索新形势下社会团体党建工作的新途径和新思路；巩固“不忘初心、牢记使命”主题教育成果，积极开展“四史”教育；继续与中国银行上海市泰康路支行、上海燃气市北销售有限公司销售服务部等单位党组织开展共建活动。

（钟磊）

开展丰富多样活动为会员服务

上海市包装技术协会

一、义不容辞全力抗击疫情

疫情伊始，协会在第一时间积极行动组织协调工作，发挥专业优势、渠道优势和信息优势做好信息沟通、应急响应、服务保障等工作。协会领导、办公室和各专委会深入企业走访调研，竭尽全力积极引导企业树立信心、沉着应对、注重长远、迎难而上，力争把疫情带来的损失降到最低。高汝楠会长向全行业发表全力“抗疫”新年寄语，要求协会全体工作人员要本着努力工作服务前移的理念积极行动起来，想会员企业所想，急会员企业所急，尽力为会员企业提供各种高效有益的信息，为企业排忧解难。春节期间，协会秘书处有关人员放弃休息，主动协助市经信委排摸，收集汇总上海市防护用品应急物资重点生产企业信息，及时在会员企业中开展调查研究，提出政策建议，并对复工复产过程中遇到的问题与困难进行统计与梳理，积极帮助企业协调防疫物资到位，落实惠企政策，尽快恢复正常生产秩序。3 月 13 日，协会收到市经信委的表扬信，肯定协会强烈的社会责任感和使命感，表扬协会充分发挥政府与企业之间的桥梁、纽带作用。

二、搞调研、搭平台，助推行业健康发展

受上海市中小企业服务中心委托，协会进行企业诉求协调工作。以走访、问卷、召开座谈会形式，听取企业对政府相关政策、融资、法律、人力资源、专业诉求、行业现状、产业前景、产业链等方面的意见与建议，分析形成报告递交政府，同时为协会如何服务企业提出明确目标。协会进一步完善健全中小企业服务平台建设。根据行业实际运行情况向市经信委汇报 2020 年季度和年度上海包装行业经济运行报告。继续开展“海派伴手礼”走出上海文旅产业逆境的探索工作。

三、为企业后疫情时期的生存发展做好全方位服务工作

协会领导、协会办公室、各专委会纷纷深入企业第一线，走访宝钢包装、高斯、烟印、顺灏、希悦尔等副会长单位和几十家会员企业，调研复工复产防控工作开展情况、协调解决企业实际困难、尽力为会员企业服务，力所能及地为会员企业解决困难，共同探讨企业和行业后疫情的发展思路。为推动协会团体标准化工作的开展，提高团体标准制修订工作管理质量，协会制定《上海市包装技术协会团体标准制修订工作管理办法（试行）》，绿色包装和塑料包装委员会积极开展此方面的前期工作。协会联合上海市乡镇协会邀请上海市政协副主席，民建中央副主席周汉民做“当前形势与任务”报告，协会会员 135 人出席会议。协会组织专家对王子包装（上海）有限公司和上海出版印刷高等专科学校的两个项目开展科技评价工作。与沪苏皖浙三省一市食品学会、协会共同发起组建长三角食品产业创新合作联盟，共同召开 2020 年长三角食品产业创新合作工作会议。11 月 25 日—26 日，在上海举办 2020 长三角食品产业创新发展论坛暨长三角名优食品品牌建设交流大会。协会和专委会联手举办专业论坛。在第 25 届中国美容博览会期间，由协会主办，《上海包装》编辑部承办“内外环境变化推动美妆包装技术创新与提升”论坛。联手绿色包装委员会与上海博华国际展览有限公司联合举办“创新与可持续发展的包装论坛”。与上海出版印刷高等专科学校签订战略合作协议，双方以学校包装检测应用研发中心为载体开展深度合作，推动学校包装学科专业发展、包装技术服务平台建设。

四、精准服务练好“内功”，进一步加强协会自身建设

1 月 21 日，协会召开 2019 年度总结考评工作会议，评选 2019 年度上海包装行业十大新闻和协会十大活动。4 月 28 日，召开协会专委会秘书长工作会议对各级秘书长作专题培训。10 月 13 日，再次召开协会专委会秘书长工作会议。协会重建金属包装委员会，金属包装专业委员会隆重召开 2020 年首次工作会议。会员企业的领导近 30 人参加会议。高汝楠会长等领导重点抓专业委员会建设，完善协会组织架构。重点加强塑料包装、绿色包装、纸制品包装等委员会的自身建设。上半年新增会员企业 55 家，已缴纳会费达 213 家，会费收缴率超过 52%。包机委 87 家会员企业已全部缴纳 2020 年度会费，会费收缴率 100%。协会通过上海市科协“三星级协会”的复审工作。加强与兄弟协会的交流活动，邀请 10 多家印刷协会秘书长在科学会堂举行沙龙活动。拜访石家庄商会，组织骨干会员企业专程赴吴兴实地考察投资环境和产业链环境。2020 年，协会继续通过市科协三星级协会的复审，被中国包装联合会授予特殊贡献奖、包装行业优秀奖。协会办事机构、专业委员会、党建工作等都取得较好成绩。

五、各专业委员会开展丰富多样的活动为会员服务

包装机械专业委员会先后举办政策下工厂培训班、包装机械优秀企业 ERP 培训班、包装机械重点企业对外贸易对接会。组织“看世界 500 强，学精益生产数字化管理”的企业家交流考察活动。召开“2021 勇争第一”为主题的 2020 年包机委年会。纸制品包装专业委员会召开“稳市场保就业谋发展新环境下包装的生存和发展”研讨会、组团参加 2020 华南国际瓦楞展 / 国际彩盒展 / 包装容器展，并考察当地的优秀包装企业。组织多家会员企业参加第 22 届中国国际工业博览会。包装印刷委员会组织骨干食品包装企业参加 2020 长三角食品产业创新发展论坛及食品加工及包装展会和 2020 长三角食品产业创新发展论坛暨长三角名优食品品牌建设交流大会。召开 2020 年上海包协包印委三新论坛暨年会。塑料制品委员会组织会员企业参观在宁波国际会展中心举办的第 12 届宁波塑料橡胶工业展览会，并参与 2020 塑料包装材料与包装技术创新论坛。绿色包装专业委员会和塑料包装专业委员会组织有关会员单位召开专题讨论会，就成立上海绿色包装研究所申报工作、团体标准等工作进行专题讨论。包装设计专业委员会举行第十届包装设计委员会第一次会员代表大会，会议表彰为上海设计事业做出卓越贡献的前辈、优秀设计师以及行业精英。协会物流包装专业委员会与美狮传媒集团联合召开第七届中国电子商务包装发展论坛，并召开《物流包装通识手册》的首发仪式以及第四届美狮先锋奖颁奖典礼。

（舒仁厚）

推动咨询企业发展　支持中小微科技企业创新

上海市咨询业行业协会

一、协会的组织建设和工作

协会正式成立党的工作组。2019年底，协会向上海科学技术交流中心科技社会组织党委递交《关于上海市咨询业行业协会建立党的工作组的请示》，2020年10月13日，收到中共上海科学技术交流中心科技社会组织委员会《关于同意上海市咨询业行业协会建立党的工作组的批复》（沪科技交流科社委〔2020〕3号），正式成立党的工作组。协会开展党的工作，履行相关职责，促进协会更规范、全面、健康发展。

在疫情期间采用通讯方式召开理事会和会员大会。根据疫情期间不能召开集聚性现场会议的要求，为保障协会工作正常开展，协会采取通讯方式，于3月24日寄出召开八届四次理事会的通知和会议材料；于4月2日寄出召开八届三次会员大会的通知和会议材料。经反馈汇总，一致同意通过会议议项，协会可顺利开展年内工作。

召开八届三次会长办公会议。8月11日，协会召开八届三次会长会议，就前一阶段工作进行回顾和总结，提出下一阶段工作计划。10月30日，协会召开八届二次监事会。

走访会员单位。5月19日和7月14日，协会秘书处分别走访会员单位上海青蓝管理咨询有限公司和上海名略企业管理咨询有限公司。

积极应对疫情突发态势，支持中小企业复工复产。协会极响应国家新冠疫情防控的有关政策和要求，努力为会员单位战胜疫情，复工复业提供服务和支持。经协会党工组和领导紧急商议决定，对小微企业会员单位的会费减半收取。

二、联合兄弟协会和政府部门共同开展政策宣讲和业务培训

成功举办上海市科学技术协会2020年年会暨上海科技发展论坛。在市科协的支持下，9月18日，协会和上海市普陀区科协联合主办上海市科学技术协会2020年学术年会暨上海科技服务业发展论坛，成功探索协会与区县科协的联合，共同促进科技服务业的发展。《上海科技报》在头版通栏报道了会议实况。

举办讲座与交流学术会。协会邀请副会长祝波善做新生态背景下的咨询创新思维讲座。新生态、新生长，企业从外向型转向内生型发展；如何面对新形势，把问题变成发展的机遇，给咨询业从业人员及管理者带来新的理念、新的思路。

协会、上海市普陀区建筑工程学会、上海市地质学会联合举办高质量发展要求下的装配式混凝土建筑创新技术研讨与交流学术会。并参观施工现场。

开展第十届上海市注册咨询专家和第三届咨询业行业协会咨询师评审工作。报名参评的咨询专家和咨询师共57人，56人参加培训。邀请专家主讲“洞悉管理咨询本质，用专业成就专业”和“国内外经济发展新格局下智业从业者的机会与作为”两场培训会。对新经济形势下，咨询人担负的责任和担当提出了具体的要求。

推广科技创新券应用，支持中小微科技企业创新创业。4月16日，协会召开建立创新券专家库研讨会，专题研究配合国家技术转移中心东部中心建立创新券专家库，提供专业化高质量支持服务，推动咨询企业发展。承接并完成国家技术转移中心东部中心委托的《创新卷定价机制研究》课题，通过大数据挖掘，结合典型案列分析，提出可供实际操作的分类综合定价机制，为2021年推广创新券做准备。

三、编撰发展报告，开展平台交流，加强横向合作

继续编撰《上海咨询业发展报告》（白皮书）。参与由上海市发展研究中心和上海现代服务业联合会联合编撰的《上海现代服务业发展报告》（白皮书）组稿工作，提供约1万字的《上海咨询业发展报告》，详细阐述上海咨询业发展的成就、存在的问题和解决问题的办法。

协会年度会刊的编辑印发工作。完成12期《上海咨询信息》，传递最新政策，并为会员提供沟通交流信息的平台。共计发表文章132篇，约34万字。

加强与兄弟省协会的合作，共同推进咨询业发展。8月18日，协会接待嘉兴市民营经济发展研究会来沪考察团，互相探讨促进长三角城市间的人文交流、经验分享、产业协同发展，增进城市之间产业、信息、技术、项目互联互通，以及建立服务业联盟，实现长三角一体化核心区合作共赢、更高质量发展等问题。

（郭德利）

全力落实为会员企业服务

上海市环境保护工业行业协会

一、为会员企业服务，注重落实

为会员企业服务是协会的生命线，是协会工作的重心，协会开展的主要工作有信息服务，市场开拓服务，标准服务及技术创新和质量提升服务。在常态化抗击疫情推行线上服务为主、线下为辅的工作方法。

举办高层论坛和技术交流产品展示会为企业开拓市场发展服务。一是协会举办两个技术论坛，即超低排放技术工匠论坛，邀请中钢天澄、宝钢设计院、浙江菲达、合肥设计院、尚泰环保、科林环保、上海市环监中心等多位行业领域顶尖专家参加论坛，与相关会员单位专业人员进行论坛交流。二是举办大气污染及空气净化行业论坛。由协会空气净化设备专委会召开“民用空气净化器行业技术论坛”，以“健康家电与健康生活”为主题，就行业发展方向、标准动向等展开讨论。对引领民用空气净化器行业的健康发展，起到积极作用。

组团参加中国环博会。中国环博会是协会长期支持及合作的展会，也是亚洲最大的环保展会。8 月，在上海举行的第 21 届中国环博会。在协会组织下，会员单位共展出优秀品牌 30 余个，展出近 100 款，环保净化产品。上海环保工业的技术装备水平，受到专业人士的关注。本次组团参展的企业 30 余家，涉及“水处理、固废、大气、噪声、监测、新材料”等多个环保领域。全面展示水与污水处理、泵管阀配件、固体废弃物处理、资源回收利用、大气污染治理、室内空气污染治理、场地修复、环境监测、环境服务业等环境污染治理领域的前沿技术与最新解决方案。

开展与国内外交流合作拓展对外服务功能。协会举办 2020 中韩环境技术线上交流会，进一步搭建科技环保项目对接交流平台，展示中韩两国优秀创新项目成果，促进中韩两国创新创业沟通互融、协同发展，加强两国资本流通、人才沟通及技术交流，加速科技成果在国内落地转化。

组织开展政策扶持项目申报。一是协会组织企业申报 2020 年《上海市创新产品推荐目录》。通过筛选、评估和推荐，推荐企业 6 家：柏美迪康、泓济环保、彼得森材料、云火科技、尚泰环保、安杰环保。二是组织企业申报 2020 年《国家鼓励发展的重大环保技术装备目录》。受市经信委委托，开展对上海市 21 家环保企业申报的 25 项环保装备进行评审及走访调研。经评审，上海北分科技股份有限公司、上海复洁环保科技股份有限公司等 17 家企业的 18 项技术产品符合申报要求，评审意见呈报市经信委作为《国家鼓励发展的重大环保技术装备目录》（2020 年版）推荐意见。

开展政策宣传，为企业提供行业资讯。环境工作依托政策法规、环境项目依靠市场动态、环境治理依靠技术能力。协会努力为会员单位和行业企业提供及时、全面、专业的政策动态与资讯服务。自 2018 年底正式启动微信平台进行资讯服务以来，经统计，已发布行业相关信息 172 条，行业受众突破 6500 人，阅读量 2 万+。

提升产品质量、开展行业标准化工作。一是联合成立“上海市在线新经济标准化联盟”。5 月，市政府出台《上海市促进在线新经济发展行动方案（2020—2022 年）》，全面指导本市在线新经济的健康发展。借助于 2019 年协会参与成立的“上海申创行业标准化推进委员会”，在市市场监督管理局的指导下，上海申创中小企业合作交流促进中心联合本市市级行业协会及龙头企业，共同发起成立“上海在线新经济标准化联盟”。旨在通过整合行业资源，开展依托于各相关领域行业协会及专家团队，协同开展行业标准化建设。为推动和促进长三角一体化建设，为企业、行业及地区的标准化建设，以及各领域标准化融合建设，提供通道和平台。二是顺利完成国家第二批“团体标准试点单位”项目。协会建立团体标准化组织机构和相关制度，制定一批快速响应创新和市场需求的团体标准。推动团体标准国际化进程，并着力加强团体标准的实施与应用。尝试开展良好行为评价机制建设。如在新冠疫情期间，协会组织起草发布团体标准《空气净化器除病毒性能测试方法标准》，为社会各界有效抗疫提供技术支撑。

二、推进社会责任建设，为社会、为政府服务

组织行业企业向武汉疫区医院捐赠空气净化器。在新冠疫情爆发初期，协会组织空气净化专委会会员企业为武汉疫区医院的一线医务工作者捐赠空气净化器，会员企业通过武汉总会，共计向包括武汉市中医医院汉阳分院、同济医院、华中科大附属协和医院、武汉大学附属省人民医院、亚洲心脏病医院、孝感市中心医

院在内的疫区医院，捐赠空气净化器约 2000 台。这批空气净化器主要是使用在医务工作者的休息室内，可以有效降低病毒交叉感染几率，保护奋斗在一线工作者的健康安全。

开展由人民法院委托的环境类质量鉴定工作。协会作为最高人民法院环境类专业鉴定机构，且全国唯一环境类专业鉴定机构。2019 年度受江西省新余市中级人民法院委托和上海市崇明区人民法院委托，开展案件的鉴定工作。为政府服务是协会的主要工作，完成政府委托的工作是协会的责任。协会积极组织质量认定工作，开展“上海市节能环保产品”称号评审，并组织相关产品复审工作。协会还积极开展行业统计工作，受市场监管局委托，依据《上海市统计条例》《上海市检验检测条例》和《检验检测机构资质认定管理办法》，联合市计量院、市认证协会等机构开展上海市环境检验检测行业资源调查统计分析报告工作。

（周树鹏）

为洁净高技术服务业发展助力

上海市室内环境净化行业协会

一、主动作为，积极开展疫情防控工作

（一）积极戮力抗疫

1. 求质量，倡稳价。年初，疫情发生后，防疫涉疫商品物资出现价格上扬，协会立即开展产业稳价保供工作，向会员企业传达上海市经信委、市发改委、市商务委、市市场局等相关部门关于稳价保供的相关工作要求，并于1月23日向全体会员企业发出《关于严禁囤积居奇、哄抬物价等扰乱正常市场秩序的行为通知》，号召行业企业不囤积居奇，不乱涨价，做良心企业、行业典范。涉疫物资生产企业纷纷响应，承诺坚决不涨价，为国家抗疫做贡献，确保涉疫净化行业产品价格总体稳定。

2. 促产能，倡保供。受新型冠状病毒肺炎疫情影响，部分防疫情涉疫相关商品和物资出现短缺和脱销情况，协会积极通过各种宣传平台发布防疫商品信息目录，对行业内负压隔离病房设计、建造、维护以及相关材料、工艺设备制造生产的企业进行备案登记，全力保障涉疫物资的供应。

（二）倡议支援武汉

协会向全体会员发起《抗击新冠疫情倡议书》，集中调配全产业链资源。针对武汉疫情严峻形势，协会主动对接武汉市青山区防疫指挥部，提出“一个行业支援一个系统”共同抗疫工作思路，于1月30日发布《武汉市青山区六家医院接受社会捐赠的公告通知》，呼吁并动员行业企业支援武汉青山区医疗系统。协会会员企业积极响应，捐赠智能雾淋室、净化传递窗、消毒机、空气净化器、口罩、消毒液等防疫物资，还对医院净化隔离区技术改造、医护人员消毒装备使用规范等提供技术方案，有力支持青山区医疗系统抗疫工作，受到青山区政府及医院好评和由衷感谢。4月15日，协会与青山区疫情防控指挥部专门举办“上海空净企业驰援武汉市青山区医院疫情物资在线表彰会”，对以上企业进行表彰嘉奖。经统计，在疫情期间，协会会员单位向包括武汉在内的多地捐款捐物总价值超过2000万元。

（三）积极建言献策

协会向上海市政协、统战部门、民主党派提出《有关加大现有隔离病房数量评估和改造，防控新型病毒疫情建议》《有关疫情防控加大对口罩管理的建议》《关于征用社会闲置洁净房建议》《关于疫情期间减轻中小企业负担，为企业人力资源成本减负的建议》《社区居委会在重大公共卫生事件中的社会治理能力及建议》《上海需要建设高等级生物安全实验室》以及《关于进一步加强我国在全球公共卫生安全领域国际话语权的建议》等9篇建议和提案，得到相关部门的肯定和采纳。其中，《上海需要建设高等级生物安全实验室》得到上海两位副市长的批示；《关于进一步加强我国在全球公共卫生安全领域国际话语权的建议》被全国政协所采纳。

（四）助力复工复产

1. 制定规章助复工。协会发布《公共场所新冠肺炎疫情期间预防性消毒服务指引》《消毒杀菌服务企业服务资质等级认定暂行办法》等一系列行业指导性文件，为公共场所提供专业的消毒服务规程，引导会员加强行业自律和技术提升，以应对消毒服务市场需求高潮的到来。

2. 线上培训助服务。在复工复产前期，协会提前布局，为会员推出线上培训课程，让会员员工在家储备能量，为复工做好前期准备。协会会员从事消杀服务企业约150多家，为指导会员规范从事消杀服务，防止出现消毒安全事故，协会在疫情中期紧急推出消毒防控员培训项目，编制培训大纲、教材和考题，邀请疾控、医院和大学专家开展“消毒产品管理要求”“公共场所消毒技术与防控”“疫情期间的空调使用”在线培训课程。近100家企业、1100多名职工参加在线培训和在线课题考试，切实提升企业从事疫情消杀服务的能力。

3. 编制团标助复产。在复工复产期间，各种消毒服务、消毒设备乱象频发。协会紧急发布行业召集令，号召会员共同参与《公共场所消毒服务规范》《过氧化氢消毒机》《负压救护车》等团体标准编制，30多家企业积极参编。3月初，《公共场所消毒服务规范》团体标准向社会发布。

二、克难前行，扎实推进各项工作

（一）人才建设

上海室内环境净化行业学校——上海市室内环境净化高技能人才培养基地以企业需求为中心，围绕行业教材开发、师资队伍建设、技能人才培养，不断提升行业人才建设水平。

1. 教材开发。通过深入调研，结合企业和技能人才实际需求，新开发《新风系统安装与运维》培训教材，并招募参编企业，征集行业专家意见，确保教材内容的严谨性。

2. 师资队伍建设。2020 年培养行业讲师 18 名，并从中遴选出 6 名佼佼者参加上海师范大学教育专业的培训，顺利通过教师上岗证的考核。

3. 行业技能培训。协会根据企业需求，积极申报开发新技能培训项目《洁净室运行与管理》。至 10 月，完成第一期洁净室运行与管理新技能培训班的培训、鉴定工作。协会开展《公共场所消毒与防控》系列网络培训，培训消毒防控人员 719 人。

4. 企业新型学徒制项目。经市人保局审批通过“洁净室检测”“室内环境空气治理”“工业洁净师”“新风技术与维护”共 4 个企业新型学徒制项目，共计 282 人完成为期一年“企校双制、工学一体”的企业技能人才培养任务，不仅在专业知识及操作技能上有所提升，还获得相应的岗位能力证书。2021 年 1 月，新一轮学徒制工作已启动，将为更多企业提供人才培养的机会。

5. 中职教师企业实践项目。协会连续两年获市教委教育技术装备中心颁发的“优秀企业实践基地”称号；有 12 位中等职业院校教师进入 9 家会员企业进行为期 2 个月的企业实践，让学员学习高级研修班的内容，提高个人职称等级。

6. 职业技能竞赛。8 月 12 日，协会组织实施“2020 年长三角（上海）室内环境净化技能比武大赛“，推动长三角空气治理技能人才一体化发展。10 月 14 日，协会在南京举办“第一届长三角洁净技术比武大赛”，促进长三角洁净产业协同创新发展。12 月 27 日，协会举办 2020 年上海市室内环境净化行业职业技能大赛，来自本市 11 个区 62 名参赛选手，通过选拔赛，前 20 名选手进入决赛争夺前 3 名。本次技能竞赛为第 46 届世界技能大赛预热的同时，也在室内净化行业掀起“岗位大练兵，技术大比武，素质大提升”的新高潮。

（二）科技引领

协会依托经市科委批准成立的上海市室内环境净化行业院士专家服务中心，广泛吸收社会专家进入行业专家库，积极帮助会员企业建立院士工作站，大力开展技术研发、融资调研、科普宣传、科技成果转化和创新创业实践。

协会院士专家服务中心开展精准建站辅导服务、举办消毒科普宣传进社区、进园区讲座、组织上海理工大学学生到企业及净化工程场地开展创新创业教学实践活动、帮助 3 家企业技术领头人争取到企业首席技师，成为上海室内环境净化行业首批新建首席技师。11 月，协会院士专家服务中心获得“上海市优秀院士专家服务中心”荣誉称号，也是协会继 2016 年、2018 年度获此殊荣后，蝉联三连贯荣誉称号。

（三）质量提升

1. 完善组织机构和工作制度。6 月，协会秘书处成立质量提升部，修订《上海市室内环境净化行业协会团体标准管理办法》，新制定《上海市室内环境净化行业协会团体标准知识产权管理办法》及《上海市室内环境净化行业协会团体标准涉及专利处理管理办法》和相关实施细则。

2. 标准制修订。在团体标准工作上，制定并发布《公共场所消毒服务规范》《过氧化氢雾化消毒机》《空气净化用电解水》3 项团体标准；修订并发布《室内空气质量评价准则》1 项团体标准，另有《负压救护车》《生活垃圾集中收运场所环境净化除臭用微酸性次氯酸水技术规范》等 2 项团体标准在编制中。9 月 22 日，受市市场监督管理局委托，静安区市场监督管理局组织专家对协会承担的“负离子空气净化液等团体标准试点”项目进行考核验收，最终以考核总分为 102 分的高分通过验收，在市市场监管局组织的交流会上作介绍。在参与编制国家标准工作上，组织多家会员企业参与国家标准《洁净室及相关受控环境第 1 部分：根据粒子浓度划分空气洁净度等级》《洁净室及相关受控环境第 2 部分：用粒子浓度监测提供洁净室空气洁净度的证据》的编制。参与编制国家标准《细胞培养洁净室设计技术规范》及配合国标委完成相关工作。

3. 品牌培育和品牌。9 月，协会和市工经联联合举办品牌培育宣贯会议，11 家会员企业注册申报上海品牌培育。

4. 质量风险监测。协会被上海市市场监督管理局授予行业产品质量风险监测站，成为全市首批十个监测站之一。根据顶层设计政策方向，创新行业产品质量风险监测机制，授权设立产品质量企业监测点，形成“政府面，行业站，企业点”三位一体市场风险监测体系。上半年，完成市市场监督管理局下达的《上海市质量状况白皮书》(2019年)任务。下半年，协会提交行业8个产品的质量安全风险信息报送；完成有关负离子发生器质量安全风险信息的《室内环境净化行业产品质量安全形势专题分析报告》；上报5家企业作为首批质量风险监测企业站点的工作计划。

(四)信用建设

协会积极开展会员企业信用评价，加强会员企业信用信息共享和应用。疫情期间，协会以“诚信、自律、严谨”表现，得到市发改委关注和支持，该委将协会发布的19家涉疫企业产品名单纳入信用平台，并于8月申报为市发改委2020年信用建设专项试点项目，成为年度市发改委十三个信用试点单位之一。此外，协会编写的《上海洁净高技术服务业“十四五”规划建议》得到市经信委生产性服务业处的认可，并与行业企业共同召开洁净高技术服务业“十四五”规划建议讨论会，为洁净高技术服务业发展助力。

(裘军)

培育和完善招标投标市场
促进机电设备产业健康发展

上海市机电设备招标投标协会

一、积极参与本市公共资源交易平台升级改造“一网三平台”建设工作

3月，市发改委开展上海市公共资源交易平台升级改造“一网三平台”建设工作。在市经信委、市发改委等有关部门关心支持下，协会参与这项工作。（1）参与《上海市公共资源交易平台“一网三平台”建设实施方案》等7项制度讨论修改、复函反馈修改建议。（2）及时向工作组提供本市机电设备国内招投标行政监督平台系统数据规范、用户手册；机电设备国内招投标相关政策法规、评审专家推荐名单、市公共资源交易中心门户网修改建议等，为优化公共资源交易平台资源整合共享、“统一规则、统一平台、统一管理”提供合理化建议。（3）通过协会理事会扩大会议，率先开展学习宣传活动，引导广大招标代理机构为本市公共资源交易平台升级改造“一网三平台”，机电设备国内招投标交易电子化实施发挥引领作用。（4）协助工作组研议机电设备国内招投标交易平台建设实施工作，并对交易平台功能建设及运行提出优化建议，力促交易平台便捷、高效，更好地为交易、监管和信息电子化提供高质量服务。

二、协助行业主管部门开展本市机电设备国内招标评标专家库建设工作

为贯彻落实市经信委（下称，行业主管部门）关于建立本市机电设备国内招标评标专家库的工作要求，协会极力协助行业主管部门积极开展相关工作：（1）依法及结合本行业专业实际，协助制定机电设备国内招标评标专家库专家征集规则，并在上海市公共资源交易平台总门户网上发布，向社会公开征集相关专家。（2）及时汇总分析市公共资源交易平台门户网上申报评标专家人员情况。（3）受行业主管部门委托，共审核网上申报专家1280余人。本市机电设备国内招标评标专家库已初步建成，为本市综合专家库建设以及公共资源交易平台，依法必须招标项目的机电设备国内招投标交易打下基础。

三、坚持开展市重点工程立功竞赛先进评选推荐及协会其他工作

协会根据市重点工程立功竞赛先进装备分赛区的有关要求，经相关单位推荐及本市有关部门依规定程序评选，会员单位上海电信工程有限公司被评为2020年上海市重点工程实事立功竞赛优秀公司，上海三菱电梯有限公司凌杰和上海浦东国际机场进出口有限公司涂殷健被评为2020年上海市重点工程实事立功竞赛优秀建设者荣誉称号。

四、“协会网”《简报通讯》是协会为会员单位提供信息服务的重要载体

协会秘书处坚持每月出刊简报，迄今已累计出刊201期。协会网及时登录转载相关信息，访问数已逾15万人，流量已达32万次，得到社会广泛关注。

五、每月汇总并向市政府有关信息部门上报本市机电设备国内招投标交易数据

这项工作获得广大会员单位的大力支持，也得到政府有关部门的认同。2020年，本市机电设备国内招标交易总量4353项，交易总额183.9亿元，因受新冠肺炎疫情影响，总体交易数额均有下降。

六、认真开展党员学习、单位走访、沟通交流等形式灵活多样的党建活动

（董红生）

助推复工复产　保障产业链总体稳定

上海市设备管理协会

一、全力以赴，保障全市口罩设备正常运行

新春伊始，新冠肺炎疫情突如其来。1 月 29 日，协会向全体会员发出《众志成城共抗疫情》的倡议书，得到各会员单位的积极响应。2 月 9 日，市经信委向协会下达保障全市口罩设备正常运行的任务，协会第一时间作出应急响应，选派多个业内骨干维修企业 24 小时待命，全力以赴地完成各项抢修、改造和安装调试任务。在 56 天中，协会调集精干技术力量 1000 余人次，完成口罩机制造 14 台，为 9 家企业的 38 台（套）口罩生产设备提供故障维修、改造和新建生产线的安装调试等保障，日新增口罩产能约 250 万只，为缓解防疫口罩需求做出应有贡献。

4 月 1 日，《新民晚报》以《口罩生产背后的幕后英雄》为题，专题报道本市部分设备维修安装企业为口罩机提供安装调试维修保障的事迹。3 月 13 日，市经信委向协会发来感谢信，对协会会员单位在疫情防控阻击战中展现的强烈的社会责任感和使命感、对所有无私奉献的同志们致以衷心感谢和崇高敬意。

二、助推复工复产，保障产业链的总体稳定

按照习近平总书记提出的“要发挥行业协会、商会等社会组织的作用，指导和帮助企业等会员单位科学精准防疫、有序复工复产”的要求，协会及时对会员单位开展调查研究，对企业在复工复产过程中遇到的问题和困难，进行统计分析和梳理，并积极向有关部门提出政策建议。同时，协会通过网站、微信公众号等平台，及时推送《上海市全力防控疫情支持服务企业平稳健康发展的若干措施》《疫情期间本市各区县支持中小企业政策汇总》和《上海企业复工指南》等政策和信息，积极帮助企业落实惠企政策，尽快恢复正常生产秩序。

三、做好《上海市设备维修安装行业年度发展报告》的编写和发布工作

为使行业年度发展报告进一步反映行业的发展现状，首次将信息采集范围延伸至船舶修理和地铁维保专业，使行业覆盖面得到进一步的扩展。同时，年度报告增辟“本市设备维修安装行业抗击新冠肺炎疫情实录”篇幅，记录本市设备维修安装企业在疫情防控阻击战中奋力逆行的足迹，彰显行业企业心系社会的责任意识和使命担当。8 月 11 日，协会在上海电气培训基地报告厅召开“《上海市设备维修安装行业年度发展报告》发布暨抗击新冠疫情表彰会”，向荣膺年度行业 50 强的企业和在抗击新冠疫情中做出突出贡献的先进集体与个人举行隆重的授牌仪式。

为加快设备智能维护的应用与推广，11 月 18 日，协会在宝武装备智能科技有限公司召开“推进智能运维管理，助力企业转型升级——设备智能维护与管理”交流研讨会，来自本市钢铁、电气、商飞、造船、汽车、石化、医药、烟草、地铁、设备维修等 10 个行业的企业代表 50 余人出席会议。会上，宝武装备智能科技有限公司、上海地铁维护保障有限公司、上海电气集团数字科技有限公司、利戴工业技术服务（上海）有限公司和上海外高桥造船有限公司等作主题交流。各自介绍企业在设备智能管理体系变革、智能化运维解决方案、智能化维修服务升级等方面的探索与实践。

四、加强地区合作，推进长三角设备维修与管理一体化发展

1 月 9 日，协会会同江苏、浙江、安徽省及无锡设备管理协会在上海首次召开“长三角地区设备管理协会联席会议”，就制定社团标准、筹办会展、举办技能大赛、区域内设备维修行业的一体化发展等议题进行深入探讨，通过并签署《关于促进长三角设备管理一体化发展的共识》。10 月 22 日，在南京召开第二届“长三角地区设备管理协会联席会议”，就长三角地区设备智能维护的推进、设备维修服务资源的共享、区域内设备维修行业年度发展报告的编制等议题进行深入探讨，以期在合作中提高对长三角地区产业发展的设备保障支撑能力，推动产业链深度融合，形成新发展格局。

（夏仁海）

积极开拓思路　强化新材料产业引领功能

上海市新材料协会

一、加强协会自身建设，适应新形势和新任务要求

一是加强协会制度建设，对原规章制度进行梳理、修订和完善。协会重新聘请律师事务所担任法律顾问，并与之签订《法律服务合作协议》，对协会经常使用的9个对外合作协议文本从法律角度进行规范，并对原有的财务管理流程进行修订和完善。同时，以市民政局社团处委托社会第三方对协会内部审计为切入点，对协会内部管理制度进行自查、梳理和完善，加强对内、对外两方面业务的管理，加强相互协同，明确岗位职责，做到有章可循。

二是加强业务知识学习，推进职业化、专业化、年轻化建设。协会制订业务学习计划，定期开展专业基础知识的学习和资料推送；加强协会专委会和专家库建设；坚持抓党建促会建，发挥党组织和党员的保驾护航作用。认真做到每两周组织一次业务知识学习，注意遴选具有创新思维、充满创新活力的年轻专家和企业家加盟协会专家库；坚持开展“三会一课”制度，抓好“四史”学习活动，加强协会秘书处学习能力的培养，营造良好的协会工作环境，在疫情防控和复工复产中，党支部和党员始终战斗在第一线，以推动争先创优迈上新台阶。

二、围绕“三服务”开展工作，以优质赋能做到政府、行业和企业“三满意”

一是在服务政府方面，积极宣贯政府政策，发挥桥梁纽带作用。（1）积极配合市经信委做好《2020年度上海市首批次新材料支持指南》和《2020年度上海市工业强基重点方向》（关键基础材料部分）的制定和发布工作。（2）承担《2021年新材料发展重点方向》项目调研，共收集到80多家企业提交的141个项目，形成2021年首批次和工业强基项目指南推荐稿。（3）根据《工业战略性新兴产业分类》，对未纳入统计范围的近200家材料企业的产品进行分类，并提供相关产品代码，为准确掌握本市新材料产业发展现状提供依据。（4）协助市经信委新材料处开展企业复工情况调研并进行跟踪，了解企业在复工过程中所遇到的困难和诉求。（5）配合上海新材料产业“十四五”规划编制，协助新材料处组织开展座谈和调研，了解和掌握对上海新材料产业“十四五”发展的建议。（6）组织编制《上海新材料特色产业园政策汇编》并完成定稿。同时，完成《上海市新材料产业政策汇编》。（7）协助市经信委开展新材料产业安全链调查和分析，梳理并协调解决企业遇到的堵点、难点、痛点问题，稳定供应链，畅通产业链。（8）参与编写《上海新材料发展三年行动计划》，编制完成《2020年度上海市首批次新材料支持指南》，并向市经信委成立的“上海新材料专家决策委员会”推荐专家，助力上海新材料“十三五”圆满收官，“十四五”顺利开局。

二是在服务行业方面，发挥协会第一批上海市标准化试点协会和团标制定示范协会的优势，积极帮助会员提升产品质量，积极推进团体标准制定，推进会员企业的“上海品牌”建设工作。

发掘和放大“2020中国·上海新材料产业发展高峰论坛”溢出效应，积极组织举办1+N的系列技术研讨会和应用交流活动，促进区域及行业间的技术交流和合作。推动与西安市促进会开展合作，与之签订“沪－陕两地产业联动发展合作协议”。与宁夏宁东能源化工基地开展对接交流、与宁波贸促会探讨协办2020年中国（宁波）国际新材料科技与产业博览会、与安徽省蚌埠市开展新材料产业合作与交流，联手建立长三角可降解材料产业一体化绿色发展的联动合作机制。

组织成立各类专业委员会，通过专委会进一步发挥协会优势，建设好服务会员单位服务的资源，拓展协会发展的空间、提升协会的影响力和综合能力。以提升职业素质和技能为核心，重视抓好新材料人才培养基地建设和技能岗位培训，努力建设一支高技能人才队伍。在遭受疫情影响的情况下，协会及基地成员单位组织培训人员总数超过5000人次，其中网上培训超过1500人次，取得较好成绩。

三是在服务企业方面，积极开展走访调研，认真反映企业呼声，帮助解决实际问题。（1）年初秘书处深入企业开展走访调研逾100次，认真听取会员单位对新材料产业发展的意见和建议。同时，加强对市场需求的调研，主动为会员单位、特别是中小企业服务，做到从简单服务向高层次服务转型。（2）积极为会员单位提供政策解读、项目申报辅导、知识产权保护、分析测试咨询、关键设备选型、人才招聘引进等全方位的服务，协会与30多家会员单位签订具体服务项目，协助企业开展产学研用对接和企业项目规划等活动；帮助

做好华谊树脂等 12 家企业产品市场对接和拓展工作，并组织会员参加工博会、长三角地区的新材料展览等。（3）在疫情防控和复工复产中，协会深入了解企业需求，发挥协会资源优势，帮助企业缓解疫情防控和复工复产中的难题，为企业产品进入市场开展专家评审，打通瓶颈，受到会员单位欢迎并得到市经信委的表彰。（4）发挥协会服务平台资源优势，积极宣传和推广会员单位的创新发展，促进“产学研用”交流。利用协会新材料杂志和公众号，及时宣传和反映会员单位创新发展的新情况、新面貌。（5）组织开展“高端制造业化工新材料配套发展机会研究”，重点分析聚酰亚胺材料、水性树脂、碳纤维复合材料用树脂和助剂、大飞机配套材料、生物医用材料和电子信息材料等 6 个领域的发展需求，为华谊集团制订“十四五”规划中的新材料发展提供支持。支持特色企业特色产品的推广，组织这些企业与相关设计院实行对接，帮助其产品进入设计目录和推荐产品名单，为实现关键材料的进口替代做出贡献。

三、组织参与工博会，积极开拓思路，创新论坛形式

一是创新工作思路，组织参与工博会新材料展。为展示近年来上海新材料产业发展成果，进一步宣传“上海新材”品牌形象，本届工博会新材料展创设“上海新材料高端应用展示区”。协会甄选一批满足先进制造业和高端装备需求的新材料优秀案例，首次以“上海新材料高端应用”为专题在工博会新材料展上集中展示，取得良好的宣传效果和市场效应。并为此实行“一竿子兜底”式服务，加强与工展公司、参展企业的沟通，为入选企业申报评奖提供辅导，为有需要的企业提供展板设计制作等全方位服务。协会的优质服务得到工展公司和参展企业的认可。

协会还积极贯彻工博会组委会关于“评奖工作面向全国，开展市场化运作”的要求，发挥专家资源优势，做好评奖推荐工作，对参评新材料展品的技术水平、创新程度、产业贡献、社会及经济效益等各方面进行综合评估。推荐的 12 项展品入围新材料奖，其中 2 项展品进入工博会大奖角逐并荣获 CIIF 大奖，另外 10 项展品荣获 CIIF 新材料奖。

二是不断创新高峰论坛组织形式、扩大和提高高峰论坛影响力。协会以“后疫情时代新材料产业的挑战和机遇”为主题，成功举办“2020 中国・上海新材料产业发展高峰论坛”。本届“高峰论坛”在组织形式、论坛规格、影响力等各方面都有提升，使其特色更明显、亮点更突出。积极争取上级支持，首次邀请市政协主席董云虎、市经信工作党委书记陆晓春等领导出席活动并为获得奖项的企业颁奖；尤其工信部原材料司余薇副司长第二次来到高峰论坛并发表热情洋溢的讲话。主办单位从 2019 年 2 家央企和国企增加 4 家（市区国企和跨国公司）企业作为主办单位在“高峰论坛”亮相；“高峰论坛”首次采用主论坛 + 分论坛形式，充分发挥专委会的作用，既凸显品牌效应，增强合作交流；又集多方智慧，聚业界共识，进一步强化新材料产业引领功能，在培育新材料生态圈及构建上下游产业链方面，促进协会对外合作服务能力得到锻炼和提升。

四、加强协会党组织建设，坚持抓党建促会建，进一步争先创优迈上新台阶

8 月 20 日，协会换届，新一届党支部相继成立。党支部围绕“两学一做”要求，开展“四史”学习活动，使党建与业务工作相融合，促进争先创优迈上新台阶。

一是坚持开展“学习工作化，工作学习化”的创新实践，使“请进来”上党课、“走出去”开展经常性专题研讨活动常态化；贯彻每双周开展一次支部党员学习与工作实践相结合的学习制度，形成学习、研究、讲座、点评相结合的“四位一体”学习交流模式。

二是围绕“三服务”，抓好“三建设”，促进“三提高”，坚持将党建工作与业务工作一同谋划、一同部署、一同落实，以促进党建工作与业务工作融合发展。

三是定期召开党员组织生活扩大会议，邀请协会秘书处的全体同志参加，一起学理论；一起交流工作中的心得体会，促进协会党组织思想建设和协会作风建设并驾齐驱，共同进步。

四是创建党建共建新形式。协会党支部与市经信委新材料处党支部、会员单位太平洋保险上海分公司特险部党支部达成党建共建合作协议。定期开展党建结对共建交流活动，充分发挥党建共建优势互补，实现党组织工作互动和资源共享，提升党建工作水平。

五是开辟党建工作宣传墙。协会在会议室走廊上开辟“党建宣传墙”，内容包括“入党誓词”等 6 项专题板块，既积极宣传党员标准、权利和义务，也记录协会党建工作活动情况；既增强协会党建工作的直观性、教育性和指导性，营造“处处是课堂、时时受教育”的浓厚学习氛围；又发挥党建引领作用，不断增强党建活力，促进协会各项工作的蓬勃发展。

（陈友新）

努力促进上海城市网络安全

上海市信息安全行业协会

一、积极承担社会责任，在抗击新冠肺炎疫情中发挥协会作用

在抗疫初期，协会向瑞金医院赴武汉医疗队捐赠抗疫保障用品，向湖北省内3家合作伙伴捐赠一次性医用口罩及消毒物品，并向上海红十字会公益捐款。为有效防控新冠肺炎疫情蔓延，突出落实企业疫情防控主体责任，引导会员企业有序开展复工复产，在抗疫物资全面短缺的情况下，协会竭尽全力寻找渠道，帮助会员单位对接抗疫物资采购事宜，确保会员单位顺利到岗复工。

在疫情爆发关键时期，为有效应对疫情，协会向会员单位征集防疫期间新型信息服务产品，将收到的服务产品上报给相关部门，并对行业企业受疫情影响的情况及诉求进行调研统计及上报，为政府相关部门提供决策参考。

二、大力开展网络安全宣传活动，促进本市网络安全宣传活动的质量提升和覆盖范围

2020年国家网络安全宣传周（上海地区活动）（以下简称“网安周”），于9月14日—20日成功举办。为贯彻落实习近平总书记对国家网络安全宣传周“四个坚持”重要指示精神，全面提升广大人民群众在网络空间的获得感、幸福感、安全感，本届活动以“全市动员、各行参与、适当延伸”为总方针，结合本市疫情防控实际，创新探索宣传方式，推动线上线下高度融合，紧紧围绕人民群众，推出更接地气的宣传活动。

在市网信办的指导下，协会联合市教委、市卫健委、市密码管理局、中国人民银行上海总部、国家计算机网络应急技术处理协调中心上海分中心、上海交通大学等有关部门，以及杨浦区、松江区、崇明区等各区开展开幕式、高峰论坛、网络安全进基层、主题日、网络安全嘉年华、“身边的网络安全”短视频评选、闭幕式等活动。广泛开展网络安全宣传教育，直接参与人数达132万人次。在宣传活动方面，向全市发送公益短信3560万条，发放宣传海报、手册等材料95万份，发布原创稿件137篇，转载稿件271篇，总点击量超1000万次。通过本届网安周活动，切实增强全社会的网络安全意识，广泛普及网络安全防护技能，有效提升广大人民群众在网络空间的获得感、幸福感和安全感。

三、扎实推进网络安全人才培养，为本市网络安全保障工作贡献行业力量

协会继续以上海市信息安全高技能人才培养基地为依托，主动对接行业上下游企业的需求，整合资源，多面向、多元化、多层级地开展高技能职业培训和专业素养培训，年度培训各类人员超过4000人次。培训工作主要包括：在实训室建设方面，积极推进“工业控制信息系统安全防护（专项职业能力）”实训室建设和项目验收工作，同时启动配套培训机构选择和入网事宜；在项目开发方面，组织完成“代码安全检测和验证（新技能培训）”项目教材开发、评审及备案工作，完成“电子数据鉴定（专项职业能力）教材开发”项目立项及开发工作；在培训及鉴定方面，做好专项职业能力培训实训室交接工作，对电子数据鉴定、移动应用软件安全检测等2个开班项目的培训、鉴定工作进行全面梳理，按计划开展培训及鉴定工作，严控课程培训质量，做好教务教学管理，建立培训后续的跟踪反馈机制。年内，基地积极迎接市人社局3年为一周期的基地和鉴定所检查评估工作，上海信息安全职业技能鉴定所、上海市信息安全高技能人才培养基地均以高分顺利通过。此外，作为中国网络安全审查技术与认证中心上海地区唯一授权培训机构，协会组织开展“信息安全保障人员认证（CISAW）”专业级培训工作，涉及安全运维、安全集成、安全开发、风险管理、安全应急5个方向，疫情期间为160余人提供线下培训。同时，协会积极为相关业务指导部门和行业上下游相关单位提供定制化网络和信息安全专项培训服务，在业内获得较好的口碑。

四、进一步加强产业趋势及应用需求研究，强化协会的纽带功能

协会在国家网络信息安全相关重大政策、法律、标准的框架和原则下，以促进上海相关产业发展和安全治理的良性互动为研究导向，对本行业所属企业的发展现状、产品研发、技术创新、人才培养、产业示范应用等情况进行调查研究，参与《上海信息化年鉴》《上海现代服务业发展报告》等报告编制工作，为政府职能部门决策提供参考，为企业发展提供政策支持；为继续推动网络与信息安全服务外包单位的能力提升，促进行业自律和制度规范建设，协会于下半年开展上海市网络与信息安全服务能力评估和推荐工作，共有48家单位

参评，推荐单位名单于2021年3月底前公示。为充分发挥标准在完善网络安全保障体系、促进城市安全有序发展中的技术支撑作用，11月，上海市信息安全标准化技术委员会（简称“市信安标委”）正式成立，秘书处设在协会。作为全市信息安全专业领域的标准化技术组织，市信安标委将承担上海地区信息安全专业领域标准起草和技术审查等工作，并代表上海市对接全国信息安全标准化技术委员会(TC260)，负责上海地区的信息安全标准化技术归口工作。12月，市信安标委第一期标准化技术人员培训班成功举办。

五、积极开展党建活动，加强协会自身建设

协会党支部在市工经联党委的直接领导下，通过组织开展专题讨论、参观学习、基层组织生活会、民主评议等多种形式的党员活动，凝聚力量，进一步发挥党支部战斗堡垒作用和党员在协会工作中的先锋模范作用，积极履行社会责任，不断提升服务意识，切实加强诚信自律建设，有力推动协会各项工作的开展。

（朱方园）

推动服务工作迈上新台阶

上海安全防范报警协会

一、从实处着力，促进共同抗疫取得成效

新冠肺炎疫情来袭，协会携手会员单位共抗疫情，为上海“智慧城市”“平安城市”贡献力量。（1）委派多名技防专家，为全市131家医疗机构发热门诊安装调试防疫设备，筑牢抗疫第一道防线。（2）发起“一起为武汉加油”筹集新冠肺炎疫情防控专项基金活动，受到行业内外爱心人士高度关注，共向武汉慈善总工会募集善款12余万元。（3）协会利用网站、会刊和微信公众号等宣传媒介，广泛宣传党和政府重大决策部署，以及本市复工复产工作要求和流程。（4）通过线上线下联络等多种形式了解企业现状，发现和梳理企业工作中遇到的问题，及时向行业主管部门反馈意见建议，积极解决会员单位实际困难。

二、从细处着手，推动服务工作迈上新台阶

（1）支持会员单位开展招投标等工作。为协会会员单位参与政府招投标、申请知名品牌推荐等活动，出具各类证明材料10余份。（2）开展中高级技术职称评审工作。会员单位报名参评中级职称的人员共52人，经过严格审核，有19人符合申报条件进入评审。（3）组织开展系列讲座、沙龙、座谈等活动。包括邀请同济大学法学院院长解读《中华人民共和国民法典》、组织行业专家分享智能安防建设与应用案例等系列活动。（4）制作工作流程视频。通过“小鹅通”平台，开发并上线技防项目Ukey使用说明、入会指南、职称评审申报流程以及技防项目设计施工技巧等多款视频内容，进一步优化会员服务工作。（5）积极做好入会服务工作。全年吸纳新会员108家。

三、从大处着眼，引导技防工作主动求变

年初，协会在疫情期间提倡远程办公的同时，主动调整技防项目评审及验收流程，协助会员完成多个在线评审工作；在防疫等级缓解后，协会组织专家力量投入复工复产中，在保障设计施工质量的同时，加快评审及验收流程。同时，邀请多位技防专家为医疗系统、金融系统等多个安防领域的标准开展宣贯工作。（1）启动现场评审会线上直播。于3月13日开通现场评审会线上直播，评审直播内容涉及智能小区、宾（旅）馆、商务办公楼、医院等多个区域。同时，成功搭建技防专家在线学习交流的平台，使众多会员单位参与其中，起到全行业共学习、同进步、促监督的作用。共有350余场评审会通过钉钉平台直播。（2）积极做好预备专家招聘工作。为进一步发挥技防专家的作用，5月，协会面向全体会员单位开展预备技防专家招聘工作，共收到158名从业人员的申报意向。随后，协会组建教材编制组，根据目前的业务要求，对历年培训的内容重新编制课件教材，并录制20节视频课程，于6月举行预备技防专家上机考试。（3）组织技防专家开展培训等工作。8月开始，协会组织专家为医疗和金融系统100余人开展技防业务培训座谈。11月，召开第四季度技防专家管理委员会工作会议。会上，专家管理委员就目前行业内及专家团队中存在标准认知、智能应用、评验判定、检测规范等问题进行讨论，为进一步加强专家管理工作打下坚实基础。

四、倡导规范有序，当好行业发展的“稳定剂”

（1）为规范行业、倡导有序竞争的市场环境，上半年，协会启动安防行业团体标准的制定工作，召集主管部门、理事单位、行业专家以及法律顾问等20余人组成团标制定委员会开展走访、调研与起草，并不断对初稿内容进行完善及充实。（2）认真做好技防监管平台、产品应用平台维护工作，切实保障技防设施的正常运行。截至10月，本市申报安防评审项目共计2519个，其中一级项目403个、二级项目413个、三级项目1703个。委派评审专家达5449人次。验收安防项目共计1350个，其中，一级项目235个、二级项目376个、三级项目739个。委派验收专家达2956人次。技防产品库共受理168个品牌入库，共涉及1736个产品申请入库，其中入库通过1438个。同时，监管平台还存储104745路监控图像。

五、做好培训工作，当好人才培育的催化剂

协会每年组织开展有针对性的系列培训。年内，采用网上直播授课，课程内容丰富，受到从业人员的高度好评。协会还将历年培训课程录制成视频课件，供新从业者学习，同时为其他从业人员提供一个巩固知识的良好渠道。10月，协会为参培人员开设线上考试，共3069人参加，合格率为89.8%。

六、办好“一刊一号两网”，当好信息交流的黏合剂

积极办好《上海内保与技防》、“微信公众号”和“上海安防网与上海安博会官网”。截至11月，共编辑发行《上海内保与技防》11期共10万余册。微信公众号、上海安防网和上海安博会官网每周更新，内容涉及协会通知、协会新闻、企业新闻、新品新技等多方面的信息。上海安防网已成为集行业资讯、会员服务、技防监管以及产品入库等多重功能的一站式服务平台。微信阅读转发量日益增加，随着线上服务功能日趋完善，网站每月访问量超10万余次。

七、表彰先进，开展抗疫优秀单位和先进个人评选活动

为宣扬行业抗疫事迹，表彰优秀、鼓励先进，协会开展抗击新冠疫情优秀单位和先进个人评选表彰活动。秘书处收到30多份申报材料。并组织专人对申报事迹、相关报道等资料进行审核，报理事长办公会研究，遴选出10家候选单位和10名候选个人。

八、快速调整，稳步做好第20届上海安博会延期工作

受疫情影响，复工后协会第一时间对第20届上海安博会参展商进行调研，并与展馆保持密切联系，听取多方意见，于3月30日通过微信、网站等平台发布《关于第二十届上海国际公共安全产品博览会暨上海国际警用及安防无人系统博览会》延期公告。4月，对上海世博展览馆及国家会展中心等场地的档期进行调研，综合展馆档期及市场情况，初步确定将第20届上海安博会延期至2021年8月11日—13日召开。组委会结合后疫情时代的行业发展，对展会主题、现场活动、论坛内容进行及时调整。

九、加强合作，推进“智慧安防”长三角发展一体化进程

11月18日，上海安全防范报警协会联合嘉定区人民政府共同支持举办的“智启未来”长三角智慧安防高峰论坛在上海汽车会展中心顺利召开。该论坛作为第三届长三角科技成果交易博览会的系列活动之一，以5G时代的智慧安防为主题，集中聚焦智能安防产业的发展和创新，为区域新旧动能转化增添新引擎。长三角地区安全技术防范行业协会领导，嘉定区科委、商务委、华亭镇党政领导及相关科研院所、企业家共计80余人参加。

（施赛琴）

增强协会影响力　促进企业发展

上海市信息服务业行业协会

一、开展品牌项目建设，持续增强协会影响力

协会积极参与并着力支撑“欢迎回家，上海骄傲”向抗疫天使致敬活动、“促进在线新经济发展”恳谈会、上海信息消费节、世界人工智能大会云端峰会、上海市产业青年创新大赛、上海市无线电管理宣传月、上海“在线新经济”论坛·虹桥峰会、上海智慧城市体验周等重大活动。

3月25日—29日，协会作为主办单位之一，发起“欢迎回家，上海骄傲”向战疫天使致敬活动，获得社会广泛关注。随着活动影响力扩大，80家网红餐饮品牌也加入其中，向援鄂医护人员送上价值300万元的免费大餐。协会通过上海多家医院，将1649份福袋送到每一位上海援鄂英雄手中。

4月，协会参与举办“促进在线新经济发展”恳谈会，由哔哩哔哩、腾讯集团、喜马拉雅等为代表的10余家行业巨头云集论道，共同探讨在线新经济发展时代内容科技产业的创新实践。

5月—6月，协会参与承办2020年“上海信息消费节”，以“数字赋能消费新时代”为主题，通过组织148场活动、汇集3000种商品，助力1.2万家企业数字化转型，撬动信息消费增量近260亿元，不断推进新制造、新消费，激发信息消费新活力。本次信息消费节共发布3200多条媒体报道，覆盖各行各业各个方面，并邀请科技作者撰写深度文章，参与观看、讨论的互动网民总计超过3000万人次。

7月，2020世界人工智能大会云端峰会在上海世博中心拉开帷幕。协会邀请甲子光年、极客公园、雷锋网等科技自媒体撰文，共发布15篇深度好文，分别在微信公众号、百家号、头条号、微博、雪球专栏等网站和平台上发布，引起业内人士的广泛关注。

8月，上海市产业青年创新大赛启动，协会作为承办单位，参与构建大赛的报名平台，动员企业与社会报名，对接参赛团队收集项目材料，邀请专家评委参与相关评审，组织开展2场培训考察主题活动，以及策划组织大赛颁奖大会。大赛共吸引264个创新项目报名参赛，经64位专家在线初评、21位专家决赛现场评审，以及共计213866人次的大赛网络投票。11月26日，在杨浦区创智天地举办颁奖大会。

9月，协会作为2020上海市无线电管理宣传月承办单位，参与宣传海报、地铁灯箱画面的设计制作与公益广告的投放，引起社会广泛关注，获得较好的宣传效果与传播效果。协会积极参与“上海公益伙伴月”，作为“一平方米的温暖”主办单位之一，联络28家餐饮企业，通过在门店搭建公益角落，售卖“爱心助力套餐”的形式，13天内为上海困境儿童筹得善款70770元。同时，协会支持“安学线上、助力发展——长三角协同共育在线教育论坛”“共行共美好——杨浦滨江世界会客厅高峰论坛”的顺利举办，论坛取得较好成效。

10月，2020上海“在线新经济”论坛·虹桥峰会在沪召开。协会作为主办单位之一，邀请国务院发展研究中心宏观经济研究部研究员张立群、市经信委总工程师刘平、长宁区区长王岚、市社联主席王战等先后做主旨演讲。另外，还邀请拼多多CEO陈磊，携程CEO孙洁，联影医疗董事长、CEO张强，途虎养车联合创始人、总裁胡晓东，轻轻教育联合创始人、CEO刘常科，叮咚买菜创始人梁昌霖等沪上知名互联网企业和科创企业，就各自所在行业领域如何抓住在线新经济发展机遇，打造技术、模式、场景联动的创新闭环分享前沿观点与实践经验。

协会热情投入2020上海智慧城市体验周，以“数字化转型下的智慧城市”为主题，聚焦数字化转型升级改造，以“4+X”活动为重点，加以全媒体宣传推广融合。包括开幕式暨“智慧工匠”选树、“领军先锋”颁奖典礼、四类重点主题系列活动（数字化转型主题思想汇、上海智慧城市建设成果展、上海智慧城市场景直播秀、数字上海系列谈）以及在全市范围内征集36场高质量的“X”活动（智慧应用、高峰论坛、培训宣讲、现场观摩等）。这些活动展示上海智慧城市建设的新格局，开启智慧城市建设常态化体验模式。

二、开展日常会员服务，持续加强协会自身建设

顺应疫情形势，协会发出《行动起来打赢疫情防控阻击战》倡议书，于2月26日召开第五届二次理事会，审议通过《关于适当减免有困难会员企业2020年度会费的决议》，凡当年6月1日前向协会秘书处提出申请的企业，审核后可减免2020年度会费并保留会员资格，成为第一家减免企业会费的行业协会。共计73家会员单位申请并审议通过减免企业会费。

协会会员服务部共走访近70家企业，通过走访与交流，深入了解会员企业在疫情期间的生产经营状态和发展需求，关注产业创新能力，充分发挥协会桥梁纽带作用，提高协会的服务水平。同时，为配合市中小企业发展服务中心工作，协会把已收集的146份“民营经济百强培育提升计划”企业申请表入库。为会员企业创造举荐渠道，推荐多家企业参与各项评选活动及大赛，至今已揭晓部分企业获得相关荣誉。

协会组织企业走进上海交通大学、同济大学、华东理工大学、上海大学、东华大学、上海理工大学、上海应用技术大学等7所高校开展线下漕河泾专场类校园招聘活动。参与招聘活动的10家企业提供30余个工作岗位，不仅为本土大学生提供就业便利，也迎合企业在疫情时期下的招聘需求，助力企业招工用工。

三、开展专业交流活动，持续促进企业发展机遇

3月26日，协会于腾讯会议平台召开软集专项政策解读会，会议邀请市经信委和市中小企业发展服务中心相关处室负责人，在网络会议上与到会的企业负责人进行解读互动，近50位企业负责人参加会议。

4月，协会召开关于智慧城市建设示范区会议，了解企业在项目落地过程中遇到的困难以及需要政府提供哪些扶持。6月，协会参与举办高新互联网平台交流品鉴会，号召扎根于上海本土的高新互联网平台，并与平台建立一个长期友好的关系，多方建立有效的交流渠道，实现合作共赢。7月，协会参与2020台北上海城市论坛，邀请喜马拉雅副总裁屠琤、爱库存首席执行官冷静、商米集团创始合伙人苏宏然等会员企业嘉宾做主题分享。

8月20日，协会组织召开2020年C+沙龙暨企业诉求座谈会，专家给企业带来“数字化时代，企业如何降本增效”的主题分享，从发展现状及行业痛点、用工风险和分析到企业降本增效，给企业做了一系列解读。在随后的企业诉求座谈会上，企业根据自身情况提出不同诉求，市中小企业发展服务中心诉求协调部徐晓懿老师现场就相关方面给予指导性意见。

9月3日，协会参与举办在线新经济企业优化营商环境调研会，9位企业家代表结合自身经营实际畅所欲言，就企业经营、招才引智、品牌打造等方面提出当前遇到的问题以及相应诉求，并且对于如何优化当前在线新经济营商环境提出各自的见解和看法。

11月，协会参与主办2020“一带一路”信息产业国际合作高峰论坛国际合作闭门洽谈会议，与会企业家代表畅所欲言，结合经济形势分析中国企业出海的前景与展望。

四、开展行业调研与标准化建设，持续强化产业发展

调研中小企业诉求。为及时了解行业发展动态，倾听行业企业共性诉求，协会通过2次座谈、20次走访以及为企业募集服务产品上“企业服务云”等形式，让本协会会员企业能够增加拓展市场的机会，并直接面对政府提出他们自身所面临的痛点及难点，现场给出解决方案或途径。调研工作最终形成企业走访记录、同企业座谈会诉求一并汇总分析、形成各季度企业诉求分析及年度诉求调研总报告。

在线新经济行业调研项目。协会受市经信委委托，承接在线新经济行业调研项目，通过60多次企业走访以及问卷调研等形式，调研上海在线新经济企业的经营状况以及遇到的困难和诉求，并定期整理行业内企业的新亮点和政府的新举措，编制成12期在线新经济调研简报，此外，还将开展座谈及在线新经济行业相关培训会，最终根据企业调研走访情况，梳理撰写年度情况发展报告。

推进标准化建设。协会参与编写《2020年在线新经济发展白皮书》，于8月编制完成；参与编制《风电场无人机巡检作业技术规范》（团体标准编号T/ITSS000005-2020）经过专家评审通过，于7月29日批准发布，从2020年8月29日起正式实施。

（贺静）

积极探索智慧城市发展之路

上海市通信制造业行业协会

一、服务政府，齐心抗疫

受新冠肺炎疫情影响，协会及会员企业单位积极响应国家及政府号召，时刻关注疫情进展，形成《行业抗击疫情简报》材料，随时发布行业最新投身抗击疫情动态事迹，与协会网站、微信同步更新。1月29日，协会发布《行业抗击疫情倡议书》，呼吁企业落实科学防控措施。2月12日、15日，协会分别结合“沪28条”发布及《上海企业复工指南》文件精神，调研收集企业复工复产情况及遇到的困难、问题及政策需求，形成《关于上海通信制造行业抗“疫”期间企业复工情况的专报》，供市经信委、市民政局、市工经联等委办（部门）参考。

上半年度，各中小微企业运营遭遇不同程度的困境，协会积极配合市政府各部门及时宣传推广优惠政策信息，征集各会员单位所遇现状及困境反馈给有关主管部门，并建立沟通渠道，协助企业复工复产，攻克难关。3月，协会收到来自市经信委致协会及广大会员的感谢信。感谢各会员单位在疫情防控期间的捐助以及对协会工作的大力支持和积极配合。

年内，协会完成3项课题编制，分别是《关于美国高科技产品“断供”的解读及行业研判》《5G在智慧城市的应用模式及案例分析》《浦东5G产业推进报告》。课题的承接，密切了协会同政府的联系，更为全面把握行业发展最新态势，挖掘新兴技术与产业，为行业下阶段发展提供有益建议。协会还配合市经信委、市科委、市商务委、浦东新区科经委、嘉定科委、中科上研院等政府部门及科研院所参与各类规划、目录编制及组织专家开展行业预判与论证工作；做好“第五届上海市工商业领军人物”推荐工作。协会组织及参与的专题会议有：年度5G推进突出贡献奖表彰大会、5G发展机遇下的国际贸易形势与挑战培训会、“2020‘双千兆宽带城市’发展高峰论坛”“2020嘉定智慧城市体验周”政策培训会等，及时提供行业发展方向，搭建政府与企业沟通桥梁。

二、服务行业，赋能5G

下半年，协会开展37次研讨、培训、座谈、沙龙等专题活动。协会及上海5G创新发展联盟（下简称“联盟”）围绕5G商用元年的技术应用创新发展，积极参与筹划各类活动。成功参与举办工信部第三届“绽放杯”5G应用征集大赛上海分赛。大赛历时3个月，共征集到参赛项目150余个，角逐出30个优秀项目获奖，并推荐参加“绽放杯”全国大赛，最终有3个项目分别获得全国大赛二等奖和三等奖。聚焦行业热点及应用趋势，合作开展各类专题活动。4月，协会与联盟及虹口区委、运营商共同承办“5G+卫星通信融合创新实验室启动仪式”，促进5G与卫星通信融合技术发展。9月，协会组织举办工博会新一代信息技术与应用展系列论坛之一“新智造・新发展”5G创新论坛，邀请5G产业链、生态链上下游企业代表150余位，共同探讨“5G”与工业创新融合发展新趋势。10月，召开“5G发展机遇下的国际贸易形势与挑战培训会”，结合“后疫情时代”、国际贸易形势及行业特征，为广大企业开展国际业务合作带来的新挑战。11月19日，承办“5G领跑新基建・赋能城市新发展”5G+智慧城市创新发展论坛。12月，协会及联盟承办“2020嘉定智慧城市体验周”，围绕5G+智慧城市建设，开展专题展示、5G+嘉定新城十大应用领域案例征集活动。同期，开展专项资金培训与产业政策分享培训会、召开“筑建智慧新城、畅谈智慧交通”研讨会，搭建行业间技术交流的平台，探索智慧城市发展之道。

协会继续作为上海之帆“一带一路”经贸巡展组委会副主任单位之一，参与主办经贸巡展线上系列活动，协助企业直观了解海外市场政策、需求及趋势。打造“上海之帆365线上公共服务平台”，全面展示企业实力，帮助本市通信行业拓展海外市场，提升国际竞争力。

三、服务会员，稳企稳业

协会全力服务于业内企业，通过每周的信息汇编发放至理事单位及会员单位让大家获得更多资讯信息；通过每月简报和协会网站信息发布使会员单位更好了解协会动态；定时更新协会微信公众平台，更好开展好对接工作；协会作为上海市进出口公平贸易行业工作站、上海通信制造产业安全预警监测站，及时分析行业贸易动态，推动行业健康发展。

全年，协会通过实地走访、书面征询等方式，先后开展195次调研工作，根据企业个性化需求做好对接服务。如协助会员单位康希通信公司开展总部迁至上海事宜服务，分别对接浦东科经委、张江集团等相关部门；协助上海裕度机器人与易景信息对接，推进5G+AI+教育智能机器人应用项目；协助易景对接电信一所，推进军民融合应用领域；协助先进通信研究院拜访上海移动公司，加强5G技术产学研用互动交流；协助影创科技配合徐汇中学开展教学应用，寻求可持续性智慧课堂模式；协助比亚迪公司与锐嘉科集团、申腾信息、鼎尚铭星在智慧园区及精准定位等方面的技术、应用场景进行专题交流对接。

随着通信技术的不断发展，通信企业也在不同程度的创新与转型发展，协会开设《会员风采》专栏，通过简报、微信、网站等多渠道宣传及推广会员单位新业务与发展经验等。同时，通过微信、网站推出“会员需求征集”帖，根据企业诉求时效，及时整合资源尽力给予帮助。协会还汇总整理市发改委、市经信委、市商委、市科委、大张江管委会及企业荣誉资质专项资金申报政策，每年更新相关内容并印发《政策汇编》供会员单位参考申报。协会还站在行业角度，从人才、品牌、商标等领域，为会员单位出具行业推荐意见。协会定期开展月、季度统计报表及经济运行情况的收集工作，做好“2020全国电子百强推荐工作”，把握核心会员单位情况摸清家底，并开展2020年年报收集整理及审核。获得由市经信委颁发的“2020年度上海市电子信息制造业统计工作先进单位称号”。

四、自身建设，规范务实

年内发展会员11家。新会员中有1家单位（惠州光弘科技）申请担任协会理事单位。受疫情影响，协会原计划4月召开的换届理事会及会员大会延期举行，但按章程规定，以邮件形式向所有会员单位征询第六届理事单位名单意见，换届筹备工作持续进行。

2月24日，协会会员单位上海拓自达商贸有限公司日本总部第一时间捐赠给协会秘书处2000只口罩，用于协会工作人员防御病毒疫情期间使用，考虑到一线医护工作人员更需要疫情防护物资，协会党支部和秘书处将此批口罩物资转赠给上海仁济医院工会，并由院方统一派车送至武汉，分配给抗击疫情一线医护人员。

根据《团体标准管理规定》(国标委联〔2019〕1号)及《上海市通信制造业行业协会团体标准管理办法》的相关规定，在协会的组织下，由电信科学技术第一研究所有限公司等单位起草的《移动通信用户感知度测评规范》(T/SHCIA000001-2020)团体标准已经专家审定，按照规定程序批准自2020年9月21日起实施，并于全国标准平台和上海市场监督管理局网站公示。

五、党建引领，夯实基础

第三党建工作站围绕全年工作目标，求真务实推进各项工作取得新成效。(1)以制度建设为重点，加强组织建设。工作站坚持把抓好党员干部的学习摆在首位，发挥党建微信群信息平台作用，开展“便利式”网上党组织生活。努力实现学习要求第一时间传达，学习资料第一时间上传，学习信息第一时间推送，增强学习的针对性和时效性。(2)以创建和谐社会为载体，发挥党建引领效应。强化区域化党建的联动效应。7月和11月，工作站配合长宁区临空党委分别开展“同创文明城区，共建临空家园”志愿服务和“服务保障进博会，参与奉献践初心”的党员志愿者执勤活动。(3)以思想建设为抓手，不断夯实党建基础。加强思想互动交流，结合“四史”教育，11月，工作站3家协会的党员对党建工作与业务工作如何同谋划、同部署、同推进，深度融合等问题进行深入的探讨。就各支部存在的问题，根据协会现状及服务特色，提出改进措施。工作站努力发挥“合作共建、经验分享、共同促进”的作用，形成政治上相互关心、工作上相互支持、学习上相互勉励的良好氛围。

（张逸瑾）

为推动软件产业发展竭诚服务

上海市软件行业协会

一、抗击疫情、奉献爱心

为抗击疫情，协会及秘书处全体工作人员通过上海市红十字会等捐款合计 10 万元。并自筹资金向湖北软协捐赠口罩、一次性手套等防疫物资。协会还协助政府向企业分发 16 万只口罩。此外，协会会员累计捐款捐物超 10 亿元。

协会配合各政府部门开展“企业受疫情影响”系列调查，撰写《关于“新冠肺炎疫情”对软件企业的影响及应对措施建议》《关于应对疫情，推动信息消费发展的建议》《新一代信息技术支撑服务战“疫”复产》等报告呈送政府部门。

协会广泛宣传会员抗疫复产先进事迹，及时向市经信委、市科委等报送会员抗疫先进事迹 200 条；编发《上海软件行业响应党中央号召、打赢疫情防控阻击战专报》4 期，宣传报道近 100 家会员单位超 150 条事迹；编辑出版《深度信念：上海软件行业抗疫志》，记录近 50 家会员单位抗疫事迹。为“上海软件行业抗疫复工复产特别贡献企业”颁发感谢信。

二、强化党建、加强领导

以协会党支部名义第一时间向会员发出《响应党中央号召、打赢疫情防控阻击战倡议书》。党员带头奋战在抗疫复工第一线，支部书记杨根兴被党总支评为“战疫先锋”。认真加强“支部党员活动室”建设、机制化开展系列党课教育、组织学习“学习强国 APP”、发展新党员和培养支部年轻骨干。通过理事会和会员代表大会向协会会员单位宣讲认真学习习近平总书记系列讲话精神和党的十九届五中全会精神，分享主题教育学习体会，凸显强化党对协会的领导地位与作用，以协会党支部的实际行动指导协会工作的开展。

三、规范运作、优化服务

在充分理解部分会员企业所面临困难的基础上，通过不断吸引新会员自愿入会，新增会员单位 252 家，使会员单位不断吐故纳新，会员单位保持在 1500 余家。编制并报请理事会通过协会“十四五”规划建议。年内，协会共发布团体标准 5 项，其中 1 项被上海市市场监督局批准为“团体标准试点项目”。协会举办“工业软件技术标准化沙龙”，受到政府部门、企业的重视与积极参加。依据团体标准遵循自愿、免费、公平、公正的原则，协会在会员中开展软件技能人才和软件企业核心竞争力评价评价活动，并自筹经费将评价结果发布在《文汇报》上，受到会员的欢迎。依据中软协社团标准，根据会员免费、企业自愿的原则，完成软件企业和产品贯标评估服务超 7000 余项 / 次。协会微信号新增“会员动态”板块，全年累计发布 202 条信息，关注人数超 4400 人，同比增长 20%。全年编发《上海市软件行业协会最新动态》专报共计 12 期。协会推荐 64 家会员完成的中软协信用评价的新评、年审、换证等工作。知识产权。协会继续做好知识产权法院的“诉前调解”服务，全年代理服务软件著作权超 1600 项。

四、产业研究、政策宣贯

协会完成《23 号文实施成效评估及后续政策建议》《2019 上海软件产业发展报告》《2019 张江科学城软件和信息技术服务产业发展报告》等多项课题研究。开展双软评估解析、会员服务解读、著作权申报指南等线上直播。还组织召开职称申报、云办公挑战与展望、工业软件技术标准化、新时代软件产业政策等线下宣讲活动，累计服务软件企业近 100 家。此外，协会继续为上大科技园区提供创业辅导服务，包括政策宣传、上下游对接合作、项目申报、投融资对接等无偿服务。协会以政府采购合同支撑完成年度软件设计人员奖励和软件企业税收优惠核查等工作，服务累计企业近 600 家次，服务人员近 6000 人；受市发改委委托完成 2020 年全国“大众创业万众创新活动周”线上展览——上海分会场产业新高地板块牵头组织工作，服务企业 60 家；受市商务委委托完成软件产业安全预警数据填报工作，连续 5 年获得“产业安全预警监测优秀服务奖”。

五、建设基地、培养人才

协会获批国家级高技能人才实训基地。新扩 175 平方米培训场地，将培训工位扩大至 101 个，全面升级软硬件设施；开发完成专项职业能力、技能等级鉴定、新型学徒制、新技能等方面的 10 个培训课程项目；完成 5 个单元共计 32 个网上培训课软件开发，开展线上授课。协会承办“上海市经济和信息化系统职业技能竞赛－软件开发质量控制竞赛”，78 位选手获得“软件开发质量控制”专项职业能力证书。年内，协会共完成 28 位中、高职教师软件企业实践培训，再次获“优秀企业实践基地”称号。协会继续做好世界技能大赛选手的培养与上海集训队的选拔工作。在第一届中华人民共和国职业技能大赛上，上海选手获得“网站设计与开发”项目金牌和“云计算”项目铜牌。

六、创新服务、活跃产业

协会成功举办以“创新、服务、高质量发展”为主题的第 12 届“上海软件创新论坛”，邀请十九大代表、中国信通院华东分院院长张雪丽以“新基建助力数字化转型，推动经济社会高质量发展”为题作主旨演讲；邀请聚水潭创始人骆海东就“SaaS 化应用与发展”发布主题演讲，举行“信创使命”圆桌论坛。在论坛上，市经信委发布“2020 上海软件和信息技术服务业百强”和“2020 上海软件和信息技术服务业高成长百家”的公示名单。协会发布《深度信念：上海软件行业 2020 抗疫志》和《2020 上海软件企业核心竞争力评价报告》。此外，沪苏浙皖软件行业协会举行“长三角软件品牌一体化发展战略合作协议”云签约仪式。协会继续指导、支持等上湖、新炬等会员单位成功举办数据应用大赛、全球敏捷运维峰会、客户大会等行业促进活动，活跃产业氛围。

（姚宝敬）

服务和促进上海照明行业的发展

上海照明电器行业协会

一、众志成城、团结一致，坚定信心，攻坚克难战疫情

及时通过协会微信群和微信公众号等方式向会员企业转发和转达市政府以及市经信委、市民政局的各项防疫指示和要求，并根据市委、市政府统筹做好疫情防控和经济发展工作的部署，及时统计行业内企业的复工复产复市情况，为政府部门决策提供依据。

协会积极发挥行业作用，动员照明企业按照政府要求的统一部署投入抗疫防疫战斗中。会员企业欧普、昕诺飞、芯龙光电、易壳、欧司朗、松下、华荣科技等纷纷向武汉疫区及其他重疫区，捐助紫外杀菌灯，紫外线消毒杀菌器等消毒设备数千台和各类照明灯具、移动灯具和医用物品。及时通过各类宣传形式进行报道，时刻关注企业在采购防疫物资的需求，通过市经信委行业协会微信群、轻工行业协会微信群等途径，积极帮助企业快速采购物品和提供相关信息。

坚持问题导向，对会员企业进行经营、制造、销售摸底调研。4 月 7 日，协会组织 8 家照明生产制造企业参加与市经信委都市产业处召开的面对面沟通会议，就关于政府在补链领域、固链需要具体政策等提出建议和需求。协会及时将会议沟通的建议、意见汇总成报告提交市经信委相关部门，作为政府部门制定相关政策依据。为此，协会获得市经信委特发的感谢信。

二、坚持为服务和促进上海照明行业的发展作出不懈努力

主动联系政府相关部门、承接政府政策支持并落实到会员企业。协会积极响应市市场监督管理局关于开展 2020 年度第一批市级标准化试点工作的通知，发起并组织会员企业参与，在征询相关企业、检测机构意见的基础上，申报《中小学校教室照明质量分级评价》《LED 读写作业台灯分级评价》参加第一批市级标准化试点工作，获得批准立项。从 1 月 15 日召开酝酿策划会议至 12 年底工作会议总结，协会共召开各类会议 23 次，3 月开始项目启动、项目策划、申报答辩、提交任务书、成立协会标委会、工作组开展工作、团标编制、专家审核、平台团标申报、阶段汇报、优秀台灯产品评价及启动教室照明质量评价的申报等工作。11 月，正式发布 T/SIEATA000001-2020《中小学校教室照明质量分级评价》、T/SIEATA000002-2020《LED 读写作业台灯分级评价》，并已收录在市局标准发布管理系统中。12 月，组织专家组根据产品检测结果和评价细则要求，对参与评选的读写作业台灯进行评价，筛选飞利浦轩泰智能护眼台灯、米家飞利浦读写台灯、华为智能台灯等优秀产品申报星级产品并上报市局，市市场监督管理局网已向社会公开发布获得五星评价的产品。

及时关注政府发布的政策及申报项目，推荐企业参加，助力企业创品牌，提升企业在行业中影响力。(1)协会参与市经信委提出的 2020 上海“设计之都”建设，共推设计赋能产业、铸造品牌、服务城市、点亮生活的面向“上海设计 100+”征集活动，推荐复旦规划建筑设计研究院的《黄浦江两岸景观照明总体方案及实施管控》参与评审，并获得 2019—2020 年度上海设计 100+ 正选，且列服务城市类排名第二。推荐三思的《智能语音读写台灯》参与评审，获得了“上海制造佳品汇”活动中的产品展示。(2)协会在年初被上海市节能中心聘为“上海市节能产品评审工作照明电器”领域的推荐机构，也为企业申报上海市节能减排产品评选创造条件。推荐易勇光电的《LED 高校节能路灯》、森本照明的《防爆 LED 产品 FG 系列》获得“2020 年度上海市节能减排技术产品”称号，三思的路灯系列产品申报复审通过。(3)开展“3・15”国际消费者维权活动，协会在灯具城组织“关于授予上海市企业标准‘领跑者’五星级企业及产品称号”的颁发证书活动。4 月，推荐欧普、华荣科技、芯龙光电参与由中国轻工业联合会 2019 年度中国轻工业百强企业、行业十强企业等评价工作；8 月，公布名单中欧普、华荣科技、芯龙光电榜上有名。(4)协会参加上海市轻工工会和上海市轻工协会组织开展的“上海轻工工匠”选树活动，推荐昕诺飞电子技术(上海)有限公司马斌被授予“上海轻工工匠”的荣誉称号。4 月 17 日，上照协联合上海电子商会进行公益直播活动，由会员单位汉盛律师事务所张砾律师为企业“复工复产中解困局、促发展”中遇到的问题提供法律援助和咨询。协会担任 2020 阿拉丁神灯奖评审组工作，推荐芯龙光电、亚明、欧普参加 2020 第八届阿拉丁神灯奖评选活动，并担任光源类产品评审工作。6 月，市经信委发布关于开展 2020 年度《上海市创新产品推荐目录》编制申报工作的通知，通过沟通，同意照明产品申请列入《推荐目录》中节能环保类产品，协会立即动员照明制造企业参加申报。在 12

月公布的目录中，亚明、三思自主研发的港口照明 LED 灯具、LED 路灯灯具、LED 隧道灯具等 4 个产品第一次入录《上海市创新产品推荐目录》，这将是今后政府照明工程招标中首选的照明产品。（5）8 月，由协会、市消保委保健办、虹口区消保委、联合举办的虹口区消保委 5G+ 云课堂第三期“保护心灵之窗”爱眼护眼直播间，邀请复旦大学附属华山医院眼科副主任医师肖医生、上海时代之光照明电器检测有限公司 / 高级工程师宋洁琼作“近视的常见误区和防控”“为孩子居家学习营造健康的光环境”科普讲课。协会还联合汉盛律师事务所对企业在疫情时期遇到的各类问题进行一对一法律咨询活动。（6）10 月、11 月，协会会同江苏、浙江、安徽三省照明行业协会共同倡议成立“长三角一体化照明产业联盟”，并在安徽合肥和江苏高邮举行筹备会及成立会议。此外，协会推荐欧普和三思获得市经信委公布的 2020 年度市级工业设计中心认定。联合中国之光网・明课堂共同推出“上海之光”系列线上沙龙。每次课程的参与人次都超过 1000 人以上，行业反响非常好。

完成《上海市志・工业分志・轻工业卷》中上海照明行业志的编撰任务。协会多次召开会议，组织企业人员参与培训，成立编撰工作组，按规范要求，编辑卡片、汇集成长篇，再提炼成行业总篇。上海照明电器行业篇中有 8 个章节；照明发展史沿革、工艺设备、产品选介、企业选介、自主品牌、科研院校、破、停产企业、人物，2.7 万多字。

关注上海照明电器行业经济运行趋势，为政府制定政策提供参考。协会按时收集汇总上海照明行业经济运行数据，关注国内外照明行业的发展趋势的信息，通过对数据、资料和信息的整理和汇总并形成报告，为政府制定相关产业政策和了解行业发展提供信息参考。

加强党建工作，完善支部管理制度。协会党支部于 7 月任期已满，根据《中国共产党章程》和《中国共产党支部工作条例试行》的规定进行换届选举。按沪工经联委（2020）20 号《关于上海照明电器行业协会党支部换届选举及党支部书记候选人的批复》，支部大会于 10 月 12 日召开，顺利完成党支部换届工作，任秋萍担任本届党支部书记。协会党支部积极发挥政治核心和战斗堡垒作用，把党的工作和协会的改革发展结合起来，实现行业协会的可持续发展。

（黄振帼）

提升综合服务能力　推动产业发展

上海市信息家电行业协会

一、积极承担社会责任，协调落实新冠肺炎疫情防控各项措施

协会积极配合市经信委等有关部门开展防疫防控、复工复产调研工作，帮助会员企业协调解决复工复产所面临的防疫物资紧缺、融资困难等问题，及时向主管部门反映企业情况和提出建议措施，市经信委、市委统战部特向协会颁发了感谢信，以此表彰协会在抗疫期间的突出工作。

二、坚持党建引领，加强自身建设

协会党支部在市经信工作党委和市工经联党委的指导下，有序开展党建工作。年初，协会党支部响应上级党委号召，党支部全体党员积极捐款为抗击疫情贡献力量；组织参观金山卫抗战遗址纪念馆、上海工匠馆、国歌纪念馆等红色文化教育基地，激励大家深入“四史”学习教育，将勇于奉献、开拓进取的精神融入日常生活和工作，进一步促进党建与业务的融合发展，以实际行动迎接中国共产党成立100周年。

协会注重协会人员队伍建设，积极组织工作人员参与各类培训和学习交流活动，包括市社团局专题培训、市商务委公平贸易工作系列培训、参加标准化岗位培训，并通过考核取得证书等，不断提升工作人员各方面的专业能力，为企业和政府提供更好的服务。

三、发挥平台优势，积极推动产业发展

推进超高清视频产业发展。协会围绕深入贯彻国家及本市超高清视频产业发展行动计划，在促进产业合作、超高清频道开播、超高清终端部署、标准制定、技术提升及产业化等方面开展工作，主要包括：（1）超高清视频成为疫情常态化防控的重要技术支撑，进一步驱动超高清视频产业的快速发展。（2）协助市经信委推进《部（局）省市共同推动超高清视频产业发展工作方案》。（3）助推上海首个上星4K超高清频道正式开播。通过不断协调和努力，7月15日，上海广播电视台“欢笑剧场”首个上星4K超高清频道正式开播，为全国五个超高清频道之一，是本市落实超高清产业行动计划取得的阶段性成果。（4）超高清智能融合终端团体标准得到有效实施，推动超高清机顶盒量产和超高清用户发展。（5）推荐超高清视频领域投资标的。（6）围绕超高清视频产业陆续举办研讨会、论坛等交流活动：2020第八届亚太内容分发大会—超高清论坛、20205G全球家庭互联网大会——5G+4K/8K超高清论坛、多次组织举办超高清产业专题沙龙及研讨会，为行业交流、对接合作提供多样化的平台。

推进智能家居产业发展。随着5G、人工智能等技术快速发展，为驱动智能家居产业不断发展提供动力。尤其在疫情影响下，居民对无接触式的智能家居产品产生更大需求，如智能门禁、智能音箱、智能楼宇、智能机器人等，为智能家居行业增长提供契机。协会围绕推进智能家居产业发展开展专题调研，为理事单位移康智能研发智能门禁产品，帮助进行产业合作对接；为电信智慧家庭生态体系建设积极推荐智能家居相关企业，成功进入浦东电信供应库，并与电信智慧社区中心开展合作；推进以海尔为代表的智能家居全屋定制模式。

四、配合政府部门，做好产业政策建言和落实工作

协会积极配合市经信委、市商务委等政府部门做好产业政策建言及落实工作。主要包括：受市经信委委托，开展软件和集成电路专项指南（超高清视频和智能硬件领域）征集工作；协会秘书长参加市经信委组织召开的上海电子信息制造业行业协会秘书长工作会议，向主管领导汇报产业发展工作情况；根据国家制造业转型升级基金的函，组织有融资或拟上市需求的相关会员单位上报市经信委列入投资标的项目储备；参与上海市电子信息产业发展“十四五”规划编制工作，参与编制“十四五”规划中关于信息家电和超高清视频领域的相关内容；承担市商务委公平贸易公共服务项目“2020上海信息家电产业安全预警研究”，顺利通过市商务委验收；协会承担上海数字音视频行业经济运行统计工作，被市经信委授予“统计工作先进单位”称号。

五、持续开展标准研制，推动产业高质量发展

协会积极研制超高清视频和智慧家庭相关团体标准，取得良好成效：超高清团体标准示范试点项目高分通过市市场监督管理局验收。11月20日，市市场监督管理局组织有关专家对协会承担的“超高清视频产品系列

团体标准试点”项目进行考核验收，最终以总分 99.4 分的高分顺利通过专家组的验收，得到与会领导和专家的一致好评。

协会团体标准《住宅入户光缆端接及户内布线技术指南》（T/SIAA000006-2020）正式发布。家庭网络质量是影响智慧家庭产业发展的重要因素之一，为有效提升家庭网络质量，为相关运营商、开发商、用户等提供合理科学的家庭光缆端接及布线指导，由协会组织主导，联合中国电信上海公司、上海邮电设计咨询研究院、东方有线等会员单位共同制定此项团体标准，于 12 月 10 日正式发布，在全国团体标准信息平台和市市场监督管理局平台均已完成备案登记。

六、成立高技能人才培养基地，满足行业人才需求

11 月，根据《上海市人力资源和社会保障局关于公布第十批“上海市高技能人才培养基地”名单的通知》，协会成功获批“上海市超高清视频产业高技能人才培养基地”，基地由市人社局和市经信委共同授牌。认真做好人才需求对接工作。受市经信委委托，协会对本市超高清视频产业紧缺人才岗位进行征集，超高清人才目录现已纳入上海市重点领域（产业类）紧缺人才开发目录。为全面贯彻落实市委市政府就业工作会议精神，主动服务用人单位复工复产复市及引才需求，为会员单位招聘人才提供渠道。受市经信委委托征集重点企业目录，为会员单位招聘应届生争取政策支持。

七、提升综合服务能力，做好相关推优推荐工作

协会参与编写由市经信委等政府部门主编的行业年鉴、白皮书等出版刊物，为提升行业整体影响力以及宣传展示会员单位形象提供平台；为帮助会员单位全面了解工程师职称申报程序和注意事项，协会组织职称申报方面的资深专家进行咨询和指导，助力会员单位更好提升技术人才队伍建设；做好相关荣誉奖项的推优推荐工作，推荐符合条件、发展态势良好的会员单位申报上海市科学技术奖、上海市创新产品推荐目录、上海市产业转型升级发展专项资金项目等，帮助会员单位提升品牌影响力。

（朱珍妮）

促进无线电业技术进步

上海市无线电协会

一、配合相关部门做好服务工作

协助市经信委执法稽查处做好本市各类考试的无线电考试保障工作，全年共开展相关考试保障工作 12 次；协助上海市无线电管理局台站处梳理相关频率许可证明、无线电台站设置申请表等资料，全年共录入台站数据 2823 条；开展“上海联通 L900 干扰排查项目”以及“移动公司疑难干扰小区处理技术服务”项目。截至年底，共为联通公司排除干扰源 60 余个，为移动公司清除干扰源 500 余个；无线电发射设备销售备案。配合市经信委执法稽查处全面展开销售备案和监管工作，联合市经信委执法稽查处、上海市无线电监测站，共同开展 2 次市场走访。主要针对比较大型的几个无线电发射设备销售场所进行政策宣传及设备抽检，取得良好的效果。

二、完成“5G 终端属地化测试及网络干扰处理方案研究”项目立项

上海作为重点部署 5G 网络的城市，对 5G 终端的测试是必不可少的环节，但没有统一的终端测试标准和流程，需要研究一套切实可行的测试标准及流程，并进行推广应用。协会受电信公司委托立项并开展相关研究工作。研究内容包括：5G 终端现网测试研究、5G 基站对同频或相邻的卫星地球站干扰、5G 终端属地化测试、5G 基站电磁辐射、电信 5G 基站建设频率干扰处理方案等。项目于 1 月开始实施，4 月中旬完成全部测试工作，5 月中旬完成所有资料的整理和提交；已顺利通过上海电信总师组织召开的项目评审和验收。

三、制定行业标准

参与编制《数字无线专用对讲通信系统工程技术规程》。为贯彻国家《智能建筑设计标准》、促进无线对讲系统的发展，上海市无线电协会联合华东建筑设计研究总院、上海建筑设计研究院有限公司共同编制《数字无线专用对讲通信系统信号覆盖工程设计与验收规程》。于 6 月开展本标准制定的第四次研讨会议。行业内各相关企业均积极参加，基本形成该标准的初稿定稿，并于 12 月底完成送审稿。

参与编制《共建共享通信建筑设计标准》。由上海市住房和城乡建设管理委员会于 2020 年 7 月 1 日发布，并于 12 月 1 日实施。

四、宣传工作

协会联合 IT 时报、上海电信一起举办“你来选，我来测”5G 辐射测试活动。5G 作为我国的国家战略，正在大力发展建设中，5G 基站与手机产生的辐射对人体的影响是很多市民所关心的问题之一。本次活动通过现场测试，数据讲解等方式，结合国家标准直观地让市民们了解电磁辐射对人体到底有没有危害，同时也对市民们进行合理购买规范使用无线电设备的宣传。

五、完成“杭州湾新区通用机场电磁环境测试”工作，协助相关企业通过无线电设台审批

“5G 基站电磁辐射量化分析及技术改善方案研究”的立项工作，已完成现场测试调研以及项目人员分组等前期准备工作，并在前期进行现场模拟测试试验。根据相关测试结果完成了测试方案的制订。该项目已正式立项。

（沈嘉怿）

打造数字经济发展新高地

上海市电子商务行业协会

一、推进长三角产业电商合作

协会与浦东新区电子商务行业协会、上海生产性服务业促进会联合主办“2020长三角生产性服务业创新云峰会暨上海市产业电商‘双推’工程启动仪式”于7月8日举行。峰会以“拥抱新经济、助力长三角”为主题。市经信委领导出席峰会并致辞，宣布2020年度上海市产业电商“双推”工程服务平台企业名单并授牌。上海财经大学电子商务研究中心、聚水潭、爱姆意云商、三只松鼠、江苏焦点科技等三省一市的5家产业电商企业和学界代表齐聚一堂，就未来产业电商如何推动实体经济高速发展、如何为制造业赋能等话题展开讨论，畅谈产业电商发展的新业态、新模式、新趋势及新思路。

启动长三角电子商务行业联席会议。7月7日，首届长三角三省一市电子商务行业联席会议在上海召开。协会与来自三省一市（苏、浙、皖、沪）的电子商务协会负责人、行业专家及重点电商企业代表齐聚，共同讨论长三角电子商务行业一体化的协调机制，为共同打造数字经济发展新高地建言献策，共谋长三角电子商务一体化新未来。会上发布《长三角电子商务行业区域合作备忘录》和《长三角电子商务行业联席会议机制》，三省一市电商协会负责人共同为“长三角电子商务行业联席会议办公室”揭牌，并宣布成立电子商务行业联席会议虹桥联络处。规划建立长三角产业互联网总部基地，规划报告听取多次专家评审意见并修改。12月7日，上海产业互联网有限公司揭牌仪式在青浦区西虹桥举行。

二、协助改善电商行业营商环境

协会与市中小企业发展服务中心合作，发挥资源优势和专业能力，及时了解行业发展动态，倾听企业共性诉求，提高服务企业的精准性。在会员单位的配合下，通过座谈会、书面调查问卷、走访和接待来访企业等形式，开展中小企业诉求的调研。共召开3次座谈会，58家企业参加；回收25家企业的书面调查问卷；走访和接待10多家企业。经汇总分析，收集有关人才引进使用政策、税收政策、营商环境等方面诉求和意见共20多条，协会与市中小企业发展服务中心共同协调处理，进一步深化为中小企业的服务。

三、制定并推广行业标准

经验收，协会“工业电子商务用户信息（数据）管理规范”团体标准化试点项目顺利结项。发布《工业电子商务平台商品信息发布规则》《工业电子商务信息安全管理规范》《工业电子商务交易信息管理规范》《工业电子商务电子合同管理规范》等4项标准。专家组认为，聚焦行业热点，具有创新性，通过标准化试点，显示较好的行业影响力。同时，协会拟定的《短视频直播电商基地运营生态建设与应用》团体标准已列为市有关部门的标准化项目试点。

四、编写和发布行业报告

协会编写的《上海市产业电子商务专题报告2019》已在市商务委《上海市电子商务报告2019》中发布；编写的《2020年上海市电子商务行业发展报告》已在市发改委《2020年上海市国民经济和社会发展报告》中发布；编写的《上海现代服务业发展报告——电子商务行业》已在上海现代服务业联合会《上海现代服务业发展报告2019》中发布；同时，受市经信委委托，编写《上海市第二批人工智能试点应用场景案例集》及《B2B跨境电商发展建议》；受市商务委委托，编写《上海商业志·生产资料流通志》。

五、组织行业交流活动

协会受市商务委的委托，联合市网购协会，在疫情特殊时期举办“疫情惠企金融政策对接洽谈会”，助力企业复工复产，并建立金融扶持专属对接群，持续关注企业的反馈和金融扶持的落地。并在市商务委指导下组织召开上海市直播电商行业发展座谈会。

在市经信委指导下，协会与上海生产性服务业促进会联合主办“2020首届中国（上海）工业品在线交易节”；成功举办“2020中国上海工业电商暨产业互联网领袖论坛”；主办由京东企业业务承办的“上海数字化采购转型高峰论坛”；组织召开B2B跨境电商工作座谈会。

协会参与承办由中国国资国企产业创新战略联盟和上海产业互联网有限公司联合主办的“2020 首届中央企业、上海国企数字供应链创新论坛”。

协会会长与市商务委副主任和东浩兰生集团总裁，参加由商务部和上海市人民政府共同主办的“第 19 届中国（上海）国际跨国采购大会”开幕式上，共同启动平台上线。

六、行业前沿领域研修培训

举办“直播电商驱动企业转型升级”高级研修班。共邀请 4 位在短视频直播电商领域有较深理论研究和丰富实践经验的专家教授进行授课，40 家会员单位和相关企业的 52 名高、中级管理人员参加学习研修。经过满意度测评，学员对本次高研班师资、教学和服务管理等方面评价甚好。

举办“机器人流程自动化（RPA）在电子商务领域应用”培训班。共邀请 3 位在 RPA 应用等方面有较深理论研究和丰富实践经验的专家进行授课，32 家协会会员单位和相关企业的 42 名专业技术人员参加“机器人流程自动化（RPA）在电子商务领域应用”培训班。经过满意度测评，学员对本次培训班师资、教学和服务管理等方面评价甚好。

成功申报高技能人才培养基地。在市经信委人事教育处、生产性服务业处的指导和支持下，协会开展申报“产业电子商务高技能人才培养基地”项目。在申报过程中，协会制订“产业电子商务高技能人才培养基地”申报方案，得到协会会员单位上海电子商务职业培训中心作为合作方的帮助，欧冶云商、震坤行、上海钢联、塑米信息科技、西域供应链、爱姆意等单位给予积极配合和大力支持。8 月，培养基地申报材料正式上报；9 月 1 6 日，通过答辩；11 月 13 日，正式获批；12 月 10 日，获颁铭牌。

举办 3 期“浦江电商社区沙龙活动”。与字节跳动巨量引擎，举办“解码短视频直播电商沙龙”；与 eBay、Amazon、震坤行、西域和爱姆意等，和临港产业园，举办“工业电子商务与跨境电商沙龙”；与圣戈班、腾讯、维伊电商、市场易等，举办“B2B 数字营销沙龙”。线上直播 + 线下沙龙的方式，共吸引 3000 多名观众参与。

七、加强与政府及相关组织项目合作

协会在市市场监督管理局计量处的指导下，与上海市计量协会合作开展“2020 上海市生鲜电商行业诚信计量示范单位”评选活动，并于 12 月 11 日为首批 7 家获评上海市生鲜电商行业“诚信计量示范单位”称号的单位授牌。协会在黄浦区商务委员会指导下，开展“2020 上海直播电商节”活动；与黄浦区市场监督管理局合作，为上海老字号企业提供“短视频直播电商时代的品牌重塑方法论”培训。受委托为上海市中小企业发展服务中心提供“短视频直播电商”内部培训。应邀参加上海市现代服务业联合会召集的“吉安上海现代服务业产业对接会”，宣传江西吉安惠企最新政策。受市工经联、市经团联委托，邀请符合要求的会员单位入驻由上海市工经联携手中、东欧 20 个国家工商会，共同打造线上企业产品展示平台——“上海之帆 365”，该平台结合每年线下的“上海之帆”经贸巡展出展活动，整合全球供需产业资源，为企业搭建产品、品牌宣传推广和国际交流渠道。

八、加强协会基础工作

改版协会公众号和官方网站，注册申请网站域名：chinaseba.org，并用新域名注册申请协会官方邮箱、后续邮箱配置及运营维护。定期举办走进会员企业系列活动，从“走进”到“走近”，加大与会员单位的日常互动与走访，结合会员单位需求，有针对性地开展供需对接服务，串联起会员企业的生态联结。此外，注意收集会员企业的满意度信息反馈，不断总结与提高会员服务质量。与维伊电商、上海市电子商务职业中心、猩球时代、新程比恩等达成培训合作意向，拓展培训业务。协会组织 31 家企业注册参加“永不落幕的南博会在线展”，为企业抢占国际市场、开拓国内市场搭建平台、畅通渠道。协会为优秀会员企业及个人推荐，推荐西域供应链参评上海领军人物评选活动；推荐的 3 家会员单位在“2020 上海市商贸流通服务业抗击新冠疫情、保障城市生活、提振上海市场总结表彰大会”上获特别贡献奖。协会助力会员企业与合作伙伴参加各类线上线下活动，为企业拓展业务牵线搭桥。如邀请 17 家企业参加“2020 年长三角跨境电商专业建设线上研讨会”、组织会员企业参加 IPIF2020 国际包装大会及用友“数智企业 . 财税云领”活动、促成港交所与震坤行业务对接走访、搭建校企联动群、协助德禾翰通律师事务所与上海市电子商务培训中心就“模拟法庭”进校园事项对接等。

协会参加“上海市在线经济标准化主题活动”“数字经济链上未来——2020 中国（上海）区块链技术创新峰会暨第三届全球（上海）区块链创新峰会”“电子商务包装 & 供应链展览会”“第四届中国自有品牌评选金星奖评审与颁奖”等活动，不断外拓链接合作资源，提升协会影响力。

（高平）

发挥协会平台作用　坚持工作贴近会员企业

上海家用电器行业协会

一、在抗击新冠肺炎疫情中发挥党员作用，推进“四史”学习教育

协会党支部组织党员自愿捐款支持新冠肺炎疫情防控工作；对协会会员单位因疫情使生产经营等遭受影响程度进行调研，为政府出台相关扶持政策提供参考依据。

落实市工经联党委《关于开展党史、新中国史、改革开放史、社会主义发展史学习教育的实施方案》要求，把学习“四史”贯穿协会党支部全年组织生活中，结合庆祝中国共产党成立、中华人民共和国成立、改革开放等重要节点，开展专题学习。做到抓在经常、融入日常，落实“三会一课”、主题党日等基本制度。

协会党支部开展民主评议党员活动，严抓党员素质教育，认真组织党员学习，进行自查自评，发现问题，解决问题，在协会日常工作中，体现党员的作用和影响，积极上网重点用好“学习强国”平台，在“上海家用电器党建群”中组织交流，将党支部的工作与协会的日常工作紧密结合在一起。

二、同心协力，劲往一处使，合力做好防控疫情各项工作

疫情严重期间，协会开展6项工作：（1）为战斗在疫情第一线的医护人员急需医疗保护物资情况，发出《为医护人员献爱心倡议书》。（2）发出《开展疫后法律咨询服务的通知》，由协会常年法律顾问上海山田律师事务所免费咨询，提供疫情期间的企业债权债务纠纷，租赁合同，合同履行，劳动纠纷（疫情期间的复工问题）服务等。（3）向会员单位发送《受疫情影响专题调研电子问卷》，了解会员单位受新型冠状病毒疫情影响情况，作为政府后续政策出台的参考依据。（4）提出《会员企业防疫期间复工建议》，供复工参考，落实复工准备，制订防控方案。（5）提出《疫情期间上门维修服务人员防控要求意见》。（6）向市经信委、市商务委和市工经联递交《会员企业复工等情况的报告》。

协会通过微信和电话等了解会员单位防控和员工返沪情况，将重点区域返沪员工隔离24天，健康无异常者才能进入公司；复工复产后对餐厅、办公楼、电梯等公共场所进行全面严格消毒，不留死角；上班期间做到勤通风、勤打扫、保持整洁；对上班时间及方式，采取错峰弹性安排等做法；500多家会员单位复工率占30%左右等，信息专题汇报市经信委。并就所面临的共性问题，提出对策以及建议。

苏宁电器、国美永乐、大金（中国）、美的集团、海尔集团、东芝集团等不少会员单位积极为疫情重灾区捐款捐物。苏宁电器除了捐助超过800万元急需物资，还将100吨蔬菜陆续运抵武汉，免费供应抗疫一线的医院。苏宁金融紧急安排80亿元专项资金，给予紧急提升贷款额度20%~50%，降低利率，快速放款的支持。浩泽集团、开能集团、A.O.史密斯、森乐净化、朴道水汇等分别向湖北几家医院捐赠近1000台空气净化器、纳滤净水器和商务直饮机等。协会通过行业报刊、微信公众号和网站及时宣传报道会员单位的善举。

三、加强与长三角同仁携手合作，推进协会工作向广度发展

联合成立长三角家电行业合作联盟。11月20日，协会联合浙江、江苏、安徽等省家电行业协会，召开“长三角家电行业合作联盟”成立会议。与会同仁达成“坚持以上海为核心，集聚幅射带动其他三省扩大发展家电行业，坚持资源、信息共享、优势互补、合作共赢，长三角发展才大有希望”的共识。

助力有关部门彰显服务政府社会企业宗旨，以点带面开展工作。（1）市商务委指定协会建立公平贸易工作站点。协会不定期组织会员单位参加相关法律、知识产权等讲座与培训，利用报刊、网站、微信公众号，定期转发部分商务政策解读、商务法规等重要信息，帮助会员单位了解进出口公平贸易知识，掌握WTO规则，引导企业规避风险，维护产业安全。（2）建立产品质量风险监测站。在市市场监督管理局以及市产品质量安全评估研究中心指导下，协会就涉及产品、企业数量、涉及区域、风险信息内容、信息分析、信息来源、初步建议等分门别类开展工作，向市场监督管理局以及市产品质量安全评估研究中心报送有关信息，发挥行业协会以点带面的作用。

与山田、华勤律师事务所、中国信用保险公司等建立合作关系，为会员单位生产经营提供案例分析与辅导。不少会员单位意识到运用法律的有效性，学会运用法律维权方法和法律手段规避风险，切实保护企业的自身利益。在与外省经济开发区合作交流过程中，协会主动为会员单位提供发展途径，为合作双方搭桥铺路，实现双赢。

四、协会步调一致发挥作用，努力更好为会员单位服务

专委会全面开展年会活动，共享信息研讨交流技术。如7月9日中央空调专委会年会、11月18日小家电专委会年会、11月25日家电维修专委会年会、12月17日信息统计年会等，既有专家做专题讲课（年度家电市场分析、公平贸易案例、工业经济状况分析、出口产品保险等），又有会员单位代表作市场运营以及经营成果分享（海尔、大金空调、华克斯、玖间堂、蓝杰特等），受到与会者欢迎。

对大型商业或综合类家电维修企业等服务热线，进行年度核实。协会家电维修专员逐个核实上海家电行业大型商业或综合类家电维修企业等服务热线，以及空调、冰箱、厨卫电器、小家电等家电品牌企业的服务热线，及时反馈市商务委和12345服务热线进行更新。推荐上报《上海市家电维修服务行业企业名单》476家，登载在市商务委和“一台三会”官网和协会微信公众号上，让消费者选择合格的家电维修服务商。

规范家电安装维修市场，开展上门服务证的培训。为防止教室培训产生交叉感染，协会采用网上培训复习，请优秀讲师录制网上培训的视频教学资料放在协会网站和微信公众号上，由会员单位组织员工收看并组织考试。从4月启动至9月底结束，完成初训337人、复训1347人。

五、克服疫情困难，开展“上海空调清洗优秀企业”名单推荐等活动

按照市商务委安排，协会根据会员单位空调厂家情况，向市商务委推荐“上海空调清洗优秀企业”名单。市商务委于6月召开新闻发布会，向上海市民隆重推出337家企业，其中协会提名推荐的有135家企业，为企业在工程招投标上提供权威资质。

组织开展2020年“3・15”消费者权益保护日的活动，将现场活动改为由网络（网站和微信公众号）和电话等形式。协会领导和负责投诉接待人员在协会现场接待；由协会信息工作人员负责网络投诉处理，及咨询服务，鼓励消费者维护自身合法权益。

在2020年上海国际水展上，协会水家电专委会逐一走访参展的会员企业，既观看这些会员单位的风采，又与大家交流净水领域信息，了解净水领域发展趋势以及会员单位品牌建设、技术创新和市场竞争等热点内容。

六、发挥协会平台作用，坚持工作贴近会员企业

协会既与政府部门保持联系，又主动与会员单位沟通信息，在政府部门和会员单位之间起到纽带作用。

抓好复审信息沟通，加强维修单位管理监督。为做好这方面工作，协会经过核实，剔除已经不从事家电行业或者退出家电协会的企业14家，增加新补充的提名58家。在两年一度的复审中，协会发现部分维修企业名称和地址变更，逐一与会员单位联系沟通，上报新的《上海各区域合格维修服务企业》名录。

安全工作常抓不懈，“强化红线意识”确保空调安装维修长治久安。协会在暑期来临前，发出《关于高温期间家电安装维修安全工作的几点要求》，要求参与家电维修的会员单位加强安全生产的宣传教育工作，推动企业安全生产主体责任落实，提高全员安全素质，不断提升安全素养，大力弘扬家电安全文化，有效防范安全事故，坚决遏制重大事故发生。

开展诚信培训，加强特种作业安全技术操作证培训，将年度培训与实际业务操作挂钩，积极寻找新知识、新热点。年内，协会根据会员单位需求，推荐制冷空调培训34人、电焊工9人、电工证1人、登高证91人的线上培训。因疫情安全培训均采用网上培训，网上模拟考试以后，进行线下考试。

七、加强内部管理，增强服务能力和水平

为规范人事管理，秘书处与工作人员每年签订劳动合同和退聘人员聘用合同；对家电协会组织结构进行优化调整，针对现有工作人员，完善各岗位职责编制工作，进一步加强协会工作人员自律，增强服务能力和水平，为会员单位提供更好服务。

通过5A级协会复审工作，对自身各类制度建设、工作流程及各类资料归档流程等进行一次梳理，不断完善规章制度。按协会《章程》与《民间非营利组织会计制度》，规范财务会计工作，确保会计资料的真实性、及时性和连续性。

充分利用互联网快捷传播优势，将各会员单位的资质信息发布在微信平台上，集中公示以供社会监督和查询，及时更新发表各会员单位的产品信息及经营动态。坚持每月出刊《上海家电》报纸和每季《中央空调》杂志，发挥协会新媒体和纸质报刊共同对外宣传、沟通、互动作用。

（李富春）

大力发挥行业协会特殊优势

上海空调清洗行业协会

一、发挥组织优势，党工团工作全面推进

注重党建引领，深化党建工作。协会党支部注重党建，注重学习。三会一课持之以恒，并积极开展党史、新中国史、改革开放史、社会主义发展史的“四史”学习。注重联系实际，深入开展讨论，真正做到学有所思、学有所获、学有所成。协会党支部还注重党建引领，积极参与协会的各项工作。

完善工会构架，保障职工权益。不断完善工会组织构架，积极保障会员职工的合法权益。协会工会工作持续推进，夏天组织送清凉活动，为工会会员提供防暑降温用品。持续发放工会会员卡，为会员提供工会保险。组织部分员工参加潍坊街道总工会组织的体检活动，为员工送出一份权益保障。

凝聚团员青年，彰显共青团活力。协会团总支积极参与2020年浦东新区非公企业团建示范点创建工作，做到班子配备整齐，团员管理严格，常态化、日常化运用“智慧团建”系统做好团员、团干部等团内信息录入和维护。运行规范有序，严格落实“三会两制一课”。

二、积极参与疫情防控，发挥行业协会特殊优势

充分运用宣传平台，积极投身抗疫战疫。1月28日，协会通过微信公众号向会员单位发出“众志成城，抗击疫情”的倡议书，希望会员单位严格遵守相关规定，注意个人防护，注重舆论导向，参与捐赠善举。许多会员单位从2月起开始承揽相关的清洗消毒业务，奋战在疫情防控的第一线。在疫情防控关键时期，协会充分运用各宣传平台，高频次向会员单位宣贯与集中空调相关的法规、文件，以及规范，提醒会员单位注意相关事宜，并宣传会员单位战疫抗疫的感人事迹和捐款捐物的感人善举，号召所有会员单位投身于疫情防控。

充分运用培训资源，积极开展线上培训。在疫情期间，集中空调如何使用，清洗消毒如何实施，公共卫生如何保障，相关政策如何解读，是会员单位、社会公众的关注焦点。协会邀请多名专家，运用互联网平台，开办多次培训，为会员单位和社会公众进行政策解读，普及空调清洗和消毒知识。2月19日，与“清洁人说”共同举办“空调战疫，守护健康”的专题培训；3月17日，邀请上海市疾控中心消毒与感染控制科主任朱仁义，进行“集中空调消毒规范”的专项培训；5月3日，邀请协会常务副秘书长王彬和同济大学教授刘燕敏，与湖北省制冷学会共同举办为期3天的集中空调清洗消毒线上培训；5月26日，邀请上海康跃化工科技有限公司总经理陈益锋，与湖北省制冷学会共同举办集中空调循环水处理培训；9月7日，苏州市预防医学会邀请王彬副秘书长为特邀讲师，为苏州市同行进行相关培训。

充分发挥媒体优势，积极关注社会热点。4月—5月，随着环境温度的升高，公共场所的集中空调将逐步开启，而商务写字楼的空调清洗率常年处于30%左右，公共卫生隐患凸显。4月30日，市工经联携手上海空调清洗行业协会召开媒体通气会，邀请各主流媒体参与，共同关注空调使用，共同普及集中空调清洗和消毒，共同推动空调清洗的理念重塑，共同呼吁空调清洗的长效机制，为常态化疫情防控、企业复工复产保驾护航。11月—12月，随着秋冬季节的到来，流行性疾病、细菌病毒将进入高发期和活跃期，而集中空调又将重新开启，常态化疫情防控与空调卫生安全再次成为社会关注热点。市工经联再次携手上海空调清洗行业协会举办“聚焦常态化疫情防控，关注秋冬季空调卫生”主题活动，并邀请主流媒体参会。

充分发挥品牌优势，积极聚焦抗疫点滴。摄影大赛是协会常办常新的品牌活动，品牌优势明显。2月，协会启动佳诚贺丽杯摄影大赛，以“空调战疫，守护健康”为主题，记录会员单位战疫抗疫的点点滴滴，展现会员单位迎难而上的无畏气概，谱写会员单位勇担重责的华丽篇章。

三、健全标准化体系建设，完善数字化转型

由协会提出，上海洗霸科技股份有限公司牵头，多家A组企业参与起草的T/KTS032001-2020《集中空调通风系统清洗消毒技术服务规范》，经过立项、起草、征求意见、技术审核、审批，于7月17日在上海市市场监督管理局登记。该标准的实施，可规范集中空调通风系统的清洗操作，确保空调运行符合相关卫生要求，防止清洗过程中出现二次污染，保障施工人员的人身健康。

为推动《集中空调通风系统清洗消毒技术服务规范》的有效实施，协会每2个月开办一次技术标准培训班，帮助会员单位贯彻遵循《集中空调通风系统清洗消毒技术服务规范》，提升会员单位的综合管理能力，促进空调清洗行业健康发展。

完善数字化转型，建立大数据平台。由于上海地区安装集中空调的公共场所或者楼宇的数据统计缺失，给常态化疫情防控带来一定的困惑。协会与上海智桑物联网科技有限公司共同开发“集中空调通风系统清洗消毒”数据平台，该平台的数据来源就是协会的工程备案数据，并用地图的形式，向社会公众可视化、交互式的展示上海各大楼宇集中空调清洗消毒现状。该数据平台的搭建可实时接受政府、媒体、民众的相关监督。

四、推动跨区域联动，携手行业专家，普及空调清洗

为更好地向全国范围内拓展空调清洗理念，推动空调清洗跨区域联动，协会与湖北省制冷协会、上海都市型工业协会、苏州市预防医学会等多家协会（学会）签署战略合作框架协议，合作各方将践行“互通有无、优势互补、锐意创新、与时俱进”，共促两地的空调清洗产业和暖通后市场健康良性发展。

8月，协会成立空调清洗行业技术专家组，由协会常务副秘书长王彬担任组长，聘任8位从事集中空调（通风系统、水系统）清洗技术工作10年以上的技术能手担任专家。努力提升行业技术水平，加强行业安全质量体系建设，推动行业的技术迭代和突破。

投身公益事业，普及空调清洗。协会每年都举办绿色健康公益活动，组织会员单位奉献爱心，投身公益。6月22日，为罗山养老院和华爱儿童训练中心深度清洗分体空调，并送出爱心物资和粽子。10月21日—22日，为上海福利院清洗分体空调。会员单位积极参与两次公益活动，受到政府有关部门的称赞。会员单位通过公益活动，彼此交流，增进友谊，提升行业协会的凝聚力。

（胡慧中）

精准服务　提升协会可信度和凝聚力

上海锅炉压力容器行业协会

一、按章程履行协会职责创造性开展各项工作

精准施策：上半年，受疫情影响，会员单位的一些中小微企业生产经营遇到困难，协会主动利用网络平台、微信群，在信息传递、政策宣传、关爱走访、援助帮困等方面为会员单位提供服务和指导。及时将中央、市、区政府有关“中小微企业提供防控复工优惠政策、调研表、承诺书、倡议书”等30多项政策信息传递给会员单位，对50多家会员单位开展调研，把遇到困难的会员单位信息收集汇总反馈上级部门。当个别企业防控物资短缺时，协会在行业内为上、下游企业牵线搭桥，解决5家企业在生产材料、技术咨询、技术服务、质量评价等方面困难，为3家企业解决生产产业链的对接，签约合同金额近100万元。

精准举措：协会主动与企业联系，了解企业重点项目的主要瓶颈问题及相关技术标准和加工工艺，协助制订解决困难的方案，最大限度减少企业因受疫情影响而导致误工或延期。充分发挥协会专家组的作用，为企业提供技术上的支持。

精准固防：委派专业人员分批走访机关和会员单位，通过邮箱、微信群等网络平台传递和转发市经信委、市社团局、市工经联发布的指导性文件。同时，指导会员单位认真落实抗击疫情和复工复产承诺要求，切实做到防控复产不松劲、不懈怠、稳增长。协会把抓好特种设备制造企业的证后监管和锅炉能效检测的监管与企业生产相结合进行抽查，发现问题及时整改，有效控制企业在“资源条件、质量保证体系和产品质量”方面的不良因素。协会所做的一系列工作得到了市经信委、市工经联领导的认可，并收到市经信委发来的感谢信。

精准服务：下半年，协会先后走访会员单位48家、156人次，接待来访16家52人次，尽最大努力帮助解决合理诉求。年内，对会员单位进行相应调整，其中3家会员单位由于产业结构转型退出协会，吸收3家新会员单位，对因受疫情严重影响的7家会员单位给予会费减免。为2家会员单位在行业内实现生产产业链对接并签约，提升协会与会员单位之间的可信度和凝聚力。

按章程要求，召开四届八次理事会、四届四次会员大会和四届九次理事会在规定时间内完成协会年检并顺利通过。按时完成上报市统计局关于企业经济运行状况的数据指标。在积极拓宽服务领域方面，受市市场监督管理局委托，开展2020年上海市锅炉、压力管道特种设备生产单位行政许可证后监管抽查和锅炉能效检测监督抽查工作，开展市发电厂锅炉安全性评价的抽查工作，2次组织举办“关于如何做好发电制造企业的安全性评价”技术讲座，参加人数94人。在监管工作抽查后，对有整改计划的部分企业进行回访，并将回访整改见证件报市局特设处备案。对政府委托监管抽查完成的项目和服务公司技术合同资料，及时整理汇编成册归档备案。

为企业搭建平台，通过微信群、邮箱等网络平台转告各会员单位，组织推荐第五批制造业单项冠军企业、征集企业《2020年创新最佳案例》和《2020年度上海市产学研合作优秀项目奖》，组织会员单位参与上海中小微企业服务需求调研问卷和市社会组织管理局组织各行业会员参与脱贫攻坚有关情况调查，参与市工经联《百年上海工业故事》和《百年上海工业摄影展》等征集活动。在征集“2020年度上海市产学研合作优秀项目奖”中，协会推荐的上海电气核电设备有限公司《三代核电蒸汽发生器关键检测技术研究及系统开发》的产学研合作项目获特等奖。

二、创新党政融合工作机制，加强人才队伍建设

协会先后为新一轮技师技术更新培训推荐优秀课程和优秀讲师3项及课题研究培训方案。助力上海电气完成无损检测、锅炉装配2个专业4个等级的项目开发。完成高师带徒签约12对。为会员单位组织焊接选拔和上海电气电工技术选拔赛助力，分别取得第一和第六名的最佳成绩。推荐的上海核电设备有限公司周玉山首席技师资助已公示。举办2期技师技术更新培训和职业技能无损检测等级、班组长及业务骨干培训。

在参加“第六届机械工业高技能人才优秀论文征集评选”活动中，推荐上报极航节能科技有限公司题为《真空管型中温太阳能蒸汽机组技术及其工业应用和发展前景》的论文。

为会员单位开展“初级专业技术职务资格认证”评审及推荐“中、高级专业技术职务资格认证”初审，提供无偿免费服务。其中2人经电气专委会专家评审通过并公示，获得“中级专业技术职务资格认证”证书。

（徐莉萍）

凝心聚力　共谋行业发展

上海市汽车行业协会

一、各方积极支持，做好协会换届改选工作

年初，协会启动换届工作，成立换届领导小组和工作小组。12 月 17 日，上海市汽车行业协会第七届第一次会员大会暨第七届第一次理事会、监事会在上汽培训中心 3 楼报告厅召开，170 多家会员单位的代表参加会议。大会主要议题包括：审议通过《上海市汽车行业协会第六届理事会工作报告》《上海市汽车行业协会第六届理事会财务收支审计情况报告》《上海市汽车行业协会章程修改（草案）》等相关文件，选举产生上海市汽车行业协会新一届领导班子。上海汽车工业有限公司副董事长当选为第七届理事会会长，有 15 家单位代表当选为副会长；上汽大众汽车有限公司当选为上海市汽车行业协会第七届监事会监事长单位。同时，第七届第一次理事会，选举产生由 46 家会员单位组成的新一届理事会；第七届第一次监事会，选举产生由 3 家会员单位组成的监事会。

二、整合资源信息，服务行业企业

每月做好全国及上海汽车市场的产销分析、预测；协会网站定期更新和发布市场信息、企业动态、行业热点、政策环境和协会动态，并同步在“上海市汽车行业协会”企业微信公众号发布。年末，协会召开 2020 年度统计信息工作年会，通报全国与上海汽车产销形势和协会会员单位经济运行趋势，对新一年工作提出要求。积极推荐会员企业申请政府对中小企业的资金扶持，帮助企业申报各区经信委“高新技术企业”“科技小巨人企业”等政策上的资金补贴。组织、推荐会员企业参加“名牌产品”“自主创新品牌”“专项资金立项”的申报，积极配合会员企业推进行业自主品牌建设的创建工作。

三、推进长三角一体化建设，促进会员企业创新交流

协会组织专家赴长三角地区开展访问、调研活动、考察交流，还与安徽省含山县政府有关委办建立战略合作伙伴关系，协助当地政府推进含山铸造产业基地的规划建设、产业升级、企业发展等工作。同时，建立含山铸造专家工作站，定期派出专家深入企业，了解现状，提出建议，帮助和指导企业技术改造、质量提升、管理完善。

协会在江苏常州和安徽合肥先后举办“球化处理新工艺技术研讨会和创新论坛”“高质量发展和精细化管理专题研讨会”，研讨会采取现场参观和演讲交流相结合，围绕新材料、新工艺、新技术，以及如何做到管理、质量双提升展开讨论。

四、齐心协力抗击疫情，复工复产恢复经济

在疫情期间，会员企业积极捐款、捐物，支援疫区工作。上汽通用捐款 4000 万元、上汽大众捐款 800 万元、上汽大通捐赠 60 辆负压救护车，上汽安吉物流免费向武汉地区抢运救援物资等。1 月 25 日，上汽通用五菱迅速成立疫情防控小组和经营运行小组；2 月 9 日开始转产口罩，2 月底产能达到日产 200 万只口罩，向一线抗疫工作者、小微企业、供应商、经销商、用户等无偿捐赠口罩超 4000 万只，向 20 多个国家出口口罩超 5000 万只，向意大利、西班牙、东亚国家和地区捐赠 130 万只口罩，上汽通用五菱获全国抗击新冠肺炎疫情先进集体称号。

五、立足企业，服务于政府

努力完成《中国汽车工业年鉴》等的编写，完成市发改委和市经信委下达的有关汽车行业发展的调研任务，及时提供行业发展报告。参与上海市行业质量工作促进会工作，配合市监管局开展上海“质量月”的宣传工作；配合上汽推荐的会员企业参与“上海市重点产品质量攻关成果”的申报工作。协助市监管局开展涉及汽车有关安全等方面的检测，组织会员单位参加市监管局召开的汽车产品安全调研，完善检测标准和手段，维护好消费者的合法权益。为市统计局、市经信委、市商务委有关政府部门提供汽车工业运行发展趋势等有关信息，宣传政府关于质量安全、品牌建设等要求。

（卢益鸣）

为推进“绿色造船”多做实事

上海船舶工业行业协会

一、协会建设，步步深化

始终把党建融入协会“服务企业、服务行业、服务政府”的中心工作中。秘书处党员人事变动时，及时与上级党委联系，配合做好组织关系的转移和落实。及时传达上级党委的有关党建工作精神，持续开展“不忘初心、牢记使命”主题教育；支部书记亲自上专题党课，宣贯“四史”主题教育，开展学习心得交流等活动；编制《上海船舶工业行业协会党建工作三年规划》和《上海船舶工业行业协会党支部2020年“四史”学习教育重点工作提示》；结合学习资料开展集中学习和自学。组织参观上海解放纪念馆、上海淞沪抗战纪念馆、吴淞炮台、周公馆、上海孙中山纪念馆等红色教育基地及“东方潮涌，百年匠心”展览。通过宣传学习和红色寻访教育使党员坚定信念、守住初心、牢记责任，发挥党员应有的正能量；围绕协会中心服务大局，学以致用学用结合，积极融入协会工作，更好为企业保驾护航。同时，支部每次组织学习或参观，都邀请非党人员一起参与，共同围绕协会中心工作，打造高效和谐团队。

加强自身建设、健全内部管理。补充制定《授权管理暂行办法》《合同签订审批管理办法》，修订部分内部管理制度。进一步加强财务管理，实行财务预算、决算管理制度。并指导完成协会下属上海京微有限公司工商检查和审计工作。自觉接受市经信委和市社团管理局的监管，按要求认真填报《行业协会商会受行政机关委托及授权事项情况表》《行业协会商会会费情况表》《行业协会商会经营服务性收费清理情况表》。注重提升员工业务水平，积极参加市民政局社团管理处组织的2020年上海市市级社会团体能力建设培训班；参加团体标准化工作的培训；参加船舶工业统计新系统的线上培训。因防疫要求不宜集中活动，协会秘书处认真梳理会员单位现状，甄别重组、转产、破产等单位情况；疫情稍有好转，秘书长带队走访船厂、院所学校等会员单位，了解疫情带来的影响，听取对协会工作的意见和建议。

二、服务政府，积极配合

发挥社团组织优势积极承担调研课题，做好行业数据统计和信息汇总工作。向市经信委提交上海船舶海工行业经济运行统计分析报告。开展《船舶生产企业生产条件基本要求评价和统计》课题研究。配合工信部装备司做好上海地区船舶相关企业经营和行业指标情况统计上报工作，跟踪企业关停并转等变化信息。根据市商务委要求，组织16家列入采集重点样本单位的企业开展预警体系数据填报工作。

配合编撰各类2019年年鉴和年度报告。先后编撰《上海年鉴》《上海工业年鉴》《浦东年鉴》有关船舶工业的介绍，以及《上海市经济团体联合会年鉴》《上海产业和信息化发展报告》有关行业协会部分的介绍。

先后两次参加市发改委组织的“十四五”规划专题座谈会；组织协会专家就《上海市战略性新兴产业和先导产业发展“十四五”规划编制》提出书面意见。

积极联系并安排市经信委有关领导走访中远海运科技和丹华海事集团，就智慧交通、智慧航运、智慧物流、智能船舶、环境工程和海事服务等方面进行学习、调研。

三、服务行业，掌握需要

举办“上海国际船舶保温材料应用研讨会”。与上海国际保温展联手，在上海新国际博览中心举办“上海国际船舶保温材料设计与应用研讨会”，促成上下游产业链之间的对接和商贸合作，促进更多性价比高的保温内装材料在船舶领域得到安全、可靠的应用。

倡导和推进“绿色造船”，与美国船级社举办“新能源联合研讨会”，为业界共同探讨、交流关于船舶新能源技术发展和应用的最新成果建立开放平台。为贯彻落实国家及上海有关船舶行业挥发性有机物（VOCs）综合治理要求，推广和共享上海船舶企业VOCs治理及减排的技术经验，协会联合中船协和中船上海船舶工业有限公司共同举办“推绿色修造护蓝天白云——船舶工业VOCs综合治理成果展暨研讨会”，圆满成功。参加由环境科学研究院组织对上海江南长兴造船有限责任公司/沪东中华造船集团长兴造船有限公司/中远船务工程有限公司就VOCs综合治理企业“一厂一方案”（2.0版）现场技术评估验收。

四、服务企业，多做实事

满足差异需求，多角度为企业服务。按照市经信委要求，组织会员单位上报首席技师和技能大师工作室工作。协会多次协调上海技师协会和经信委相关部门，为中船三井公司争取到申报“技能大师工作室”。为协会中小企业牵线搭桥，参与市经团联、市工经联举办的“上海之帆 365”线上平台活动及线下展会事宜。为企业提供法律服务。有个船舶设计单位遇到设计合同纠纷，协会根据事实和行业惯例，出具合同纠纷的意见书；组织会员单位参加上海海事法院召开的“疫情防控常态化背景下船舶和海洋装备高端制造业企业的风险应对与司法保障研讨会”。应会员单位要求，多次联系协调并推荐相关专家。与建设银行合作，推出支持协会小微企业的惠贷政策。

组织或参加有关评选，为企业争取荣誉。推荐行业内符合条件的优秀企业家参评“第六届工商领军人物”。继续开展“上海船舶工业行业协会企业管理现代化创新成果评审”工作。通过专家评审和向会员单位公示，共计 43 项成果获奖，其中一等奖 4 项，二等奖 14 项，三等奖 25 项。评审后通过成果交流，为会员单位提供可学习和借鉴的成功经验，将评选出的优秀成果向上海市创新成果评审委员会进行推荐。

通过信息宣传平台扩大船舶行业影响。为满足行业信息宣传需要，协会通过《上海船舶工业》会刊和“上海船舶工业行业协会”的公众微信平台，关注行业有关政策，宣传企业、行业，成为会员相互了解、知晓形势并扩大船舶工业行业影响力的重要窗口。

（祝瑞熙）

积极推动行业产业健康发展

上海有色金属行业协会

一、以安全为保障，全面助力企业复工复产

凝聚行业共识，共同抗击疫情。年初，协会和有色行业同仁积极行动，团结一心、不畏艰难，为复工复产坚守第一线。1 月 28 日，协会向行业发布“众志成城，抗击疫情，我们在行动”倡议书，获得会员单位及行业同仁的一致认可。同时，协会通过《上海有色金属信息》月报、官网、官微等多种渠道，及时传递国家各部委发布的与行业有关的应对疫情复工复产支持性政策，宣传行业企业援鄂典型事例。据不完全统计，协会会员企业及其集团公司，共向疫情地区及相关机构捐款达 2300 多万元，并援助大量的医用铜管、工程电缆、低压电气及设备和防护物资等。

深入走访调研，助力复产复工。为进一步了解企业经营情况，精准对接服务，帮助企业纾困解难，助力企业复工复产，3 月—4 月，协会走访调研上海龙阳精密复合铜管等 17 家行业重点企业，详细、准确摸底行业企业受疫情影响和冲击情况与疫情后期的发展计划，并形成《上海有色金属行业协会会员单位复工复产情况汇总》报告，及时准确向市经信委和市社团局等有关主管部门汇报企业现状，传递企业相关诉求。

创新服务方式，探索线上直播。为避免人群聚集产生新的交叉感染，协会探索为企业服务的新方式，与各方协作探索发起线上公益直播活动。协会先后成功开展“后疫时代中小微企业如何突围”“关于《铝及其合金燃料熔解保温炉能效限定值及能效等级》地方标准修订意见征集”等 4 期线上公益直播，共计 300 多人次观看。

二、以高质量发展为前提，积极谋划产业发展

编制“十四五”规划建议，谋划行业高质量发展蓝图。协会编制《上海有色金属工业“十四五”规划建议》，为国家和政府部门制定规划、政策提供参考，引导规范行业发展和服务会员。3 个月内，协会走访 34 家企业，开展深入调研，收集 30 多份重点企业调研问卷，获得第一手的资料，并于 12 月底完成规划建议的编辑工作。

评选优秀汽车材料，加快推广与应用。为挖掘最具潜力的汽车新材料，推进新材料和汽车行业的融合发展，协会联合上海市汽车工程学会、苏州市压铸技术协会、上海有色网共同举办“第二届 2020 年最具潜力的汽车材料 & 铸件产品评选活动”。评选活动新增应用及铸件产品两类奖项，扩充汽车专家队伍，完善专家库的评审专家专业结构。活动受到行业企业的积极响应，共收到 124 家企业提交的 157 份新材料产品，最终 38 家企业获奖并获得与整车厂专家一对一见面交流的机会。

搭建交流平台，畅通汽车产业链深度对接。9 月 17 日—18 日，协会协同上海市汽车工程协会等 4 家单位主办的 2020（第二届）中国汽车新材料应用高峰论坛在上海举行，注重新材料和新产品的发布以及汽车产业链上企业的对接，新设的“整车厂汽车专家访谈会”“获奖企业产品发布会”环节，获得与会企业好评。

加强区域联动，筹备成立长三角有色金属行业发展联盟。协会联合江苏省冶金行业协会、浙江省冶金有色行业协会、江西省铜行业协会、铜陵市铜业协会、新疆有色金属行业协会共同筹建长三角有色金属行业发展联盟，搭建区域协作共享平台，进一步优化长三角区域信息、技术、人才、标准的流动与共享，推动长三角地区有色金属产业高质量发展。筹备工作会议分别于 9 月、11 月召开。

三、聚焦行业人才培养，优化员工整体素质

加强高技能人才培养，为行业发展构建人才支撑。年内，基地在上海蓄电池环保产业联盟以及上海鑫云、上海杰士鼎虎等 4 家企业的支持下，开展“铅酸蓄电池配送与回收”专项培训，并进行理论和实操相结合的鉴定考试，有 29 位职工拿到市人社局颁放的证书。此外，“有色金属现货交易”专项完成题库的编制和师资培训并通过专家评审，该项目将为上海培养具有一定操作能力的有色金属现货交易人员。有 22 名有色金属行业的专业技术人员申报上海市工程系列仪表电子专业（有色金属学科）工程师和高级工程师资格的评审，其中 12 人申评高级工程师。

顺利开展鉴定工作，平稳完成职能转变。有色金属行业特有工种职业技能鉴定 66 号站开展七批次鉴定考试，有 184 名员工参加重冶火法冶炼、金属轧制工等 7 个工种中级工、高级工、技师、高级技师（四至一级）

的理论、实操并答辩技能鉴定考试。其中获技师职业资格的有 62 人，高级技师的有 4 人。

四、以绿色发展为引领，推动行业可持续发展

加大技术改造，推动节能减排。在 4 家会员单位的支持下，完成“5Kwp 光伏并网发电项目”等 11 个项目技术改造。受市场监管局委托，协会与上海市有色金属标准化技术委员会修订的 DB31574–2020《铝箔单位产品能源消耗限额》、DB31589–2020《铝合金建筑型材单位产品能源消耗限额》等 5 项强制性地方标准于 4 月全部完成并发布。5 月，协会召开线上公益宣讲会，邀请专家就 5 项能耗限额标准的修订内容作宣贯，并对将强制执行的相关政策作详细解读。6 月 1 日起，上述 5 项地方标准将强制执行。

配合试点方案，推进废铅蓄电池有序回收。上海 4 家试点单位积极推进试点工作，提高废铅蓄电池规范回收率。8 月，上海蓄电池环保产业联盟召开“上海废蓄电池收集转运试点单位及部分收集网点”负责人研讨会，围绕新《固废法》实施在即，上海废蓄电池试点企业如何加强合作、如何加强企事业单位和社会源废蓄电池的回收管理工作以及如何避免恶性竞争等内容进行充分的交流。

五、以服务为宗旨，积极推动行业产业的健康发展

加强自身建设，充分发挥桥梁纽带作用。年内，多家企业向协会反映：由于其他省市出台印花税返还等竞争性措施，导致部分上海贸易龙头企业外流；此外，还存在同类业务税收待遇不对等的现状。这严重影响上海有色金属现货市场的健康发展，也与建设上海国际贸易中心地位不相适应。协会先后与市财政局、市税务局和市商务委等相关处室及市工商业联合会沟通，组织召开“关于上海有色金属行业贸易企业税费负担情况”座谈会，与出席会议的 14 家企业起草并形成《关于改进上海地方印花税征缴政策的建议》，向市工商联和市商务委递交。报告得到相关部门的重视。6 月，市工商联、市税务局与协会及部分企业代表再次召开交流座谈会，就上述建议进行积极沟通。

完成专委会换届，为行业发展提供技术支撑。协会五届上海有色金属行业专家委员会完成换届，经过补充调整，专委会形成 49 位专家的团队，专家分别来自轻金属、重金属、硅材料以及工业炉窑、铅酸蓄电池、有色金属贸易等专业，为行业发展提供有力的技术支撑。

搭建交流平台，畅通信息传递。协会和上海有色网联合主办“2020（第十五届）中国国际铝加工峰会”“2020 年（第十五届）中国国际铜产业链峰会”“2020（第十五届）上海铅锌峰会”。镍钴分会举办“2020 上海有色金属行业协会镍钴分会（无锡）交流会”，炉窑分会举办“第一届工业炉窑技术研讨会（耐火材料专场）”等，邀请业内专家就行业热点问题进行解读，一起探索 2020 年有色金属行业市场发展新方向，为行业企业搭建交流平台。

（许寅雯）

为助力会员单位健康发展尽协会之力

上海起重运输机械行业协会

一、抗击新冠肺炎疫情，助力复产复工

1月31日，协会发出倡议书，要求会员单位:（1）切实履行社会责任，积极担当作为，履行企业社会责任，通过不同方式积极支援疫情严重地区，与疫区同胞同舟共济。（2）自觉遵纪守法，教育员工不信谣，不传谣，共同维护社会公共秩序，有序参加疫情防控工作。（3）坚持诚信经营，坚决杜绝恶意囤货涨价，保持市场稳定。（4）做好员工自身的保护工作，正确掌握应对疫情方法，与全社会一道联防联控，防止疫情扩散。（5）坚定信心、紧密团结、守望相助、同心协力、科学防治，守护好共同家园。

2月5日，协会向会员单位转发“企业受疫情影响专题调研问卷”，同日向交大抗击新冠肺炎援助基金捐款1万元。

2月7日，向市工商联报告协会会员单位抗疫情况。2月21日，向市经信委专报会员单位复工复产情况。2月22日，在协会网站发布《市经信委关于上海市全力防控疫情支持企业平稳健康发展的若干政策措施》（暨28条），并通过微信群分别向会员单位传达上海28项政策具体情况，提醒企业关注相关内容。通过微信群转发推送市经信委与市应急管理局共同编制的企业复工指南，通过电话、微信等方式与企业进行沟通，确保企业了解上海28项政策情况。2月28日，协会党员自愿捐款，支援疫区。3月2日，向市工商联专报“协会会员复工情况及问题”。3月16日，在网站，用邮件转发市委统战部、市民政局（市社会组织管理局）、市工商联（总商会）联合印发《关于积极发挥行业协会商会作用支持本市民营中小企业复工复产复市的通知》。4月28日，协会到上海市场管理局特种设备处拜访，就行业协会与市主管部门加强合作，参与课题研究，事故调查，参加专业工作小组等合作开展商讨。为助力会员单位复工复产尽协会之力。

二、提高品牌意识，推进品牌建设

协会做好品牌培育示范工程工作，推动行业品牌建设再上新台阶。由上海振华重工（集团）股份有限公司为长三角品牌建设联盟副理事长单位，上海科大重工集团有限公司、上海新时达电气股份有限公司、上海久能机电制造有限公司、上海南华机电有限公司为长三角品牌联盟理事单位。

8月25日，上海进出口商会在市政府第一会议室举办上海外贸自主品牌示范企业授牌仪式，在上海进出口商会和市商委的指导下，遵循企业申请、资料审核、专家评审、社会公示的认定程序，开展上海外贸自主品牌示范企业认定工作，会议发布获得2018—2019年度上海外贸自主品牌各实体及行业企业共计100家。上海振华重工集团和上海科大重工集团列入上海市外贸自主品牌示范企业光荣榜，振华重工集团总裁黄庆丰作为被授牌企业代表在会议上发言。

三、圆满完成理事会换届工作

5月初，协会向四届理事单位发出“成立协会换届改选工作领导小组和工作小组”征询意见函，经理事审议并同意成立换届改选工作领导小组和工作小组，由黄庆丰会长任领导小组组长，张建国秘书长任工作小组组长。5月中旬，协会向市民政局社团管理处，市经信委综合规划处报送《协会四届理事会换届改选工作实施方案》。6月，协会向理事单位下发《关于在会员单位中征集第五届理事候选单位的征求意见函》，向理事单位下发《协会四届理事会换届改选工作实施方案》，听取四届理事的意见。7月，协会秘书处用电话、微信、走访等形式先后听取理事单位、副会长单位、监事单位的意见，汇总成新一届理事、监事、会长、副会长、秘书长候选单位名单，报领导小组审核。同月，协会召开四届九次理事会，审议通过《关于第四届理事会换届改选工作实施方案的提案》《关于第五届理事会理事候选单位建议名单的提案》。8月，工作小组起草四届理事会换届改选筹备工作报告、五届一次会员大会文件。9月，委托会计事务所对协会四届理事会财务收支情况进行审计，并起草审计报告。10月23日，顺利召开五届一次会员大会暨五届一次理事会，会议通过《第四届理事会换届改选筹备工作报告》《第四届理事会工作报告》《第四届监事工作报告》《第四届理事会财务审计报告》《关于修改〈上海起重运输机械行业协会章程〉的说明》。选举产生新一届理事会理事、监事会监事、会长、副会长、秘书长、监事长，圆满完成理事会换届。

（贺锡明）

整合各类服务资源　努力做好服务工作

上海铝业行业协会

一、理直气壮抓党建

强化政治理论学习。协会党总支和秘书处党支部坚持把学习作为提高党员素质的重要手段，精心组织学习，健全学习制度，丰富学习内容，制订年度学习计划和阶段性学习安排，做到理论学习制度化、经常化，不断提高学习针对性和实效性。党员干部带头学习，采取集中学习、个人自学相结合，注重理论联系实际，做到学有所思、学有所获、学有所成。组织党员到先进单位学习考察，开阔眼界，增长知识；建立党总支微信群和党支部党员微信群开展学习文章推荐和学习交流。

加强党的组织建设。认真抓好党组织制度的落实，坚持三会一课制度，加强对党员的教育管理，活跃党内的思想交流。按照上级党组织的要求开展好民主评议党员工作，党的书记向党员大会述职，党员对党总支（支部）的工作、作风等进行评议。每个党员开展对照检查，找出存在的问题和差距，进行批评与自我批评，提出整改措施及努力方向。

二、持之以恒抓队伍

抓协会队伍建设，努力做好服务工作。协会坚持每个月平均走访30家单位，深度了解企业，主动和企业家交朋友，谈合作，促发展，整合协会平台资源做好服务工作。协会积极与上海交大材料学院、同济大学汽车学院、中国有色金属工业协会、中国有色金属加工工业协会、中国再生资源技术创新战略联盟等加强战略合作，为汽车轻量化、轨道交通、铝加工市场研究、固废处理等重点领域组织开展各类交流活动，促进项目合作。

抓协会专家队伍建设，积极开展专业技术交流、咨询和服务活动。协会专家委员会和各专业委员会在推进企业技术进步、行业发展中发挥积极作用。其中，为了做好上海市地方标准《铝合金挤压型材单位产品能源消耗限额》第二次修订工作，协会先后在上海铝协、富丽华铝业召开三次会议，认真组织开展标准修订工作；在疫情防控常态下，上海铝协专家委员会主任会议在常州科教城顺利召开，大家群策群力共同总结2020年上海铝协专家委员会工作以及部署2021年工作重点。

抓协会理事队伍建设。理事队伍是协会的领导机构，是上海铝协进步发展的关键。上海铝协之所以有跨越式进步，关键是有一个强有力的理事会成员单位组成的协会理事会。

三、全心全意抓服务

整合各类服务资源。协会通过《上海铝业》会刊、上海铝业网站、上海铝业公众号，以及行业研讨会、业务培训会、政策宣讲会等对全体会员做好共性化服务。通过点对点的个性化服务，每年开展100个左右的大小服务项目，许多会员单位“有问题找协会”的观念已经深深扎根。整合大学资源、政府资源和社会资源积极推进汽车轻量化、铝制品在轨道交通中的运用等前沿技术的运用，受到会员单位的一致好评。

不断提升办会水平。协会每年举行各类专业技术论坛，每年编辑2~3本论文集。协会还与清华大学、上海交大、同济大学、中南大学等全国10来所高校建立产学研合作关系，协会的影响力、会员的凝聚力、秘书处的办会能力得到不断提升，成为在全国具有影响力的地方专业行业协会，多次得到中国有色金属加工工业协会的表彰，并成为中国有色金属加工工业协会副理事长单位。

四、加强秘书处内部建设

协会秘书处力求建设成为由老中青相结合的、热心协会工作的、富有活力的工作班子。协会党支部要求党员在各自的岗位上认真学习、积极工作，发挥好党支部的战斗堡垒作用和党员的先锋模范作用，确保协会工作健康、积极和可持续发展。

（平佳雯）

千方百计为中小企业排忧解难

上海市铸造行业协会

一、内部治理自律规范

1 月 3 日，召开第九届第二次理事会暨监事会。8 月 5 日，召开第九届第三次理事会暨监事会，通过《关于同意叶苏辞去秘书长职务，选举谈悦晨为新任秘书长的决议》。8 月 19 日，在国家会展中心会议室召开第九届第二次会员大会，近 120 人出席会议。同时，230 位企业人员参观第 18 届中国国际铸造博览会和第 14 届中国国际压铸工业展览会。3 月—12 月，协会秘书处对企业开展达标评议交流活动，共走访 30 家企业。7 月中下旬起，协会专程走访理事长、监事长单位 11 家。

协会修订的《中频感应电炉熔炼铁水能源消耗限额》《铸钢件单位产品能源消耗限额》和《有色金属铸件单位产品能源消耗限额》3 个能源消耗限额标准经两轮专家评审，于 5 月 1 日正式实施。之前已对相关铸造企业组织过多次宣贯。由上海万泽精密铸造有限公司牵头起草的《熔模铸造绿色工厂评价要求》团体标准，经广泛征求意见并修改后召开标准审定会。专家组一致认为《熔模铸造绿色工厂评价要求》团体标准遵循全面、系统、科学等原则，符合编写规定，突出熔模铸造行业特色，为持续规范上熔模铸造企业生产、推进企业技术创新和转型升级提供技术支撑，同意该标准通过审定。标准于 2021 年 1 月 20 日发布、5 月 1 日实施。

二、疫情初始协助政府部门调研慰问

2 月 1 日，协会发布《上海市铸造行业协会关于抗击新型冠状病毒感染肺炎疫情的倡议书》。2 月 10 日，市政府下达复工令，协会选择有代表性的铸造生产企业发放调查问卷，收到反馈问卷 53 份。3 月初，再次对铸造生产企业开展调查研究，听取建议与心声，协助政府制定配套优惠政策。其间，有四五家会员企业反映口罩等防疫资源稀缺向协会求助，在协会帮助下找到合适的供应商进行采购，为企业防控疫情、复工复产扫除障碍。协会多次向市经信委提供行业信息，配合工信部抗疫情行业摸底，并将行业调查情况及时向市经信委有关部门汇总，撰写《关于上海铸造行业抗疫期间复产情况的报告》，获得市经信委颁发的感谢信，激励协会继续千方百计服务企业、尽力当好政府与企业间的桥梁与纽带。

三、服务企业

2 月、3 月、8 月和 12 月，协会专家参与特斯拉（上海）有限公司在临港新片区启动的超级工厂的几个项目评审，共出具 4 份行业审核正式意见，推动其在临港进行大规模压铸生产。10 月 23 日，协会对上海永茂泰汽车科技股份有限公司牵头的 2018 年绿色集成项目《汽车零部件铝合金新材料与智能化制造绿色关键工艺系统集成项目》进行验收评审。

组织 12 家会员单位报名参加 5 月的中铸协排污许可网上宣贯培训，推进铸造企业顺利取得排污许可证并确保取证后的持续维护、有效运行工作。上海中洲特种合金材料有限公司、上海金铸机械制造有限公司在协会牵线搭桥下找到第三方咨询机构，最终取得排污许可证。6 月 16 日，协会邀请 10 余家会员单位参加宁波银行与上海市铸造行业协会合办的优惠金融产品助力企业线上推介会，有关方介绍票据业务、设备租赁和出口结汇的优势，为疫情下的中小企业排忧解难。

6 月，市工经联召开上海市节能减排 JJ 小组活动总结交流会后，华域皮尔博格有色零部件（上海）有限公司、上海烟草机械新场铸造有限责任公司、上海华新合金有限公司、维美德（中国）有限公司和上海神富机械科技有限公司等 5 家企业向协会提交 JJ 小组活动项目。协会秘书处与电镀协会为上海海连电动工具有限公司、上海华新合金有限公司撰写的清洁生产报告，分别于 6 月、7 月通过清洁生产审核验收。

针对会员单位遇到的实际困难，协会秘书处为多家会员单位提供服务，包括向地方政府部门出具企业品质证明、寻找接洽固废处置单位、原材料供应商、电炉维修和热处理炉生产维修厂家、检测单位、环保措施方案；向企业所在区镇政府出具主体经营状况良好证明、为企业排查工艺质量问题等。推荐企业家申报上海企业领军人物，为会员企业提供先进设备证明文件。

（谈悦晨）

拓展工作职能　提供优良服务

上海市焊接行业协会

一、坚持服务会员宗旨，积极提供多方面服务

（一）提供会员单位政策信息服务。（1）发起行业疫情防控倡议。2月1日，协会向各会员单位发出《做好新型冠状病毒感染肺炎防控工作的倡议书》。2月6日，陈永强会长向温州市慈善总会捐赠100万元现金，用于购买抗疫用品，以实际行动履行行业协会会长和企业家的社会责任担当。（2）提供政府政策信息服务。2月11日起，协会通过网站、微信公众号、理事和会员微信群，及时传递国务院、市政府以及市国资委、市规划和土地资源局等部门出台的涵盖财税、信贷、租金等各项政策措施信息，帮助企业用好用足政府扶持政策。（3）在微信群中开展“云走访”活动。及时了解企业遇到的困难，以及对政府政策的期待，及时向市经信委反馈。（4）弘扬行业抗疫复产的正能量。疫情爆发后，会员单位3M中国有限公司（个人与安全防护事业部）加班加点生产口罩等防疫用品。2月17日，上海通用重工集团有限公司率先复工复产。同月24日，上海沪工焊接集团股份有限公司等会员单位相继恢复生产。3月4日，副市长许昆林亲自签发市政府感谢信，对3M中国有限公司（个人与安全防护事业部）为打好防疫战所作出的贡献表示感谢。3月13日，市经信委发来感谢信，对协会在疫情期间服务会员工作表示感谢。协会运用会刊《上海焊接》、上海焊接网和微信公众号，宣传会员企业一手抓防疫、一手抓生产的事迹。

（二）提供技术培训和技术咨询服务。（1）协会共为企业开展AWS、ASME、ISO/EN、CCS和国家等级工等各种中外技术标准的焊接技术培训2237项。8月21日、27日，先后通过美国焊接学会（AWS）对协会授权考试机构（ATF）和中国船级社（CCS）对上海市焊接行业协会“中国船级社焊工考试委员会”3年一次的评估复审。（2）发挥协会的人才、技术优势。上半年通过技术指导、工艺评定、项目攻关、现场指导、工程监理等形式，为企业完成27个技术服务项目。9月28日，协会派出专家到伟创力（上海）金属件有限公司，现场指导该公司第11届职工劳动技能比赛和第2届外高桥保税区制造加工企业“伟创力杯”技能大赛的焊接项目比赛。（3）根据会员企业的需要，组织专项技术培训。10月19日，协会组织《焊接工艺文件编制与评定》线上培训，全面讲授锅炉、压力容器焊接工艺制订前期技术参与；焊接工艺涉及的通用焊接方法；焊接工艺评定；焊接工艺制订和项目完成后的技术总结。通过培训，促进“技能型、知识型、创新型、国际型”的焊工队伍建设，提升行业的整体焊接水平，帮助企业解决一大批产品开发、生产加工、技术改造、项目攻关、质量升级、产品出口等问题。

（三）提供新产品、新技术推介服务。1月12日，利用八届四次会员大会的机会，组织3M中国有限公司（个人与安全防护事业部）、上海通用重工集团有限公司、上海柴孚机器人有限公司、伏能士智能设备（上海）有限公司等9家焊接机器人、焊接智能装备、焊接材料、焊接环保、焊接安全产品制造单位，同与会的上海核电、电站锅炉、压力容器、船舶海工、航天航空、大型机械、钢结构使用单位的会员单位进行信息交流。7月24日，组织上海航天设备总厂有限公司、欧地希机电（上海）有限公司、柯福（上海）化工科技有限公司等5家会员单位推介焊接新产品、新技术与需求对接服务，提高焊接产品生产单位产品开发的针对性，也利于降低使用单位的采购成本，促进上海焊接行业结构调整，更好地服务制造业发展。

此外，协会还向中国焊接协会推荐在新产品、新技术研发中作出突出贡献的先进个人。1月19日，由协会推荐的上海航天设备制造总厂有限公司赵慧慧、上海工程技术大学张天理分获中国焊接协会颁发的2020年度焊接标准科技进步奖个人一等奖和二等奖。

（四）提供中外技术交流服务。7月24日，协会与德国TüV莱茵技术学院合作举办网上焊接技术新视野研讨会。上海航天设备总厂有限公司、上海焊接器材有限公司、3M中国有限公司（个人与安全防护事业部）、欧地希机电（上海）有限公司等5家会员单位分别作“航天结构焊接技术应用现状及进展”“轻型结构的自保护焊接技术”“现代焊接中防飞溅新技术的环保高效应用及发展”“提高生产力的焊接防护装备”“MHT——中厚板高效焊接新技术”等5个专题焊接技术报告。这次研讨在国内焊接行业产生广泛影响。

8月12日，协会作为支持单位，在虹桥国家会展中心举办“2020年绿色焊接技术创新成果及应用技术论坛”。中国职工焊接技术协会、成都电焊机研究所、中国科学院上海光学精密机械研究所、上海交通大学焊接与激光制造研究所、伏能士智能设备（上海）有限公司、摩迪（上海）咨询有限公司、莱茵技术（上海）有

限公司和上海普睿玛智能科技有限公司等 8 家单位分别作“我国焊接装备智能化进程及地域优势分析”“激光技术在焊接领域中的创新、应用与发展”“人工智能在焊接技术中的应用与发展”“智能化数字化焊接设备的创新成果、应用与发展”“ASMESecIX-2019 版与 2017 版差异分析”“智能激光焊接设备在焊接领域中创新成果的应用于发展”等报告，为与会者奉献丰盛的焊接科技大餐。8 月 3 日，参加中国焊接协会七届六次理事会，加强与中国焊接协会和兄弟地区协会的工作交流和信息沟通。

二、履行行业协会职责，承担部分政府转移职能

（一）承接政府钎焊工题库开发修编项目。6 月，协会中标上海市人力资源和社会保障局上海市人社局职业技能鉴定中心的钎焊工理论和技能两方面、4 个等级（五、四、三、二）的题库维护项目。中标后，协会即研究组织有经验的专家参加该项目，以弥补国家和上海市钎焊工培训考试的空缺。

（二）组织行业节能减排 JJ 小组活动。开展节能减排是协会承担的政府转移职能之一。5 月 13 日，协会和市工经联联合开展节能减排工作线上培训。6 家会员企业和协会有关人员共 31 人参加培训，并参加有关节能减排 JJ 小组活动知识的线上考试。会后，协会进一步协调落实伟创力（上海）金属件有限公司、上海大西洋焊接材料有限公司、上海焊接器材有限公司等 3 个单位节能减排 JJ 小组厂房节能灯改造、工艺改进、设备改造等项目。开展节能减排 JJ 小组活动，有力促进企业加强管理、改进产品和工艺设计、改造设备，降低产品能耗，提高经济效益。

（三）参与制定或评审技术标准。11 月 2 日—6 日，协会派专家参加全国焊接标准化技术委员会七届五次会议暨标准审查会，同与会专家一起，通过《焊后热处理质量要求》《钛、锆及其合金的焊接工艺评定试验》《管与管板的焊接工艺评定试验》《堆焊工艺评定试验》《气焊设备焊接、切割及相关工艺设备用材料》《气焊及相关工艺设备的气密性》等 6 项国家标准项目的审查。通过参与制定和评审焊接技术标准，提升了协会的地位，为规范行业焊接质量管理、提高焊接行业整体水平提供了依据。

三、依法规范运作，拓展工作职能

（一）按照章程规定，开展各项工作。1 月 4 日，召开八届七次理事会，听取 2019 年工作总结和 2020 年在规范行业、服务企业、发展产业方面的设想。1 月 12 日，召开八届四次会员大会，听取并审议通过理事会 2019 年工作总结和 2020 年工作打算的报告、2019 年财务报告和增补会员的决定等。7 月 25 日，召开八届八次理事扩大会议，听取并审议《关于 2020 年上半年工作总结及下半年工作打算》的报告和做好换届改选各项准备工作的报告。会议作出决议，下半年要在做好技术培训、技术交流、技术服务、节能减排、走访会员、服务政府等日常工作的同时，重点按照市民政局的有关要求和协会的章程规定，做好 2021 年八届理事会换届改选各项筹备准备工作，以及开展行业“‘十四五’规划建议”前期调研，为组织编制规划做好准备。12 月 5 日，召开八届九次理事会议，听取和通过《关于换届改选的情况汇报》《八届理事会工作报告（审议稿）》《关于八届理事会财务审计报告》《关于协会章程（草案）修改的说明》，以及第九届理事会、监事会候选人名单及选举办法、会长、副会长、监事长的推荐过程及说明等 9 个报告，为按计划依法进行换届改选打下基础。

（二）坚持走访会员，增强行业凝聚力。上半年，走访江南造船（集团）有限责任公司、上海振华重工（集团）股份有限公司、上海慨康实业有限公司、上海安装工程职业技术培训中心等 4 家会员单位；下半年又走访施耐德（上海）电器部件制造有限公司、上海亮轩焊割机械设备有限公司等 6 家会员单位。

年内，发展上海盛允自动化科技有限公司、上海亚利电气设备有限公司、施耐德（上海）电器部件制造有限公司、上海亮轩焊割机械设备有限公司等 7 家新会员单位，进一步增强协会的行业影响力和凝聚力。

（柳国炎）

努力提升品牌质量和影响力

上海市轻工业协会

一、协助政府和企业抗击新冠肺炎疫情，助力行业复工复产稳产促销

通过网络等形式向会员单位转达政府防疫要求，统计、汇总企业复工复产复市情况，为政府部门决策提供依据。

坚持问题导向加强调查研究，3月中旬起，协会秘书长带队走访日化、钟表、制笔、家具等行业的企业，掌握一手资料，积极反映、争取政策支持。

通过微信群、公众号、企业云、微视频、《上海轻工业》杂志等弘扬抗疫先进事迹，得到政府部门表扬。

通过复工复产、稳产促销，全行业产销降幅逐季缩小。规模以上工业企业产值，1月—3月同比下降25.2%，1月—6月同比下降14.6%，1月—9月同比下降9.1%；全年产值4478.13亿元，同比下降4.7%。与抗疫相关的产业逆势增长。出口交货值680.78亿元，同比下降12.1%。利润总额471.47亿元，同比增长10.5%。

二、成功举办第四届上海国际时尚消费品博览会

11月10日—12日，在上海新国际博览中心W2馆举办第四届上海国际时尚消费品博览会（SIF尚博荟），打造新品首发、高端品牌首选、原创品牌集聚的交流平台，展出面积6000余平方米，参展企业70余家，光明食品集团首次携旗下众多知名品牌企业参展。同期举办金翎奖行业评选、时尚消费产业“新零售线上经济”发展论坛、创意设计产学融合交互论坛、双11大牌尚品直播带货、品牌跨界合作等活动。博览会形成四大亮点：（1）参展的知名大集团、“百年经典”品牌与具有国际影响力的跨国公司同台登场；（2）探索将传统展览展销模式融入“线上新经济”，形成线上线下经济融合发展格局；（3）与连锁加盟展同步举办，促进制造企业与终端渠道企业跨界合作；（4）在上海第二工业大学等高校的支持下，引入工业设计展示、评比和论坛等活动。22家新媒体、4家视频媒体、2家电视媒体作报道，其中凤凰和腾讯两家新媒体阅读量130万人次以上。

三、促进上海轻工产业融入在线新经济

参加由上海申创中小企业合作交流促进中心、上海市信息服务协会等单位组成的上海市在线新经济联盟。牵头并组织各专业行业协会和重点企业参与上海在线新经济产业系列（联合）标准的制定。组织梅林、老凤祥、清美等企业参加线上“五五购物节”“六六优购汇”及“上海制造佳品汇”等活动。利用“上海之帆”线上平台，组织企业参与“走进泰国、新加坡”“走进米兰”“波罗的海国家产品月”“立陶宛食品企业对接会”等活动。组织专业行业协会和企业参加国家广电总局网络直播培训，并取得网络视听主播证书。

四、提升品牌质量和影响力，促进科技创新

在市市场监管局指导下，会同市质监院及相关行业协会对智能门锁、智能摄像头等产品开展调查，形成《上海消费品行业智能家居产品质量状况调研报告》，促进6个行业团体标准的制定。通过参加第三届进博会、2020上海特色伴手礼评选、上海国际消费品展览会、上海好商标推荐、上海老字号产品展览会等活动，提高品牌影响力。9月24日，以“提升轻工消费品质量、规范数字经济管理要求”为主题举行质量月宣传活动。组织开展以提升直播质量为主题的专题活动，美加净、林清轩、凤凰自行车等企业作介绍。

科技创新方面，参与由上海海洋大学等单位申请组建中国轻工业食品分子营养工程技术研究中心及中国轻工业食品热加工工程技术研究中心的推荐工作。聘请专家对第三届进博会食品及农产品展区6560个展品作审核评定。

五、加强合作交流，融入长三角一体化等国家战略

7月21日，与浙江省手工业合作社联合社、江苏省轻工业行业协会在杭州举行三方战略合作框架协议签字仪式，推进长三角一体化发展战略实施。三方将在建立工作交流协作机制、发挥上海国际时尚消费品展览会平台作用、加强与上海轻工业、浙江工艺美术、江苏轻工杂志社合作交流、建立投资项目信息、培训等方面合作。12月16日—17日，组织理事及秘书处会成员等参观杭州阿里巴巴集团，促进行业向信息化转型；参观安吉余村，增强“绿水青山就是金山银山”的环保理念。

六、巩固宣传平台，开展信息调研

7月，在会员大会上公布协会举办的“七十年的闪亮足迹——‘双鹿杯’上海轻工品牌微视频大赛”活动获奖名单。8月，《上海轻工业》杂志完成换届改选、完善法人治理结构、提出新的发展方向。与上海申创等共同推出IPTV电视频道“申创在线”APP平台《轻奢与经典》栏目，有24家轻工企业微视频上线。9月，参与大世界“知名的上海牌进驻特色Pop-store活动”，首期上海制皂、美加净、中华铅笔、马利入驻大世界4楼展厅。

每季度对上海轻工行业经济运行数据作整理、分析，为政府相关部门的决策，以及相关专业行业对本行业经济运行情况的掌控，提供参考依据。承担《上海市志·工业分志·轻工业卷（1978—2010）》编纂工作并加以推进。

七、推进轻工专业职称线上培训与评审

上海市轻工业协会工程系列轻工专业中、高级职称申报人员继续教育专业科目线上培训于3月中旬启动、6月6日—8月23日开班，设置智能制造发展与应用、香精香料概论、化妆品概论、工业设计、食品安全与控制、机械工程发展现状、智能检测技术与系统、大数据技术与应用、CAE技术及应用、现代食品产业发展概论、品牌概论等11门课程，举行126学时的直播培训，有24个班级和1238名学员（4700人次）报名，实际培训4647人次，受到学员普遍欢迎。7月，进入首批中国轻工业联合会职业能力评价直属基地名单，被授予贵金属首饰制作工、景泰蓝制作工、宝石琢磨工、自来水笔制造工、圆珠笔制造工、铅笔制造工、民族拉弦弹拨乐器制造工等7个项目的职业能力评价资格。

开展轻工专业技术职称推荐评审工作，738人获工程师职称，123人获高级工程师职称，13人获正高级工程师职称。受市经信委、市人社局委托，推荐16人获高级工艺美术师职称。受市人社局、市经信委委托，起草上海工艺美术副高工资格审定条件和量化标准（草稿）。还与上海轻工业工会联合会共同培养选树2020年“上海轻工工匠”，上海印钞有限公司徐光荣等18人获此称号。

八、规范运作，加强自身建设

7月3日，在云峰宾馆召开四届二次会员大会暨四届二次理事会，会长王长林主持会议，审议通过秘书长苗华所作的“上海市轻工业协会2019年工作总结与2020年主要工作”等报告，听取监事会评价，市工经联会长俞国生到会讲话。向会员单位发放评价表主动征求对协会意见。12月16日，召开四届三次理事会报告年度工作并通过决议。加强党建，协会党支部完成换届选举，开展学“四史”、坚定党员理想信念活动。

（季旅青　范伟民）

坚持正确工作定位　规范上海电梯市场

上海市电梯行业协会

一、认真抓好防控抗疫工作

2月下旬，协会对全行业下发《继续加强电梯行业企业疫情防控和企业复工的指导意见》。与此同时，协会还把防疫防控的措施，落实到坚持工作的电梯维保人员的关心帮助上。不少企业为他们捐赠口罩、消毒水等防疫用品，及时把这些防护用品发至一线工作维保人员的手上。由于全行业人员众志成城、团结一致，使电梯行业取得抗疫胜利，为顺利开展全面复工复产工作打下坚实基础。

二、坚持正确的工作定位，联手市场局进一步规范上海电梯市场

开展电梯维护保养单位质量与信用评价工作。为加强本市电梯维保单位的质量与信用评价管理，协会受市市场监督管理局委托，对市内的300多家电梯维保企业进行质量与信用评价，于年底前圆满完成。并受该局委托，制订规范菜单化维保格式合同。加强维保单位质量抽查，鼓励维保单位与使用单位在维保合同中约定承诺。配合宣传并逐步推进上海电梯按需维保工作，制定关于电梯智能制造示范单位的评价标准。

在加快推进多层住宅加装电梯工作中发挥作用。组织多次研讨会议，参加市、委办及相关政府部门机构召开的有关会议。经过调研，向人大提供《上海市关于多层住宅加安装电梯的调研报告》。

开展行业周期性的电梯应急演练活动，确保城市公共安全。为确保2020年中国国际电梯展览会、中国第三届进口博览会等有关活动开展，确保周边各区重点场所电梯设备的正常安全运行，协会会同相关电梯企业在地铁2号线虹桥火车站和中山公园站附近，以及在上海虹桥祥源希尔顿酒店进行2020年上海市电梯安全宣传活动——暨电梯困人故障应急救援演练活动。

推进电梯安全责任保险覆盖面。激励电梯产权所有者与相关方积极投保安全责任保险，发挥责任保险的事故赔偿和风险预防作用。协会联手相关单位推广电梯安全责任保险统保模式，提高保险集中度，降低投保成本，积极开展“保险+服务”“电梯养老保险”等保险创新模式的研究和试点推广，充分运用保险的市场约束激励机制，构建电梯安全社会治理体系。

三、继续做好行业技术人才队伍的培养与发展

继续抓好高技能人才培养分基地的各项管理与考核。协会于2015年获得市颁发的“上海市高技能人才培养基地”，并通过逐步的考核目前在行业内建设形成9个分基地。

编制国家《基本职业培训包（指南包课程包）电梯安装维修工（试行）》教材，于5月由中国劳动社会保障出版社正式出版。

组织市人社局电梯物业类教研组活动。组织4次教研活动。同时，协会认真做好电梯安装维修等级工一级题库开发和申报；大力推进企业新型学徒制工作；推进协会、企业培训师资力量的培养。

四、切实加强协会党支部建设

积极开展四史教育、党课学习、主题党日、谈心谈话等活动。为抗击疫情，党员开展捐款活动。

坚持正确的宣传导向，服务与行业企业。协会利用自身的杂志、网站、及手机微信公众号，牢牢把握正确的舆论导向，为行业发展和为企业服务。主要是发布《2019年度电梯行业社会责任报告》；撰写行业分析发展报告为企业服务，撰写《“十四五”电梯行业发展分析报告》。

建设上海电梯云展厅为企业产品宣传拓展海内外市场服务。展示厅采用先进的虚拟现实网络表现技巧与实况现场直观的反映模式，在效果上能展示企业产品与企业文化介绍的超大信息量，展示产品技术与部件的3D形式反映。

继续开展好区域发展联动，扩大行业间的宣传与交流。开展长三角区域电梯行业联席会活动，互通信息、相互交流，宣传推广成功经验，共同推进区域电梯经济建设发展。成功召开第23、24届长三角区域电梯行业联席会，参与联席会活动的成员已增至26个地区的协会、商会。

（杨玥）

推动电动自行车制造业发展

上海市自行车行业协会

一、继续搞好上海电动自行车目录评审工作

协会按照市经信委等四部门的通知要求，安排6次目录评审时间，春节一过开始受理企业申报。协会视情况与管理部门及时进行沟通，增加目录评审次数满足企业的需要。为改善上海电动自行车市场的营商环境，遵照市政府“一网通办”的要求，下半年，协会上线目录评审增加网上申报功能，这项工作完成后极大简化手续，减轻企业负担，企业无需派人到协会，就可以完成全部目录申报工作。

二、编纂上海市志工业分志“自行车志”

受上海市轻工业协会委托，承接《上海市志·工业分志·轻工业卷·自行车章（1978—2010）》(以下简称“自行车志”)的编纂任务，成立自行车志编纂领导小组和工作小组。通过编纂小组一年半努力工作，四易其稿，于10月22日召开“自行车志”行业审定会，与会的行业老专家对编纂小组的工作表示赞赏。

三、扩展协会会员发展渠道

协会通过多年发展，其会员构成发生重大变化。随着电动自行车发展，为协会提供广阔会员来源。协会在与自行车、电动自行车业态密切相关的行业、商家发展会员，在上海进行销售的外地生产企业中发展会员。这些会员的加入，对协会的管理方式提出新要求，从对制造业的管理改变为对使用电动自行车集体用户的管理。尤其是外卖业和快递业使用的电动自行车已占上海电动自行车销量的1/3，随着对其纳入行业管理和磨合，为电动自行车制造业与集体用户进行交流搭建平台，极大促进电动自行车制造业的发展。

四、加强党建，协会日常工作开展有声有色

协会党支部认真贯彻《党和国家机关基础组织工作条例》，切实加强党的思想、组织和廉政建设，一是提高行业服务质量、服务功能。针对中小企业遇到的产品打印等问题，协会及时投入8万元建立电动自行车服务平台，开发产品合格证实时打印软件，为企业提供服务。同时，协会投入10万元扩容服务器和更新协会网站软件，加强网站的防护功能。协会的网站和微信公众平台的信息量在全国的同行业网站中处于领先地位。二是做好国家团体标准试点验收工作。2018年3月，协会被国家标准化委员会办公室“标委办工一〔2018〕59号文”批准为国家第二批团体标准试点单位。2019年协会已经完成试点的主要工作，2020年4月，国家标准化委员组织专家对试点项目进行验收，结论为：组织机构健全、工作保障有力；开展标准研制、健全标准体系；标准实施有力，持续改进到位；试点工作突出、品牌效益初显。三是做好协会领导班子进行换届筹备工作。2月，协会第七届理事会任期届满。8月，成立换届领导小组和工作小组，启动换届工作。

（罗甲裔）

加快协会创新　推动行业发展

上海市计算机行业协会

一、明确任务目标，加快推进协会创新和发展

（一）上海市计算机行业协会工程系列计算机专业中高级职称评审

1. 加大政策解读力度。针对专业技术人员在职称申报受理过程中经常遇到对政策不清晰、材料准备不充分、申报材料缺失、网上申报操作错误等问题，加大政策宣传和解读力度，开展线上直播形式免费职称受理申报流程及政策解读会3场，通过在线直播平台的方式，近100名专业技术人员共同参与线上直播课程，直播最后预留提问环节，老师现场回答各种职称申报问题。每场培训都有100多位人员参加，受众范围广。协会还特别设立企业人力资源部门职称申报群，及时发布职称申报通知、讲座和最新的政策。对于企业内申报职称比较集中的问题，企业人事可通过该渠道直接对接评委会。减少中间信息不畅通的环节，帮助申报人员更好的了解职称相关政策。

2. 开拓科学的材料审核模式。2020年工程系列计算机应用及技术中、高级专业技术职务任职资格系统注册申报高达991人，最后通过学历和资历审核后进入评审程序的有662人，评审办公室工作人员为每位申报人员平均审核材料为4.8次/人，共计审核材料3000多次，为保证每位参评人员的材料可以得到最优质的审核，办公室拟定中高级学员申报指导手册，从如何登陆界面、注册信息、上传附件的内容都给予专门的指导，减少申报人员由于材料提交失误而影响最终评审结果。

3. 提升专业的评价机制。为更有效、更具针对性地评价计算机行业的专业技术人员，协会组织行业专家拟定评价机制和评分标准，根据计算机行业不同层次专业技术人员的要求，调整评分依据，以职业分类为基础，以品德、能力、业绩为导向，分类制定评价标准，破除唯学历、唯资历、唯论文、唯奖项倾向，突出技术性、实践性和创新性，以鼓励工程技术人才多出原创性高水平成果。

4. 完成计算机专业正高和副高的面试、学科组及评委会的评审工作，共有176人进入最后评审阶段；计算机中级专业技术职务任职资格评审，于12月下旬完成学科组及评委会的评审工作，共有486人进入最后评审阶段。

（二）上海市计算机行业协会司法鉴定所

年内，协会鉴定所共承接涉及计算机领域的司法鉴定案例9起，接受相关个人和企业免费咨询及调解50多起。

1. 案例类型方面，包括“软件相似性鉴定”“邮件真实性鉴定”“程序功能性鉴定”“手机手持云台蓝牙兼容性质量鉴定”等。

2. 业务拓展能力建设方面，鉴定所积极与中国金融认证中心（CFCA）洽谈在电子数据司法实践领域的合作。通过司法局考核，鉴定所新增两名具备高级职称的鉴定人，新配置1套硬盘复制机和1套只读接口设备，并启动鉴定所实验室选址及建设的工作。

3. 政策法规学习方面，协会鉴定所组织执业鉴定人对新颁布的《上海市司法鉴定管理条例》《最高人民法院关于民事诉讼证据的若干规定》《上海市高级人民法院关于规范全市法院对外委托鉴定工作流程与时限的通知》《最高人民法院关于人民法院民事诉讼中委托鉴定审查工作若干问题的规定》等法律法规文件进行深入学习，提升鉴定人的责任和风险意识。

（三）上海市计算机行业协会上海市高技能人才培养基地

协会高技能人才培养基地开发新技能培训《电子数据恢复技术应用》课程，该课程60学时，采用理论课程和实践课程相结合的培训模式，适合企业信息和数据管理人员，帮助其正确储存和管理企业的信息数据。考虑到企业员工长时间离开工作岗位的不便，新技能培训做到送教上门，送考上门，得到各相关企业的欢迎，已经培训近200位专业技术人员。同时，协会高技能人才培养基地不断优化课程设置，跟踪产业发展的新知识、新技能，充分整合行业企业的优秀资源，探索集生产、培训于一体的实践培训模式，更好发挥示范辐射作用。

（四）以“标准化”助力高质量产业发展

协会积极引导制定先进团体标准，引导社会团体紧跟全球新技术、新工艺、新产品和新业态的发展趋势，自主制定发布具有创新性和国际性的团体标准，填补标准空白，快速满足市场需求。

2020年，协会为2019（宝康杯）标准化知识竞赛优胜的28位个人进行表彰并发布2020（安健杯）标准

化知识竞赛的通知。通过竞赛，帮助企业标准化人员了解团体标准化工作的基本要求，培养标准化人才，推进各行业及企业的团体标准化工作。6月22日，协会承担的“工业互联网平台大数据分析技术规范团体标准化试点”项目正式获得上海市市场监督管理局批准立项，建设期2年。

全年协会发布6项团体标准：T/SCTA231-2020《在线蓝领招聘云平台技术规范》、T/SCTA232-2020《人力资源服务蓝领外包系统技术规范》、T/SCTA104-2020《再制造复印机（包括多功能机）》、T/SCTA105-2020《再制造复印机（包括多功能机）生产规程》、T/SCTA261-2020《实验室信息管理系统技术规范检验流程管理》、T/SCTA262-2020《实验室信息管理系统技术规范资源管理》。

（五）上海国际贸易知识产权海外维权服务基地工作

1. 为了使本市及长三角企业相关涉外企业了解英国及欧盟在知识产权领域相关的法律制度，提高企业自身和强化知识产权的布局意识，特别是对于在海外有相关贸易的企业，需要防患于未然，开设“2020年第四届国际贸易知识产权海外维权高级研修班”，采取国内线下专题辅导与国外教授线上培训相结合的方式授课。学员结业后获得伦敦玛丽女王大学商法研究中心签发的结业证书。

2. 为企业开展对知识产权线上线下培训，让企业进一步了解知识产权的重要性，学会应对知识产权纠纷、寻求到维护自身合法权益的新方法和新路径。

3. 编制《2020年企业海外知识产权维权指引》，帮助企业在境外维护自身知识产权的合法权益。

4. 知识产权海外维权案件预警、协调、咨询、应对及企业调研。维权服务基地承接两起337案件免费协调和咨询。

（六）适应行业新需求，贴近会员开展服务

1. 举办会展、峰会、论坛等活动。1月9日，召开“第四届工业大数据技术标准化论坛（沙龙）”。8月5日，召开“企业家座谈会——解读跨境电子商务助力传统企业转型升级”。10月13日，召开“互联网金融机构可回溯规范化专题沙龙”。10月30日，协会与市经信委、市软件协会等共同举办“2020DAMS中国数据智能管理峰会”。

2. 组织行业培训、提供新技术、新产品推广及政策咨询活动。8月12日，召开“2020年地方教育附加企业职工培训补贴政策解读讲座”。10月23日—25日，召开《公共大数据的发展现状与未来趋势》在线直播培训。11月5日，在市经信委电子信息产业处的指导下，协会与上海长三角十进制未来网络技术产业创新联盟共同举办“自主可控新网络、新架构、新设备、新技术”未来网络调研会。11月6日—7日，召开《远程在线办公技术》直播课程培训。

3. 走访调研解难题凝心聚力谋发展。协会先后走访调研奉贤南桥镇西渡经济园区、上海思客琦自动化工程有限公司、浦东新区锦绣商务园等16个单位（企业、公司、园区），通过调研走访，了解企业的心声，为会员企业提供专业性和实用性的服务，进而凝聚协会力量，为行业抱团发展打下坚实基础，充分发挥协会桥梁纽带作用。

二、加强理想信念教育，发挥新时代党建引领作用

（一）抗击新冠肺炎疫情，助力行业发展

协会党支部引导广大会员单位发挥行业优势，汇聚行业力量，及时向会员企业发出倡议书和通知，号召会员单位对日常业务办理和政策咨询采取电话、网络等方式进行，尽量减少人员聚集，降低疫情发生风险，协力防控新型肺炎疫情，为全面打赢疫情防控的人民战争、总体战、阻击战，助力企业复工复产，为实现经济社会发展目标任务贡献力量。

（二）开展“四史”学习主题教育活动

6月，协会党支部所在的第一党建工作站组织党员在嘉兴南湖开展“四史”学习主题教育活动。在南湖瞻仰红船，参观南湖革命纪念馆，感受中国共产党诞生和发展的波澜壮阔，学习并感悟红船精神，坚定“听党话、跟党走”的理想信念。

（三）抓好“不忘初心、牢记使命”主题教育

协会党支部组织党员学习习近平总书记1月8日在“不忘初心、牢记使命”主题教育总结大会上的重要讲话精神，通过主题教育，进一步坚定加强和改进协会党建的信心，要把不忘初心、牢记使命作为加强协会党建的永恒课题和党员的终身课题。坚持目标引领和问题导向，着力固根基、扬优势、补短板、强弱项，推动协会高质量发展。坚持抓党建和抓业务紧密结合、统筹推进，找准党建工作融入协会工作的切入点，有力促进协会各项工作的开展。

（周晓婷）

努力催生协会服务新模式

上海电器行业协会

一、以安全为保障，全面助力企业复工复产

新年伊始，新型冠状病毒悄然蔓延。面对疫情，协会和电器行业同仁积极行动起来，团结一心，不畏艰难，为复工复产坚守第一线。

1月30日，协会向行业发布倡议书，提出“发挥党员先锋模范作用，积极行动，担当作为，加强防控预警”等倡议，获得会员单位一致认可。在疫情期间，协会通过网站、微信公众号等渠道，及时传递市委、市政府有关抗击疫情、复工复产工作方针和政策，同时宣传会员企业援鄂典型事例。在这次抗击疫情中，上海良信电器股份有限公司、正泰集团、德力西集团等会员企业积极支援一批电气设备物资，保证火神山、雷神山医院按期投入使用。新型冠状病毒疫情牵动着全行业员工的心，一方有难，八方支援。会员企业纷纷献出爱心，捐钱捐物。

上海人民电器厂、上海精益电器厂有限公司、上海柘中集团、上海广电股份、上海西屋高新集团率先复工复产，会员企业在有序恢复生产的同时，做到疫情防控与复工复产两手抓两不误，努力降低疫情对生产经营的影响，促进企业经济管理平稳运行。为此，协会收到市经信委发来的感谢信，对协会充分发挥政府与企业桥梁和纽带作用给予充分肯定和高度评价。

二、以服务为宗旨，催生协会服务新模式

协会与上海市企业法律顾问协会在线上开播论坛，以疫情防控环境为背景，介绍后疫情时期企业用工增效降本的法律政策环境，直击企业风险防范要点，以此助力会员企业纾困。先后在线上举办“共话疫情后中国制造业的新方向”“应对疫情重创振兴工业经济——中国工业经济运行形势分析在线系列论坛”等专题讲座。在疫情基本控制后，9月16日，协会与塞尔传媒合作举办“新基建下成套设备发展与技术论坛”，近130家会员企业负责人、技术人员参加论坛。

三、以务实为态度，全面做好协会各项工作

积极关心会员企业复工复产，先后走访良信电器、上海人民电器厂、飞航电缆、正泰电器、吴江变压器、纳杰电气、法腾电力、西屋高新集团、大华电器、达诺尔、张家港变压器、吴淞电气等会员企业，了解企业在复工复产中遇到的问题，并将相关问题及时向市有关部门反映。

做好市政府出台全面助力企业复工复产系列政策的推动工作，推动落实房租减免、减税降费、法律援助、云上办公等各类政策举措。及时完成市经信委为解决企业复工复产中的困难问卷调查。

筹建协会第八届理事会专家委员会，协会秘书处分别在大华电器、张家港变压器召开专家委员会成套专家组、变压器专家组工作会议，并布置相关工作。完成《GIS用带隔离装置的电压互感器》团体标准的制定工作。完成协会第八届理事会登记备案，该项工作由于市民政部门的新要求，在理事和副会长们的大力支持下，得以顺利完成。

为积极贯彻落实习近平总书记关于长三角一体化发展重要讲话精神，7月，由上海电器行业协会、江苏省电器工业协会、浙江省电气行业协会、浙江省输配电设备行业协会、安徽省机电行业协会、宁波市电工电气行业协会、乐清市输配电行业协会在苏州联合倡议发起筹备成立“长三角电气行业联盟”，以提升长三角电气行业企业发展的整体效能和核心竞争力为目标，发挥长三角地区电器协会的沟通、协调和桥梁作用，更好服务国家、服务社会、服务行业和服务企业，促进长三角电气行业发展和提升输配电产业能级。

（马学能）

注重发挥协会引领作用

上海市锻造协会

一、注重引领作用，开展行业工作

开展信息服务。及时为会员提供锻造行业及相关方面的政策法规和内外产学研发展动态，将重要信息公布于协会门户网站；为会员提供锻造行业政府的产业导向及相关方面的政策法规；提供“专精特新”为提供入围咨询证明；依靠专家在大型锻件、精密锻件、特种工艺、企业管理等方面为企业提供各类技术咨询服务，并为企业申请名牌产品和著名商标出具证明函。强化协会服务机制与服务形态，加强对会员企业的服务工作。加强研讨交流。协会根据个性企业的特点，组织针对性课题研讨会、交流会等，为企业搭建产业信息、技术交流和行业间联系的平台，为企业做好与院校牵线搭桥的科研项目工作，全面提升中小企业技术创新能力。

引导企业抗击疫情。协会做好“两个及时”：及时配合政府了解企业的情况，统计复工复产的同时，向全体会员单位发出抗疫倡议书，并深入部分企业参与指导复工前的防疫工作；及时发布政府对企业的有关政策，让企业第一时间掌握好有关政策，并利用好政策。为更好服务企业和实现信息共享，结合长三角经济一体化的国家战略。2019 年底，会同中国锻压协会商讨组建长三角三省一市锻压行业联盟，此项工作还在开展中。联盟的作用有利于行业资源共享，分工合作、错位发展，抱团取暖，加快行业转型升级。同时使企业及时了解国家政策，把握好企业的发展方向。

8 月，完成九届理事会换届选举工作，产生新一届理事会召开九届第一次事理事会暨会员代表大会。9 月，配合市经信委装备处和上海绿促会开展对四大基础行业调研工作。通过调研，对行业现状、行业自律的情况以及存在的问题，提出建议。10 月，组织部分铸锻企业参加由市经信委、上海绿促会组织的座谈会，会议得到与会企业代表的强烈反响，也得到上级部门的肯定。

二、建立技能等级工培训资源平台，搞好上岗培训工作

完善锻造五级工题库体系（自由锻），通过上海市职业技能鉴定中心审定，批准自行办班资格。协会正式开展对企业锻造工的职业技能培训。实现协会、企业联合办班岗位培训制度规范，还实现技能培训“规范流程化”，建立新型行业培训模式。配合企业搞好职工上岗培训 121 人次，对考核合格者发放上岗证书。

三、加强行业自律的运作管理

根据国家、上海市颁布的《上海市锻造行业行规行约》《上海市锻造企业基本生产条件》两个文件，完成 16 个会员单位达标验收。同时，在购卖服务方面，年内完成 3 个项目：2 个能耗标准修订；等级工培训项目开发；配合中国锻压协会对行业的各类经济数据的收集整理工作，为制定“十四五”规划提供资料依据。

深化节能减排、完善制定能耗标准。组织专家对《钢质（冷）热，模锻件单位产品能源消耗限额》两份标准进行修订工作，3 月，经上海市技术质量监督局审定发布；5 月实施，作为上海市地方节能降耗标准。

秘书处人员积极参加各类培训，通过培训使秘书处工作人员不断提高对行业协会参与社会治理的认识，不断增强协会规范运作意识，不断提升业务工作能力。

（陈德民）

精准施策　坚定引领行业发展

上海市建筑材料行业协会

一、坚决抓好疫情防控，助力行业复工复产

（一）同舟共济，促进企业复工复产

坚决执行中共中央、国务院和上海市委、市政府的疫情防控决策部署，及时通过协会官网、官微传递防疫抗疫政策，帮助企业及时了解信息，引领正确导向，坚定信心共渡难关。

配合中国建材联合会针对新型冠状病毒疫情对建材企业的影响和冲击，协会对本市建筑砌块、隔热保温材料等行业中的中小建材企业进行调研，并形成调研报告上报市工经联，为国家出台支持政策提供参考信息。

（二）精准施策，优化企业服务工作

协会调整对会员建材企业服务的模式，采用网上服务的方式，以减少企业在抗疫防疫期间的外出次数，并做好企业远程咨询，确保咨询服务技术辅导不停止。做好重要建材信息报送，保证重要建材使用信息的溯源。

二、坚定引领行业发展，统筹响应会员需求

（一）引领行业，着力标准编制修订

协会快速响应创新和市场需求，制定并完善团体标准系列管理文件，建立从立项到报批、从创新到风控的制度体系。协会有多项团标立项、通过技术审查，并有4个团标发布。7月，协会以92.8的高分通过上海市市场监督管理局的“上海市团体标准试点项目”验收。协会还积极参与多项国标、行标、地标的编制或修订工作。

（二）注重实效，开展多种服务活动

根据实际情况和疫情防控的要求，协会主要通过电话、微信、走访等方式，与会员单位保持密切联系，沟通产品、市场、政策等方面信息，并根据行业需求组织开展多种服务交流活动，注重专业、实效，提升活动质量，提高企业参与感、获得感。

（三）搭建平台，助力企业转型升级

7月15日—17日，2020绿色建筑材料博览会在上海新国际博览中心如期举行，搭建产业链交流互动合作共赢展示平台，力促行业在疫情防控常态化形势下抢占市场先机。协会紧扣为会员服务的初心，发挥好协会官网、官微的平台作用，及时将本市和行业相关政策法规、技术标准、行业信息传递给会员，官网《会员风采》栏目免费为会员单位提供宣传。

三、坚持诚信自律建设，调研分析献言建策

（一）强化自律，引导行业创先争优

加强行业自律管理，推进企业质量保证体系建设。通过督促企业产品质量管理，严守产品质量底线，不断提高行业整体质量水平。继续建材行业有关会员企业免费提供统一产品质量保证书和发货单。加强企业诚信检查，将检查结果记入诚信档案。对不符合要求的企业提出整改建议；对抽检不合格的企业，帮助分析查找原因提供整改建议。

坚持树立行业典范，加强对行业的先进引导。受人社部和中国建筑材料联合会的委托，协会严格把关、好中选优，经市人社局、人社部和中国建材联合会的最终审批，上海曹杨建筑粘合剂厂获全国建材行业先进单位称号，上海城建物资有限公司朱永明同志被评为全国建材行业劳动模范。

100余家企业获得“上海市建材行业协会先进单位”荣誉称号，促行业质量不断提升，助力优秀品牌市场拓展，更好地发挥先进单位的行业标杆引领作用。

（二）调研分析，参与政策调整修订

协会高质量完成政府要求的相关调研、意见征询、调研报告撰写等，为行业科学发展做出分析指导，积极为政府制修订产业政策等工作提供建议和决策参考。

协会参与市住建委编制2019年上海市建材行业发展报告，完成2019年度《上海工业年鉴》《中国建筑材料工业年鉴》和《上海市经济团体联合会年鉴》的相关内容编纂，完成《上海市质量状况白皮书》（建材行业），并报相关管理部门采信。协会承编的《上海市志・建筑业分志》“建材应用篇”，坚持真实、客观、公正、全面地反映本市建材发展历史，初稿经市修志办已顺利通过评审。

（张春玲）

不断完善服务功能　推动模具工业发展

上海市模具行业协会

一、加强协会内部管理工作

按照民政局要求完成“第六届会员代表大会暨六届一次理事会”登记注册工作和所有有关协会资料的调整备案工作；通过上海市社会组织网上办事平台完成“上海市社会团体2019年度检查报告书”。

在制度管理上，为完善协会制度建设，在原有《工作条例》和《管理制度》基础上，补充、修订《上海市模具行业协会财务管理制度》《上海市模具行业协会会议管理制度》和《上海市模具行业协会劳动人事管理制度》，在协会秘书处办公会通过并执行。在财务管理上，实现协会内部财务管理更便捷、更准确，财务收支全部经由网上银行操作，财务日常记账工作实现软件电算化，凭证装订实现机械化，税务发票实现网上开票，完成上海市社会团体会费统一票据由人工开具升级为机打开具。在会员管理上，新加入协会单位12家，新会员人会数量呈增长趋势。在自媒体管理上，协会网站和微信公众号作为上海模具行业的窗口，是社会了解模具行业资讯的信息化渠道；协会会刊和微信工作交流群是加强会员单位宣传、开展业务和技术交流的重要平台。协会不断完善自媒体服务功能与模式，及时、快速地更新行业动态，促进企业间的互动与交流，受到会员单位一致好评。

二、搭建互联、互通、合作平台

线上、线下交流活动。上半年因疫情原因，原本线下举办的论坛会、研讨会、座谈会、培训会等聚集性活动不便开展，协会尝试线上新服务模式，先后通过互联网举办数控编程加工培训课程和模具先进制造技术高峰论坛。下半年疫情稳定后，协会针对3D打印技术在模具行业内的产业链应用举办专项研讨会，针对模具行业前沿的高效加工方案协办发展峰会，帮助会员单位了解行业先进技术发展。举办国际模展，提升企业品牌。10月10日—13日，第20届中国国际模具技术和设备展览会（DMC2020）在上海虹桥国家会展中心成功举办，展会面积5万余平方米，协会作为本届展会东道主及协办单位，组织企业参展和参观，为企业展示品牌形象，提升社会影响力搭建平台，吸引近4万人次参观展会。召开专业会议，讨论协会工作。协会分别召开六届一次会长工作会议和六届一次专委会主任工作会议，总结2020年度工作，汇报年度工作内容，宣读专委会主任调整情况、调整增补协会副会长、理事单位的名单；讨论2021年工作打算等事宜。

三、深化交流与合作

关心会员单位，倾听企业诉求。协会通过电话联络会员单位，主动关心企业在复工复产期间遇到问题与困难。在疫情稳定后，协会坚持每周走访1~2家会员单位，先后走访30家单位。同时，还接待大同特殊钢、白铜精密材料、斯内柯刀具、汉邦联航激光等10余家单位前来交流与合作。加强与兄弟协会间的互动。第26届华东地区模协秘书长联席（扩大）会议在江苏省徐州市隆重召开，来自华东等地区28家模具协会共计49人出席，参会代表围绕“疫情下的协会工作”各抒己见、分享经验、畅谈思路，帮助企业做好防疫复产工作，更好地服务企业。协会先后接待上海市虹口区模具学会、福建模协，拜访了余姚、宁海、宁波北仑、昆山、江苏、南京等地方模具协会。通过与兄弟协会交流、深化合作，以更好发挥自身的作用。对接与政府有关部门的合作。为加强与政府的合作，帮助企业把握国内外市场经济动态，开拓海外市场，协会与市商务委公平贸易处合作开展“产业安全预警监测”调研工作和“建立上海模具进出口公平贸易服务长效机制”服务项目，组织企业参与行业调研，举办2期由市商务委指导、上海市模具行业协会主办的“上海模具进出口公平贸易培训会”，参加市质量管理科学研究院、市商务委、市市场监督管理局、市民政局等相关部门举办的工作会、培训会、宣贯会。

（邵正彪）

全力拓展服务渠道　助力发展提质增效

上海市化工行业协会

一、助力行业打赢疫情防控战，复工复产攻坚战

（一）及时传递抗疫信息，协调行业复工复产。疫情初期，口罩成了市场紧缺货，市经信委向协会发来协助信息，不少企业也在线上寻求熔喷布（料）。协会及时转发求购信息，在第一时间联系、走访熔喷布生产企业，协助企业扩大产能，保障供给。发挥平台协调作用。为企业寻找防护物品、交换所需物资和生产设备。

协会利用官网、公众号、《上海化工》杂志、会员微信群等信息媒介，及时向上级部门和会员单位传递行业抗击疫情情况，反映会员单位在抗击疫情和复工复产过程中遇到的问题和困难。从1月28日至2月24日共编辑“上海化工行业抗击新冠肺炎疫情”简报28期。

（二）紧急转产抗疫物资，展示国企责任担当。在疫情肆虐时刻，生产抗疫药物和防控物资的相关企业紧急复工复产，通过改造设备转产；组织专业技术人员研制开发新产品；组建服务团队，为客户提供专业指导等措施，提高产能、保证质量。上海化工行业生产的熔喷布（料）、次氯酸钠消毒剂、上海药皂系列产品不仅满足上海市场，也有力支援周边省份。这些企业郑重承诺，开通“绿色通道”，保证救灾物资畅行无阻；抗疫产品平价惠及百姓，为上海市民构筑起一道清洁、抑菌、消毒的坚固防线。

为了解上海抗疫产品的生产状况，不断提高抗疫产品的质量，根据市市场监督管理局总体部署，协会开展以抗“疫”企业和产品为重点的质量状况专题调研。调研组先后走访熔喷布（料）、医用手套、消毒液、消毒清洁用品等重点企业，针对抗疫产品技术攻关、质量提升中面临的问题和发展需求，采用座谈会、走访企业、问卷调查、资料收集等方式，全方位收集、深层次了解行业质量现状，并对其面临的痛点、短板，制订重点抗“疫”产品生产企业质量提升实施方案。调研组编撰的《化工行业质量提升调研报告》通过专家评估验收。

（三）捐款捐物同献爱心，彰显大爱无疆情怀。据不完全统计，在疫情阻击战中，协会各会员单位共捐款6000多万元，捐赠口罩20万只、护目镜15万副，以及医用防护服、一次性手套、消毒洗涤等大量防护物品。协会秘书处成员也以特殊党费和捐款形式捐款5050元，并向上海市公安局刑侦总队和湖北省咸宁市公安局捐赠次氯酸钠消毒剂和消毒洗涤用品，为战胜疫情贡献绵薄之力。上海化工行业自觉履行社会责任的行动，得到市经信委、市民政局、市工经联等高度赞扬。

（四）优惠政策惠及企业，克服困难复工复产。协会通过各种媒介宣传党中央和市委、市政府有关复工复产的重大决策部署，重点宣传市政府出台的抗疫惠企“沪28条”政策，以及上级有关部门对复工复产的工作要求和工作流程，通过政策解读、流程展示、线上交流等形式，帮助会员单位理解有关政策、了解工作流程，推动企业有序复工复产。为帮助受疫情影响最为严重的中小企业尽快走出困境，协会向各中小企业征询融资需求，为中小企业减免房租、降税降费、法律援助、云上办公提供政策支持。

为让上级部门及时了解和掌握企业复工复产情况，协会如实反映企业在复工复产过程中遇到的困难，专门编辑3期《情况专报》（包括一期“长三角化工行业复工复产情况和建议”专报），为市政府有关部门及时了解和掌握行业复工复产情况，帮助企业克服困难，减少损失提供信息支持。

（五）发挥桥梁纽带作用，确保安全有序复工。协会及时了解和掌握企业复工复产做法和成功经验，通过协会媒介进行推广分享。金山第二工业区切实抓好“告知、承诺、核准、日报、抽查”等5个环节，推进园区安全稳定复工复产。协会及时在微信群中进行推广，得到众多会员单位的积极响应。协会总结会员单位做到员工来源地清楚、每天上班人数清楚、员工健康信息清楚、上班人员体温测量清楚、未复岗员工观察隔离期限清楚、企业防疫应急预案清楚、企业的主体责任承诺清楚的“七个清”，要求会员单位照此执行。全面复工复产，有力推进行业企业转型升级、高质量发展。

二、面对挑战沉着应对，全力拓展服务渠道

（一）开展形势任务教育，增强战胜危机信心。面对中美贸易摩擦加剧和疫情肆虐的双重压力，协会邀请中国国际经济交流中心副理事长、复旦大学特聘教授黄奇帆做形势报告。报告以大量数据实例分析新冠疫情背景下，中美贸易摩擦发展趋势及应对措施；讲解实施国内“大循环”为主体，国内国际“双循环”新格局的战略举措，增强行业战略引领的信心和前进定力。

（二）积极拓展服务渠道，助力行业转型升级。协会抓住移动互联技术与传统化工产业融合发展的机遇，围绕传统产业升级、在线制造业发展、业态模式创新等三大方面，推动在线新经济蓬勃发展、创新发展和提质发展。与上海电子商会（上海电子制造行业协会）签订战略合作协议，为“走出去”的化工企业提供物联网和智能工厂技术服务，联手打造行业领先的智能工厂，推进企业加快信息化、数字化建设步伐。推动上海化工与人工智能、大数据、5G、区块链等新一代信息技术融合高质量发展。与市工经联合作，在化工行业推广应用设备智能化管理技术，为企业搭建技术和管理创新平台，对接上海化工区、金山第二工业区和华谊集团，运用高新技术服务化工行业安全运营。与上海“一带一路”经贸巡展组委会联手，对外贸易由线下活动转为线上互动，在上海金山第二工业区和惠生工程举办两场“上海之帆”线上对接会——化工专场活动，金山第二工业区的相关企业与泰国、新加坡以及波罗的海沿岸国家近20家客商通过远程视频直播方式对企业经贸需求进行展示交流，并达成多项合作意向。参与“上海之帆365”平台建设，组织128家化工企业参加上海之帆“一带一路”365平台线上注册，帮助企业对外贸易业务线上交流和推介，进一步推进、拓展海外业务。

（三）在线金融服务化解企业资金短板。针对中小化工企业遇到的现金短缺，融资难、融资贵等困惑，协会借助于“政会银企”四方金融合作机制，积极对接相关银行，开展银行信贷线上对接，为中小企业拓宽融资渠道，降低融资成本，实打实地帮助企业渡过难关。金发科技和网讯科技得到银行的金融支持，企业效益得以大幅增长。

（四）开展在线教育培训服务。协会组织授课教师录制讲课视频，开展线上培训。为确保培训质量，协会抓好线上授课、学习、考试等环节管理。7月，恢复线下培训，协会合理安排课程，增加送训上门次数，先后到14个单位组织线下各类培训共计1158人。据统计，全年有1700人参加线上培训。其中，易制毒化学品管理培训1004人，危险化学品安全管理培训483人，有毒有害受限空间培训129人，安全管理干部培训84人，线上线下培训合计4477人。

（五）发出行业协会声音，推进长三角一体化发展。召开华东地区第17次化工协作交流会，来自华东六省一市和河南、湖南省的化工协会及化工园区代表就加快构建化工行业以国内大循环为主体、国内国际双循环相互促进的新发展格局达成共识。沪、苏、浙、皖三省一市化工协会联合组成调研组开展长三角化工行业产业发展竞争力调研，并发布调研报告。受市商务委委托，组织开展长三角化工行业应对经贸摩擦联盟活动，举办上海化工行业企业技术性贸易措施政策宣传培训等。

三、拓展服务精准施策，助力发展提质增效

（一）承担“上海市禁化武生产、经营特别许可技术审查工作”。协会与上海市履行禁止化学武器公约领导小组办公室共同举办“履行《禁止化学武器公约》专家培训研讨会”，就切实加强禁化武管理，做好充分准备接受国际禁化武组织“OPCW”核查展开讨论交流；组织禁化武专家对2020年全市监控化学品生产经营企业进行专项督查，并召开督查通报会，针对检查中发现的问题，要求相关单位和企业逐项梳理，逐一落实整改措施，以扎实的基础管理和充分的准备迎接国际禁化武组织的抽查。

（二）组织专家团队对进口危险化学品储存场所、海关检验监管作业的劳动保护、安全设施、安全管理等活动开展安全评估；参与《上海海关危险化学品检验监管安全管理规程》等材料编制工作，共完成8篇相关材料；成功中标“上海海关进口危化品检验监管项目招投标”；完成4家企业“上海海关进口危险化学品海关执法安全风险评估”。

（三）建立“上海市专家服务中心”，把“上海市禁化武监管专项”作为首次服务项目，组织专家对列入监控化学品生产、经营、使用许可进行现场审核和评估，提出存在的问题，跟踪指导企业进行整改，同时协助市经信委开展项目审批审查工作。

（四）参与企业“国内首次使用的新工艺、新产品、新项目论证”。协会作为上海“首次使用化工工艺安全可靠性论证”的定点评估机构，对企业新产品、新项目产业化提供技术服务支持，共完成“国内首次使用的新工艺、新产品、新项目论证”3项。

（杨盛平）

发挥党建引领作用　健全协会发展新体系

上海市电力行业协会

一、充分发挥党建引领作用，明确协会发展新体系

党建工作步入正轨。7月7日，经市工经联党委批准，协会正式成立党支部，秘书长严健勇任党支部书记。12月15日，参加工经联第一次党代会，并高票当选市工经联党委委员。

建立有效的“党建+”工作体系。将“党建+”与协会业务工作相结合，开展会展筹办、教育培训、公益讲座等活动，以党建增强协会凝聚力，推动协会快速发展。

开展丰富的党支部活动。协会党支部结合自身实际，以专题学习、“三会一课”等形式，组织党员开展“迎七一庆祝建党99周年”专题活动；组织“四史”学习教育活动；组织参观“大江汇海流，匠心筑匠梦”上海工匠馆等活动。

二、加强内部治理工作，构建行协管理新起点

获得“5A社会团体组织”称号。积极申报“全国5A社团组织”，并以此为契机，夯实基础管理，完善规章制度。评审结果于12月15日公示通过。

新任会长顺利完成交接。10月29日，“上海市电力行业协会第四届理事会第三次会议”在国网上海市电力公司召开。大会以无记名投票方式，选举梁旭为上海市电力行业协会第四届理事会新会长。

会费收缴率稳步提升。制定年度会费收取清单，优化往年会费收缴时限，积极开展会员单位会费收取、录入及催缴工作，及时对年度会费收取情况进行统计分析。

制度建设工作稳步推进。梳理协会32项制度文件，并制定《上海市电力行业协会专家委员会管理办法》《上海市电力行业协会档案管理办法》等7项制度，进一步规范协会业务流程，为协会可持续发展提供保障。

档案管理工作日臻完善。收集整理协会历史文件，按档案管理规范分类、整理、装订成卷，按业务制作全引目录、案卷目录检索工具，为健全协会各项规章制度、有序管理、记录历史奠定基础。

综合管控能力持续加强。按5A社团管理要求，全面落实财务管理工作依法合规。同时，建立起一支更年轻化、专业化的管理团队。建立人员绩效考评机制，明确年度工作目标、工作举措和保障机制，推动落地实施。

三、全力推进项目研究，提供行业发展新动能

电力市场建设方案项目持续推进。受市发改委委托，协会组织行业专家开展《上海电力市场改革总体方案》研究，重点对改革阶段性推进目标、市场主体准入标准、市场架构与模式、中长期合约及现货交易、市场出清与结算、风险防范等内容进行研究，并在阶段成果的汇报中获市政府有关领导充分肯定。

团体标准工作扎实开展。协会制定《上海市电力行业协会团体标准管理办法》，为全体会员单位提供发布团体标准申报服务。9月1日，协会首个团体标准《直流输电换流站选相合闸调试方法》项目送审稿审查会，进入报批阶段。

低碳项目有序推进。根据市经信委有关处室的要求，完成《燃煤凝汽式汽轮发电机组单位产品能源消耗限额》地方标准的修订工作。同时对发电机组能耗限额的标准广泛征求专家意见，于11月下旬顺利通过终期评审，并报上海市质量技术监督局。

行业高质量发展研究项目顺利启动。协会《上海电力行业高质量发展水平多维综合评价体系研究》项目在国网上海公司电科院的配合下，于8月初召开项目启动会，并于年底完成项目验收。

四、全面深化“三个服务”理念，实现行业发展新作为

服务政府理念持续强化。建立与市发改委、市经信委和市工经联、市现代服务业联合会等上级主管部门及社团机构常态化沟通机制。配合政府部门推进电力市场建设，落实上海电力系统调节能力提升课题研究。推动研究成果落地推广，积极参加人大、政府等机构举办的有关听证会，贡献“行协智慧”。

会员管理和服务水平日益提升。会员队伍不断壮大。年内，新增会员19家。会员沟通渠道不断拓展，全面实现网上动态管理。创新评优成果丰硕。协会长期推广全面质量管理，组织会员单位参加创建“质量信得

过班组”和开展“优秀质量管理小组”等活动。线下大型交流活动丰富。协会主动参与2020年中国国际工业博览能源技术与设备（电力）展、“第二十二届中国国际工业博览会（EP展）”等大型展会的筹办，并组织会员单位观展。

服务行业发展方式日趋丰富。组织开展本市电力中长期和现货市场培训，及电气试验工职业技能培训，并首次与工程协会联合举办技师技能培训；会同中国电力企业联合会和应急管理部组织电力系统安全生产管理人员取证培训；组织开展国网反恐防范安全监督检查规范、华东电网应急演练和上海公司单兵装备技术、上海公司变电安全技能等级认证和市南集团工程建设作业安全风险库等项目研究，为行业应急和安全管理提升提供技术支持。

五、加快高技能人才基地建设，培育行业发展新人才

技能竞赛成功举办。协会成功举办2020年上海市电力行业电气试验工职业技能竞赛和变电站值班员竞赛。两项竞赛共计37家单位133名选手参加，其中37名选手被授予行业技术能手。

高技能人才培养基地的建设有序。协会完成编写高技能人才基地、鉴定站所等机构的工作标准、岗位职责、考评细则等14项管理文件，并与市人社局相关部门建立有效沟通机制，推进协会高技能人才基地梳理外部关系，理顺内部工作机制，将运行管理纳入正轨。

全面启动项目开发实施及资助申请工作。结合会员单位实际，成功申报技能大师工作室1个，首席技师2个。根据市人社局相关政策，推动和引导会员单位申报设施设备资助、师资培训资助、专项职业能力等项目。组织各单位资深专家成立风力发电场变电站运行与变电站设备解体与检测两个开发组，有效支撑会员单位人才培养。

初步构建权威专家库。协会编制《上海市电力行业协会专家库建设方案》，构建上海市首个覆盖电力行业全产业链的权威专家库。专家库在审查行业标准、研究重大课题、解决技术难题、开展行业技能培训和鉴定中起到积极推动作用；在跨行业交流、行业创新工作与传递前沿技术发展趋势等方面发挥重大作用。

六、持续推进品牌建设工作，挖掘行业发展新亮点

提升品牌宣传效能显著。协会官方网站完成转型升级。“上海市电力行业协会”公众号传播效能提升。明确行业期刊功能定位。

建立健全新闻通讯员联络机制。拓展协会与会员单位间的沟通渠道，增进会员单位间的交流合作，为会员单位品牌价值提升搭建平台。相关新闻稿件入选新华社《国家相册》专题栏目。

推介行业服务内涵。凝练形成引领行业协会可持续发展的“一个服务宗旨、三个服务平台、五个价值主张”的战略发展路径，为协会品牌注入新血液、提供强动能、布局新蓝图，激活协会品牌能效。

七、主动承担社会责任，塑造行业发展新形象

编史修志传承有序。积极组织推进《上海市志（1978—2010）·工业分志·电业卷》的编纂工作，协会组织近100家电力单位共同参与，历时5年，完成110万字的验收稿，已进入出版阶段。

公益活动持续开展。通过网站、公众号等媒体传递防疫知识、呼吁社会公众参与抗疫行动，帮助企业复工复产；宣传普及触电急救、心肺复苏和救护设备的操作等急救知识；开展全国科普日活动；策划“用电安全与应急防灾主题活动”，传递应急安全知识。

（成弘敏）

抓紧抓实抓细　更好为会员服务

上海防静电工业协会

一、同舟共济，共克时艰

坚决贯彻党中央国务院的决策部署，以及当地党委、政府的各项措施。深刻认识新型冠状病毒肺炎疫情的严重性，疫情防控的重要性与紧迫性。采取有效措施，以实际行动，防止疫情蔓延。

协会各单位，时刻关注主流媒体的疫情动态，科学面对疫情。切实做到不信谣，不传谣。主动发声，勇于作为。积极正确引导群众，树立信心，科学防控，稳定大局。关心职工生活疾苦和身体健康状况。及时做好帮扶、济困、解难工作。

加强疫情防护知识的宣传，落实防护措施，增强员工自我防护意识。合理补充营养。做好疫情预案，发现疫情，及时报告，及早隔离，阻止疫情的进一步扩散。

大力弘扬“一方有难，八方支援”的优良传统，协会采取不同方式向疫情严重地区捐款、捐物的有：浙江天开电子材料有限公司、深圳市中明科技股份有限公司、卫利国际科贸（上海）有限公司、厦门象屿康惠科技有限公司、黄山佳美奇科技有限公司、上海雷卯电子科技有限公司、享贺实业发展（上海）有限公司、苏州鸿博斯特超净科技股份有限公司、中山市荣业化工原料有限公司、深圳市思力铭科技有限公司等单位。

协会领导极为重视疫情防控工作，利用各种形式的联系方式，认真组织学习领导讲话，传达有关会议精神。要求协会秘书处及时联系协会各个成员与各企业公司，了解落实疫情防控各项通知、要求及措施情况，收集防疫过程中的动态、信息。做好上下情相互传达。秘书处先后印发《万众一心众志成城坚决打赢疫情防控狙击战——致上海防静电工业协会全体会员的倡议书》、推送给上海工业经济联合会的《事迹》、关于《积极做好疫情防控，有序返岗复工的意见》、关于《支持企业复工复产发挥协会作用的通知》以及致上海防静电工业协会会员的感谢信，使各项工作抓紧抓实抓细，紧张有序展开。

二、有序返岗，复工复产

坚持一手抓疫情防控；一手抓各项工作的开展。密切注意疫情动态，精准分层、分区做好防控，有序、周密地做好复工复产的一切准备工作。

疫情防控进入关键阶段时，要求各会员单位关心、了解员工的工作、生活、身体状况以及家庭情况，加强员工健康监测和个人防护，做好“少外出、带口罩、勤洗手、少聚集”。做好工作场所、食堂、宿舍的消毒与防控，不松懈，不麻痹，不侥幸。

密切关注各地、各级政府在抗击疫情中出台的各项政策、措施，学习好、运用好国家的优惠政策。

进一步发挥行业协会的作用，更好地为会员服务，推动企业尽快有序复工复产，使扶持政策真正落地、落细落实。

协会还向会员征询在复工复产中，材料供应、物流运输、资金保障、招工用工等重要环节所遇到的困难；了解各企业现状、产业链上下游情况。并将征询了解的情况，及时向政府主管部门反馈，以帮助企业尽快恢复产能，减少损失，增加受益。

协会秘书处积极当好参谋助手。（1）先后多次向会员转发党和政府的有关政策文件，印发相关通知、事迹及倡议书等宣传资料。组织参加上级单位有关会议与学习活动。（2）通过函询，取得无异议意见。批准同意辅朗“光学级防静电硬化树脂板（片）”“涂布型透明抗静电聚氯乙烯板（片）”两个团体标准的立项。（3）“上海防静电工业协会”网站改版、调整、充实已初具雏形，已与网民见面。（4）组织召开《非湿度依赖型防静电产品静电性能检测方法》《防静电产品合格供应商评定规范》《防静电地面现场检测抽样规则》《防静电工作区静电指标在线监测系统》《光学级防静电硬化树脂板（片）》《涂布型透明抗静电聚氯乙烯板（片）》等团体标准的编写小组、工作小组会议两次。（5）经过苏州辅朗光学材料有限公司与秘书处的共同努力，《T/ESD3007 光学级防静电硬化树脂板（片）》《T/ESD3006 涂布型透明抗静电聚氯乙烯板（片）》两个团体标准通过上海市市场监督管理局“团体 / 联盟标准”登记受理和登录全国团体标准信息平台于 2020 年 8 月 1 日正式实施。

（刘黎俊）

抓住标准化工作热点　提升团体标准化工作

上海市标准化协会

一、抓住标准化工作热点，开展多层次多种类学术交流活动

成功举办标准化助推长三角一体化高质量发展国际研讨会。协会已连续20年举办“中国国际工业博览会科技论坛——标准化国际研讨会”。10月20日，“标准化助推长三角一体化高质量发展”国际研讨会顺利召开。近300位中外代表围绕“标准化助推长三角一体化高质量发展”主题开展广泛研讨。多名专家作主题演讲。本次研讨会首次采用线上直播＋线下研讨的模式。线上直播，经后台统计主平台共有超过4万人次收看，并推送至多个主流直播平台，全平台浏览量达到90万人次。相比以往仅有线下活动，线上直播将研讨会的精彩内容呈现给更多的观众，形成更广更深的影响力。

组织开展长三角地区优秀标准化论文评选。以“标准化助推长三角一体化高质量发展”为主题，开展论文征集评选活动。活动期间，共收到本市单位论文申报40篇。三省一市汇总后共形成100余篇论文申报。经过各地专家评审后汇总，共评选出一等奖论文3篇，二等奖论文6篇和三等奖论文9篇。

举办庆祝第51届世界标准日活动。10月14日是第51届“世界标准日”，主题为“标准保护地球”。10月12日，举办庆祝第51届世界标准日的活动。分享“节能环保领域的技术发展及标准适应性探讨”“智慧城市标准及上海仪电的探索”专题报告。

组织丰富的节能标准化知识科普活动。6月25日—7月3日是全国节能宣传周，主题为“绿水青山，节能增效”。协会在市市场监管局等单位的大力支持下，开展节能环保创意作品有奖征集、掌上节能周在线标准化讲座和科普、“能效标准化＋”研讨会等3个活动。广泛宣传生态文明主流价值观，培育和践行节约集约循环利用的资源观，在全社会营造节能降碳的浓厚氛围。

二、大力服务企业和政府，开展各类技术咨询工作

贯彻落实《上海市标准化条例》精神，推进“上海标准”标识制度的实施。（1）开展“上海标准”标识制度研究。受市市场监督管理局委托，2018年底开展上海标准的制度研究，前期完成上海标准制度研究的调研报告，对《标准先进性评价通用要求》地方标准进行意见反馈，以及前期5项试点标准的初评等工作。（2）开展“上海标准”评价。作为上海标准的评价委员会成员之一，协会受“上海标准”评价委员会的委托，对部分申报试点开展评价，撰写相应的评价报告。（3）首期“上海标准”试点申报。8月，协会将由中国科学院上海硅酸盐研究所提出并组织起草的团体标准《正电子发射断层扫描仪用锗酸铋闪烁晶体》，申报本次“上海标准”的试点。该标准填补国内外的空白，其核心指标远高于俄罗斯、美国、法国和乌克兰等国际知名的研究机构和龙头企业，一经发布就成为国际国内的行业标杆和重大科学工程应用的对标标尺。

12月24日，市市场监督管理局、上海标准评价委员会召开首批“上海标准”发布仪式，协会申报的《正电子发射断层扫描仪用锗酸铋闪烁晶体》成为第一批列为“上海标准”，为近两年协会在“上海标准”标识制度的研究和实施工作，画上圆满句号。

持续探索和提升团体标准化工作。（1）团体标准化试点中期评估。1月，受市市场监督管理局委托，对2018年立项的本市团体标准化试点中具有代表性的4家社会团体，开展试点中期评估工作。在完成团体标准化试点中期评估后，为其提供团体标准化试点的咨询，从而顺利通过试点验收。（2）团体标准合法性审查。对在上海市团体标准公共信息平台进行自我声明公开的团体标准进行符合性审核，全年共审核160余项团体标准。（3）梳理全国及本市团体标准公共信息平台的数据。在开展团体标准双随机抽查前，协会配合市市场局标准创新发展处对在上海平台和全国平台自我声明公开的约527项团体标准相关情况进行梳理，为随机抽查工作提供数据支撑。（4）协会团体标准专家审查。组织召开《植保无人机毫米波雷达高度计》等6项协会团体标准的专家审查会，进行编号及批准发布。

开展防疫物资产品企业标准专项检查评价服务，保障防疫重点产品质量。（1）非医用口罩类产品企业标准专项监督检查。4月，先后接到嘉定、普陀、静安、崇明等区的委托，对20项非医用口罩标准进行评价，并出具相应的评价报告。（2）防疫物资产品质量和市场秩序专项整治。5月初，受市市场局标准创新发展处的委托，对本市生产的防护服、呼吸机、红外体温计（额温枪）、口罩原料等10项防疫物质产品企业标准的主要技术指标开展比对，并出具相应的评价报告，为提升防疫物质产品的质量作出相应的贡献。

积极配合政府，开展企业标准、团体标准的自我声明公开“双随机、一公开”监督检查。（1）标准文本的评价。协会联系各市场局标准化行政主管部门，为各区提供现场监督技术支撑、检查前的现场人员培训，与11个区合作开展190余项标准合法性评价。（2）开展现场监督检查。年内，静安区双随机抽查涉及19家企业，检查企业标准化工作开展是否遵循《标准化法》和《上海市标准化条例》等，并对企业标准化工作中碰到的疑问和技术问题进行咨询和解答。

参与企业标准对标达标专项活动，建立专家数据库，参与撰写标准化白皮书。（1）2019年，嘉定区被列为国家第二批企业标准对标达标专项提升行动的试点城市。为此，嘉定区市场局委托协会开展40家企业的对标工作。从嘉定区提供的50余家企业的标准中比对32家共计40项标准达到国际标准水平，基本完成预期目标。（2）建立上海市标准化专家数据库。为进一步提高本市标准化科学管理水平，在标准评审、试点项目、专项资金、教育培训、标准水平评价等多领域充分发挥各领域标准化专家的作用。协会协助市市场局开展上海市标准化专家库的建设工作。通过协会前期调研，中期验收改进等工作，完成数据库系统设计，专家征集已正式开始，下一步将利用好此平台，充分挖掘各方资源，扩大充实标准化专家队伍，不断完善专家涉及领域，提升专家库的专业性，为本市打造标准化人才高地做出贡献。（3）参与撰写《2019年上海市标准化白皮书》。受市场局委托，起草《2019年上海市标准化白皮书》服务业领域部分。经过一个多月的材料收集、数据分析、案例选取及最终成文，共完成1.5万余字的稿件，准时上报市场局。白皮书已顺利出版。

三、注重标准化人才队伍建设，开展各类标准化专业培训

协会以服务企业为中心，以培养标准化人才队伍建设战略为目标，切实推进标准化培训工作。教育培训工作开拓线上培训的新模式。全年培训部共举办各类培训13场，参与人数共2360人。

全年培训部共开办6期岗位培训，有481人参加，包含制造业和服务业，行业分布较广。其中有2期培训为嘉定区有关局与普陀区有关局委托，共计113人参加。

在公益讲座方面，“团标助力疫情防控”等线上公益讲座也得到了广泛的响应，单次讲座有近1000人观看，也是线上培训的一项成功案例。

（王荣昌）

优化服务功能　支持企业健康发展

上海橡胶工业同业公会

一、开好年会，履行章程，规范运行

9月24日，公会依据《章程》规定，在双箭股份天台分公司召开十届三次会员大会暨理事会。主要议题是回顾总结上年度工作，明确2020年各项工作目标，修改《章程》，通报2019年财务审计报告，审议通过2019年监事会工作报告。针对上海市民政局关于社会团体设立监事会的要求，遂恢复之前成立的监事会，依据相关要求，对本会工作进行监督和检查。此外，会议还通报新会员入会情况，进行技术交流。

双箭股份董事长沈耿亮在会上介绍双箭橡胶上半年经济情况，分享公司"为用户创造价值"的新经营理念和发展历程；公会法定代表人、副理事长、上海新上橡汽车胶管有限公司监事长徐平宇围绕机遇和创新作发言。会后，与会人员参观浙江天台工业园区和双箭股份天台分公司。

二、齐心协力，提供信息，抗击疫情

自疫情爆发后，公会有关会员单位和个人纷纷行动，捐款捐物，公会秘书处一方面协助市经信委、市工经联调研复工复产政策落实情况，上报基层单位抗击疫情情况；另一方面积极为会员单位提供防疫用品市场信息、开复工条件等相关信息，并帮助个别企业解决因疫情而导致原料加工方面出现的难题。

公会理事长单位、上海回力鞋业公司先后向上海瑞金、长海、东方肝胆、武警医院和市精神卫生中心等援鄂医疗队捐助物资，还向随州市慈善总会捐款50万元，用于购买当地其他急需的抗疫防控物资，助力湖北的疫情防控工作。

双钱集团公司发挥海外工厂优势，组织人员在泰国当地兵分几路，行程500千米，跑了100多家药店，购得口罩、手持体温计等防护物资，又耗时2小时，整整装满11箱，派专人搭乘凌晨航班，一路将防护用品护送到国内，在机场完成交接后又于当日马不停蹄返回泰国。

上海五同同步带公司不仅捐赠13.5万元支持抗疫，还想方设法抓好复工复产工作。公会支部也积极响应党中央号召组织党员捐款，捐款率为100%。

三、优化服务功能，为企业健康发展提供支持

疫情初期，公会服务企业以电话、微信联系为主；疫情过后，公会深入一线，实地了解基层单位的生产经营情况，需要帮忙解决的问题，尤其是对一些走出去发展的企业，倾注更多精力予以关心，做好精准服务。同时对一些有市场有发展前景且符合绿色环保企业、产业链上下游及相关产业可以深化合作的企业给予重点关心，帮助他们实现可持续发展。继续用好技术经济委员会专家平台，为一些单位提供技术攻关和产业升级等支持。如上海龙霆国际贸易公司急需德国进口的橡胶稳定剂（WB-42）原料，上海多家企业都无法供应。公会得知情况后，马上联系相关单位，最终在全可贸易公司帮助下辗转解决需求。又如在年会上特意安排3家单位进行技术交流，包括新入会的华谊检验检测公司，其中乔成工程公司交流的电子标签引起双箭股份、华向履带等会员单位的关注，已有多家单位在试用中。

四、交流合作，共谋发展增添发展后劲

继续做好国内外同行来沪的参观、座谈、交流等活动。积极组织相关企业参与国外驻沪使馆、商会、经团联组织的联系和交流，为企业提供市场、交流、项目、信息等方面的服务。每年的中国橡胶展，公会总会看望参展的会员单位，了解橡胶前沿的新技术、新材料、新工艺，为会员单位发展提供信息等方面服务。

五、加强党建，促进公会工作能级提升

公会党支部积极贯彻落实中共十九大精神以及习近平总书记系列重要讲话精神，重点学习《习近平中国特色社会主义思想学习纲要》《习近平谈治国理政》等，并把"学习强国"作为提高党员理论修养的一个有效载体，用理论知识指导实践，不断提升工作的针对性和有效性。

按照市工经联党委的要求，党支部认真完成各项工作任务，推荐出席市工经联首届党委选举的党代表和党委候选人的推选工作；积极参与市工经联党委第八工作站组织的各类活动，进一步增强全体党员的大局意识、核心意识、政治意识、看齐意识，不忘初心、牢记使命，做新时代的合格党员。

（薛丽萍）

为打造先进制造基地多做贡献

上海涂料染料行业协会

一、积极做好抗击疫情工作

发动会员单位捐款捐物。立邦上海公司向金山二工区捐款200万元，向湖北省咸宁市红十字会捐款200万元；巴斯夫公司向上海市慈善基金会捐款100万元，还通过全球采购医疗防护用品及卫生用品，支援武汉当地政府、社区及医院，物品总价值超过50万元；紫荆花涂料（上海）有限公司向上海市金山区红十字会捐赠5吨75%酒精；瑞素士化学在奥地利采购一批应急防疫物资，送到上海瑞金医院，黄冈红十字会，孝感民政局抗疫一线；理事单位纳美新材料捐赠防疫物资：口罩5000只，募集资金20余万元，还购买10万只医用口罩支援武汉；上海颜钛集团董事长杨涛带头捐款20万元，三银制漆公司，亚士创能公司，安诺其公司等会员单位以多种形式参与抗击疫情工作。市经信委发来感谢信，表扬协会与会员单位在防疫抗疫期间所做的贡献。协会全体党员积极捐款，党支部书记张水鹤多次捐款，党员熊志芳一次捐款1000元，彰显大爱情怀。

二、承办“十四五”规划发展讨论会，制定团标实施细则

3月17日，酞菁颜料“十四五”规划发展讨论会在上海涂染协会召开，会议分析有机颜料国际市场情况及企业遇到的难点，围绕“十四五”规划工作重点：创新驱动、安全管理、兼并重组、加快行业智能化、标准化管理，加快5G在物联网管理商应用，加强大专院校联系，加快专业技术人员培养等问题进行探讨。

4月28日，协会发布《水性建筑涂料固体废物属性鉴别及管理要求》（T/SHCDA000001-2020）团体标准的公告，并在市市场监督管理局进行备案和在全国团体标准信息平台进行公示。

三、做好服务工作，确保会议论坛顺利召开

6月16日，协会召开第九届第四次会长会议、第九届第五次理事会和会员大会、第九届“绿色涂料发展论坛”和“安全生态染料颜料发展论坛”。参会代表、行业专家对涂料颜料行业的发展充分交流，对行业走势积极发表意见和建议。随后举行协会第九届第五次理事会和会员大会。下午举行第九届“绿色涂料发展论坛”和“安全生态染料颜料发展论坛”。

10月20日—23日，协会承办“2020年海峡两岸国际有机颜料行业年会暨技贸洽谈会、专题报告会”及“技术创新——引领有机颜料高质量发展大型论坛”，参加会议有近300人。会议主题为技术创新——引领有机颜料高质量发展。各位专家围绕欧洲有机颜料生产与消费、中国颜料产业发展形势、印度有机颜料产业崛起对我国的影响、中国涂料行业经济运行分析及绿色发展、中国有机颜料发展的思考、有机颜料技术创新、有机颜料及其衍生物催化新功能、情报助推有机颜料高质量发展、固体废物污染环境防治法解读、酞菁颜料国际市场基本情况，以及中国有机颜料“十四五”规划的思路等做专题报告。会议还举办技术创新——引领有机颜料高质量发展大型论坛。

四、举行首发式，承办培训班

9月30日，协会承办《有机颜料技术论文集》（续篇）首发式，这是周春隆教授有机颜料技术研究上的重大成果，上下二集前后跨度10年，共计50个专题，近120多万字。

《上海染料》编辑部出版《有机颜料技术论文集》（续篇）。10月13日—16日，协会承办中染协有机颜料专委会举办第21期全国有机颜料技术应用培训班。讲师精心准备，认真讲解；学员认真学习，积极提问，教学互长，良好气氛。

协会会同上海新材料协会访问宁波化工贸促会，旨在通过长三角化工产业创新，以“先进制造+国际贸易”的工作定位，围绕打造先进制造基地、扩大技术装备进口的发展思路，致力于服务长三角乃至全国的先进制造业。

（郑家琨）

朝着更绿色生态化　更智能化
更高附加值　更定制化服务方向迈进

上海塑料行业协会

一、抗击疫情工作

在市经信委、市民政局指导下，协会秘书处通过官网和微信等渠道，从1月至4月，连续发布17篇快讯，反映塑料行业为抗击疫情捐款出力的动人场面，以及复工复产的感人场景。2月20日，联合上海山田律师事务所发布关于开展疫后法律免费咨询服务的通知。3月13日，收到市经信委的抗疫感谢信，对疫情期间协会会员单位积极捐助并积极复工复产的工作进行肯定。据不完全统计，会员企业捐款7000多万元；捐物，疫情开始缺口罩及防护用品主动资助，还有捐助管道建医院、送拉杆箱等。熔喷布聚丙烯专用料的研发生产8家。

二、召开理事会和会员大会

7月16日，协会举行2020年会长办公会暨七届二次理事会。会议审议通过《上海塑料行业协会2020年工作计划》《上海塑料行业协会2019年财务决算、2020年财务预算》《关于增补、调整上海塑料行业协会副会长和理事议案》《关于成立上海塑料行业协会抗菌材料专业委员会的议案》和《上海塑料行业协会抗菌材料专业委员会工作条例（2020版）》等文件。会上，介绍团体标准编制、疫情对国内塑料产业链的影响、上海塑料行业“十四五”发展规划编制建议等。

10月27日，协会举行七届二次会员大会暨七届三次理事会，审议通过《2020年协会工作总结及2021年协会重点工作》《2020年协会财务收支情况报告》《关于上海塑料行业协会成立监事会的候选人议案》和监事会的无记名投票、《关于上海塑料行业协会章程修改说明》《关于调整上海塑料行业协会塑料电子商务专业委员会组织机构及其名称的议案》《关于修改上海塑料行业协会塑料电子商务专业委员会工作条例的议案》和《上海塑料行业协会塑料电商流通专业委员工作条例（2020版）》《关于成立上海塑料行业协会可降解材料专业委员会的议案和上海塑料行业协会可降解材料专业委员会工作条例（2020版）》《关于调整上海塑料行业协会第七届理事、副会长的议案》等文件。会上，表彰2020年度为抗疫作出突出贡献的22家会员企业，并向获2020年度上海塑料行业名优品牌商标产品的17家企业颁奖。会后，组织40余家会员企业，参观中国石化上海石油化工股份有限公司厂史馆和碳纤维及其制品陈列室，了解上海石化开发建设现状和未来发展。

三、调研咨询工作

协会通过论坛、会议、走访、电话等多种形式开展与会员单位交流，参加交流的会员单位达到115家；完成4篇调查咨询报告。为把握经济内循环格局下合成材料行业的发展趋势，了解“十四五”期间塑料行业将不断朝着更绿色生态化、更智能化、更高附加值、更定制化服务方向迈进带来的影响，加强合成材料及其上下游企业间的了解与交流，协会在举行七届二次会员大会的同时，主办“2020高性能合成材料生产及应用论坛”，参加的业内人士有160余人。

四、展会工作

“CHINAPLAS2020国际橡塑展”由传统线下展览调整为线上应用论坛形式，邀请业内有影响的企业代表和专家解读当下热门话题，积极协办“CHINAPLAS国际橡塑展——应用云论坛及展示会”，做好台州塑料交易会等宣传工作。

五、专委会拓展工作

国家出台应对抗疫的各项措施以及针对环境保护的禁塑文件，从公共卫生与抗疫防疫要求看，抗菌防霉材料已成为时下人们关注的重点。协会积极响应并相继成立抗菌材料、可降解材料这两个全新的专委会。9月18日，协会抗菌材料专委会召开成立大会，同时举行“抗菌材料发展愿景论坛”。12月18日，协会可降解材料专委会在杭州召开成立大会，新当选的主任单位上海同杰良生物材料有限公司任杰教授做主题为《禁塑背景下生物基可降解材料的产业化与应用展望》的报告。

六、微信公众号开通工作

8月16日，协会公众号开始运营，并制订刊登信息的操作流程，加强协会与各会员单位之间的信息互动。同时，做新媒体宣传方面的尝试。公众号先行为协会各个专委会服务，并逐步丰富完善。

七、党建工作

按市工经联党委《关于开展党史、新中国史、改革开放史、社会主义发展史学习教育的实施方案》的通知要求，6月22日，协会召开“四史”教育会议，大家畅谈身边的“四史”实例。通过学习，加深对改革开放和社会主义发展的理解。6月23日，协会党支部参加市工经联党委第一工作站赴嘉兴南湖开展“四史”教育主题活动。10月27日，党支部开展“学四史，担时代责任；忆初心，谋求新发展”主题活动。之后，党支部组织协会全体人员参观上海工匠展，大家表示要从工匠精神中得到启迪，在塑料行业的发展中追求精益求精的卓越品质。在抗击疫情期间，协会党员100%响应号召积极捐款。

八、常规工作

协会向市民政局提供上海市社会团体年度检查报告书；向市经信委提供《上海工业年鉴（2020）》《行业协会简介》栏目的撰稿内容；向中国塑料加工工业协会提供《中国塑料工业年鉴》“上海市篇”的年鉴资料。开展名优品牌、职称评审，全年共新评和复评17家企业，认定21个产品为行业名优品牌；有5家企业17名专业技术人员通过评审，取得专业技术职称，其中高级3人，中级1人，初级13人。全年吸纳新会员19家。

（徐旭璟）

加强合作交流　帮助企业产品走出去

上海日用化学品行业协会

一、主动参与抗击新冠肺炎疫情，帮助企业生产消毒杀菌产品，积极开展捐赠活动

年初，协会一方面争取部分有条件的企业复工复产；另一方面组织有消毒证、卫生证的企业为行业代工部分有品牌的企业生产免洗洗手液，为缺少酒精的企业及时提供必要的原料，让消毒液和消毒洗手液满足市场需求。3 月上旬，协会带领部分企业走访绿伞生物科技有限公司，与上海疾控中心联系卫生证和消毒证的生产办证要求等事项，部分企业积极向有疫情的地区（单位）捐赠，如上海绿瑞生物科技有限公司为上海皮肤病医院捐赠价值 10 万元的消毒洗手液，伽蓝集团股份公司为武汉捐赠 100 万元护肤和消毒洗手液，爱茉莉中国有限公司、上海家化联合股份有限公司、资生堂中国有限公司等行业著名企业均积极援助武汉抗疫工作。全行业捐赠达 1600 多万元。

二、宣贯《化妆品监督管理条例》

6 月 29 日，国务院出台《化妆品监督管理条例》，协会与食品药品研究学会联合举办网上宣贯教育培训，组织专家解读，受到企业欢迎。同时，收集企业对出台配套文件的意见，药监局主管部门积极支持配合宣贯工作，为贯彻执行条例创造条件。

三、调研国内外彩妆市场现状和发展，指导行业高质量发展

6 月，协会成立专家组。专家组深入调研，广泛征求意见，并从媒体和咨询专业机构及专业统计组织掌握的数据提出报告素材。经过市经信委推荐的上海高校知名研究专家评审后，形成《国内外彩妆市场的现状和发展调研报告》。报告获得专家好评。协会与市药监局化妆品处联合调研著名企业珠海伊斯佳、浙江珀莱雅、欧诗漫、江苏杨州完美工厂在数字化制造方面的做法，为全面执行《化妆品监督管理条例》和实现数字化智能化生产创造条件。

四、适应市场需求发动企业，制定团体标准

根据《化妆品监督管理条例》第 22 条关于“化妆品的功效宣称应当有充分的科学依据。化妆品注册人、备案人应当在国务院药品监督管理部门规定的专门网站公布功效宣称所依据的文献资料，研究数据或者产品功效评价资料的摘要，接受社会监督”的要求，协会组织行业专家编制行业团体标准《化妆品抗衰老功效测试——体外成纤维细胞 1 型胶原蛋白含量测定》《化妆品舒缓功效测试体外 TNF-& 炎症因子含量测定脂多糖巨澨细胞炎症细胞模型测试方法》《乙醇抑菌免洗洗手液、洗手凝胶》《化妆品中胚脯氨酸含量的测定》《化妆品抗氧化功效测试 - 体外角质形细胞活性氧（ROS 抑制测试方法）》共 5 项，为企业和检测机构提供检测依据，更加重视对化妆品功效宣称方面的科学性、可靠性，为 2021 年 1 月 1 日开始执行《化妆品监督管理条例》创造条件。

五、加强合作交流，帮助企业产品走出去

由浙江、江苏、山东、广东、福建、上海五省一市的日化协会共同发起和组织联合会议活动已第 14 届，活动以交流所在省市企业在新品开发、新原料使用、新检测手段等科技发展内容为主。2020 年，由福建日化商会承办。协会组织 40 余家企业参加，发表 10 篇论文，7 家企业演讲，在全国行业中明显提高协会作用。

协会根据企业需要，帮助企业了解各国对化妆品出口的相关政策法规，帮助企业不断完善出口产品质量体系的需求，以及解读出口国的贸易政策。全年，协会通过配合企业出口咨询、出具证明、翻译文件、相关政府部门和领事馆、公证处联系等形式，支持 40 多家出口企业顺利出口。

六、发挥协会党支部战斗堡垒作用和党员先锋模范作用

协会党支部坚持组织学习习近平新时代中国特色社会主义思想的时代背景、科学体系、精神实质和实践要求，进一步增强“四个意识”，坚定“四个自信”，自觉用习近平新时代中国社会主义思想武装头脑，指导实践，推动工作。认真学习“学习强国”内容，做好党员测评和党支部测评，过好党员民主生活。组织党员参观上海工匠展览，学习工匠精神，发挥党员先进性作用。

（金坚）

提高战略站位　推进行业健康发展

上海市生物医药行业协会

一、协会同心协力，打响疫情防控阻击战

由协会理事会党的工作小组牵头成立特别工作小组，协会秘书处工作人员各司其职，组成报道组、联络组、政策措施研究组分别开展工作。积极配合市经信委，主动放弃节日休假，加班加点排摸上海防护用品应急物资重点生产企业生产情况。协会党支部向党员发出倡议，组织党员捐款。同时鼓励各会员单位积极承担药品、口罩、消毒剂等生产任务，认真组织安排所需医药产品的生产工作，保证人员在岗在位。向会员企业开展上海市生物医药企业受新型冠状病毒感染肺炎疫情影响的问卷调查，细心整理，梳理最新信息动态所作相关分析后形成4份专报，呈送有关部门供决策参考。协会与中行上海分行张江支行为会员企业“精准输血”，第一时间驰援资金周转遇到问题的生物医药中小微企业，通过及时发放专项应急贷款、主动下调贷款利率、贴心做好续贷安排等一系列措施，全力支持生物医药中小微企业抗击疫情。协会与市经信委、浦东新区科经委、市九医院、相关生产企业之间进行沟通协调，落实“一次性防飞溅隔离巾”产业化，帮助生产企业申请后续升级产品专利。

在推进生物医药企业复工复产阶段，协会建议会员企业认真贯彻落实上级疫情防控保障要求，确保疫情防控和经济发展两不误。全力协调解决防疫物资保障等方面的困难问题。经统计，协会为会员企业提供68300多只医用外科口罩。针对部分会员企业在市场贸易中因国际标准和认证等问题频频遭遇困难和阻力，协会及时将会员企业遇到的问题写成专报，上报给市有关委办，帮助企业排除阻力，化解危机有效处理。同时针对本市疫苗科研与生产存在难题和矛盾，会同市经信委生药处组织召开座谈会，就相关问题形成专报。

二、提高战略站位，推进行业健康发展

着力提高智库功能，服务创新策源能力。（1）决策咨询。协会完成市经信委下达的《上海生物医药产业空间布局优化及政策措施研究（特色园区建设部分）》课题研究。主动参与市经信委《关于推动生物医药产业园区特色化发展的实施方案》相关研究工作。其中，为加强上海市级生物医药产业特色园区标准化建设和高质量发展，协会负责起草《上海生物医药产业特色园区建设导则》。编制《上海张江创新药产业基地发展规划》及《临港新片区生物医药产业领域选择及发展路径研究（2021—2035）》等生物医药园区发展规划。同时，为破解困扰生物医药企业的融资难问题，在市领导关心下，协会与上海市银行同业公会、上海市证券同业公会和上海市基金同业公会联合发起倡议，共同助推上海生物医药产业高质量发展。（2）课题研究。累计为市发改委、市经信委、市科创办、市科委、市商务委、市食药监局、浦东新区科经委、张江管委会等政府部门提供10多份研究报告。同时，协会向社会发布首个《关于健全本市生物类似药管理政策与制度的研究》白皮书。（3）标准建立。协会联合同济大学附属第十人民医院等编制《肠道菌群移植供体评估标准》和《肠道菌群移植样本质量控制标准》，解决临床上肠道菌群移植供体筛选评估标准和质量控制标准，对于肠道微生态诊疗领域具有重要的意义。

发挥服务和导向作用，努力成为行业和会员单位的好帮手。（1）发挥桥梁纽带作用。协会会同市经信委生物医药产业处组织召开“上海市疫苗产业发展专家讨论会”；会同市人社局、市经信委、市科委等分别组织召开“上海市生物医药领域专业技术人才评价和培养”“生物医药产业人才政策”座谈会；与市经信委生产性服务业处组织召开生产性服务业“十四五”规划调研座谈会；与市中小企业发展服务中心组织召开生物医药中小企业座谈会。还会同市商务委公平贸易处、市国际贸易知识产权海外维权基地等分别组织召开“新形势下生物医药企业的知识产权发展战略研讨会”等。与临港管委会、嘉定区经委、普陀区商务委联合召开“临港新片区生物医药产业规划调研座谈会”“促进嘉定区生物医药产业发展座谈会”和“普陀生物医药发展座谈会”。（2）积极有效地指导和推荐项目。累计帮助和指导企业获得政府支持项目50多项。（3）针对行业热点组织开展各种类型活动。全年主办或参与组织各类主题报告会、专题论坛、展览展出、羽毛球比赛等共计20余场。（4）有效开展行业信息服务。协会坚持每月按时出版会刊《生物技术产业》，每周向企业发送电子医药信息简报，每日更新协会的门户网站和微信公众平台，为企业提供及时、有效、全面的信息服务。（5）培训方面：每年定期举办“生物医药大讲堂”暨继续教育基础选修课培训。因疫情，生物医药大讲堂以线上网络课

程的形式呈现，全年培训人次总计超过 5500 人次。

促进长三角一体化，加快转型升级融合发展的高质效能。(1) 协会与安徽省医药行业协会、浙江省医药行业协会、江苏省生物化学与分子生物学学会、浙江省金华医药与健康协会等友好协商，联合相关园区和第三方资本发起成立“长三角生物医药产业服务联盟”。(2) 协会与同济大学经济与管理学院、必维集团等联合相关企业、园区发起成立“长三角新基建和城市精细化管理产业联盟”。(3) 在三省一市（江浙皖沪）生态环境局（厅）支持下，协会作为编制成员单位之一，参与制药工业大气污染物排放标准的制定工作，形成《制药工业大气污染物排放标准》(征求意见稿)。同时，协会积极与长三角相关园区合作，承担完成启动生命健康科技园管理委员会《启东生命健康科技城生物医药产业高质量发展三年行动方案（2021—2023 年）》等。

三、强化规范管理，提升精准服务的能级

完善法人治理管理，健全规范化管理。协会按照《上海市全面推开行业协会商会与行政机关脱钩改革工作方案》通知精神和协会章程，以“五分离五规范”为准绳，积极做好脱钩改革工作，按期完成脱钩改革。

夯实党建工作，促进协会发展。协会党支部遵照市委和工经联党委的统一部署及工作安排，认真制定并实施“不忘初心、牢记使命”“四史学习教育”和《习近平谈治国理政》(三卷) 学习计划，编写“四史”学习教材 3 册。累计上党课 23 次，党员积极分子书面学习体会人均 2 次以上，并组织参观“不忘初心伟大征程——从建党到建国红色文物史料展”“宁波杭州湾新区沪甬合作党建联盟中心”和“中国银行行史陈列馆”等。还顺利完成协会党支部换届选举。

全面加强协会自身的能力建设，稳步推进三项基本工作制度。(1) 绩效考核制度。协会将秘书处全年的工作计划分解为六大板块，张贴于办公室内，每月更新，公开接受会员单位和秘书处工作人员的监督。秘书处工作人员的全年工作进度也及时上墙公开，每个岗位都制定细致严明的标准。(2) 会员单位数目稳步提升。全年发展新会员 15 家。(3) 建立健全协会宣传沟通平台。积极改善协会微信平台，配合协会官网等渠道，及时发布开展重大会议或活动的新闻、简报和消息。

凸显社会责任，发挥行业履职的力量。在“2020 上海市企业社会责任报告发布会”上，协会作为行业协会代表再次向社会公开发布关于 2019 年度所属生物医药企业社会责任报告。

（赵婷）

敢于担当　扎实推进各项重点工作

上海医药行业协会

一、主动担当责任，组织动员全体会员携手抗击新冠疫情

抗击疫情，及时加速反应。根据上海市委、市政府的决策部署和政府相关部门的要求，上海医药行业协会第一时间组织秘书处人员动员学习，统一行动，做好相关预防措施及药品准备。1月21日，协会秘书长赶到位于奉贤的凯宝药业，了解库存和物流情况，并将相关信息及时上报政府有关部门。参加由市发改委、市经信委、市商务委和市卫健委召开的防控应急会议，汇报企业相关药品储备情况，及时把相关药品的生产和库存情况报市经信委，为市领导了解摸底和掌握基本信息发挥作用。协会向会员单位传达市委、市政府抗击疫情总体部署，要求相关生产经营企业积极备货、保障供应；加班生产、保质保量；绝不囤货、绝不哄抬价格。

义不容辞，携手共克时艰。协会及会员企业积极做好应急响应、保障生产、支援疫区等工作，为抗击疫情贡献力量。据不完全统计，至3月初，部分会员企业为疫情防控捐助现金2260万元、口罩24.1万只、手套31.8万只、防护服20058件、医用帽子1.6万个、医用床单100卷、紫外消毒车30辆，捐助药品金额3219.29万元、诊断仪器及试剂等医疗物资2101万元等。协会得知养老机构有消毒液需求后，出资20万元购买100箱乙醇消毒液全部捐赠给上海民政系统养老服务机构。

深入调研，支持企业复工。为配合企业复工复产需要，协会向全体会员单位发布《关于近期医药行业加强疫情防控和加快恢复生产的通知》。支持配合会员单位，一手抓疫情防控；一手抓复工复产。协会积极参与市委统战部、市财政局、市民政局、市工商联等组织的“政会银企”四方合作机制，帮助上海延安药业等与上海农商行达成300万元的授信贷款协议。协会抗疫工作得到市发改委、市经信委、市商务委、市市场监管局、市民政局和市工经联等有关部门和单位的充分肯定。

二、日常工作不断不乱，稳步推进各项重点工作目标达成

深化行业企业品牌研究和行业标准化建设，引导行业高质量发展。继2018年、2019年两度发布上海医药行业企业品牌指数后，协会与上海市社科院品牌发展研究中心进一步深化合作，结合品牌发展的新形势和新要求，在总结经验的基础上，持续对品牌指数指标体系进行优化，保证品牌指数研究的科学性和可靠性。同时，持续优化行业团体标准申报和发布平台，相继与上海市药品审评核查中心和部分企业合作发布《人用重组单克隆抗体制品生产通用技术要求》《窄治疗指数药物质量评价及标准制订的通用技术要求》《化学药品药学研究质量管理指南》等3个团体标准，均为国内首次发布，在业界引起广泛关注。

强化行业高技能人才培养基地建设，加快急需人才培养。协会持续深化上海高技能医药人才培养基地建设，积极推进专项技能、新型学徒制、等级评价等项目开发。完新型学徒制项目完成1个招生和5个开班，包括药物制剂工（高级）2个、药物制剂工（中级）2个、药物检验工（高级）2个，完成医药商品储运员（中级）1个班的培训和39人的鉴定考核。协会被市人社局、市经信委共同推荐申报国家级高技能人才培训基地建设项目，获批国家级高技能人才培训基地。协会上海医药行业职业技能鉴定所接受上海职业技能鉴定中心组织的验收并获高分通过。协会组织完成继续教育及行业政策解读系列培训工作，在4个月内共计有126家企业近3000人次参加培训，学员选课突破6700人次。

推动“产学研用”开展学术联动，倡导科学抗疫和合理用药。协会以主办专业学术期刊《上海医药》为载体，广泛联系医院和药企，积极倡导科学抗疫，提供全方位、多维度的学术服务。《上海医药》杂志克服疫情困难，完成12个主题的策划及组稿，紧扣“抗疫”主题策划“抗疫”专刊出版，凸显临床和产业界在抗疫工作中的突出成绩和贡献。杂志严格编务管理，办刊质量持续提升，月均发行量达到1万多册，并顺利通过上海新闻出版局的期刊年检。为配合药品质量工作的推进，协会策划组织“药品质量与安全用药——质量万里行”系列学术活动，围绕高风险药物的质量与安全用药问题，先后在全国10个城市陆续展开线上研讨活动，引起较大反响。

开展疫情中调查和后疫情研究，提出发展对策和建议。协会积极承接政府及相关单位的购买服务，通过开展行业战略研究、价格监控及行业统计分析，为疫情期间和后疫情时代政府决策和行业发展提供重要的决

策参考。2 月底，会员单位进行“医药行业企业疫情影响及复工复产情况调研”，为政府相关部门和上级单位了解真实情况、出台相关措施提供重要参考。5 月初，完成“上海医药复工复产中面临的主要困难及相关建议”调研报告，对现阶段亟须政府为企业提供的指导或扶持、对医药行业的未来发展提出对策和建议，受到政府相关部门高度重视。

发挥桥梁纽带作用，搜集整理政策反馈和行业发展建议。协会围绕疫情防控、产业发展和监管需要，采取多种方式，搜集整理政策反馈和行业发展建议，参与政策制定。1 月 9 日，协会首次承办全国“两会”代表 (委员) 提案建议华东地区调研会，来自上海和华东地区医药界人大代表、政协委员和重点医药企业负责人 100 多人出席会议，搜集整理的 20 多条提案建议素材全部入选提案素材目录。协会参加上海市推动生物医药产业高质量发展的重要会议，参加市委组织部、市委党校、市经信党委主办的推动上海生物医药高质量发展专题研讨班，参加市人大常委会主任蒋卓庆召集的医药行业专题调研座谈会，代表行业和企业提出多项推动上海医药产业高质量发展的意见和建议。协会积极参与市政府有关部门战略性新兴产业和先导产业发展“十四五”规划编制工作组、市国资“十四五”生物医药产业发展专题研究工作组、市《质量状况白皮书》编撰工作组、市人大《上海市知识产权保护条例》立法调研工作组等，参与相关座谈和研讨，提出政策建议。

强化协会内部治理和管理优化，提升服务能力和服务水平。8 月中旬，为进一步贯彻国务院《关于进一步规范行业协会商会收费的通知》精神，协会秘书处召开全体工作人员座谈会，逐条学习通知具体规定，并要求在具体工作中不折不扣地加以落实。根据进一步完善内部管理的需要，协会撤销在不同时期设立、已不适应行业发展要求的 7 个分支机构。同时，继 2019 年新设立新技术新技能专业委员会、血液病临床和医学转化专业委员会、特殊感染防治专业委员会后，新设标准化技术专业委员会、中西医结合快速康复专业委员会等 2 个专业委员会。协会自 2013 年以来连续 8 年发布上海医药行业社会责任报告并获“品牌贡献奖”。

协会高度重视党建工作。协会党支部定期开展组织生活，组织党员学习中共十九大和十九届五中全会精神和习近平总书记的重要讲话，全体在职党员及退休党员认真参加组织生活，积极交流思想体会，并结合协会工作开展党建主题活动，确保协会风清气正，促进各项工作的顺利开展。

（姬云程）

探索中医药产业创新发展路径

上海中药行业协会

一、参与抗疫行动，积极建言献策

主动作为，积极抗疫。协会主动参与市政府相关部门有关抗疫物资生产供应和药品储备情况、复工复产等调研协调等工作。秘书处根据抗疫形势及时建立微信工作群，调整上班方式并建立全天候的值班制度，与会员企业保持联系，坚持为会员企业服务。上半年，协会主动协调上海市驰援武汉的医疗队进驻雷神山医院后遇到使用中药饮片和汤剂的困难问题。针对湖北省大量中药材种植企业、合作社及种植户面临严重的产品滞销困难，协会接到“中国中药材基地共建共享联盟”关于《优先“采购荆楚药材优品，助力湖北经济复苏”》的文件后，当即由协会中药饮片专委会和中药制药专委会下发通知，动员上海中药企业积极响应号召，结合自身生产经营情况加大采购鄂产中药材的力度，部署帮助相关会员单位了解有关情况，协助全国中药材基地共建联盟湖北联络站进行后续对接工作。

当好桥梁，发布消息。协会及时在网站上发布市经信委《关于开展征集第一批防控新型冠状病毒感染的肺炎疫情新技术、新产品、新应用的通知》；根据市药监部门的要求，在药品零售企业微信工作群中发布《关于加强中药饮片审方工作的通知》，在网站上发布《关于加强新型冠状病毒肺炎疫情防控期间广告管理的通告》，在第一时间公布《新型冠状病毒感染：零售药店工作指导与防控策略专家共识（第一版）》。根据抗疫形势，协会培训中心及时发出“暂停中药调剂员实训”的通知，以确保安全。

及时调研，反映情况。协会在会员企业中开展应急防护用品需求排摸和复工复产情况调研，对企业复工复产过程中遇到的问题和困难进行梳理，形成《疫情对上海中药产业带来的初步影响和产业发展机遇》材料，向有关部门汇报。协会还坚持做好对会员企业的服务工作。有药品零售企业的员工体检证书即将到期，经与药监部门联系，企业及时得到特殊时期特殊处理的回复。

收集资料，弘扬先进。从1月底开始收集会员企业抗击疫情感人事例，在协会网站连续刊登几十篇报道，宣传一线员工和共产党员的专业精神和无私奉献。为此，收到市经信委发出的感谢信。

二、加强专业服务，促进复工复产复业

重视中药储备工作。针对中医药在治疗新冠病毒患者中发挥的重要作用，协会提出《关于做好本市中药储备应对突发疫情的建议》，引起有关主管部门领导的重视，并通过有关渠道上报。经市政府安排，由市中医药管理局牵头协调，协会及时帮助相关企业做好衔接工作。

继续为广大会员单位做好培训。协会对原有管理系统进行二次开发，GSP（药品经营质量管理规范）培训全部采用网上报名、网上付费的形式，已开办9期共609人次、上门送教煎药培训61人次、中药调剂员培训举办6个班共189人。积极推进“上海市中药行业高技能人才培养基地”的建设，并获“上海市中药行业高技能人才培养基地”授牌。《中药（饮片）鉴别》《中药煎药》两个专项能力等共3个项目通过有关部门审核。

开展中药保护品种调研。协会协助国家中医药管理局开展上海中药保护品种的调研工作，涉及绿谷、凯宝、黄海等5家中成药生产企业的注射用丹参多酚酸盐、痰热清注射液、扶正化瘀胶囊等7个品种。同时，做好中药饮片价格信息服务工作。受上海医保局的委托，协会信息办提交中药饮片市场价格信息共4批。

办好中成药杂志。协会主办的《中成药》杂志坚持办刊宗旨和杂志特点，优先刊登反映抗疫中成药的品种及中成药研究的新理论、制剂工艺、药理作用、临床应用、质量标准及炮制方法等研究成果，为从事中医药工作的高校、科研院所师生及医师、研究人员及管理者提供交流平台，专业性和学术影响力进一步扩大。

组织评选名优产品。本次申报行业名优产品共75个。其中成药产品为39个，涉及10家中成药生产企业；中药饮片为36个，涉及10家中药饮片生产企业（其中一家兼产）。16家申报企业全部为去年申报企业，3家为2020年新申报企业。共73个品种通过评审上榜。

三、弘扬中医药文化，推进中医药发展

主办野山参文化节。11月21日，由协会主办，上药神象公司和蔡同德药业公司联手承办的第六届上海野山参文化节在蔡同德堂隆重开幕。开幕式现场展示优质野山参、野山参粉，以及鲜参、野山参膏方、人参花茶等多类野山参养生产品。活动邀请上海市煎膏非遗传承人现场熬膏，赢得消费者的口碑。开幕式举办的

养生知识讲座受到市民欢迎，下午和晚上还在多个线上平台进行直播。开幕式后两天，野山参销售明显增长。第六届上海野山参文化节各个分会场的活动持续到年底，举办“野山参鉴别技术高级研讨班”，进一步促进野山参和参茸业务的市场复苏。

开展传承精华工作。受市中医药管理局委托，组织开展申报2020年上海市中药专家传承工作室建设项目，上药杏灵高崎等6个中药及上海群力中医门诊部韩龙惠等共7个中医药专家传承工作室获上海市卫生健康委批准建立，并落实专项扶持资金，分属饮片、中成药生产企业及中药商业企业。

协办上海市中医药产业研讨会。在“上海市中医药产业研讨会”上，协会组织并主持8家企业和机构进行圆桌论坛，分享中医药的最新成果、最新理念等，分析中医药产业转型升级的重点难点问题，探索中医药产业创新发展的可行路径，受到政府、行业和媒体的关注，也扩大协会影响力。

弘扬传统。为做好中医药传承创新发展工作，经市卫健委和中管局同意，协会联手市医师协会开展颁发“上海市从事中医药工作50年人员荣誉证书”工作，全市共有18位中药工作者获此荣誉。同时，按市人力与社保局、卫健委和中医药管理局的要求，开展“上海市中医药杰出贡献奖评选表彰工作”，许锦柏光荣当选。

推荐中成药大品种。受有关部门委托，协会组织申报国家中医药管理局“临床优势中成药品种”，涉及雷允上、和黄、凯宝等6家企业共10个品种，为企业发展助力。

培养技能人才。协会培训部组织企业参与“第46届世界技能大赛倒计时一周年”活动，开展“相约上海，技能筑梦”中药技能推广的主题活动。11月初，组队参加第六届全国医药行业特有职业技能竞赛，雷允上（西区）药业有限公司吴昊获中药调剂员（职工组）个人三等奖；协会获“优秀组织奖”。协会开办“定制膏方加工上岗证”培训班，有30家单位的86名员工参加。

报批上海市第五届工商业领军人物。中药行业共有3位优秀企业家获此殊荣，即蔡同德药业总经理杨清、凯宝药业总经理穆竞伟和第一医药总经理周洁。他们以改革和创新精神带领企业走观念创新、科技创新、制度创新、管理创新，实现科学发展之路，在行业中起到领先推动作用，推动中药行业高质量发展。

开展“传统香袋评比”。有80个品种规格参加，16家单位评选出16个精品，其中荣庆堂的香袋被评为上海非遗产品，雷允上西区和九和堂的香袋被上海市消保委评为“上海市伴手礼”，形成协会特色活动“夏有香袋，冬有膏方”，促进行业传统产业发展。

四、推进行业标准建设，提升行业自律水平

发布《上海中药行业中药煎药质量管理规范（修订版）》。5月11日，协会召开医疗机构委托中药煎药资质评估检查工作会议，组织检查组成员深入学习煎药企业资质评估检查内容和新版管理办法；在做好全面防疫工作的基础上，开展煎药企业资质复评工作。协会将《上海中药行业中药煎药质量管理规范（修订版）》向有关部门申报团体标准，于4月27日发布（团体标准T/ZYJ000107–2018），并接受验收合格通过。

启动野山参团标工作。协会启动建立《上海中药行业野山参分等质量标准（团体标准）》，并在第六届上海野山参文化节开幕式上宣布，携手上药神象健康、蔡同德等9家企业向本市中药企业发出旨在提升野山参产品的品质，保护消费者权益，加强行业自律管理的诚信倡议书，此项工作受到媒体的关注和好评。

建设溯源饮片体系。协会一直抓紧中药饮片质量追溯体系的建设工作，信息化管理软件开发工作已完成；第一批（11个）品种标准制定完成，信息备案工作全面展开，其中西红花已在部分医院试销售，完成《上海中药饮片质量追溯体系建设管理办法》征求意见稿。9月9日，协会和云南省中药材种植养殖行业协会共同承办的全国“消费促进月”——云南省中药材追溯主题会议在昆明顺利召开。协会还组织对行业饮片骨干企业的溯源饮片成本调研，为启动溯源饮片的试点实施做好配套准备。

完成煎药企业资质评估及复评换证工作。截至2019年末，业内接受医疗机构委托煎药资质的企业47家，其中29家提交复评申请。经医疗机构、行业和协会三方联合检查小组现场评估，检查合格的有21家；要求企业限期整改经复查合格的有4家；延期复评的有1家；不符合复评条件被否决的1家。现持有效煎药资质评估合格证的有41家（含1家限期整改待延期复评的连锁公司）。其中饮片生产企业13家，实行集中加工的连锁公司7家，饮片零售药店21家。

规范定制膏方市场。有57家加工单位提出申报“上海中药行业定制膏方规范加工单位”，其中5家是新申报单位，协会按照规范要求进行核查，其中4家符合要求，并在《新民晚报》《上海中医药报》《上海医药报》等媒体和会刊刊登“2020年度定制膏方加工单位名单”以及承诺书。同时，对本年度定制膏方加工申报单位进行动态检查。

（朱嗣方）

认真开展保健食品专项整治

上海保健品行业协会

一、加强行业自律，认真开展保健食品专项整治

4月，国家市场监督管理局等七部委联合印发《保健食品行业专项清理整治行动方案（2020—2021）》，协会认真贯彻落实，多次召开相关单位专题会议，要求会员企业按照通知要求，提高思想认识，进行自查自纠，采取切实有效措施，坚持诚实守信，自觉遵纪守法，依法生产经营活动。生产企业应增加保健食品质量安全意识，承担保健食品质量安全第一责任人的责任，认真落实保健食品标签、说明书相关规定，严把原料、食品添加剂使用关，严格落实进货严查制度，认真执行保健食品安全管理制度，建立健全保健食品安全追溯体系。经营企业要严格遵守食品广告审查管理规定，加强本企业产品广告宣传的严格审查，自觉抵制保健食品夸大、虚假宣传，提倡自律诚信，倡导放心消费，弘扬社会道德，做良心产业，树道德大业，为确保人民群众“舌尖上的安全”做出积极贡献。

二、增强责任意识，为会员企业排忧解难

协会秘书处先后走访50余家会员单位，开展行业调查，了解企业生产经营情况，帮助企业解答生产经营中所遇到的法规方面的问题。5月，大多数企业刚刚复工复产，协会举办保健食品政策法规解读与互联网营销新生态线上线下研讨会。来自本市130多家保健食品生产经营企业与现场4位专家老师交流互动，解答会员单位在生产经营中碰到的各类困难和问题，得到参会企业一致点赞。11月，在第11届中国国际健康产品展览会开幕之际，协会组织召开“第二届营养与保健食品产业发展论坛”，论坛邀请多位营养学专家作关于营养与免疫力、膳食营养与健康老龄化、第五代保健食品研发策略的演讲，会员单位100余人参加论坛。

三、切实履行使命担当，全力以赴做好疫情防控工作

协会号召会员单位积极行动，为疫区捐赠物品，为奋战一线的医务工作人员提供健康保障，切实履行使命担当。协会副会长单位新（中国）日用保健品有限公司、上海春芝堂生物制品有限公司、上海交大昂立股份有限公司、上海黄金搭档生物科技有限公司等12家单位向武汉或上海的医疗机构捐赠物资，为医护工作者提供健康保障，以实际行动助力疫情防控工作。

四、精心组织筹备，圆满完成换届选举工作

从6月起，协会启动换届筹备工作，协会成立换届领导小组和工作小组，认真起草相关文件，同时按照民主办会的原则走访会员单位，召开座谈会，充分听取会员单位意见。推荐产生新一届理事会候选人名单。12月上旬，召开八届一次会员大会和八届一次理事会，以无记名投票方式选举产生协会新一届理事会及新一届监事会，产生新一届协会负责人，圆满完成换届选举工作。

（朱惠雄）

优化产业结构　推进区域合作

上海市食品协会

一、注重行业创新，提高行业技能

举办“南顺杯”2020第四届上海蝴蝶酥技能大赛，以及“瑞华杯”第三届上海市食品行业月饼技能比武等活动，鼓励会员企业增强创新意识，提升产品品质，改进包装，创建品牌，努力构建“要素链接、产能链接、市场链接、规则链接”的桥梁，培育和涌现出一批在业内外有影响的品牌产品和品牌服务。

协会先后完成装饰蛋糕制作、糖艺制作、硬质面包制作、甜品制作等4项专项能力开发，根据形式变化，设立经典咖啡制作、花式咖啡制作等2个专项职业能力培训项目。通过加强职业能力项目的研发和职业人才的培养力度，以及后续开展的相关培训工作和高技能人才认定等工作，提高行业技能水平，推动行业可持续发展。

二、推进区域合作，增强品牌意识

承办“2020长三角食品产业创新发展论坛”，参与建立长三角食品产业创新合作联盟，主办2020年度长三角名优食品认定工作，经长三角名优食品评审委员会综合评审，认定上海金枫酒业股份有限公司的“和”牌黄酒等200家企业的202种产品为“2020年度长三角地区名优食品”。其中，上海地区有49家企业的49种产品入选。举办2020年度长三角名优食品之夜和品牌建设交流大会，鼓励上海食品企业打到全国各地乃至海外，促进长三角地区的食品行业发展。

三、走出国门跨界，推动布局全球

协会鼓励上海食品企业以更开放的理念、更包容的方式，搭建国际化跨界融合、创新合作平台，高效利用全球创新资源，打造多点支撑的食品行业增长格局。通过产品出口、文化输出、海外建厂、并购等方式，实施“走出去”的发展战略，积极主动参与国际市场的竞争，开始全球市场的布局。

四、优化产业结构，促进稳步发展

（1）推动食品行业优化产业结构。基本完成现代食品工业产业布局，培育壮大一批骨干企业。同时，食品工业规模以上企业节能指标进一步提高，一大批关键共性绿色制造技术实现产业化应用，形成一批绿色发展的示范企业。（2）促进搭建行业数字框架，推动技术创新平台建设。上海建设数字城市的特征和趋势，努力破解数据应用瓶颈，开发激活应用场景，引导企业在大数据的背景下有序发展。（3）创建和赋能产业集群。推动国内外食品行业、企业之间的交流与合作，借鉴各地先进经验和做法，创建辐射和赋能更广区域的头部企业和具有核心竞争力的食品行业产业集群。（4）建设经济联通性通道。保持与市商务委、市经信委、市食药监局、市文旅局等政府部门及相关机构的联系，参与“市标”“国标”和相关标准的修订、制定工作，增强行业话语权。充分发挥与各区商委（经委）的联系联席会议机制作用，开展市区共建活动。配合政府相关部门做好诚信管理体系标准的培训、体系建立，咨询和诚信管理体系的评价、培训和企业诚信管理体系申报工作，以及各种资源对接工作。（5）打造创新型经济高地。组织专家深入企业开展专题调研、专题研讨。进一步加强与科研单位、大专院校的联系与沟通，借助于智力推动产品结构向多元化、优质化方向发展。发挥上海市食品行业高技能人才培训基地的优势，加大技术人才的培训力度，高质量做好食品行业人才培养和各类职业技能竞赛组织、赛前培训和比赛等工作。（6）创建多种要素流动增值平台。进一步加强上海特色旅游食品推荐评测、长三角名优食品申报以及长三角名牌互认等工作等平台的建设，高质量做好各类高水准展会的主办、承办和参展，以及推荐评测等工作；举办高水平、理论观点超前的论坛。

（沈源琮）

提供精准服务　发展实体经济

上海硅酸盐工业协会

一、聚焦党建融合发展，规范行业诚信从业

协会认真履行市经信委、市社团局、市工经联的的工作部署，按照中共中央、中共上海市委关于加强社会组织党建工作的要求，抓好科技社团党风廉政建设，引导社会组织依法执业、诚信从业，参与社会治理，发挥好政治引领的作用。8 月 18 日，协会联合党支部召开一届七次党员大会暨“四史”学习教育主题党日活动，上党课、进行“四史”学习答题竞赛。8 月，联合党支部发起制止舌尖上的浪费，培养文明餐饮习惯的倡议，培养节约习惯成为公民自觉行动。11 月 17 日，根据市工经联党委“四史”学习教育工作的相关部署，联合党支部与上海市企业法律顾问协会党支部联合开展党建联建活动，参观位于上海市工人文化宫内的上海工匠馆。

二、抗击疫情，加强理事会职能建设，引导会员单位复工复产

2 月 7 日，为加强新型冠状病毒肺炎疫情防控工作，遏制疫情蔓延，保障行业人员健康安全，协会成立以会长为组长，副会长和监事长为副组长，理事为组员的“上海硅酸盐工业协会疫情防控工作组”。各会员单位积极行动，及时传递党和政府的决策部署、疫情信息，普及新型冠状病毒肺炎相关知识、预防措施，抗击疫情，复工复产。11 月—12 月，协会召开理事会议和会员大会，汇报 2020 年度工作，提出 2021 年工作计划；审议修改《协会章程》，审议通过法人变更决议。

三、承接政府职能，提供精准服务，服务实体经济

6 月 18 日，在国家技术转移东部分中心、全国高校技术市场、上海硅酸盐研究所、上海大学和各会员单位的支持下，由市科委指导，协会主办的“第三届长三角创新挑战赛——工业陶瓷领域专场赛”，在会员单位上海恒脉陶瓷技术有限公司启动。创新挑战赛针对具体技术创新需求，通过“揭榜比拼”方式，面向社会公开征集解决方案。旨在通过赛事打造“寻—研—匹—转—孵—投—产”能力的行业技术转移的生态链。

协会对标长三角协同发展理念，先后走访江苏宝联气体有限公司、浙江建德天一玻璃制品有限公司、常熟创新陶瓷有限公司、浙江宇清热工科技股份有限公司、杭州湾产业协同创新中心，提供点对点服务。另外，协会接待和走访上海鑫诺玻璃技术有限公司、嘉定北斗产业园、上海罗金光电科技股份有限公司、霍尼韦尔、上海恒脉陶瓷技术有限公司等，为企业研发生产提供有力支撑。协会关注生物医药产业疫情热点，多次互访交流，助力南通中硼硅电助熔炉生产线项目自主创新，解决面对新的国际环境所带来的一系列“卡脖子”技术问题。10 月—11 月，协会与副会长单位中建材国际工程集团有限公司组织互访参观交流活动，就团体标准制定、校企人才交流、职称评审、奖励推介等方面的工作进行重点磋商，促进创新资源共享，更好地发挥专业优势和平台优势服务以企业为主体的技术创新体系。

7 月 17 日，协会召开上海硅酸盐工业协会职称评审会议，通过现场答辩，有 3 位通过副高级职称评审，2 位通过中级职称评审，1 位通过初级职称评审。9 月，职称评审委员会根据科技部、教育部、人力资源和社会保障部文件精神，修订《上海硅酸盐工业协会技术职称评审管理暂行办法》《上海硅酸盐工业协会技术职称评审总则》。

（顾中华）

在危机中孕育转机　加快行业复苏步伐

上海针织服装服饰行业

一、危难时刻见证力量，同心同德战胜疫情

协会启动快速通道，与会员单位保持密切联系，并通过微信公众号，发布政策汇总达 27 项次，确保中央和市府的政策信息第一时间传达给会员单位，同时提供咨询和指导。开展调查研究，促进政策对接，互通联系累计达 120 多次，有效推动整体抗疫和复工复产的进程。

会长单位上海龙头股份有限公司跨行转产口罩与防护服，15 天改建成 2000 平方米医用防护服清净车间，11 天改建成第一条口罩生产线，快速形成 50 条产能规模。副会长单位安莉芳有限公司、艾谷针纺织品有限公司、华高针织有限公司、华钟袜子有限公司、北极绒（上海）纺织科技发展有限公司以及理事单位上海纺织时尚定制有限公司等企业，全力抓品种转移，争分夺秒抢时间，开发设计新的防疫服装，转产前线急需的口罩，为缓解防疫物资紧缺释放出新的能量。上海帕兰朵纺织科技发展有限公司加大科研投入，大力开发抗菌型新材料，加快进行抗菌新材料转向抗病毒新材料的可行性研究。上海龙头进出口有限公司在疫情之初仅 1 个月就在全球紧急采购防疫物资共 230 万只（套），3 万多瓶消毒液，1 万瓶酒精喷雾，并第一时间调拨到抗疫前线，为拯救生命抢占先机。

二、全力彰显爱国情怀，企业勇担社会责任

副会长单位三枪集团通过上海市慈善基金会向抗疫一线捐赠保暖内衣及各类物资 64 万件 / 套，捐赠的产品覆盖到 10 个省的 120 多个援鄂医疗队，使 1.6 万多位医护人员得到爱心、暖心、贴心的保暖内衣。古今内衣集团捐献 2000 万元，支援湖北的抗疫斗争。上海恒源祥制衣有限公司和恒源祥袜业有限公司、上海东珠针织服装有限公司、江西恒康麻业针织有限公司等企业在武汉抗疫前线最急需口罩的关键时刻，第一时间捐赠口罩和其他急需的慰问品以及现金，专项慰问抗疫前线的战士。

三、在危机中孕育转机，加快行业复苏步伐

副会长单位上海纺织时尚产业发展有限公司创新发展，逆风前行，不断推动时尚产业向高质量发展，并多举措筑牢“疫情防控网”，做好园区的“守门员”。卓维 700 创意产业园区坚持做好粗放型管理向有主题、有特色的精致服务转变的工作，使产业业态加快向文化创意产业园转变，影响力得到极大提升。上海国际时尚中心园区管理有限公司线下线上齐发力，快速形成品牌直销，累积上万客户。上海国际设计交流中心企业管理有限公司全方位制订防控措施，精准施策，落实督查，做到不遗漏、堵死角，公司上下加快企业复苏步伐。上海 M50 文化创意产业发展有限公司、上海五维婚纱艺术产业发展有限公司用忠诚和担当筑牢防疫篱笆，用行动书写防疫生动画卷。上海国际时尚教育中心及时开通网上教育，开设美 = 色彩 + 风格 + 比例、电商买手与运营、个人形象管理、企业直播技巧实战等课程，让学员及时掌握国际时尚第一手信息。北极绒（上海）纺织科技发展有限公司借助于信息化提升精细化管理水平，创新营销手段，开拓短视频私域流量、淘宝直播、抖音快手带货等营销新领域，获得效果。上海海螺服饰有限公司通过加强线上线下联动、拓展社群私域渠道、形成多渠道布局等手段，来应对疫情之后所面临的一系列市场变化。

为帮助企业尽快复苏振兴，协会充分运用信息资源和人脉关系，为企业搭建互通合作的操作平台，为中小企业特别是民营企业在勇渡难关中出点子，解难点，并组织召开量子科技在行业中推广座谈会和协办“2020 中国国际针织（秋冬）博览会”，全力为企业提供各类精准的服务。

（闻天恋）

助推上海纺织制造业高质量提升发展

上海纺织协会

一、确立“一”个目标

纺协把创建“有特色、有担当、有温度的纺织服装联合会”作为工作目标。积极探索成为紧密与宽松相结合的联合型协会，注重与专业型协会和分会资源共享、优势互补，重点开展单个协会难以完成而必须联合起来才能做成功的事。纺协以“疫情就是命令，防控就是责任”为宗旨，与企业并肩战“疫”展现出应有的担当和作为。接地气解难题，急企业之所想，解企业之所难，大事小情，出主意，办实事，为政府出谋献策，为企业排忧解难。

二、实施“二”个助推

抓住防疫抗疫攻坚战，做好宣传和助推服务。纺协以“疫情就是命令，防控就是责任”为宗旨，联合家纺、服装、长三角非织造等专业协会，组织会员企业捐款捐物、对接防护物资生产供应、协助政府部门隔离防控，切实发挥联合会的资源优势、组织优势和功能作用。坚持做到以下“五个第一”：第一时间协调、组织口罩、防护服等重点物资生产；第一时间组织会员企业积极参与“一起抗疫，纺织人在行动”公益活动；第一时间做好“协会会员企业驰援抗击疫情”先进事例收集和发布，做好抗疫重点企业“一手抓防控，一手抓复工复产”情况统计分析；第一时间发布政府复工复产复市的扶持政策，及时建立“政会银企”四方合作平台；第一时间调研排摸企业的需求，互相抱团取暖。

聚焦品牌建设和发展，助推上海纺织制造业在大变局下高质量提升发展。发挥纺协产业创新服务中心、纺协情报中心和各专业协会、分会的作用，确定重点企业开展调研，跟踪分析发展动态、亮点、难点与需求，及时提供助推服务，促进行业在大变局下持续健康发展。（1）深入企业调研总结，实施品牌强企推进工程。围绕上海纺织制造业在后疫情时期和大变局下的生存与发展，秘书处组成调研小组并由常务副会长、秘书长带队走访重点企业开展调研，了解企业疫情下发展现状和发展规划，共同分析行业发展态势，为企业下一步发展提供专业性指导。（2）成立上海纺织协会熔喷技术专业委员会。10月28日，以上海米汉科技有限公司、上海大胜卫生用品制造有限公司、上海东隆羽绒制品有限公司、上海中昊针织有限公司等30多家企业发起的纺协熔喷技术专委会揭牌成立，组织成员企业对熔喷行业的重大技术、发展方向开展调研分析；开展行业的学术交流、研究并指导存量项目改造、新增项目建设；优先为成员企业提供素能培训与专业资质认证服务；创建相关资源评价体系、人才和产品供需平台等。

三、抓住“三”个重点工作

积极维护和运用平台，携手应变增强企业获得感。纺协整合上海市大虹桥国家外贸转型升级基地（服装服饰）平台资源，推动构建不同所有制企业协同创新与发展。截至年底，基地共有43家成员企业，其中23家为民营企业，占基地企业总数的53.48.%。秘书处助推各种所有制企业在研发平台、展示平台、营销平台、培训平台、跨国投资平台等领域相互开放，共同协作，先后组织“防疫物品海外出口专题研讨会”、举行“走进企业，共议发展之策”和积极应对中美贸易摩擦为主题的专题会议，交流企业发展之策和应对贸易摩擦及规避贸易风险的经验，相关企业开展针对性的业务对接。在国家外经贸发展、文化创意、品牌发展等专项资金精准落地方面进一步组织专题培训，帮助会员企业申报专项资金，享受政策红利。据不完全统计，大虹桥基地的43家企业二次共申报国家外经贸发展专项资金项目近100个，经审核和专家评审，89只项目被获准，支持资金达到5200万元左右。

坚持把握行业趋势，努力消解疫情带来的负面影响，编纂好新版《上海纺织产业发展报告》。建立“上海市消费品工业经济运行和投资项目”跟踪分析平台，实施“三个加强”，即加强轻纺重点企业针对性调研，加强轻纺行业综合数据分析，加强政策和形势的判研与发布。7月初，纺协编纂出版《上海纺织产业发展报告（2019—2020）白皮书》。

加快企业向长三角的拓展，助推企业全球化布局。（1）充分运用纺协与东方集团为主发起成立长三角时尚产业联盟平台，采用线上形式加快会员企业与长三角企业的拓展合作。6月，纺协携50多家会员企业应邀出席“2020年首届盛泽时尚周长三角丝绸时尚论坛”。10月，30多家会员企业赴宁波国际会展中心参加

"2020 宁波时尚节暨 23 届宁波国际服装节"。组织温州时尚产业联盟赴上海纺织服装的品牌考察。纺协还与动漫行业协会联合举办"2020 长三角动漫产业高峰论坛——后疫情时代的动漫产业生存之道"，签署战略合作备忘录，通过跨界联合，借助于动漫翅膀，助推行业创新发展。(2) 在市商务委的指导和支持下，会同市工商银行组织近 30 家外贸企业举行"出海优品云洽全球"上海外贸全球线上供需对接会（纺织专场），与来自日本、新加坡、柬埔寨、越南、缅甸、英国、阿根廷、秘鲁等 7 个国家和地区的企业代表开展线上贸易接洽活动。(3) 会同乌兹别克斯坦驻上海总领事馆组织召开中乌纺织协会及企业视频会议。(4) 会同"上海之帆"组委会召开 2020 年"新加坡纺织、服装服饰主题"线上对接会，邀请中、新两方来自纺织、服装服饰行业共 17 家企业参会并进行线上交流。

四、促进"四个"强化

一是强化桥梁纽带作用，急政府所急，想企业所想。围绕政府相关政策出台。(1) 举办政策对接和政府专项资金解读会，推动政策落地。在举行上海市大虹桥国家外贸转型升级（服装服饰）理事会暨上海纺织协会大虹桥国家外贸转型升级基地专委会会员大会和部分重点企业专题会上，邀请相关政府部门和有关专家对政府重大战略决策、产业扶持政策、行业发展动态等进行解读介绍，将政府部门最新政策信息及时传递给企业，帮助会员企业了解政策，争取政策支持做好对接与服务，促进行业发展。(2) 邀请金融、税务、劳务等方面的专业人士，运用官网、微信公众号，相关会议进行指导，邀请市商务委、市卫健委等及时深入企业组织口罩防护服生产和出口单位参加的防疫用品出口研讨会。(3) 把企业生产经营困难和对政府政策的需求反映给政府部门。引起政府有关部门的关注和支持。

二是强化党总支规范化、制度化建设，发挥党总支主体责任。党总支把学好"四史"作为教育党员牢记党的初心和使命、发挥党员先锋模范作用的重要途径，作为党总支规范化、制度化建设的主要抓手。继续与中国银行上海市普陀支行党组织开展共建活动。(1) 进一步运用好党建工作站平台，交流经验、分享资源、协同发展。市工经联党委第四党建工作站主要由纺协党总支与家纺协会党支部组成。在开展"四史"教育活动中，采用党建工作站集中活动与党组织分别活动相结合的形式。6 月 24 日，组织"挖掘行业红色资源系列活动"之一"追忆革命先烈，重温入党誓词"主题党日活动，观看初心与使命系列电视片《建党伟业》；入党 50 周年老党员刘福根讲党史谈体会；参观顾正红烈士纪念馆、重温入党誓词。9 月 25 日，组织开展"不忘初心，知史爱党、知史爱国"主题活动，参观金山卫抗战遗址纪念园，开展"不忘初心，永葆政治本色、勇于担当作为"专题组织生活。(2) 注重发挥党员的先锋模范和党总支的战斗堡垒作用。在疫情期间，从党总支班子成员到每个党员以不同的身份作出应有贡献，100% 参与爱心捐赠。不少党员从春节起就投身于助推会员企业转产防疫物资中，配合政府做好复工复产复市工作。

三是强化纺协综合能级，持续开展规范化建设。(1) 不断加强秘书处队伍建设，招聘 2 位年轻人（"70 后""80 后"各一位），增强协会的朝气、活力和工作效率，组织秘书处成员参加市经信委、市民政局、市工经联等业务培训，提升团队的学习能力、创新能力、服务能力和执行能力。(2) 完善各项规章制度，特别是在规范化复评有短板的方面，注重职责明确，责任到人，完善秘书处的内控流程和激励机制。(3) 完善提升上海纺织协会官网和纺协微信公众号。优化调整版面设置和内容编排，定期不定期推送协会动态信息和政策、形势，开展互动交流，使网站和微信公众号成为政府与企业的交流窗口，会员单位之间的沟通桥梁和展示风采的平台。

四是强化会员管理和强化各分会、专委及中心的建设。(1) 加大会员发展力度，注重会员质量和行业覆盖面，规范入会流程，规范会费收缴和铜牌、证书发放制度。引导新老会员履行《章程》规定的权利义务。(2) 强化会员数据库的建设、维护与管理，建立会员随访制度，在纺协官网开设会员专栏，做好信息及时发布与定期收集。(3) 实行总会协同制订完善工作条例和商讨活动方案，积极促推各分会、专委和中心自我运行能力，组织开展各类专业活动，不断扩大影响力，团结带领会员企业。根据章程要求，在财务等方面加强监管，促进健康发展，共同推进上海纺织服装产业发展。

（章徽玲）

帮助会员单位化危为机

上海长三角非织造材料工业协会

一、发挥成员单位优势互补、信息共享作用，打赢疫情防控阻击战

在市经信委统一牵头下，协会会员单位全力配合政府，协同作战，迅速恢复医用口罩、医疗防护服等防护物资的生产等工作，展现出快速反应能力和高效的执行力。协会利用自身与会员企业密切联系的优势，依托协会的信息、自媒体各微信群等，为非织造材料企业及时提供信息，编制会员单位抗击疫情复工复产的先进事迹上报市经信委，为产业链上、下游制品企业提供急需信息。至年底，共生产口罩 3267 亿只（出口 2242 亿只）、防护服 24.5 亿件（出口 23.1 亿件，其中医用 7.73 亿件）。

二、加强长三角非织造材料工业协会建设，提升协会工作质量

走访重点企业、了解企业所面临的困难与问题，向政府反映企业的呼声与诉求，帮助会员单位化危为机。协会为行业和企业传递大量创新驱动、调整产品结构、谋求新发展的信息和服务。特别是在抗疫战役中，为欧、美、东南亚等地相关协会及时传递相关信息。

承接完成市商务委《2020 年上海及长三角非织造公平贸易建设服务》服务采购项目。从 7 月开始协会落实专人每月编印 2 期信息简报，全年完成 12 期，信息简报同时抄送市商务委，并由市商务委发布。

三、参加标准制修订工作

上年底完成市质监局 2018 年年初下达的《非织造布单位产品能源消耗限额》《涤纶长纤单位产品能源消耗限额》两项地方标准制修订，两项标准于 2020 年获市市场监督管理局批准，分别于 3 月 5 日、3 月 25 日发布，并于 5 月 1 日、6 月 1 日实施。积极参加国际标准化组织《ISOTC38/WG99002 非织造材料定义》及试验方法标准修订的相关线上会议及工作。协助组织相关企业申报金桥奖以及专家初审工作，14 家企业申报金桥奖，经专家组初评审，同意推荐申报其中的 9 个奖项，最终 4 家企业入选，获得项目奖二等奖 2 项、项目奖优秀奖 2 项。

四、举办年会及“第十一届（2020）非织造材料创新及产业应用发展论坛”

本次论坛主题是集产业链上下游企业的关切和行业发展热点，技术交流、新品推广、筹划未来，推进、培育非织造产业链体系，促进行业可持续发展和科技创新。会上交流《熔喷法非织造布技术及产品相关标准》《微纳米纤维材料在无纺布方面的应用》《生物降解塑料 PHA 在熔喷无纺布和口罩的应用》《熔喷料的高熔指实验技术及 GB/T30923（PP 熔喷专用料）存在之问题》《静电纺丝技术在过滤材料中的应用》《无机矿物纤维无纺布制品在保温绝热汽车建筑行业的应用与发展》等 11 个报告，给企业发展带来最新的资讯与更多启迪。另有《新型多功能医用敷料产品开发》等 5 篇入编论文集。论坛获得很好反响，与会代表交口称赞。

五、开展技术职称的申报与评审工作

继续开展区域内行业专业技术人员的任职资格认证及评审工作，推进长三角地区非织造产业的技术进步，解决中、小规模民营非织造企业急需人才的热点、难点问题；提高企业培养自身发展所需的技术人才积极性，解决企业要不到人才、留不住人才的困难。

六、组织非织造企业参加上海国际博览中心举办亚洲过滤与分离工业展览会等

协助组织非织造企业参加 12 月 9 日—11 日在上海国际博览中心举办的 2020 第八届亚洲过滤与分离工业展览会暨第 11 届中国国际过滤与分离工业展览会。9 月 17 日，组织业界人士参观第 22 届中国国际工业博览会新材料展。12 月 7 日，参加香港无纺布协会举办的“新冠肺炎疫情期间无纺布的影响和后果”网络研讨会。继续为行业中的高新技术企业复审指导、培训等工作提供服务。组织企业参加大专院校毕业生招聘会，帮助企业招聘合格人才。

（黄雪娟）

加快自主品牌建设　提升家纺品牌影响力

上海市家用纺织品行业协会

一、坚持一手抓疫情防控，一手抓复工复产

积极宣传党的政策精神。协会通过会员微信群、协会微信公众号、网站等途径，及时宣传中共中央、中共上海市委的重要精神和政府抗疫惠企政策措施，帮助企业了解和用好用活政策。秘书处起草《家纺行业疫情防控倡议书》，撰写21期“家纺行业同舟共济，共克时艰，发展经济”系列报道，供会员企业分享。

动态跟踪和助力复工复产。从2月10日开始，协会及时跟踪企业复工复产情况。通过调研，总结和宣传行业在复工复产中的措施经验，让会员企业借鉴。运用各种平台资源为企业提供服务，组织内外贸企业参加线上促销活动，压缩库存，开辟国际国内市场。为帮助企业缓解复工复产中的资金困难，与市委统战部和市民政局牵线中国银行进行对接，为企业提供融资服务。及时组织口罩生产企业与出口企业、科研单位与生产企业的对接合作。

主动反映行业困难和政策建议。协会通过调查研究，6次就“疫情对上海家纺行业生产经营的影响”“上海家纺行业复工复产情况和建议”“落实市府28条政策情况和建议”“外贸企业遇到的困难和政策建议”等向中国家纺行业协会、市经信委、市民政局、市商务委、市经团联、市中小办等撰写专题报告，反映情况；组织近250家企业7次参加政府有关部门在线问卷调查。

努力为生产和提供防疫物资牵线搭桥。市经信委急需联系防护服、口罩、口罩耳带等生产单位，协会得知后，迅速与市经信委沟通，及时将政府需求与企业联系对接。行业中有3家企业生产防护服、5家企业生产口罩、4家企业生产口罩耳带，全力支援疫区和企业复工复产。协会为复工复产提供防控用品，除本行业会员企业外，帮助有色、汽配、空调清洗等10多家协会、70余家企业解决50万只口罩和近300件防护服。

及时宣传会员企业先进事例。家纺企业守望相助，积极捐款捐物。据不完全统计，行业捐款140万元、捐物价值达500余万元。协会宣传报道这些先进事例，还20余次宣传家纺企业化危机、育新机，发展经济的典型事例，宣传和动员企业履行社会责任，招聘大学生就业等。

由于协会在疫情期间较好发挥桥梁纽带作用，获得市委统战部和市经信委颁发的感谢信。在市经团联的关心下，协会工作在《文汇报》上作宣传。

二、加快自主品牌建设，提升家纺品牌影响力

组织品牌培训和培育。协会配合市经信委开展企业品牌培育示范工作，有2家企业被市政府认定为2020年上海品牌培育示范企业；组织25家企业品牌参加首届盛泽时尚周长三角丝绸时尚论坛等活动，加强与长三角企业的互动。6月，市经信委、市商务委、市市场监督局举办以设计赋能产业、品牌引领消费为主题的“上海制造佳汇汇”活动，协会组织8家企业参与，2家企业展示产品、6位企业家参加百位企业家共同宣誓活动，推动家纺自主品牌的发展；及时宣传企业参加市55购物节活动的情况；组织10余家企业参加第6届中国品牌经济（上海）论坛；组织企业参加中国纺织工业联合会举办的中国纺织十大类创新产品申报，有10家企业创新产品获得荣誉；动员多家企业参加上海设计+100例评选活动，4家企业的产品入围；组织企业申报市设计引领示范企业和工业设计中心，有5家企业已被认定；宣传和动员企业参加和参观上海国际家纺博览会，帮助企业拓展市场；组织20余家企业参加第三届长三角国际文化创意博览会。

重视数字化对品牌的赋能。协会助推在线新经济，及时把企业开展直播带货、小视频、微信营销等做法在行业中宣传借鉴。5月，联合抖音上海鲁班团队，举办抖音营销赋能介绍对接会，帮助企业拓展线上营销新模式。与阿里巴巴国际事业部合作，帮助企业建立境外电商平台，增加新的销售渠道。组织外贸企业参加“出海优品云洽全球”纺织专场线上供需对接活动。组织30余家企业参加“上海之帆”365平台，为企业提供产品和品牌宣传推广及发展网络销售国际交往交流渠道。邀请网络技术公司为企业宣讲，助力跨境金融服务。

开展提升品牌品质活动。协会坚持开展质量兴业活动，引导企业坚持质量至上，加强全面质量管理，提高家纺产品品质和安全。举办家纺产品质量提升培训，邀请上海质检院的专家来宣讲上海家纺行业产品质量的情况和建议，促进自主品牌质量的提高。为推进品牌建设，与上海市质检院合作，组织企业参加“上海品牌”认证申报工作和有关培训活动。

提供申报专项资金服务。协会积极宣传和组织企业申报文化创意、品牌、中小企业发展等专项资金，为外贸企业提供法律资助信息，为企业出具申报推荐函和行业排行等证明材料，请专家为企业提供咨询等服务工作。

三、研判经济发展趋势保持经济平稳发展

强化经济运行的监测分析。坚持做好 30 家重点企业主要经济指标月报表，向市统计局、市经信委、中国家纺协会上报；每季度向市经信委上报行业经济运行情况；坚持每半年编报上海家纺行业经济运行情况分析报告，向政府报送、向企业发布；协会还认真完成《上海纺织产业发展报告》家纺篇的编写工作。

开展调研和交流活动。（1）多次开展疫情对家纺企业影响的线上线下调研。通过问卷、走访等形式，梳理后及时向市经信委、市商务委汇报反映，努力降低疫情带来的损失。（2）承接市商务委交办的项目。通过调研和分析，形成《疫情影响下上海纺织产业对全球贸易形势分析预测与风险规避》报告，向政府部门报送，向企业进行应对培训。组织“应对疫情、发展经济”交流研讨活动，受到企业的欢迎。组织企业参加商务委举办的首届长三角产业安全论坛、组织收看产业国际竞争力论坛，帮助企业了解大势，把握机遇。

协会秘书处利用各种资源努力为企业服务。组织银行为企业解读融资政策，帮助企业融资和风险控制；多次为企业间的经营合作牵线搭桥、排忧解难；组织 3 家企业申报企业管理现代化创新成果申和企业科技创新案例，推动科技和管理工作上台阶；组织企业参加中国家纺行业协会举办的床上用品专业委员会年会，把握发展机遇。

（吴淑仪）

认真制定规范行业服务标准

上海市室内装饰行业协会

一、坚持党的领导，端正工作作风，提高整体素质

协会党支部把政治理论学习作为日常工作的一部分，不断加强思想建设、组织建设和作风建设，把学习宣传贯彻中共十九大精神纳入“两学一做”学习教育的重要内容，响应“四史”学习号召，激发党员学习热情，坚持集中学习和自学相结合，依托“学习强国”平台，开展线上自学，不断提高党员的思想政治觉悟，充分发挥党支部的政治核心作用，充分发挥党支部的战斗堡垒作用。

6 月 23 日，参加市工经联党委第十三工作站线上直播交流学习会，进一步牢固树立和践行“四个意识”，坚定“四个自信”，做到“四个服从”。7 月 14 日，党支部开展以“寻访红色源，永远记使命”为主题的“四史”教育活动，在纪念馆宣誓墙前，党员面对鲜红党旗，右手高举握拳，重温入党誓词，重忆入党宣誓时的庄严承诺和奋斗决心，继承弘扬敢为人先、百折不挠、忠诚为民的红船精神。7 月 27 日，党支部参加“庆八一、讲四史”军民共建交流活动，向中国人民武装警察部队上海市总队执勤第四支部四中队的战士们送去夏日的慰问。8 月 22 日、24 日，协会开展以“战高温、送清凉——保安全施工、促服务质量、升行业信誉、显企业诚信”为主题的活动，协会走访 21 家会员企业，27 个施工工地，慰问一线员工 100 余人，通过走访慰问，有效加强行业自律性，减少工程投诉率，提升客户满意度。

二、齐心抗击疫情，为复工复产助力

1 月 28 日，协会向会员企业发布防疫《倡议书》，就稳定行业民心，关心疫情高发地区人民等方面提出倡议。2 月 7 日，向行业企业发出通知书，要求会员企业建立健全疫情防控工作方案，落实疫情防控规范要求。2 月 12 日，发布《关于会员企业在疫情防控期间做好开工复工的若干意见》，确保管理有序稳定，经济健康发展。3 月 10 日，提出《室内装饰行业复工复产和疫情防控的工作指引》，从企业管理、营业办公场所管理、营业办公人员管理、施工现场管理、施工人员管理等方面细化要求。3 月 16 日，协会代表家装行业向消费者致信。3 月 13 日、17 日，协会秘书处携手光明牛奶公司，以“2020 我们都有光明前途”为主题，分两批向复工复产第一线人员送去“复工暖心加油包”。

疫情期间，有 20 余家会员企业开展捐款捐物活动，其中协会副会长单位上海盛业实业有限公司在董事长吴军亲自牵头推动下，在日本采购医用防护服、医用手套、医用口罩，总价值约 70 万元，通过上海华侨基金会定向捐赠给华东医院、中山医院赴武汉支援的医疗队。会员单位苏州拓雷普电线有限公司（普睿司曼）意大利普睿司曼集团苏州工厂无偿捐赠武汉方舱医院总重量超过 8 吨的建设紧缺电缆。浙江伟星新型建材股份有限公司上海分公司伟星星工会“勇士”前往武汉，到雷神山建设现场，参与雷神山建设。

协会通过企业调研，就疫情对行业企业的影响、企业有关防疫和复工复产情况、企业所面临的困难和问题以及需要政府给予帮助解决的问题等情况，汇总成报告向市经信委、市经团联、中国室内装饰协会等上级组织汇报。

三、组织举办设计节、购物节、家装节等活动，扩大行业品牌知名度

2010—2020 年，协会连续成功举办 11 届设计节。2020 年的设计节以“城市更新、产业共融、设计未来”为核心主题，面向全社会公开征集室内设计作品，共收到 100 余幅参赛作品。通过入围、答辩、专家终评等，选出 20 幅优秀作品，分别授予中青年设计师“上海十大优秀室内设计师奖”“上海十大新锐室内设计师奖”称号，并将部分获奖设计师推荐至设计论坛上演讲。同时，通过主题展览会进行获奖作品展示、宣传与直播平台报道，向社会公布其作品及优秀设计师名单。设计节设计师评选活动的开展，有效培育行业优秀设计力量，为室内设计行业输送新的血液。

7 月 17 日—19 日，响应市政府开展的“五五购物节”系列活动，组织会员单位以“美好生活，诚信家装，促进消费”为主题，在上海光大会展中心开展“717 家装购物节”。9 月 11 日、12 日，在上海祥源希尔顿大酒店召开“2020 第六届中国家装行业实战峰会”。22 位演讲嘉宾就整装、老房翻新、软装、纯设计等方面作主题分享。12 月 12 日，开展“中国国际家具产业发展论坛暨家装下午茶”活动，上海家装企业同心协力，一起接受疫情对市场冲击的考验，开启家装行业发展新征程。

四、制定规范行业服务标准，推动行业有序健康发展

协会对装饰施工合同进行修改，对“工程质量及验收”“安全生产和消防”“工程价款及结算”“纠纷处理方式”等内容作补充。在市工商局的支持下，《上海市室内装饰施工合同示范文本（2020版）》批准实施。

根据国家法规，结合行业现状，协会组织行业专家、企业骨干，制定《上海市住宅室内装饰工程人工费指导价》（2020版），在设计出图、预算决算、项目管理等方面作细化落实，为规范装修市场、人工价格提供参考。

协会多次组织企业代表、设计师、监理师及有关项目经理走访学习。6月5日，四川省室内装饰协会陈设艺术委员会来沪交流，双方就行业建设、陈设艺术的功能定位、专业人才培养、行业资源信息共享开展沟通学习。6月9日，与上海市勘察设计行业协会、全国房地产商会建筑节能产业分会、中国建筑金属结构协会建筑遮阳分会进行学习交流，并参观“旧房改造健康节能内装样板房”。7月15日，协会与部分会员企业代表前往苏州吴江汾湖的永鼎产业园一区实地考察学习，永鼎向代表们展示“永鼎智能电箱”，该电箱是传统电箱的革新产品，更智能、更安全、更美观、更适合智慧家居需求，是目前市面上最先进的物联网电箱设备之一，为业主造就完美生活体验。8月30日，协会党支部书记、住宅委秘书长带队携上海家装骨干企业前往重庆市考察学习当地家装企业，并进行交流座谈。两地协会对上海室内装饰市场情况作简单剖析，对装饰行业的生存现状，行业痛点，发展难点等作讨论评述。通过与全国各地协会的相互学习，对协会开展工作产生积极影响。

履行协会章程，制订换届方案，严格落实换届程序，按计划开展各项工作。10月10日，召开第八届第四次理事会议，审议通过换届领导小组和换届工作小组名单；审议通过换届工作实施方案。12月26日，召开第八届第五次理事会议，审议通过《第八届理事会工作报告》《第八届监事会工作报告》《章程修改报告》《新一届理事名单》等换届改选文件。因防控要求，协会换届工作顺时延后，换届准备工作已经落实到位。

（茅锈树）

积极助推宝玉石文化产业发展

上海宝玉石行业协会

一、全力做好疫情防控工作，确保协会工作有序进行

1月29日，在协会公众号和官方网站发出《关于疫情防控的倡议书》，并多次转发上海市政府及相关区政府公布的扶持政策。2月初，协会与苏州市玉石文化行业协会、扬州市艺术品行业协会、上海海派玉雕文化协会、安徽省玉石雕刻商会等长三角地区兄弟商协会一起发出《疫情防抗，玉雕珠宝人在行动——支持新型冠状病毒疫情防控爱心捐款倡议》，面对疫情给会员单位销售带来一系列问题，协会陆续发布"东家暖心手艺帮扶计划"以及"玩物得志线上平台对会员单位入驻的扶持方案"，为会员单位寻找新的营销模式和销售渠道，线上线下融合发展提供信息和服务。7月13日召开六届二次会长会议。8月14日，召开六届二次线上理事会等相关会议，介绍协会前阶段工作情况及后续工作推进要求，将疫情对协会工作的影响降到最低。

二、持续推进高技能人才队伍建设及相关工作

上海宝玉石行业高技能人才培养基地充分利用线上培训平台，构建新型移动培训课堂，拓展人才培养形式。协会通过bilibili等视频网站直播"美之六度"珠宝审美法、珠宝玉石新物种新技术研究进展、印・迹印石收藏的名贵与新贵等多场专家讲座和名师访谈。9月—12月，基地通过小鹅通线上培训平台，面向全行业举办国家标准宣贯、珠宝玉石专业技术人才高级研修班、玉龙奖高峰论坛等一系列专业培训。于4月初申请成为上海市技师协会宝玉石专业委员会，在上海市技师协会的指导下，更好地为协会高技能人才服务。继续为会员单位参与首席技师、技能大师工作室项目评审、中高级工艺美术师评审提供政策指导。理事单位上海中宝宝玉石鉴测中心的张瑜晨，获得新建首席技师资助。

协会发挥行业资源优势，继续参与组织各类行业竞赛活动，助推世界技能大赛的相关工作。6月，协会联合上海信息技术学校作为世界技能大赛上海选手培养基地，组织开展世赛上海第二轮选拔赛。上海选手丁世昌在全国选拔赛中获得第十名，成功入选世赛国家集训队。9月，协会作为集训牵头单位，组织开展第一届全国职业技能大赛珠宝加工（国赛精品项目）的上海选拔，并协调场地、安排专家教师指导选手的训练工作。在12月的国赛中，上海建桥学院选手杨逸飞获得全国第六名的好成绩。9月，基地与黄浦区工会联合组织"珠宝加工"行业技能比武活动，结合世界技能大赛及行业实际情况，共有来自上下游企业的53名选手参与，最终由上海老凤祥首饰研究所的选手夺魁。11月，协会作为主办单位组织彩色宝石鉴定与首饰镶嵌金工制作2个专项职业能力的技能竞赛，发动院校和企业员工共同参与，每个竞赛的参与人数均达到50人。

协会作为技术支持单位参与组织2020年上海市第二届"四大品牌"职业技能大赛珠宝加工项目。组织开展复赛和决赛，共有来22名选手自多家企业、院校参加本次比赛，竞赛组织和展示形式得到闵行区及市鉴定中心领导一致好评。

三、发挥协会服务平台作用，组织会员积极开展活动

12月，撰写完成《上海玉石雕刻产业发展报告》并通过结题。报告对上海玉雕产业的发展背景、发展现状、存在问题进行梳理，对行业发展前景作出判断，并提出促进产业发展的对策建议，为政府机关、行业管理单位、市场管理部门制定相关政策提供依据。完成"常见宝石科普扑克牌"和"常见玉石科普扑克牌"的设计制作。通过扑克牌这种比较接地气的的形式，向大众介绍一些常见的宝玉石品种的基本知识，宣传普及宝玉石文化。

为加强长三角地区宝玉石行业的联动，协会多次与长三角地区兄弟商协会以及上海工艺美术职业学院沟通协商，拟成立长三角宝玉石文化产业发展联盟，整合长三角地区丰富的的珠宝玉石文化资源、工艺美术资源、人才资源，打造一个集品牌活动、宣传交流、创意孵化、研发推广于一体的合作平台，加强区域交流和联动，助推长三角宝玉石文化产业的发展。根据"着力开展合作共赢对外合作交流"的工作要求，9月—12月，由协会秘书长带队，组织部分协会领导与玉雕大师，分别考察河南南阳镇平、安徽蚌埠、广州揭阳平洲等全国玉石雕主要产区，走访多位玉石雕刻大师工作室，与当地兄弟协会交流，分享办会经验，进一步拓展注重实效的合作交流的项目和内容。

（庄绍白）

健全规范与标准　管理再上新台阶

上海市豆制品行业协会

一、众志成城抗疫情，同心协力保供应

协会秘书处通过各种途径帮助企业解决口罩、消毒液、测温仪等防疫紧缺物资；根据防控形势，两次发布《豆制品生产企业防疫指南》，指导企业做好防疫工作；向行业发出“保证质量、保证供应，不断供、不涨价”倡议，得到企业积极相应；在省市间交通阻断时，及时为7家企业取得市商务委核发的“主副食品保供企业证明”，全力解决企业原辅料、产品等运输问题；通过发函等方式与企业所在地有关部门沟通协调，帮助企业早日复工复产；解读贯彻政府对企业的28条扶持政策，想方设法帮助企业解难，为多个企业解决融资问题；通过协会行业动态等行业自媒体，及时宣传报道抗疫事迹，共发布抗疫专辑10期32篇报道；向武汉市捐赠抗疫资金5000元等。

为了保障上海市豆制品供应，全体会员企业，无论是豆制品生产企业、还是机械、包材、原辅料等相关配套企业，无论是本埠企业还是外省市企业都从人员、原辅料、生产、运输、环境等方面制定缜密、规范的防疫制度，所有企业没有发生一起新冠疫情；企业通过劝回返乡员工、安排办公室员工和家属顶岗参与一线生产，发扬党员模范带头作用，加班加点延长生产时间等措施，尽一切努力满足市场供应。清美公司24小时不停机生产，生产量最多的一天，投料量达160吨，比正常生产日超过60%，创历史新高；祖名、汉康、艺杏等公司及时向社会公布“告客户和消费者书”，做到产品“价格不涨、品质不变、服务不变”，关键时刻体现企业的责任担当；贵敏贸易公司运输车辆因疫情在东北被拦停在高速道路口，装卸工冒着-20℃严寒守在车上，坚持一天多才获准放行；协会内酯生产供应商战略合作伙伴的两家企业在运输费用上涨情况下，坚持内酯不涨价；每多公司想方设法采购盐卤，确保生产企业不断供；在口罩紧缺的关键时刻，清美公司响应政府关切，跨行业生产急需的口罩，在完成国家征用的前提下，还帮助本行业40家企业解决3.6万只口罩；许多企业和业内个人还为这次抗疫慷慨解囊，捐款捐物，体现行业人大爱无疆的拳拳赤子之心。

二、调研座谈编规划，谋划发展新方向

为了编纂好行业“十四五”发展规划，协会成立编制规划领导小组和编制规划工作小组，根据会长工作会议精神，坚持“会开花、可结果、能落地”的基本思路，先后召开规划编制工作座谈会，走访豆制品生产企业和豆制品机械制造公司，共同交流、探讨行业未来发展方向。

协会遵循市商务委做好“特大城市主副食品市场保供课题调研”的要求，撰写《上海市豆制品市场供应现状和保供制度创新建议》专题报告，详细阐述新形势下豆制品供应现状、问题、生产和供应所面临的挑战及战略布局，为上海豆制品市场保供提出6个方面建议，报告内容有理有据有想法，得到市商务委的表扬。

三、健全规范与标准，管理再上新台阶

加强企业自律管理。协会修订并重新颁发《豆制品送货单管理规定》，发布《豆制品接触用无纺布分切加工卫生规范》团体标准，为加强豆制品市场管理和降低无纺布带来的食品安全风险，发挥积极作用。

设备创新不断出新品。上海眷厚公司设计制造的豆腐连续切块装盒机调试成功并投入运行，标志着上海盒装老豆腐实现自动化流水线生产。浙江中禾公司革新的“机械手叠布·薄百页生产流水线”，使产品质量和产量都有一定提升，已批量生产制造。旺欣、康得利、永进和昆山包布等公司分别在磨浆机、煮浆机、豆腐干流水线和自动称量包装机等方面进行升级改造，取得新的技术进步。

严格安全卫生检查。4月下旬，协会拉开行业内环境卫生检查帷幕。通过对行业内54家豆制品生产企业中的16家进行抽检，多数企业防疫措施到位，内部管理规范，环境卫生整洁，责任落实到人，符合规范要求。8月，协会对豆浆类产品进行市场抽检，共抽取5家公司的豆浆样品7份，其中纯豆浆4份，调味豆浆3份，经检测，理化指标蛋白质和微生物指标大肠菌群均合格。11月，协会对11家会员企业生产销售的“内酯豆腐”进行市场质量安全抽检，经检测，所有企业全部合格。

（赵鸿）

推动物流行业实现智能化、数据化、无人化

上海市物流协会

一、为打赢疫情防控阻击战做出贡献

积极响应政府号召，从春节起，协会秘书处按市商务委、市经信委的通知要求，及时贯彻布置落实。联系重点物流企业，落实配送车辆、人员和企业负责人，保证拉得出、用得上。协调相关物流企业参加市商务委召开的物资保供紧急会议，做好对物流配送企业节后复工情况调查，及时上报《上海市物流协会关于物流企业复工复产情况和相关建议》等报告。

做好统计调研，为政府疫情防控和复工复产的精准施策提供服务。主要有物流运力保障统计、防疫用品统计、企业复工复产情况统计等，为宏观政策调整提供行业的参考意见。并应政府要求，分多批次，对188家企业配发口罩40万余只及其他防疫用品，帮助缓解企业防控疫情燃眉之急。

及时发出疫情防控指导意见和倡议，积极反映企业复工复产中的困难和问题，主要有《上海市物流协会关于防控疫情的倡议书》《上海市物流协会关于做好快递物流和餐饮快送企业节后复工疫情防控的指导意见》等。协会联合苏浙皖物流行业协会，提出《关于复工复运稳企稳供共同维护长三角经济社会发展的联合倡议》。同时，协会就会员企业资金困难、政策性补贴需要完善等诉求，汇总符合条件的企业51家，向政府部门提出意见和建议。

积极协调联络各方，为支援疫情阻击战发挥协会作用，积极协调有关单位调集800套包装材料支援口罩工厂节日生产防疫急需的口罩；联系物流企业将上海捐赠的防疫医用设备运抵武汉第九医院并安装；协会应市经信委要求联系浙江省物流协会，解决消毒液包装材料因疫情通行困难受阻问题等。

坚守岗位、网上办公。从小年夜起，秘书处工作团队就开始不间断运转，为企业、为社会提供24小时服务。同时，加强宣传，积极报道会员企业防控疫情先进事例。通过协会公众号、网站连续刊发会员企业在防控疫情中的先进事迹37篇。在“5·6物流日”还表彰在抗击疫情中做出重要贡献的会员单位30家。

二、完成行业和企业评先创优

根据人力资源和社会保障部、中国物流与采购联合会《关于开展全国物流行业先进集体、劳动模范和先进工作者评选工作的通知》的要求市人社局与市物流协会联合发文，在上海市开展物流行业劳模和先进的推荐评选。协会和上海物流行业社会组织合作联盟一起组建评选小组，制订评选工作计划，广泛发动，严格遴选，最终报上级批准确定上海市全国物流行业先进集体4个、劳动模范9人、先进工作者1人。12月28日，协会率队参加在北京举行的全国物流行业劳模先进表彰大会。

9月，2020年度全国先进物流企业颁奖大会在唐山市举行。上海共有29家物流企业获得“2020年度全国先进物流企业”称号，占全国229家获奖企业12.2%，而协会会员企业占上海获奖企业的78.6%，其他3个奖项的上海获奖企业也均为协会会员企业。此外，上海市物流协会首次获得“2020年度全国先进物流企业评选优秀组织者奖”。

三、开展“诚信兴商”专项活动及调研

9月—11月，市委宣传部、市商务委等18个部门联合开展“诚信兴商宣传月”活动，主题是“诚实经营、守信服务”。在这次活动中，协会组织的“以诚信为本，让物流更暖心”的系列公益活动，被列入主要十六项活动之一。在系列公益活动中，协会举办“企业信用指数演示解读会”，首次公布上海物流企业市场信用指数；召开“市场信用信息应用产品研讨会”；发布《市场信用信息与行业信用平台》一书等，形成协同效应，共同营造诚信经营的良好氛围。

根据市有关部门的要求，协会就上海市现代物流“十四五”规划的建议开展一系列工作。4月，召开关于《上海市“十四五”现代物流业发展规划》专家研讨会。5月，召开物流企业调研会。在行业调研的基础上，向市发改委、市商务委等委办提交《关于在“十四五”期间进一步推进上海物流业平稳健康发展建议的报告》。

配合市经信委开展有关行业协会征信工作推进情况的调研，形成协会征信工作书面报告，为政府部门推进信用建设建言献策。配合市经济信息中心开展行业绿色物流的调研，并就协会和行业的绿色物流情况提交书面报告。

四、做好为会员企业的服务工作

协会评估办积极开展A级物流企业的评估工作，全市A级物流企业达到247家，其中5A级29家、4A级143家、3A级68家、2A级7家。上海市A级物流企业的数量超过市政府制定的《"十三五"现代物流业发展专项规划》所提出的240家的目标。

针对企业疫情防控和复工复产的新情况新需求，协会培训部和会员部专题研究网上物流培训项目，从模式、内容、师资等方面提高针对性和可操作性。开展中职教师、高职教师企业实践培训，共计21人。为企业组织开展物流技能专项培训，有100人参加。组织企业物流技能操作比赛，共100余人参加。协会与青浦区政府有关部门合作，开展物流企业质量提升培训活动，全区64家快递、物流企业100多位质量管理负责人、以及各委办局的相关人员参加培训。同时，协会申报的上海邦达隆飞物流有限公司的周玉惠技师工作室和上海创始温控技术有限公司的张金俊技师工作室已经市人社局批准，将发挥首席技师带头作用，带动物流行业技能水平进一步提升。

加强与会员企业的联系和合作，启动面向行业的物流统计，建立有46家物流样本企业和部分A级物流企业的统计数据库，并形成《2019年上海市物流统计分析报告》，这是协会首次面向社会和行业发布的物流统计分析报告，填补长期来的空白。

两次召开"市场信用信息应用产品研讨会"，分别对金融机构和物流企业进行信用金融的宣传、演示和研讨，共100余人参加。研讨会上，泰隆银行代表宣布给于协会5亿元授信额度（这是协会首次获得银行授信额度）。并举行授信证书颁发仪式。通过信用金融的推动，在缓解小微物流企业的融资难、融资贵、融资慢方面取得创新性的进展。

积极推动物流行业和物流企业智能化、数据化、无人化的能级，年内已完成2家企业的物流智能化装备试点；推动制定联盟物流标准。完成制定《使用保温媒介温控箱技术规范》《新能源温控宅配骑行车辆技术规范》《物流企业数字化应用规范》《物流企业数字化能力等级评价》等4个标准。

成功举办2020首届中国（上海）工业品在线交易节物流采购日活动。直播现场人数有近100人，在线人数近2000人。物流日现场还举办物流采购对接会，组织物流装备品牌供应商、服务商、金融机构与用户现场交流，促进交易商机。参加长三角物流发展联席会议与合作联盟秘书处会议。会议同意上海市物流协会提出的在物流企业信用建设、物流统计、物流标准化建设、物流智能化装备推广应用等方面深化合作的建议。

（朱泽榕）

切实履行职责　想方设法做好会员服务

上海市会展行业协会

一、携手会员积极抗疫，助力打赢防控阻击战

1月27日，协会发出《致全体会员的倡议书》，倡议会展企业主动承担起“第一道防线”责任，助力打赢新冠肺炎疫情防控阻击战。此后，协会牵头国家会展中心（上海）、上海新国际博览中心、上海世博展览馆、上海展览中心等四大主要场馆联合发出倡议，为主办单位安排更合适更方便的档期，提供全方位解决方案。秘书处积极配合市商务委等政府部门开展企业受损情况和金融信贷需求的调查，组织企业做好扶持政策的申报，及时组织会展企业参加市商务委的各类专题座谈会。2月19日，市商务委发来感谢信。

近半年展会停摆，会展企业尤其是会展服务企业面临各种压力。协会秘书处汇总会员受损情况形成专报向主管部门反映。协会会长桑敬民在参加国务院调研组、商务部王受文副部长和许昆林副市长召集的复工复产调研座谈会上，积极反映行业实际情况及复工复展的迫切呼声。5月初，协会向市商务委提出抓紧研究上海会展业复展的建议，并起草制定《上海市会展行业新冠肺炎疫情防控指南》《上海会展业档期协调机制》等文件，为重启会展业发挥积极作用。5月25日，协会举办“疫情冲击下的展会发展新思路”为主题的线上沙龙，行业知名企业负责人探讨线上展会的商业营运的应对思路，共计37674人次收看直播。会展工作重启后，协会与上海市会展业促进中心、上海市律师协会会展与旅游业务研究委员会共同发起“会展业防疫义务法律咨询服务”活动，为会员单位提供法律帮助。

疫情期间，协会党委向全体党员发出自愿捐款号召，所属各支部党员踊跃响应，不到两天，就收到116名党员和入党积极分子捐款10876元。会员企业也积极行动，副会长单位上海博华国际展览有限公司、上海欣越国际货物运输代理有限公司，会员单位欧马腾会展科技（上海）有限公司等企业组织员工开展善款募捐活动；会员单位艺搭环保科技（上海）有限公司从迪拜购回100套防护服，直接快递到湖北省恩施市中心医院。

二、切实履行职责，想方设法做好会员服务

减免会费，力所能及地为会员企业减压。协会秘书处向理事会提出所有会员减免3300元的意见，即一般会员免缴2020年会费，经五届四次理事会审议通过后执行。创新沙龙活动形式，举办三期沙龙活动；第一期，以线上直播形式举办“疫情冲击下的展会发展新思路”为主题的沙龙；第二期，走进会员企业，在中国太平洋财产保险股份有限公司上海分公司举办“疫情防控常态化下的会展服务”主题沙龙；第三期，协会组织30多家理事会成员赴南京溧水，与全国省级会展行业协会联席会议代表同行面对面进行交流。协会有70多家会员企业，成为本届进博会服务供应商和进博会配套活动的主承办方。他们克服各种困难，胜利完成进博会筹备工作。协会积极参与进博会的配套活动——中国国际公共采购论坛。协会理事单位上海鸿量联采贸易服务有限公司全力以赴做好会务工作。为此，财政部国库司分别给协会和鸿量联采发来感谢信。

微信公众号平台积极宣传会员信息。协会微信公众号为30多家会员企业推送信息，协助宣传。协会继续开展展示工程资质评审工作，年内有33家展示工程企业通过评审。其中一级资质企业8家、二级资质企业8家、三级资质企业17家。一、二、三级展示工程资质企业累计分别为80家、59家、47家，合计186家。协会与上海对外经贸大学合办的上海市会展管理专业技术水平认证（高级）培训班招生工作启动。继续开展《上海市会展管理专业技术水平认证（初级）》讲解员培训班，并有163名学员获得会展管理初级讲解员水平认证证书。按照国家质检总局、国家标准委有关团体标准编制的要求，完成标准制定程序文件，并在网上完成团体用户注册工作。

三、协助配合政府，发挥桥梁纽带作用

积极协助配合市商务委等政府相关部门开展企业受损情况和金融信贷需求的调查，组织会展企业参加市商务委的各类专题座谈会及多项调研活动，了解企业的困难与需求，形成专报为政府出台政策提供参考。《上海市会展业条例》（以下简称《条例》）经上海市第十五届人民代表大会常务委员会第十八次会议通过，并于5月1日起施行。协会的微信公众号、官网均对《条例》发布进行推送；协会各出版物也全文刊登《条例》。同时通过举办线下沙龙、理事会等活动开展《条例》普法宣传，与律师协会联手编制发布参展合同及场馆租赁

合同示范文本。积极配合政府，及时发布疫情防控指南等信息。在市商务委的指导下，协会先后发布疫情初期的《致全体会员的倡议书》、配合复工复展的《上海市会展行业新冠肺炎疫情防控指南》以及修订版《关于进一步加强本市会展行业疫情防控工作的倡议》、配合展会安全的《上海市会展行业安全生产倡议书》、配合秋冬季防疫的《加强秋冬季疫情防控工作的提示》，以及配合塑料污染治理的《上海市会展行业限塑倡议书》等文件。

四、长三角会展联盟、长三角会展研究院成立

10月12日，协会与上海对外经贸大学共建的长三角会展研究院正式成立。会上，为上海市国际贸易促进委员会副会长顾春霆等19位首批长三角会展研究院专家颁发聘书。当天，长三角会展联盟第一次会议召开，审议通过《关于长三角城市会展联盟更名及相关工作的报告》《长三角会展联盟章程》，以及长三角会展联盟主席、副主席、秘书长名单。会议决定联盟秘书处设在上海市会展行业协会。这将有利于三省一市会展行业的协会、机构、企业等更好地携起手来，优势互补、协同互助、资源共享、合作共进，在实现自身发展的同时，为助推长三角区域会展业更高质量的一体化发展作出新的贡献。

五、发展会员情况

年内，新加入协会76家企业，退会20家企业，实际有效会员627家，比2019年新增56家。按主营业务分：场馆、主办、展示工程三大主体会员企业分别为23家、76家、427家，三大主体占比83.89%；另有会展院校、研究管理机构以及涉及会展的物流、咨询、服务、设备供应商等相关配套企业合计101家，占比16.11%。按企业性质分：国有企业（含社会团体、院校等）71家，占比11.32%；外资企业62家，占比9.89%；民营企业494家，占比78.79%。

六、党建、工会工作

协会党委经过近半年的准备，于6月30日召开党员大会，听取并通过党委书记陈先进做的《砥砺奋进新时代，牢记使命促发展，努力把协会党委建设成为推动上海会展行业高质量发展的坚强战斗堡垒》工作报告；选举产生由7位同志组成的新一届党委委员会和3位同志组成的纪律检查委员会。根据《党章》要求，党委成员深入各基层党组织指导支部换届选举工作。党委组织各支部围绕“四史”学习教育，开展“往心里走、往实里走”等活动。党委还联合上海市旅游行业协会党委开展“疫后复苏行业共建”党员主题教育活动，组织党员前往龙华烈士陵园缅怀先烈，坚定不忘初心的信念。同时，党委贯彻落实上级党委“从心出发——市级机关行业协会党员身心关爱计划”，分两次组织党员和员工60多人参与心理减压放松训练互动式课程。年内，2名发展对象接收为预备党员，3名按期转正，为党组织增添新鲜血液。党委组织全体党员用好“学习强国”学习平台，并通过党建服务中心、公众号、微信等沟通平台坚持每天与各党支部和全体党员互动学习交流。协会党委关心工会组织的建设，为基层工会冬送温暖夏送清凉，组织工会工作人员学习交流，办理工会卡和购买市总工会的保险。

（陈虹）

树立行业标杆品牌　推动行业转型升级

上海人才服务行业协会

一、配合政府、服务行业，做好疫情防控工作

发布行业倡议、做好政策宣传。1 月 31 日，协会发布《关于新型冠状病毒疫情防控的倡议书》，号召上海人力资源服务行业全体同仁积极配合政府部门做好疫情防控工作，妥善处理疫情期间可能涉及的劳动关系问题，鼓励会员单位援助疫区、承担社会责任。此外，协会通过网站、微信公众号等方式定期宣传国家及上海市针对疫情防控、企业复工的最新政策和规定。

开展疫情下行业调研。协会于 2 月起在会员单位范围内开展“疫情下人力资源服务机构及客户复工情况调研”工作。此外，协会联合多家会员单位以及行业知名组织相继发布疫情下人力资源企业现状及需求调研、2020 年中国猎企疫情影响调研报告、2020 年疫情下猎企老板市场信心调研报告等成果，反映行业实际情况以及主要问题。协会定期统计会员单位在此次抗疫活动中开展的公益活动，及时对企业捐款、捐物、志愿活动等进行宣传报道。同时，组织会员单位进行免费培训和公益讲座。

二、协助政府出台政策，承接行业试点平台

反映行业诉求，协助政府出台政策。协会多次组织行业调研会议，对于疫情之下人力资源服务机构规模认定、税收扶持、社保减免、培训补贴等热点问题进行探讨，向相关部门反映行业诉求，协助相关政策出台。配合人社部，对《网络招聘服务管理规定》进行意见征求；配合市人社局，多次组织业内机构进行调研；配合市残联对人力资源服务机构缴纳残疾人保障金的情况展开调研，协助政府进一步规范残保金的政策出台。

在市科协的指导和静安区委区政府的关心支持下，协会作为海智计划（静安）工作基地的市场化运作平台，大力推进“全球服务商计划”；基地提供优质高效人力资源服务，超过 130 人次海外留学生获得引进指导，40 多个项目获得入驻辅导；基地注重加强协作赋能引智工作，与上海现代服务业联合会、留学生企业协会、上海交大产业融合与创新发展研究中心等单位进行互访交流。基地还与德国 Neoxphere 科技公司（NTG）开展长效对接活动。

在张江管委会、静安区科委等部门的支持和指导下，协会作为张江国家自主创新示范区人才服务平台（闸北园），探索与市场化机构共建平台解决人才服务问题的模式，先后搭建包括人才测评平台、人才外包平台、人才法务平台、人才税务平台、人才招聘平台等在内的综合服务平台，形成集线上、线下一体，园区人才、技术、项目和资金有效配置与整合的新模式和新机制。

在市人社局、市职业技能鉴定中心的支持和指导下，协会成功申报成为上海市职业技能等级认定机构、上海市首批社会组织评价组织，并成功申报开展“劳动关系协调员”职业技能等级认定项目。

三、开展行业研究，推动行业转型升级

配合开展产业园区规划升级。为崇明区、杨浦区人力资源服务产业园建设进行服务与规划。协会还向全国各地复制推广“上海人力资源服务产业园区”模式，先后协助呼和浩特、宜宾、营口、成都、遵义等地人力资源服务产业建设，为当地产业园区的发展和服务职能的升级提供助力。

协助开展行业及人才发展规划，先后与重庆、合肥、成都、长沙、郑州、海南以及临港新片区、杨浦区、虹口区、静安区等地政府部门进行交流授课演讲，配合开展“十四五”人才规划和建设工作。

联合会员单位探索新形势下灵活用工、线上培训等服务产品，推动薪税服务、电子合同、人力资源 SAAS 等产品不断创新升级，为行业的科技赋能增效提供产品支持。协会先后为薪太软、人瑞集团、财才网、上海地铁人力等数十家机构提供战略咨询、活动咨询、项目咨询、上市咨询等，在实现本土机构持续发展的同时推动各地人力资源服务机构的合作交流，为业内机构寻求合作、转型发展提供平台。

定期开展行业统计工作，发布上海人力资源服务行业指数报告，推出《2019 年度上海人力资源服务行业发展蓝皮书》。协会还为《中国人力资源服务业发展报告》、中国劳动和社会保障科学研究院出版的《中国人力资源服务产业园发展报告》提供行业协会板块内容；为《上海经济年鉴》《上海工业年鉴》《上海现代服务业发展报告》提供人力资源板块内容。

四、完善标准体系，树立行业品牌

完善行业标准体系。（1）持续开展国家及地方标准制定、修订工作。在国家标准方面，受国标委委托开展《人力资源服务术语》国家标准的视频宣讲录制工作。在地方标准方面，申请开展《人力资源派遣服务规范》修订、《网络招聘服务规范》编制工作。在团体标准方面，制定团体标准的标准化制度，编制《高级人才寻访服务规范》团体标准，预计2021年正式发布。（2）推动标准宣贯与培训。协会作为人力资源服务业国家标准宣贯及标准化试点平台，积极向人力资源服务机构宣贯行业标准，发布贯标机构的榜单，共有595家次人力资源服务机构参与贯标工作。受静安区人社局委托，举办“人力资源服务机构标准化线上培训”，有1474人次人参加线上学习。（3）2020年11月，配合市人社局“上海市人力资源服务标准化技术委员会”的组建工作。（4）组织会员单位积极申报“国家服务业标准试点”以及“2020年度上海市标准化试点”项目，共有12家人力资源服务机构申报“国家服务业标准化试点”项目，2家人力资源服务机构获批“上海市标准化试点”项目。

树立行业标杆品牌。6月，组织172家行业机构开展“2020年上海人力资源服务行业诚信示范机构创建活动”，塑造行业整体形象。组织开展“2019年度上海人力资源服务业百强排名”及“2019年度上海人力资源服务业咨询、培训、招聘机构排名”工作，树立行业标杆企业。协会长期举办“优秀人力资源服务供应商推荐”活动，年内推荐出12家国际人力资源服务供应商、16家亚太人力资源服务供应商、12家“一带一路”人力资源服务供应商、49家中国人力资源服务供应商，获得良好的社会反响。配合市人社局展开“上海市人力资源服务‘伯乐’奖励计划”，共有12家行业机构获得奖励。

五、嫁接行业商机，促进交流合作

加强会员联动，嫁接会员间合作商机。根据会员单位需求定期组织会员活动，并成立派遣、猎头、招聘、测评、培训、咨询、薪酬、法务、IT、名牌、SAAS等21个专业小组，将会员交流建立成长效机制。协会召开28场行业发展座谈会，推进会员交流与合作。定期组织会员单位，参加市人社局、市市场监督管理局等政府部门的调研座谈会、培训会、对接会。11月，配合市人社局开展“中国（上海）人力资源产业园区十周年系列活动”。12月，配合市人社局、市人才服务中心开展“中国人力资源大赛上海赛区选拔赛”。此外，参与并配合上海现代服务业联合会、市工业经济联合会、商业联合会、工商业联合会、市质量协会等单位开展活动，为各行各业提供人力资源服务的保障和支撑。举办大型活动，推进会员的国内外发展。

组织和参与各类人力资源服务行业活动，携会员单位参加温州人才周、由AIMSInternational组织的“线上交流圆桌会议”、第十七次全国省级人力资源（人才）服务行业协会联席会等活动，并多次接待、走访任仕达、外企德科、万宝盛华、德勤等国际知名人力资源服务机构，了解企业发展现状与需求。配合湖北省、内蒙古呼和浩特市、江苏南京、杭州市余杭区等地政府部门，开展人力资源服务行业推介活动，有效推进人力资源服务机构与全国各地区的交流和对接。

六、承担社会责任，鼓励行业公益

在市人社局支持下，通过线上、线下两个平台，启动“2020年人才服务进校园”活动。2月起，协会联合智联招聘、前程无忧、BOSS直聘等网络招聘机构，配合上海师范大学、华东师范大学、上海立信会计金融学院等14所高校展开线上网络招聘会，累计参与企业9700多家，企业提供岗位7万多个，简历投递人数超10万人。10月起，组织会员单位前往4所知名高校，举办6场线下校园招聘会，超过1200多家单位参与，发布招聘岗位6000多个，为110名学生进行职业测评，2万余名毕业生前来应聘。在服务海外人才方面，3月起，配合市委组织部、市人才服务中心，集聚国内外20家知名人力资源服务机构，开展“海聚英才——2020春归浦江云选会”活动；配合第二工业大学，举办港澳台侨毕业生专场招聘会。在特殊人才（残疾人）及退役军人就业方面，协会充分发挥市场化招聘渠道提供就业岗位，同时，利用家庭坐席办公等技术工具，为行动不便的特殊人才提供在家办公的条件。为服务临港新片区企业发展和人才队伍建设需求，组织临港新片区57家企业于BOSS直聘平台上免费发布超过200类职位。

七、提升从业人员素质，提高行业服务质量

受市人社局委托，协会承接“上海人力资源服务行业的新起点、新趋势”培训项目，共计120名从业人员参加培训。依托会员单位的线上平台和行业专家，先后举办24次“人力资源大讲坛”线上公益讲座，吸引近2万名从业人员参加。联合会员单位开展薪税师、经济师、企业人员优化、劳动法案例盘点等培训课程，邀请专业师资团队全方面提升从业人员综合水平。

（毛毓郁）

深化行业服务　务求做精做深

上海市物联网行业协会

一、深化行业服务，务求做精做深

协会在为行业服务中突出“六个进一步”，即进一步提升行业服务的精度。继续不断完善“每日、每周、每月、每季度、每年”的线上和线下融合的行业服务体系。通过每日行业新闻不断扩大物联网产业的影响力，让更多的人了解物联网，使用物联网技术；进一步提升每周沙龙的主题质量，提高对接的有效性；进一步提高每月活动的针对性和有效性，提高活动的转化率；进一步提高与慕尼黑电子展等展会合作的质量，将会展作为产业运营和服务的平台；进一步提升全球物联网峰会的行业影响力，将其办成全国最具影响力的物联网行业峰会；进一步提高行业服务的深度。联合会员企业共同建设 AIOT 产业创新中心，将教育培训、展览展示、孵化加速、方案开发和联合创新作为其核心功能。根据区域产业特点，聚焦工业物联网、智能家居、健康养老、感知、新零售、智慧物流、智能网联汽车和虚拟现实等物联网重点领域，特别注重传统优势产业与物联网技术的融合创新，使 AIOT 产业创新中心成为产业服务的重要抓手。

二、提升标准工作，务求保持领先

协会有序组织开展标准化工作，加强团体标准的应用与推广，为会员提供更加优质的标准化服务。（1）积极将团体标准，上升为地方标准。坚持产学研用相结合，听取各方意见，充分调研国内产业的实际需求，增强标准的可实施性，按时完成智慧健康养老等地方标准的制定工作。（2）将标准工作与知识产权工作相结合，成立知识产权工作专委会。（3）探索与全国各兄弟省市物联网行业协会、上海各兄弟相关技术行业协会联合发布团体标准。探索与智慧水利、智慧港口、智慧物流、智慧市政、智慧社区、智慧家政、智慧旅游、在线消费、在线教育、医疗健康等应用行业联合发布团体标准。（4）继续制定一定数量、形成一定规模的团体标准，保障标准的有效供给，继续在信息传输、软件和信息技术服务业社会团体标准在全国排名上名列前茅；组织开展物联网标准化高峰论坛、开展标准化培训等活动，继续在上海市的团体标准活跃度排名上名列前茅。

三、提质教育培训，务求培养优质人才

（1）坚持有所为，有所不为的原则，聚焦职业技能等级标准制定、课程研发、题库开发、师资培训和鉴定认定等五项核心工作，做到“考培分离，鉴培分离”。（2）探索创新线上和线下融合的教育培训方法，支持扶持更多培训机构和院校引入物联网职业等级课程，降低其培训难度和成本，提高其培训质量。（3）联合创建 AIOT 产业创新学院，在做好专项职业技能课程的基础之上，探索引入生产性综合实训课程，反向设计基础、核心专业课程。（4）探索物联网技术人员认证，与华为、阿里等行业巨头合作，建设最具行业公信力的物联网技术人员培训和认证体系。（5）从产业发展对创新型人才的角度举办青少年物联网创新大赛，建立物联网技术创新型人才认证体系。

四、拓展企业数智化，加快推进产业转型升级

（1）协会将依托行业服务、标准制定和教育培训等业务优势，发挥作为第三方咨询监理机构的优势，协助企业最大程度降低 IT 投入的成本，提升数智化水平为企业带来实质的收益包括效益、效率和企业竞争力等，成为促进产业互联网发展的核心驱动力。（2）继续深入推进两化融合贯标服务，坚持实质性贯标，协助企业切实提高数智化水平和能力。根据两化融合贯标的调研情况，协助企业选择最适合其发展阶段和发展战略的数智化解决方案。（3）探索以教育培训深入企业数智化能力提升，协助加强企业中员工的数智化知识的培训和数智化人才队伍的建立，培训大量具有数智化思维和能力的生产管理研发人员。

五、强化内部建设，进一步提升凝聚力、战斗力

协会秘书处树立“会员第一”的指导思想，做好会员服务工作，发挥协会作为政府和企业之间的桥梁作用，推动产业快速健康发展。进一步加强组织建设，全面贯彻落实上级党委的各项工作要求，协助落实各项产业发展政策。进一步加强秘书处建设，加强各个专委会的力量，促进产业链交流与合作。进一步加强各项制度建设，建立会员企业需求管理体系，确保会员的每一项需求都得到认真对待，并抓好需求的追踪和落实。

（鲁青卿）

一切为了城市应急安全

上海应急消防工程设备行业协会

一、坚持同舟共济，共同抗击新冠肺炎疫情

“疫情就是命令，防控就是责任”。协会在第一时间向会员单位发出《听党话、跟党走、抗疫情、见行动倡议书》。会员单位积极应对，迅速安排各项工作。协会还下发《做好疫情报告和安全防护工作的通知》《致全体会员单位的一封倡议书》《协会应急（大消防）公益基地倡议》。企业家们踊跃捐款，筹集物资助力疫情防控，支援疫情前线，体现新时代协会组织的积极作为。

二、坚持党建引领，探索开展行业党建工作

协会召开主题为《把初心使命扛在肩上，把党建责任落在行动上》新时代民营企业党建工作座谈会。

三、坚持加强行业自律，开展行业信息交流

组织会员企业制定4个团体标准并申报完成“智慧城市应急安全（大消防）物联网智能系统团体标准试点”。60多家科技企业参与其中。协会产品分会召开消防工程产品高质量高标准发展政策宣贯推进会。会上协会发布《诚信倡议书》。9月8日，在同济大学城市风险管理研究院举行《关于快速提升我国安全生产履职效能的研究》项目成果鉴定会。

四、坚持开展课题调研，向政府建言献策

向市住建委提交3份调研报告；向市应急管理局提交3份调研报告；向市经信委提出成立长三角应急产业联盟和成立应急产业智能科技园区（基地）的方案。部分建议已被采纳。承接市经信委《上海市处突应急物资保障手册》的编写工作；承接市应急管理局“十四五”应急物资储备规划的课题任务，已进入调研阶段。

五、坚持高技能人才培养，真抓实干

市人社局及市职业技能鉴定中心多次来协会指导人才培养工作。7月15日，市人社局专家莅临万一安全实训点指导工作。9月15日，上海市职业技能鉴定中心评估专家组莅临上海消防设备职业技能鉴定所开展评估工作。10月23日，上海市职业技能鉴定中心莅临协会督导培训补贴工作。

六、坚持服务会员、抱团发展

为了提高本市应急管理信息化水平，提升防灾减灾救灾能力，协会召开大数据平台技术交流座谈会。协会与中国商业消防安全协会、浙江国信展览有限公司联合主办中国国际消防安全及应急救援（杭州）展览会暨论坛，受到国内外业界的广泛关注，提升了协会在应急消防行业的影响力。新会员入会明显增加，有17家企业申请加入协会，成为协会会员。协会组织举办“迎端午节、携手共进、共谋发展”羽毛球友谊赛。

七、坚持履行社会责任、提升协会品牌影响力

协会应急安全科普专委会在静安区彭浦镇社区文化中心举行《2020年暑期公益科普宣传周活动》开幕仪式。开展黄浦区“119”消防宣传月活动仪式。举办2020科学之夜《这不是游戏》消防科普舞台剧，上海电影博物馆专场。举办《中国消防科普讲堂》《火灾预防与救生技能》等讲座。科普专委会朱江、王荷兰、吴疆等主编的《小学消防安全教育》获全国优秀消防科普作品一等奖，王荷兰获得上海市人民政府颁发的2020科学技术三等奖、2020上海市科普教育创新二等奖。7月30日，协会公益基地进静安区华侨城物业管理公司做《后疫情下如何加强城市公共安全治理》举办公益讲座；10月23日，进静安区彭浦镇幸福一村社区服务中心进行家庭防火宣传。同时，经专家评审、协会申报课题“应急消防安全与预防自救科普活动周”入选上海市静安区科协2020年科普专项立项名单上海环宇消安企业管理有限公司张霞推广《城市应急安全通识》科普读本2000本。上海诚唐展览展示有限公司支持协会工作，宣传安全科普活动，建设安全文化教育展示馆。

（殷洁　肖仿）

拓展为企业服务的深度和广度

上海医药商业行业协会

一、推进与医疗机构的深度合作

协会与辉瑞投资、辉瑞普强（现更名为晖致）、西安杨森、施维雅等企业合作，围绕药学服务、医保政策、患者安全及后疫情防控下医务管理者的创新能力和管理水平等主题，积极组织策划，先后举办了以"'疫'路同行'药'不容辞"等为主题的3次线上药学服务政策研讨会、2020年患者安全巡回宣讲会、电子处方规范化应用研讨会、消化道肿瘤治疗新进展、电子处方规范化运用、后疫情时代医院创新管理论坛等10余场。聚力大健康，助力疫情防控，会议成果获得大家的高度肯定。

二、开展药品价格政策解读及行业相关专题会议

坚持把会员企业所关注的问题作为协会工作中的重点和突破口，为会员单位提供政策解读、专题研讨、教育培训、行业咨询等方面的专业化服务，打造政策解读交流平台，强化政策落地，激发发展活力。协会先后与雅培、辉瑞等企业合作开展营养支持治疗的医保政策研讨会、医药行业"十四五"规划交流会、2020年上海药品价格及招标采购管理座谈会等，邀请相关专家及卫健委领导出席会议，及时传递关于药品监管工作和医药新产业发展重大部署。

三、举办2020年上海医药商业信息沙龙

信息沙龙旨在"危中寻机"，通过对新冠肺炎疫情对销售影响及应对措施、互联网+"医院、医药"带来的机遇和挑战、药品集采政策等多个方面话题深入探讨和交流，积极探索企业新的工作思路和方法。

四、探索为中小零售连锁企业服务的深度与广度

认真践行"全心全意为会员企业服务"理念，搭建行业全面、精准的服务平台，更好服务所有企业，实现行业共同发展。协会在开展药品零售连锁专业委员会活动基础上，推动工作触角向中小型零售连锁企业延伸，服务企业持续发力。9月1日、9月16日，协会先后组织召开中小零售连锁企业、单体药店零售企业的两场专业工作会议。这是协会第一次用这样的形式与中小零售连锁企业建立起沟通联系渠道，采用秘书长及5个职能部门全面介绍方式予以全面对接，找到各企业的需求点，以便更好地提供服务。会上提议筹建中小零售连锁专业委员会，进一步把协会的服务宗旨落实、落细、落具体。

五、特殊状态下的"精准服务"与"对接联动"

面对疫情特殊状态，协会持续主办的"连锁商超、连锁药店配对会"与第十一届中国国际健康产品展览会同期举办。通过加强工商对接联动，更好对接企业发展所需，不断增强药品零售企业发展新动能。华氏、国大复美、宝岛、德大堂、康君阁、云湖等6家企业踊跃参与。特殊时期的本届展会和工商对接，进一步放大了第十一届中国国际健康产品展会的平台效应。协会将继续关注并跟进参与企业的对接成效。

《上海医药商业统计简讯》等刊物编辑质量，与线上平台形成良性互动。发布《2019年上海医药商业行业发展报告》（白皮书）。同时扩大微信公众平台传播，及时推送微信信息及协会最新公告，为企业提供及时、有效、全面的信息服务。截至11月，发布微信文章687篇，其中自创198篇，微信点击量19.16万次，网站访问量5万次。协会网站和微信公众号已成为发布协会和会员企业信息、提升大型活动质量、加强秘书处内部管理的重要媒介。

（依商）

脚踏实地开展协会工作

上海医疗器械行业协会

一、发挥桥梁纽带作用，承上启下建言献策

1月24日，上海启动重大突发公共卫生事件一级响应机制，协会积极响应党中央、国务院和上海市委、市政府的相关决策部署，向行业及会员单位发布“众志成城抗击疫情——打赢疫情防控阻击战”倡议书，希望各企业高度重视疫情防控工作、切实落实疫情防控措施、尽力而为承担社会责任。10月，协会协助市药监局举办全国医疗器械安全周上海启动仪式，并及时向行业发布《助推产业创新发展，切实保障用械安全——上海医疗器械行业协会倡议书》，希望企业自觉履行企业主体责任、努力推进医疗器械创新发展、高度重视“用械安全”的宣传普及工作，会员单位纷纷在倡议书上签字响应。

协会受市经信委的委托，开展《2019上海高端医疗装备产业发展报告》的调研编写工作。经走访企业、听取意见、集中讨论、反复整理，修改完善，最终通过专家验收。协会还协助市药监局审评中心召开7次专家咨询会。协会积极与市科协联系，整理2020年项目申报目录，供企业参考及咨询。9月，完成上海医疗器械行业协会院士专家服务中心2年一次的评估工作。

协会受市药监局药品和医疗器械不良反应监测中心的委托，指定专人负责医疗器械不良事件监测和再评价工作。至2020年末，已经处理报告16210条（份），平均每月处理2316条。协会受市统计局和中国医药信息中心委托，每月对行业十大类产品的工业销售产值完成情况进行统计分析。协会逐步完善统计工作队伍，每年召开统计工作年会，布置具体工作，每月统计上报率均达到95%。为保证统计数据的准确性，协会根据现况对原统计标的进行调整。

协会协助科华生物、奥普生物进行上海市“专精特新”复审；协助奥普生物申报工信部“专精特新”小巨人企业；协助康德莱公司参评“2020年上海市品牌经济发展专项”，均获评成功。上海之江生物科技有限公司董事长邵俊斌被评为上海市第五届工商业领军人物。

二、做好协会专委会工作，脚踏实地行稳致远

经营工作委和几家金融机构取得联系，一起走访企业，为企业解决资金需求，产品及时供应市场。与工经联推荐的上海之帆经贸展览组委会联合，在线上对协会企业产品进行宣传，帮助部分企业解决在产品出口时所碰到的困难。2020年，继续开展三类医疗器械经营企业计算机软件的评审工作，共举办6次评审。

口腔工艺专委会对“口腔义齿追溯系统”进行优化升级，协助市药监局安监处制定义齿企业质量信用加分项相关标准，提高企业使用的积极性。配合闵行区市场监督管理局在上海慧丰牙科技术有限公司成立首家医疗器械（口腔义齿）实训基地。专委会走访多家义齿生产企业，为13家企业提供专业的注册咨询服务。

体外诊断系统专委会为了配合疫情防控的需要，在上海奥普生物医药科技股份有限公司召开网络会员大会，介绍专委会工作条例修订情况和功能组调整情况。专委会还参加高峰论坛等多项活动，走访企业院校进行调研交流，共同探讨行业发展前景和方向。

管理者代表协调工作委员会召开主任扩大会议，对在新形势下如何进一步提高管代工作委影响力提出建议意见。下设法规、产品、培训、咨询等4个工作小组，对工作组的人员安排及今后工作分工进行布置。对“十四五”期间落实省级监管职责和国家局课题的准备材料进行商讨。

康复养老器材专委会在疫情期间，为企业做了大量咨询工作，帮助企业入围民政局出台的康复养老器械租赁目录，为企业解决许多问题。12月，专委会召开以“新时代，大健康，创未来”为主题的企业论坛交流会，探讨医疗器械高速发展背景下康复养老器材发展的现状和趋势。

（裔辽）

创新开展节能减排　推广绿色发展理念

上海市电子元器件行业协会

一、顺利召开协会七届一次会员大会，完成换届工作

9月29日，协会隆重召开七届一次会员大会。大会期间，成功召开上海电子元器件行业协会七届一次理事会和七届一次监事会，圆满完成《章程》规定的各项议程。会议审议通过上海电子元器件行业协会第六届理事会工作报告、监事会工作报告、理事会财务收支审计情况报告、换届选举工作情况报告、选举办法。审议通过新修订的上海电子元器件行业协会章程、会费标准和管理办法，选举产生第七届理事会理事40位和第七届监事会监事3位，大会选举上海仪电集团综合事务部总经理樊志强为协会第七届理事会会长。

二、开展企业调研，了解企业抗击疫情复工复产情况

自4月起，协会秘书处针对疫情防控常态化的要求，以走访会员单位形式，有序开展调研工作。先后走访上海元一电子、上海维安电子、上海弘名电子、福禄（苏州）新型材料、上海三环磁件材料、飞信国际贸易、上海纳宇电气、上海OMRON电器、上海夏普电器等10多家会员企业，了解会员单位抗疫期间复工复产及公司贸易情况。并将调研情况书面专报市有关部门。

三、对接政府，搭建政企桥梁纽带

积极申报并成功承接市商务委公平贸易项目。成功举办进出口公平贸易相关培训研讨二期。8月15日，协会组织会员单位召开公平贸易培训研讨会，来自协会会员单位的近20位同志参加培训研讨。与会同志在听取专题报告之后，就公司贸易情况以及中美经贸摩擦进行研讨。9月18日，在第22届中国国际工业博览会期间，协会会同上海电子商会（上海电子制造行业协会）成功举办以“立足双循环新格局，构筑产业链新优势”为主题的2020年上海电子信息行业公平贸易及产业合作发展论坛。上海社会科学院在论坛上发布《2019年上海电子信息制造业国际竞争力报告》。市商务委领导、电子信息行业的专家、企业领导、相关技术和管理人员以及新华社、科技报等媒体记者逾100人参加此次论坛。协会还邀请上海三环磁性材料有限公司专家撰写《黏结稀土永磁体材料应用与发展简析报告》、上海维安电子有限公司专家撰写《电子线路保护元器件行业分析报告》。

四、加大协会会刊宣传，凸显行业服务功能

协会做好《电子元器件》的编辑出版工作，定期刊载行业市场需求、发展趋势的分析，供会员企业参考，月刊的《杂谈》《专家视点》《产业政策》《行业纵览》《公平贸易》《会员动态》《协会信息》等栏目，内容充实，成为会员单位了解国家方针政策、企业管理、前瞻技术、会员信息以及协会服务的信息平台。同时，加强调查研究，撰写和收集行业分析、市场分析、行业发展报告，在月刊刊登或邮箱发送给会员单位，服务于会员及时掌握市场信息。全年共计在月刊上发表各类行业分析文章10余篇。新设置公平贸易专栏，全年共刊发5期15篇，主要刊登相关政策、信息、案例等内容。定期维护网站及微信工作群，发布各类正能量信息，为会员单位提供服务需要，深受会员单位欢迎。

五、创新开展节能减排培训，推广绿色发展理念

协会圆满完成上海市节能监察中心委托的节能技术系列培训，积极有效地开展节能减排政策和技术系列培训。（1）创新活动内容，力求政策法规宣贯通俗易懂、成功案例介绍接地气、授课内容指导性。（2）创新活动模式，针对疫情，采纳在线培训和线下培训结合互补的模式。在第26个全国节能宣传周期间，协同会员单位共同策划组织开展节能减排竞赛。编撰的竞赛题设置必答题、抢答题、风险题三类，覆盖了低碳绿色的基础理论、低碳办公、绿色生活等方面的内容。全年举办培训班10期，培训相关管理、技术、生产人员800余人次。

六、组织开展职称申报工作，助力人才队伍建设

协会配合市经信委、仪电集团，做好行业及会员单位职称评审申报工作。为行业及会员单位申报职称开展相关培训工作，并提供个性化咨询服务。在协会的精心组织和培训指导下，经协会申报的100多位各类专

业技术专家通过高级工程师评审、300多位各类专业技术人员通过工程师评审。

七、开展各类联谊活动，增强协会凝聚力

协会坚持每周组织健身活动，每年开展两次女性主题活动，落实节假日和会员单位负责人生病家访及生日祝贺制度。成功举办“联合协会杯”乒乓球友谊赛；成功举办“品味生活，“焙感幸福”“品酒识女人，三月醉桃花”等女企业家主题活动，搭建平台，互动交流，畅聊工作与生活。

（朱晓枫）

引导行业自我提升　调整发展

上海市热处理行业协会

一、做好上情下达和下情上报工作

在疫情期间积极发挥桥梁作用，及时把市经信委、市社团局的各种政策和各类信息通过协会微信、公众号等形式传递给会员单位，使广大会员单位根据各自情况做好各项应对工作。由于协会及会员单位积极地奉献，协会获得上海市经信委的表彰信。

二、培训工作取得显著成效

11 月 30 日，协会所属上海热协职业技能鉴定所获得由市人社局颁发的“本市企业职业技能等级认定机构”资格。

上海热协职业技能鉴定所的培训、鉴定范围：（1）金属热处理工，包括金属热处理工五级、金属热处理工四级、金属热处理工（机械零部件热处理工）三级、金属热处理工（机械零部件热处理工）二级、金属热处理工（机械零部件热处理工）一级。（2）铸造工包括铸造工（铸造造型（芯）工）五级；（3）锻造工包括锻造工（自由锻）五级。

至 11 月底，协会完成感应加热热处理专项培训 21 人、热处理一级工培训 22 人、二级工培训 64 人、三级工培训 34 人和上岗证培训 7 次 200 人。

三、清洁生产推进工作

由于上海市清洁生产推进工作在一两年内将转为整个工业领域全覆盖，在市经信委和上海市清洁生产推进办的关心支持下，按照“上海市清洁生产推进办公室”要求，协会竭力推进这项工作，力争热处理行业逐步做到全覆盖。生产性热处理会员企业已通过清洁生产审核的达到总数的 30% 以上，部分先进骨干企业已开展第二轮清洁生产审核准备工作。对于还没有开展这项工作或独立开展有困难的单位，协会或督促提醒或帮助寻找有资质的机构，协助开展清洁生产达标工作。清洁生产工作有序推进，得到“上海市清洁生产推进办公室”的好评。

四、敦促和提醒会员单位按照上海环境生态局布置的 VOC 重点和一般企业的“排污申报”工作

按照（环大气《2019》53 号）文件要求按期完成申报。对于填报有困难的企业，秘书处推荐第三方专业机构指导完成。

五、按照上海市发展先进制造业思路，引导行业自我提升，调整发展，赢得主动

根据上海市发展先进装备制造业，加速推进基础工艺结构调整的要求，热处理行业以“发展先进工艺，限制传统工艺，淘汰落后工艺”为导向，促使热处理企业达到总量减少、结构合理、管理有序、发展有劲、来适应先进装备制造业飞速发展的需要。协会引导会员单位瞄准国际热处理工艺发展前沿，努力掌握更多关键工艺与技术，求得更多自主知识产权，为我国先进装备制造业、国防工业发展多做贡献。

六、配合市政府调整企业结构，优化升级

发挥协会桥梁、纽带作用，做好产业结构调整与节能减排工作。多年来，节能减排、产业结构调整一直列入协会工作的重点来抓，对会员单位进行基本生产达标验收来加强行业自律管理；对新建、改建和扩建项目，协会组织专家提出论证意见配合政府做好环境评价工作。对没有纳管的热处理生产厂、点，协会积极向上级部门反映，努力保护会员企业的利益。据了解，协会生产性企业已由 254 家厂点减少至 171 家。同时，受市技质监督局委托，在市能源标准化委员会的指导下，协会组织骨干会员单位完成三项地方标准的编制，包括 DB31/642–2020《金属热处理加工工序单位产品能源消耗限额》、DB31/T25–2020《热处理电热设备节能监测与经济运行》的修订 DB31/T213–2020《金属热处理回火工序单位产品能源消耗限额》等。完成新版上海市热处理行业现状分析调查工作。

七、上海市热处理厂点生产基本条件达标验收工作

上海市热处理厂点生产基本条件达标验收要求，由初期的核实企业基本情况，尤其是能耗、三废治理、人员培训、盐浴加热整改与限制提升为上海市热处理行业企业结构调整、清洁生产、能耗管理、质量安全、环境管理以及三废治理，特别是固废、危废依法合规处置及管理。强调员工持证（热处理上岗证）上岗。上岗培训内容既有基础热处理知识，又注重热处理生产现场安全知识，力争做到全员持证上岗。

八、加强行业企业社会责任感的建设

培育企业建立社会诚信观念。协会加入上海市“企业诚信创建”活动。参与22届工博会，展示热处理行业的新工艺、新设备。组织参观相关热处理展。

（安东）

为企业送健康　送政策　送服务

上海电子商会

一、承接政府职能，当好政府参谋助手

商会正确认识和把握新形势下行业协会的地位和作用，立足行业，服务政府，不断加强政府与企业间的信息沟通，积极向政府建言献策。根据政府相关部门的工作要求，撰写分析报告为政府决策提供积极支撑；应邀参加《上海市促进中小企业发展条例（修订草案）调研》会议；承接上海市中小企业发展服务中心“中小企业诉求调研合作”项目；受市经信委委托，承办本市电子信息产业工作会议与2020年度电子信息制造业行业秘书长会议；承接市商务委“2020年公平贸易工作站公共服务”项目；承接市节能监察中心“上海市节能减排与技术系列培训”；承接上海市竞赛办“市重点工程实事立功竞赛先进评选”推荐活动；申报设立“劳模工作站”活动点；联合举办徐汇区“119”消防宣传月主题活动。

二、服务企业，持之不懈

抗疫期间，为企业“送健康、送政策、送服务”，助力企业复工复产，为抗疫工作尽绵薄之力；履行宗旨，服务企业，会长带队，为企业排忧。围绕年度重点工作，实施推进重点企业的发展，形成内循环的产业联动；努力发挥行业协会的桥梁纽带和平台作用，开展中小企业主宾月活动，为企业提供多元化精准服务；开展线上线下主题培训，为中小企业持续健康发展提供个性化服务；开展电子信息类技能人才需求调研；协助仪电举办2020工博会上海仪电科技创新论坛；开展特色活动；加强与兄弟协会的互动。

三、经济基础是支撑商会健康持续发展的根本保证

商会是一个社会团体组织，也是一个政治组织与经济组织。当好政府和企业之间的桥梁和纽带，是社会主义市场经济环境下商会的基本定位，也是支撑商会健康持续发展的根本保证。商会深感所做的工作和取得的成绩离不开会员单位的支持，也深深地感到，商会的工作还存在一些薄弱环节和不足之处，有待于在今后的工作中不断改进和完善。

（李瑾）

充分发挥平台作用　开展特色专项服务

上海重型装备制造行业协会

一、同舟共济，积极推动疫情防控和复工复产

积极配合政府做好疫情防控和复工复产工作，第一时间学习消化各级政府的要求精神和措施政策，及时向会员单位传递防疫工作要求和促进复工信息，帮助中小企业解决防疫物资、融资困难等问题，做好银企对接和后续跟踪，便利企业经营者迅速获取信息，及时决策，赢得时间。积极推进在线新经济的发展模式，联合电商平台，力推企业在线宣传产品、在线带货，组织世邦集团、尚职纳米等会员单位参加中国（上海）工业品在线交易节、临港新片区在线新经济推广专场 e 服务超市，首次尝试装备业企业老总线上直播、在线带货，亲自向广大受众宣传企业、宣传自己的产品，扩大影响力。协会积极探索新的线上线下结合的新工作模式，组织主办的“聚焦高端智能设备维保技术”的工业创新研讨会，实现线下小范围现场会议 + 线上同步直播的结合。首次尝试组织高级专业技术职称评定的申报人员线上答辩和专家委员会线上评审会，获得圆满成功，既满足疫情防控的规定要求，扩大活动参与人员的范围，也为今后拓展工作覆盖范围、打破地域时空限制奠定了基础。

二、充分发挥平台作用，积极开展学习交流活动

始终围绕服务平台、交流平台、合作平台、展示平台和创新平台的核心职能，组织开展会员活动，全力做好会员服务工作。协会协办中国国际进口博览会工业品参展商品牌对接会，扩大中国国际进口博览会的溢出效应，推动临港地区智能制造产业发展，为高端装备制造产业链上下游企业搭建新的合作交流平台，更好地对接进口工业品品牌商、代理商和终端客户。组织会员单位参加上海工博会、中国机床展、铸造展、紧固件产业博览会等行业国际展会，了解配套产业发展最新成果，拓展自身技术创新思路。加强会员单位同参展单位的交流，建立互惠共赢的业务合作关系，探索跨行业合作机遇，共商上下游业务合作对接的机会，促进装备制造产业的绿色发展，实现跨区域上下游产业合作共赢。协会作为高端装备联盟主席单位，审时度势视疫情的形势顺势而为，发展新的联盟成员单位，壮大联盟队伍，提升联盟的影响力；加强联盟成员单位交流，开展行业信息、地区信息、技术信息和企业信息的精准对接，探索寻找更多的“隐形冠军”，促进上海重型装备制造行业和其他省市同行产业共同发展。

三、发挥自身组织优势，开展特色专项服务

充分运用会员单位的技术专家资源，组织新一届专业技术职称评审专家委员会，不断深挖专家潜力，增添新生力量，注入新的活力，促进技术职称评审工作制度化、专业化，提升评审工作的水平，规范评审工作的流程。10 多年来，已累计为会员单位技术人才评定各级专业职称任职资格 200 多人。协会在市工经联的指导下，深入开展群众性的节能减排 JJ 小组活动，推进会员企业提高管理水平、降低能源消耗，促进装备制造业向绿色、环保产业转型，取得较好的实际成效，有两个项目被收录进节能减排案例集。协会认真做好推进国家绿色环保优惠扶持政策的宣传，为企业申报政府相关的产业转型升级发展专项资金提供精准咨询服务。通过走访会员单位，上门了解企业生产运营状况，掌握企业转型发展财务投入实情，帮助企业申报各专项资金扶助，使会员单位更好的享受政策红利，争取合法收益，提高市场竞争力。如某大型电机厂在协会协助下，顺利获得政府部门关于先进制造业专项绿色生产改造项目的资金支持。另有 6 家单位的环保提升项目及先进制造业专项资金项目，正在积极申报政策支持。

四、加强行业调研分析，为行业发展建言献策

加强行业信息收集和分析，编写行业研究专题报告，服务政府、服务社会。做好每年度的《上海工业年鉴》和《上海现代服务业发展报告》的编写工作，报告上海重型装备制造行业发展情况，推介年度行业和会员单位发展的亮点，就新一年的行业发展作出展望，提升协会在行业发展中的影响力和权威性。协会与市工经联、市制造业创意中心、市社科院经济研究所等专家就“立足在线新经济发展，推动上海制造业高质量发展研究”主题进行座谈，协会副会长、监事等单位的主要领导参会，身处生产经营第一线的企业家向政府智库机构提供第一手的信息和真知灼见，为企业和政府共同发展在线新经济建言献策。

五、加强协会自身建设，促进协会管理运行上新台阶

继续加强会员单位发展工作，顺应本市装备制造行业转型升级、创新发展和结构调整的趋势，与时俱进地引入更多、更强的高质量企事业单位加入协会，优化会员单位结构；吸收具有较强行业影响力的民营企业、优秀合资企业和科研院所的会员，不断扩大协会的辐射面和影响力，提高协会整体实力；探索发展新门类、新业态的企业加入协会，为协会充实新的血液和力量，提高协会会员在行业内的覆盖面和代表性。全年发展 4 家会员单位，基本完成年初定的目标。

六、加强党建工作，做好社会公益服务工作

落实社会组织中党建工作的各项要求，严格按照章程规定，充分发挥党组织在协会的职责职能，结合协会业务活动，切实做好各项党建工作。协会党支部认真实施“三会一课”制度，加强政治学习，结合“四史”主题教育活动，制订实施支部的“四史”主题教育活动计划，组织参观中共“四大”会址纪念馆，积极参与社会公益活动。协会参加上海市工经联第七、第九党建工作站、化工支部、电机支部等单位组织的拥军活动，在上海造币有限公司与武警部队共同举办“四史”学习活动，邀请新四军老战士的家属讲述革命前辈在战争年代，坚定信念，对党的事业无比忠诚的先进事迹。协会组织会员单位和大中专学生参观上海电气临港基地，向社会公众和在校学生作装备制造业的科普宣传，体现协会在宣传行业、宣传企业、鼓励社会各界关心、支持和参与民族装备制造业发展的重要作用。

（傅桢）

抓好组织建设　落实基础工作

上海市工具行业协会

一、加强协会组织建设

协会有独立党支部，并于 2019 年成立监事会。党支部从党的路线、方针、政策上起到保证作用，监事会从依法治会、以章程治会实行监督，使协会良好健康发展。

二、认真做好协会基础工作

协会注重会长、理事会、监事会等 3 支队伍建设，不断从质量上优化 3 支队伍，保证协会健康发展。积极发展新会员，每年 10%~15% 的增长、3%~5% 的退出，确保协会充满活力，从而体现行业的发展进程。协会网站、微信工作群、微信公众号、行业简报等，起到良好的信息互动，企业逐步加入协会公众号名单。

三、积极开展协会专项工作

协会积极配合政府部门的防疫工作，对内正面传达防疫工作要求，协会各微信工作群要求不信谣、不传谣，积极做好本人、本企业防疫工作，号召全体会员单位和群友帮助武汉抗疫，捐款捐物。对外主动配合政府寻求抗疫物资。协助政府助力大学生就业，通过“政会银企”四方机制助力企业复工复产。协会与震坤行开展合作助力企业拓展平台，协会内部合作交流取得较大成功。完成《上海志·轻工卷·工具五金篇》的撰稿工作。首次承接上海市进出口公平贸易公共服务项目，完成《2020 工具五金产品国际贸易形势及技术性贸易措施研究报告——上海手工工具及园林工具主要贸易区分析报告》的撰写工作。

四、拓展长三角五金产业联盟创新工作

协会积极参与长三角五金产业联盟合作，着手筹备长三角工具五金产业联盟，主要在团体标准制定联合发布、工具五金科创展、知识产权保护、进出口公平贸易等 4 个方面进行合作。

（戴波）

助力工艺美术产业转型升级

上海工艺美术行业协会

一、沉着应对疫情，全力服务会员

1月2日，协会向全行业发出征集以“攀登”为主题的工艺美术作品创作活动通知。协会陶艺、评估鉴定、织绣、玉石、琥珀蜜蜡等专业委员会积极开展活动，动员会员单位参加主题创作。1月11日，“联盟”办公室召开由联盟主席主持的泛长三角城市工艺美术产业发展战略联盟会议。协商谋划2020年“联盟”工作，积极筹备“2020年全国惠明茶禅博览会”。1月23日，突如其来的新冠肺炎疫情严重影响正常的社会生活。2月10日，协会秘书处为加强与逐步复工的会员单位之间的联系，向会员单位发出远程办公的通知。为准备有序复工复产的会员单位提高应对效率，秘书处建议会员单位使用上海政务服务“一网通办”总门户，手机移动端下载“随申办”应用服务项目。在市经信委的支持下，秘书处竭尽全力为会员单位联系购买口罩、测温仪、消毒液等防护用品，帮助有需求的会员单位复工复产，得到市区两级政府的表扬和关心。3月13日，协会获得市经信委的感谢信，肯定协会在全市抗疫工作过程中作出的贡献。3月18日，秘书处按照防控疫情工作会议要求，发出办公室防控工作注意事项。与此同时，向会员单位发出《关于复工复产和复市的通知》，要求会员单位准备防控工作“常态化”环境下的应对运作程序，适应变化的环境。5月22日，秘书处向市政府主管部门专报《关于上海工艺美术行业协会企业运行遇到的困难和问题》的情况，为会员单位争取扶持政策，积极主动服务会员单位。

二、产业发展情况

2020年，整个行业2000万元以上营业收入的企业35家：制造业总额约300亿元，营业收入600多亿元；其中“老凤祥”制造业约180亿元，营业收入520多亿元；上海工艺美术行业占上海轻工业营业收入的10%。从业人员约10万人，停业企业200余家，新开业企业230多家。

三、“上海星锐工艺美术大师”评选工作

为打造工艺美术人才高地，经过一年半的方案研究和论证，协会作为发起牵头单位，启动“上海星锐工艺美术大师”申报工作，截至10月31日，共有380多名行业从业人员登录报名，经审核154名境内外人士报名成功。12月17日—2021年1月4日，在浦东新区金桥“碧云美术馆”举办“传承经典醉美中国——上海星锐工艺美术大师候选人作品展”，举荐、评选工作延续至2021年。

四、评估“行动计划、提升计划”

协会课题组初步完成前两轮的“市工艺美术产业发展三年行动计划、市工艺美术产业发展三年提升计划”的评估工作，撰写《上海市工艺美术产业发展三年行动提升计划》的评估报告；编写《上海轻工志（1990—2010年工艺美术篇）》，完成市经信委、市商务委、市工经联、市现代服务业联合会2019年鉴的编写工作。同时，在《中国工艺美术全集》办公室的指导下，协会秘书处承担“上海全集办公室”的职责，服务《全集上海卷》各位主编。12月20日，如期完成《全集上海卷》四卷的初审和上报工作。

五、行业人才培育和交流工作

在市经信委、市人力资源社会保障局指导下，组建“第三届上海市工艺美术中级职称评审委员会”，开展2020年度上海工艺美术中级职称申报、培训和评审工作。经统计，有500多名行业从业人员报名申报工艺美术中级职称，经审核406人符合申报条件并参加培训和考核。协会针对申报者的工作情况，利用双休日开办培训班，增加工艺美术职称（中级）申报者继续教育的学时，受到申报者的欢迎；100多人申报助理工艺美术师（初级）职称并参加测评。打破自2005年以来的申报纪录，吸引长三角和全国工艺美术行业年轻一代来沪创业，有利于工艺美术产业的转型升级和高质量发展。同时，协会积极加强本市工艺美术大师与福建省工艺美术同行的交流，7月15日，接待“2020大师之路”福建省工艺美术高级研修班一行。通过交流，两省市高端工艺美术人才之间增进了了解，加深了友谊。

六、秘书处建设工作

上半年，完成协会与行政机关脱钩工作。按照市经信委要求，协助市经信委抽查审计专项资金，也顺利完成。遵照协会《章程》，秘书处稳步推进各项工作，尤其是抓住复工复产的牛鼻子，支持行业重点企业加快增产增收，弥补行业整体下降的经济数字，为工艺美术产业升级创造条件。通过信息平台，加强秘书处成员之间的互相支持、协同配合；加强沟通，形成团队精神，提高服务会员单位的综合能力。与此同时，协会党支部加强自身建设，通过党支部的系列活动，发挥共产党员先锋模范作用、党组织的政治核心作用、党支部的战斗堡垒作用，从组织上保证协会秘书处工作的有序进行。

（柴晶鑫）

以协会专家组为核心　服务产业和企业

上海市摩托车行业协会

一、发展产业方面

为全面贯彻落实国家标准化体系建设发展规划，参与本领域的“十四五”技术标准体系建设方案的编制工作。近年来，摩托车行业电动化趋势明显，对锂电池的品质带来更高的要求。为此，协会参与开展电动摩托车锂电池评价体系的研究工作，在电动摩托车锂电池的电性能和电安全两个领域建立客观统一、符合产品应用场景的系统评价标准和评价方法，共同促进电动摩托车行业的蓬勃健康有序发展。

二、服务企业方面

为更好地服务企业，协会以协会专家组为核心，开展对摩托车生产企业的服务。已开展的项目有：标准、认证规则培训、技术服务等。如道路机动车辆产品准入审查要求、标准 GB/T21085-2020《机动车出厂合格证》等技术交流。办好《摩托车行业信息》，为会员单位提供信息服务。开展学术交流活动，帮助企业及会员单位了解摩托车标准，有助于标准的实施、企业产品质量的提升。如 GB/T5373-2019《摩托车和轻便摩托车尺寸和质量参数的测定方法》、GB24155-2020《电动摩托车和电动轻便摩托车安全要求》、GB/T38445-2020《全地形车外部凸出物》等新标准培训研讨会议，帮助会员单位加深对标准的理解，对于规范企业及相关单位有着积极的作用。四是协会组织对外交流活动，如内燃机及配套终端行业形势及“十四五”规划研讨会，《踏板式电动两轮轻便摩托车》“浙江制造”标准技术交流活动。

三、开展科研及改革方面

开展科研的项目有：摩托车欧洲第五阶段排放法规研究、摩托车 ABS 系统在低附着系数路面的测试方法研究等。协会改革工作，主要是做好协会脱钩工作，开展上海市全面推开行业协会商会与行政机关脱钩改革工作、开展行业协会商会清理规范工作。

（黄岚）

努力促进新业态新模式发展

上海市乐器行业协会

一、众志成城，筑起抗击疫情新的长城

年初，协会发动各会员单位狠抓疫情防控措施落实，整个乐器行业没有出现一例新冠肺炎疫情。2 月 10 日复工后，各单位一手抓防控措施落实，一手抓复工复产。大多数单位克服复工人员不足、物流不畅、资金短缺等困难，努力复工复产。

协会很多会员单位积极捐助抗疫物资和募集善款，为全国抗疫作出积极贡献，如金杯安琪乐器有限公司向所在地捐助 10 万元；浙江乐韵钢琴有限公司向所在地捐款 3 万元，并发起“疫情无情，人间有琴”活动，给予抗击疫情第一线的医护人员、公安武警及志愿者 5 折优惠待遇；上海钢琴有限公司响应市政府“减免中小微企业房屋租金”的号召；玛珂琴业有限公司向武汉捐赠医用口罩 2 万只。上海柏斯琴行董事长、协会副会长吴天延在国外采购大量医疗物资带回国内，其母公司向湖北捐赠 100 万元物资等。

在那特殊时期，部分理事单位设立免费在线辅导公益课和在线音乐会，如上海民族乐器一厂的“国乐云剧场”，海伦钢琴公司的“海伦暖春行动”钢琴大师公益音乐会直播，上海柏斯琴行“名家公益直播课”，东方乐器公司承办“同舟共济琴系武汉”系列公益音乐会、讲座等，他们用音乐传递爱，用音乐鼓舞战胜疫情的信心和斗志。

二、坚定信心，共谋发展

为摆脱困境、增强信心、共谋行业的发展，4 月 16 日，协会召开“坚定信心共克时艰共谋发展”为主题的五届三次理事会，号召大家寻求合作良伴，提高自身抗风险能力；调整产品结构，开发具有个性化、有盈利能力、受市场欢迎的产品，减少产量，提升质量；强化员工队伍建设，利用当下时机进行员工职能培训，为今后的发展做足准备。

疫情促使企业开发在线经济新业态新模式。上海民族乐器一厂在淘宝、抖音、B 站及自媒体等平台开展文化直播等系列活动，通过签主播、拍抖音、上 B 站、在多个平台上新等，赢得许多新“粉丝”，为品牌带来可观的流量。海伦钢琴股份有限公司，开展“海伦钢琴创始人品牌直播秀”，陈海伦董事长现身直播间与消费者见面互动，观看量达到 18.61 万人，实现销售 1000 万元。除此之外，其他理事单位的文化、公益活动也频频开展，如施特劳斯钢琴举办在兴业太古汇“playme, I'yous”公益钢琴艺术主题活动，向全市医院、剧场、公益基金等 13 家社会机构和文化艺术场馆捐赠 15 台涂鸦钢琴。上海柏斯琴行开展英皇大师音乐节系列活动，以及“粉红丝带，关爱有嘉”“荣耀长江”等公益、慈善和云端音乐会等。

三、承办全国行业职业技能竞赛与参展工作

经人社部批准，中国轻工业联合会、中国乐器协会、中国就业培训指导中心、中国财贸轻纺烟草工会全国委员会联合举办“第三届全国钢琴调律职业技能竞赛”活动。协会和上海乐器职业技能鉴定站承担上海赛区初赛和复赛工作。9 月 14 日—15 日，初赛活动在上海“德国舒密尔钢琴旗舰店”举行。来自上海、江苏的 27 名选手参加比赛。10 月 10 日—11 日，复赛活动在上海翰森钢琴有限公司举行。来自陕西、湖北、湖南、安徽、浙江、江苏、上海等地的 43 名选手进行角逐。在中国乐器协会行业鉴定总站和钢琴调律师分会的领导下，在全体裁判员和协会、选手们的共同努力下，圆满完成初赛、复赛活动。

协会在理事、监事单位的大力支持和帮助下，继续参展上海国际乐器展。展位设计采用灯箱形式，既能独立反映各理事单位的特色，又兼顾展位的整体形象。展位上滚动播放理事单位的宣传视频，上海口琴协会、上海民族乐器一厂的表演团队在展位进行演出，吸引观众驻足观看。为更好宣传协会，秘书处设计制作的宣传册，在展会发放，展览期间还吸收部分单位入会。

四、努力做好职业技能鉴定工作

做好职业技能鉴定基地申报，全面落实职业技能提升行动方案。协会深入学习领会《国务院办公厅关于印发职业技能提升行动方案（2019—2021）的通知》精神，在中国轻工业联合会、中国乐器协会的精心指导下，认真做好职业技能鉴定基地申报。抓住这一时机，拓展职业技能鉴定范围、开展有针对性的职业技能培

训。鉴定站将聚焦聚力高质量发展，全面落实职业技能提升行动，更好履行职责，为乐器行业职工技能的提升，做好服务工作。

设立职业技能鉴定点，提升钢琴调律师鉴定质量。年初第一个工作日，协会工作人员来到翰森钢琴有限公司，举行“上海乐器职业技能鉴定站全国钢琴调律资格考试指定考核点签约授牌仪式”。这是上海站为提升鉴定质量、拓展鉴定考试新路径进行的探索，也为考生提供公平、公正、良好的考试环境创造条件。钢琴生产企业作为职业技能鉴定指定考核点，参与职业技能考核鉴定工作，也给钢琴生产企业提供一个新的平台。

顺利举行2020年钢琴调律职业技能鉴定工作。协会举办3期钢琴调律师鉴定考试，报考人数190多人。协会多次开会研究讨论方案操作细节，选看考场，增加琴房，落实防疫安全要求。为方便考生，3期考试都放在双休日，协会秘书处工作人员放弃休息，组织考试。（四）联手做好钢琴调律鉴定工作。8月，协会与上海钢琴有限公司签订合作框架协议，为做好钢琴调律鉴定工作，打造上海钢琴调律鉴定基地提供有力保障。

（季秋英）

大力推动上海钟表品牌建设

上海市钟表行业协会

一、众志成城抗击疫情

根据中共中央、国务院及中共上海市委、市政府关于联防联控机制，切实加强疫情科学防控要求的精神，协会各会员企业坚决贯彻，采取应对措施。年初，协会发布抗击疫情倡议书，并先后发出关于预防新型冠状病毒感染的通知、新型冠状病毒感染的肺炎防控知识、对企业复工的指导建议、防控疫情及复工复产工作情况通报、关于做好企业复工复产工作的通知、贯彻落实国家发改委办公厅、民政部办公厅《关于行业协会商会支持中小企业复工复产的通知》函等，及时传达党和政府关于疫情防控的要求、政策，向政府反映企业诉求，宣传企业防控疫情中的有效措施和先进事例，促使行业有条不紊地落实防控措施。

为支持会员企业抗击疫情，有序复工复产，协会免除所有会员企业 2020 年度会费，免费为会员企业在 2020 年度《上海钟表杂志》、钟表网站刊登产品宣传广告。协会在抗击疫情过程中所做出的努力，得到会员企业支持和响应，也得到市经信委的感谢。

二、围绕上海制造，推动上海钟表品牌建设

协会参与和宣传行业品牌整合，推动钟表制造转型发展，扩大钟表品牌影响。6 月 16 日，“上海制造佳品汇”集中分布活动在上海国际时尚中心举办，为助力“五五购物节”，上海钟表产品加入“上海制造会客厅”，展现上海制造品牌风采。通过上海设计 1000+ 的网上公开投票，及专家评选，上海牌手表、上海珐艺时钟携同其他行业的时尚产品 100 件，作为上海制造 100+ 入选“上海制造会客厅”。

珐琅钟表是国宝级非物质文化遗产，在我国工艺美术史上有重大历史价值，经上海珐艺钟表制造有限公司申请，协会为鼓励企业技术创新，传承非遗文化，经过考核评审，授予上海珐艺钟表制造有限公司为“上海市珐琅钟表研发中心”。同时，推荐上海珐艺钟表制造有限公司向中国钟表协会申报“中国珐琅钟表研发中心”，10 月获得批准，正式挂牌。上海牌手表在“2019—2020 年度上海轻工品牌微视频大赛”活动中获得银奖。

根据《上海市经济信息化委关于组织推荐 2019 年度“专精特新”中小企业申报 (复核) 的通知》等文件要求，2 月，经专家评审和综合评估，上海表业有限公司再次成为上海市“专精特新”中小企业资格，有效期为 2 年。11 月，经过上海市高新技术企业认定管理工作领导小组办公室审核批准，认定上海表业有限公司为第三批国家高新技术企业，该公司成为上海钟表行业又一家高新技术企业，为上海牌手表品牌进一步发展和建设创造条件。

三、积极响应国家职业技能改革，承接开展职业技能培训和等级认定

根据市人社局《关于在本市行业企业中开展建立高技能人才培养基地试点工作的通知》(沪人社职发〔2011〕17 号) 规定，在各单位自主申报的基础上，经市人社局组织专家评审、认定，协会被批准为本市高技能人才培养基地。基地积极开展培训工作，经过协会及行业专家组的共同努力，《机械手表的维修与检测》《机械手表机芯装配》两项实施方案，于 10 月获得上海市职业技能鉴定中心、上海市就业促进中心职业培训指导中心、市人社局职业培训部批准。

11 月，经中国就业培训技术指导中心审核，协会获得我国轻工行业首批行业开展职业技能等级试点分支机构备案，成为《钟表及计时仪器制造工》初、中、高、技师、高级技师的技能等级认定上海地区分支机构，开展钟表行业职业技能等级认定工作。12 月，根据《上海市人力资源和社会保障局关于全面推行企业职业技能等级认定工作的通知》要求，经协会申请，在专家技术评估的基础上，获得备案通过，批准成为企业职业技能认定机构，开展钟表行业职业技能等级认定工作。协会承接技能培训和技能等级鉴定职能，开展公平、公正、公开的行业技能等级认定，为上海钟表行业及长三角钟表企业提供钟表技能培训和技能等级认定服务，推动行业职工技能水平的提升。

四、推动企业新型的师傅带徒弟制

新型学徒制，就是按照政府引导、企业为主、院校参与的原则，采取“企校双制、工学一体”的模式，

由企业与技工院校、职业院校、职业培训机构、企业培训中心等教育培训机构采取企校双师带徒、工学交替培养等模式共同培养学徒。包含四方面内容：建立企校双师联合培养制度；学徒培养实行弹性学制和学分制；健全企业对学徒培训的投入机制；完善财政补贴政策。下半年，在上海市职业技能鉴定中心支持下，以钟表行业高技能人才培养基地为指导单位，由协会、浦东新区钟馨职业技术培训学校、上海表业有限公司、上海景时表业有限公司等经过1个多月精心筹备，完成前期培训方案策划；落实师资；选拔、确定师傅和徒弟、准备学员手册等一系列工作。7月，这两家公司完成新型“师傅带徒弟”签约仪式，40多位一线职工签订“师傅带徒弟”协议，开启企业技能人才培训、培养新模式，为行业企业实现3—5年人员培养计划打下坚实基础。

（蔡辉明）

优化商业环境　确保提供安全放心食品

上海糖制食品协会

一、合力同心，共同抗疫保供应

行业内所有企业听从政府指令做好联控防控，餐饮企业全部取消宴席订单，及时清退消费者定金；连锁店企业暂停部分门店营业，商店缩短营业时间，减少上岗人员，减少人员接触；所有营业场所、生产场所、运输工具做好全面消杀。协会通过微信平台和电话与各会员单位保持密切联系和

沟通，了解行业内的各种情况，及时反馈到协会微信群，鼓励大家做好抗疫工作战胜疫情的信心。2月—3月，协会将收集到的各企业方方面面的动态以“同舟共济、抗疫情、保供应、献爱心，我们糖制食品人在行动”为题，连续进行专题报道，3期专题报道均发布在协会微信群里，让会员企业及时了解行业内各企业为抗疫所做的各种努力，收到很好效果。

二、优化商业环境，确保提供安全放心食品

规范产销，确保食品安全。上半年，冠生园、杏花楼、乔家栅、沈大成等企业加大投资，新建厂房，改进设备，改善生产条件和环境，确保食品安全卫生质量。行业内食品安全工作取得显著成效，在市场监管局抽查中，青团合格率100%，粽子抽查合格率100%，月饼抽查合格率100%。6月12日，协会在《协会信息》上发出《加强防霉保质确保夏令食品安全》的通知，提醒企业确保夏季食品安全。12月25日，《协会信息》上刊登《开展2021年元旦春节双节活动迎新年的意见》，在行业内营造学劳模，赶先进的良好氛围。

为贯彻党中央“稳物价，惠民生”的指示精神，协会通过广泛宣传、市场预测、交流沟通、规范经营等多种形式引导企业稳物价、少涨价。各企业对产品价格实施“持平为主，调高为辅”的方针，采取多种措施达到不涨价、少涨价。确保上海食品市场价格基本平稳。

三、引领消费需求，拓展节令食品市场

做精做强节令食品产销。协会及时做好传统节日商品宣传，跟踪报道销售热点。春节前宣传企业迎春新产品和营销新举措，清明节前提供麦青汁供应情况信息，端午节前发布粽子价格信息，引导企业发展节令食品生产，拓展上海节令食品市场。由于各项工作准备充分，加上各企业努力拓展线上销售，青团销售虽整体下降，但超过预期；粽子销售业绩再创新高。其中元祖食品公司的粽子销售在上年突破1亿元的基础上再上升9%，达到1.167亿元。

在“2020年上海月饼节”期间，协会联手中华老字号企业开展多项工作：7月16日，召开月饼节工作会议，部署月饼节具体工作，牵头行业内百厂千店签订诚信公约。9月1日，聘请专家高级技师以及行业里手组成评审组，对数十家企业的月饼进行质量技术交流评审，共有34家企业的90种月饼被评为“2020年名特优月饼”。9月3日，在《劳动报》上进行公示。9月12日—13日，组织8家月饼质量获奖企业参加由上海商情信息中心主办、协会协办的“上海味道、环球好礼”月饼展示活动，展示获奖产品的风采。10月29日，在《上海糖制食品信息》上刊登月饼销售排行榜，并为前15名企业颁发证书。

四、努力服务会员，强化信息交流，做好品牌建设

办好协会信息。全年共编发《上海糖制食品信息》23期，其中6期是用电子版发布在协会微信群里。刊登各类稿件信息约80份，专题资料4份，统计分析3份，及时为会员提供各种信息，以及各种企业促销活动线上直播活动等的鲜活图片。其中2篇被上海有关信息刊物选登，为行业发展起到宣传作用。召开信息交流会。6月23日，召开上半年以及月饼产销分析预测交流会，与会企业交流上半年的产销和市场情况，预测半年月饼市场前景。利用微信平台服务会员，每周一次发布6~8条信息，及时为会员发布新产品、营销活动、企业介绍以及技术交流信息，政策法规等信息。

为企业排忧解难办实事。协会与各成员单位保持密切沟通，指导规范生产、解答有关政策法规、为企业业务牵线搭桥，其中多项牵线搭桥的业务取得成功。11月25日，组织会员参观“第二十二届健康天然原料食品配料中国展”，并参加添加剂协会主办的食品安全与添加剂研讨会讲座，聆听专家教授的讲课，获益匪浅。推荐会员单位参加消保委举办的“2020年上海特色伴手礼”评选活动，有8家企业的12个产品入围。推荐会

员参加商联会主办的抗疫情先进企业、个人，领军人物等的评选。有 5 家企业获先进集体、6 位个人获先进个人称号。

五、完善协会管理提升协会建设

召开理事会和会员大会。4 月中旬，通过书面审核办法，召开九届二次理事会。协会将 2019 年协会工作总结、财务收支情况、2020 年协会工作计划、书面审核表等资料通过快递送达理事长、副理事长、理事、监事手中，各位理事在认真填写审核意见后，全部提交书面通过意见。7 月 16 日，召开九届二次会员大会，审议通过 2019 年协会工作总结、财务收支情况和 2020 年工作计划。

搞好行业统计工作。做好 2019 年度、2020 年清明节青团、端午节粽子、月饼的统计，对统计结果和市场特点进行分析，及时发布在协会《协会信息》上，让会员了解更多市场信息和行业内情况。

规范协会管理，完善内部制度。按照"中国社会组织评估 4A 级"5 年一次复审的要求，协会于 2019 年 11 月完成复审评估，在 2020 年 1 月获得证书。协会以此为契机，继续努力，管理更加规范化。按时完成一年一度的社团年鉴。

（仲梅丽）

为海派黄酒企业提供共享与发展平台

上海市酿酒专业协会

一、抗击疫情，发展生产，满足需要

协会响应政府号召，依照中国酒协的倡议，向全体会员企业提出建议，要求各会员企业行动起来，首先防护好自己，群防群控，阻断疫情的传播。服从市政府的通知要求，克服困难，延期复工。同时，协会向会员企业征求延期复工的问题和意见，没有一家提出问题或困难，充分体现勇于担当，抗击疫情的意志和同舟共济的精神。

各会员企业纷纷捐款捐物，支援武汉、支援抗疫一线的医务人员。据不完全统计，会员企业第一批捐出的款、物达数千万元之多。如金枫股份捐款 50 万元、雪花啤酒集团捐款 1500 万元、青岛啤酒集团捐款 1000 万元和 200 万元物资、大陆酿造捐款 10 万元、德儒商无偿提供一栋办公楼给政府抗疫之用；外企保乐力加中国捐款 200 万元，设立“关爱医护人员—抗击新冠病毒肺炎专项资金”，用于抗击疫情一线医护人员的人道救助、帝亚吉欧捐款 1000 万元等。

复工之后，要求各会员单位除做好严格防控疫情，依据生产情况和市场供需进行人员调配，落实错峰上下班、轮岗值班、远程办公、家庭办公等措施，把疫情影响降到最低，赢得抗击疫情最好结果。

二、实施名牌战略，开展酒类品牌建设的系列活动

协会继续组织开展上海市名优食品的评比活动。与上海食品协会合作，推荐的 23 个酒类产品被评为上海市名优食品。

为推进长三角区域一体化国家战略，落实长三角食品行业高质量一体化发展的目标，构筑长三角地区品牌战略平台，引导长三角区域食品产业增品种、提品质、创品牌、高质量发展，将长三角区域打造成为更具国际影响力的放心食品消费目的地、品质食品消费首选地。在市食品协会的牵头下，协会组织 8 家上海名牌、名优品牌等会员企业参与该项认定工作，均获得认定。还与这些企业一起参加在上海召开的长三角食品产业高质量一体化发展峰会。

在市商务委、市老字号企业协会和相关行业协会的鼎力支持下，市消保委开展 2020 上海特色伴手礼评测活动。协会参与酒类产品的评测，黄酒、白酒等会员企业申报的手礼评测产品，经专家评审和消费者现场评测，金枫的石库门黄酒等位列全市 60 个“上海特色伴手礼”之中。

三、组织参加技能大赛，主办高峰论坛

组织参加中国白酒职业技能品评大赛。为推动全国黄酒行业转型发展，提升产品档次，提高企业员工职业技能和品评水平，中国酒业协会组织开展全国白酒职业技能大赛暨全国白酒评酒委员的培训考评活动。协会与市轻工工会共同组织选拔、审核、推荐白酒上海参赛代表，并在全国评酒比赛中获得较好的名次，神仙的段云飞、全兴的杨静、开山的刘兴禹等 3 位同志获得全国白酒评酒委员的资格，结束了上海近 10 年来没有全国白酒评酒委员的历史。

由协会主办、上海黄酒工程技术研究中心承办的 2020 海派黄酒健康发展论坛在上海举行。多位黄酒行业专家、发酵专业学者及相关领域嘉宾，围绕“创新健康时尚未来”的主题，共论海派黄酒的现状、技术特点和发展趋势，探讨海派黄酒健康化、时尚化的未来发展。来自全国乃至海外 160 多位黄酒和各界人士出席论坛。

在论坛上，由协会和上海黄酒工程技术中心共同发起“海派黄酒研究会”正式成立。研究会除行业协会和知名黄酒企业外，成员还包括多家大学、科研院所、医药企业、物联网企业和海派艺术研究机构等。海派黄酒研究会将围绕如何发挥海派黄酒在创新、健康、时尚、养生、文化等方面的优势，开展研究与探索，为海派黄酒企业提供共享与发展的平台。此外，协助中国酒协举办 2020 全国理性饮酒宣传周上海分会场活动。

四、依法维权，组织技术参展等交流

依法维护会员企业和消费者的合法权益。协会应会员企业的要求，协调市场监管部门处理好会员企业在广告宣传、市场运作、食品安全生产等方面的问题，尽可能维护会员企业的合法权益；遇到消费者投诉会员

企业或咨询酒类产品相关安全质量问题时，协会依据概念、标准、行规行约以及酒标的通用标识等答疑解惑，消除消费者的误解和疑虑，既解决消费纠纷，又维护会员企业的权益。

借中国国际供热及热动力技术展览会 HEATEC 暨中国（上海）国际锅炉、辅机及工艺设备展览会 BOILER SHANGHAI（简称“国际供热暨锅炉展”）在上海举办之时，协会召开酿酒行业锅炉产品和改造案例技术交流会。将最新型的锅炉产品、使用案例、维护经验和优秀企业推荐给酿酒行业各相关企业，帮助企业着力加强技术创新、促进产业转型升级和产业技术水平显著提升，为实现节能减排目标奠定基础和技术保障。协会邀请英国、美国、日本等国际知名的锅炉制造企业，介绍和推广国际节能、环保的锅炉技术，行业内有 12 家会员企业及长三角地区的 30 多家企业参加此次推广介绍会，还与同行进行技术交流与探讨。

参加进博会等展会，增进国际间交流。协会倡导会员企业参加第三届中国国际进口博览会、国际环球食品展。协会参与市经团联组织的波罗的海沿岸国家贸易周线上活动；参与线上、线下的塞尔维亚周、中荷食品日活动、立陶宛酒商线上交流洽谈会等，并且与这些国家的协会和商会、贸易商等人士进行信息交流和沟通，以促进双方酒类食品贸易往来。为荷兰、比利时、意大利等国的进口啤酒和澳大利亚、智利等国的进口葡萄酒举行小范围的品评推广活动。

（吴建华）

竭尽全力为“一带一路”服务

上海市信息服务外包发展中心

一、积极开展“数字丝绸之路”国际活动

上海市信息服务外包发展中心主办的“一带一路”信息产业国际合作高峰论坛以“共享产业新基建、共赢在线新经济”为主题，基于上海“一带一路”桥头堡功能与进博会溢出效应，集聚全球“一带一路”政商领袖，就“一带一路”新基建与在线新经济热点问题展开高端对话，向世界推介上海市在线新经济，服务长三角产业链、加快产业项目落地，签约总规模超过 200 亿元。中华人民共和国外交部原部长李肇星、中央外办原副主任吕凤鼎、上海市经信委副主任张英参会并演讲。此外，中心还举办“中巴”“中美英”“中日韩”等一系列线上论坛与线下闭门会议，服务大量中小企业走出海外。

二、创新构建“数字丝绸之路”高端智库

中心发起成立“数字丝绸之路”高级顾问组，顾问组由“一带一路”沿线国家政要、国内外知名院士学者、长期从事“一带一路”数字化建设的企业家与国际机构负责人共同组成，旨在发挥上海服务国家“一带一路”建设桥头堡的作用，立足“长三角”，引领国内其他省市共同高质量参与“一带一路”建设，加快“一带一路”中关键技术合作以及推广数字化治理理念。

三、全面落地“数字丝绸之路”服务平台

中心联合“数字丝绸之路”高级顾问组专业资源，服务“一带一路”国际产业合作的系列专业服务平台，包括“数字丝绸之路”产业投资基金平台、“数字丝绸之路”产业链合作平台、“一带一路”区块链人才发展平台、“一带一路”软件和信息服务外包对接平台、“一带一路”物媒国际服务平台、“一带一路”跨境支付和数字化服务平台、“一带一路”电子签署跨境服务平台、“一带一路”数字出海法律服务平台等。

四、初步形成“中巴数字走廊”合作框架

中心与巴基斯坦驻沪总领事馆、巴基斯坦贸易部、信息技术与通信部等相关部门合作，举办“中巴信息产业线上论坛”，搭建中巴信息产业合作对话桥梁，挖掘巴基斯坦在人工智能、区块链、工业互联网、数字农业、跨境电商等领域的合作需求，创新中巴新基建商业建设模式，对接中巴在城市数字化转型领域的合作，加快推进“中巴数字走廊”的合作基础构建。

（宗新）

社会责任

She Hui Ze Ren

2020 上海市企业社会责任报告发布会举行 334 家单位参与发布，创新高

2020 年 9 月 24 日，2020 上海市企业社会责任报告发布会在上海花园坊节能环保产业园举行。334 家企事业单位和社会团体发布 2019 年度社会责任报告。市经信委、市国资委、市市场监督局、市总工会等 11 家指导单位领导，市人大财经委、市政协经济委员会、主办单位和协办单位领导，社会责任报告发布单位代表等 200 余人出席发布会。334 家企事业单位和社会团体书面和现场发布 2019 年度社会责任报告。十届市政协主席、市工经联、市经团联原会长蒋以任出席会议并同市经信委、市国资委、市市场监管局、市质量协会、市企联等单位领导为履行社会责任优秀单位颁奖。市经信委总工程师刘平、市工经联、市经团联会长管维镛出席并致辞。市工经联领导裴崎、史文军等出席并宣读颁奖词。

2020 年是上海市工业经济联合会、上海市经济团体联合会连续第九年举办上海市企业社会责任报告发布会，参与发布社会责任报告的单位数量达到历史新高，报告质量进一步提升。市经团联继续坚持标准引领、质量提升、内涵丰富、持续创新，逐步将报告发布会打造成开放的平台、交流的平台、诚信的平台。

根据对 334 家单位的履责绩效统计，本届发布单位履行社会责任呈现以下特点：

在科学发展方面，本届发布单位 2019 年研发投入共计 910 亿元，较 2018 年增长 8.9%，研发投入占主营业务收入比例均值为 4.4%，高于全市平均水平。可见创新驱动已成为引领社会责任体系建设的战略导向。

在纳税与诚信方面，本届发布单位 2019 年共缴纳税款 2557 亿元，超过 2/3 的发布单位在 2019 年的纳税信用等级为 A，可见依法合规运营已成为普遍的经营价值观。

在节能减排方面，本届发布单位 2019 年的二氧化碳总排放量较上年下降 1.89%，单位生产总值能耗低于全市平均值。可见树立绿色意识，助推资源集约已成为共同的发展理念。

在安全生产方面，本届发布单位 2019 年安全生产资金投入共计 104 亿元，较 2018 年提升 14.9%。超过 99%的单位全年无重大安全事故发生。可见安全生产与责任意识已成为发展的重要底线。

在顾客与消费者权益方面，本届发布单位 2019 年的顾客满意度平均得分为 93.4，较 2018 年提升近 0.4 分，顾客投诉率下降 0.8 个百分点。可见以顾客为中心，以需求为导向的经营理念已日臻完善。

在和谐劳动关系方面，本届发布单位 2019 年员工平均培训时长为 43.9 小时 / 人，较 2018 年提升 2.2 小时 / 人；2019 年基层员工平均工资增幅达 7.6%。员工满意度平均为 94.1 分，同比增长 0.4 个百分点。可见关爱员工、以人为本的发展思想已经深入人心。

在公益事业及服务社会方面，本届发布单位 2019 年合计为社会提供 110344 个就业岗位，较 2018 年提升 16.1%，增幅超过全市平均水平。2019 年参与社区志愿活动共计 27047 次，较 2018 年提升 37.7%。2019 年慈善捐款合计 3.5 亿元，较 2018 年增长 32.7%。可见回馈社会是履行社会责任的重要表现。

2020 年提交大会的社会责任报告内容反映出过去一年广大企业发展新动能不断增强、海外拓展不断深化、民生服务不断改善、环保节能不断加强、品牌建设不断深化、抗疫亮点不断涌现。

会上，上海三枪、中通快递、医药协会、富士施乐、三菱电梯、微创医疗、上实物业、东方医院等 8 家单位作现场发布交流。上海三枪等三家单位获颁科技创新奖、光明食品等 3 家单位获颁海外拓展奖、三菱电梯等 3 家单位获颁绿色生态奖、医药行业协会等 3 家单位获颁品牌贡献奖。

社会责任要成为企业实现可持续高质量发展的重要保障

上海市经济和信息化委员会总工程师 刘平

当前上海正深入贯彻习近平总书记考察上海重要讲话精神，按照市委、市政府统一部属，坚持高质量发展主旋律，在疫情防控常态化的形势下，着力强化全球资源配置、科技创新策源、高端产业引领、开放枢纽门户四大功能，打响“上海制造”品牌，加快打造国内大循环的中心节点、国际国内双循环的战略连接。

面对新形势，上海企业社会责任建设和发展显得尤为重要，自觉实践科学发展，提升产品质量，保障产业链、供应链安全稳定，保护生态环境，维护员工权益等社会责任已成为企业实现可持续、高质量发展的重要保障。

市有关部门的指导下，市工经联，市经团联连续 9 年成功举办全市性的社会责任报告发布会，推动上海企业社会责任建设，发布会的参与主体不断壮大，内涵不断丰富，平台载体不断创新，我们欣慰地看到，越来越多的市场主体勇于直面复杂的外部环境，将业务拓展和责任履行有机结合，特别是今年以来将疫情防控与生产经营有效融合，为全市经济安全平稳发展做出贡献，为实践高质量发展做出表率。

当前，正值谋划“十四五”重要关口，上海正按照习近平总书记关于四大功能的指示要求，从构建现代产业体系的视角，聚焦国家战略，融合制造和服务，优化产业体系，以集成电路、人工智能，生物医药等三大先导产业为引领，着力打造电子信息、汽车、高端装备、先进材料、生命健康、时尚消费品等高端产业集群，构建重点产业链，这一过程中企业作为经济活动的主要参与者、就业机会的主要提供者、技术进步的主要推动者、其发挥的作用无可替代。

在此，对进一步推进企业社会责任建设提三点建议：

第一，创新引领、目标一致。以创新驱动、提质增效为主线，善于危中寻机，广大企业应当在自主创新的市场竞争中下好先手棋，打好主动仗，瞄准关键战略环节，克服各种客观因素影响，探索生产组织创新，技术创新和市场创新，重视企业研发和人力资本的投入，有效调动员工的创造力，努力把企业打造成为强大的创新主体。

第二，完善体系，形成合力。坚持政府多引导，行业勤助推，社会齐监管，企业有作为。政府部门在加强监管基础上，应从优化营商环境的角度进一步为企业履行社会责任营造良好的社会环境。行业组织要进一步发挥平台和桥梁作用，探索推动全行业履行社会责任的有效方法。媒体应发挥舆论监督作用，助力塑造正确的责任价值观。企业自身要把社会责任融入文化和发展的每一个环节，将履行社会责任化为内生动力和核心竞争要素。

第三，优化平台，促进合作。坚持进一步做强品牌，树立标杆，不断拓展发布会的影响力。上海市企业社会责任发布会已成为市经团联工作的特色和品牌，要在以往成绩的基础上进一步围绕中心，服务大局，营造全社会参与社会责任建设的氛围。行业组织要进一步发挥平台和桥梁作用，探索推动全行业、全产业链履行社会责任价值观。市工经联、市经团联要因势利导，强化服务，打造社会化的运作模式和服务机制，增强企业等市场主体履行社会责任的使命感、认同感、获得感，会同社会各界推动上海市企业社会责任建设工作迈上新台阶。

市经济信息化委也将持续为企业在上海发展提供适宜的土壤，创造一流营商环境，支持上海企业社会责任建设，让我们坚定信心和追求，以充满激情、富于创造、勇于担当的精神状态，奋力创造新时代上海发展新奇迹。

（本文系在 2020 上海市企业社会责任报告发布会上的讲话）

着力提升全市履行社会责任的能力和水平

上海市工经联（市经团联）会长 管维镛

很高兴在金秋十月收获季节共聚一堂，共话新时代的企业社会责任。首先，我代表上海市工经联、市经团联和上海市质量协会、上海市企业联合会、上海上市公司协会、上海质科院对各位莅临发布会表示热烈的欢迎和衷心的感谢。

今年是我们连续第九年举办上海市企业社会责任报告发布会，在市经信委、市发改委、市商务委、市国资委、市市场监督管理局和市总工会等单位的指导支持下，今年的社会责任报告发布单位经审定达到 334 家，比上年增加 10%，创历史新高。我这里特别要说的是这个数字占全国企业社会责任发布数的 30%多。因为中国工经联也联合北京中字头的协会一起举办中国企业社会责任报告发布。今年发布企业中，既有央企、地方国企，也有民营企业、外资企业、上市公司，既有制造业企业，也有科创企业、服务类企业，还有研究院所、医院、福利院等，充分彰显了上海企业的社会责任意识在不断增强，也彰显了上海城市精神和城市温度。

我们汇总了社会责任报告发布企业的部分数据同各位分享：

334 家单位 2019 年共投入科技研发资金 910 亿元，比上年增长 8.9%。这些企业的科研投入比本市的平均水平高很多。

334 家企业 2019 年缴纳的税款 2557 亿元，基本和上年持平。这是在中央和地方许多减税措施下取得的基本持平，说明这些企业有发展、有贡献。

在节能减排方面，2019 年二氧化碳总排放下降 1.89%。

在安全生产方面，2019 年投入资金 104 亿元，比上年增长 14.9%，99%的企业无重大安全事故。

在和谐劳动关系方面，2019 年发布企业员工的平均工资增幅达 7.6%，高于上海的平均水平；员工平均职业培训时间为 43.9 小时 / 人，比上年增加 2.2 小时 / 人。

在顾客与消费者权益方面，2019 年顾客对发布单位的满意度平均为 93.4%，比上年提高 0.4 个百分点，投诉率下降 0.8 个百分点。

在提供社会就业方面，2019 年发布单位为社会提供就业岗位 113340 个，比上年提升 16.1%，这是非常不容易的。

在社会公益方面，2019 年发布单位慈善捐款 3.5 亿元，比上年增长 32.7%；参加志愿活动 27047 次，增加 37.3%。

从以上我们可以看到上海企业成长发展，也看到企业对社会的综合贡献。我想，一家优秀的企业、成功的企业，一位优秀的企业家、成功的企业家必然也是优秀的社会责任承担者。让我们向发布单位表示衷心感谢。今年，突如其来的疫情席卷全球，对经济社会发展带来深远影响，广大企事业单位坚守履行企业社会责任的初心，围绕抗击疫情、复工复产、关爱员工等方面积极作为，在推进疫情防控和经济发展中发挥了重要作用。

作为以服务企业、规范行业、发展产业为宗旨的经济联合组织，我们市工经联、市经团联将会同近 200 家行业协会一起，进一步贯彻习近平总书记考察上海的重要讲话精神，贯彻市委李强书记对市工经联、市经团联的重要指示要求，凝心聚力，服务大局，突出重点，抓住关键。在党和政府的坚强领导下，汇聚广大协会和企业的力量，集聚创新要素，助力绿色发展，坚持以人为本，着力提升全市履行社会责任的能力和水平，为上海建设“五个中心”，强化“四大功能”，打响“四大品牌”，建设有成就感、归属感、有温度的人民城市和具有世界影响力的社会主义现代化国际化大都市而努力奋斗。

（本文系在 2020 上海市企业社会责任报告发布会上的讲话）

注重企业经济效益　更为社会创造价值

上海三菱电梯有限公司党委书记、总裁 万忠培

上海三菱电梯有限公司成立于1987年1月，是电梯行业众多合资、独资企业里面唯一由中方控股，中方管理的企业。2019年，产销电梯8.8万台，实现营业收入210亿元；合资以来累计制造销售电梯近100万台，现有总部员工约2000人，分公司员工约1万人。公司曾获得"中国质量"提名奖、全国质量管理奖、上海市市长质量奖个人奖和组织奖等荣誉。在房地产500强首选供应商电梯类评选中连续10年蝉联第一。同时连获14届上海市文明单位称号，连获5届全国文明单位称号。

公司成立以来，坚持动态引进和自主创新并重，技术始终保持国内领先。公司的用户服务中心采用有物联网技术的电梯远程监视，能够远程监视全国各地电梯实时运行的状态信息，确保电梯安全可靠运行。我们坚持企业发展，不忘社会责任，在注重制造企业经济效益的同时，更为社会创造价值。

一、积极以服务产品投身抗击新冠肺炎疫情战斗

今年，全国人民经历抗击新冠疫情人民战争，上海三菱在自己的岗位上积极参加抗疫战斗，贡献了属于我们的力量。

疫情期间，武汉封城整整4个月，但是湖北省内机场、高铁站以及被征用的30个酒店、医院等重点单位大量电梯运行必须得到保证。我们在湖北的23个维保站点24小时值班待命，克服交通、防疫物资等困难，坚守确保定点医院，机场、高铁等上下进出的电梯设备全天候正常运行。

2月1日，湖北鄂州防疫指挥部发函上海三菱，要提前使用在建的鄂州梁子湖区人民医院的住院楼，这项工程原定5月完工，要求我们在20天内安装完成11台电梯。我们迅速成立安装调试工作组，进驻医院现场，抢工安装，以义无反顾的信心和拼搏精神确保梁子湖医院及时启用。

在武汉战疫期间，上海三菱湖北分公司作为直属分支机构，全体动员，全员逆行奋战抗疫，完成麻城人民医院等抢工安装项目，实施宜昌当阳市人民医院等应急修复的任务，其中有一个细节让我们印象深刻，急修队伍中75%以上都是"90后"，绝大多数都是独生子女，面对抢修任务主动请缨，很多是瞒着家人。我们虽然不能像医务人员奋战在一线，但是也可以通过做好电梯服务，为大武汉抗击疫情尽一点绵薄之力。

又如在浦东机场疫情管制区，机场要求自动扶梯和人行道必须24小时不间断正常运行。上海三菱维保人员组织前线战斗小组，轮班实施保养保加任务。有一次在疫情管制区内，一台自动扶梯人行道被旅客箱包螺钉卡住，停梯，凌晨3点报修。我们值班人员原已整晚巡检保养候机楼内电梯，而且穿着隔离服维保工作难度加大，连脚都磨破了。接到保修信息以后，他立即穿戴闷热的隔离服和隔离面罩，一拐一拐奔向疫情管制区，8分钟内将设备恢复正常，没有影响旅客的通行，这时他身上的汗水已经浸透了内衣。

在产品方面，我们及时研制推出电梯产品的防疫健康新功能。如自动扶梯非接触式的紫外线杀菌消毒功能，可以边运行边杀菌消毒；纳米水离子空气净化抑菌功能，可以通过水离子的风扇和空调，保持轿箱内空气清洁；应用人工智能的手机乘梯，语音乘梯、人脸识别等非接触式电梯的操控，不要直接接触电梯的按纽，降低了病毒传染的风险。

二、用户的需要就是上海三菱的追求

以用户为中心，好产品加好服务，为用户创造产品全生命周期价值最大化。

上海三菱电梯提供了进博会会场国家会展中心全部419台电梯和自动扶梯的维保服务，电梯维保保障工作责无旁贷。我们出动58名驻场服务人员，80名后台支持人员，每天5点钟到岗，对全场馆的电梯进行远程监视全覆盖，实时跟踪，对异常苗子快速预警，马上调配资源响应，全力用心服务，保障核心区电梯和自动扶梯每天平稳运行，连续2年交出零事故、零故障、零投诉的"三零"满分答卷。

在国庆70周年阅兵等国家重大活动中，我们承担天安门等核心场所电梯运行保驾任务，从未发生过问题，确保安全。

市内公共交通自动扶梯，与城市交通安全息息相关，很多扶梯事故都是不文明乘梯人为造成的，像人民广场这样的大站，每天逐台手工开关扶梯要用去2个小时以上，这个已经成为电梯运营管理的痛点。

我们在申通地铁的帮助下，针对地铁运维的痛点、难点，开发了SMARTEYE自动扶梯监控系统，可以自动判断自动扶梯出入门的拥堵、乘客摔倒、逆行，乘客不规范用梯等危险性动作，实时智能预警，乃至停梯。

有自动早晚自动启停功能、自适应环境语音播报功能、智能照明控制、智能监控管理终端、智能远程监视手机APP、扶梯健康自我诊断、自动维保提示等等。这个系统已经在上海和青岛地铁投入使用，得到用户好评。

我们积极推动旧梯改造及既有住宅加装电梯民生工程。尽管这一类项目烦琐、零散，但是，直接服务广大百姓，改善他们的生活体验，满足人民对美好生活的向往。在老旧电梯更新改造方面，我们以能留则留、不强留为原则，度身定制，制订改造方案，合理保留原有电梯中的部分部件，既实现产品更新，也体现资源节约，我们把困难留给自己，把方便让给居民，以一站式加装模式为客户提供高标准、简单省心的整体解决方案，居民只要统一意向和完成筹资，其他的一切交给我们，让你用上好电梯。

三、履行环保责任，建设绿色工厂

上海三菱履行环保责任，改善环境。2019年被工信部评定为绿色工厂。主要产品连续多年被评为上海市节能产品，每年持续保持必要的环境投入，各污染物稳定达标排放，危险废物全部安全处置，一般工业固废全面循环再利用。主动开展实行生活垃圾分类投放，每年开展“世界环境日”、植树节等等群众性环保活动，参加社区植树和认养树木活动以及垃圾分类、环保竞赛等实践和宣传活动。

四、心系社会，创造更和谐的生活空间

我们每年在全国各地进社区开展电梯安全运行的宣传活动，2019年开展314次。与闵行区消防支队合作，建立为消防员普及电梯基本知识及电梯救援的实训基地。坚持开展慈善捐助活动，每年在员工中开展一日捐，献爱心活动。2020年，进行了抗击疫情专项捐助。多年来持续为受到各类自然灾害的地区捐款捐物。今年向江川街道新建的长者照顾之家捐赠2台电梯。我们先后与云南省曲靖市富源县穆宏镇如目科村和上海市奉贤区张行镇付秀村等结队开展帮扶活动。

五、履行社会责任的展望

展望未来，我们将继续坚持技术引领，质量为先，以为用户为中心，全生命周期价值最大化，为全社会提供上上下下的享受，为顾客、员工、投资方、社会公众等各相关方创造价值，为社会公众承担更多的责任。

（本文系在2020上海市企业社会责任报告发布会上的发言）

推进自主科技创新　履行企业社会责任

上海微创医疗器械（集团）有限公司董事会秘书、证券事务部副总裁 李荷

一、微创医疗集团简况

首先，非常感谢市经信委、市场监督局、市经团联等单位在这次评比中对上海微创医疗的指导和认可，让我们有机会在这里向各位领导和媒体朋友汇报上海微创医疗器械集团在履行社会责任方面所取得的成绩。

微创医疗成立于 1998 年，总部位于中国上海，我们的目标是建立一个中国领先的全球化的高端医疗器械集团。在过去 20 年中，我们专注于在全球范围内提供全生命周期的医疗解决方案，根据我们的测算，我们 300 多个上市产品每 6 秒就有一款产品用于挽救患者的生命或是改变其生活品质，或是催生新的生命。目前，公司的产品远销 80 多个国家、1 万多家医院。经过 20 多年的持续创新，我们业务覆盖十大板块，其中的冠脉介入、骨科的关节修复和置换、心率管理、大动脉等业务位于全球前五的序列。我们经过 20 多年的科技创新领域持续投入，公司在各个领域获得一些奖项，先后 5 次荣获国家科技进步二等奖，多次荣获上海市科技进步奖，并且承担了上海市和国家的科研项目接近 200 项。

二、微创医疗的企业社会责任理念和管理实践

微创医疗的社会责任理念，是一个属于患者和医生的品牌，我们希望创建一个以人为本、新兴高科技医疗超级集团，提供能延长和重塑生命的科普绘画真善美的解决方案。

我们秉持以质量和创新为核心的八大价值观，践行尽精、尽微、尽心、尽全力，致广、致大、致远、致良知的管理理念。在人才方面，我们实施七分成熟、八分用途、九分待遇、十分爱护的人才管理法则。

在创新方面，我们依托创新反应炉，形成自主研发的技术创新体系，实现把创新过程内生化和模块化，利用最少的资源，以最快的速度，在最短的时间内研发更多的产品，并有效实施产业化和商业化。我们在全球有八大研发生产基地，历年研发投资占销售收入 15%，远高于行业约平均 10% 的研发投入水平。

长期以来，我们致力于缓解看病需求、看病难、看病贵的社会矛盾，通过科技创新，打破国际垄断，减轻患者的经济负担，解决看病贵的问题。我们创新手术方式，把不可治变成可治，解决患者看病难的问题。

同时，我们倡导以人为本的企业文化，携手全球近 7000 员工共同成长。我们实施一点二道三划的人才战略，确保人才资源得到持续增长，同时实施合纵连横的独特管理模式，推倒部门墙，把部门之间的窗户纸和天花板打通，有效提升部门之间的横向融合和协同合作。

我们致力于回报社会，持续投身于各类公益活动，支持教育、关爱儿童、慈善医疗、精准扶贫、倡导和支持员工的志愿活动，促进社会的良性发展。

三、微创医疗履行社会责任的一些优秀案例

通过几组数据展示一下微创医疗在 2019 年履行社会责任方面取得的绩效成果。过去 3 年，我们的专利数量和进入中国创新医疗器械注册绿色通道的产品数量保持快速增长，截至 2020 年 8 月，我们有 20 款产品进入医疗器械的绿色通道，在整个医疗器械行业中排名第一。

第一，协调全球资源，支持抗疫前线，在第一时间向武汉地区定向捐赠现金和自己生产的高科技医疗物资，积极调动海外生产基地和海外事业部员工、众多的合作伙伴，从全球各地采购口罩等防疫物资，捐赠给抗疫前线的医院和驰援疫区的医疗团队。

第二，公司成立疫情防控工作组，以人为本，打好防控组合拳。包括发放战疫特别补助，为在家隔离的员工提供送餐服务，推出微关怀系列的线上课程，给员工持续进行在线教育。

第三，坚持疫情防控和复工复产两手抓。我们生产的是医疗器械的产品，关系患者的生命，我们不能停下生产，借鉴社会管理中的网格化管理模式，在整个复工复产的过程中，针对电梯、餐厅、卫生间等高传播风险的场所进行特别管理，通过科学防疫，实现有序生产。

第四，通过自主科技创新，研发出用于新冠疫情诊疗的支气管手术机器人。医生在进行支气管取样时可以和病人保持隔离状态，医生远端操作，取样效率有提高。

未来，我们将继续践行社会责任的初心，通过自主科技创新，履行微创医疗的社会责任。

（本文系在 2020 上海市企业社会责任报告发布会上的发言）

践行商业向善　为中国可持续发展做出贡献

富士施乐株式会社中国事业总代表＼富士施乐（中国）有限公司董事长　内藤昌继

我是富士施乐的内藤，感谢上海各级政府部门，市经团联、市工经联、上海市质量协会，邀请我们参加本次会议。

富士施乐总部位于日本东京，是富士胶片控股的全资子公司，于2021年4月1日更名为FUJIFILM Business Innovation。富士施乐的业务领域包括日本在内的亚太14个国家，全球约有4万名员工。作为行业领导者，我们致力于提供文件相关的智能解决方案和服务，同时开发制造世界一流的数码多功能打印机和生产型数字印刷系统，销往全球。

我们在华有5家公司，将近1万名员工，据IDC报告显示，富士施乐连续6年实现A3数码复合机市场份额第一。我们在深圳、上海、苏州有3家工厂，全球销售的九成产品在中国生产，中国是我们最重要的市场。

富士胶片集团在2017年发布的CSR2030计划，致力于在2030年实现环境、健康、生活、工作方式、供应链、治理等6个领域的目标，这个与联合国2030发展目标相一致。富士施乐通过自身业务的改革，为SDGS目标工作、经济增长做贡献。

中国是富士施乐集团在海外唯一拥有采购、研发、制造、以及对使用过的产品进行再利用和再生利用的全价值链的国家。我们致力于在价值链各个环节实现可持续发展，力求与客户、员工、合作伙伴共创价值，接下来我们介绍各个环节里面典型的CSR活动。

价值链第一个环节就是研发。以前我们的产品在日本设计、制造，然后销往中国，现在我们在上海设立研发团队，从中国客户的需求出发，以中国为基地，开发并生产产品。

采购为SVP2030的重点，我们专注于CSR的合规采购，供应商也被视为富士施乐的供应链之一。为了共同发展，除了常规的QCD外，我们遵守环境保护、人权、合规等项目，从2007年开始，我们和400多家合作伙伴开展业务。

富士施乐位于深圳、上海、苏州三家工厂早已全部实现生产过程中的废弃物零排放。深圳工厂连续5年超额完成深圳市的碳履约的义务，获得绿色企业、国家环境友好企业等荣誉，去年被工信部授予绿色工厂称号，近期荣获中国绿色产品的称号。

针对企业数字化转型中面临的技术、人工、流程上的挑战，富士施乐已经形成覆盖全行业与全业务场景的数字化转型解决方案，帮助客户创造智能办公环境，减少重复性工作，加强业务流程管理与治理。我们在去年年底还发布机器人流程自动化方案，用前沿的技术和方案整合能力，助力客户实现数字化转型。这次疫情中，我们无接触客户服务，以数字化解决方案和服务，帮助企业安全、高效复工复产。

2007年，我们在苏州设立整合资源循环系统工厂，这是业界最早从事资源循环的工厂。工厂以零废弃、零污染、零非法丢弃为目标，从客户处回收回来的富士施乐设备拆分再利用和再生利用，让使用过的设备变成有价值的产品和原材料，目前再资源化率达到99.9%。我们致力于解决电子垃圾的污染问题，减少使用全新资源，推动中国循环经济发展，工厂被工信部认定为首批机电产品再制造试点企业。

富士施乐通过专业设备与技术优势，帮助弱视群体，为弱视力儿童打印捐赠大字体教材，为残障儿童提供画作扫描保存服务，帮助留守儿童与通信志愿者的信件扫描与打印，先后为贫困地区捐建小学，为希望小学和特殊教育学校捐赠彩色数码多功能机。深圳工厂连续15年支援敦煌希望小学，我们将持续回馈社会，践行商业向善，为中国社会的可待续发展做出贡献。

2020年2月新冠肺炎疫情爆发后，我们第一时间向湖北疫情严重的11家医院和卫生机构捐赠了100万元的打印机和耗材，支持一线医院抗疫与防治工作。为了确保国务院某单位每天顺利及时印制疫情文件，工程师在年初五晚上赶去为客户保养设备，并24小时待命。我们为经销商和供应商提供各类防疫物资，帮助合作伙伴尽快复工复产。

自2012年起，富士施乐中国依据GIR标准连续8年协同5家公司发布可持续发展的报告，获得来自社会各界的认可和好评，2020年报告将于下月发布。

（本文系在2020上海市企业社会责任报告发布会上的发言）

只要国家有需要　三枪必定全力以赴

上海三枪（集团）有限公司总经理 李天剑

今天很荣幸有机会汇报一下三枪集团社会责任情况。

三枪品牌诞生于20世纪30年代，创始人叫作甘廷辉。他在设计比赛中拿了3次冠军，为了庆祝，也为了提倡国货，出于爱国情怀而创立了三枪品牌，三枪品牌从诞生之日起饱含民族之情、爱国之心，它具有创一流、争第一的精神品格。

我们秉持发展三枪永不满足的企业精神，历经80余年，三枪内衣畅销国内外，连续23年雄踞全国针织内衣市场的第一名，享有中华老字号的美誉。

作为国货名品，三枪肩负着民族品牌的光荣使命，也承担着与企业发展水平相一致的社会责任。在科学发展、公平运营、环保节约、安全生产、顾客和消费者权益合作共赢、员工沟通与关爱、社区参与与发展等八大领域持续改进，不断创新。

三枪一直关注国家标准的出版动态，以敏锐的洞察力及时调整企业产品质量标准体系相关要求，在遵守国家和行业标准规范的同时，积极参与标准和规范的推广，推动行业健康可持续发展，2019年，我们获得上海市市长质量金奖。

今年来，三枪结合国家战略和上海市战略，积极投身精准扶贫工作，重点在贵州烯水和山东临沂等革命老区开展精准扶贫工作，进一步履行社会责任。三枪连续14届被评为上海市文明单位。

国家有需要，三枪必定全力以赴。在今年举国抗疫期间，我们整合自身资源，全员全面全速出击，积极打好三场仗：第一场是转产仗。疫情发生后，积极转产生产防护服、口罩和隔离衣。我们共花了2周时间，完成口罩机从签约到运输到投产。防护服生产车间用了1个月时间完成生产改造，整个改造投资1.2亿元，在疫情期间生产一次性口罩1.4亿只，医用民用隔离服280余万件，医用隔离鞋帽280万件，医用民用防护服10万件。

第二场仗是物资供应仗。1月23日，我们从国内采购35万只口罩，供应上海市的各个窗口单位。同时又在国际采购，供应上海市的各个窗口单位。我们向20多个国家和地区出口三枪口罩4000余万只，隔离服和防护服180余万件。

第三场仗是捐赠仗。疫情发生以后，三枪在全力投入生产的同时，将自身优势分享给一些需要帮助的人。在上海慈善基金会的帮助下，三枪累计向湖北省17个市、自治州、行政单位，各省援鄂医疗队，以及湖北的各个地区捐赠物资64万套，市场价值1亿元。

当时捐赠的最大困难是运输，我们一方面在网上召集大量的志愿者协助把这些物资送到指定的医疗单位手里。另一方面，我们通过上海邮政，帮助运送物资。保证在整个疫情期间，援助物资送到医生手上和有需要的病人手上。

在这场疫情大考中，我们为维护人民生命安全和身体健康，维护国家战略做出贡献。我们将继续为上海防疫物资的保障、战略储备做出相应贡献。

当前，三枪在进一步打造全球化的供应链支撑体系，对接国际前沿的时尚设计资源，通过积极广泛的国际合作，在世界舞台展现上海老字号的文化底蕴和时尚魅力，打造独具三枪特色的品牌文化内涵。未来，三枪将不仅是上海的三枪、中国的三枪，更将成为亚洲的三枪、世界的三枪。

企业社会责任是一项系统的工程，践行社会责任的过程是一个不断提高和完善的过程。我们将扎实推进企业社会责任制度，完善企业社会责任工作机制，明确各个部门的企业社会责任，加强社会责任各个方面的持续发展，不断促进自身的企业文化和企业社会责任的结合，同时强化责任理念与经营管理的有效融合，积极承担企业社会责任，把社会事业和企业竞争战略有机结合，不断探索可持续发展的道路。

（本文系在2020上海市企业社会责任报告发布会上的发言）

善其身　怀天下　做有温度、有责任的物业服务企业

上海上实物业管理有限公司董事长、总经理 朱云飞

非常荣幸作为一家物业服务企业接受大会的邀请作一次社会责任分享。

上实物业公司隶属于上实集团。上实集团是上海市人民政府于 1981 年 7 月在香港注册成立的，也是上海国资委系统唯一总部注册在境外的企业集团。上实发展是上实物业的母公司，是上实集团五家境内外上市公司之一，有成熟的开发能力、资本运营能力的房地产综合集成商。上实物业是上实发展旗下专业从属物业管理、相关业务的子公司。公司成立于 1997 年，是中国物业管理协会常务理事、副会长单位，也是中国质量协会理事单位、上海市质量协会常务理事单位。目前在管 2500 万平方米，管理项目全国 260 个，员工 6800 人。近两年上实物业与上实发展旗下的其他物业公司进行整合，共同推出上实服务的品牌，以受人之托、忠人之事的企业使命，并以升级传统物业服务为契机，提供服务，覆盖城市生活的各个领域。

上实物业是 2012 年初被上海市质量监督局批准的第一批服务标准化示范试点单位。2018 年起在 5S 的基础上加上节能和安全，推行 7S 的标准化工作，发布 7S 的管理手册，全面提升公司的基础业务。

作为上海市企业报告发布会首批发布的物业企业，我们从 2010 年开始，每次发布的企业社会责任报告，尽显国企善其身，怀天下之心。我们将企业社会责任分三个层次，一是搞好经营活动为企业创造利润；二是法定的社会责任；三是我们的道义责任。所以，以善其身和怀天下这个口号作为我们企业推行、履行社会责任的决心。

亮点特色之一，1999 年，我们开始推行业委会加居委会加物业三位一体模式，解决小区的难点问题。2005 年开始，每年坚持组织一次三位一体的研讨会，邀请物业处、物业协会等各方探讨小区管理服务中的难点、热点，以及社会的共性问题。

2003 年，我们组建上海市第一家楼宇联合的党支部，为 70 多名流动党员找到家，被市委组织部授予上海市党建创新基地。现在公司和 80% 以上的住宅社区均签订党建、廉建的协议。2019 年，上实物业与复旦大学政党建设与国家发展中心合作完成“党建廉建三位一体模式在物业管理中应用”课题，通过中国物业管理协会 2019 年物业管理课题的验收，也是当年唯一的党建课题。

亮点特色之二，上实物业一直响应政府的号召，积极推进在管项目的垃圾分类工作。2019 年 10 月 8 日，市委书记李强来我公司在管项目上实大厦专题调研办公楼宇的垃圾分类工作，查看上实大厦物业员工自主研发，获国家实用新型专利、上海市职工合理化建议优秀成果奖的垃圾分类语音提示，并对上实大厦管理处所做的工作予以肯定和表扬。

上实物业根据质量体系 PDCA 的方法论，进行四部工作法推进垃圾分类的经验，获得 2019 年上海市质量标杆称号，这个是物业服务企业唯一获得质量标杆的称号。在管项目助力 50 多个街镇在上海市垃圾分类减量办的考评中达到优秀标准。

亮点特色之三，支持消费扶贫攻坚战。我们有一颗怀天下之心，积极参与中国物协、中国扶贫促进联合会主办的社区力量消费扶贫攻坚专项行动。2019 年，我们作为全国首家扶贫助农称号的企业。2020 年，积极参与中国物协的青苗计划专项行动，认领 36 亩青稞基地，帮助藏区儿童，用实际行动推动国家扶贫攻坚战略的成功。

众所周知，在疫情防控中，物业管理行业的价值得到充分体现，同时也是尽显物业服务企业的社会责任和担当。上实物业作为骨干的物业国企，凭借对公共安全事件的敏感性，第一时间做出快速反应。在 1 月 21 日召开视频防控会议进行动员部署，每天有 5000 名上实物业人在全国 260 个项目从事高频次的消毒、测温、登记宣传，为广泛用户筑起坚固防线。我们积极发布上实版的新冠疫情操作指南，将外防输入、内防扩散落实到在管的每个项目，受到政府各个部门、相关方、广大业主的肯定和称赞。

我们还将在疫情防控中的物业管理经验与社会分享，分别参加市质协组织的两次应急管理战疫情、卓越绩效为实践网上授课会，细致讲述上实物业的经验，在上海质量杂志上刊登上实物业一心一意在坚守的做法，参与起草市质协制定的质景管理体系响应突发公共事件的指南第二部分（社区管理和服务的团体标准）。

公司多项疫情防控举措的感人故事被上海电视台、《新民晚报》《劳动报》、上海基层党建中心等多家主流媒体报道。市物协热心企业，广大业主纷纷捐款捐物，提早缴纳物业费等多种形式表达对物业企业的感谢和支持。

我们在抗疫期间推进一系列有温度的服务，比如，上实大厦赠送给广大业主的消毒八件套，送菜上门服务，以及在上实优享公众号上推行抗疫情保供需的服务。成都上实锦绣物业积极参与献血活动。我们两位党员女员工有理发的技能，自发为员工包括业主义务剪发，因为她们两位女同志都带了梅字，所以叫作“一剪梅”。

上实物业选择100多个感人故事，自己编制抗疫记忆，记录挺身而出为疫情防控筑起第一道防线的物业人。多少年以后，或许很难有人记得这些抗疫一线物业人的名字，但是他们却给这个时代留下最好的注脚，一个平凡英雄的时代。

上实服务秉承客为尊、人为本、善其身、怀天下的企业精神，将继续围绕城市运营功能和城市人的生活轨迹，以物业服务为基本，提供多元、互联、智慧的城市服务，为客户创造舒适的生活环境和工作环境。我们将在深耕多业态物业服务的基础上，做好上实服务的战略实现，积极履行社会责任，致力于成为具有影响力的城市运营服务商和美好生活的集成商，践行人民城市人民建，人民城市为人民的重要理念。

（本文系在2020上海市企业社会责任报告发布会上的发言）

履行社会责任是上海医药行业协会永恒的主题

上海医药行业协会执行副会长兼秘书长 夷征宇

一、关于协会情况

上海医药行业协会成立于1987年1月，是中国最早成立的地方性医药行业协会之一。成立33年来，上海医药行业协会始终秉持服务企业、规范行业、发展产业的宗旨，与整个行业和245家会员企业同呼吸，共命运，积极应对各种机遇和挑战。

33年来，协会不仅见证和参与了上海医药产业发展进步轨迹，而且精准到位和专业高效的创新服务赢得会员企业的信任和政府部门的认可。我们先后获得中国先进工业行业协会、上海市先进民间组织、上海市三八红旗集体荣誉称号。我们也是上海市首批5A级社会组织。2015年，我们被市经信委和市人社局授予上海市医药产业高技能人才培养基地。今年又被市经信委和市人社局推荐为国家基地。

协会设立社会责任工作机构，加强内部治理，履行章程规定的职权。凡是会员大会、理事大会决定的事项，都严格按照要求提交大会审议，会员大会主要内容形成会议决议和会议纪要，协会聘有常年的法律顾问，依法合规开展各项工作。协会设有自动化办公系统，让流程更规范、可追溯。

协会坚持服务企业、规范行业、发展产业的宗旨，始终不渝打造支持医药产业健康发展的6张服务名片：一是推进企业品牌建设，打造品牌服务名片。二是创造科技创新，打造技术咨询标准化建设的服务名片。三是坚持需求导向，依托高技术人才培养基地这个载体，打造培训服务名片。四是依托协会主办的上海医药学术性期刊，宣传合理用药，打造学术交流的服务名片。五是大力开展调查研究，打造价格监管、统计分析、行业分析服务名片。六是发挥好企业和政府的桥梁纽带作用，打造建言献策的服务名片。

二、关于特色工作情况

在首届长三角上海品牌博览会上，我们推出上海医药行业企业品牌指数研究，这是第一次发布上海医药行业企业品牌榜，是TOP10品牌名单。

2019年年初，我们和长三角三省一市协会秘书长、会长一起聚首上海，在上海医药行业协会召开共商长三角区域产业合作研讨会。2020年1月9日，协会承办“声音、责任——2020全国两会医药界别代表委员提案建议华东地区调研会”，来自华东地区的医药界别人大代表和政协委员，还有部分重点医药企业的代表、行业协会的负责人、研究机构代表共100多人参加座谈会。我们形成20多个提案，提交全国两会。3年来，我们已经累计提交50多个建议，为提案提供素材。

作为全国成立最早的地方性医药行业协会，上海医药行业协会始终不忘促进产业发展的历史使命和社会责任。我们积极推动医药产业的标准化工作，推动企业制造向创造转变、速度向质量转变、产品向品牌转变的发展理念。2018年以来，已先后发布7个团体标准，目前在准备发布3个。其中《人用重组单克隆抗体制品生产通用技术要求》《窄治疗指数药物质量评价及标准制定的通用技术要求》，均填补国内外的空白。

2019年8月，我们和市经信委一起发布的《绿色设计产品评价技术规范硫酸羟氯喹标准》，作为在此次疫情第六版抗疫试剂方案中羟氯喹推荐临床使用。为了满足市场的需要，市经信委组织召开这个项目的评估会，工信部通过项目验收，同意先开工，再补办相关手续，确保抗疫物资的供应。这个标准契合了工信部、生态环境部、国家卫生健康委、国家药品监管总局等四部门印发的关于推动原料药产业绿色发展的指导意见。这是协会服务企业、规范行业、发展产业的又一次良好实践。

我们发布的窄治疗指数通用技术要求，填补国内空白。我们接受了人民网在全国两会期间举办的健康中国人系列圆桌论坛大国战略药物创新和质量专场的采访。采访中，我们围绕药品全生命周期质量管理中的社会共治，通过制定团体标准，引导行业高质量发展等话题与各位专家开展深入讨论，为加强行业治理、建立健全行业规范、推动行业诚信体系建设、推动行业进步发展发挥了协会积极的作用。

三、关于履职案例情况

今年初，突如其来的新冠肺炎疫清打乱了我们的生活安排，也对社会正常秩序造成不小影响。我们协会有一个特殊感染防治专委会，进入总动员状态，协会微信群密切关注疫情发展。有什么需求，大家一呼百应，群策群力，调动一切资源，想方设法解决物资问题。我们按照国务院和市委、市政府的统一部署，配合政府有关部门，团结全体会员企业，做好相关预防措施和药品的储备。21 日，我们前往相关药品生产企业了解库存和物流情况，为政府部门了解摸底和掌握基本信息发挥作用。

1 月 23 日，协会向全体会员单位发出关于积极应对新冠疫情的通知，要求生产经营企业积极备货，保障供应，加班生产，保质保量，绝不囤货，绝不哄抬价格，得到大家的积极相应。很多会员企业明确表示加班加点生产，保证供应不断货，并积极为抗疫捐赠物资。据不完全统计，部分会员企业累计捐赠超过 1.3 亿元。

协会在做好疫情防控工作的同时，联系和帮助相关部门解决防疫物资，不忘关心老年人群这一重点保护对象。我们得知养老机构的需求以后，及时联系会员企业，帮助购买消毒液，并于 2 月 17 日购买 100 箱乙醇消毒液，全部捐赠给上海民政系统养老服务机构。

3 月初，市经信委致感谢信给协会，对协会在疫情期间主动承担，积极作为，支持行业企业加强疫悄防控，加快复工复产等工作给予高度肯定。

协会参与市委统战部、市民政局、市工商联等共同搭建的政会银企四方合作平台，助力企业克服疫情影响，尽快复工复产，实现良性发展。经协会牵线，我们一家公司与上海农商行达成 300 万元融资授信协议，成为四方合作平台的第一单。

为帮助医药行业企业更好复工复产，熟悉新政策、新法规，推动行业健康发展，协会先后主办后疫情时期医药行业发展预判及企业策略线上研讨活动、政策解读会，这两个线上培训超 6000 多人次参与，受到广大医药界人士的广泛欢迎和好评。

上海医药行业协会将始终秉持服务企业、规范行业、发展产业的宗旨，以创新的思维和方法，不断进取，不断超越，为医药产业高质量健康发展，为民众健康福祉，为全面建成小康社会做出新的更大贡献。

（本文系在 2020 上海市企业社会责任报告发布会上的发言）

哪里有难　哪里就有中通快递人的身影

中通快递股份有限公司副总裁 张建锋

非常荣幸代表中通快递来这里学习和交流。

中通快递创始人来自浙江，我们最早2002年在上海闸北区普善路280号成立，是一家年轻的企业。中通不仅是快递公司，也是集国内国际快递、快运、商业、仓储、金融、航空、冷链、智能和传媒于一体的综合物流服务商。2016年10月，在美国纽交所上市，是当年美国最大的IPO，是第一家中国赴美上市的快递企业，为世界了解中国的快递发展打开了一个窗口。今年9月29日，将在港交所二次上市，成为全球第一家同时在美股和港股上市的快递企业。

中通秉承用我们的产品造就更多人幸福的企业使命，成为全球业务件量最大最稳健的企业。2020年，中通的快递业务量超过120亿件，占全行业19.1%，也是全球第一家业务突破100亿件的快递企业。到今年6月底，中通在全国服务网点超过3万个，合作伙伴超过5000家，全网40多万人，网络覆盖达到全国99%以上的区县、92%以上的乡镇。除了中国邮政以外，中通编织了国内最广最深最密的民营快递网络。

过去18年，中通走的是利己、利他、利社会的道路，在社会发展过程中不忘回报社会。从2018年开始我们发布企业社会责任报告，系统全面介绍中通快递在社会责任方面的重要举措和成果。每年5月20日，定期发布年度的企业社会责任报告，介绍在抗击疫情、快递进村、多元发展、绿色快递、社会公益、员工关怀等等方面的责任和实践。

中通快递在助农扶贫有天然的优势，我们积极布局农村快递市场，年发货量超过1000万件的超过8个，比如江苏沭阳花木，陕西猕猴桃、苹果，黑龙江大米，云南花卉，广西螺丝粉，四川柑橘等，这些年发货量超过1000万的助农产品。9月1日，我们有幸参加国务院扶贫办筹办的首届全国消费扶贫月启动仪式，作为唯一的快递物流企业的代表，向国务院和10多个部委汇报我们支持消费扶贫方面的举措。

在绿色方面，我们按照行业的要求，积极推进包装的绿色化、减量化、可循环化，加大绿色包装产品的研发和创新，推广使用电子面单、绿色环保袋、可降解包装袋，降低包材对生态环境的影响。

在公益服务方面，我们将社会公益融入企业，让企业服务走进社会，以实际行动传递社会的正能量，我们热心参与灾区援助，依靠自身的运力资源、平台优势，第一时间组织救援、救灾队伍，深入灾区一线开展救援行动，为灾区免费运送救援物资，保障基本的物资供给。通过捐建希望小学，开展物资捐赠，改善教学环境等，通过教育扶贫、产业扶贫、就业扶贫、消费扶贫等方式改善贫困地区学子的学习生活，为贫困地区的孩子和家庭带来希望，而且参与敬老为老、无偿献血和社区关怀等公益活动，鼓励员工积极投身志愿服务，宣扬志愿精神。

在员工关怀方面，中通有一个理念，以前是竭力让每一个员工拥有健康的身体，现在是让每个员工有健康的身心，快乐的工作和幸福的生活。

除了基本的员工权益以外，我们为员工举办集体婚礼，搭建篮球场等各种休闲设备，为员工提供正常的服务。在今年的疫情爆发之初，中通成立疫情应急领导小组和前线指挥小组，全力协调公路、航空等运输资源，为全国疫情防控提供赋能性的服务支撑。从1月25日开始，我们开通全国到湖北疫情重点地区的免费绿色通道，全力保障疫情防控的物资运输。

疫情期间，由于全民居家隔离，百姓日常生活的物资供应、学生教材的供应成为急需解决的难题。在形势严峻的情况下，全国多地的中通网点负责人积极组织员工为当地居民配送蔬菜、水果等生活物资，为学生派送学习材料，满足百姓的日常生活需求，支持教育教学有序的恢复。

在疫情缓解后，中通也和其他的快递同仁为援鄂医疗队提供返程行李免费邮递服务，尽快复工复产，想尽一切办法保障民生需求，获得媒体、政府、公众等多方面的肯定。

从疫情到现在，我们上央视25次、上新闻联播9次。3月9日，国务院联防联控召开新闻发布会，我们北京一位快递小哥第一次参加新闻发布会，一下子在网上刷屏。向公众分享在疫情防控和复工复产方面的情况。在今年全国抗击疫情表彰大会上，习近平总书记称赞数百万快递员冒疫奔忙。李克强总理在视察快递企业复工复产时，称赞快递员是疫情中的逆行者，是平凡的英雄。

在奋力抗疫的同时，快递企业本身也没有停下发展的步伐。今年上半年行业实现22%的增幅，中通实现将近30%的增福。我们的逆势增长为经济社会发展做出了贡献，也是体现我们行业服务社会的一个责任。

这次疫情让社会公众意识到快递业在国计民生中的作用，快递业不仅可以带动线上销售，稳定商品流通，更可是发挥自身网络优势、渠道优势、平台优势、规模优势，为保民生、促生产、畅循环，作出自己应有的贡献，出色完成了打通大动脉，畅通微循环的抗疫的任务。

下一步，我们会按照中央的要求，坚决助力打好3个攻坚战，投身快递“两进一出”，就是快递进村，快递进厂，快递出海，为社会经济发展贡献更多力量。未来中通将以更清醒、更信任、更努力的精气神，努力努力再努力，奋进奋进再奋进，整装出发，勇往直前。

（本文系在2020上海市企业社会责任报告发布会上的发言）

爱在东方　惠及患者　奉献社会

上海市东方医院国家紧急医学救援队副领队\东方医院灾难医学研究所常务副所长 王韬

非常荣幸能有这个机会来参加企业社会责任发布会，今天我汇报的题目是爱在东方，惠及患者，奉献社会。

首先，我介绍一下东方医院，东方医院始建于1920年，到今年正好100年，它是一所国人慈善募捐创办的西医医院，宗旨是仁者爱人、扶危济贫、博施济众。

百年的历史给了东方医院深厚的文化积淀。自1920年创业，1993年开始使用上海市东方医院的名称，2001年成为上海同济大学的附属医院，2010年成为三甲综合性医院，到今年历经百年。

从医院的第三方评价来说，2020年7月1日，国家卫健委发布的全国三级公立医院绩效考核的情况通报，东方医院在全国1289家三甲综合医院中排名49位，评分是A+。

接下来汇报一下东方医院的履职的案例。

在这次疫情中，东方医院提高政治站位，全面阻击疫情。按照市委、市政府、区委和上级部门的精神通知，医院第一时间成立领导小组和工作小组，全力阻击疫情，有序开展日常医疗服务，推进复诊复市工作，最大限度满足市民就医的需要。

在武汉抗疫期间，四批共计66名东方人逆行驰援武汉。1月24日，上海首批援鄂医疗队就有东方医院的3名医护人员。1月28日，上海第二批医疗队有东方医院的2名医务人员。2月4日，接到国家卫健委的指令，东方医院承建的整建制国家紧急医学救援队53人，携带10辆专业救援车辆和30吨物资驰援武汉东湖的方舱医院，包括担任方舱医院的副院长、医务部副主任、院感科主任、护理组副组长等等，全面参与诊疗、运营和管理工作。在武汉奋战44个日夜，救治患者1760人次，实现患者零召回、零死亡、医务人员零感染。3月5日，第4批治疗小分队到达武汉。

东方医院的国家应急医学救援队最早成立于2010年，是应世博会需要而成立的上海卫生应急医学救援队。2012年，成为首批国家紧急医学救援队。2016年，成为首支通过世界卫生组织认证的国际应急医疗队。历年来承担了多次应急救援的任务，从汶川、玉树到昆明、乌鲁木齐、盐城龙卷风，以及贵州安顺的大巴落水事件，都有东方保院国际和国家应急医学救援队的身影。

3月5日起，根据上级的部属，我们牵头浦东6个集中隔离观察点，严防外面输入，共选派17批次、305人进入观察点工作，完成6000余人次的工作量。

在抗疫期间，我们聚焦防控组织应急攻关，包括研发MRMA疫苗、广谱抗病毒物化剂、特异性的抗原抗体的测试试剂，以及使用干细胞治疗重症新冠肺炎的患者。也参与起草了干细胞治疗新冠病毒肺炎的临床研究和应用的专家指导意见。

我们还充分利用南北两院的科技平台开展抗疫的科研攻关，包括多个国家卫健委、科技部和市科委的项目。我们在第一时间开展疫情相关的科普工作，主编抗疫安心学生防护读本、居家防护指南等书籍，在抗疫期间迅速出版，并且翻译成英文、意大利文、德文，在多个国家发行，累计发行超过100万册。

我们获得全国卫生系统的抗疫防控先进集体，以及先进个人、上海市劳模集体、劳动模范等称号。在国家紧急医学救援队返沪那一天，李强书记亲自到机场迎接。在武汉抗疫期间，我们有22位国家紧急医学救援队队员在火线递交入党申请，5位队员在武汉加入中国共产党。我们获得一系列荣誉，包括许多科技荣誉。本人也获得全国创新争先奖，我们医院刘院长成为应急攻关的长江学者特聘教授。

未来，东方医院的目标是建成学术型、国际化、公益性的研究型医院，能够代表国家水平的区域医疗中心。我们以心血管病、急危重症、消化病、肿瘤和呼吸病这些传统的临床诊疗中心为主干，以干细胞转化和灾难医学为两翼，以一体两翼推动应用转化和人才升级，为我们的医疗事业，为更好履行社会责任做出更大贡献。

（本文系在2020上海市企业社会责任报告发布会上的发言）

节能减排

Jie Neng Jian Pai

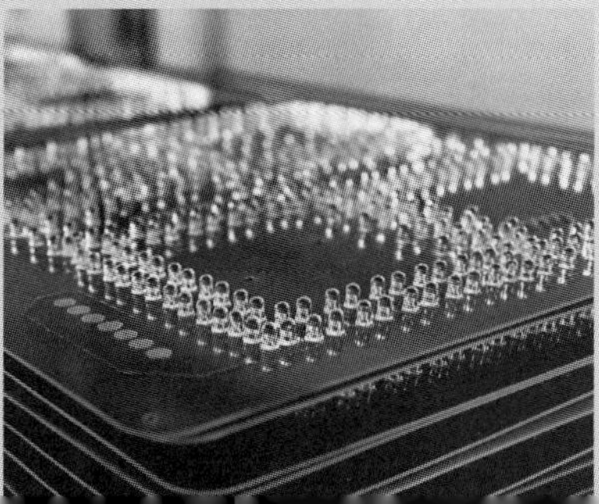

2020—2021年度上海市节能减排JJ小组活动项目总结

上海市经济团体联合会　上海市工业经济联合会

上海市经济团体联合会（上海市工业经济联合会）根据《市发改委组织实施上海市节能减排小组活动项目》的任务要求，深入贯彻落实党的十九大精神，以习近平新时代中国特色社会主义思想为指导，牢固树立"创新、协调、绿色、开放、共享"的发展理念，按照《上海市国民经济和社会发展第十四个五年规划和二〇三五年远景目标纲要》与《上海市节能减排和应对气候变化重点工作安排》的要求，突出工作重点，强化责任担当，扎根一线班组，坚持"群众性、广泛性、科普性"，持续深入推进节能减排JJ小组活动。

今年是上海市节能减排JJ小组活动开展的第12年。在新冠肺炎疫情防控常态化的背景下，市经团联继续保留线上培训、线上评审等做法，并按去年总结中提出的目标，对JJ小组活动开展标准化探索，提升JJ小组活动的质量。正如JJ小组10年总结提到的，JJ小组之所以具有生命力的原因之一是"在探索中成长，在传承中创新"。

目前，2020—2021年度标书中规定的各项任务已顺利完成。根据合同要求和服务承诺，将主要工作和做法汇报如下：

一、周密部署，制订JJ小组工作计划

2020年10月，市经团联按市发改委要求对项目进行目标分解，并写入市经团联2021年工作计划。

2021年1月10日，市经团联举行了节能减排JJ小组的线上工作会议，讨论2020年各项工作任务和时间节点。史文军副会长也对JJ小组活动提出了希望与要求，一是把握方向、明晰目标；二是面向企业，总结交流；三是与时俱进，创新实践。

2月，市经团联会长办公会议讨论通过2021年节能减排JJ小组活动方案。2月19日，市经团联发布《关于开展2021年节能减排（JJ）小组活动的通知》。

二、标准引领，提升JJ小组项目质量

2020年12月10日，市经团联召开节能减排JJ小组活动专家咨询会。多位专家结合往年评审经验，对JJ小组项目总结内容模板与绩效统计指标提出统一标准，对项目评审分值进行了响应调整，更加突出员工参与、方法应用以及节能减排效果。

从今年项目总结质量来看，项目完成情况以及总结规范程度均比以往有明显提高。对2020年已完成的376个项目的主要节能与减排指标进行初步统计，共节电11136.6万度、新水77.5万吨、天然气238.4万吨、煤5435.9吨、油品406.4吨、蒸汽4.1万吨，减少二氧化碳排放3.6万吨、氮氧化物450.2吨、二氧化硫44.9吨、三废1052.4吨，实现经济效益32954万元。

三、稳中有进，提升JJ小组项目数量

本年度，共收到来自13个行业、114家企业的项目总结376项，参与人数达到2306人次，项目数量与参与人数均为历年最多。值得一提的是，除了上海本地企业，今年共收到来自浙江、江苏、安徽、重庆、福建、湖南、山东、吉林等地的JJ小组提交的47项成果（占比12.5%），体现了JJ小组活动在长三角区域乃至全国的影响力。

今年JJ小组项目评审依然采用线上评审的方式，各位专家围绕项目完成情况、员工参与度、运用方法与工具、完成效果等方面对项目进行评分，共评出40项优秀成果。

市经团联将这40项来自不同行业和企业的典型案例，汇编为《上海市节能减排JJ小组活动案例集（十二）》，具体介绍这些单位开展节能减排JJ小组的典型案例和做法，供基层行业和企业的JJ小组学习借鉴。

四、点面结合，拓展JJ小组培训内容

2020年7月—2021年6月，市经团联组织各行业协会和企业集团举办节能减排知识培训7期，其中2020年下半年完成656人培训，2021年上半年完成469人线上培训，累计培训1125人。覆盖电子元器件、电气、有色金属、铸造、电机、电线电缆、汽车、汽车零部件、化工、交通运输等行业。

结合疫情防控常态化要求，市经团联与市工业经济进修学院继续开展多次线上培训。在每次网络培训开

始前，市经团联及时与企业负责人沟通培训时间与人数，测试软件与现场音响，发放培训资料等。培训结束后，以电子问卷的形式发放考核试题。对于培训中出现的问题及时调整与纠正，确保网络培训顺利进行。

今年，市经团联继续结合当下的新形势和新要求拓展培训内容，除了常规的知识培训以外，还涉及“碳达峰”“碳中和”、行业能耗标准宣贯、节能减排“十四五”重点任务等。

五、中外交流，举办“迈向碳中和”论坛

5 月 18 日，市工经联（市经团联）与中电标协、瑞典驻华大使馆，荷兰驻上海总领事馆共同举办“迈向碳中和：企业的机遇与挑战”论坛，旨在促成中、欧企业和机构的经验交流，围绕低碳转型给企业带来的机遇和挑战、地方政府的政策实施以及公司应当如何更好地开展碳足迹管理工作展开充分的沟通与探讨。

以上是 2020—2021 年 JJ 小组活动基本情况。在项目实践的过程中，我们也认识到 JJ 小组活动存在 3 个比较突出的问题：一是工作重心仍以传统行业为主，发动参与的面有待拓展；二是培训课程内容需要根据国家和地方的要求和企业、行业的需求继续扩展与丰富；三是项目管理与制度需要完善与健全。

下一步，针对这些短板与不足，市经团联将重点围绕以下四方面进行思考与研究：一是健全项目管理，优化各项制度，提升 JJ 小组活动规范化、标准化水平；二是通过走访、调研，邀请更多社会组织（协会、商会、同业公会、民非）加入，拓展 JJ 小组活动的覆盖面；三是与中国工经联合作举办“碳达峰”“碳中和”有关培训，对“3060 目标”进行宣贯；四是探索节能减排 JJ 小组与企业社会责任工作有机融合，引导有关企业和行业承担社会责任，实现高质量发展。

市工经联、市经团联将牢固树立“绿水青山就是金山银山”的理念，继续发扬 JJ 小组“在探索中成长，在传承中创新”的特点，为 JJ 小组活动“第二个十年”开好局、起好步，力争使 JJ 小组活动“上台阶、提能级、增效益、拓领域”，为国家“3060”目标与上海 2025 年实现碳达峰做出我们的贡献！

上海市节能宣传周总结表彰大会召开

2020 年 8 月 20 日，2020 年上海市节能宣传周总结表彰大会在花园坊节能环保产业园召开。

市经信委节能和综合利用处副处长林燕凌、市经信委综合规划处副处长赵广君、市工经联副会长兼秘书长裴崎、市工经联原副会长兼秘书长李鹤富、市机管局公共机构节能管理处副处长邵阳、市节能中心副主任李贤葵、市能效中心副主任俞增盛等领导出席会议。会议由市节能协会秘书长徐君主持。

大会对节能宣传周情况进行回顾。2020 年活动活动紧扣“绿水青山，节能增效 " 的主题，在组织策划上进行多项突破，采取“线下活动＋线上参与“双轨并行的模式开展，并与网络媒体积极合作，采取市民喜闻乐见、参与度高的直播带货、微信小程序游戏等活动形式，呈现出线上模式全民参与、经典内容推陈出新、宣传力度更大、参与范围更广等特点，并取得良好效果。

大会对 12 家上海市节能重点领域 10 件大事入围单位、10 家节能宣传践行者、20 家 2018—2019 节能减排先进集体、5 位”上汽杯”节能绿色知识竞赛一等奖和 3 位“绿色生活最美上海”摄影展评一等奖等获奖企业和个人进行表彰并颁奖。

会上，黄浦区发改委和嘉定区经委代表发出倡议，以“绿水青山节能增效”主题，持续推进节能减排工作。

市工经联副会长兼秘书长裴崎在讲话中向获奖单位和个人表示祝贺。他表示，节能宣传周活动进入第 30 年，在内容和形式上都有了创新和突破，覆盖面和参与人数再创新高，反映出社会组织在社会治理中的不可替代的作用，不断有新思路、新举措、新作为。2020 年，市工经联在线上开展了节能减排 JJ 小组活动的培训、评审工作，得到积极的、正面的反馈。本次节能宣传周为 JJ 小组活动提供了很多新的思路和做法。市工经联要把 JJ 小组活动和节能宣传周活动有机结合好、融合好，力争使 JJ 小组活动上台阶、提能级、增效益、拓领域。市工经联将在市经信委和相关部门的指导下，积极参与节能宣传周和其他各项节能领域的工作，从我做起、从身边做起，让绿色成为城市发展最动人的底色。

把JJ小组活动和节能宣传周活动有机结合好、融合好

上海市工业经济联合会执行副会长兼秘书长 裴崎

今年，节能宣传周活动进入了第30年，俗话说“三十而立”。面对新冠肺炎疫情的影响，主办方动了很多脑筋，在内容和形式上都有了创新和突破，确实让我们眼睛一亮。

持续创新很重要，常做常新可以让一项活动保持旺盛的生命力。网络直播人气火爆，观看人次超100万，通过大家喜闻乐见的形式让价廉物美的节能产品走入寻常百姓家；知识竞赛题量少了，门槛降了，内容更贴近生活了，比如能效等级标识、家电的购买和使用等，这个方向是正确的。

节能宣传周的各项活动搞得有声有色，覆盖面和参与人数再创新高。从这些数字中，反映出我们社会组织在整个社会治理中不可替代的作用，而且不断有新思路、新举措、新作为。当然在这个过程中，始终离不开政府部门对社会组织的支持。今年，市工经联开展的节能减排JJ小组活动也进入了第二个10年。我们尝试将培训、评审的工作搬到了线上进行，得到了大家积极的、正面的反馈。我觉得今年的节能宣传周为我们树立了一个很好的榜样，为今后开展JJ小组活动提供了很多新的思路和做法。目前，知识竞赛已经纳入JJ小组活动的常规工作。我们要把JJ小组活动和节能宣传周活动有机结合好、融合好。我们将继续坚持“在探索中成长，在传承中创新”的理念和“广泛性、群众性、科普性”的定位，力争使JJ小组活动“上台阶、提能级、增效益、拓领域”。

最后，我代表市工经联表个态。我们将在市经信委和相关部门的指导下，积极参与节能宣传周和其他各项节能领域的工作，支持节能协会、循环经济协会发挥专业优势，鼓励更多行业协会参与到节能工作中来，提高全社会对节能工作的认识。节能工作永远在路上。我们要站在建设人民城市的高度，充分认识生态环境保护和建设对上海城市发展的重大意义。从我做起、从身边做起，让绿色成为城市发展最动人的底色。

（本文系在节能宣传周总结表彰大会上的讲话）

抓实节能减排的各项工作 推进上海有色产业转型发展

上海有色金属行业协会

上海有色金属行业协会在“十二五”“十三五”行业产业结构调整期间，肩负着“加快转变发展方式，加快产业结构升级，加快淘汰落后产能”的重担。协会引领企业着重在节能减排上下功夫，挖掘内部潜力，积极推动行业“绿色发展”和国家基础制造业的转型发展。目前，又启动了上海有色金属“十四五”规划建议的编制工作。多年来，在市发改委、市经信委以及工经联/经团联的指导下，协会组织的节能减排系列工作取得了一定的成效，荣获上海市节能减排（JJ）小组先进组织协会、上海市节能减排JJ小组活动十周年优秀组织者等称号。

一、积极组织JJ项目申报、培训与交流，推进活动进班组

协会按照上海市节能减排（JJ）小组活动指导委员会办公室的要求，利用协会的媒体，如报纸、网站和微信群、微信公众号等进行宣传动员；组织并开展相关知识的培训学习；利用各种会议，如年会、专题会议、企业内部交流、标准制定、修订讨论会等，加强企业与企业之间、小组与小组之间的交流，并通过每年协会的年会，对推进节能减排活动实施的优秀组织单位、先进小组进行表彰和奖励，来激励企业深入持久的开展这一活动；组织企业内专业技术人员参加市工经联组织的节能宣传周活动和成果展示，不断提高行业和企业内的节能减排工作的水平。据不完全统计，近10年来，已有近120余家企业参与，培训约2000人次。

协会每年都组织年度(JJ)小组活动项目申报，累计有近30家企业的100多个JJ小组项目，覆盖人数约500人次，累计完成项目数量为103个。各项活动因地制宜，形式多样，把节能减排工作贯穿于实际生产工作之中，持续开展了形式多样的各种节能减排活动，如余热利用项目、加热方式技术改造、厂房绿色照明、如废矿物油循环利用、合同能源管理等，在节能减排、清洁生产、循环利用等方面取得了较大成效。上海鑫冶、上海合晶、上海晶盟、上海海亮等近10个项目收入上海市节能减排JJ小组活动案例集。

荣获“节能减排JJ小组活动十周年典型小组”称号的上海晶盟硅材料有限公司，以市场为导向，在稳固管理的基础上，积极在企业的能源管理上寻找新突破点，控制和降低能源消耗。厂务开源节流“JJ”小组，合理使用能源和节约使用能源原则，采用先进的能源管理模式，职责分明，宣传到位，监管到位，小组每年成立多个节能分组，统筹节能。制定年度节能减排目标和工作计划，安排节能减排技改项目，做好细化落实工作；工作小组还负责公司内部能源审计工作，对能源消耗状况进行统计分析并形成报告，实行网络化管理。在水务主管部门的指导下，建立一系列节水效益管理，制订和开展节水整改工作，加强对用水的监管力度，减少浪费和废水排放对环境造成的污染，如：严查跑、冒、滴、漏现象，发现故障及时排除，结合实际，动态分析；加大宣传力度，让员工自觉养成节水习惯。节水JJ小组通过分析制程用水状况，将冷却系统根据对应设备的负荷实现自动停启，做到节水节能，通过分析制程用水进行大改善，回收处理再次循环使用，分阶段执行，成效显著，于2019年3月通过上海市水务局《水量平衡测试备案》。

荣获上海市节能减排JJ小组活动十周年示范项目荣誉称号的上海海亮铜业有限公司，年用电总量为1.2亿kwh，为上海市重点用能单位。目前公司综合能耗为170kgtce/t，达到行业先进值。公司一期厂房为全球最大的单体厂房，非常适合分布式光伏发电。光伏发电白天运行，解决了部分高峰用电量。公司主厂一期主厂房单体面积7.2万平方米，实施光伏发电项目具有显著优势。项目采用自发自用，余量上网的方式运行。对本市可再生能源和本产业带动示范效益分析光伏产业的有效推广利用，对上海市建设青山绿水绿色城市具有巨大积极意义。目前分布式光伏发电已在海亮股份总部各基地推广建设，先后在浙江、安徽等基地投建运行20MWp光伏发电项目，经济效益环保效益显著。

二、抓实节能减排标准化工作，助推企业节能减排，加速上海有色产业转型升级

（一）积极制订修订行业标准，不断提升企业运行质量

上海有色金属行业协会在“十二五”“十三五”期间，全面启动上海有色金属单位产品能耗系列标准的制/修制工作，推出节能标准化工作行动计划暨实施方案，依托上海市有色金属标准化技术委员会，以“节能标准化”为抓手开展节能制标活动，形成了“政府引导、行业牵头、企业参与”的节能标准化工作机制。具体

是政策引导设立项目，行业组织负责课题研究和能耗标准编制，相关企业参加能耗标准起草。蓬勃开展的群众性节能减排（JJ 小组）活动结合贯标（能耗限额标准），有力推进了企业节能技术的进步和产品升级换代。

协会共编制了 10 部有色金属单位产品能耗标准。其中，《再生铝单位产品能源消耗限额》《铝合金压铸件单位产品能源消耗限额》和《硅单晶及其硅片单位产品能源消耗限额》等 3 部标准均为国内首发。这些标准的制定，为行业创新驱动、转型发展提供了可靠的依据，也为本市有色金属行业能效管理、能耗对标和推进节能技改、淘汰落后产能提供了有力的工具和技术支撑。

（二）坚持绿色发展理念，扎实推进试点工作

协会与铅酸蓄电池环保产业联盟，围绕贯彻落实中央九部委《废铅蓄电池污染防治行动方案》以及生态环境部《铅酸蓄电池生产企业集中收集和跨区域运转制度试点工作方案》的精神，推进和落实《上海市废铅蓄电池区域收集转运试点工作方案》，废铅蓄电池“销一收一”回收体系的试点工作进入了新的阶段。落实企业主体责任、建立有效的回收体系，不断推进上海废铅蓄电池区域收集转运试点工作。作为上海有色金属高技能培养基地，协会举办了“铅酸蓄电池配送与回收”专项专业理论、实训操作等相关知识的师资队伍培训，专题培训为深入推进《上海市废铅蓄电池区域收集转运试点工作方案》的探索实践及培养铅酸蓄电池配送与回收从业人员的师资储备，奠定了坚实基础。

（三）推进节能环保示范工作，助推标准宣贯、对标活动。

贯穿“制标、贯标、对标，节能技术推广全过程”为工作模式，协会与行业标准化机构，组织产品能耗标准、清洁生产标准和相关标准的宣贯活动，动员企业积极开展能源管理理念的宣传，通过宣传和培训，使企业的能源管理理理念深入人心，进而展开“能耗限额”、“排放限值”的对标和评价工作。

协会结合行业实际，在发挥节能减排（JJ）小组“立足企业、扎根班组”特点的基础上，进一步在更深层次和更广范性上推动节能减排（JJ）小组活动。2020 年上半年，上海有色金属行业节能减排知识培训按疫情防控的要求，以网络授课形式（在线直播）开展培训，对修订并于今年 6 月 1 日实施的“DB31/720—2020 铜及铜合金棒线材单位产品能源消耗限额”（代替 DB31/720—2013）、DB31574—2020《铝箔单位产品能源消耗限额》（代替 DB31574—2011）、DB31589—2020《铝合金建筑型材单位产品能源消耗限额》（代替 DB31589—2012）、DB31590—2020《变形铝合金及铝合金铸造锭单位产品能源消耗限额》（代替 DB31590—2012）、DB31792-2014—2020《半导体硅单晶及硅片单位产品能源消耗限额》（代替 DB31792-2014—2014）等 5 项地方标准作解读，反响较好。

近年来，协会先后与上海市节能监察中心、市有色金属标准化技术委员会等机构联合召开了“上海市有色金属产业节能工作会议”“上海有色行业节能减排标准化与可持续发展论坛”等会议，就“单位产品能源消耗”上海市地方标准及国家标准进行了宣贯和解读，并进行节能减排标准化工作交流。

通过贯标、对标、督标等 3 个手段，达到了领跑一批、提升一批，限制一批的目标，最终实现工业企业产品单耗综合指标下降 5% 的整体目标。

节能减排是生态文明建设的重要组成部分，近 10 年来，上海有色金属行业企业的广大建设者，认真贯彻践行包括国标、行标和上海地方标准在内的各项有色金属产品能耗标准，不断挑战节能新高度，刷新节能新纪录，使上海有色金属材料加工的单位能耗指标得以保持行业领先，多项标准的限额指标为上海周边企业所引用。

开展节能减排　实现降本增效

上海华谊能源化工有限公司

一、公司复工复产情况介绍

（一）公司概况

上海华谊能源化工有限公司（焦化、吴泾两厂整合）前身为上海焦化有限公司，焦化公司、吴泾公司均创建于 1958 年。焦化公司是对煤炭资源进行综合利用的国有化工企业，是化工、医药等行业主要原料和清洁能源供应基地。公司拥有多套连续性生产装置，在疫情期间克服原材料供应紧张，确保正常生产。

（二）复工复产主要措施

1. 主要加强人员管控，落实疫情防控。
2. 落实原辅料保供措施。
3. 调整生产模式，稳定生产，稳定销售。
4. 落实好检修力量，为装置运行保驾护航。

二、公司节能减排工作推进

（一）节能管理

1. 以政策指引为方向提升节能管理。
2. 技措技改奖励推进节能减排、鼓励合同能源模式节能减排、高效电机替换、产业结构调整政策。

（二）降本增效是节能改造的动力

可行性论证（有利于“提升产能”）、经济性测算（有利于“降低消耗”）、业绩现场考察（有利于“节能减排”）节能技改项目集体决策者——节能技改委员会（由工艺、设备、仪表和电气等方面的资深专家）。

（三）领导重视是搞好节能管理的前提

组织架构保证（成立能源管理科任命节能负责人）、制度保障（落实节能目标责任制）、激励机制（取完成项目效益的一定比例予以奖励、风险抵押金）。

（四）发动基层是搞好节能管理的基础

积极发动群众参与 JJ 小组活动，参与 JJ 小组培训累计 200 余人次，申报 JJ 小组项目 80 余个，取得较好的节能效益和社会效益，大部分项目总结被编入学习案例。

“短平快”项目具体内容包括：生产工艺及设备改进的项目，提高产品质量的项目，提高产量降低单耗的项目，改善操作条件，具有安全与环保效益的项目，更有效地利用和节约能源、原辅料的项目等。

管理创新

Guan Li Chuang Xin

关于发布2020年上海市企业管理现代化创新成果的通知

各集团公司、各行业协会、各有关单位：

为深入学习贯彻习近平新时代中国特色社会主义思想和党的十九大精神，进一步落实工业和信息化部等11部委联合下发的《关于引导企业创新管理提质增效的指导意见》，围绕市委、市政府推进更深层次改革、更高水平开放，着力推动经济高质量发展的战略部署，在市国资委、市经济信息化委等部门指导下，上海市企业管理现代化创新成果评审委员会开展了2020年上海市企业管理现代化创新成果的评审工作，评审办公室设在上海市工业经济联合会、上海市经济团体联合会。

按照规定程序，在有关单位自愿申报并由各集团公司、行业协会等组织推荐的基础上，评审办公室共收到并受理申报成果188项。评审办公室邀请政府有关部门、高校和有关研究机构的专家对所受理的成果进行评审，通过初评和本届评审委员会的终审，共有159项成果被审定为“2020年上海市企业管理现代化创新成果”。其中，一等奖成果15项，二等奖成果61项，三等奖成果83项，现予以公布（名单见附件）。为更确切、规范地表达成果内容，已对部分成果题目进行了修改完善。

这159项成果涉及企业管理主要领域，充分反映了上海各类企业坚持以新发展理念引领高质量发展，以供给侧结构性改革为主线，积极落实创新驱动战略，在着力建设“五个中心”、强化“四大功能”、打响“四大品牌”、发展“五型经济”、加快新旧动能转换，体现了当前企业管理的新趋势，提供了可学习和借鉴的成功经验，具有创新意义和推广价值。

建议获奖单位比照《国家科学技术奖励条例》及其实施细则，结合企业自身制定的奖励办法，对成果的创造者给予适当奖励。

评审委员会将进一步做好上海市企业管理现代化创新成果的申报、推荐和宣传推广工作，促进上海企业不断提升管理水平。

（上海市企业管理现代化创新成果评审委员会）

附件

2020 年上海市企业管理现代化创新成果获奖名单

（同一等级排名不分先后）

序号	成果名称	申报企业	获奖等级
1	大型电力企业以能源互联网建设为核心的数字化转型实践	国网上海市电力公司	一
2	水务企业基于工业互联网的生产数据全链条管理	上海城投水务（集团）有限公司	一
3	军工企业基于研制流程的型号工程项目大监督体系构建与实施	江南造船（集团）有限责任公司	一
4	推进企业战略实现的财务评价体系构建	上海电气集团上海电机厂有限公司	一
5	基于大数据运用的机场安检管理	上海机场（集团）有限公司虹桥国际机场公司	一
6	基于 C2B 智能定制的工业 4.0 灯塔工厂实践	上汽大通汽车有限公司	一
7	基于“人民为中心”理念的上海地铁“三个转型”发展战略管理	上海申通地铁集团有限公司	一
8	基于全生命周期的城市隧道智慧化运维管理体系建设	上海隧道工程股份有限公司	一
9	基于战略驱动的“精益改善周”活动构建	沃尔沃建筑设备（中国）有限公司	一
10	“注册人”制度下管理变革与运营协同实践	上海微创医疗器械（集团）有限公司	一
11	围绕“云网芯”布局下的智慧运维管理实践	上海宝信软件股份有限公司	一
12	面向公共服务的智慧政务热线运营模式构建	上海电信百事应信息有限公司	一
13	大型航空企业信息化建设项目评价体系应用	中国东方航空股份有限公司规划部	一
14	“智能＋绿色”供应链的建设实践	中国石化上海石油化工股份有限公司物资采购中心	一
15	基于承运清算平台的铁路多维度货运市场策略体系构建	中国铁路上海局集团有限公司财务部	一
16	面向智慧能源的虚拟电厂运营管理体系构建	国网上海市电力公司	二
17	基于零缺陷理论的高压电缆“四维融合”运维管理体建设	国网上海市电力公司电缆分公司	二
18	面向国际领先的双驱动国际标准创制体系构建与实施	国网上海市电力公司电力科学研究院	二
19	适配全球卓越城市建设的“能源管家”服务管理实践	国网上海市电力公司浦东供电公司	二
20	面向城市核心区的“钻石型”供电管理体系的构建	国网上海市电力公司市南供电公司	二
21	基于信息化赋能的大城市垃圾分类治理实践	上海城投环境（集团）有限公司	二
22	超大型固废处置基地绿色资源综合利用管理体系构建与优化	上海老港固废综合开发有限公司	二
23	打通医废收运“最后 1 公里”的管理模式创建	上海市固体废物处置有限公司	二
24	国有企业工程项目造价审核业务外包管理机制的构建与实施	沪东重机有限公司	二
25	技术营销管理模式在产品市场开发过程中的构建与实施	沪东重机有限公司	二
26	船舶制造企业挥发性有机物末端治理项目管理体系构建与实施	江南造船（集团）有限责任公司	二
27	大型船舶制造央企员工精益化管理	江南造船（集团）有限责任公司	二
28	基于精益思想的造船供应链管理体系构建与实施	上海外高桥造船海洋工程有限公司	二
29	大型船企基于精细化管理理念的集团化管控模式实践	上海外高桥造船有限公司	二
30	基于数字化引领的大型船舶及海工装备建造精度管理	上海外高桥造船有限公司	二
31	离散型制造企业基于“三流一体”数据挖掘与控制管理	中船动力有限公司	二
32	以客户为导向的综合智慧能源管理	上海电力绿色能源有限公司	二
33	电厂脱硫设备运行精细化管理模式构建	上海上电漕泾发电有限公司	二
34	战略导向下电站设备售后服务产业管理模式变革实践	上海电气电站服务公司	二

序号	成果名称	申报企业	获奖等级
35	大型能源装备集团海外市场拓展策略转型实践	上海电气电站集团	二
36	基于数据融合运用的智慧场区物联管理平台的构成与应用	上海国际机场股份有限公司	二
37	以“一心二效三节四新”为目标的现场管理改进与实践	上海国际机场股份有限公司	二
38	整车虚拟开发全业务链数字化动态管理体系建设	泛亚汽车技术中心有限公司	二
39	高效产品主数据管理体系建设	联合汽车电子有限公司	二
40	电控系统产品敏捷迭代开发体系管理实践	上海法雷奥汽车电器系统有限公司	二
41	现代化汽车动力总成实验室管理体系及能力建设	上海汽车集团股份有限公司乘用车分公司	二
42	汽车定制化、新零售、新渠道、新就业模式及全域数字化平台的构建与管理	上汽大通汽车有限公司	二
43	基于数据驱动的汽车产品研发数字化管理体系构建	上汽大众汽车有限公司	二
44	基于企业架构方法论的整车制造工程数字化转型管理实践	上汽通用汽车有限公司	二
45	凯迪拉克工厂智能化工厂管理实践	上汽通用汽车有限公司	二
46	汽车供应链数字化管理实践	上汽通用汽车有限公司	二
47	大型公立医院医疗服务项目成本核算体系的构建和应用	上海市第一人民医院	二
48	电力服务企业基于“创新、安全、信赖”客户理念的转型管理	电管家能源管理（上海）有限公司	二
49	三位一体“工单式”人力资源管理体系建设与实践	上海电力实业有限公司	二
50	基于云平台的新能源安全生产智慧管理	上海电力新能源发展有限公司	二
51	基于航天高端制造创新型技能人才培养体系建设与实践	上海空间电源研究所	二
52	企业品牌培育体系建设方法及其应用	上海众德质量技术研究中心	二
53	以保障复工复产复市为目标的抗疫保险服务体系创建与管理	中国太平洋财产保险股份有限公司上海分公司	二
54	券商精准债销管理平台的开发与实践	东方证券股份有限公司	二
55	以可持续金融为目标的社会责任管理	东方证券股份有限公司	二
56	基于分布式数据库技术的企业数字化转型实践	上海东方证券资产管理有限公司	二
57	新时代国资国企改革背景下的燃煤市场销售风控系统构建与应用	上海申能燃料有限公司	二
58	火电企业员工绩效考核管理实践	上海外高桥第二发电有限责任公司	二
59	基于数字化转型的企业共享服务模式建设	申能集团商务服务有限公司	二
60	专业化聚焦融合的管理实践	宝武集团环境资源科技有限公司	二
61	连续流程型高危生产线的智慧制造管理实践	宝武炭材料科技有限公司	二
62	与国有资本投资公司试点配套的投资项目后评价审计体系建设	中国宝武钢铁集团有限公司	二
63	资源、管理、行为与结果协同预算管控下的全视图激励约束闭环管理	中国电信股份有限公司上海分公司财务部	二
64	基于价值运营的教育四位一体、云网融合生态运营体系建设管理	中国电信股份有限公司上海分公司浦东电信局	二
65	基于争先进位划小责任制建设的销售管理实践	中国电信股份有限公司上海西区电信局	二
66	航空企业基于精益六西格玛管理的APU内场修理流程优化实践	东方航空技术有限公司	二
67	一站式空运货物服务中心的创建与管理	东方航空物流股份有限公司	二
68	大型航空企业飞行学员综合培育管理实践	东方航空云南有限公司	二
69	基于双库存运价的动态定价项目管理实践	中国东方航空股份有限公司	二
70	基于客舱安全的智慧资质管理系统构建	中国东方航空股份有限公司客舱服务部	二
71	以提升组织“三力”为基础的人才强企管理实践	中国石化上海石油化工股份有限公司	二
72	“高铁都市花园”品牌差异化建设与管理	上海铁路房地产开发经营有限公司	二
73	水泥熟料集装箱循环班列项目的开发和管理	浙江省八达物流有限公司	二

序号	成果名称	申报企业	获奖等级
74	以市场为导向的高铁客运有效供给管理与实践	中国铁路上海局集团有限公司办公室（党办、董办）	二
75	依托高铁资源发展铁路企业混合所有制经济的管理实践	中国铁路上海局集团有限公司经开部、企法部	二
76	铁路机务段双重预防机制数字化管理	中国铁路上海局有限公司上海机务段	二
77	电力企业舆情管理应对体系构建与应用	国网上海市电力公司	三
78	电力新技术发展趋势下企业劳动组织优化机制构建	国网上海市电力公司	三
79	面向敏捷反应及智慧决策的“平台型”企业智库构建与实践	国网上海市电力公司	三
80	基于智慧云的综合服务一体化管理模式构建	国网上海市电力公司工程建设咨询分公司	三
81	以优化营商环境为目标的合规风险管理	国网上海市电力公司经济法律部	三
82	基于配电网“规建运、营配调”贯通的管理变革优化实践	国网上海市电力公司松江供电公司	三
83	现代智慧供应链运营能力评价体系建设与实践	国网上海市电力公司物资部	三
84	生活垃圾焚烧炉协同处置市政污泥示范工程的建设管理	上海东石塘再生能源有限公司	三
85	城市生活垃圾集装化运输安全管理平台建设及实践	上海环境物流有限公司	三
86	基于精益管理、资源平滑的超大型生态环保基地智慧管控体系的建设和实践	上海老港废弃物处置有限公司	三
87	超大型污水处理企业市场化运营的精益管理与实践	上海友联竹园第一污水处理投资发展有限公司	三
88	舰船总装企业基于实名制管理的质量责任体系构建与实施	沪东中华造船（集团）有限公司	三
89	多元产业企业全要素绩效管理体系的构建和实施	中船澄西船舶修造有限公司	三
90	基于专业集约共享的国企法务共享中心建设	上海电力股份有限公司	三
91	火电企业多途径强化财务成本管理实践	上海上电漕泾发电有限公司	三
92	煤电企业多途径降低碳排放履约成本管理实践	上海上电漕泾发电有限公司	三
93	自主经营管理体系和阿米巴机制的创建	上海电气电站设备有限公司发电机厂	三
94	临港工厂智能化管理系统的创建	上海电气电站设备有限公司上海电站辅机厂	三
95	智慧透平智能运维团队的组织管理	上海电气电站设备有限公司上海汽轮机厂	三
96	阿米巴经营在新能源开发企业的价值驱动与实践	上海电气风电集团股份有限公司	三
97	多体系融合管理在企业的构建及应用	上海电气风电集团股份有限公司	三
98	基于风险管控的风电项目交付保障体系的构建与实践	上海电气风电集团股份有限公司	三
99	知识产权管理体系建设	上海电气风电集团股份有限公司	三
100	基于价值观的“核聚变”企业文化建设与实践	上海电气核电集团有限公司	三
101	离散型重型制造业集团供应链水平提升	上海电气核电集团有限公司	三
102	工艺流程再造及供应链建设管理	上海电气核电设备有限公司	三
103	基于两化融合管理体系背景下的销售管理模型创建	上海锅炉厂有限公司	三
104	新环境下的供应链质量管理	上海锅炉厂有限公司	三
105	基于油品数据分析的风力机健康诊断管理	上海之恒新能源有限公司	三
106	地面服务运行控制精益化管理与实践	上海国际机场股份有限公司	三
107	创意设计管理的数字化建设与应用	三问家居股份有限公司	三
108	基于创新转型需求的降本增效工作机制建设和实施	上海大众动力总成有限公司	三
109	引领企业高质量发展的卓越质量文化管理	上海汇众汽车制造有限公司	三
110	汽车软件开发管理体系的构建及数字化应用	上海汽车集团股份有限公司乘用车分公司	三
111	基于 Atline 智能测量的车身质量管理	上汽大众汽车有限公司	三
112	基于视觉定位车身的机器人智能焊接技术应用管理	上汽大众汽车有限公司	三
113	项目管理体系信息化集成及应用	延锋彼欧汽车外饰系统有限公司	三
114	基于管线风险管控的电力铺管工程安全保障体系构建	上海东捷建设（集团）有限公司	三

序号	成果名称	申报企业	获奖等级
115	大型电力企业新能源业务“双因素”大监督体系构建与实践	上海电力实业有限公司	三
116	现场装配式材料置物架在排管施工管理中的运用	上海东捷建设（集团）有限公司电缆分公司	三
117	电力工程施工装备数字化管理提升	上海送变电工程有限公司	三
118	以外防内控为核心的海外工程成本管理	华东送变电工程有限公司	三
119	融合RPA流程机器人的BPM管理软件开发管理	上海才扬软件科技有限公司	三
120	传统设备制造企业“数智化转型”实践	上海电气输配电集团有限公司	三
121	基于OKR的企业改革和转型发展管理实践	上海恒能泰企业管理有限公司	三
122	工程项目信息管理系统构建与应用	上海南华兰陵实业有限公司	三
123	基于电力物联网的智慧服务平台的创建与管理	上海致达智能科技股份有限公司	三
124	光固化3D打印机联盟标准体系的创建	上海联泰科技股份有限公司	三
125	“BSC-QCC”双驱动循环在公立医院卓越绩效管理中的应用	上海市浦东医院（复旦大学附属浦东医院）	三
126	卓越绩效模式驱动的医院后勤服务品牌创建	上海益中亘泰（集团）股份有限公司	三
127	医疗器械企业品牌培育的管理运营实践	微创神通医疗科技（上海）有限公司	三
128	基于现场差异化管理的防疫管控体系构建与实施	上海电力医院	三
129	金融科技驱动下的券商量化投研平台建设与管理	东方证券股份有限公司	三
130	以协同发展为核心的证券公司子公司管理实践	东方证券股份有限公司	三
131	以赋能LNG贸易为目标的电商数字化转型管理实践	上海久联集团有限公司	三
132	以打造高技能人才队伍为抓手的综合竞争力提升	上海外高桥第二发电有限责任公司	三
133	校企共建平台的实践与拓展	上海外高桥第三发电有限责任公司	三
134	以小微岗位人才培养模式打造综合型管理团队的实践	上海外高桥第三发电有限责任公司	三
135	重点能源保障企业“封闭运行叠加蜂巢管理”疫情防控机制构建和实践	上海液化天然气有限责任公司	三
136	基于内部供应链的票据集中管理平台构建	宝山钢铁股份有限公司	三
137	“引智、引制”构建开放式炭材料研发平台的管理实践	宝武炭材料科技有限公司	三
138	大批量闲置固定资产集中处置管理实践	中国宝武钢铁集团有限公司	三
139	电信企业营维骨干队伍管理	中国电信股份有限公司上海分公司宝山电信局	三
140	基于全要素生产赋能与使能的企业价值管理	中国电信股份有限公司上海分公司财务部	三
141	土地房屋资产管理体系建设与应用	中国电信股份有限公司上海分公司财务部	三
142	智慧高效的常态化风险协同防控体系构建	中国电信股份有限公司上海分公司审计部	三
143	三位一体的“1+2+N”行动平台建设	中国电信股份有限公司上海分公司市场部	三
144	云网融合创新下的政企一体化服务管理体系构建	中国电信股份有限公司上海分公司司网运部	三
145	面向企业高效运营的空间资源服务体系建设	中国电信股份有限公司上海分公司网络发展部/重大项目办	三
146	构建5G室内覆盖低成本解决方案管理体系	中国电信股份有限公司上海分公司移动互联网部	三
147	提升使用者感知的云桌面规模应用管理实践	中国电信股份有限公司上海分公司总工程师室	三
148	基于专业与管理双通道的外包人才管理	中国电信股份有限公司上海南区电信局	三
149	基于移动终端的无纸化电子放行系统建设	中国东方航空股份有限公司信息部	三

序号	成果名称	申报企业	获奖等级
150	基于航空客运营销转型的贵宾室资源管控与应用	中国东方航空武汉有限责任公司	三
151	以提升专业高效管理为目标的精细化管理实践	中国石化上海石油化工股份有限公司炼油部	三
152	基于量值化的大功率电力机车高级修“三关键”质量管控	中国铁路上海局集团公司有限公司上海机车检修段	三
153	基于数据智能化处理的铁路运输收入审核重点业务过程监管	中国铁路上海局集团有限公司财务部（收入部）	三
154	降本增效为目标的动车组检修体制改革	中国铁路上海局集团有限公司车辆部	三
155	动车组电务车载设备维修管理体制改革	中国铁路上海局集团有限公司电务部	三
156	铁路区域货检作业体制改革	中国铁路上海局集团有限公司金华车务段	三
157	大型高普铁站区电务设备数字化检修管理	中国铁路上海局集团有限公司南京电务段	三
158	大型铁路运输企业“对标找差、创优争先”推动高质量发展指标体系的构建与实施	中国铁路上海局集团有限公司企法部、办公室	三
159	业采融合的动车配件采购预算管理	中国铁路上海局集团有限公司物资部	三

大型电力企业以能源互联网建设为核心的数字化转型实践

国网上海市电力公司

国网上海市电力公司（以下简称公司）服务于上海市行政区域6340.5平方千米的输电、配电与售电，统一调度上海电网，参与制订、实施上海电力、电网发展规划和农村电气化等工作，为上海“卓越全球城市”建设提供更安全、更可靠、更经济、更清洁的能源保障。截至2019年底，公司有下属单位29家，职工13302人，35千伏及以上线路长度25252千米，变电站1187座，变电容量18494万千伏安。全市发电装机容量为2664万千瓦，夏季最高负荷达到3311万千瓦，市外来电占比四成。公司在长期的发展历程中，秉承“努力超越、追求卓越”的企业精神，在履行社会责任、打造“责任央企”的实践中实现了自身发展跨越。“企业数字化转型”是企业发展的软实力，为适应国家战略发展，落实地方政府创新需求，在“国际领先中国特色城市能源互联网”的战略目标指引下，公司不断追求创新，先后荣获“全国五一劳动奖状”和全国精神文明建设先进单位、“全国质量奖”、“全国用户满意企业”，连续4届获得“上海市文明行业”，被评为“企业信用等级AAA”“全国电力行业AAA级信用企业”。在上海市服务行业政风行风测评“四连冠”的基础上，连续4年成为“免测”单位；在全市30多个窗口行业社会公众满意度测评中连续5年荣登榜首。

一、大型电力企业以能源互联网建设为核心的数字化转型实践产生的背景

（一）大型电力企业数字化转型是适应国家战略发展的需要

当前，数字革命与能源革命相融并进，电网形态逐渐向能源互联网转型，电力企业加速向数字化转型。数字经济作为引领未来的新经济形态，既是经济提质增效的新变量，也是经济增长转型的新引擎。而“企业数字化转型”作为企业发展的软实力，在企业的健康可持续发展过程中起着至关重要的作用。党的十九大提出我国经济已由高速增长阶段转向高质量发展阶段，党的十八届三中全会强调以经济建设为中心，发挥经济体制改革牵引作用，推动生产关系同生产力、上层建筑同经济基础相适应，推动经济社会持续健康发展。

（二）大型电力企业数字化转型是适应地方发展规划和国家电网公司战略转型的需要

2018年，国家电网公司“两会”上强调：“数字化是实施大数据战略，全面推进业务、管理转型，着力推进公司高质量发展的重要方针”。2019年长三角数字经济发展报告对长三角地区数字经济发展指明了方向，2020年上海市政府发布《上海市促进在线新经济发展行动方案（2020—2022年）》，上海作为互联网产业发展最活跃的地区，正在深化“数字上海”建设，“大云物移智链”等现代信息技术与能源电力技术的深度融合有着区位优势和先行先试的基础条件。在新冠肺炎疫情期间，上海电力创新推出的“企业复工电力指数”“电力消费指数”等数字产品，有力支持了政府科学决策和小微企业复工复产。

（三）大型电力企业数字化转型是适应公司改革创新的需要

2019年，公司加快建设泛在电力物联网，落实中央部署、发挥央企带头作用，以适应内外部形势和挑战，2020年，公司组织开展能源互联网建设。能源互联网作为公司新型数字基础设施的核心，构筑电网生产运行、经营管理、客户服务数字化应用，打造数字化创新服务支撑体系，是实现公司核心资源共享化、服务化的重要载体。全力构建数字化转型升级的物质基础，有利于做大能源转型新业务，适应能源革命和“新基建”要求，打造能源领域新型融合基础设施。

为提高企业管理水平，增强企业核心竞争力，公司以数字化转型实践理论为基础，践行新发展理念，推进大型电力企业以能源互联网建设为核心的数字化转型实践。

二、大型电力企业以能源互联网建设为核心的数字化转型实践的内涵和主要做法

（一）能源互联网建设数字化转型引领企业管理的基本内涵

“大型电力企业以能源互联网建设为核心的数字化转型实践”的基本内涵是：大型电力企业以能源互联网为核心，以数字化转型为手段，建设数字经济，以适应国家战略发展，落实地方政府创新需求，顺应国家电

网公司改革形势，推进地方政府和公司改革创新，打造引领未来的新经济形态，促进地方政府和公司数字经济建设提质增效。

“能源互联网”有助于实现能源资产的全生命周期管理，有效整合产业链上下游各方，形成供需互动和交易，也可以让更多的低风险资本进入能源投资开发领域，并有效控制新能源投资的风险，还将实时匹配供需信息，整合分散需求，形成能源交易和需求响应。企业数字化转型，不仅意味着技术创新应用，还包括文化理念、管理模式、业务模式、商业模式、治理形态的深刻变革。通过数字化转型电力用户、电网业务、内部管理、基础资源、生态共融等5个方面建设，延伸综合用户、拓展业务形态、升级数字化精益管理、加强基础资源建设、共建生态融合系统，打造能源互联网数字化转型新业态，支撑“国际领先中国特色城市能源互联网”的战略目标落地实现，达到产业数字化和数字产业化的价值创新。

（二）能源互联网建设数字化转型引领企业管理的主要做法及创新点

1. 创新的整体思路和目标

围绕“能源互联网”深化“数字化企业”理念。当前，数字化企业、信息化企业、智慧企业等新概念层出不穷，究其本质，数据是基础，是企业运营、经营的基本要素。公司以系统性思维为出发点，提出数字化企业概念，即数字化企业是依托数字化技术实现运营精益、精细，服务优质、高效，决策量化、智能的新型组织形式。以“用户、能源、数据、技术”为核心，以统一规范管理标准为引领，推动内部管理精益提升、电力用户延伸发展、电网业务多态拓展，不断深化数据应用与价值，强化外部资源整合，深化商务合作与交流，发展新业态，实现多中心、一体化建设。以数字化转型为手段助力企业“数字经济”创新。数字化发展包括3个方面：信息化、网络化和智能化。数字化转型，就是由信息化向网络化、智能化转变的过程，最终实现智慧化。信息化、网络化和智能化之间没有明确严格的分界或标志，都是数字化发展的重要组成部分。数字化对经济增长作用明显，当前以互联网为代表的数字技术正在加速与经济社会各领域深度融合，已经成为引领经济社会发展的先导力量。公司运用“大云物移智链”等新兴数字技术构建“云管边端”技术支撑平台，支撑公司中台战略，促进数字化转型升级。以“创新性”为引领激发企业发展活力。技术创新是引领企业高质量发展的核心动力。数字经济是技术创新性的重要体现，是使用数字化的知识和信息作为关键生产要素、现代信息网络作为重要载体、信息通信技术的有效使用作为效率提升和经济结构优化的重要推动力的一系列经济活动。公司强化技术创新，探索制定能源行业数字化转型技术标准，引领企业高质量发展。数字化转型将推动新一代信息技术与制造业深度融合，打造数字经济新优势等决策部署，促进国有企业数字化、网络化、智能化发展，增强竞争力、创新力、控制力、影响力、抗风险能力，提升产业基础能力和产业链现代化水平，激发企业发展活力。以激发企业发展活力为目标，持续提升营商环境。从服务响应更快捷、服务体验更友好、服务内容更多元等3个角度，优化客户整体用能体验，打造市场化、法治化、国际化营商环境。充分利用互联网+信息技术搭建多元、便捷、一体化的服务渠道，融合线上线下，实现多渠道统一账户、“一站式”快速办理，为客户提供更快捷的响应服务。关注优化客户从用电接入到计量、支付的全过程，实现停电信息主动通知、可视化抢修等主动服务，办电、交费等用电行为全过程在线透明。从满足客户需求、解决突出问题出发，构建服务体系，达到客户服务极致化。以更加智能高效的服务方式，向客户主动提供用电提醒、节能分析、能效诊断、远程控制、撮合交易、能源金融等个性化、多元化增值服务，增强用户获得感。以优化营商环境为前提，助力国际对标提升。着力构建稳定、公平、透明、可预期的一流营商环境，打造营商环境新高地，对标国际先进规则，打造国际一流数字经济城市建设。上海要建设卓越的全球城市，在数字经济建设方面，必须对标国际最高标准、最好水平，不断提升制度环境软实力，努力打造营商环境新高地，增强吸引力、创造力和竞争力。总的目标，就是要加快形成法治化、国际化、便利化的营商环境，成为贸易投资最便利、行政效率最高、服务管理最规范、法治体系最完善的城市之一，达到国际先进水平，发展更高层次开放型经济、形成高标准的国际化营商环境、培育高质量发展新动能、进一步深化“放管服”改革。

2. 重点创新内容的基本做法及创新点

在技术创新方面，通过规范体系标准、强化数据标准、搭建业务平台、建立评价体系，构建基础资源体系。

数字化转型前电网业务形态相对单一、用户服务范围覆盖面较少、内部管理跨部门协调困难、生态系统建设正在探索发展。公司运用5G、云计算、区块链、人工智能、数字孪生、北斗通信等新一代信息技术，探索构建适应企业业务特点和发展需求的“数据中台”“业务中台”等新型IT架构模式，建设敏捷高效可复用的新一代数字技术基础设施，加快形成集团级数字技术赋能平台，提升核心架构自主研发水平，为电网业务数字化创新提供高效的数据及一体化服务支撑，优化数据中心布局，提升服务能力。公司以电网一张图、数据一个源、业务一条线为目标，各专业基于自身工作将部分电网业务数字化，并在满足本专业业务需求后，支撑各类新的跨专业应用需求，打造全业务中台，构建中台贯通支撑体系，实现“规建运、营配调”全业务贯通、全流程管控、全要素展现，支撑企业数字化转型；同时建立数字化转型评价体系，发挥过程指导与成效评价作用，统筹推进数字化转型实践工作的顺利开展。

在业务创新方面，通过强化传统电力业务、创新综合能源服务、延伸社会运营范围、扩展丰富应用场景，拓展电网业务形态。

当前能源企业都在积极开展新业务新业态探索，培育新发展动能，打造能源互联网已成为全球发展的趋势。公司围绕传统业务提质增效、能源业务个性化开拓、优质资源对外运营、业务场景价值赋能等 4 个方面，开展电网业务形态研究，强化用户侧服务水平，拓展多元综合能源服务能力。对内深化电力传统业务，实现降本增效。在规划、建设、调度、运检、营销领域开展数据挖掘应用，降低资产全生命周期成本及客户营销成本；对外拓展新型业务，实现转型创收。打造“平台 + 生态”的智慧能源综合服务体系，提供分布式光伏及新能源、综合能效、数据商业化等生态圈服务。通过提供交易、产品推广、节能改造、用能分析报告及其他增值服务，收取运营服务费、推广费等，实现能源产业链上下游业务、资金、资源的全覆盖，带动传统能源产业转型升级。

加强“能源互联网”建设。创新打造钻石型主动配电网，以一个钻石型配电网网格为单位，赋予该网格类似“人脑”的自主计算功能，深化钻石型配电网建设。以“浦东张江科学城区域、浦西西虹桥综合示范区域、市南中央核心区域”为试点，通过对钻石型配电网内“源 – 网 – 荷 – 储”资源优化整合，充分挖掘各环节参与系统运行调控的潜力，提升系统运行的可靠性和经济性。具有状态监测、故障预知、故障定位、分布式电源友好接入与消纳、用户用能分析等功能，将使配电网由从单纯的“配电系统”转化成为一个“电力交换系统”。

综合能源服务能力建设。公司创新打造一体化“智慧能源综合服务平台”，深入用户侧供能、用能、储能及客户能源消费，充分发挥“大云物移智”技术，实现能源流、业务流、数据流的融合贯通。整合公司内外各类综合能源相关资源，设计核心运营云和公共服务云以及大数据应用，支撑综合能源服务业务拓展，推进上海智慧能源综合服务，打造综合能源业务信息体系，构建综合能源服务产业生态圈。

多站融合建设。依托专网 + 专有云的模式，以分布式数据中心产品及服务为基础，拓展多行业客户为核心，与生态圈厂商协作，提升业务多样性及产品竞争力。充分利用变电站站址资源，推进变电站、高效能数据中心站、储能站、充换电站、无线基站等融合建设，开展商业模式研究，拓展商务生态产品建设，创新在浦东张江殷家浜站实现数据中心市场化运营，提供 IDC 机柜租赁、“专网 + 云 + 视频”特色化融合业务。

虚拟电厂试点建设。依托现代信息技术，聚合优化“源网荷储”，把多类型、多能流、多主体资源，以电为中心相结合，促进需求侧资源参与电网运行，促进节能减排，提高清洁能源消纳水平。围绕“四个平台”+“两点支撑”+“多方应用”开展建设，通过研发商业化虚拟电厂应用技术与关键装备，探索新的市场化机制，优化虚拟电厂控制策略，形成完整的虚拟电厂运营解决方案。实现虚拟电厂“平台型、共享型”的建设理念；打造“技术型”与“商业型”相结合的虚拟电厂运营服务模式；构建虚拟电厂相关的技术标准、服务标准体系和商业模式；面向多市场主体提供基于虚拟电厂的接入、优化、控制、交易等技术与共享服务。2019 年公司完成 6 次虚拟电厂试点交易，累计参与用户 3024 户、削峰负荷 23.56 万千瓦、填谷负荷 66.95 万千瓦，用户获得直接经济收益 360 万元，公司因而节省输配电建设投资 2000 万元。未来在需求响应之外，我们还将通过市场手段挖掘虚拟电厂在调峰辅助服务、备用辅助服务、出力曲线调节等方面的潜力，优化电网运行特性。

在服务创新方面，通过接触渠道数字化、客户服务精准化、营销管理高效化，深化数据精准服务，强化用户服务体验。

当前分布式能源、储能、电动汽车等交互式能源设施快速发展，“大云物移智链”等现代信息和互联网技术应用不断深化，能源消费领域正在加速变革，服务模式正在不断演变。公司以电力大数据为基础，以“流量”为核心，通过流量获取即全渠道数字化、流量转换客户服务精准化、流量变现即营销灌流高效化开展用户服务延伸实践，利用互联网“流量”思维，深入研究现代客户服务理论，进一步明确客户服务内涵，确定提升方向。

“网上国网”建设。重点围绕“通渠道”“优服务”“树品牌”“聚客户”工作目标，加快构建线上线下一体化服务模式，助推公司现代服务体系建设落地。开展线上渠道融合，推进掌上电力 APP 功能全替代；加强与市政府大数据中心等外部第三方平台的合作共享，推行用电业务“一网通办”“一窗通办”“一证通办”，持续深化“数字营销”新模式。2019 年“一网通办”平台共受理电力业务 10689 件，累计面向政府推送电力数据达 3.2 亿条。

“多表合一”试点建设。服务于重要用户、校园、园区的建设，深化用电信息采集系统的应用，满足客户深层次、多样化的综合用能服务需求，为公司从电能供应商向综合能源服务商拓展提供支撑。

在品牌创新方面，通过平台生态培育，智能生态融入，优化生态系统建设，促进产业链共融共生。

当前外部经济和能源形式的变化对生态系统的发展变革带来了前所未有的压力，电力企业作为能源行业的龙头企业，需发挥国有企业在新一轮科技革命和产业变革浪潮中的引领作用和责任担当，进一步强化数据驱动、集成创新、合作共赢等数字化转型理念，积极开展创新大赛、成果推广、树标立范、交流培训等多种形式的活动，激发活力，营造勇于、乐于、善于数字化转型的氛围，争先示范新模式、新产品、新业务、新生态。加强跨界合作创新，与内外部生态合作伙伴共同探索形成融合、共生、互补、互利的合作模式和商业模式，培育供应链金融、网络化协同、个性化定制、服务化延伸等新模式，打造互利共赢的价值网络，加快构建跨界融合的数字化产业生态。公司通过客户的延伸、产品（服务）的衍生、业务的拓展及技术的促进构建能源生态圈，聚合流量并变现。

在浦东张江科学城，与政府密切合作，打造智慧城市能源云平台，服务政府、能源企业、能源客户、能源服务市场四类用户，拓展能源监控、分析、管理、交易、服务、应用六大功能；在浦西西虹桥，强化系统对故障的自动研判能力，加快响应安全保障，提供信息支撑，打造“世界会客厅”级的进博会保障体系；在市南中央核心区，开展智慧物联、业务拓展和能源生态构建等重点建设项目，在徐汇区 1 平方千米初步建立互利共赢的能源生态。

在管理创新方面，通过目标导向化、组织柔性化、决策智慧化、业务线上化推进企业管理创新，通过执行高效化、流程精细化、管理敏捷化推进运营管理创新，加强内部管理数字化，推进企业决策精准化。

当前科技迅猛发展，在竞争激烈的社会发展中，涌现出更多先进科学的管理方式，各行各业企业管理现代化创新正在大力发展。公司通过深入研究现代运营体系和互联网模式下管理运营机制，构建公司管理质效提升框架，具体包含企业管理和运营管理两个方面。在企业管理方面，计划、组织、指挥、协调和控制等一系列生产经营活动，通过数据所有权控制，实现任何简单或复杂流程的自动化，推动数据贯通融合和组织体系变革；在运营管理方面，客户、质量、时间、成本和服务等关键要素通过大数据分析，实时掌握公司运营管理各项要素的运转情况，推动前端需求对接、后端资源支撑。

深化多维精益管理体系变革。重点围绕推进资产负债类科目信息链路的建设，整体细化“四个一（每一个班组、每一座变电站、每一类客户、每一类事项）”价值精益管理颗粒度，完成“业财对接”，实现从成本到收益的精细化管控。

电力基础设施数字孪生建设。以公司及建设管理单位业务管理需求为导向，以线上、线下业务同步开展为目标，围绕“一横（项目全过程）六纵（进度、安全、质量、技术、技经、队伍管理）”各维度，开展应用层研究开发工作。推动智慧变电站数字孪生系统建设，以浦东张江科学城 35 千伏蔡伦变电站为试点，建立三维模型，构建了“决策大脑”——国内首个变电站数字孪生系统，开展蔡伦站 1 号主变缺陷分析，取得实际成果。2019 年，公司持续拓展国际标准，构建电网工程信息模型，填补行业空白，实现基建全过程 406 个业务场景数字化，基建各专业业务协同和数据共享。

制订数字化转型规划和路线图。结合企业实际，公司在 2018 年初制订了企业数字化转型三年行动计划，明确转型方向、目标和重点，勾画商业模式、经营模式和产业生态蓝图愿景。以构建企业数字时代核心竞争能力为主线，制订数字化转型方案，纳入企业年度工作计划，明确相关部门和岗位工作要求，加强动态跟踪和闭环管控。加快企业数字化治理模式、手段、方法升级，以企业架构为核心构建现代化 IT 治理体系，促进 IT 投资与业务变革发展持续适配。运用数字化转型服务平台，开展诊断对标。协同推进数字化转型工作。建立跨部门联合实施团队，探索建设数字化创新中心、创新实验室、智能调度中心、大数据中心等平台化、敏捷化的新型数字化组织，推动面向数字化转型的企业组织与管理变革，统筹构建数字化新型能力，以钉钉子的精神切实推动数字化转型工作，一张蓝图绘到底。对接考核体系，以经济效益为导向，跟踪、评价、考核、对标和改进数字化转型工作。做好数字化转型资源保障。实行数字化转型一把手负责制，企业主要负责同志高度重视、亲自研究、统筹部署，领导班子中明确专人分管，统筹规划、科技、信息化、流程等管控条线，优化体制机制、管控模式和组织方式，协调解决重大问题。建立与企业营业收入、经营成本、员工数量、行业特点、数字化水平等相匹配的数字化转型专项资金投入机制。加快培育高水平、创新型、复合型数字化人才队伍，健全薪酬等激励措施，完善配套政策。组织数字化转型线上诊断，开展“一把手谈数字化转型”工作，遴选推广数字化转型典型案例和解决方案，推进数字化转型协同创新平台建设，组织数字化转型相关交流研讨，切实推动国有企业数字化转型工作。

三、大型电力企业以能源互联网建设为核心的数字化转型实践的实施效果

（一）产生了良好的管理效益

1. 实现了产品创新数字化

公司以能源互联网建设为核心的数字化转型实践推动了产品和服务的数字化改造，提升了产品与服务策划、实施和优化过程的数字化水平，打造了差异化、场景化、智能化的数字产品和服务。开发了具备感知、交互、自学习、辅助决策等功能的智能产品与服务，更好地满足和引导了用户需求。

2. 实现了生产运营智能化

公司以能源互联网建设为核心的数字化转型实践推进了智慧办公、智慧园区等建设，加快建设推广共享服务中心，推动了跨企业、跨区域、跨行业集成互联与智能运营。按照场景驱动、快速示范的原则，加强了智能现场建设，推进了 5G、能源互联网、大数据、人工智能、数字孪生等技术规模化集成应用，实现了作业现场全要素、全过程自动感知、实时分析和自适应优化决策，提高了生产质量、效率和资产运营水平，赋能企业提质增效。

3. 实现了用户服务敏捷化

公司以能源互联网建设为核心的数字化转型实践加快了数字营销网络建设，实现了用户需求的实时感知、分析和预测。整合了服务渠道，建设敏捷响应的用户服务体系，实现了从订单到交付全流程的按需、精准服务，提升了用户全生命周期响应能力。动态采集产品使用和服务过程数据，提供在线监控、远程诊断、预测性维护等延伸服务，丰富了完善服务产品和业务模式，探索平台化、集成化、场景化增值服务。

4. 实现了产业体系生态化

公司以能源互联网建设为核心的数字化转型实践依托产业优势，加快建设能源、电信、制造、医疗、旅游等领域产业链数字化生态协同平台，推动了供应链、产业链上下游企业间数据贯通、资源共享和业务协同，提升了产业链资源优化配置和动态协调水平。加强了跨界合作创新，与内外部生态合作伙伴共同探索形成融合、共生、互补、互利的合作模式和商业模式，培育了电力供应链金融、网络协同、个性定制、服务延伸等新模式，打造了互利共赢的价值网络，加快了构建跨界融合的数字化产业生态。

（二）产生了显著的经济效益

2018 年，公司完成售电量 1325.83 亿 kWh，2019 年公司开展以能源互联网建设为核心的数字化转型，有效降低了电力供应成本，间接带动了公司整体运营效率和经济效益的提高。公司售电量同比增长 4.08%，2019 年达到 1379.89 亿千瓦时，在工商业销售电价持续降低的情况下，实现营业收入 896.61 亿元，全口径劳动生产率 187.67 万元 / 人・年，利润 5.14 亿元。带动供应商、设计单位、第三方物流等供应链伙伴积极开展业务协作，通过智能化场景应用，采购活动全程线上，计划申报时间节约 95%，大幅降低投标成本 70%，评审时间节省 30%；利用“大云物移智”等前沿技术，实现态势感知、穿透指挥的智慧供电保障，压减智能巡检人工成本 450 万元；实现具备智能核算、任务提醒、自动操作功能的智慧财务管理，追补电费损失累计 2.1 亿元。2019 年上海城市综合电压合格率继续保持 99.999% 高水平，用户平均停电时间、用户平均停电次数皆明显下降，全口径供电可靠率同比上升 0.0245 个百分点，达到 99.9911%，在全国 36 家省级电力公司中居首位，按 2018 年国际对标数据，上海已超过美国旧金山、法国巴黎、英国伦敦等城市，供电可靠性跻身国际一流城市队伍。

（三）产生了巨大的社会效益

以能源互联网建设为核心的数字化转型推动了数字技术与传统电网产业深度融合发展，加速了产业数字化和数字产业化，助推了经济社会高质量发展，提升了上下游产业链企业的盈利模式，促进了大型电力企业能源互联网服务能力评价高质量发展，有效支撑了国家数字化战略在上海的落地，为地方政府深化“数字上海”建设，打造“智慧城市能源云平台”“长三角经济示范区”“临港新片区经济示范区”“世界会客厅级”的进博会提供了有力保证。提升了城市品质与功能，提高了城市治理智能化、精细化管理水平，为建设富裕美丽幸福的现代化上海，描绘好新时代上海改革发展新画卷提供了强劲动力。

公司连续19年保持上海市政风行风测评和12345热线绩效考核第一名。世界银行“获得电力”指数排名从3年前的98位跃升至去年的第12位。特斯拉超级工厂接电仅用时168天，公司以“国网速度”，助力“上海加速度”。2019年公司应用电力物联网及AI技术，推出了电力物联网智慧供电保障系统2.0，实现了设备信息综合研判，形成了《世界会客厅保电标准》，并圆满完成了“2019世界人工智能大会”“中美贸易磋商”“新中国成立70周年保电”等40余项重大保电活动。

国网上海市电力公司在央企数字化转型过程中先行先试，支撑国家数字化战略在上海落地，助力地方政府深化“数字上海”建设，获得媒体广泛关注，央视独家报道，社会高度认可。

水务企业基于工业互联网的生产数据全链条管理

上海城投水务（集团）有限公司

上海城投水务（集团）有限公司（以下简称水务集团）于2014年7月18日正式挂牌成立，是上海城投（集团）有限公司旗下专营水务板块的专业子集团，注册资本317.5亿元，从业人员近1万人。水务集团实行董事会领导下的总经理负责制，下设6个职能部门和4个专业管理中心。集团旗下拥有原水公司、制水分公司、供水分公司、浦东威立雅公司、排水公司、污水公司、工程项目公司及南方水中心等8家核心企业，以及5家投资或托管企业，是专业从事原水供应，自来水制水、输配和销售服务，雨水防汛、干线输送、污水输送和处理、污泥处理，供排水工程投资、建设管理，供排水专业技术领域内的技术开发、技术咨询等城市水务产业的国有大型企业集团。

水务集团传承创新、专业、诚信、负责的发展理念，对标上海市"三大任务、一大平台"的管理要求，秉承让城市生活更美好的愿景，以城市水务专业服务企业为战略定位，着力提升管理和服务能力、提高效率和效益水平，努力成为国内一流的城市水务专业集团。

一、基于工业互联网的生产数据全链条管理的实施背景

（一）贯通生产全链条管理的迫切需要

水务集团核心的产业链分别由原、制、供、排、污五大分子公司管理运营，上下游企业生产运行彼此依赖，生产全链条管理对集团经营管理至关重要。

在业务上，上下游水厂、泵站之间的生产调度存在必然的依赖关系和联动关系，业务人员通过值班电话、业务报表等线下业务沟通效率较低，需要在线直观的数据信息支持，提高生产效率。例如，制水公司自来水厂的进厂水（浑水）由原水公司提供，原水公司生产泵站的调度计划影响自来水厂的生产经营能力；反过来，制水公司要扩大生产能力，则原水公司必须提前开始输送足够量的浑水进入管网或水库。

管理上，集团生产运营计划的执行与考核需要从全局视角考虑，客观需要完整的原、制、供、排、污全生产链条的数据和信息化支撑，才能制定比较符合集团实际生产运营能力的政策与规划。一方面集团要节能增效，要盈利；另一方面，更重要的是保障民生。任何生产管理环节的疏忽或信息误差都可能带来严重后果。只有从集团层面打通业务数据链，分析管理薄弱环节、监测预测发展趋势，辅助领导管理决策。

（二）提升生产管理运营效率，降低产销差的迫切需要

工业4.0、物联网和互联网+等新兴技术和理念正开展广泛应用，推动了水务行业发展。结合国家政策导向，水务集团信息化建设持续多年，基于PLC、传感器的生产工业控制局域网已成体系规模，拥有大量的基础应用平台和生产历史数据。在网络平台方面，集团信息化网络框架基本形成。覆盖集团、分公司（子公司）的各级管理机构、营业网点、泵站管网监测网点等已经基本做到互联互通。初步建成由水务集团核心机房和直属单位自有机房共同组成的信息化管理体系，推进了基础设施的集约化建设，保障了各项应用系统的正常运行。工业互联网的应用有了很好的基础。但是，水务集团的基层生产单位地域的分布较广、生产线建设时间跨度大，系统平台技术水平和数据质量参差不齐，急需整合现有资源，建设统一的、集约化的信息平台。利用生产全链条管理数据，全面打通生产设备之间、信息系统之间、管理运维人员之间的信息流通，打破信息孤岛，创立具有水务特色的基于工业互联网的生产数据全链条管理模式。基于生产全链条数据的分析查找生产经营管理的薄弱环节，降低供水产销差。

（三）保障民生与支持"三大任务、一大平台"建设的需要

最后，水务生产安全管理是上海市两千多万人口的基本民生保障，政府各级单位都非常重视。市水务局、市防汛指挥中心、市环保局等单位基于监管、应急联动的要求，需要原水公司、制水公司提供水质、水量等数据；需要排水公司提供雨量、积水、泵站运营数据；需要污水公司提供污水处理信息数据等；不同基层单位提供的数据可能存在一定的数据不一致等信息偏差。水务集团作为核心的生产主管单位同样对各分子公司的上述数据非常关注，且有义务提供准确的数据保障，支撑上海市政府"三大任务、一大平台"建设。

二、基于工业互联网的生产数据全链条管理的内涵及主要做法

水务集团在战略规划方针的指导下整合业务组织和管理流程，集中储备优秀的各类技术资源，在云计算、物联网、互联网+等新技术、新设备的支持下，通过促进IT、OT和CT融合，打造了水务行业特色的工业互联网。在设备互联、数据互通的基础上，充分利用PLC、传感器的感知能力和基层生产单位的边缘计算能力，统筹建设水务集团标准化、集约化的生产大数据平台及相关应用分析工具，水务集团增强了对原、制、供、排、污等全产业链上生产管理、运行状况的态势感知能力。通过数据集成与数据治理，实现了基于工业互联网的生产数据全链条管理新模式。水务集团初步利用生产全链条的数据资产，通过业务建模、算法优化、模拟仿真，营造集团核心业务的数字化双胞胎，促进了集团业务管理创新和节源增效。同时，集团生产大数据平台实现了与市大数据中心、市公安局等部门的数据对接，积极参与"一网通办"等政府惠民工程建设，并在本市"一屏观天下，一网管全城"的城市智慧化运行管理工作中，围绕城市给排水保障、水资源利用和保护、公共安全和应急响应等主题提供有力支撑。

主要做法包括：

（一）制定集团信息化战略规划与生产数据标准化体系

1. 集团战略规划

水务集团基于业务改革和创新的需要，2016年领导挂帅制订了"三级管理、两级平台"、"四全一支撑"等集团中远期信息化规划战略目标。三级管理中的三级为：集团、分子公司及同级单位、水厂泵管所及同级单位。例如：集团下属制水分公司，制水分公司下属长桥水厂、杨树浦水厂等13家自来水水厂。两级平台分别是集团和分子公司两级：（1）基于各自来水厂相同、相似的业务管理模式，制水公司层面基于集约化、标准化的管理需求，统一建设生产管理信息化平台，供分公司及下属水厂用户使用。（2）集团层面建设OA系统、HR系统、设备管理系统等统一的ERP系统平台供集团下属的原水公司、制水供水、供水公司、排水公司、和污水供水使用。"四全一支撑"既生产管理全链条、客户服务全方位、项目管理全过程、设备管理全生命和人财物支撑。结合长期持续运营管理的需要，同步开展了集团信息化建设战略蓝图规划。信息化蓝图规划架构包括业务架构、应用架构、数据架构和技术架构等板块。其中，数据架构规划蓝图将水务生产数据管理及标准化规范定义为优先的基础的核心的部分，对后续的集团业务创新和信息化建设具有重要意义。

2. 数据治权改革

集团各基础生产数据分散在各个不同的管理单位和部门，数据管理权、使用权责权不明，数据资源难以共享。集团明确数据的"所有权、治权"是生产数据全链条管理的基本保障。结合水务集团管理体系和信息化现状，集团生产数据全链条管理的核心是对数据权利的改革。以集团公司整体（含下属子公司、分公司）的业务设计（规划）为依据，对所有数据的所有权和使用权进行重新界定，并体现在今后信息化项目的规划、设计、建设、升级等过程中。

数据所有权分为两种：

（1）集团所有。集团公司经营、管理范围内所有厂、站、子公司、分公司的所有生产系统、业务系统、信息化管理系统中产生的原始数据和在原始数据上加工产生的基础数据，其所有权完全归集团所有。

（2）集团和应用单位共有。在集团所有的数据基础上，由厂、站、子公司、分公司经二次开发、建模、分析形成的应用数据，其所有权归参与开发的单位和集团公司共有。

数据使用权指的是按照所有者授权范围，对数据进行运用，以满足业务执行、运管、计划等需要的权利。数据所有权中，标准制定、数据处置、授权管理、绩效考核四者，合称"数据治权"。数据权利的改革最重要的内容就是（在新的所有权前提下）实现数据治权的集中。

在集团"三级管理、两级平台"管理思想的指导下，结合"数据治权"方案，从顶层设计到计划落实，逐步实现以生产数据采集和加工路径为导向新型数据管理模式。

3. 数据标准化体系规范

孟子云："不以规矩，不能成为方圆"。2000多年前，秦始皇以超前视野统一度量衡（车同轨、书同文、钱同币、币同形、度同尺、权同衡、行同伦、一法度），成为古代标准化的典范。

在水务管理领域，制水工艺、管网口径、去污加药等都存在行业标准。同样，水务生产数据管理也需要制订数据标准化体系作为的企业信息管理执行依据。水务集团数据标准化体系是在集团业务、数据的基础上，结合数据治理历史经验的总结，并非凭空创造。数据标准也难以一蹴而就，是一个"制定标准、执行标准、修订标准"的持续优化过程。信息化建设的不同阶段，数据标准关注的对象和目标各不相同。数据标准的管理、维护与优化是生产数据管理与治理不可或缺的工作。

以标准化规范体系之编码标准为例，简述水厂、泵站生产指标编码如下：

参考水务行业管理编码命名习惯和水务集团内部通行做法，集团内部水厂、泵站的数据指标项编码采用16位定长数字、字母组合编码。为了便于同上海地方标准统一，采用字符型数据类型。组合编码结构，主要由7位生产组织编码、8位数据项编码和分隔符组成。分隔符以英文字母的中划线“–”表示，主要用于分隔组织编码和数据编码，增加可读性。

（二）建立生产过程全链条管理的新型业务管理模式

集团以战略规划目标为导向，以业务为主导，以生产数据全链条管理为切入点，优化调整了集团的组织架构，成立运营管理中心、客户服务中心、技术管理中心等新业务模式的管理部门。

重组生产单位的组织结构，成立原水子公司、制水分公司、供水分公司、排水子公司和污水子公司。各公司只负责水务全产业链条过程中的一个环节，业务管理上更精细化、更专业化。给予各分子公司在生产运营过程中更大的管理自主权。

成立运营管理中心，统筹原水、制水、供水、排水和污水全生产链条的生产监控管理与运行调度。统一协调上下游公司和相关生产基层单位的水资源调度和生产管理计划，从而将全产业链的分子公司再作为一个整体进行管理。

成立客户服务中心，统一管理客户推广、客户服务、客户热线，实践客户服务全方位。为了实现集团“四全一支撑”战略中的客户服务全方位目标，集团不仅改造升级新装系统、营收系统、中心热线系统、现维系统等客户相关业务系统，打造标准化的客户服务系统平台，而且专门成立了客户服务中心，统一管理集团对外服务业务。

成立技术管理中心，统管并促进IT（信息技术）、OT（运营技术）、CT（通信技术）融合，集中技术力量辅助集团管理运营和业务流程改造。水务集团下属各分子公司原本拥有不同组织形式的信息室、工控室，IT人员和自动化管理运营相关的技术人员各不隶属，虽然存在大量的沟通配合，但沟通效率仍然有限。集团成立技术管理中心，抽调技术精英，统筹管理信息化项目实施，促进IT、OT和CT的3T融合，打造水务集团特色的工业互联网。大量的设备互连、数据互通，工业生产数据的分析与应用逐渐增强，对集团优化运营、跟踪和分析设备，提供预测性维护方案，支持集团的高效决策起到关键作用。

（三）实施生产工艺局部范围的自动化闭环控制

集团生产管理与运行在局部范围内实现了自动化闭环控制。通常根据业务范围、工艺流程等不同情况，实现大闭环、小闭环控制管理。从业务管理线来说，原水、制水、供水、排水、污水的全业务的生产管理已通过数据共享和数据服务的方式实现上下游信息的联动交互控制。从生产环节工艺来说，具体的生产管理工艺的某个或数个生产管理环节已实现自动化闭环控制（少人化、无人化）。例如，制水水厂的水库泵站、生产加药、电耗、水位、流量等已根据水质工艺要求和生产标准自动化闭环控制，现场生产管理逐渐的少人化。

以自动化无人化泵站的生产闭环控制管理为例，说明如下。

1. 泵站仪表自动化监控系统

泵站仪表自动化闭环控制系统为以PLC控制为基础的集散型控制系统，自动化水平为正常运行时现场无人值守，控制中心集中管理。通常，72小时无须人为干预，控制系统根据工艺设定的指标控制项，自动化正常运行，使出水水质、水压、水量符合指标。

泵站现场设备设三级控制：设备就地、泵站现场PLC站、制水分公司泵站集中监控平台（中控室）。上、下控制级之间，下级控制的优先权高于上级。现场PLC站设有“手动/自动”两种控制方式，中控室设有“中控/自动”两种控制方式，就地控制级设有“就地/远程”两种方式，各设备均可通过“就地/远程”选择开关切换实现手动操作。

当中控室监控设备或通信网络发生故障时，不影响泵站PLC控制系统上下位机的正常运行。各现场PLC站可按预先设置的运行模式来监控各工艺流程的运行。必要时，操作人员也可通过泵站现场的上位机来调整运行参数及手动控制。

当现场PLC站发生故障时，可通过就地控制级上的“就地/远程”选择开关切换实现设备的就地手动操作。

泵站运行过程中，自动采集到的数据与生产调度的实时数据通过网络系统上传制水分公司泵站集中监控平台，通常情况无需人为干预。运行管理人员也可及时按其经验和知识做出符合实际的判断，下达指令去指挥生产。

所有设备状态或系统采集的实时数据都按类型、名称、属性分类，按时序依次存档，或写入数据库服务器。根据历史存储数据，可计算主要的生产指标（如配水电耗、综合电耗、药耗的最小值、最大值、平均值、偏差值、累积值等）。

2. 机泵健康检测系统

通过对泵站内水泵机组加装在线机泵健康诊断系统可以对泵站的关键设备——泵组的运行状态进行有效的在线健康监测和故障诊断，对设备当前的运行状态做出评估（属于健康、亚健康还是不健康），对机泵设备的不健康状态及时做出报警，并为进一步的故障分析、设备性能评估等提供信息和数据基础。在线机泵健康诊断系统可以通过振动信号、电气信号等其它信号及时发现泵组的早期故障征兆，以便现场维护人员采取相应的措施，避免、减缓和减少重大生产事故的发生；通过对泵组异常运行状态的早期分析，可以揭示故障的原因、程度、部位，发展趋势等，为设备的在线调整、停机检修提供科学依据，可以有效延长泵组运行寿命，显著降低维修费用。

3. 泵站安全防范系统

水安全影响千家万户，泵站配置了必要的安全防范系统。泵站安防系统为独立系统，包括视频监控系统、入侵报警系统、出入口控制系统和离线电子巡更4个子系统。设计遵循先进、可靠、安全、实用、管理可控和维护简便的原则，同时系统兼具可扩展和开放性。

泵站的安防系统作为整个集团安全防范系统的一个站点，泵站本地也采用和泵管所同平台的监控系统，就地与监控中心的界面风格、操作方法等均保持一致。泵站就地安防系统主机设置在泵站中心控制室（值班室），泵站门卫室设立分控设备用于监视技防监控图像。所有信息在控制室都可以查巡，并通过局域网将视频图像、报警信息及门禁信息通过泵站3层网络交换机上传泵站管理所控制平台实现远程集中管理和监视，实现集团和制水分公司泵站监控平台对所属泵站安防系统的整体接入和远程监控。

（四）搭建基于工业互联网的生产大数据平台，营造集团数字化双胞胎

企业管理创新与智能首先要感知、建模，然后才是分析推理、辅助决策。基于工业互联网的大互联，首先解决了信息感知问题。在全面互联的基础上，通过数据流动和分析，形成智能化变革，形成新的模式和新的业态。互联是通信的基础要求，更重要的是数据端到端的流动，跨系统的流动，在数据流动技术上充分分析、建模。智能化生产、网络化协同、个性化定制、服务化延伸都是在互联的基础上，通过数据流动和分析，形成新的模式和新的业态。这是工业互联网的基理，比现在的互联网更强调数据，更强调充分的连接，更强调数据的流动和集成以及分析和建模。工业互联网的本质是要有数据的流动和分析。营造集团数字化双胞胎目的是对现实生产体系的准确模型化描述；生产大数据平台解决分析、挖掘、推理、预测，提供集团生产管理的数据可视化，是集团各级管理人员辅助决策管理的信息参考。“数字化双胞胎”将现实世界中复杂的产品研发，生产制造和运营维护转换成在虚拟世界相对低成本的数字化信息进行协同及模型优化，并给予现实世界多种方案和选择。通过双胞胎的虚实连接，数据的不断迭代，模型的不断优化，进而获得最优的解决方案。没有数字化双胞胎，所谓的智能制造系统就是无源之水，无法落实。

为了实现生产数据全链条管理的目标，营造数字化双胞胎模型，水务集团从生产工艺、自动化控制、水资源调度及设备运维等角度，打破现实与虚拟之间的藩篱，实现原水、制水、供水、排水和污水全业务流程的生产管理全链条，生产数据全生命的高度数字化及模块化。支持集团数字化战略的生产管理平台包括：生产监测监控平台（含水质监测系统、调度系统、GIS管网系统、水力管网模型平台等）、数据集中采集平台、生产大数据平台、主数据管理系统、元数据管理系统、生产运营监测与调度综合信息可视化大屏、产销差平台、企业服务总线等17个生产数据采集、管理、应用与服务子系统。

典型的信息感知、监测与分析系统如下：

1. 搭建基于工业互联网的生产监测监控平台和Historian工业实时数据库

水务集团各分子公司及基层生产单位已安装超过75万个监测点（2018年底前），覆盖包括水源水质监测、浑水管网压力流量、原水厂和制水厂生产工艺和计量、供水管网（含水质、水量、水压、水位和二次供水）、排水泵站、防汛泵站、排水管线和污水处理厂相关工艺等生产全链条的监测信息。生产数据多数存储在基于Historian的工业实时数据库中；监测数据通过数据集中采集平台传输到Hadoop大数据平台。

2. 搭建基于云计算解决方案的数据集中采集平台

水务集团所属各基层单位建设时期跨度较大，部分设备历史悠久（例如，杨树浦水厂已是百年水厂），生产设备品牌、技术参数、工艺标准、通信方式、接口协议等存在较大的差异性，数据互联对接难度较大，数

据流向管理困难。为此，水务集团先期通过公有云验证各“游离”数据对接的技术可行性和数据中断、数据延迟等数据时效性、可用性问题，再搭建混合云实施统一的数据集中采集与数据预处理，同时充分利用边缘计算能力，减少数据集中过程中的网络通信压力。

3. 搭建基于 Hadoop 的生产大数据存储与分析平台

水厂、泵站工业自动化生产过程中，各种设备产生的海量实时数据，部分数据频率为秒级甚至毫秒级，其数据存量和新增数据的规模极为庞大；在业务管理过程中，积累了生产计划、调度执行、安全监控、运维日志等种类繁多的数据，这些数据在编码方式、数据格式、应用特征等多个方面存在差异性，多信息源并发形成大量的异构数据。从数据量、数据类型、增长速度、数据价值和数据真实性等 5V 视角来看，明显符合大数据特征。

（1）数据量大，包括采集、存储和计算的量都非常大。这些数据涵盖的业务包括：生产工控、调度、水位、水量、水压、水质、流量、计量、考核、安监现维、热线、人事、财务、物资、设备、客户服务、物资库存等。

（2）种类和来源多样化，包括结构化、半结构化和非结构化数据。结构化数据主要以已经上线的应用程式关系型数据库为主，还包括一部分工业实时数据；非结构化、半结构化数据具体表现为办公审批文件、运维现场工单文档、生产日志、安监视频、运维图片、GIS 管网地理位置信息等大量文档、图片、视频。多类型的数据对数据的处理能力提出了更高的要求。

（3）数据价值密度相对较低，或者说是浪里淘沙却又弥足珍贵。随着互联网以及物联网的广泛应用，信息感知无处不在，信息海量，但价值密度较低，结合业务逻辑并通过强大的机器算法来挖掘数据价值，是大数据时代最需要解决的问题。

（4）数据增长速度快，处理速度也快，时效性要求高。比如管网爆管、防汛排涝，应急指挥，都需要最快的信息处理能力。个性化推荐算法尽可能要求实时完成推荐。这是大数据区别于传统数据挖掘的显著特征。

（5）数据的准确性和可信赖度，即数据的质量。制定数据标准化管理体系，通过数据治理，确保数据质量可靠、可用、易用。

基于以上考量和未来平台扩展的需要，水务集团基于 Hadoop 企业版软件搭建了集团生产大数据存储与分析平台。通过大数据平台分析、优化集团生产管理的各类仿真模型，进一步挖掘生产数据的潜在价值。

4. 实施集团主数据管理与元数据管理

主数据是企业最核心的业务数据，也是跨系统互联打通业务流程的关键数据，是建立水务集团数字双胞胎的“纲”。随着数据治理项目的开展与历史遗留系统的改造，集团已建设主数据管理系统，管理维护了客户档案、客户服务、生产计划、水质检测、调度监控、新装业务、现维工单、管网设备、生产工艺、表卡计量等 19 类主题域。

集团元数据管理系统是水务集团信息资产管理的关键。它帮助用户可以快速找到数据并了解其上下游数据关系及其所处数据环境。通过业务、技术等方面的元数据逐步实现统一描述，可以降低乃至消除业务部门之间、业务与 IT 部门之间的沟通障碍。系统通过辅助个体能力提升和促进协作沟通两个方面提升了企业的整体生产效率。从质量管理的角度看，系统细化了数据管控粒度，提升了数据的全局性、规范性、一致性、透明性，为数据质量平台提供数据 / 分析服务，与其一起加强了数据质量的管理。元数据管理系统是知识管理的系统，是数据源梳理、数据加工过程等数据治理成果的固化系统。从长期来看会，系统的应用会降低数据的发现、使用的成本。

水务集团通过主数据管理、元数据管理系统等相关应用平台建设，提高了生产数据质量和数据流通共享的效率。

5. 生产运营监控与调度综合信息可视化大屏

利用生产数据全链条管理的初步成果，城投水务集团建设了生产运营监控与调度综合信息可视化大屏，作为综合的决策支持系统。基于原、制、供、排、污等业务板块的生产全链条数据，结合 WebGIS、HTML5、D3JS 等可视化技术，从业务、管理、时间、空间等不同的维度视角，向集团中高级管理人员提供集团宏观监控和运行分析、模型预测等数据直观展示信息，为集团领导、集团各职能部门提供管理决策的辅助工具。

（五）加强“智能水表”等基础设施建设，强化感知互联

智能水表是一种利用现代微电子技术、现代传感技术、智能 IC 卡技术对用水量进行计量并进行用水数据传递及结算交易的新型水表。与传统水表一般只具有流量采集和机械指针显示用水量的功能相比，是很大的

进步。智能水表除了可对用水量进行记录和电子显示外，还可以按照约定对用水量进行控制，并且自动完成阶梯水价的水费计算，同时可以进行水量数据存储的功能。

水务集团利用示范区首批试点验证后，逐步推广智能水表换表工作。目前上海市核心城区已经实施了1万个大表、40万个小表的更换施工，正在逐步扩大智能表的覆盖范围。集团生产大数据平台汇总采集了这些智能水表发送的实时数据，基于实时数据进行管网漏损、产销差分析等数据分析与预测建模等工作。

（六）提供城市水务大数据共享服务、支持智慧城市建设

按照《上海市城市总体规划（2017—2035）》建设建设卓越的智慧政府和“三全四化”的指导要求，市级有关监管单位的信息化平台（例如，“进博会”安全保障、“一网通办”、“一屏观天下、一网管全城”）都需要水务集团提供水务生产相关的数据。水务集团利用生产大数据平台和企业服务总线等工具，在安全可控的前提下，分别向市大数据中心、市公安局、市水务局供水调度监测中心、排水处、防汛办等单位提供实时的、高质量的生产运营数据。水务集团运管中心会根据市气象局、市海洋局提供的雨量信息、长江口咸潮信息，及时调整生产运行计划。根据雨量信息和积水水位调整防汛泵站的机泵开停，支持防汛应急指挥；根据咸潮和藻类信息调整原水水库的取水生产调度，保障城市生活越来越智能越美好。

三、基于工业互联网的生产数据全链条管理的实施效果

水务集团生产大数据平台集成对接的生产数据资源包括原水公司的生产数据、制水公司水厂（长桥）的生产数据、制水泵管所的泵站运行数据、排水公司的生产数据、防汛信息数据和污水公司的生产数据。通过数据多维编目，汇总了组织机构、地理信息、故障报警信息、水厂（车间）生产监控信息、泵站运行信息、管网管线信息、水箱信息、客户信息、表务工单、表务换表、抄表开账、欠费信息、收费信息、营业特账和水质监测等263个数据资源包，共1725张表，248.5万个数据指标项；累计数据超过25亿条记录。

生产大数据平台也面向集团内部和市政府相关单位或系统提供数据服务。集团内部主要为产销差平台、管网水力模型系统、智能计量系统和集团综合信息可视化平台。集团外部主要服务于市大数据中心、市公安局、市水务局供水调度中心、市防汛指挥部、市环保局等事业单位部门。

（一）生产监测信息更全面，用水更安全

上海处于长江、太湖流域的下游，上海及邻近水域近七成水质低于IV类标准，各大水源地或水库水质安全管理都存在一定的压力。通过水质在线监测、无人机远程监测、水中心实验室抽样监测等多种监测方式，利用水质综合指数模型和咸潮扩散模型，结合生产全链条的数据治理与分析应用，保障集团和市政府相关部门及时掌握原水水情。当长江口水源地发生藻类、咸潮等情况时，充分发挥全产业链的联动效应，通过水资源调度，确保全市供水安全。

（二）降低药耗、电耗、设备损耗，节约生产成本

利用完整的全产业链生产数据源，利用与高校合作研发的算法模型，开发出先进控制的数学模型，使与经济效益直接相关的水量、水质质量提高和原料、能耗降低，从而可获得的经济效益和社会效益的最大化。使新型泵站的运作向系统化、无人化、信息化、科学化的生产模式发展，最终达到提高经济效益和市场竞争力的目的。

（三）降低产销差，增加企业利润

作为2000多万人口的城市重要基础设施的大型水务企业来说，产销差率的大小既是水资源利用率的直接体现，也是作为企业盈利能力的重要因素。降低供水产销差率，提高有效供水是集团主抓的工作重点之一。通过基于工业互联网的生产数据全链条管理和数字化双胞胎模式，优化调整经济管压，查找漏损环境，制定供水管网漏损控制及评定标准，提高漏损预测能力；同时开展无计费水量控制，进一步明确消防、绿化等各种公共用水的计量和费用承担主体，从而使供水产销差从2016年22.75%至2019年17.45%，相比降低了5.3个百分点，产生经济效益近1000万元。

（四）提供全面的城市水务数据服务，提高了政府应急指挥能力

水务集团业务覆盖上海核心城区，通过生产全链条数据管理，及时向市政府有关部门传送全市各区域生活用水、雨量降水、防汛排水设施运行工况等综合信息，保障了汛期市应急指挥中心的信息获取能力和指挥能力，大大降低了城市内涝的概率和影响范围，保障市民正常生活。

在支持市“一网通办”“一屏观天下、一网管全城”“进博会安全保障”等平台建设过程中，城投水务生产大数据平台都提供了高质量的数据服务，保障了政府对城市水务的全面感知，提高了政府应急指挥能力。

（五）降低人工劳动强度，提升工作积极性和责任感

通过生产数据全链条管理，查找生产管理和经营过程中的管理弱项，更新设施设备，新建信息化系统，通过自动化、数据化、信息化降低人工巡检、工艺控制、生产排班的劳动强度，提供劳动积极性，优化集团人力资源。

水务集团将以深化国企改革为契机，牢牢把握当今水务新常态发展的机遇，主动迎接挑战，充分发挥已有优势，努力突破瓶颈障碍，进一步推进“集团化、市场化、专业化”为主线的转型发展，通过自身的努力和完善，在更好地服务保障本市水务生产运营基础上，向国内外提供水务基础设施和公共服务整体解决方案，复制和输出经营管理，进一步拓展外部市场。

军工企业基于研制流程的型号工程项目大监督体系构建与实施

江南造船（集团）有限责任公司

江南造船（集团）有限责任公司（以下简称江南造船）隶属于中国船舶集团有限公司，是国家特大型重点军工企业，是海军装备建设和高端船舶建造的重要基地，产品覆盖大舰小艇、水上水下及公务船、大型集装箱船和全谱系液化气船等。江南造船的前身是创建于1865年的江南机器制造总局，是中国近代工业的起点、民族工业的发源地、中国工人阶级的摇篮，曾经创造了上百个中国第一，被称为“中国第一厂”。基于2010年世博会和中船集团“五三一”发展战略及江南自身发展，2008年江南整体搬迁长兴岛。江南造船总投资超140亿元，占地面积逾500万平方米，员工2万余人，码头岸线3.5千米，形成军民结合的现代化总装建造生产线，能建造和修理各类军、民用船舶，年造船能力逾250万载重吨。江南造船一直以“强盛民族工业，铸造海上长城”为使命，多年来，共交付几十型几百艘舰船，为我国海军走向深蓝及海洋强国战略做出了重要贡献。

一、实施背景

（一）是大型央企贯彻新时代全面从严治党战略，适应国家监察体制改革的迫切需要

全面从严治党永远在路上，必须坚持问题导向，保持战略定力，推动全面从严治党向纵深发展。要加强对权力运行的制约与监督，让权力在阳光下运行，把权力关进制度的笼子。构建党统一指挥，全面覆盖、权威高效的监督体系，把党内监督同国家机关监督、民主监督、司法监督、群众监督、舆论监督贯通起来，增强监督合力。

《中华人民共和国监察法（草案）》提请十三届全国人大一次会议审议时强调，作为“事关全局的重大政治体制改革”，国家监察体制改革不仅是推进全面从严治党向纵深发展的重大战略举措，也是全面依法治国的重要组成部分。在严峻的反腐败形势和艰巨的反腐败任务面前，分散的制度形式不能适应反腐败的目标和工作需要。在党的统一领导下，实现反腐败权力、机构和力量的集中，健全党和国家监督体系，迫切需要重塑反腐败的制度体系，必须实现对行使权力的全过程进行全方位监督，监督如不能有效融合，将会增加监督成本，制约监督成效，影响发展速度。

（二）是适应新时代国防和军队改革，建设“干净工程”重大部署的必由之路

2018年4月12日，习近平主席在南海检阅部队时强调，在新时代的征程上，在实现中华民族伟大复兴的奋斗中，建设强大的人民海军的任务从来没有像今天这样紧迫。2017年底，中央军委领导视察中船集团所属江南造船时作出了在军工重大项目建设中实施“干净工程”的重要指示。新时代国防和军队改革的一个重要着力点，就是抓住治权这个关键，重点解决监督的问题，构建严密的权力运行制约和监督体系。

中船集团军工重大项目“干净工程”动员部署会强调，实施“干净工程”是集团公司落实党中央、中央军委有关领导指示精神的政治任务，是推动全面从严治党、全面从严治企向纵深发展的关键切入点，是营造风清气正军工企业环境的重要举措，将有力支撑“引领行业发展、支撑国防建设、服务国家战略”的使命要求和建设世界一流船舶集团的战略目标。

（三）是完善公司治理体系，助推公司高质量发展的重要支撑

面对新时代新使命和更加艰巨繁重的国有企业高质量发展新要求，需要提高公司治理效能，不断完善企业管理体制，着力破解深层次矛盾和问题。重大项目研制及公司治理过程中以往突出存在两个方面问题，一是权力监督与项目研制业务“两张皮”。不同程度存在有关项目研制业务之间制度不衔接、不满足外部合规要求，物资采购、外包外协领域风险得不到有效化解，相关船方和合作供方廉洁理念贯彻不到位等问题；二是监督体系性、系统性、一体化不够，监督力量分散，监督责任存在错位、缺位、越位问题。企业党建、内控、风控、合规、纪检监察、巡视巡察、审计等各方监督力量职责定位不准、边界不清，单打独斗多、联动监督少，表面阵仗大，实际效能不高。上述问题，可能导致权力真空和监督失效的风险，导致失职渎职、腐败及职务犯罪等问题易发多发，制约着公司治理效能和高质量发展。

为此，江南造船基于重大项目研制全业务全流程，抓住治权关键，着力构建全局性、系统化、一体化的“干净工程”体系，把实现“干净工程”作为履行保军首责的政治担当，作为提升公司治理效能的重要抓手，作为江南第一军工的重要标志，将干净工程与精品工程、平安工程一体推进。

二、内涵和主要做法

江南造船准确把握新时代全面从严治党和高质量发展新要求，全面贯彻落实习总书记强军兴军部署和中央军委领导视察江南时作出的建设“干净工程”重要指示精神，在集团公司高质量发展战略指引下，聚焦解决行权不规范、权力监督与重大项目研制业务“两张皮”及监督系统性不够、监督力量分散、监督责任错位与缺位等问题，以全员“零”职务犯罪为目标，系统研判重大项目研制重点业务领域、重要环节、敏感岗位风险态势，坚持问题导向，运用体系思维、项目管理方法及风险管理与精益管理理论，强化顶层设计，以加强对权力运行的制约与监督为核心，以内外合规性建设为基础，以保证流程的实质遵从和行权质量为着力点，以信息化管控为支撑，基于重大项目研制流程，系统整合党建、内控、风控、合规、纪检监察、巡视巡察、审计等企业全局全专业全方位监督力量，构建一个以党内监督为主导，一体化推进以业务部门“行权主管”第一层防线与内控监督、归口管理部门“行权总管”第二层防线与职能监督、审计监察部门“行权监管”第三层防线与专责监督等“三层防线四位一体”为核心的“干净工程”体系，形成一张“压实责任、建好平台、厘清风险、形成体系、完善内控、制定手册、抓实落地”体系建设路径图，总结确立一套“六个融入”检验评价方法论，研究设计一套可遵循、可复制、可推广的《“干净工程”工作指导手册》管理体系文件，为建设“干净工程”、提升公司治理效能、实现公司高质量发展提供坚强保障。

主要做法：

（一）运用体系思维，谋划顶层设计

1. 立足全局，把握规律，构建“干净工程”体系

江南造船在梳理、总结历年来军工行业及船舶行业风险规律、内部控制管理做法的基础上，立足全局、研判态势、问题导向、系统思考，把“干净工程”的要求和“本质干净”的追求融入新时代企业治理和高质量发展全局，重点思考以目标效果为导向，解决做成什么样的问题；以责任线条为主体，解决由谁来做的问题；以机制运行为保障，解决怎么做的问题；以主线任务为抓手，解决做什么的问题；以重点突破为切入口，解决从哪里做的问题。基于重大项目研制全业务全流程，按照“政治引领、权责明确、制度完备、管控有效、问责有力”的工作思路，围绕“目标、责任、机制、主线、重点”等体系要素，构建“02346”干净工程体系，即实现全员职务犯罪“零”目标；压实主体责任和监督责任“两”个责任；着力构建不想腐的自律机制、不能腐的权利约束与监督机制、不敢腐的惩戒机制等“三”不机制；抓实教育预防、制度建设、监督检查、执纪问责等“四”条主线；盯紧重点人、重要节点、重点领域、重要环节、重点问题、重要线索等“六”个重点。

2. 基于重大项目研制流程，谋划内控与监督一体化格局

江南造船围绕“干净工程”体系建设总体要求，紧紧抓住治权这个关键，聚焦行权质量，以基于重大项目研制流程的“权力运行制约与监督”机制建设为突破，系统整合党建、内控、风控、合规、纪检监察、巡视巡察、审计等各类公司内外权力监督子系统，分类、分层、分权，重构重大项目重点领域业务流程环节系统化、一体化的监督主体、监督职责和监督举措，将自上而下的组织监督、自下而上的民主监督、同级的相互监督，与业务流程环节实质遵从的行权规范和不相容职务分离的行权制衡有效结合，与制度安排、机制完善、工作衔接和配合相互贯通，构建“三层防线四位一体”内控与监督格局，即以党内监督为主导，以确保重大项目全业务全流程“防风险、强内控、提效率、降成本”为目标，以一体推进业务部门在做好“行权主管”的同时担当起第一层防线内控监督责任、归口管理部门在做好“行权总管”的同时担当起第二层防线职能监督责任、审计监察等部门在做好“行权监管”的同时担当起第三层防线专责监督责任为核心，以内外合规性建设和信息化管控为抓手，构建全局性、系统化、一体化内控与监督格局，推动“干净工程”体系建设。

3. 科学规划实施路径，确保“干净工程”体系规范运行

通过系统研判新形势、新任务、新要求下重大项目研制面临的弱项、短板和风险，从整体、关联、有序、规范、便捷、有效等6个方面，构建“压实责任、建好平台、厘清风险、形成体系、完善内控、制订手册、抓实落地”的“干净工程”体系建设路径图，有效推动重大项目研制各责任主体围绕“提高站位、增强意识、融入使命、形成自觉”要求，深化“悬规植矩干净工程”理念，强化自身权责有效融入体系建设，强化权责监督有效融入研制流程，强化内外合规要求有效融入业务信息化管控，按照“有权必有责、有责要担

当、用权受监督、失责必追究”行权规范，聚焦“重点人、重要环节、重点费用”关键要素，提升行权质量，筑牢“禁止不作为、越权行事、违规作为”红线底线，深入推进“干净工程”体系覆盖重大项目研制全业务全流程。

4. 运用“六个融入”检验评价方法论，抓实体系落地

针对如何确保“干净工程”体系有效落地实现重大项目“本质干净”的难题，按照“定目标、找差距、细措施、抓执行”原则，提炼“融入责任、融入体系、融入制度、融入业务、融入系统、融入共建”落实机制，即“六个融入”检验评价方法论。融入责任就是把“干净工程”融入党建责任、两个责任、军工责任；融入体系就是把“干净工程”融入党建体系、党风廉政体系、工程研制体系、管理体系；融入制度就是把“干净工程”融入重大项目全部管理制度；融入业务就是把“干净工程”融入重大项目全领域全业务全流程；融入系统就是把“干净工程”融入重大项目全部业务管理信息系统；融入共建就是把“干净工程”融入重大项目军地共建、试航大党建、合作供方共建。纪检监察部门会同党委工作部、综合计划部、人力资源部等部门，有效运用“季度自查、半年抽查、年度考查”，加强对“干净工程”体系“六个融入”任务完成情况进行评价考核，推动重点业务环节任务落实和体系落地。

（二）明确任务清单，压实组织责任

1. 成立专项小组，明确责任分工

根据“强化责任压实，聚焦问题短板，突出特色建设，整合力量资源”要求，党委书记作为第一责任人，成立“干净工程”领导小组负责全面领导、推动体系建设，突出党建引领。同时，成立“干净工程”工作小组，总经理为组长，分管型号科研、设计、采购的副总经理为常务副组长，纪委副书记和重大项目总建造师为副组长，重大项目研制主要部门负责人为组员，压实一岗双责。工作小组定期召开推进例会，负责分析研究重大项目研制流程全过程的风险态势，明确体系建设任务清单，协调解决问题，推动体系落地，并定期向领导小组和集团公司汇报。工作小组下设办公室，负责“干净工程”体系建设日常工作统筹协调，收集意见和建议，开展监督检查等。各部门任务推进情况作为工作小组检查、协调、推动的重点内容。

2. 组建联合攻坚团队，高效协同突破关键难题

针对公司有关业务之间制度不衔接、内外合规有冲突，业务流、信息流、物流、资金流等未有效贯通，“科技 + 监管”应用程度不高，物资采购、外包外协等重点领域廉洁风险得不到有效化解，相关船方和合作供方“干净工程”理念贯彻不到位等问题，通过组建多功能型跨部门联合团队，成立由体系管理、系统开发、外包外协外购、售后保障等部门人员组成的合规制度建设组、信息化管控组、阳光采购专项组、联建共建拓展组等 4 个攻坚团队，完成重大项目研制内外合规制度建设，推进数字化造船集成系统在重大项目研制全业务全流程应用，建立军网采购择优、代理商和贸易商及关联供方退出与管控、公司舾装类物资统一管控、通用标准类物资集中采购、兄弟单位信息共享、供方“黑名单”等阳光采购机制，形成军地联建共建、试验试航大党建、“商务诚信、质量提升、廉洁共建”合作供方共建等机制，不断把“干净工程”理念和要求传递落实到重大项目研制各环节、各责任主体。

3. 发挥平台功能，提高工作协同效率

为解决管理过程中往往存在的职责划分不清、相互推诿、领责认责履责不到位等问题，“干净工程”工作小组及办公室充分发挥协调、督办、推动等平台功能，建立协调推进机制、报告督办机制、监督检查机制、考核问责机制、容错纠错机制及共建联建机制等六项工作机制模式，规范化推进“干净工程”体系建设各项任务落实落地。工作小组加强对体系建设过程中管理体制割裂、复杂原因导致政策难以执行和落地等重点难点问题，根据轻重缓急、难易程度、推进条件，统筹把握好时机、力度和节奏推进落实各项工作，督促压实责任。对推进“干净工程”体系建设工作中走过场、敷衍了事、懒散懈怠等履责不力、不到位的责任人，予以问责，禁止不作为、越权行事、违规作为，同时，落实容错纠错机制，支持实干创新，鼓励担当作为。有效打通一系列以往想解决但迟迟得不到解决的业务线上的断点，解决个别部门想解决而解决不了的体系上的痛点，突破一系列企业内部想主动做而外部被动应付的机制上的难点。

（三）基于重大项目研制流程，厘清关键风险

1. 聚焦重大项目研制流程重点领域，摸清关键风险问题底数

重大项目研制需要经过一系列技术准备、生产准备、供货配套、工程建造、质量检验、试验试航、验收交付等标准化、精细化的流程，这其中不同程度的存在制度不衔接、内外合规有冲突、信息孤岛、业务断点、关键敏感岗位人员存在无知犯错或习惯性犯错、权力真空、监管失效等问题，导致有关人员凭借所拥有的职

权，在执行工作过程中出现无意之过的失职行为、或有意之过的渎职行为、或谋求私利的腐败行为等风险。基于风险管理理论，按照“以点带面，点面结合；横向到边，纵向到底”思路，聚焦涉外业务、资金密集、资源富集、风险成因复杂等四类范畴，梳理出重大项目研制六大重点业务领域、20个关键环节、22类重点人员、58个重点问题，形成重点业务领域廉洁风险识别图。通过基于重大项目研制流程的风险识别排查，摸清重点业务领域关键环节敏感岗位的风险底数。

2. 具象风险成因，精准管控风险态势

为了更加彻底识别风险，使得风险成因可视可控可管，通过业务部门自查、归口管理部门核查、分管领导审查、专责监督部门组织综合评审等“四步两轮”风险评估法，按照风险形式、风险成因、风险岗位、风险等级、风险状态确定风险，形成风险“鱼骨图”，把抽象化、模糊状的风险概念形态转换为具象化、可视化的风险构成图像，精确呈现主要成因和次要成因。在内部风险评估结果基础上，动态跟踪巡视、军改、军委审计及配合纪律审查调查等问题线索，进一步形成立足全局的干净工程风险“态势图”，为精准判断重大项目研制流程风险发生概率、影响等级、可控程度、管控重点及正确指导实施防控对策提供指南。

（四）聚焦重点业务环节，做实做细“三层防线四位一体”内控与监督

1. 梳理党建线、行政线、工程线、监督线权责清单

在厘清重大项目研制风险问题基础上，如何有效管控风险，确保流程的实质遵从，确保重大项目的“本质干净”，就需要按照“权责对等”及“权力运行制约与监督”的理念，对重点业务领域、关键环节、敏感岗位的权责进行系统性重构，有效解决权责错位、缺位、越位问题。基于权责对等原则和权责分配法，以强化权利制约与监督为重点，围绕建立健全重大项目全过程责任链目标，坚持“以责定权、权责对等；以责定利、利责相应”的定责到位理念，搭建“细定责、实履责、真考责、严问责”的责任落实机制，梳理形成了以“权责统一、四线协同”为核心、以“党建线、行政线、工程线、监督线”为主体、以“权力清单、责任清单、负面清单”为管控重点的“四线三单”权责模型。党建线履行主体责任，系统梳理了党委书记、基层党组织负责人等3类责任主体42项责任权力清单、39项负面清单；行政线履行“一岗双责”，系统梳理了公司领导班子成员、部门班子成员等3类责任主体18项责任权力清单、39条负面清单；工程线履行直接责任，系统梳理了以重大项目三总师、六主师等为主体的22类关键岗位人员117项责任清单、61项权力清单、50条负面清单；监督线履行监督责任，系统梳理了纪委书记、基层党组织纪检委员、特邀监察员等4类责任主体46项责任权力清单、39条负面清单。通过建立完善“四线三单”，保证重大项目全过程管理人员和敏感岗位人员对号入座、权责归位、守土尽责，为用好“权力清单”、做实“责任清单”、杜绝“负面清单”提供有力支撑。

2. 认真履行监督职责，确保体系落地

按照“基于流程、权责统一、分层管控、系统联动、合力运行”的要求，以抓实重点业务环节第二层防线建设为关键，指导、带动第一层防线建设，助力第三层防线建设，有效推进重大项目党内监督、内控监督、职能监督、专责监督系统化、一体化运行，做实做细“三层防线四位一体”内控与监督，确保行权规范、完善公司治理、打造“干净工程”。

设计、配套、生产运行等重点业务部门作为第一层防线，认真履行业务主管责任，确保严格按照制度要求执行业务工作流程，行好权、守规矩。在流程中建立内控意识和能力，做到流程环节的实质遵从，承担内控和风险监管的责任，主动衔接匹配职能部门依据风险问题作出的内控优化、调整要求，及时更改业务工作流程，做到制度有效贯彻，确保行权规范。对照主管业务，按照内外合规性要求，及时梳理问题风险，细化制定有效管控措施，持续化解业务风险。定期对主管业务内控风险进行评估，主动发现问题，主动与归口管理部门沟通协调。

财务、人事、企划、合规等职能部门作为第二层防线，强化压实职能范围内的总管责任，确保审核把关到位，履好责、严把关。对照归口管理业务，及时梳理有关风险问题，从“体系、机制、流程”入手，细化制定有效管控措施，定期组织对归口管理业务内控风险事前、事中、事后评估，持续优化归口业务范围的内控体系。按照“简单、管用”的原则，指导、支持、推动相关业务部门完善内控风险防范措施，推动跨部门的流程衔接和业务贯通，实现对权力运行的有效制约与监督。同时，对归口管理业务所涉部门内控体系建设有管理、评估、考核责任，并对归口业务部门发生的内控风险问题负有连带责任，发现重要问题线索做好移交。

监察、审计、巡察等专责监督部门作为第三层防线，有效发挥监督职责，聚焦重点领域、关键环节、重点问题进行常态化监督，深里查、冷威慑。对职能部门应负的职能监督作用是否有效发挥进行监督，切实通

过内控监督推动企业运行的高质量。通过监督执纪问责，发现问题、风险、短板、瓶颈，倒逼第一、二层防线持续改善及有效运行，推动内控体系完善。

以物资采购询比价审价流程为例，配套部作为第一层防线责任者，需根据采购依据从公司合格供方名录内匹配适应的供方，选择三家进行询价，并在对方报价的基础上结合历史数据、市场行情、从业经验等进行比对、分析，核准报价合理性，将大部分风险在流程化作业中解决，推荐提交审价。综合计划部、品质保证部作为该环节的第二层防线责任者，综合计划部对配套部超目标成本采购行为进行监管；品质保证部对配套部超名录范围选定供方的行为进行监管，监督第一层防线更好的履行内控监督职责、弥补解决内控监督缺位造成的小部分风险。审计监察部门作为该环节第三层防线责任者，根据日常监督、专项监察、党委巡察、专项审检、问题线索查办等暴露的风险问题，查找第一、第二层防线可能存在的串标围标、商务诚信、利益输送等深层次风险隐患，将事后监督向事前、事中监督推进，确保过程合规、风险可控、成本降低、效率提升。

（五）构建重大项目与各方面权力监督一体化的信息化系统

1. 在业务流程信息化中嵌入监督关口，实现权力监督与业务流程深度融合

大数据时代的到来给企业内控监督工作带来了前所未有的机遇，可以说业务信息化程度直接决定了监督工作的效率、深度和广度。但从现阶段企业权力监督大多以面向纸质业务记录的现场入驻式监督为主要形式，已经无法适应针对海量工程业务数据权力监督的要求等。按照“工作有程序、信息可监管、行为留痕迹、风险可防控、责任可追溯”管控理念，通过在江南造船数字化造船集成管理系统中嵌入31个重点业务风险监督关口，快速识别禁止项、限制须审批项、晒出关键项，实现由事后查处与事中控制并重，逐渐向事前预防、事中监管为主转变，实现自动纠错、定点监控、全程留痕、实时监督。通过构建物资管理、人力资源管理、财务管理、生产资源管理、信息资源管理等业务集成与数据共享一体化的信息化系统，实现内控、合规、纪检监察、审计等各类权力监督力量在信息化系统中有效贯通，大大提升内控与监督效能，实现权力监督与重大项目业务流程深度融合。

例如供应商全寿期管控，围绕重大项目系统复杂、设备总量大、新研设备多、单一来源设备多、总装集成难度大的特点难点，基于GS数字化造船集成管理系统，对供应商采取“全级次、全过程、全要素”管理模式，区分流程阶段、识别品控要素进行管控，确保产品全供应链供应商全寿期受控。

2. 基于权力监督可视可控和流程驱动要求，推动业务信息化持续改善

针对管理制度要求未完全在系统中体现、流程设置与实际业务冲突、过程源数据不唯一、业务流数据无法实现上下道交互与共享以及监督要求与业务、职能部门之间相互衔接与融通不畅等问题，基于权力监督可视可控和流程驱动要求，推动重大项目业务信息化持续改善，实现管理体系化、体系流程化、流程标准化，推动持续完善基于GS平台的统一架构、统一业务、统一数据的数字造船集成系统。

以实现物资码、成本码、财务码“三码合一”为例，实现业务流、信息流、物流、资金流相统一，确保采购依据、审价、合同、入库、领用及财务管理等数据源唯一，实现物资付款结算与仓储出账无缝衔接，贯通设计、物资、财务数据链，由制度管人、管权、管钱向系统管人、管权、管钱的转变。

（六）健全相关管理制度，形成持续改善机制

1. 落实联动考评，强化履责

联动考核，也称立体考核，是多层次、多角度、多渠道、全方位的考核评估，上级评价、同级评价、下级评价、专责评价相结合等。基于联动考核法，依据“有权必有责、有责要担当、用权受监督、失责必追究”原则，编制《贯彻落实“干净工程”建设“两个责任”考核办法（试行）》，设定“N+X+1”联动考核模式。其中，“N”即规定动作，是必须完成项；“X”即自选动作，是特色工作项、加分项；“1”即负面清单，是禁止项、扣分项。以部门党政负责人的联动考责为例，既有责任主体履责情况的自评，有来自公司分管领导的上级考评、基层党组织纪检委员、部门特邀监察员的同级考评、部分职工代表的下级考评，同时也有审计监察部门对照责任清单检查的专责考评，多维度考评实施精准履责“画像”。

2. 编制《“干净工程”工作指导手册》，夯实管理基础

营造一个悬规植矩、风清气正、干事创业的良好政治生态，不仅需要有科学高效的总体推进方案作为纲领性、政策性引导，而且需要固化工作标准提供规范化、标准化、制度化供给。为规范运行重大项目“干净工程”体系落实落地提供工作遵循，按照可参照、可复制、可推广、标准化要求，历时半年策划编制、讨论评审，发布《“干净工程”工作指导手册》。手册中具体明确了指导思想、总体目标、基本原则、组织机构、工作机制、框架体系、风险识别、教育管理、制度管理、监督管理、问责管理等11个体系建设内容，细化明

确重点业务领域廉洁风险图、“三层防线四位一体”监督以及“四线三单”等工作标准，成为“干净工程”体系落实落地和“干净工程”建设的重要遵循。并进一步出台《“干净工程”体系建设指导书》，指明体系建设路径图，充分指导“干净工程”体系落地与推广。

3. 聚焦内外合规和管理流程化，完善专项管理制度

要使企业规范、高效、高质量运行，完整、内外合规而又简单、管用的管理制度是根本。从近年来江南造船涉军领域专项巡视、审计、调查、检查等发现问题来看，部分管理制度不健全、不衔接、不合规，执行落实“两张皮”问题成为当前制约企业高质量发展最为突出的问题。另外，新形势下中央深化国防和军队改革，军工企业的角色、职能也相应发生变化，管理制度的滞后、脱节问题也日益显著。

依据“制度完备、权责明确、管控有效”理念，按照“体系、机制、流程”纪法衔接、内外合规、操作有效的制度建设要求，结合重大项目研制计划，对照检查发现问题和风险，分阶段、分批次推进内外合规性制度建设，形成《“干净工程”管理制度建设推进计划一览表》，新编、修订《试验试航及异地工程费用使用管理规定》等项目研制有关制度42篇，把制度的“笼子”扎得越来越紧。以某重大项目为例，新编《主要设备、材料船厂择优订货实施办法》，针对不同采购属性，单一来源类与机关选定厂家按批价签订合同，船厂择优类上网征集厂家后择优并与中优厂家签订合同，船厂自购类在船厂合格供方名录内选定3家厂家进行择优，不足3家的上网征集厂家后择优。通过构建内外合规性制度机制，完善“阳光采购”体系。

4. 建立健全持续改善机制

通过研究对策形成合理化建议，修改或重新制定标准，改进交付产品效率、流程灵活性和对需求的响应速度，从而改善运行成效。以江南造船船用舾装件采购管理优化为例，基于在监督过程中发现的厂商综合能力不高、供应商选择评价存在个人倾向性、采购询比价不充分、审价效率低、物量结算不规范等舾装件采购管理问题，推动成立公司舾装件管控工作组，由工程设计、物资配套、成本管理、品质管理、审计监察等部门专业人员组成，综合评价厂商、审定年度物量单价、全面考核纳期质量、动态分配年度物量，扩大形成战略合作供应商资源池，修建基于综合评价考核结果分配年度物量的机制路，形成供应商间“比着干”的良性竞争机制，切实做到“防风险、提效率、降成本”。以问题、目标、效果为导向，持续推进内外合规性制度建设和业务信息化建设，有力保障重大项目“干净工程”体系持续改善。

三、大型央企“干净工程”体系构建与实施效果

（一）构建了全局性、系统化的“干净工程”体系，保障了“工程干净”

通过精准研判重大项目廉洁风险态势、有效构建“四线三单”协同运行机制、抓实抓细“六个融入”、着力推进内外合规性制度建设和信息化管控、制定《“干净工程”工作指导手册》和《“干净工程”体系建设指导书》等管理工具和标准文件、建立健全持续改善机制等，构建了全局性、系统化、一体化的“干净工程”体系，为重大项目“工程干净”提供了坚强保障。2017年实施“干净工程”以来，违纪案件减少60%，2017年、2018年、2019年连续三年江南造船未发现职务犯罪。

（二）形成了一体化的内控与监督格局，提升了公司治理效能

江南造船通过推进管理体系、工作机制和监督方式等创新，聚焦重大项目研制流程风险问题，以系统性、高质量监督推进内控体系完善，推进风清气正、干事创业企业生态建设。经过多年实践，并在重大项目先行先试和其他项目推广验证，形成了“三层防线四位一体”内控与监督格局，使党建、业务、职能、内控、监督等部门权责融合贯通、合力运行，提出了系统完备的有效解决权力监督与重大项目研制业务“两张皮”和监督力量分散与监督责任错位、缺位问题的综合解决方案，为企业权力监督与重大项目研制业务深度融合、全面从严治党与公司治理深度融合拓展了新路径，为完善公司内控、风控、合规等管理体系与公司治理体系，提升公司治理效能提供了重要支撑。

（三）“干净工程”体系有效运行，助推企业高质量发展

江南造船重大项目“干净工程”体系有效运行，为公司生产经营任务目标完成和高质量发展提供了坚强保障。2019年，重大项目主要配套设备、材料船厂择优订货，完成225项主要配套设备、材料船厂自主择优订货，参照以历史价为依据的控价方案，为江南造船节约了20359.4万元。同时，依托成套物流阳光采购平台，推进船用、非船52项通用标准类物资集中采购，采购单价平均下降约10%，为江南造船节约采购成本1033万元。合计为江南造船节约21392.6万元。重大项目低值易耗类物资集中采购周期平均缩短75%以上，从30天降至7天。船舶通用标准类物资集中采购周期平均缩短66%以上，从30天降至10天。

江南造船在持续完善深化“干净工程”体系建设的同时，主动在船舶行业交流推广，在2019年度的中船集团所属上海地区公司年度会议上，全面展示了本项目的主要研究成果并进行了交流，先后接待了沪东中华造船、外高桥造船、黄埔文冲造船等多家兄弟单位的现场交流研讨，得到了集团公司的肯定和行业兄弟单位的好评。

推进企业战略实现的财务评价体系构建

上海电气集团上海电机厂有限公司

上海电气集团上海电机厂有限公司（以下简称上电公司）是一家大型综合性电机研发制造企业，隶属于上海电气集团股份有限公司，位于上海市闵行工业基地，年销售规模超过40亿元，产品包括大中型交流电动机和发电机、直流电动机和发电机、风力发电机等。

上电公司具有70多年的电机设计、研发和制造历史。以研制成功世界首台双水内冷汽轮发电机为标志，形成了“锐意创新、勇于攀登的首创精神”，并在电机制造行业创造了无数第一，在南水北调、西气东输、东深工程等国家重点工程和各行业代表性企业都有上电公司各个时期的先进产品在源源不断输出绿色动力，为国家高端装备制造业的发展作出了巨大贡献。

公司正加快改革创新和转型发展，从电动机销售为主向电动机、风力发电机并重转型；从国内市场销售为主向国内市场、国际市场并重转型；从单一电机销售向提供电机、服务、成套解决方案转型；从传统“大而全”集中式制造向核心制造、智能制造转型，为实现“全球领先的电机企业”的企业愿景而奋斗不止。

一、财务评价体系构建与实施的背景

（一）应对白热化的市场竞争，需要企业不断提升竞争力

国内经济高速增长的时代已经结束，后工业时代已经到来。在此基本背景下，国内市场需求总量下降，产能明显过剩，竞争明显加剧；供给侧改革和国家能源政策调整都对电机行业的细分领域市场格局产生重大影响，产品价格大幅下降，行业内企业之间的竞争日趋白热化。面对越来越大的经营压力，企业需要能够充分调动部门与员工的积极性，以精细化管理、价值化评价，不断提升企业“价值创造”能力，提升企业市场竞争力。

（二）实现转型可持续发展，需要企业不断提升战略落地能力

企业通过近几年的努力，已经实现了销售三年翻一番的目标，但要进一步实现跨越式发展，转型是关键，必须全面落实战略规划要求。

战略的制定来自于顶层设计，战略的实施则依靠企业整体的管控体系的精准运行。企业通过全面预算为年度计划分配资源，通过年度绩效任务书将预算目标进行责任认定。而跟踪和评价资源在使用中的有效性，业务部门目标达成情况则往往需要掌握数据资源的财务部门来进行，进而保证各项预算目标稳步完成，保障战略落地，推动企业稳健转型，实现可持续发展。

（三）实现精细化管理，需要企业持续推动财务变革

激励是企业管理的核心问题。企业激励普遍存在弹性小、“大锅饭”的现象，上电公司以往的激励方案也只是到部门，甚至在部门层面也很难评价清楚“谁做正贡献、谁做负贡献”，这就导致了做好做坏都一样的现象。深入分析其原因，关键是财务数据长期处于“静默”状态，且多为事后账面统计，也无法进行细分，所以要想真正实现精细化管理、价值化评价，就需要财务从“账房先生”向“管理会计”转型，从粗放式管理向成本精细化管理转型，从事后管理向嵌入业务流程过程转型，以财务变革推动企业变革。

二、成果内涵和主要做法

财务评价体系构建与实施的目标就是要实现“一切以价值衡量”，推动和倒逼业务流程完善和再造。具体内涵是围绕企业核心业务流程，通过划小核算单位，建立利润中心，将财务的评价体系融入业务流程，在过程中及时发现问题，及时反馈查漏补缺，在服务中监管，在监管中服务，让数据说话，让数据成为管理的一面镜子，让数据照出管理的短板，让数据转化为管理的行动。通过财务评价体系展现出企业“谁在做正贡献，谁在做负贡献”，真正实现“上下都会算账，正负都要结账”的管理文化。

在价值链模型中，企业经营管理的每一个环节，不论是支持活动还是基础活动，都要为公司实现增值服务。本文介绍的财务评价体系，就是基于价值链模型，从新接订单、订单执行、费用控制、现金流管理等四大维度对每个板块的活动进行价值正负贡献的评价。

（一）建立新接订单评价平台

新接订单评价主要是对订单数量和订单质量的评价，而如何量化订单质量是关键，包括订单预计毛利率、消耗资源、商务条款等多个角度。

上电公司主要产品以定制化为主，按项目安排生产，属于多品种、小批次的生产管理模式，如何对这些产品进行毛利率预测，是新接订单评价中需要解决的最大难题。

1. 建立标准成本 BOM

上电公司的电机共有 21 个产品大类，246 个产品系列，1406 个产品型号，这些型号因为项目需求和运用环境的不同，又衍生出不同大小和类别。为了准确测算公司产品毛利率，财务部门与设计部门共同对这些型号进行设计上的源头归类，建立产品树，以产品大类为出发点，追溯每个型号的设计根源。财务部门根据历史订单数据分析，为每个型号梳理典型产品，由设计部门配置标准 BOM 的物料清单和工序清单，由采购部门为每个物料提供统一时点的物料价格，由财务部门测算各工序对应的工缴。通过料工费归集，测算出每个典型产品的标准成本 BOM。

基于标准成本 BOM，结合项目订单的具体配置，通过与典型产品型号的溯源关系，进而达到推测出每个个性化产品成本的目的。

2. 基准价格管理

在获取“有色材料”、“黑色材料”等大宗原材料在标准成本中的占比，测算大宗原材料的变动对产品成本的影响系数，进而在原材料市场波动的时候，及时更新产品的标准成本。

以产品型号为基础，以标准成本为基数，以基准毛利率为要求，财务部门发布公司产品基准价格清单，并根据审批权限，制定销售毛利率控制线。销售部门承接业务时，以基准价格清单作为对外报价基础，在销售毛利率控制线范围内作为合同承接的基础。

3. 订单数据库建立

规范新接订单要素，除了合同号、项目信息、客户、业主、销售人员、产品类型、参数、承接价格等基础信息之外，按照产品应用场景分为“电力、冶金、矿山”等不同行业板块，按照销售员对应至各个销售单元，按照产品型号对应至不同的产品类型，按照承接价格与基准价格清单，测算订单折扣率及订单毛利率。

4. 差异化输出内容

新接订单输出受众和服务的对象不同，评价维度和输出内容也存在差异。

（1）针对管理层：对各产品条线订单进行价值评价，对未来盈利能力进行预测，支持企业对产品的市场相关决策；

（2）针对销售条线：对各个销售部门的订单承接进行价值评价，按经营单元划分的每月新接订单价值和预计毛利率水平，以及完成年度目标的订单量和毛利率的建议；

（3）针对降本小组：对各产品类型进行数量和质量的评价，按产品类别划分的每月新接合同价值和预计毛利率水平，根据对各类产品毛利率考核要求，测算毛利率偏差，对于毛利率低于考核要求的产品，按照目标成本管理，开展降本管理工作。

（二）建立销售毛利率评价平台

订单承接之后，转入公司内部制造管理环节，对产品毛利率的正负价值贡献是在生产及流转环节实现的，而最终数据的评价点则是在产品销售时触发的。

理论上如果不对产品做出任何标准成本之外的业务行为，实际毛利率约等于新接订单预计毛利率，但考虑到各部门的降本、增本活动、费用及辅消分摊引起的月度差异等因素，实际毛利率与新接订单毛利率就产生了偏差。本评价平台的目的就是把这些正负偏差显性化，并关联至相关责任部门，评价其对企业利润产生的正负贡献度。

1. 收入偏差评价

以当月实际销售清单对比当月计划开票清单，测算销售计划实现偏差率。偏离度分析不仅涵盖销售总额，还要细化到每一个销售项目。

2. 降本和增本偏差评价

以当月结算的实际产品毛利率对比新接订单时的预计毛利率，测算成本偏差率。

（1）成本正贡献

建立项目制降本管理制度，各降本条线对应产品项目，规划实施降本方案，并报财务部审核确认。产品销售时，财务部确认降本措施落地，并按项目和部门归集降本金额，用于评价和考核。

（2）成本负贡献

成本负贡献管理，主要包括追加成本、质量损失以及商务免费三类，按责任部门和对应产品进行测算和归类。

追加成本：在标准 BOM 和客户需求以外发生的成本。每一个产品在追加成本需求发生时，为其设立特殊标识，并在产品销售时测算每个产品追加成本的发生额。

质量损失：包括所有出厂前因差错造成的质量成本和在“三包”期内因质量问题发生的消缺损失。财务部每月对内、外质量损失进行统计。

商务免费：客户追加需求或服务且没有支付费用的部分作为商务免费。按产品对免费类的配件与服务进行统计。

（3）正负贡献输出

实际毛利率 = 预计毛利率 + 正贡献率 − 负贡献率

按责任部门对降本正负贡献进行通报，并明确对每一个产品的影响比例。

3. 成本管理通报

财务部门按月进行成本提醒并通报各业务部门在成本“进账、预提、关账”节点和成本“及时性、准确性、完整性”环节中产生偏离，以及纠偏的建议和要求，借此提高业务部门操作的规范性。

（1）建立成本关闭管理流程

建立成本关闭管理流程。产品完工后，通过成本关闭管理流程提请业务部门及时检查是否存在成本未结事项，并设定流程处理时间要求。经所有业务部门确认后，产品成本进行系统关闭。

成本关闭后，如有新的成本计入，则作为成本管理偏离项，只有通过成本重开管理流程，提供重开原因，责任部门及改进措施后，才能入账。

（2）偏差通报

按月对成本管理偏差进行通报，包括产品成本关闭耗费的时间，产品成本关闭后重启的项目数量、原因，责任部门等，督促相关责任部门进行改进。

（三）建立费控评价平台

在毛利决定之后，对利润产生实质性影响的就是期间费用。通过费控评价体系，对标年度经营预算目标，可以持续改进费用标准，逐步解决“费用管理粗放型，费用预算粗暴型”的管理现状；通过规范费用的立项、归集、预提管理，不断完善费用预算管理，最终实现费用管理体系化，资源配置最优化。

1. 推进费用的“四化”建设

评价体系以“制度化、标准化、精细化、体系化”为目标，形成互相支撑、互为基础的费用管控体系。以《全面预算制度》《费用预算编制指引》为基础，建立标准化的预算方法、预算模版、预算流程。在精细化方面，通过对企业报表影响不同分别对费用进行立项预算、入账预算、付款预算，可使财务人员获得更精准的预算信息。

在费用科目 BOM 建设中，从过去的二级费用科目管理，细化至项目管理，同一科目的不同项目分开预算、分开评价，使预算的偏离分析得到真正的抓手。

在成本中心 BOM 建设中，从过去核算到部门，调整为细化至最小成本中心，制造条线细化至工作中心，销售条线细化至各办事处。可更好评价成本中心最小“颗粒度”资源占用及产出情况。

“四化”的最终目标是建立预算支撑、预算编制、预算评价为一体的完整的评价体系。

2. 建立时间维度的费控闭环管理

从时间维度上，建立费用预算编制、使用、评价、纠偏的闭环管理模式。财务部门根据年度盈利规划，确定费用使用目标，并结合业务计划，与各部门沟通确定各项费用预算规划。在年度周期内，对费用预算和实际费用发生情况每月做反馈、季度做分析、半年做调整、年度做评价，形成闭环管理，逐步督促业务部门提高预算管理能力。

（四）建立现金流评价平台

现金流是企业的血液，伴随业务流程的各个环节而存在。财务部作为专业管理部门，运用自身的专业工具及平台来对现金流进行平衡、管理，最终目标是形成“以丰补歉、平衡稳健”的现金流体系。

1. 建立信用评价机制、进行系数管理

（1）客户信用系数管理

追本溯源，企业运营质量提升的源头来自对客户信用的管控，规范的信用管理可以最大程度规避客户合同履约能力不足导致的企业损失。探索对客户信用的管控应采取多维度评级方式，依据客户本身的财务状况、与企业的业务往来记录均等，借助于高度透明化的第三方网络平台，及企业内部 SRM 客户管理系统及 ERP 系统的数据，搭建用系数管理的客户信用指数，用以指导销售端客户信用管理。

（2）供应商信用系数管理

建立供应商的信用评价体系是打造高质量、高效率的生态供应链体系的源头。对于供应商的评价维度主要来自供应商履约的质量。通过物流及质量端的反馈数据，形成供应商的综合绩效评价。以供应商的综合绩效得分为基础，确定供应商份额及付款额度，综合形成正反馈机制，为供应链的持续优化提供动能。

2. 嵌入项目管理流程（PM）的收款管理

收款伴随着项目执行的各个节点存在：在合同评审阶段，对合同收款条款的评价，规避合同源头质量导致的条款风险；在项目执行阶段，关注各节点收款的偏离评价，尤其是对于预投合同，关注正式合同的下达及预收款的到位时间，减少企业的资金占用；对于暂停、延期的项目，要形成对呆滞在制品和产成品的评价、反馈机制，并测量资金占用成本对企业的影响；针对产成品及应收帐款，建立财务预警流程，要求业务部门、法务、内控部门联合反馈偏差原因及解决议案，对无进展项目自动转入清欠流程，直到形成闭环管理；另外针对长帐龄应收、库存建立与资金占用成本相关联的负向考核机制。

3. 嵌入采购业务流程的付款管理

付款管理与企业采购业务节点相关联，财务的付款评价也应关注整个采购生命周期中付款的评价。首先是结合公司采购业务构成，制定标准付款条款；关注采购计划与生产计划的匹配，避免提前采购或制造延期而采购未相应调整造成的资金占用；建立模型，对投入产出比、产出销售比进行评价，反映资金使用效率；同时关注因供方责任而形成的供应商索赔的闭环管理。

4. 财务现金流管控模型的建立

在对收付款进行过程管控评价的同时，针对企业收支不均衡的现状，财务要发挥专业能力，用好专业平台，建立资金管控模型。首先，以业务部门的每月滚动收支预测为基础，建立财务资金及现金流的滚动预测模型，掌握每月资金缺口或盈余；其次，利用财务杠杆及银行授信资源，如开具票据、信用证、票据贴现等进行资金平衡，其目标是保证企业稳健的现金流体系。

（五）通过平台输出的价值分析体系

评价体系最终目标是对业务单元进行评价，通过管理评价数据输出，逐步推进各业务单元的经营意识和价值创造意识，形成人人关注成本、人人关注价值，让每个单元、每个成本中心均是价值创造的主体、责任人。

1. KPI 考核显性化

由公司战略引领的全面预算是公司 KPI 地图建立的基础，通过对业务单元的 KPI 考核，一是输出完整的经营数据，对过程中的偏差进行预警、分析和及时纠偏；二是通过绩效 KPI 的应用，将评价结果与业务单元绩效挂钩，通过绩效奖励系数，从而影响组织管理者与每个组织的成员年度绩效奖金分配，最终以 KPI 考核显性化管理推动业务能力的持续提升。

2. 单元价值分享化

根据各业务单元在公司“价值链”中的不同位置，建立对应的价值分享激励方案，将业务单元的“责、权、利”中的“利”明晰化，发挥考核的指挥棒作用，引导业务部门实现工作目标，为公司整体创造更多价值。针对业务单元的价值创造评价，因价值链的环节不同，价值创造模式也不同，需要建立不同的价值评价导向。通过目标锁定、考核明确、边界明晰、价值共享，保证企业战略目标的实现。

（1）针对销售条线，建立模拟利润的评价模型

模拟利润为模拟毛利扣除资源占用而消耗费用的结果。其中模拟毛利来自销售收入和其对应的标准成本，资源占用而消耗的费用包括业务单元的费用支出、公司管理费用分摊、项目资金占用成本、应收存货的减值计提或冲回等。最终形成模拟利润可细化到项目主体，可以支持对销售条线最小业务单元的价值贡献的评价。销售部门业务费用直接与新接订单总量挂钩，订单质量作为修正系数，对高质量订单可参与公司高毛利部分的价值分享，引导业务承接方向。建立与订单承接相挂钩的技术条线激励方案，新接订单总量和质量与技术

人员激励相挂钩，凸显“技术营销”中技术人员和销售人员在市场竞标中的协同作战、利益捆绑，引导技术条线加强新品研发，提高产品市场竞争优势。

（2）针对业务部门，形成以降本、降费为维度的评价模型

以全面预算为基础，明确企业总体降本、降费目标和各业务部门子目标。销售毛利率评价体系为降本结果输出提供评价依据，费控评价体系的精细化管理为降费数据提供管理基础和评价输出。

在产品制造端，建立与项目实现率相挂钩的激励方案，促使制造条线提升生产效率的同时，更加注重有效产值。制造条线通过更多有效产出而参与企业发展的价值分享。

在运营过程端，建立与降本、降费相挂钩的激励方案，使各业务单元聚焦降本、降费、提升企业盈利能力。在质量条线，建立与公司全口径质量损失相挂钩的激励方案。引导提升质量管理能力，提高产品出厂质量，降低质量成本，通过质量消缺快速回收质保金。质保条线通过控制并降低质量损失而参与贡献价值的分享。

3. 成本主管责任化

上电公司建立成本主管机制，要求每个业务部门设立成本主管一职，负责本部门的成本管理工作。通过成本主管使财务部门的成本管理转向全面成本管控。全成本管控是全员、全面、全过程的成本管理体系，即产品的生产管理组织流程每一个环节，每一个工艺、每一个部门、甚至生产现场每一个工位操作工，都能参与到成本管理中，通过成本管理的科学性与全员参与改善的主动性，来达到经营层的要求同基层部门的追求的一致性。

三、取得的效益与成果

（一）业财融合实质性推进

财务评价体系围绕着公司主要业务流程展开，评价的基础是对业务的了解，评价的语言是将财务语言与业务语言相结合，评价的目的是推动业务流程的改进，所以说评价体系可以真正推进财务与业务的融合。

通过评价体系，财务部门学习业务、融入业务、服务业务，在服务过程中梳理制度流程，将财务风险管理点嵌入业务流程，形成财务管控前移。

（二）价值创造深入管理体系

“一切以价值衡量”是贯穿财务评价体系的核心思想，通过评价、输出、反馈、考核、改进，结合成本主管机制，使公司所有部门、所有员工能算账、会算账，形成关注价值创造的理念，同时培养了一批懂经营、懂成本、懂业务的复合型人才，真正达到公司“上下都会算账、正负都能结账”的管理目标。

同时，通过“BI管理平台”，将各项评价数据进行显性化展示、透视化管理，进一步细化数据背后反映的问题，以数据提升管理能力，倒逼业务的转型。

（三）企业盈利能力持续提升

1. 经营规模持续增长

企业销售规模持续增长，年复合增长率达到30%，超额完成企业战略目标，这得益于对企业经营预算的精准规划及持续改进跟踪。通过评价体系对主要经营指标的完成情况进行偏差分析、根据内外部环境变化在预算内进行结构调整、根据预算调整进行企业内资源重新配置、根据偏差协同业务部门进行纠偏工作。每个节点的风险应对来自系统化的财务管控体系，来自标准化的管控流程，来自不断加强的反馈机制。

2. 盈利能力持续提升

企业盈利能力持续提升，3年净利润复合增长率超过40%。主业毛利率从10%提升至18%。费用占比从16%下降至12%。企业盈利能力的提升得益于所有业务单元、所有个人价值创造理念的普及。财务评价体系以价值创造为基本理念，价值创造为评价的基本标准。新接订单的质量评价、低毛利订单触发的降本工作、对实际毛利率的评价及其中追加成本的评价、费控的评价均围绕着企业的价值展开。不断优化的企业价值链管理为企业的盈利能力提供了源源不断的动能。

3. 运营质量大幅改善

长账龄应收、库存连续3年每年下降10%以上，应收、存货周转率保持3年上升，围绕着项目管理的评价体系，将财务管控嵌入业务流程的各个节点中，从源头控制企业风险，将风险管理从事后前置到事前，配合精准的应收存货考核激励机制，使企业的运营质量得到整体提升。企业应收账款、存货减值准备连续3年冲回，为企业贡献利润、现金流的同时，使企业的资产管理进入良性轨道。

大数据运用助推机场智慧出行

上海虹桥国际机场公司

上海机场（集团）有限公司虹桥国际机场公司是以虹桥机场航空运输为核心业务，以航空公司和旅客为顾客群体的专业化机场经营管理公司。2019 年，虹桥机场整体运行安全受控，业务发展稳中有进，运输总量和品质指标同步上扬，态势良好。全年共安全保障航班起降 27.29 万架次，完成旅客吞吐量 4565 万人次，航班正点率 88.32%，在全国时刻协调机场排名第 6 位。在国际机场协会（ACI）服务测评中获得 4.99 分，位居全球第 9，并成为 Skytrax 国内首家 4000 万级“五星机场”，第三次获得“中国最佳机场”称号。在国内相关测评中，虹桥机场 T1 航站楼入选中国民航首批“四型机场”、连续 6 年荣获 CAPSE 年度“最佳机场”，在智慧发展、卓越运营和价值创造方面彰显了企业强劲的核心竞争力。

一、大数据运用助推机场智慧出行的背景

（一）应对城市发展战略提出的现实要求

在全球化、信息化的时代特征之下，民航运输业发挥着现代化城市经济繁荣的基础支撑、重要组成和持续驱动等不可替代的影响作用。《上海市城市总体规划（2017—2035 年）》中明确提出了将上海市建设成为“国际航运中心”的发展要求，同时，作为长三角世界级机场群领衔龙头的上海机场集团始终坚持以“成就上海国际航运中心的理想，提供上海乃至中国经济发展的最佳航空保障”为使命。而近年来，上海市“一市两场”重要组成的上海虹桥国际机场，受到地域空域的限制，旅客吞吐容量基本饱和，无法继续在运营量上创造更多的增长空间。在服务城市发展的战略需求日益凸显，但机场整体资源十分有限的尖锐矛盾之下，虹桥机场以求新求变的主动思维，聚焦机场运营主业，通过运用大数据技术为核心的多种科技抓手，谋求高品质发展路径，持续优化机场的运营效率和产业布局，全面提升机场服务水准，社会效益不断提高，区域经济带动作用越发明显，企业价值创造的“赋值”能力表现强劲，实现虹桥机场作为上海城市发展和长三角一体化建设“助推器”的战略地位稳中有升。

（二）应对技术变革之下的行业激烈竞争

信息技术在深刻影响着人们社会生活方方面面的同时，也在不断刺激着民航技术的飞速变革。民航运输业作为辐射范围最广、数据流动速度最快的行业之一，在创新驱动和技术发展的时代背景下，拥有着广阔的数据应用前景。毫无疑问，民航技术飞速变革正在重塑行业竞争态势：在客户需求趋于多元和个性定制下，谁能利用好信息技术实现机场运行效能的优化升级，谁将更容易在与国际国内其他枢纽机场、其他交通运输方式的激烈竞争中得到客户青睐，从而占得先机，获得长足的发展和强大的企业生命力。正是基于这一方面的考量，虹桥机场很早就敏锐捕捉到作为新型生产要素的大数据技术的巨大潜能，超前布局，力争主动，在庞大的旅客出行数据中，建立对数据采集、存储、处理、分析、安全管理的全环节覆盖和全生命周期管理的大数据运用体系，充分挖掘数据价值、不断释放数据红利、主动推进全行业数据信息协同共建模式。在坚持以科技创新为着力点、以客户需求为导向的发展中，不断为旅客、航空公司、驻场单位等客户提供优质便捷的高附加值服务产品，持续提升了企业的核心竞争力。

（三）应对企业内部精益管理的诸多挑战

机场作为保障型企业的基本性质，表明了机场内部管理能力和运行保障能力依旧是企业安身立命之本、是价值创造的基础和前提。但是，机场内部管理却长期面临着诸多挑战。例如：在保障人员勤务管理方面，因为机场一线保障人员人数多、岗点分布广，而他们的业务工作量又存在跟着航班生产走、分时段大幅波动的特点，所以勤务方案的布置往往需要依靠企业历史经验和管理人员对当前运行状况的临时判断，管理信息化程度不高，在虹桥机场旅客量持续高位运行的情况下，极难达到精益管理的要求。又如：在企业人力资源配置方面，因为民航行业风险高度密集的特性，旅客出行流程环环相扣、过程运行情况较为复杂，导致了企业人力成本的不断攀升，而业务工作的主要内容又较为重复且强度较大，造成了员工觉得累、旅客觉得烦、管理觉得难的局面，使得企业的部分资源走向低端甚至是无效供给。而引进大数据的综合运用，正是针对这些需要模糊决策、经验判断等管理的难点和痛点，实现精益管理、数据决策、实时宏观调控等内部管理的科学提升，切实助推旅客的智慧出行和员工的精准作业，为不断提升劳动产出率和盘活企业资源提供更多可能路径。

二、大数据运用助推机场智慧出行的内涵和主要做法

虹桥机场安检护卫保障部聚焦运营主业和旅客需求，通过构建大数据综合运用体系，针对旅客离港各个环节，以提升旅客服务品质、创造用户价值为目标，稳步部署技术设备硬件体系、优化企业组织架构、制定规范标准制度、打造大数据健康生态平台、开发基于业务场景的多类型应用功能，全面提升了安检部门的服务保障能力、内部治理效能、管理精益程度。为旅客的智慧出行持续护航，为全国安检的智慧化创新管理贡献虹桥方案。主要做法如下：

（一）明确大数据运用助推机场智慧出行的基本思路

在战略环境、技术迭代、行业生态和内部运营等对机场的管理和发展提出更多、更高要求的情况下，虹桥机场坚持需求导向、问题导向和运营管理导向，充分结合上海机场集团“十三五”规划落地，通过对应用方向、目标规划和实施路径等3个方面深入研究，明确了“大数据运用助推机场智慧出行”的大数据体系建设基本思路，为打造具有虹桥机场特色的智慧机场做好了顶层设计。

1. 大数据运用体系的应用方向分析

基于生产业务和价值链的情况分析。虹桥机场以航空运输为核心业务，在客运和货运复合的业务体系下，客运业务比重更大，所以在机场的业务价值链上，旅客出行的全流程安全保障服务和相关业务环节的无缝衔接无疑是关键重点。依据公司区域化管理专业化支持的运营模式，安检护卫保障部是负责提供旅客出行安全检查服务、承担空防安全支持保障的主体部门，该部门业务内容覆盖旅客出港全部流程，与机场其他单位、航空公司和政府安全管理部门业务联系密切，其员工人数占虹桥机场公司的一半以上。安检护卫保障部运行的最大特点之一就是生产数据流繁杂庞大，直接影响机场的运营全局，部门的业务特点决定了大数据技术在安检有效发挥治理能力，进而提升公司整体智慧运营、旅客智慧出行的可能。

基于信息化建设状况的分析。从虹桥机场各类信息系统整体的功能开发和技术层面来看，虽然虹桥机场各部门的生产类系统筹建较为全面，能够满足机场整体业务运行要求，但是，在信息集成、管理决策、综合应用等方面，仍旧与企业的战略定位存在一定差距，需要进一步提升。其中，以安检护卫保障部为例：在2016年12月前，该部门自主建设的系统有安检信息管理系统和安检分层管理系统两大系统，均为生产类系统，未建立整体业务运行管理和综合功能集成管理的系统。海量的旅客出行数据完全并且仅仅用于部门生产作业，系统交互协同模式较为单一，信息和数据挖掘应用能力有限，整体信息化水平中等，缺乏未来业务拓展的弹性发展空间、难以满足机场中长远发展的规划布局。基于问题导向不难看出，生产系统“单打独斗”的状态亟需优化，数据应用能力也亟需提高，但与此同时，体系完善的生产系统为开发以大数据技术作为支撑的管理系统提供了良好的技术基础和潜力巨大的发展空间。

正是由于上述大数据应用环境和信息化技术基础的特点，结合虹桥机场运行业务重点和旅客的核心需求，2017年开始，在虹桥公司指导下，安检护卫保障部确定了在集团和公司信息化的统一架构下，以服务旅客智慧出行为主要“出发点”、以大数据技术运用为“着陆点”，务实、稳健地推进大数据治理体系综合运用的发展方向，构成了虹桥机场智慧机场总体建设的重要一环。

2. 大数据运用体系的主要目标规划

虹桥机场安检护卫保障部针对大数据在部门业务流程中的综合应用方向，形成了大数据运用体系四大要求和目标规划：一是需要形成从采集、存储、分析到应用的大数据健康发展体系，将大数据技术运用作为企业的高质量科技投资和构建机场智慧运营的新基建；二是大数据的应用要与精准服务旅客需求、服务航班生产等深度融合，为客户创造更多高附加值的服务产品，提升企业核心竞争力；三是大数据技术运用重点是面向管理而不是面向生产，要充分发挥大数据在提升企业现代化管理决策方面的效能和科学性，尽可能地破除瓶颈和难点痛点，促进企业整体运行效率的全面提升；四是提高整体站位，从长远长效的发展角度和全国民航的全面合作趋势考量，预留大数据在共享共建方面的弹性发展空间。

3. 大数据运用体系的具体实施路径

在明确了大数据运用体系的方向和制定了整体目标规划后，虹桥机场安检护卫保障部通过充分调研国内外优质的大数据应用解决方案和实践经验，结合对实际业务和旅客需求的充分掌握，制订了“构筑一套支撑基础、打造一整个运行平台、开发一系列深度应用”的“三个一”实施路径，为大数据运用助推机场智慧出行在全行业内的率先突破提供了典范式案例。一套支撑基础是指数据采集和存储过程中，做好硬件体系、组织架构、制度规章等基础的功能性支撑；一整个运行平台是指与组织架构精准联动，为大数据的挖掘分析所打造的集中运行管理平台系统，让大数据平台作为催化剂，加速将生产系统“单打独斗”转换成高度集成、融

合交互能力突出和管理优势明显的“组合拳”；一系列深度应用是指聚焦大数据分析所显现的特点，采用目视化、移动端等呈现方式，实现针对旅客出行智慧便捷、安全裕度稳步提升、内部管理精益科学、产业布局优化调整等多层次、多方位应用场景下的功能开发。

（二）逐步构筑大数据运用体系的一套支撑基础

1. 引入覆盖旅客出港的全流程技术设备基础

旅客选择航空出行，需要从进入航站楼值机和同步行李托运开始，到完成安全检查（离港信息及身份验证、人身检查、随身行李物品检查），再到最终通过登机口身份核验和飞机舱口核验才能顺利登机，真正开始享受航空出行的乐趣。以往在整个离港流程中，所有的业务环节都需要保障人员来完成，对于旅客而言，整个流程的友好度低，与旅客追求的高效、便捷的出行体验相差甚远；对于企业而言，整个流程造成了很大的人力成本负担，而人员基数大又是管理难点和不可控因素高发的诱因，对企业可持续发展造成阻力。而且以人力劳动为主的保障服务，对旅客出行数据的采集和监测不够全面，存在安全闭环管理无法确保百分之百执行到位的风险。

所以，一方面，为了提升服务品质、降低人力成本；另一方面，为充分做好大数据运用的前置性技术设备基础建设。虹桥机场安检护卫保障部与兄弟单位紧密协同配合：一是依托全流程不同环节的业务要求，推进民航局局方和行业普遍认可的成熟度好、性价比高、精准度强、实用性优良的技术设备的研究和部署，全面细化引导提醒、植入温馨问候内容，让旅客在整个出行链条上体验扫码过闸、人脸识别、毫米波无人近身检查、人包对应等带来的科技感、自助感、自在感，避免过多人为因素干扰和接触，兼顾通关效率和安全彻底性，给予旅客便捷舒适的体验；二是重点聚焦整个安全闭环管理的重要岗位、要害区域的安全治理，提升技术设备在突出风险点的应用占比和辅助能力，规避大量人力消耗在机械、重复的作业上，降低人为因素造成的风险隐患；三是同步实现海量旅客出行数据的长期全面采集，高性价比技术设备覆盖全流程，为持续针对性分析和研究数据信息提供技术设备采集基础。

2. 组建大数据综合运用的信息情报分析机构

大数据运用在与旅客出行流程渗透融合的过程中，除了技术设备的数据采集能力建设外，还需要有一流的大数据人才队伍做支撑、需要有科学的工作机制为基础。正是为了让大数据的应用落地更实更细，同时形成大数据人才队伍的良好培育环境。安检护卫保障部专项优化了作为现场运行管控核心科室的运行管理中心（SOC），在运行管理中心下设 2 个部门，分别为现场处置部、信息分析部。根据职责调整和管理分工，该中心的岗位编员优化发展至涵盖中心主任、党支部书记、旅检服务主管、各分部部门经理、值班员、信息统计分析员、投诉咨询管理员、监控员、复查员等 10 多个岗位，并且后续部门还在信息分析部的基础上筹建了安检信息情报中心。整体建立了大数据专业化管理应用的组织架构，全面提升了对现场信息和数据研究利用的把控力度和有效程度，不断激发数据应用的创新潜能和活力。

3. 制定设备应用和数据分析的标准制度规范

一方面，在充分研究国家及行业关于数据安全的相关政策法规后，安检护卫保障部在集团和公司的网络及信息安全框架下，针对数据采集、研究分析等过程中，数据的确权、采集范围、开放范围、交互范围、使用范围、存储时限、风险管理等构建了安全管理制度，实现对旅客隐私数据的有效保护，确保了大数据研究和应用环境的风险可控。另一方面，针对技术设备体系的建立促使员工劳动过程从机械重复的体力劳动转向偏向知识型的脑力劳动这一改变，安检护卫保障部建立了完备的硬件使用操作指南、流程优化方案和与之配套的应急预案手册，既促进了人机和谐的协同作业水平，确保相关技术设备的效能在落地过程中得到充分的发挥；又健全了应急处突能力建设，为设备故障等突发状况提供降级机制和灾备方案，保障了业务运行和航班生产的连续性，为旅客智慧出行持续护航。

（三）逐步打造大数据运用体系的一整个运行平台

从基础数据互联到管理决策平台的集成，安检运行管理平台主体架构和技术实现路径。

可以看出安检运行管理平台的主要定位是面向管理，完全符合战略规划初衷。这一平台需要基础的生产系统数据作为支撑，但是又与生产系统剥离开来，确保生产数据和管理功能不发生冲突、不对底层数据做“直接编辑”，保证了底层数据的绝对安全性。

正是安检运行管理系统面向管理的定位决定了其关键技术是针对长期数据的存储监测分析，是面向大数据应用积累、挖掘和创新，面向灵活和拓展，面向外部互联和交互。平台的技术实现路径依旧是希望通过大数据采集分析，对机场业务相关的生产数据实现高度集成，聚焦安检的主要职能，衍生建设目视化管理和运维平台，建立对机场整体安全态势和运行风险强有力的安全管理能力；平台的技术实现路径依旧是希望通过对大数据综合挖掘，促进对机场客户需求的精准把握和旅客出行的智慧化探索，不断优化调整旅客出行流程和商业区的宏观布局；平台的技术实现路径依旧是希望通过大数据应用开发，面对传统管理模式的短板和痛点，实现科学有效的企业内部治理能力建设。

（四）逐步开发大数据运用体系的一系列深度应用

由系统平台架构可以看出，虹桥机场安检护卫保障部对于大数据运用体系的功能开发，更多着眼于整体管理应用，力争实现不同业务场景的高效率、综合性解决方案。

1. 面向旅客离港全流程需求特点的综合应用

（1）建立虹桥机场“易安检”模式

“易安检”是在民航局的统一部署要求下，建立的基于个人安检诚信考量的安全和服务措施。虹桥机场“易安检”计划是依托大数据技术强大的计算和分析能力，对旅客安检行为的诚信记录进行区分评级，从而实现受检对象的差异化安检，使从虹桥机场出发的旅客，体验更优质的安检服务。至今为止，在“大数据运用助推机场智慧出行”的框架下，虹桥机场“易安检”计划正在全力、有序推进，主要包括三方面的工作：一是基本完成旅客安检诚信行为评价系统建立，所有从虹桥机场出发的旅客均已实现按照民航局标准的评分评级；二是全力研发面向旅客的“易安检”入口，并可搭载在机场、航空公司及各大互联网平台 APP 上，旅客可以进行实名信息的自主申报和安检预约；三是稳步试点面向一定范围旅客的预约安检通道，从实际操作的业务层面分步推进旅客分类、旅客预约、差异化安检的工作。

第一项工作旅客安检诚信行为评价系统已经完成基本建设，系统构建了“旅客数字肖像”“当日安检详情”“历史履历”等信息版块，旅客的安检评分直接反馈在系统中、评级直接反馈到现场安检终端工作站。

目前该系统自 2017 年起已经累积了近 2030 万条旅客评级档案信息，相关数据统计符合正态分布的客观规律，其中表现较好的 A 类旅客约 33 万人，可以享受更加便捷高效的“易安检”服务。

第二项工作面向旅客的“易安检”接口已完成较为完善的程序开发，具备实名注册、安检预约、物品申报、政策咨询、安检实时排队情况等功能。目前正在推进机场 APP 及互联网平台入口的开发优化，届时民航局将制定统一的功能板块和布局风格。

第三项工作是稳步试点面向一定范围旅客的预约安检通道。根据相关法规要求，虹桥机场前期开通了 2 条预约通道，分别针对东航高端卡类旅客以及相关 OTA 公司半年出行 6 次以上的常旅客。

可以看出“易安检”的目标是通过对旅客安检行为大数据的分析评测，实现以旅客风险为导向，提供智慧化、科学化、分类分层的安全检查服务，对高风险旅客实施更严格精准的查验，为低风险旅客提供快捷高效的服务举措。“易安检”的初步实现，符合“好钢用在刀刃上”的高效运营理念，对虹桥机场整体安防资源实现了配置优化，全面助力了部门在行业创新发展、传统安检模式优化探索中的大幅突破，在运行效率和旅客出行体验上实现了长足的发展进步。

（2）建立虹桥机场全流程“无纸化”出行

虹桥机场安检护卫保障部充分借助于运行管理平台，结合技术设备等硬件体系的部署过程。在深入研究民航局指导文件、充分调研借鉴各地工作推进经验的基础上，提出了本场旅客“无纸化”出行的实现方案：通过新技术应用和适应性流程再造，全面支持旅客持二代身份证或二维码电子凭证自助过检和登机，实现“一证通关”。

在整体技术流程上，虹桥安检以前端值机、中端验证和末端登机等 3 个核心环节为切入点，积极引入新技术设备，分项、逐步打通技术壁垒，联合航空公司和相关信息部研究建立了基于旅客出港大数据的共享机制。通过半年多上下游各部门、各环节的通力合作和积极推进，最终实现了贯通旅客便捷出行体验的完整链条。

经过宣传推广和部署运行，越来越多从虹桥机场出港的旅客了解并享受到“无纸化”在流程简化以及便捷出行上的优越性，实现在大数据技术层面辅助下，过检体验向“全自助”“个性化”方向提升。旅客出行体验获得大幅提升的同时，也为虹桥安检未来在专业化安保领域的拓展提供了更为广阔的空间。

2. 面向运行管理全环节风险管控的综合应用

面向全局性的运行管理，主要是以安检信息情报中心为组织依托，通过大数据平台对虹桥机场所有涉及安防资源的生产系统数据进行有效整合、分析，对现场全局运行实况、安检通道区域实况、旅客登机实况等实现宏观把控，基本实现了统一的安全和安防管理平台搭建，填补了安全检查业务集成管理平台的缺失。其中。

在大数据分析和复杂事件处理技术的支持下，基本能够实现基于统一、准确、及时数据的机场安全运行管控，可对运行态势实时监控、感知，并在人工智能的辅助下对态势进行研判，预测态势发展，做出运行决策，主动预防特情发生。

同时，通过一体化的安全管理，融合大数据等智能化安防分析技术的运用，也实现了精准的安全态势评估分析、隐患甄别排查、安全风险预测防范，安全预警准确有效，安全事件快速响应处置，安全资源精准投放。

而且，融合生产运行、服务、安全等安检护卫保障部主要业务领域的数据，可通过综合平台实现全业务的可视化管理，使安检现场的决策层、管理层、运行层和作业层等各层面的应用者都能准确及时了解各业务的运行实况，为旅客智慧出行提供了强有力的安全保障。

3. 面向内部治理全要素效能提升的综合应用

聚焦内部管理，摆脱粗放式发展道路，深化大数据运用在企业内部的治理能力。全方位配合部门综合管理实践，实现安检经验、规律、基础业务工作等的电子化和数字化转型，规避机械、重复作业，加强整体效率提升。

通过大数据分析，对旅检通道员工进行考勤统计、对工作内容详细记录、对岗位绩效统计分析，实现员工绩效精细化管理，进一步激发员工的主观能动性，提升劳动生产率。

通过基于企业微信的运行管理移动端的开发，实现面向管理层的随身工具，随时了解安检运行实况、运行报表、航班安检、当日值班等各类安检运行情况，进一步实现更为科学准确的管理决策。

通过对待检区安检排队的监控分析，利用运行管理系统的平台优势，将图像智能检测作为数据源，建立安检区域排队模型算法，辅助后台监管，实现对待检区客流情况动态捕捉分析。采用可视化自助式引导显示屏，让旅客提前预知安检等候时长，减少过检带来的等待焦虑；同时，为一线管理人员加强现场勤务管理提供数据参考，“用数据说话，用数据决策，用数据管理”，整体管理的信息化水平得以提高，切实保障了旅客智慧出行。

4. 面向共建共享全行业信息融合的综合应用

在民航局、集团和虹桥公司的指导下，安检护卫保障部主动靠前一步，在安检业务大数据平台基础上，积极推动大数据共建共享共赢的更大格局：一是加强与虹桥公司职能部室、兄弟单位的协同配合，构建全方位纵深推进的机场一体化安全建设、联动机制；二是主动加强与空港社区、兄弟机场的密切沟通，击破跨区域技术壁垒，加快形成全行业数据链条的无缝共建、共享、共赢，稳步推进行业的责任共同体建设；三是加强安全信息、安全文化的技术宣传能力和辐射作用，通过加大正面影响和正向引导，加快实现行业内外的安全共识建设，加速推进数据支撑下的“大安全”环境建立。

三、大数据运用助推机场智慧出行的效益和效果

（一）为安保经济的最佳平衡创造了更好的结构性调整

虹桥机场安检护卫保障部作为机场的保障类、服务类部门，其人力成本的控制能力和安保资源的精准投放是决定部门生产效益的关键。在大数据运用体系的建立过程中，一方面，成熟完备的技术设备部署能够取代人工操作，实现人力成本的合理控制和有效缩减，例如：虹桥机场是全国首家获得民航局批复同意自助验证闸机取代人工验证的机场，既降低了企业投入，又实现了业务运营的技术升级；另一方面，依托数据平台形成企业知识型人才发展渠道，人员结构从人海战术转型至知识型、服务型技能人才为主，员工从重复劳动中解脱，转向专业化、智慧化的技防人防协同作业，有限的安防资源精准投放，实现了劳动产出率的大幅提升，助力创造安保经济的最佳平衡。

（二）为旅客创造了更多的高附加值服务产品

大数据运用助推机场智慧出行，全面优化了旅客的出行流程和服务体验，实现了端对端的出行方式，旅客可以在家里完成值机，可以高效、自助地通过安全检查环节，更少的时间用于安全检查，更多的时间可以用于航站楼商业消费。全流程实现近乎无人员干扰的出行体验，真正满足了旅客对便捷出行和品质服务的需求，是对真情服务内涵的全面践行，旅客满意度逐年上升。2019 年，虹桥机场成为 Skytrax 国内首家 4000 万级“五星机场”，第三次获得“中国最佳机场”称号。在国内相关测评中，虹桥 T1 航站楼入选中国民航首批“四型机场”、连续六年荣获 CAPSE 年度“最佳机场”，在智慧发展和价值创造方面彰显了企业强劲的核心竞争力。

（三）为内部的精益管理提供了更多解决方案

大数据的综合应用，为企业的运行管控、人员的内部勤务管理提供了强有力的科技支撑作用，为旅客的智慧出行提供了稳健的安全保障。管理决策更加科学、运行信息化和目视化程度不断提升，稳步助力实现卓越运营的愿景。面对诸多复杂的业务场景，通过大数据研究分析，深度挖掘数据价值、不断释放数据红利、主动推进协同作业，实现了在风险高度密集的行业特性下的企业精益管理，保障了进博会、两会等各类重大保障任务的圆满完成，安检部门未发生一起影响航班生产运行的不安全事件。社会安全公信力不断提高，强化了旅客选择航空出行的意愿和信心；社会效益不断提升，服务城市发展能力持续加强，营商环境保障能力更加显著。

（四）为全国安检的智慧化管理建立了典范标杆

虹桥机场安检护卫保障部紧跟时代发展要求和企业战略规划，坚持以旅客需求和企业管理问题为导向，推进大数据运用助推机场智慧出行项目，构建了全国民航枢纽级机场安检的数字化转型样板案例。数据沉淀能力、安全品牌建设、服务保障品质、运行管控水平全面升级强化，实现了安检一体化管理平台和大数据技术的综合运用，实现了航班生产运行的平稳衔接和整体运行的安全治理，实现了全国标杆级安检的智慧化管理建设，为解决行业的难点、痛点问题提供了典范参考，获得了民航局局方和驻场航空公司的充分认可。北京首都机场、杭州萧山机场、昆明长水机场等安检同仁曾先后针对相关的信息化建设方案前往虹桥机场实地考察，侧面表明大数据运用助推机场智慧出行项目具备良好的可推广性和可持续发展的广阔空间。而虹桥安检也将以此为起点，顺势而为，为全行业打造“智慧出行”新模式而贡献自己的力量。

基于 C2B 智能定制的工业 4.0 灯塔工厂实践

上汽大通汽车有限公司

上汽大通汽车有限公司（以下简称上汽大通）是上海汽车集团股份有限公司的全资子公司。通过业务模式和商业模式创新变革，上汽大通致力于成为“用户驱动、提供具有全球竞争力的汽车产品和生活服务，为用户创造价值”的跨界车企，成为国内市场的引领者、全球市场强有力的竞争者。

上汽大通率先将 C2B 大规模智能定制模式引入汽车行业，成为第一家实施 C2B 战略部署的车企。经过九年的蓄势积累和滚动式发展，上汽大通从初期两年推出一个产品，深耕细分市场，到一年推出两个全新产品，形成六大整车平台 + 新能源汽车业务 + 房车出行平台，为消费者提供整体体验方案，创造了业界瞩目的“大通速度”。

目前，上汽大通旗下产品包括“MAXUS”品牌的 MPV、SUV、房车、宽体轻客、皮卡、新能源产品组合和“上汽跃进”品牌的各类轻、中型货车以及各类特种改装车。作为上汽集团旗下的国际汽车品牌，MAXUS 销量持续快速增长，产品以国宾品质，多次服务于 APEC 峰会、G20 峰会、青奥会、博鳌亚洲论坛等国际级高规格会议。海外市场方面，MAXUS 全球经销网络初步建立，形成了五大重点核心市场，产品覆盖全球 48 个国家和地区，澳大利亚、新西兰、英国、爱尔兰等发达国家成为海外销量主要来源，MAXUS 正成为走向世界的中国品牌。

一、做 C2B 智能定制的业务背景

（一）消费需求升级的市场环境

汽车市场消费群体正在年轻化、个性化和多元化，消费者越来越开始追求个性，从个性化角度对消费商品的追求。城市层级也在快速分层，一线、二线、三线、低线城市分层开始越来越多，每个城市的消费者也在出现大量分层特点，千人千面追求自己独特个性。消费者对于商品的追求层面已经不满足对功能的追求，消费者都在向产品的设计、产品的文化、产品的品牌、产品的个性化属性等方面的发展。

（二）汽车行业商业模式的竞争发展

中国汽车产业经过近 30 年的快速发展，汽车企业现有的基于 B2C 模式的产品技术和用户服务越来越进入同质化阶段。对消费者而言，汽车行业传统的垂直 B2C 模式提供的仍是标准化的产品，基本没有对任何个性化需求的满足。垂直 B2C 对供应链体系也没有带来什么变化，没有任何效率的提升。因此，垂直 B2C 在这样的模式下，最终能够获取的只是传统的批零差价，而这远远不足以支持高昂的营销费用和物流体系的建设费用。这样的商业模式必然会把企业带入困境。

目前来看，最有能力应对海量的个性化需求，也因此最具未来潜力的企业，是具有 C2B 模式的新型品牌车企。如何以差异化的方式创造基于 C2B 的新技术和更好的用户体验模式，也将成为未来的制胜关键。

（三）工业 4.0 技术和 C2B 模式的发展

在工业 4.0、工业互联网、智能制造以及基于云计算、大数据的数字技术的推广和发展为汽车行业推行 C2B 大规模个性化造车提供了理论依据和技术支撑。与工业时代“大生产 + 大零售 + 大品牌 + 大物流”的一整套体系相对应，基于工业 4.0 时代个性化营销、巨型网络零售平台、柔性化生产以及社会化供应链的高速发展，C2B 模式有了越来越坚实的支撑，其形貌、特征、机制也越来越成熟了。

汽车 C2B 模式就是要持续探索用户个性化需求，延展个性化的广度和深度，通过“众智众筹”平台开发模式最大限度贴近客户需求，提升产品创新力，确保相对竞争优势。

（四）上汽大通自身积累的体系化能力和创新意识

上汽大通前期面临比较多的改装订单（包括房车、专用车等），在 V80 轻型客车及房车定制方面积累了一定的行业经验，形成了小批量多品种的业务模式和柔性化、个性化的制造体系能力，这便成为了上汽大通实行 C2B 数字化转型的有利条件，塑造了上汽大通与生俱来的 DNA，从而为实现智能大规模定制奠定了坚实的基础。

同时上汽大通作为集团最年轻的整车企业，面临着业务持续快速增长，寻求差异化转型升级的发展挑战，因此在全行业率先提出了汽车行业 C2B 创新模式：用户驱动，提供具有全球竞争力的汽车产品和生活服务；为用户创造价值的公司愿景，突出了用户驱动的核心，为消费者打造定制化的产品和服务；以用户为驱动，实现企业平台化转型和组织流程再造的经营理念。

二、基于 C2B 智能定制的工业 4.0 灯塔工厂的内涵和主要做法

上汽大通 C2B 大规模智能定制战略的核心内涵：通过互联网和云计算，实现企业与用户及伙伴的数字化直联，用户参与全价值链的数据化互动和决策，形成有温度的相互认可的关系，为消费者打造定制化的产品和服务。

C2B 战略模式建设内容贯穿用户从兴趣、选车、交付、用车到置换的整个价值链。从产品到服务，全方位地做到以用户为中心，通过直联、互动、快速的沟通发掘并最大化满足客户的直接和潜意识需求，提供用户价值。

端到端的 C2B 工业 4.0 智能灯塔工厂开发了各种解决方案来创造以用户为中心的差异化体验，实现从用户到供应链端到端的数字化价值链，从而提高了销售并降低了成本，所获价值远超实体工厂范畴。从客户下单到交货只需不到 4 周的时间。由此产生的影响包括：减少 35% 的上市时间，缩短产品交付周期达 20%，缩短 30% 的加工及换线时间。

主要做法包括：

1）以用户为中心的平台化运营

2）工业 4.0 智能灯塔工厂的建设

3）供应链层面的持续连接和敏捷协同。

（一）以用户为中心的平台化运营

传统以主机厂为中心的业务模式不可避免地导致诸多用户痛点：用户缺少与厂商直接对话的渠道，意见建议难以得到重视和反馈；差异化需求难以得到满足，被动接受配置组合，自由度低；缺乏个性化元素，无法彰显个人标签。以用户为中心的平台化运营目标是提供用户全流程最佳体验的产品，使得用户从被动的购买者到主动的参与体验者。

工业 4.0 时代主机厂不再仅仅作为传统汽车制造商存在，而是通过搭建开放平台，汇聚社会优势资源，直接对接供需双方引发思维碰撞，提供创新源泉，从而依托该平台实现企业的自我发展和自我繁荣。

1. 直联用户

直联用户服务于整车产品研发过程：基于产品化运营思维，上汽大通数字化用户运营体系成为了同用户进行直联互动的触点，使得包含六大阶段“车型定义”“设计开发”“汽车试验”“用户反馈”“用户定价”“自由选配”的 C2B 战略可以真正落地。

围绕用户核心体验场景及交互路径，完善我行、创咖汇、蜘蛛智选、车主 APP 等数字化产品矩阵，累积用户数据及标签，基于用户数据和标签进行数字化运营推动销售线索转化率。

C2B 模式带来了新的数字化企业指标体系，比如用户资产，数字运营指标，数字渠道的营收状况，用户满意度，以及数字化人才能力。

直联用户服务于整车产品使用过程：通过上汽 MAXUSAPP，微信小程序等用户触点直接触达用户，基于车联网技术、售后人员在线服务，实现车辆使用指导、维修保养提醒；主机厂的云服务顾问直联客户，第一时间获取客户车辆配件需求，帮助用户及时寻找到符合用户要求的服务站，并实现维修保养过程的透明化，让用户更加便捷和放心地使用大通产品。用户服务从服务商驱动进化为用户驱动，通过线上服务流程和响应机制，拉动中台部门共同联动，减少车主进站次数，提升车主用车体验。

2. 设计在线

为了快速实现用户个性化产品需求的设计，上汽大通搭建了 3DE 生态开放的在线数字研发环境，充分调动内部和外部资源。

（1）为非专业用户提供可视化参与产品设计过程的工具，并通过运营聚集参与人员，从而提升开发效率、缩短开发周期。

（2）通过外部设计资源的加入，以众包的方式快速实现用户个性化产品需求的设计，并推进采购在线的众筹模块落地，促成众包众筹生态化。

（3）为外部设计师同步参与产品设计提供技术平台支持和设计验证优化工具。

（4）内部设计师也通过远程协同方式完成复杂的设计任务，在疫情隔离期间，正是通过 3DE 在线设计平台，实现异地的上汽大通工程师在线设计的无缝协同，成为最早复工的员工队伍。

3. 全网运营

上汽大通建立了基于用户数据收集和积累为初始目的的我行 MAXUS 用户运营数字化平台，从我行自媒体开始，通过不断吸粉、曝光大通产品，建立了大通我行媒体的广宣能力。以用户通过目前主流的微信、微博等 38 个自媒体平台进行大通员工自产内容的发布推广，各平台用户总数已突破 700 万，月均阅读量 2500 万。

依靠自主开发、自主运营、自产内容的 C2B 我行互动平台和周边自媒体生态，上汽大通可以不完全依赖于传统媒体渠道进行品牌和产品的宣传和推广，将传播渠道的自主权牢牢掌握在手中。

4. 组织变革

在传统的制造模式下，企业的组织结构是金字塔型的科层结构，转型前的上汽大通也不例外。在这种组织结构下，部门之间条块分割，区域市场各自独立，不能通过形成合力提升整体生产和营销能力。但在 C2B 业务模式中，各部门需要与海量的机构进行合作，原本的组织结构无法支撑。

C2B 大规模智能定制对业务模式的改变，最终需要落地到整个公司组织机构的变革上。上汽大通建立了七大数字化平台来驱动流程变化，将逐级汇报的科层结构组织转变为以用户为中心的平台型组织。

以我行 MAXUS 用户运营平台为例，通过数字化平台用户实时的交互反馈，掌握用户的产品需求以及产品使用数据，推动新产品开发及产品迭代。以“用户 + 数据”为决策依据，以用户需求为输入要素，在整个组织中将所有的员工协同在一起，真正以用户的需求为导向，实现端到端的业务流程，创造新的用户价值，实现组织在线。通过这种网状的平台化组织结构，让上汽大通与客户实现快捷而有温度的沟通，实现以用户为中心的组织结构转型。

同时围绕员工建设以奋斗者为中心的企业文化，落实激励绩效制度，激发组织活力，并且坚决去除劣币。为此大通落实三大举措：

一是打破国企铁饭碗的惯性思维，加大组织和人员调整力度，对于表现不佳的员工坚决处理；从 2018 年至今的组织变革中，已经有 35% 的总监人员进行了调整，有 44% 的高级经理人员进行了调整。

二是设立了通通来 8 员工 APP 论坛，保证匿名让全体员工畅所欲言，并由对口业务负责人和管理层在员工 APP 上就热点事项总结对策，形成管理闭环；管理团队曾经在“i 大通”平台上发布了一条“奋斗者召集令”，让员工们一起来讨论“什么是奋斗者文化”。召集令发布后，有 4183 位员工参与，历时 7 天，生成近 3800 条建议、13150 次点击，相当于每个员工至少点击了 2 次以上。通过员工的建议和反馈、线下讨论、线上评选，再经过管理团队和员工一同投票，生成了大通的‘奋斗者定义’‘奋斗者特征’和‘奋斗者行为准则’。其中‘奋斗者行为准则’包含 7 个提倡行为和 7 个反对行为。通过这些行为的界定，清晰地将大通奋斗者文化转化为工作行为要求。

三是调整绩效考核制度，杜绝一碗水端平的现象，激励优秀员工。上汽大通让非常优秀的干部和员工脱颖而出，承担更大的重担，承担责任，起到带头模范作用。利用阶段性成果激励团队和员工，吸引更多的员工参与，并建立淘汰机制。通过“开放共生”的管理理念，贯彻了员工归属感文化的打造。

（二）工业 4.0 智能灯塔工厂的建设

与传统汽车生产工厂不同，C2B 智能工厂已经大大超越了实体工厂的范畴，从线下运营转向数字运营，从封闭式体系走向开发体系，从目标式的发展转向敏捷迭代的发展。

因此上汽大通建立以数字化平台为基础的平台型组织，按照前台、中台和后台的职责定位，组织内部横向打通，通过不同的数字化产品，提供用户个性化的需求和服务。前台、中台和后台的业务流程都在平台上透明化并快速运作，实现组织的敏捷创新和业务的增长。

从车型的开发阶段开始就让用户深度参与全过程，从预测发布、用户下单、计划排产、零件入厂，直至整车生产、质检、发运的每个环节，覆盖全过程“直联用户，智能定制”理念。

通过智能制造平台打穿了营销体系与研发制造体系的数据链，用户订单直接下放到生产线，集数字化基因于一身的冲压车间、车身车间、涂装车间、总装车间共同协作，为打造用户的“智选之车”而努力。

借助于基于网络物理系统、物联网、云计算以及人工智能技术的综合性制造技术，基于智能营销、智能研发、智能制造、智能供应链、智能设备、智能质量等业务数字化改造和用户交互体验技术提升，将 C2B 大规模个性化智能定制理念融入“上汽制造”，实现从用户到供应链端到端的智能化升级。

1. 智能营销

（1）蜘蛛智选

传统的汽车电商平台车型选择不称心、配置选购不灵活以及产品更新慢是围绕产品的三大痛点，作为C2B模式的核心产物之一，蜘蛛智选依托我行MAXUS用户互动平台，提供了大通旗下全车型的用户自定义选配功能，支持智能选配、互动选配、极客选配、现车选配等多种选配模式，适应不同类型用户的使用习惯。

依托蜘蛛智选平台，营销体系告别“线上看车，线下购车”的传统模式，在手机移动端提供了业界领先的全3D展示效果，用户可以实时观看和对比自己所选配置的实车效果，宛如线下亲历。同时提供了从选配到下单、支付、排产、制造、发运直至提车的全流程在线跟踪，用户可以获得全新移动购物的体验。

蜘蛛智选作为用户在营销端与大通公司互动渠道入口，打穿了营销体系与研发制造体系的数据链。结合C2B模式创新，蜘蛛智选团队重新梳理了以客户为中心相关核心子流程共计23项，并进行了相应的更新或新增：产品定义、上市计划、蜘蛛智选、制造策略、物流规划、产品验证等。

同时，更新或新增了相应CVDP一级交付物24类。在产品早期阶段就市场开放配置、市场配置组合、车型产品露出方案、选配模式策略、市场预热活动及发布、衍生服务（关联精品、售后服务产品、金融产品等），实现了用户在产品策略、工程设计、营销、制造供应链等多个业务领域数据化直联与互动，实现了用户导向的平台型组织建设。

用户在蜘蛛智选平台留存的交易数据和行为数据通过数据平台的数据挖掘，帮助建立大通车主群体画像，为高潜用户画像，分析产品与人群关系等，在智能营销流程中，数据挖掘发挥重要作用，并且通过AI人工智能技术与用户深度多维交互，实现精准营销。

（2）日历订车

为了实现OTD的透明和用户对订单交付期选择的自由度及灵活性，上汽大通建立了日历订车模式，将传统线下的业务或无法实现的服务通过数字化技术实现，以便捷和时效性提高用户服务体验

日历订车模式可以把订单、产能、排产计划、制造过程、运输的数据实时在线，用户可以有效获知全过程信息，实现零距离交互，用户也可通过多种方式参与到产品“智造”全过程中来：

交付时间：基于当前工厂实际产能及已生成的订单情况，结合车间工艺的限制，计算车辆发运及在途时间，反馈客户实际提车的时间范围，客户可根据需要选择合适自己的提车时间。

智能排产：根据接收到的客户订单、经销商订单，考虑对物料、车间产能、工艺限制、客户要求的交付时间等，对上述因素进行统计规划，对每辆车进行投入、产出、发运的时间规划。

OTD在线跟踪：从客户下单开始，对客户车辆进行全生命周期的跟踪，包括下单、排产、车身制造、油漆制造、总装制造、入成品车库、发运、在途路径跟踪等，并将这些信息实时推送给客户，做到交付透明。

2. 智能研发

上汽大通建立了全新CVDP（以客户为中心的研发制造流程体系）支持C2B车型自由配置开发，建立企业级配置数据管理（选配策略、工程数据、市场数据、价格体系等统一管理）。同时模块化是实现智能灯塔工厂规模化生产和客户需求个性化定制的前提条件，大通拉动主要零部件供应商向模块供应商转型，全程参与产品设计、供应模式选择以及单元化物流的规划。

为了满足用户个性化定制要求，上汽大通建立数字化工艺在线管理系统，通过与GBOM、TeamCenter等上游系统，以及与可视化工位等下游系统的无缝对接，实现现场可视化工艺指导，同时将系统推广至全系车型使用。引入虚拟仿真平台，根据客户个性化定制需求，实现虚拟的设计、制造与装配，有效解决定制产品周期长、效率低、成本高的问题；提升制造数字化，从工位入手，实现设计和工艺的数字化验证，减少实物造车问题，提升效率；再通过智能灯塔工厂提升制造的柔性化，实现交付需求的快速响应。

3. 智能制造

在用户参与选择交车日期的场景下，如何提升生产效率，使得个性化选配产品的OTD时间与传统汽车产品的时间可做到一致？如何让现场操作人员和质检人员知道任务并不出错？

上汽大通从OTD闭环入手，通过统一数据口径及指标定义，通过OTD数据打穿传统跨部门业务流程。用户在下单即可获得OTD交期日期，数字化生产线同步接受进行排产，从排产、制造工艺，及智能质量保证系统方面，确保个性化产品的制造得以快速响应和实现。

在整车的制造中，现场的装配工人、自动化设备及生产对象整车的精准协同，准确的将每一个客户订单的工艺信息、车辆配置信息及物料信息高效、准确的传递到制造现场，完成客户与每一个制造单元的直联，打造智能制造工厂：

数字化工位：在工位设置 IMAP 工位屏，通过数字化工位打通了“产品数据—工艺开发—现场工艺指导”全过程的数据传输，快速响应工程更改，以可视化的方式指导现场装配，提升装配准确性。每辆车靠近工位的时候，该工位屏幕上会告知现场操作人员每辆车的安装零件及制造工艺。

柔性化制造：通过智能设备引入和改造，智能生产排程实现各车间产能优化，实现交付需求的快速响应，包括建设车身立体库、分布式制造、小色漆滚珠切换、激光切割等；并且打通主机厂和多级供应商之间的信息渠道，充分实时共享跨企业数据，订单、预测发布，数据同步共享，指导备货和安排生产，最大程度减少供货提前期。

AI 防错：通过物料实物和产品特征的数据库，工业相机影像技术，AI 智能图像识别技术等综合应用，建立生产线上的生产防错与纠错系统，实时校验订单需求、线上物料、生产序列、线上车辆的对应关系，提供智能化的 AI 防错解决方案。

4. 智能质量

车辆质量管理主要分为法规件管理和车辆检验管理，在可销售车型配置组合高达 10 的 19 次方的情况下，通过传统的查看 VC(整车物料号) 及其基本配置来检验车辆质量并打印合格证等法规件的方法已经无法满足要求。大通创新性地将车辆配置信息与法规件相关字段以 UC（配置约束）进行绑定，通过系统自动识别车辆特征值组合生成法规件清单。同时还将车辆配置信息以可视化的方式呈现出来，方便维修人员进行车辆检查并作记录，指导返修人员返修，实现了车辆质量管理的创新。

在质量控制过程中，BQMS 制造质量管理系统能够提供每台车的主体配置信息，质保检验人员按照配置清单就可进行功能性检测和目视化检查，整车通过质量检验后入库。物流人员通过扫描 VIN 码就能立刻匹配用户订单与车辆信息，每台车还将通过车载 GPS 或者运输人员的手机进行全球定位，大通还专为之打造了 APP 平台帮助物流管理人员实时查看车辆位置和运输进展，以确保信息及时回传，并监控任何意外状况。这一整套措数字化措施保了从生产到物流再到交付的产品准确性，即便每台车都有近 100 个零部件不同，大通依旧能够保障交付车辆与订单需求的一致性。

（三）供应链层面的持续连接和敏捷协同

C2B 模式要求车企摆脱传统的节拍式产品升级，建立对主流需求变化进行快速响应的能力，让客户能够始终体验到最“in”的产品元素，持续保持产品的竞争力。而智能化、柔性化制造体系满足对个性化定制对不同产品在生产线上的切换速度和频率提出的更高要求。建立产品快速升级能力体系的前提是在设计阶段就长远规划、兼顾硬件可升级性，同时完善售后的协同服务体系。

这一点的实现有赖于整个供应链的协同，不仅整车厂，供应商也需要突破原有模式，应对多品种小批量的模式，避免品种繁多以及供应商供货半径长造成供货不及时、缺料问题。上汽大通通过打造共享数据平台、准时供货、模块化设计和分布式制造等数字化运营模式，实现对供应链不可预测的变化的敏捷控制。

1. 持续连接，打造实时的、跨企业的、互联互通的共享数据平台

在传统的信息化场景下，主机厂的订单、预测数据仅向一级供应商发布，下层级供应商信息传递迟滞，导致备货延迟、错误。上汽大通打造了一个实时的、跨企业的、互联互通的智能供应链共享数据平台，把用户在蜘蛛智选上的选配数据，包括大通的、一二级供应商的企业内的 BOM 数据，库存数据，生产情况数据等，都实时共享到统一的数据平台上，最大程度减少供货提前期，避免牛鞭效应。

智能供应链数据在线平台打通主机厂和多级供应商之间的信息渠道，确保信息及时透明，提高供应链数据准确性，指导供应链有效备货；对能级强的供应商通过供应链协同方式进行直联，提高供货效率；对能级低的供应商通过提供系统平台和工具帮助其构建能力。在这个新的数据化场景下，数据的实时性和数据维度都大大超越了传统模式。

2. 敏捷协同，推进 KSK 模块化供货和分布式制造

上汽大通与主要供应商协作，通过推进模块化（KSK）项目，实现产品的模块化设计、生产，大大提升了对消费者新需求的响应效率。

以线束为例，从工程设计开始 KSK 零件模块化工程开发取代之前以最终总成供货状态为零件号发布的模式，BOM 中不含线束零件号，从整车属性中可以得到该车的模块号组合。整车生产时将车号（VIN）对应的模块号组合通过 KSK 系统发布至供应商。供应商根据 VIN 号对应的模块号生产和交货，对试点座椅供应商在厂内设置分装线和座椅仓库。主机厂及时拉料后排序上线。定价不再使用零件号进行，而是通过模块号定价与结算。这样在整个供应链上没有一根多余的线束，每一根都有其对应的车辆，做到了零库存。工程更改不必再考虑库存切换，大大加快了工程开发的响应速度。

三、实践 C2B 智能定制的创新成果和效益

（一）解决用户痛点，创造 C2B 新模式用户和数据价值

上汽大通 C2B 项目，回归用户为中心的本质，将决策权交给用户，建立基于此的业务体系和组织体系，实现“用户直联”和“智能定制”，将个性化定制推广至普通用户并使之规模化；同时基于此需求完成了营销、供应链，及制造体系的数字化改造，并形成了相应的数据化能力。

自 C2B 项目实施以来，上汽大通获得了较大成功。基于自媒体运营，上汽大通知名度迅速提升，当前自媒体能力在易车、搜狐汽车、新榜，及腾讯千乘榜等排名均在前列；从 D90 购车数据看，购车用户中 52.7% 之前拥有合资品牌的车。全网“粉丝数”超过 700 万，自媒体内容月平均阅读量 2500 万 / 月，使大通的数字化营销产品可以有效触达到最终用户。

基于用户直联，更为直接有效地获得用户行为数据和用车数据，从而指导产品开发和迭代。基于用户对 C2B 模式的认可，以及上汽大通品牌力的提升，用户在项目开发阶段，甚至造型还没有发布的时候就有了较多的盲订数，如：D90 价格发布前盲订数为 10003 个；自从新一代 MPV 征名以来，一共有 158787 名用户参与产品命名，共收集到 47750 种名字，新一代 MPVG50 这个名字来源于用户、诞生于用户。

（二）创造企业新的核心竞争力，承担企业社会责任，提升企业经营指标

成立 9 年来，上汽 MAXUS 凭借产品硬核实力，并通过数字化体系实现全周期用户体验提升将企业的经营效益紧密相连，销量稳步上升，持续保持 60% 以上的年复增长率。2019 年全年销量超过 12 万，同比增长 42.85%，实现 40% 的国内销量来自蜘蛛智选平台，且所有零售购车用户中有 55.2% 访问过蜘蛛智选平台，“知乎”等经销商赋能工具也极大提升了经营效率和运营标准。

2020 年 1 月，面对疫情爆发，上汽大通在危难时刻挺身而出，并充分发挥企业所长，调动企业资源，在 10 天内完成紧急生产负压救护车的生产任务后第一时间加入到驰援疫情防控队伍当中，成为最快批量交付工信部紧急订单的汽车企业，是当之无愧的抗疫先锋。

尽管受疫情的影响，2020 年的汽车市场销量总体下降，但上汽大通借助于行业独有的 C2B 大规模个性化智能定制模式的优势，2020 年连续 11 个月获得逆势增长，11 月销量达 17977 台，同比增长 44.68%。其中上汽大通 MAXUS 国内单月销量 12,424 台，同比上涨 13.73%；海外市场单月销量 5,573 台，同比增长 267.85%。上汽 MAXUS 宽体轻客车型连续 6 个月在宽体轻客行业品牌销量排名中拔得头筹，表现惊艳。

此外，上汽 MAXUS 皮卡家族还受到了全球皮卡爱好者的青睐与追捧，成为出口澳新等发达国家销量第一、智利市场中国品牌市占率第一的皮卡车型，为皮卡行业树立了品质标杆。目前，上汽大通 MAXUS 海外市场累计销量已超 8 万台，全球业务遍布 48 个国家和地区。

（三）C2B 智能定制的工业 4.0 灯塔工厂形成的社会效益

2019 年 7 月，上汽大通南京 C2B 数字化转型工厂入选世界经济论坛颁布的工业 4.0“灯塔工厂”，上汽大通是全球范围内唯一入选的中国整车企业，世界经济论坛肯定了上汽大通在应用第四次工业革命技术、实现生产现代化方面的突出表现。“灯塔工厂”，被视为第四次工业革命的领路者，是数字化制造和全球化 4.0 的表率，提倡的是以价值为导向，专注业务变革提高效能，因此也是“世界上最先进的工厂”。对于企业而言，入选灯塔工厂则意味着在大规模采用新技术方面走在世界前沿，并在业务流程、管理系统以及工业互联网、数据系统等方面都有着卓越而深入的创新，能形成快速反映市场需求、创新运营模式、绿色可持续发展的全新形态。

2019 年 10 月，在工业和信息化部装备工业司的指导下，以国家标准《智能制造能力成熟度模型（报批稿）》和《智能制造能力成熟度评估方法（报批稿）》为依据，经过企业自评、合规审核、专家推荐、现场核查以及专家评审等环节，最终遴选了 8 家智能制造标杆企业。上汽大通成为中国唯一获得国家工信部认证的“首批智能制造标杆企业”的整车企业。通过上汽大通智能制造协同项目实施，以上汽大通、上柴及上柴供应商为试点，建立了统一的供应链协同平台，协同多级供应商接入，形成统一的面向 B 端的供应链在线平台，推动了供应链数字化进程。

在产业结构调整的大背景以及政策导向下，上汽大通成功示范了传统制造企业向服务型制造企业转型之路。2019 年 12 月，上汽大通成为上海市经济和信息化委员会公布的上海市第一批服务型制造示范企业，推动制造业由生产型制造向服务型制造转变。

基于“人民为中心”理念的上海地铁“三个转型”发展战略管理创新

上海申通地铁集团有限公司

上海申通地铁集团有限公司（以下简称申通集团）成立于2000年，是一家融地铁建设、运营管理、投融资、资产资源开发和技术研发为一体的大型企业集团，是上海轨道交通投资建设和运营的责任主体。至2019年底，由申通集团投资建设并已投入运营的轨道交通线路已有17条（含磁浮线1条），运营线路总长705千米，车站415座，路网规模位居世界地铁城市前列。2019年，轨道交通客运量占全市公共交通客运量的66%，在上海城市公共交通体系中发挥重要的作用。多年来，申通集团致力于成为“国内领先、国际一流”的城市轨道交通综合集成能力的公共服务企业，积极推动投资、建设、运营、资源开发和专业咨询等五大业务持续发展，核心竞争能力不断提升，行业地位保持领先。先后荣获“全国质量奖”“国家科技进步奖”“上海市文明行业”等一系列荣誉。

自2018年以来，申通集团深入贯彻习近平新时代中国特色社会主义思想，认真落实上海市建设卓越的全球城市的战略部署，秉承“以人民为中心”的理念，践行“申城地铁，通向都市新生活”的企业使命，以打造卓越的全球城市轨道交通企业为愿景，实施新一轮企业“三个转型”发展战略，即从建设运营的高速增长向高质量发展转型、从单一的交通运输功能向综合服务的城市地铁网络转型、从运营地铁向经营地铁转型（下简称“三个转型”发展战略），更好地满足人民日益增长的美好生活需要。

一、“三个转型”发展战略产生的背景

（一）“三个转型”发展战略是贯彻新时代高质量发展的必然趋势

党的十九大明确指出中国特色社会主义进入了新时代，社会主要矛盾已经转化为人民日益增长的美好生活需要和不平衡不充分的发展之间的矛盾。对此，提出了以坚持人民为中心、新发展理念等指导思想，为实现“两个一百年”的奋斗目标、更好满足人民对美好生活日益增长的需要制定了供给侧改革、质量强国、交通强国等一系列整体性战略布局。因此，以人民为中心推进高质量发展，为新时代上海轨道交通发展的谋篇布局提出了必须遵循的原则要求。此后，交通强国战略进一步以“现代化综合交通体系基本形成，人民满意度明显提高”为远期目标，提出推动交通发展由追求速度规模向更加注重质量效益转变。上海地铁经过10多年的高速发展，网络规模位居世界前列，但建设水平、运营能力与卓越水准、高质量发展要求仍有一定差距。同时，上海提出了“2035年基本建成卓越的全球城市”的战略目标，对上海地铁的发展提出了对标最高标准最好水平、赋能上海城市发展、服务长三角一体化战略的新要求。因此，申通集团要适应新时代的发展要求，贯彻新发展理念，积极实施企业战略转型升级，深入推进供给侧结构性改革，推动地铁事业的高质量发展，提供高质量的出行供给和运营服务，创造高品质生活服务，更好地发挥优化城市空间布局、增加城市承载能力、服务城市经济发展的功能。

（二）“三个转型”发展战略是满足人民需求升级的必然选择

上海地铁自开通伊始，就提出“人民地铁人民建，为民之举靠人民”理念，始终把人民对美好生活的向往作为奋斗目标。2015年以来，上海地铁超大规模网络日渐成型，随着在上海城市公共交通体系的骨干地位日益凸显，市民对地铁出行的依赖度日益加强，地铁对市民生活影响力日益显著。同时，随着我国经济的飞速发展，人民生活质量、生活水平显著提升，市民对地铁出行服务的需求也呈现出向多元化、个性化、高品位的转变。比如，市民对车站厕所“有无”到环境“优劣”需求的升级，智能手机的应用加快了市民对地铁中互联网建设需求的升级，娱乐生活的丰富提升了市民对地铁沿线生态圈建设的关注，客流的差异性也对地铁设施设备升级提出了新的挑战。这些都充分体现出市民对地铁运营服务质量和能力从“量级提升”到“品质提升”的要求，社会公众对上海地铁功能的认知已不仅仅满足于单一交通出行，地铁也已成为提高市民生活品质的重要环节。上海地铁在高速建设规划前瞻性不足、服务设施落后，已无法充分满足市民对地铁服务需求的新变化、新要求。因此，申通集团必须坚持人民需求导向，从战略层面迭代地铁价值创新模式、转变网络化管理模式、创新服务举措、提升综合服务能力，才能为满足市民群众对出行、居住、工作、消费、娱乐的美好生活向往做出新贡献。

（三）“三个转型”发展战略是实现地铁可持续发展的必然途径

随着上海地铁超大规模网络的日趋成型，上海地铁起步早、规模大、体量大等优势特点，也逐渐转变为制约上海地铁健康发展的劣势。随着网络规模向市郊的逐步扩展，郊区线路增多，票务收入远小于运营成本支出；早期投运的线路有多条临近甚至进入大修改造期，大修更新改造支出大幅增长；人工成本、设备运维成本的刚性增加，这造成了运营收支缺口的逐步扩大。同时，政府投融资机制与财政补贴政策的调整、地铁票价长期未调整、企业自身经营机制不健全等问题，也对上海地铁运营收支平衡提出了新的挑战。传统“广通商”等资源未能实现经营效益与路网规模扩张的同步增长，经营能级趋于下降。上盖项目建设进度缓慢，物业开发也面临巨大的资金缺口。这些挑战促使申通集团必须以战略转型为切入点，打破运营地铁的传统理念，破解地铁经营发展的瓶颈与困局，为推动上海轨道交通可持续发展探索新的途径。

二、“三个转型”发展战略的基本内涵

上海地铁“三个转型”发展战略，是申通集团制定的推动上海地铁从建设运营的高速增长向高质量发展转型、从单一的交通运输功能向综合服务的城市地铁网络转型、从运营地铁向经营地铁转型的集团中长期发展总战略。

“三个转型”发展战略是申通集团在深入研究和综合分析战略转型理论、企业核心能力理论、价值链重组理论、技术与制度创新理论等基本原理基础上，从研判企业发展的外部环境入手，制定实施的集团发展战略，以此实现上海地铁在新时代由传统单一的轨道交通运营企业向现代化综合型企业的转型发展。

“三个转型”发展战略，通过构建前瞻性、科学性、合理性的轨道交通建设体系，优化高效性、智慧性、卓越性的网络运营体系；提升集约性、持续性、拓展性的业务经营能力，最终形成与上海卓越城市和超大规模网络相匹配的轨道交通建设、运营、经营有机融合、良性互动的发展新格局，达到运营安全有效提升、服务质量不断提高、经营规模持续增长、社会效益日益扩大的目的，为推动新时代上海城市的发展增添新能级，成为行业发展的引领者。其具有四大创新点：

（一）价值链创新

价值链创新是“三个转型”发展战略的核心首创，申通集团结合新形势的变化，始终关注顾客需求变化，探索与地铁发展密切关联的价值链体系，拓展价值链的内涵和边界，实现了上海地铁从“满足安全高效出行”向“满足美好品质生活”的价值跃升，形成价值创造模式从“服务乘客出行”到“服务市民生活”的转变，打破了传统观念对地铁功能认知的局限，构建起集物理位移、城市空间、信息服务、文化生活为一体的上海地铁价值链体系。“三个转型”发展战略的价值创新模式的首创性、先进性对轨道交通行业起到了指导性的引领示范作用。

（二）人性化理念

人性化理念是“三个转型”发展战略的根本归宿。从价值取向上，“三个转型”发展战略秉承了上海地铁建设初期所植入的“人民地铁人民建，为民之举靠人民”理念，以满足人民美好生活的追求为导向，从“以人民为中心”为立足点，重新诠释了地铁发展与城市建设、市民生活的关系。以出行到生活场景需求变化为依据，将人文主义元素有机地融合到新一轮的上海地铁网络建设、运营服务、经营理念之中，协调城市轨道交通与人民需求、城市建设、社会发展之间的可持续发展。“人民为中心”的“三个转型”发展战略为轨道交通的可持续发展提供了可资借鉴的行业模板。

（三）系统性架构

系统性架构是“三个转型”发展战略的重要支撑。“三个转型”发展战略从宏观布局的战略高度，涵盖了对上海轨道交通规划建设、网络运营、设备维护、资源经营、管理流程、体制机制等各业务领域的战略性规划，而各领域之间又存在着密不可分的联系，构成一个统一的战略布局。“向综合服务型城市地铁网络转型”作为“建设运营高质量转型”提出的前提条件，而“向综合服务型城市地铁网络转型”中“提高广通商服务能力”与“站城一体建设”也为“向经营型地铁转型”提出了相应的要求。“三个转型”是一个高度融合、联系互动的整体性转型战略，所体现出的企业转型发展的全面效益与协同效应，为轨道交通行业的战略转型提供了全新的借鉴模式。

（四）差异化选择

差异化选择是“三个转型”发展战略的根本原则，基于轨道交通建设、运营、经营等不同业务板块的不

同定位与特性，结合新形势发展需求，选择不同业务领域转型的切入点与方向。网络运营体系定位为提供公共服务业务，作为企业核心，“三个转型”发展战略从智慧科技创新、精细管理等方面推动运营体系的高质量转型。建设业务定位为承担市政重大项目任务，针对其安全责任重大、自主参与性较弱的特征，“三个转型”发展战略从过程管控领域，优化规划设计，在安全首要的前提下确保其向高品质建设转型。基于经营业务创造效益的定位，根据其庞杂的特点，“三个转型”发展战略则依托市场化原则，采用层级化的战略模式，从强化降本增效、优化产业布局、拓展市场领域、创新资本运作等方面，制定企业经营转型发展战略。通过战略差异化的选择，大力推动企业转型向纵深发展。

三、“三个转型”发展战略的主要做法

（一）聚焦运营服务品质，从建设运营的高速增长向高质量发展转型

从建设运营的高速增长向高质量发展转型必须牢牢坚守安全底线，提升建设运营标准，大力推进智慧地铁建设，扩大新技术应用，提高精细化管理水平，实现建设运营高质量发展。

1. 坚持底线思维防控安全风险

坚守安全底线，创新安全文化建设，严格执行安全自律规范，让安全生产成为全体干部员工的自觉意识和自觉行动。坚持管业务必须管安全、管生产经营必须管安全，坚持激励惩戒结合、尽职免责、失职追责，健全完善安全生产责任制及配套考核制度。推进安全风险分级管控和隐患排查治理双重预防机制建设，以运营大客流和建设工程致命风险管控为重点，健全并严格落实风险辨识、预警、防范、处置和险长责任机制，建立风险清单，落实隐患排查治理，实施动态管控。推广配置先进装备，提高本质安全水平。加快推进科技保安全能力建设，突破应用一批设备故障监测诊断技术、安全生产信息化技术、大客流预警技术、工程建设及应急救援等关键技术。开展全员岗位风险教育，强化员工业务技能，加强应急预案演练，提升安全风险防控意识和实操能力。深化地铁安全社会共治，争取社会各方支持地铁安全发展。

2. 提升建设运营标准

强化标准是高质量发展源头的思维，将最新的发展理念、科技成果、工作方法、质量水平等研究融入规划设计、工程施工、工程验收、网络运营、设备维护、服务规范等相关标准，提高标准的整体水平，促进高质量发展。注重规划设计的前瞻性和科学性，着眼于城市发展、乘客出行、运营管理、开发经营等需求，进一步完善网络结构，推进规划线路与既有线的融合联通，建设集功能性、人文性、艺术性于一体的车站建筑。推动建立以“地铁＋生活”为核心的国家规划设计规范，建立“高质量、高要求”的上海地铁设计、施工和运营维护标准体系。依托运营服务标准化示范项目建设，形成适应高品质需求、高于国家和地方标准、体现上海质量水平和特色的上海地铁运营服务规范。探索在建设、运营等重点领域建立标准创新基地，加强先进管理经验、成果、方法的标准转化，使上海地铁成为行业先进标准的倡导者、引领者、示范者。

3. 建设智慧地铁

着眼运行高效、过程受控、质量提升、决策科学，采用物联网、云计算、大数据、人工智能等现代信息技术，提高全息感知、实时分析、科学决策和精准执行能力，稳步实现数字化、智能化、智慧化的逐层发展，形成智慧建设、智慧运维、智慧服务为一体的智慧地铁模式。加快构建企业地铁云，建成涵盖基础设施、网络运营、企业管理、公共服务、网络安全等业务的地铁大脑，实现数据共享、业务融合。加强智慧地铁基础设施建设，全网布局数据感知设备，建设数据传输工程，打造泛在互联的地铁物联网。推进智慧业务应用，构建基于 BIM 技术的智慧建设系统，实现全程 BIM 数字化；建设以运能与客流匹配为核心，融合客流精准预判、计划精准编制、列车精准调配、行车精准调度、信息精准发送、客运组织精准配套等功能为一体的智慧运营系统；加快研究形成“感知型状态修为主，经验型计划修和专家型故障修为辅”的设施设备智能维护模式，全面推广移动点巡检、单兵视频等移动信息系统。推行智慧车站、智慧安检、智慧消防融合发展新模式。

4. 加快科技创新运用

充分发挥科技第一生产力的作用，强化安全保障能力、提升建设工程质量、提高网络运行效率和服务水平。提前储备网络互联互通、网络客流均衡、运行安全综合监测等一批前瞻性技术，着力突破网络化发展与管理关键、工程建设与风险控制、运营维护与升级改造、信息化与智能化、节能降耗与环境保护等一批关键性技术。研究应用和推广绿色能源、节能技术，提高技术节能效果。加快推进超深复杂地层技术装备的研发和应用，推广轨道交通预制拼装工艺，实现车站非开挖工艺广泛应用。探索研发成型隧道、基坑、旁通道快速化检测技术和新型堵漏材料，开展大型隧道区间应急救援关键装备的前瞻性研究，提升地下工程应急救援能力。积极推广应用结构性、装饰性、功能性等新型材料，推进轨道交通新装备首台套、新材料首批次的示

范应用。探索引入多元数据融合的客流感知、站内智能导航、客服机器人、大型专用检测维护设备、智能巡检、自动检测等先进装备，提高运营综合能力。

5. 提高精细化管理水平

坚持把精细化管理的理念、手段、要求落实到轨道交通建设运营管理的各项工作中，以绣花般的细心、耐心、巧心，积极推动粗放、碎片管理向精细、科学管理转变。树牢建设为运营服务、建设为乘客服务的理念，聚焦工程质量重点，不断改进创新施工工艺，探索二级供应商及三级核心供应商的评价和退出机制，建设能经得起时间检验的地铁精品工程。围绕运营安全、设施设备维护质量、列车运行、客运服务、管理效益等核心指标，强化设施设备源头管理、动态跟踪管理，精细管理、精准维护，全面提升主要行车关键设施设备的可靠性。针对全网客流时空不均衡性的特点，根据不同线路、不同日期、不同时段的客流特征，持续推广复杂行车交路的应用，精细化配置列车运行间隔和运能计划。全面实施精益现场建设，推广定置管理、目视管理、看板管理等先进经验，将质量和成本管理的意识深度融入生产现场管理，打造精益生产管理体系。完善"上海地铁"服务品牌架构和品牌系统，实行"多层级、多方协同、全员参与"的品牌管理模式，个性化打造公司、线路、站点的服务特色，扩大"上海品牌"认证范围，提升品牌影响力。将流程管理、精细管理的要求融入标准化建设，优化标准体系架构，提高标准质量，精简标准数量，形成流程衔接顺畅的管理和作业标准。

（二）聚焦价值链创新，从单一的交通运输功能向综合服务的城市地铁网络转型

从单一的交通运输功能向综合服务的城市地铁网络转型的核心是地铁价值链创新，形成物理位移、生活空间、信息服务、精神文化的集成价值创造模式，形成以地铁站场为核心的集出行、居住、工作、消费和娱乐于一体的都市新生态。

1. 打造轨道上的都市圈

按照长三角区域一体化发展国家战略总体规划，加快与上海周边省市、铁路部门对接，共同推动干线铁路、城际铁路、市域（郊）铁路、城区轨道四网融合发展，缩短市域（郊）线路高峰运行间隔、提升旅行速度、减少郊区、市区之间的通勤时间，实现长三角区域"多网互联、换乘便捷、一卡（码）通行"高效出行，共同推进长三角交通一体化发展。联合长三角城市地铁企业，在移动支付、智能运维、物资集中采购、产品检测、车辆大修、新能源开发、资源经营等方面，优势互补，共商共建统一的共享平台、模式方法和技术应用。发挥先行优势，推广云端一体化理念，将上海地铁云升级推广为区域性的地铁行业云，覆盖至长三角地区所有城市地铁企业，成为城市地铁企业的共享公共平台，促进轨道交通发展。依托和用好长三角城市地铁联盟平台，扩大交流合作，共谋长三角一体化发展对策。

2. 提高广通商服务乘客能力

按照"以乘客为中心"的导向，完善广通商与新线建设、网络运营的协同机制，提前预设或合理安排经营性资源空间和接口，实现广通商布局与车站环境融合协调，不断提升乘客出行消费体验。通过技术创新、管理创新，不断挖掘乘客的综合性消费需求，丰富地铁站点提供的商品和服务种类，提升乘客消费满意度。探索研究智屏项目，整合轨道交通区域运营和经营信息一体化系统，整合地铁车站出入口、通道、站厅、站台、列车等各类显示屏的运营服务、商业服务功能，实现运营信息和经营信息的有机结合。联合移动制造商、运营商，实施5G通信基础设施设置布局，实现5G信号在车站和车厢全覆盖，为提升运营服务品质创造良好条件。

3. 推动站城一体的地铁上盖建设

全面推进地铁上盖建设和周边土地综合利用，结合站点周边经济、消费特点、居民构成等不同环境，分类确定上盖物业建筑构造、业态构成、经营档次，努力将站（场）上盖及周边地块打造成集出行、居住、工作、消费、娱乐于一体的都市新生态。推进地铁站点1千米生活圈建设，以地铁站点为依托，联合地铁站点1千米范围内其他主体，建立地铁社区或城市综合服务商联盟。通过提前布局或后期改造，主动协调地方政府、其他交通运营主体，促进地铁与市郊铁、中运量系统、地面公交、出租车以及其他个体交通的有机结合、衔接互通，以地铁车站为核心的交通换乘功能更加便捷舒适。

4. 构建Metro大都会服务平台

全面打造数字地铁时代的Metro大都会服务平台，推动平台功能迭代更新，满足乘客从出行到生活辅助的多样化需求，为乘客提供全新、优质的出行和生活体验。聚焦乘客的交通出行，基于"安全、高效、便利"的服务理念，推行无感支付等服务方式，推进地铁系统与地面公交、铁路、航空等其他交通系统的数据资源开放共享，促进交通出行服务信息的融合应用，实现交通出行信息在Metro大都会平台的定制化和即时精准推

送服务，并引入站内智能导航等新技术，为乘客全程提供实时、准确、便捷、舒适的出行升级服务。在提升出行服务功能的基础上，深度挖掘乘客在文化教育、旅游休闲、购物消费、餐饮娱乐等生活服务方面的需求，运用“创新、颠覆、跨界”理念，以Metro大都会平台为载体“搭台唱戏”，聚合集成城市生活服务互联网资源，丰富服务内容、服务信息和展现方式，全面升级导乘、导读、导游、导购、导食的服务功能，打造“地铁+生活”的综合性服务平台，使Metro大都会成为社会多方参与、线上线下互动的城市生活服务品牌。

5. 塑造海派时尚的地铁文化

着力构筑具有时代特征、上海特点、地铁特色的企业文化核心价值体系，用更有温度、更有情怀、更有品质的企业文化，增强员工的认同感、归属感、尊崇感，提升企业文化的认知度、美誉度和影响力，实现企业与员工、社会、自然和谐发展。构建集中统一、上下联动、纵横覆盖、全员参与的企业文化建设工作机制，完善以企业理念、行为规范、视觉形象等内容为框架的企业形象识别系统，将企业文化体系融入企业改革发展全过程、生产经营管理各环节。提升地铁公共文化建设品质，在地铁自身建设规划、空间设计与项目策划中大力弘扬红色文化、海派文化和江南文化，依托地铁阵地，聚合社会力量，丰富项目品类，提升文化品质，推进中外文化交流，把轨道交通公共空间打造成贴近百姓的艺术殿堂，使单调的地铁出行变成“有温度、有情怀”的文化之旅，打造更具人文特质的城市“第二空间”。以倡导运营安全文化为基础，以党建联建、社区共建为依托，以社会共建、共治、共享为基本理念，坚持“开门办地铁”，深化“四长联动”机制，完善社会多方应急联动机制，与社会力量共同营造良好的整体运行环境。持续拓展党建联建的内涵和外延，带动更多市民群众维护地铁运营文明秩序，积极推动地铁文明引领城市文明。

（三）聚焦财务可持续发展，从运营地铁向经营地铁转型

从运营地铁向经营地铁转型必须树立管生产必须管经营的理念，增强市场意识，从增收和节支两端发力，优化产业发展的空间布局、业务布局、资本布局，加大降本增效力度，转换经营发展新动能，努力实现企业财务可持续发展。

1. 提升地铁经营能级

鼓励建设运营板块开源增收，研究建立建设运营业务增收专项激励机制，将收益创造纳入工资总额决定机制，提高项目建设、运营单位创收创效的积极性。探索建立常旅客优惠、分时票价、多样化票价、运营经营联动、推动地面公交配套等营销策略，加快新线和郊区线路客流以及低峰时段客流培育，推动网络运营增运增收。建立建设、运营与资源经营的内部购买服务模拟市场机制和联动发展激励机制，鼓励建设、运营、维保单位干部职工群策群力，协助经营部门提高资源经营效益。推动传统广通商业务经营由规模扩张向规模扩张与效益提升并举转变。依靠技术进步，不断扩大媒体资源数量，扩展广告发布渠道，创新多样新颖发布方式，提升广告整体品质，提高经营效益。开拓商业经营新格局，大力推行“网络化、连锁化、品牌化、差异化”的全新经营管理模式，根据车站特点丰富商品种类，应用多种虚拟支付方式，创新智慧零售等商业业态，重塑地铁商业价值链，着力提升地铁商业服务空间的市场价值。适应轨道交通投融资的新机制，探索轨道交通新线建设运营财务统筹平衡的可持续发展模式。

2. 推动降本增效

积极争取政策支持，配合成本规制、政府补贴和降本增效激励机制的建立与实施。严格控制人工成本占营收的比例，加快提高运营和维护作业的自动化、信息化、智能化水平，推动生产方式变革，加快技术替代人工，探索无人驾驶和无人养护，逐步从劳动密集型向技术密集型为主的方式转变。深化劳动用工改革，综合考虑作业数量、作业难易、作业时间等因素优化劳动用工配置，推进能力提升、岗位复合、优化排班，提高站务外包比重，适当提高灵活用工比例，提高全员劳动生产率。提升在建新线与运营线路通用设备的统筹管理水平，提高设备利用效率，节约建设项目投资。发挥和扩大阳光采购平台的带动作用，探索创新供应链模式，推动供应商平台报价透明化、公开化。设计、建设施工、运营维护以及资源开发等各阶段要以安全保证、功能满足为优先，严控建设投资。优化配置、集约管理资金、资产、人力等资源，降低资源配置成本。积极争取政府财税扶持，加强整体税务筹划，降低税赋支出。

3. 优先发展战略性新兴业务

围绕轨道交通大客流和地铁网络内部市场，培育服务地铁乘客的新业态、新模式和服务集团外部市场的新产品、新技术，不断发展战略性新兴产业，探索形成新的利润增长点。不断完善Metro大都会的商业业态，形成完整、成熟的盈利模式，将平台打造成为地上地下、线上线下、运营经营一体化的载体，发展成为地铁数字经济的核心骨干。加强新兴媒体跨界融合发展，扩大新媒体移动视频平台内容提供、终端受众，在满足

乘客视觉享受的同时拓展地铁传媒的发展新空间。积极发展大数据产业，开展轨道交通大数据等海量信息的研究和应用，适当向社会开放数据资源，探索引入社会力量参与轨道交通信息资源的开发利用，深度挖掘其社会价值和经济价值。依靠在地铁网络的内部市场应用，积极培育供应链采购、新能源、检测认证、物联网建设、在线监测等新兴业务，探索发展新业态、新模式、新服务。积极推动融资租赁向产融结合方向发展。

4. 拓展市场空间布局

聚焦行业市场发展重点领域和自身业务优势领域，建立市场需求管理机制，及时准确把握行业发展趋势和市场需求变化，深度挖掘和超前布局“走出去”的潜在市场。以内部市场为起点，着力强基础、练内功，构筑独特核心优势，提高核心竞争力，为“走出去”夯实业务和人才基础。建立健全与“走出去”相配套体制机制，营造适合集团内部企业“走出去”发展的环境。依托主业扩大“走出去”业务范围，推动管理、标准、技术、产品“走出去”，逐步形成咨询服务、工程设计、运营管理、项目代建、设备维护、资产资源经营、科研成果转化、节能环保、监控监测等多业务拓展格局。积极贯彻“一带一路”和长三角区域一体化发展国家战略，通过市场化、专业化、国际化运作，探索实施设计施工总承包、委托运营管理、PPP、合资合作等多种形式的“走出去”模式，稳步实施“走出去”战略三步曲，拓展巩固长三角区域市场，逐步走向国内国际市场。

5. 创新资本运作模式

稳步探索股权运作模式，促进国有资产合理配置，优化国有资产投资结构，提高国有资产运营效率，实现公司股权价值不断提升。推进集团竞争类企业重构、经营性业务整合、股权结构调整、业务模式优化，对竞争类经营性业务进行梳理，积极开展资源资产重构重组，拓宽资本市场融资平台功能。积极探索资源资产证券化的途径，研究新兴经营业务资本市场发展的可行性，努力培育新的上市融资平台。积极探索纵向、横向等扩张型资本运作，以及股份回购、资产剥离等收缩型资本运作模式，提高资产证券化水平。积极拓展国际资本市场，为轨道交通建设运营提供低成本融资渠道，并为集团国际化战略提供资金支撑。

四、“三个转型”发展战略的实施效果

自“三个转型”发展战略实施以来，申通集团将各项战略举措落实到申城地铁的新线建设、网络增能、服务提升、体系优化中，企业发展取得了显著成效。

（一）网络运营融合通达

通过“三个转型”，申通集团积极落实“建设运营高质量转型”，将人因工程理念贯穿规划设计、工程施工等新线建设全过程，全面了解运营最新需求，至 2019 年先后高质量建成了 5 号线南延伸、13 号线二期和三期、浦江线等新线，先后荣获金杯示范工程奖、中国土木工程詹天佑奖等多项国家级奖项，网络运营线路增至 17 条，运营总里程达到 705 千米，2020 年底还将有 10 号线二期、15 号线、18 号线一期等建成通车，网络运营规模接近 800 千米，覆盖除崇明区以外的所有行政区，全市路网密度达 0.11 千米 / 平方千米，中心城区路网密度达 0.63 千米 / 平方千米，网络结构进一步优化，服务城市功能凸显。市民平均出行时间大幅缩减至约 37 分钟，大大提升城市的“时间价值”。实现长三角 8 个城市乘车服务互联互通，构建与城市交通、长三角城市群通达融合的网络运营结构。

（二）运营能级大幅提升

在“三个转型”发展战略引领下，申通集团进一步强化风险管控，运营安全指标屡创新高，列车运行可靠度从 2017 年的 366.76 万车千米 / 件上升至 2019 年的 713.08 万车千米 / 件。加快路网增能，大幅提高运营能效，全路网最大运能提升至 91.77 万人次 / 小时，中心城区 9 条线路最小行车间隔在 2 分 30 秒以内，9 号线最小间隔达到 1 分 50 秒，创业内第一。7 条线路周末延时运营过零点，1 号线运营服务时间达 20 小时，位居境内第一，满足上海城市夜经济、市民夜生活需求。地铁出行在全市公共交通出行的分担率达 66% 以上，城市交通骨干地位日益巩固。

（三）服务质量不断提高

通过“三个转型”，申通集团以价值链创新为驱动，通过人性化服务、智能化应用，大幅提升服务质量，扩大服务增值效应。累计创建手语、快捷服务等 47 个“一站一特色”人性化服务品牌，满足市民个性化、差异化需求。实现一键扫码过闸全覆盖、语音购票应用，提升乘客进展便捷高效。截至 2019 年，累计改造车站 129 座厕所。改造服务基础设施，完成 304 座车站新增无障碍设施导向标志 807 个点位，为乘客营造了整洁、便捷的车站环境。建成汉中路动感换乘通道、徐家汇站换乘时空隧道、江宁路站艺术墙、朱家角停车场生态

园林、等“一站一景”模式，将市民地铁出行变成有温度、可阅读的文化之旅。打造以站场为中心集居住、商务、休闲、购物及服务于一体的地铁上盖物业。构建 Metro 大都会为载体的互联网综合服务平台，以地铁站线为辐射的线上线下地铁生态圈初具雏形。WiFi 在地铁车站和车厢实现全覆盖、推广名店进驻、试点无人网点零售店、投用摩伞项目等，为乘客提供了服务增值体验。轨道交通乘客满意度近 3 年均优于本市其他公共交通，稳居第一。集团轨道交通客运服务获得“上海品牌”认证。

（四）经营绩效显著增长

通过“三个转型”发展战略向经营地铁转型，集团经营结构创新布局，经济效益稳步提升。传统广通商经营领域渐趋扩大、合作增强；与万科、华润等合作先后建成万象城、天空之城、凯德星贸等商住地标，与腾讯、爱奇艺等联手开发移动传媒、数字经济，寻找到企业新的利润增长点。依托长三角一体化，发挥行业优势，积极实施“走出去”战略，设计咨询、技术输出、运营管理、项目承接等业务输出辐射全国 25 座城市，国内市场占比不断扩大，经营收入屡创新高。地铁运营票务收入逐年提高，2018 年和 2019 年非票务类收入增长率 21.15% 和 20.22%，2019 年经营收入较 2017 年增长 8.15%。同时，成本增长得到有效控制，实现了运营成本增长率、单位用工数“双下降”，运营成本增长率由 2017 年的 8.03% 下降至 2019 年的 7.85%，每车千米成本逐年下降，低于全国平均值和香港水平。

（五）社会效益口碑载道

申通集团以社会效益最大化为己任，依托转型发展，不断扩大申通地铁的社会效益与社会影响力，为上海城市、社会发展平添动力。作为轨道交通服务企业，随着近 3 年来的地铁网络优化、提速增能，为城市提供了解决人口密集区交通供给瓶颈，吸引市民由小汽车出行方式向地铁转移，缓解了城市交通拥堵，更成为绿色环保出行首选。地铁网络延伸城市空间，贯通城市中心重要枢纽，连接市郊新城。突破上海城市边界，与周边城市群实现互联互通，为长三角都市圈的构建奠定基础，助力国家战略。连接市区与自贸区临港新片区等重要产业、经济区，服务上海“五大中心”建设。地铁上盖物业开发，不仅节约城市用地，并形成地铁辐射城市大型商业圈，与延时运营、地铁网络通达，成为拉动上海经济增长的新动力。同时，申通集团以树立品牌服务形象为依托，打造公共艺术新阵地、群众文化新平台、城市文明新空间。

基于全生命周期的城市隧道智慧化运维管理体系

上海隧道工程股份有限公司

上海隧道工程股份有限公司（以下简称隧道股份）是中国基建板块首家上市公司，如今已成长为全球EPC市场公认的城市基础设施建设运营综合服务商，并凭借覆盖全球84座城市、近1000项重大工程的丰富建设管理经验与齐全的产业链资源和核心技术，全力为更多城市提供基础设施规划咨询、设计、投资、建造、运维全生命周期服务。

隧道股份拥有超过1000名领军人才、享受国务院特殊津贴专家、教授级高工、高工及CIOB皇家特许建造师，海外市场外籍员工占比超过80%。依托科技领先战略和全球化的运营管理视野，隧道股份科研机构等级、实力和科研投入占比位列同行业前列；公司全球化的资源配置系统，正集成全球优秀的技术、人才、设备和合作伙伴，为各地客户提供个性化基础设施解决方案；国内领先的智能化工程信息管理平台、项目品质控制系统和远程专家管理系统，正为新加坡、印度、港澳、马来西亚、安哥拉等15个国家和地区的城市基础设施建设与运营管理提供全过程的卓越服务。

隧道股份总资产超过1000亿元，近3年基础设施累计投资额逾1200亿元，业务范围涉及隧道、轨道交通、道路桥梁、建筑与房地产、水利水务、能源、地下空间、重大装备、绿色材料、数字化业务、建设金融等各个领域。

一、创新成果背景

随着北京、上海等国内超大城市的基础设施发展和完善，城市基础设施重点逐渐由建设转向运维管理。纵观东京、纽约等全球超级城市发展经验，在解决超大城市基础设施精细化管理难题方面，全生命周期理念是被实践证明的一种有效途径。国家提出"人民城市人民建，人民城市为人民"重要理念，上海打造卓越全球城市的战略，对标国际，城市基础设施管理更加聚焦城市交通系统的品质提升（安全、智能、高效、优质、生态）。

目前国内城市基础设施运维管理中，面临诸多的问题和挑战：

管理方面，建设期、运维期管理相对独立，重建轻管的现象仍然存在，虽然建管并重强调了很多年，但传统重建轻养的思维仍未根本扭转。

数据方面，建设期、运维期数据不连贯，历史数据缺乏，运维数据积累不足；数据碎片化，难以有效地进行数据追溯分析和设施评价；数据采集手段不足，实际应用中数据分析结果还需要较多的人工经验判断，尚未形成针对不同病害和评价结果的标准化维护体系。

资金方面，传统的建设期资金和运维期资金是割裂的，建设期考虑施工建造成本的最优，比较少考虑全生命周期的成本；日常运维资金投入缺乏目标导向，积累的问题主要通过高投资、大规模的阶段性大修解决（如延安东路隧道大修施工周期9个多月，一次性投资2.4亿元，接近10年运维经费总和）。

服务方面，建设期服务的主体是设施主体，以设施通过竣工验收为目标；运维期已经由服务设施向服务交通、服务城市转变。

因此，为满足北京、上海等超大城市打造卓越品质的城市服务要求，结合隧道股份打造国内最大的"城市建设运营综合服务商"战略愿景，建设科学高效的交通基础设施运维体系，优化创新运维管理模式，有必要开展城市基础设施全生命周期运维管理模式实践探索。隧道股份在自行投资建设的杭州文一路隧道进行了探索，规划设计阶段做到运维前置，通过设计优化，提前解决运维痛点；建立施工和运维期数据标准，打通施工期和运维期数据链；资金方面，考虑全生命周期内资金成本最优，适当增加建设期成本，降低运维期风险和成本；服务方面，形成全生命周期运维模式，避免封闭式大修，实现服务能力的提升。从文一路隧道试点应用到上海规模化复制推广应用，通过多年实践总结提炼，形成了包括评价体系、运维体系、信息平台、组织保障体系在内的城市隧道全生命周期运维管理体系。

二、创新成果内涵和主要做法

（一）创新成果内涵

本创新成果基于全生命周期管理理念，综合考虑规划、投资、设计、建造、运维等环节，以数据采集和评价为核心，抓住设施运维风险、设施健康状况、运营服务性能等关键指标，实现全生命周期综合效益最大化的基础设施管理。全生命周期管理的关键要素是数据，通过数据把各个环节链接起来，核心是过去可追溯、现在可管控、将来可预测，目标是实现设施服役期延长、服役性能提升、通行能力提升、安全性能提升。

（二）建立隧道全生命周期性能评价与预测体系

全方位评价体系建设遵循客观、科学和高效的原则，积极采用先进的检查监测手段，保证评价结果准确合理。评价体系从“全生命周期”的理念出发，旨在指导隧道设施的运营管理和维护服务，提高隧道管养水平和服务质量。从设施、设备、环境和服务角度，把评价对象划分为土建结构、机电系统、附属设施和运营服务四类。从全生命周期成本控制和运营维护决策需求出发，根据评价对象对实际运营影响程度，把评价对象划分为 A、B、C 等 3 个重要度。从全生命周期运维的角度，对于具备高重要度的设施设备提供预防性维护方法和维修规划建议。

1. 建立设施分类标准

（1）标准化分类设计

隧道内设施设备种类繁杂，从安全、资产、成本的不同角度进行统计分析时，往往其分类要求都不同；不同的设计、施工和运营规范里，这些划分也不同，严重影响了各类数据的共享，也不利于全生命周期管理模式的推广。因此，全生命周期运维的第一步，就是对土建结构、机电系统、附属设施等评价体系中的评价对象进行分类标准化研究。

土建结构根据结构属性不同分为主体结构和附属结构，各部分结构属性中包含不同的结构类别，主体结构中包含盾构衬砌、道路结构、矩形段结构、敞开段结构、工作井结构和连接结构等，附属结构包含通风结构和连接通道等。

机电设备分为综合监控分系统、通信分系统、消防和火灾报警分系统、通风分系统、排水分系统、供配电和照明分系统等 6 个分系统，各分系统又可以划分若干子系统。

附属设施为确保交通安全和舒适而设置的非结构性的设施，包括逃生通道、装饰层、防撞设施、排水设施、光过渡建筑、消防设施、管理用房、设备用房、道口设施及其他 10 个设施类型，设施类型又包含若干子设施。

（2）重要度分类设计

首次在基础设施领域提出了重要度分类的概念。从全生命周期成本控制和运营维护决策需求出发，根据评价对象对实际运营影响程度，把评价对象划分为 A、B、C 等 3 个重要度。其中：

重要度 A：表示对隧道安全运营有直接影响；

重要度 B：表示对隧道运营安全和质量有一定影响；

重要度 C：表示对隧道安全或运营质量影响轻微或不显著。

不同的重要度设备和设施在监测检测方式、评价系统中的作用，以及维修决策方案都是不同的。A 类设施设备是重点管理和维修的对象，应尽可能实施状态监测，采用预防性维修，防患于未然。A 类设备因其重要度高，在总体评价中按照最不利原则处理，总体评价值和 A 类评价值中，取最差值，确保隧道运营安全和质量。B 类设施设备应实施预测性维修，一旦发现隐患或预测可能出现病害或故障便及时处理。C 类设备考虑到维修的经济性，实施事后维修。不同重要程度的设施设备对维修响应的要求不同，根据设施设备重要度采取不同的运维决策。

2. 建立隧道监测体系

首次建立了基于结构、环境、机电设备等全方位感知的隧道完整监测体系。在监测采集系统中实现了对各类传感器的数据解析，能够支持丰富的物联网数据接口，适应了隧道内复杂多样的数据采集与传输要求。在隧道运维中创新应用了轨道巡检机器人、磁轨式检测机器人等一系列智慧化数据采集手段。

3. 建立隧道评价体系

设施性能评价是隧道全生命周期模式运维管理体系中的重要环节，可以全面有效地评价隧道设施设备的当前性能状态，为运维决策方案提供支持。隧道现状评价分为前期准备阶段、数据融合阶段、评价过程阶段和结果分析阶段等 4 个阶段。根据隧道的专业、系统、类型和重要度特性，从全生命周期的视角设计针对性的评价模型，服务于隧道全生命周期的运维方案。面向全生命周期的隧道现状评价首先对隧道各检测数据、病害数据进行分析，然后分别对隧道土建结构、机电系统、附属设施和运营服务进行评价，最后综合以实现总体状况评价。

4. 建立性能预测模型

采用修正的均质圆环模型计算横断面变形值，采用随机过程作为基本数学模型，建立了隧道主体结构性能演化的物理机理模型和数据驱动模型，预测设施土建结构性能演化。

对隧道机电系统性能演化规律进行研究，针对 3 个时期的故障率规律提出了相应的维养策略。

（三）建立隧道全生命周期标准化运维管理体系

以往不同的隧道在管理运营方式、运维资金使用、业务标准、数据采集等方面差异性较大，导致无法进行精细化统一管理，同时也给全生命评价带来困难。因此，通过建立标准化运维管理体系解决以上问题。

1. 标准化的业务流程

日常运维业务，建立标准化运维业务流程，从计划、资源配置、安全交底、执行、验收、归档等环节，进行标准化建设；针对检查、维养管理，标准化缺陷分类及定义，形成发现缺陷上报、确认、执行、复查，制定维养策略的循环。

2. 规范化的服务模式

建立了包含安全运维服务、智慧管养服务、设施维保服务、应急保障服务等四大方面的标准化运维服务体系，制定统一服务标准及指标要求。

（1）安全运维服务

以丰富的经验和完备的数据支撑，实践“综合性运维”，快速处理设施缺陷，减少道路通行的影响。实现将精细化运维的阶段性成果，转变为设施运维新范本；把服务保障的创新机制，转变为常态运营的管理机制；把集团运维标准，转变为行业领先的管理标准，为城市基础设施提供高于行业标准的设施全生命周期运营服务。

（2）智慧管养服务

以全生命周期管理理念为指导，运用物联网等创新技术实现数据驱动的智慧管养方法，为城市基础设施提供智慧高效的运维服务。通过基于 GIS + BIM 的路网级综合运管平台，建立了基于城市基础设施多维数据库，集路网运行和运维时空多维数据为一体的数据仓库，通过与高德地图、斑马网络等互联网公司的信息共享，实现服务对象从城市基础设施本身转变为城市基础设施使用者的转型升级。

（3）设施维保服务

整合各方资源优势，并在设施维修中引入全生命周期运营规划，一改以往病害出现后被动运维的传统运维模式，引入运维设计理念，按照设施的实际运行状况，合理配置运维费用投入，延缓城市基础设施大修周期，提升设施服务质量，显著减少对城市运行的影响，提高城市运行效率，提升城市形象。

（4）应急保障服务

建立完善的突发事件处置预案体系、专业高效的应急抢险队伍，具备处理运维中各类疑难杂症的经验。在处理基础设施应急突发情况、恶劣天气等方面，形成了一整套涵盖人员、技能、设备、车辆、预案、演练、联动、后评估、危机公关等在内的应急保障体系。

3. 科学化的资源配置

根据全生命期运维需求，突出管理集约和技术集约，优化人员配置结构、生产设备配置（类型、数量、模式）、物资投入等，形成标准化模式后，做到同类型设施管理模式可复制可推广。

（四）建立数据驱动的全生命周期运维管理平台

文一路隧道 2018 年 4 月开始全生命周期运维试点应用，在评价体系等基础理论研究等方面取得了初步成果，是国内首个实现不全封大修的新建隧道，为加快成果的复制，充分利用信息技术，研发了信息化平台，加速推广应用。

1. 数据驱动的运维平台

创新性地研发了基于全生命周期的隧道运维管理平台，打通了隧道施工信息、运维信息和监测信息，实现了管养业务的无缝式溯源应用，并基于 BIM 轻量化技术实现了信息集成管理、多维度展示与驱动应用；通过定制的全生命评价体系，为隧道的预测性动态运维决策和可追溯式的精细化运维管理提供了可用工具；研发了基于全生命周期的隧道运维平台，融合了先进的大数据架构，解决了健康监测、运维工单数据、缺陷数据的大吞吐量、高并发应用瓶颈，有力支撑了全生命分析和评价，并具有很强的可扩展性和推广性。全生命管养平台及平台功能架构。平台在上海大连路隧道推广应用，大连路隧道成为国内首条复制推广全生命周期管理模式的已建隧道。

2. 运维平台的推广应用

在文一路和大连路隧道试点经验的基础上，逐步完善并形成了可复制推广的全生命运维管理模式。借助于信息化平台工具，分批向隧道股份运营管理的全部 27 条隧道设施进行全生命运维模式推广应用。

（1）加强培训宣贯，推广管理理念

组织项目部管理层从数据、运维资金、交通影响等多方面学习全生命管理理念；组织项目部操作层培训考核平台基础数据规范表单填报、技术状况评价表单填报、全生命平台使用闭环、全生命评价规范等。

（2）升级平台功能，推进设施上线

隧道全生命管养平台实现了从单项目向多项目的拓展升级。截至 2020 年 12 月，隧道领域 27 条设施（上海市 25 条，杭州 2 条）分批完成上线，实现统一智慧化管理，在国内首先实现了全生命周期管理模式规模化应用，并积极向外地市场拓展业务，如海口（文明东隧道）、苏州（阳澄西湖南隧道）等。

（3）设计指标体系，强化监管考核

基于全生命周期运维管理理念，针对各设施对运维工作的管理需求，从运行、养护、设施设备性能状况等多方面考虑，初步设计了以 13 个指标模块、32 个指标项为基础的多维度指标体系。并利用平台数据资源，从运维作业、内业管理等方面设计考核权重，初步建立了量化打分考评机制，对各设施平台应用情况进行定期考核。

（五）建立适应智慧化运维需求的组织保障体系

高效的全生命周期管理模式应有相配套的内部运营管理机制，计划作业模式的传统运维与全生命周期运维的专业化需求不匹配；传统以劳动密集型机制的人员和架构过于庞大，不能适应全生命周期模式下对管理平台、核心业务与专业外包的管理分层要求；新模式需要的健康监测、数据分析、机电集成等专业人才紧缺。针对以上问题，通过创新组织保障加以解决。

1. 构建组织保障体系

在向往卓越全球城市的转型背景下，城市基础设施运维模式升级和精细化管理的需求凸显，随着运维市场化改革的深入，隧道股份也面临由传统运维向标准化、信息化、智能化运维的转型需求。在这次战略调整的机遇中，明确隧道股份旗下的城市运营集团是落实基础设施（隧道）全生命周期模式实践的责任主体，将全生命周期实践效果纳入主要领导的考核体系中。在城市运营集团内部成立智能运维事业部作为具体的责任部门，担负起构建适应于全生命周期的组织构架和运维体系的责任，形成全生命周期实践的组织保障。

智能运维事业部坚持轻资产、管理型、扁平化的业务模式，坚持经济化（重管理轻资产高效益）、区域化（资源集成区域化管理）、信息化（全生命周期管理模式）的改革导向。通过隧道基础设施板块的改革，先行先试，在专业公司和社会资源支撑下，形成一套扁平化、可复制的项目部管理体系。通过大连路全生命周期管理智能运维平台的复制推广，将多隧道设施纳入统一的智能运维管理平台，实现管理标准统一、资源区域统筹、经济效益提升。

2. 集约化的项目管理

加强集约化的项目管理。将大连路隧道实践形成的标准化管理模式，在事业部内进行复制和推广，进行区域化的项目整合，实现对多条隧道设施的资源整合和统筹管理，通过规模化效应实现对供应链配置的提升，强化专业分包队伍的管控和优秀队伍的培育。

3. 引进核心专业人才

全生命周期实践模式是一种“标准化、数字化、智慧化”的管理体系，这都需要大量的专业技术人才作为支撑，进一步加大信息化、大数据专业人才，机电集成系统专业人才和复合型专业人才的引进力度，建立符合市场规律的激励机制，营造鼓励全生命周期创新发展的良好环境。

（六）建立投资设计施工运维一体化的管理模式

由于传统上运维期与建设期相对独立，无法统筹考虑规划设计、施工、运维的需求。对于运维期与建设期之间的矛盾点只能通过后期改造来达成，成本较高。对于投资资金，无法从全生命周期统筹考虑，最优使用。在全生命管理模式下，可增强运维期与建设期之间的协作，在规划设计、施工当中更多考虑运维期，运维期更多反哺规划、投资、设计、施工。

全生命管理模式可打通设计、施工、运维期间的数据链路，设施移交接管可通过 BIM 等方式将建设期信息传递到运维期，有利于运维期的病害溯源、安全风险控制。如文一路隧道在运维过程中，接收了设计图纸，BIM 模型，施工过程中的盾构掘进数据、施工大事记、施工缺陷和施工期监测数据等建设期数据，形成数据资产，指导运维。

基于隧道的施工期数据、竣工数据，计算隧道的初始状态，获取设计关键、施工问题，确定重点关注区域、设备，进行重点监测。大连路隧道在运维过程中，在 EK1+235 位置发现带有泥沙的少量渗漏水，通过系统追溯上次检查情况和周边渗漏状态，系统从空间追溯渗漏沿线前后区域的施工监测记录和大事记录，筛选出异常情况和发生位置，进行维修位置判断，最后确定 EK1+216 位置为问题结构位置，开凿该结构段 421 环注浆孔进行注浆堵漏。

通过运维期积累的大量设施设备的性能和运行数据，为设计、施工板块提供经验 / 技术 / 工艺 / 模式等方面的反哺，推进设计、施工方案的不断优化，从而更好地提升城市基础设施的综合性能与服务质量。从全生命周期成本最优角度考虑，对于一些运维需求，可以更容易在建设期得到满足，降低总成本。如文一路隧道在建设期，得到运维单位反馈，考虑运维期监测数据采集方便，在管片预制中进行了预埋件（哈芬槽类产品）的布设。可用于便捷安装各类后装传感器、数采设备、数据线。

三、创新成果成效

基于全生命周期的城市隧道智慧化运维管理体系的创新成果，是在新时代新基建的大背景下，围绕企业成为城市建设运营综合服务商的战略定位，根据企业的发展需求，从探索到实践然后成熟总结出来的，创新管理成果体系完备，示范应用体系成熟，是行业首创。

（一）资金使用效益提升

从资金的投入与产出两个维度评估隧道资金使用效益，全生命运维模式资金总投入最节省，设施服役性能退化较缓慢，使用寿命最长。以文一路隧道为例，考虑 50 年运维周期，结合价格上涨（估算 3%）、货币时间价值（6.55%）等因素。预测运维资金总投入，在全生命运维模式下为 260888 万元，在传统模式下为 293785 万元，全生命运维模式可节省 32896 万元，平均每年节省 657 万元，主要源于中大修资金投入的下降。全生命运维模式下文一路土建结构退化较缓慢，在保障隧道运维质量的前提下，提高了企业的经济效益。

（二）社会生态效益提升

1. 通行效益

采用全生命周期运维管理模式，可大幅减少隧道封闭大修对交通影响。以文一路隧道为例，按照传统模式，BOT 合同规定大修发生在第 18 年，年度大修时的交通流量影响车辆数将达到 20998303 辆。按照全生命模式，将大修拆解为多次专项维修，受影响车辆数为 1399886 辆，全生命模式下通行车辆影响减少 19598416 辆（93%）。

2. 社会效益

时间成本是由于交通堵塞导致的时间等待带来的机会成本或者产生的社会贡献。若文一路隧道实施封闭式大修，会造成周边道路将拥堵，经测算单车通行时间将增加 10 分钟。2018 年浙江每人每小时工业产值约为 73 元，则每人 10 分钟多为社会做的贡献为 12.2 元。根据单次大修对车辆的影响数量，可以得到全生命管理模式下交通影响带来的社会效益是 23845 万元。

3. 生态效益

能耗成本是由于交通堵塞带来的多消耗的能源成本。根据权威资料堵车时每公里用时间衡量油耗，3 分钟相当于 1 千米，以每辆车平均油耗每百公里 8 升计算，则全生命运维模式下平均每辆车每天减少额外油耗为 0.27 升。采用全生命运维模式可以节约油耗大约 3547 万元，可减少碳排放量约 19103 吨。

4. 其他效益

相比传统模式，全生命运维模式可以降低其他间接风险和成本影响，包括排污成本、身体疲劳成本、交通事故风险、对其他相邻路段的影响等。

（三）企业品牌效益提升

1. 获得“上海品牌”认证

建立了城市隧道精细化运维标准体系，编制了国内首部《城市隧道运维服务规范》，2019 年 11 月 26 日通过最终评审，颁布实施。凭借超越行业标准的运维水平，成功获得首个城市隧道运维服务“上海品牌”认证。

2. 创新成果输出和推广

上述成果已经得到了南昌、珠海、苏州、嘉兴、绍兴等城市管理者的认同，隧道股份正以全生命周期运维管理体系为核心竞争力，实现企业引领需求、创造需求的目标，实现上海管理模式和上海标准的输出，体现上海企业的责任和担当。

基于战略驱动的“精益改善周”活动构建

沃尔沃建筑设备（中国）有限公司

沃尔沃建筑设备（中国）有限公司（以下简称公司）是全球知名的沃尔沃集团旗下全资子公司，隶属于沃尔沃建筑设备事业部。公司总部坐落于上海自贸区的金桥进出口加工区，公司目前有员工约800人。公司的主营业务为工程机械设备的研发、生产、销售和再制造，产品包括履带式挖掘机、装载机，摊铺机和压路机。公司在上海和山东设有3个生产基地，并且在山东济南设有研发中心。上海生产基地成立于2002年，主要产品为大、中型履带式挖掘机，产品范围涵盖10个不同系列机型。上海生产基地有2个生产车间，分别是结构车间和装配车间，涉及焊接，油漆，装配等三大工艺，产品以内销为主。

公司秉承沃尔沃集团“质量，安全，环境”的核心价值，公司从成立之初，便引入卓越绩效管理，在追求卓越绩效的道路上，沃尔沃为同行树立了良好的典范。通过多年努力获得上海市质量金奖，中国质量协会“五星级现场”等荣誉。

沃尔沃精益改善周活动，结合本企业的运营实际，对改善周活动进行了创新改进，经过不断的实践、总结、调整、再实践，逐渐形成了一套指导思想明确、改善目标清晰、改进流程和方法标准化的具有沃尔沃特色的卓有成效的管理模式。沃尔沃精益改善周聚焦公司运营战略方向，OKR进行定义和分解，清晰的目标分解，为改善周提供了源源不断的驱动力。沃尔沃精益改善周全面改善，着眼点“五个不”，即着眼于全流程中不安全、不合理、不合格、不均衡及不增值等问题，通过全员参与、快速实施、迭代推进持续改善，实现战略运营目标的达成，精益改善周活动具有收益显著的特点，一周内看到变化和成果。并以精益改善周为突破点，结合各种改善平台，整个持续改进系统全面突破。例如将精益改善周活动过程中发现的中，大投入改善项目，授权给QCC/6sigma小组进行实施，大大促进了QCC/6sigma小组活动的成果。此外，沃尔沃精益改善周覆盖价值链的全过程。现代企业的竞争越来越强调整体价值链的竞争力，要想充分发挥精益改善周的作用，必须打破组织结构内的壁垒，以组织利益最大化为目标，通过全员参与，全过程覆盖来提升供应链的整体营运绩效水平。

一、“精益改善周”应用的背景

精益改善周管理模式的提出，是为了更好地应对公司面临市场机遇和竞争挑战，是公司进一步激活全员创新能力，实现集中、快速突破战略重点的关键举措。

（一）客户需求多元化、定制化促使企业提高制造柔性

沃尔沃上海工厂主要生产20~38吨中大型的挖掘机，为确保制造过程的高效率和克服场地限制，全部型号的挖掘机产品均在一条生产线上进行“单件流、多品种”流水线式装配。经多年努力，上海工厂无论在产品质量、效率、制造成本控制、交付能力上，均处于沃尔沃集团内部以及行业内领先水平。

随着中国城市化步伐的加快，国内挖掘机市场对挖掘机机型的需求出现了的新的变化，最大的变化是终端客户对小型挖掘机（12吨及以下以及超大挖掘机48吨及以上吨位）产品的需求比例不断攀升。其次，国家对于非道路移动设备的排放标准不断提升，于2016年4月1日开始实施国三排放标准，紧接着宣布从2021年开始使用国四排放标准。最后，终端客户个性化的需求越来越多，各种选择配置要求越来越多。这些变化拉动了市场对于新机型的需求，给企业带来了销售的上升，但同时也大大提升了生产制造过程的复杂程度。如何更快速、更高效地制造更多型号、多选装配置的挖掘机产品成了摆在公司管理层面前的棘手问题。考虑到投资以及场地等制约因素，沃尔沃决定通过对已有生产线进行改造，大幅度提高生产线的柔性化水平，以满足新的市场需求。

（二）激烈的市场竞争，促使企业降低整体供应链的成本

随着国内工程机械企业的迅速崛起，外资企业曾经拥有的技术、品牌等竞争优势已经越来越小，外资品牌挖掘机所占的市场份额逐年降低。为了保持或获得更高的市场份额，外资工程机械制造企业不得不在保持交付高产品质量的同时，大幅降低产品价格。沃尔沃公司的产品成本构成中，90%的成本为原材料采购成本，要想实现产品成本的降低，首要任务是降低整体供应链的成本。

（三）凝聚企业全员创新能力取得快速、集中突破的需要

公司自成立开始，始终把追求卓越绩效作为其发展的动力，陆续建立和完善了质量、环境、职业健康和安全管理体系以及精益制造体系。完善体系的同时开展了形式多样的持续改进和创新活动，包括员工合理化建议、改进竞赛、QCC 改善、6sigma 项目等活动。这些活动的开展给企业经营绩效的改善和培养员工识别问题、解决问题能力起到了重要的作用，但同时也暴露出一些问题。首先，这些改善活动多以班组和员工自发为主，改善目的不明确，无法聚焦到公司的战略关注领域上；其次，生产一线及班组人员对于改善的认知程度和重视程度存在较大差异，导致改善效果存在不协调；再次，由于员工需要在完成工作任务之后，进行改善活动，所以改善实施的速度通常较慢，而且小的、零星改善为主，能够获得较大收益的改善项目非常少。

在 2017 年企业三年战略规划会议上，以上的变化和需求被公司管理和决策层清楚地识别出来。经过认真的调研和充分的讨论，公司将“积极提升制造过程的智能化、柔性化水平，保持质量、交付、成本优势”以及“主动迎合国内市场变化引入新机型，成功切换符合国四排放标准的系列产品等优化产品结构”作为接下来的三年发展战略。为了达到这一战略目的，公司迫切需要找到一种切实有效的管理模式：以满足市场变化和提升整体价值链绩效为目的，通过激发全员创新能力，更有效地整合公司持续改善工具和方法，确保公司战略目标的实现。

“精益改善周”具有改善方向明确、集中全员创新能力、快速突破等特点，作为潜在的可行战略实施方案被公司管理团队提出。经多方调研，以及与沃尔沃总部精益生产专家团队多次讨论，公司确定了“基于上海工厂发展需求，从 2018 年开始导入和实施精益改善周管理模式，通过全员参与，进一步提升上海工厂制造柔性化水平来满足在已有生产线上制造更多新机型的市场要求，同时通过在全供应链实施精益改善周提升公司产品的市场竞争力”的战略措施。

二、“精益改善周”的主要做法

改善周活动最早起源于 19 世纪 80 年代丰田的改善活动，是一种利用精益生产改善工具及现场改善技术，对选定的目标或任务创建和实施的快速、直接、有效的管理方法。

从 2018 年开始，沃尔沃上海工厂开始引进改善周活动，结合本企业的运营实际，对改善周活动进行了创新改进，经过不断的实践、总结、调整、再实践，逐渐形成了一套指导思想明确、改善目标清晰、改进流程和方法标准化的具有沃尔沃特色的卓有成效的管理模式，主要内容和做法包括：

（一）精益改善周指导思想

精益改善周聚焦公司运营战略方向，为快速响应公司 2018—2020 年三年战略方向，公司经过管理层不断的探索和尝试，通过 OKR（目标于关键成果法），将公司的战略方向进行量化以及从上至下的细化和分解，形成了三大战略目标：提升制造柔性化水平；降低生产制造成本；优化持续改进系统。确定通过精益改善周开展推进和实现战略目标。

精益改善周着眼点“五个不”，即着眼于全流程中不安全、不合理、不合格、不均衡及不增值等问题，通过全员参与、快速实施、迭代推进持续改善，实现战略运营目标的达成。

精益改善周覆盖价值链的全过程。现代企业的竞争越来越强调整体价值链的竞争力，要想充分发挥精益改善周的作用，必须打破组织结构内的壁垒，以组织利益最大化为目标，通过全员参与，全过程覆盖来提升供应链的整体营运绩效水平。

（二）精益改善周组织人员保障

公司通过设立两个组织来确保精益改善周的实施，即精益改善周推进委员会和精益改善周实施小组。

精益改善周推进委员会由公司总经理直接领导，包括各个职能部门的负责人员，主要负责策划改善周主题、范围、目标、及所需资源等。此外，为确保改善周活动落地和运行，公司发动全体员工，确定通过在基层单位（班组及支持性部门）开展精益改善周活动，并成立不同主题和目标的改善周实施小组，小组成员包括：改善组长（kaizenLeader）、改善协调员、改善专家（KaizenCoach）、若干观察员组成。在改善组长的领导下，发挥团队智慧和创造力，通过边学边实践的方式，共同将精益改善周活动目标变成现实。

（三）精益改善周活动的过程和方法

1. 精益改善周实施范围和计划

传统的改善周，通常只聚焦在生产制造单元，公司充分认识到供应链是一个有机的整体，必须实现全流

程的优化，才能将精益改善周的效果得到充分的发挥。

另外，工程机械行业具有很强的周期性。一方面，工程机械行业的波动与国家基础建设的周期波动保持一致，另一方面，工程机械行业每年存在明显的淡旺季，即上半年市场需求旺盛，下半年需求相对减少。根据公司实际的生产安排，在策划改善周计划时，公司制定了旺季进行观察、快赢方案实施，淡季大幅度改善、下个旺季进行验证的总体方针。

公司通过对整体业务流程，通过使用 VSM（价值流程图）进行全面分析，识别并确定生产瓶颈工序，并结合战略目标实现重要程度、精益改善周开展难易程度，通过循序渐进方式部署实施范围和总体计划。计划通过 2018—2020 年 3 年时间，通过精益改善周 5 个实施阶段推进，即方法引入、关键试点导入、生产过程全覆盖、支持过程全推广以及整体价值链推广，逐步实现公司战略目标的达成。

2. 精益改善周的实施流程

公司开展精益改善周活动，经历了从试点，总结，发布，调整，推广，再发布，再总结，再推广的过程。历时 3 年时间，建立了包括 3 个阶段和 10 个过程目标的精益改善周实施流程。

精益改善周实施 3 个阶段为：改善策划阶段、改善突破阶段、持续改善阶段。

（1）改善策划阶段

在每一轮改善周的策划阶段，精益改善周实施小组组长根据改善周总体计划安排，组织和确定每次活动所需资源，确定具体目标、活动范围、实施小组成员及实施具体计划。为确保改善周活动具体目标实现，根据每次主题不同，建立并形成 10 个通用的过程目标。

（2）改善突破阶段

改善突破阶段，通过 5 天时间依次完成培训、观察、改善、实施、发表等 5 个步骤，形成快速实施的改善方案，达成改善突破阶段的改善目标。

改善周突破阶段，综合运用精益生产系统改善方法、IE 技术工具以及持续改进方法和工具，形成有针对性、逻辑性、适宜性的改善方法和工具，并通过理论学习和实践运用方式，确保过程运行方法有效。5 天时间安排根据不同目的形成了精益改善周流程方法矩阵表。

第一天：培训（培训实践，识别安全、质量问题）

精益改善周活动正式启动，并由改善专家通过对小组成员进行理论方法培训，目标是通过理论学习，现场观察实践识别生产过程中安全、质量问题，对现状工艺过程进行初步分析。

第二天：观察（作业时间记录、不增值的问题识别）

通过改善小组现场观察活动，目标完成现状工艺作业时间分析，不增值问题的识别和记录；包括绘制现状生产布局、节拍时间、作业时间、标准化作业、生产人力数、生产线平衡率、价值流程图、库存水平等相关数据；

第三天：改善（生产线再平衡、快速构建改善方案）

改善小组基于现状时间观察数据，绘制现状作业山积图。基于目标设定，通过头脑风暴的方式，遵循 ECRS（消除，合并，替换，简化）改善原理，通过小组讨论构思和快速构建新的改善方案。新的改善方案草案形成后，形成快速作业标准并与员工进行培训和沟通。

第四天：改进（改善点快速实施、快速方案验证）

改善小组将对快速形成的改善方案，通过布局优化、工序再平衡、目视化改善、5S 改善等手段，对不安全、不合理、不稳定、不增值作业进行快速改善，通过时间观察进行再次验证，确认改善效果。

第五天：发表（总结标准化、形成持续改善阶段计划）

改善突破改善成果进行总结和形成改善总结报告，改善成果形成标准化。每位小组成员对改善点进行现场发表，管理层给予点评和评估，并部署下一步持续改善阶段的改善计划。

（3）持续改善阶段

持续改善阶段将对改善突破阶段收益成果巩固，对所有问题点发现进行持续改进和跟踪，目标是在 3 个月全部完成，实现精益改善周活动目标。持续改善阶段总要活动包括：

①改善周识别问题的分析、跟踪

改善突破后第一周，对改善突破阶段的问题发现，进行分类和整理，召集相关部门成员对每项问题进行评估，并制订 3 个月的改善计划，形成定期回顾和跟踪机制。改善周过程中发现的需要实施技改的项目或者复杂程度较高的项目，公司授权给 QCC 小组进行改善实施，这一做法大大促进了 QCC 小组活动的成果。改善周活动作为持续改进的突破点，全面提升持续改善系统。

②改善周流程的优化和迭代

改善周推进委员定期对改善周活动开展形式，包括资源利用、目标达成以及改善周活动机制进行回顾和改进。上一轮改善周活动收益及改善输出将作为下一轮改善周活动输入，每季度进行回顾和持续改善。

（四）精益改善周活动激励机制

为激励精益改善周活动持续有效运行，公司改善周推进委员会设立了物质奖励和精神奖励相机和的激励机制。

物质激励主要包括：

（1）每轮改善周最佳改善个人奖；

（2）季度改进项目奖；

（3）同时将员工在改善周活动中的表现与员工职位晋升、加薪调整、年度明星员工选举等直接挂钩。

除了物质激励措施之外，公司还对在精益改善周活动中表现突出的个人和集体给与精神激励，主要措施包括：

（1）将改善周活动表现突出个集体和个人在员工大会上进行表彰；

（2）将改善活动中的先进个人的集体在公司电视系统以及内部网站上展示；

（3）提供专门的改善之星车位；

（4）为了加强改善周专家团队以及领导团队的能力，公司每年质量月活动将会对改善周活动中改善组长KaizenLeader进行考核和认证，认证通过给予荣誉证书和奖项颁发。

三、“精益改善周”的效果

公司自2018年开展导入精益改善周活动至现在，共开展了15次改善周活动，涉及范围包括生产制造过程（焊接、油漆、组装）、生产支持过程（物流质量检验）、供应商生产过程以及临沂生产基地。

通过精益改善周活动持续运行，成功实现了公司三大战略目标的实现：制造柔性化水平持续提升；生产制造成本持续降低；持续改进系统不断改善。具体收益表现为以下三大方面：

（一）制造柔性化水平提升

1. 持续满足增长市场交付需求

2. 沃尔沃挖掘机市场占有率提升

3. 持续满足新机型顺利导入

4. 混线生产：生产线平衡率持续提升

5. 3-3-3全能工人覆盖比例持续改善

（1）3-3-3第一个3是指一个人会3个岗位

（2）3-3-3第二个3是指一个岗位3个人会

（3）3-3-3第三个3是指一个班组3个人全会

（二）生产制造成本降低

1. 标准工时降低

2. 直接制造成本降低

（三）持续优化持续改善系统

1. 持续改善人均数量

人均改善数量：7个/年提升至15个/年，达到了行业最佳水平。

2. 改善组长人员培养

2018—2020年，共计300人次参与了改善周活动。

共培养了7名改善周组长、培养了4名改善专家，并且得到了沃尔沃集团总部的认证。

（四）取得的社会效益

1. 提升安全

沃尔沃改善周活动得到了公司领导及员工的广泛认可与支持，该活动的开展也从各个维度创造企业的社会价值，改善周的开展已经为公司识别并消除了502多个安全隐患，其中80%已完成安全改善，降低员工作业风险事故发生的概率，能够在更安全的环境下工作也使员工的家庭生活更加和谐安定。

2. 保障质量，节能减排

改善周活动过程中也有不少关于节能减排的改善点，通过快速改善及项目形式的持续改进，消除现有过程中的无组织排放及通过优化工艺过程，在保证客户质量的同时，优化有机溶剂的用量。公司不断致力于降低对于环境的影响，也得到了地方政府及周边居民的肯定，公司与2019年获得政府颁发的“环保诚信企业”，“幸福金桥关爱文化师范单位”等殊荣。

3. 人才培养，管理提升

改善周活动对于人员发展及供应链上下游管理能力的提升也起到了至关重要的输出。共近300人次参与了改善周活动，提升了一线员工改善认识水平以及改善方法运用掌握能力；提升了跨团队合作氛围和团队合作能力，为企业内部培养了7名改善周组长，以及4名改善周指导员。改善周也横向带动了上下游供应链的参与，供应商通过与沃尔沃学习对标，也在内部开展改善周活动，对于供应商的管理能力，质量，交付，成本也有很大的优化及提升。

公司从2018年开始导入改善周，经过3年的不断尝试、总结和优化，逐渐形成了一套目标明确、全员参与、覆盖全价值链、过程和方法合理的精益改善周管理模式，为公司制造过程柔性化水平的提升、全员参与持续改进的意愿和能力的提高，以及公司经营绩效带来了较大的收益。目前正处于制造业转型的关键时期，企业需要从传统的经营管理模式，逐渐向精细化管理、智能化管理方向转变。沃尔沃会以此为新的契机，通过持续实施和优化精益改善周管理模式，聚焦关键问题，发挥全员系统化改进优势，确保公司各项战略措施和目标得到分解、实施和实现。

“注册人制度”下管理变革与运营协同实践

上海微创医疗器械（集团）有限公司

微创起源于1998年成立的上海微创医疗器械（集团）有限公司，是一家中国领先的创新型高端医疗器械集团，总部位于中国上海张江科学城，旗下以及持股的关联独立企业超过25家，在中国、美国、法国、意大利、多米尼加共和国等地均建有主要生产（研发）基地，形成了全球化的研发、生产、营销和服务网络。公司现有员工7000余名；已上市产品300余个，已进入全球逾1万家医院，覆盖亚太、欧洲和美洲等主要地区，平均每6秒就有一个微创产品被用于救治患者生命或改善其生活品质或用于帮助其催生新的生命。公司现已拥有专利（申请）4600余项；累计5次荣获国家科技进步二等奖；20个产品进入国家创新医疗器械注册绿色通道。

多年来，我国医疗器械的注册与生产两大环节被“捆绑”在一起，必须由一个主体来完成注册与生产。这种“捆绑”模式影响了企业创新研发和持续提高产品质量的热情，也限制了创新要素合理配置。为对接国际标准，2017年12月，上海市出台了《中国（上海）自由贸易试验区内医疗器械“注册人制度”试点工作实施方案》，符合条件的医疗器械注册申请人可单独申请注册证，然后委托给有资质和生产能力的企业，从而实现产品注册和生产许可的“松绑”。自2019年10月的《长三角洲区域医疗器械注册人制度试点工作实施方案》发布以来，“注册人制度”已从上海自贸区扩至三省一市。

政策变革给企业带来了新的发展机遇，微创作为这次政策变革的首批响应者和践行者，在保证产品质量的同时，反复总结出一套标准化、可实施、可复制的注册人项目管理模式，对医械行业推广实施该制度具有较大的借鉴意义。

一、成果实施背景

（一）国际监管惯例可借鉴

欧盟是实施上市许可持有人制度比较早的地区，至今已经形成比较完善的医疗器械安全治理体系。欧盟对上市申请人提交的所有申请文件经审批机构检查通过后，申请人才能获得产品上市许可。获证后，申请人也就成为上市许可持有人，可委托不同的生产商生产医疗器械产品。

美国FDA（美国食品药品监督管理局）对医疗器械的上市监管，按照风险的类别进行分类管理，上市申请人通过向监管当局提交上市申请，相应制造商在满足监管法规要求的前提下，可通过申请，使产品上市销售；在产品上市后，上市申请人可自行生产或将其委托给具有资质的生产企业。

日本在上市许可持有人制度的监管要求与美国的做法类似。

（二）国家频出政策组合拳

一个医疗器械产品从研发设计阶段到走向消费市场，至少应经历设计开发、注册检测、临床试验、注册申报、生产许可申请等漫长的无盈利过程。我国医疗器械长期以来注册与生产两大环节被“捆绑”在一起，必须由一个主体来完成注册与生产。这种“捆绑”模式目前未顺应国际发展趋势，影响了企业创新研发和持续提高产品质量的热情，也限制了创新要素合理配置。

国务院于2017年3月发布《关于印发全面深化中国（上海）自由贸易试验区改革开放方案的通知》，力求优化创新要素的市场配置机制完善药品上市许可持有人制度，并允许自贸试验区内医疗器械注册申请人委托上海市医疗器械生产企业生产产品。2017年10月，国务院办公厅印发了《关于深化审评审批制度改革鼓励药品医疗器械创新的意见》，要求以“鼓励研发创新、改革审批方式”为中心，完善审评审批制度，激发医药产业创新发展活力，允许医疗器械研发机构和科研人员申请医疗器械上市许可。2017年11月，原国家食品药品监管总局批复同意上海落实《全面深化中国（上海）自由贸易试验区改革开放方案》实施方案。至此，实施医疗器械“注册人制度”的相关工作正式开始推进。

（三）上海自贸区先试先行

为响应国家的号召，原上海市食品药品监督管理局在2017年12月出台了《中国（上海）自由贸易试验区内医疗器械注册人制度试点工作实施方案》，为政策的落地和实施提供了指导方案，给企业“松绑”。2018年7月，“注册人制度”试点范围由自贸区扩大至全上海市。

符合条件的医疗器械注册申请人可单独申请注册证，既可自行生产，也可委托给有资质和生产能力的生产企业生产，从而实现资源的合理配置，缩短医疗器械上市周期，激发了企业内部的创新活力。

然而，在注册人享有各种政策红利的同时，其责任也只多不少，公司为抓住“注册人制度”带来的各种机遇，急需形成一套流程化的注册人项目管理机制，既能满足内部管理的需求、又能符合外部监管的要求。

二、成果的内涵

“注册人制度”的核心意义是鼓励医疗器械研发创新，推动医疗器械生产专业化，让有研发能力的企业、个人、科研能够更加专注研发，让具有硬件设施和丰富管理经验的医疗器械生产企业和新型代工型制造业更有利于发挥制造优势。“注册人制度”落地实施与企业管理多个方面息息相关，微创集团通过实践运行梳理出一套以质量管理为核心的新管理方式。

主要变化 1：整合优势资源，寻求专业化和集成化发展新模式。

微创集团配备的资源已满足上市产品要求，但随着新兴产品研发领域的扩展，势必需要按产品的上市持有人及产品要求来增加投入相应的人、机、料、法、环、测等资源。“注册人制度”给我们带来了新的思考，微创集团整合现有散布在潜在受托方（B）的资源，在现有相对成熟的管理方法中寻找突破，明确功能定位，加快产品上市步伐，加速集团形成新的发展模式。

主要变化 2：调整职能架构，变化后的架构模式适应新业务布局。

微创集团使用在医疗器械行业中，传统职能的布局分配以适应行业通用做法。在注册人制度实施后，业务的职能架构作出相应调整。

由原来一个主体的全部职能，转变为委托方（A）和受托方（B）相应的职能。委托方（A）和受托方（B）整体职能共同满足产品实现的需求。

主要变化 3：双方各司其职，按产品生命周期分解职能实现高效协作。

微创集团针对医疗器械各类注册人项目中，双方按其职能参与项目，淡化行政级别，通过委托方（A）和受托方（B）各职能分工，为项目的推进贡献价值，平行合作、统一目标从而提高效率。

“注册人制度”涉及企业管理的多个层面和管理变化，但“注册人”产品上市的核心是在有效实施以质量为中心的管理体系基本要求的基础上，进一步在操作层面对注册人（下文统称委托方（A））与受托方（B）的职责与权限分解细化。集团在成功实践注册人项目的基础上，总结出医疗器械注册人“九宫格”交互管理框架图。

三、成果的主要做法

鉴于医疗器械产品上市前置审批的特殊监管方式，注册人项目确定委托方（A）和受托方（B）相关职责和权限，形成适宜的管理体系，结合“人、机、料、法、环”的生产需求，运用人流、物流和信息流之间的交互，所有医疗器械产品必须 100% 保证使用安全有效，因此，无论是自行生产还是委托生产，质量责任主体为注册人本身，特别是对于委托生产，应用以质量为中心的管理体系有效运行，监控受托方体系的符合性、适宜性、有效性；从产品生命周期的各环节出发，运用风险管理的思维，从而生产出合格的产品，以满足相关的法律法规和双方协议的要求，从而实现在“注册人制度”下，合作双方资源配置最大优化并推进产品快速上市。

（一）联合“三方”创建合作共赢关系

1. 委托方和受托方

（1）质量保证

委托方（A）作为上市许可持有人对产品质量负责主体责任，而受托方（B）对产品在制造环节中的质量保证负责任。受托方（B）在制造环节的质量控制，通过多渠道的信息反馈给委托方以实现双方之间的信息传递和监管。双方通过交互技术文档、认可制造能力、共同参与不合格品处理、分配产品放行权限、满足质量协议相关义务等来进行人流、物流、信息流的之间的交互。

（2）知识产权

在注册人制度的相关法规中包含签订《知识产权保护协议》的要求。通常委托方（A）作为研发者是知识产权的拥有者，技术文件是委托方（A）在设计转化前就已明确归属。值得注意的是生产技术的变革，经过实践产生的技术变革往往更有实际用途，受托方（B）是生产的第一现场，因委托产品而发生的生产技术变革可由受托方（B）提出，由委托方（A）通过变更程序重新更新技术文件，推广到生产活动中。这一点在《知识产权保护协议》中有明确的说明。

（3）商标管理

医疗器械上市均采用注册分类目录中的通用名称，对于“注册人”产品的商标归属委托方（A），这在双方签署的《知识产权保护协议》中已有明确约定。

（4）资金管理

受托方（B）通过提供加工服务履行委托生产合同，并收取加工费用。在双方合作关系中，财务资金等由双方委托加工合同中明确结算方式。

2. 监管方与委托方 / 受托方

医疗器械的监管是“属地化”管理，委托方（A）通常作为上市许可持有人受当地药品监督管理局的监督管理，在“注册人制度”下，仍然保持传统的监管关系。在质量体系考核、日常监管、飞行检查、产品抽检的活动中，其主要监管方式为审核员现场检查、审核证据的提供、审核报告的信息交互。

对于受托方（B）的监管，通过监管方对委托方（A）所承担的履职情况（委托方（A）监管受托方（B）的合规性）的监督查验间接体现。

委托方（A）、受托方（B）与监管方三方在医疗器械产品的上市及上市后的过程中，形成一个有序的共同体，既不会给新模式下的产品监管带来额外的风险，又能达到传统监管模式的效果。

（二）融合“三规”实现管理体系创新

1. 双方体系优化依据

“注册人制度”下的管理活动是以质量体系为中心而开展的持续性体系优化的活动，是根据新法规的要求及委托方（A）和受托方（B）之间相互的约束而不断完善双方质量管理体系的过程。

输入——法规与协议：委托方（A）和受托方（B）根据“注册人制度”的要求形成约束双方的委托合同及质量协议，明确验收方法、结算方式、以及双方在产品实现过程中保证产品质量的职责与义务等；

输出——升级后的体系：充分整合委托方（A）和受托方（B）现有资源，结合法规与协议的要求，形成匹配双方相应角色的有效管理体系。

2. 双方体系优化流程

（1）组织架构

委托方（A）和受托方（B）组织架构依据需要作出相应调整，委托方（A）以项目研发团队为基础，在设计转移阶段分配相应职能。受托方（B）在不影响原组织架构的情况增加项目接口人在内部各职能中形成集中沟通机制，通常项目接口人由管理者代表任命，在单一注册人项目中授权管理者代表的部分权益，承担相应职责。通过委托方(A)供应链负责人和受托方（B）项目接口人之间集中沟通机制，在其各组织内部职能间传递和实施相应需求，保障体系运行的通畅性。

（2）职责分解

《医疗器械质量管理规范》（GMP）是医疗器械企业获得上市许可和生产许可的前提。每一对相互合作的委托方（A）和受托方（B），在注册人项目实际的合作过程中，对于资源的需求、合作的意愿与利益关注点都不同。公司依据国内 GMP 的要求，从人、机、料、法、环、测等维度，将委托方（A）和受托方（B）的权利义务按照以下 11 个模块进行职责分解。

（3）体系运行

在双方管理体系运行过程中，除需要考虑自身满足 GMP 的基本要求外，委托方（A）作为产品质量的主要责任人，还需确保受托方（B）持续满足 GMP 以及产品质量的要求；将 GMP、《医疗器械注册人委托生产质量管理体系指南》《上海市医疗器械注册人制度试点工作实施方案》等法规以及双方约定的协议作为输入，在体系运行过程中形成“综合评价、日常监督、批准上市放行、供应商管理、管理评审、上市后反馈”等一系列流程性活动作为合规体系的输出，来确保受托方（B）持续符合要求。

3. 注册人项目运营实践

以集团内现有设计开发模式为基础，委托方（A）作为项目研发过程的主体，主导完成产品的设计开发。在医疗器械设计开发过程中，通常伴随着产品实现需求的前期导入，可通过《技术服务合同》，在研发期间合规合理调用硬件资源、人力资源和部分知识成果，实现资源共享。

在设计开发阶段，依据产品生命周期管理流程要求输出相应的技术文档（技术文档包括产品规范、采购规范、原材料质量标准、工艺规范、生产标准操作流程、检验的标准操作流程等），输出结果时间和先后顺序参照产品生命周期各阶段的要求。

设计转移阶段，委托方（A）输出的技术文档作为其知识产权受法律保护。委托方（A）寻找具有全部生产能力或部分生产能力的受托方（B），通过前期意向洽谈、管理层确认、缺乏资源的补充等活动，输出《委托生产综合评价报告》，报告的内容主要包括：受托方（B）法规标准的符合性评价、质量管理体系评价、综合的生产能力的评价等 3 个方面。确定受托方（B）具备完成样品生产的能力，并与之签订委托生产合同和委托生产质量协议。

设计转移过程主要工作内容：

（1）技术转移与培训

委托方（A）在设计开发阶段形成的技术文件，在委托生产前通过纸质文件或电子文件的形式转移给受托方（B），并对受托方（B）的相关人员进行培训和考核确认。

（2）过程能力的确认

为保证工艺的稳定和有效，需要对过程能力进行确认。在首次过程确认中，委托方（A）作为主导者，需要确认工序的稳定有效，受托方（B）作为协助者共同完成确认。

（3）试生产结果评估

试生产是验证产品是否适应于工业化生产的试金石。受托方（B）是试生产活动的主导者，委托方（A）需同步参与，了解其转化过程中的问题并逐一改进。受托方（B）在《试生产报告》评估合格后，方可正式承接委托方（A）产品的大规模委托生产。

过程确认与试生产是技术转移的主要活动，此活动中双方实现主导与参与的角色互换，逐步完成转移的过程，以委托方（A）认可《试生产报告》的结论为技术转移活动的终点。

4. 委托生产监测活动

项目运营实践过程中伴随着各类监测活动，在批量生产阶段的监测通过以下几种途径开展：

（1）批次实时监测：产品上市放行前审核

委托方（A）的现场 QA 在受托方（B）生产场地进行产品放行审核，填写产品上市放行单。

（2）月度趋势监测：跟踪质量水平趋势

由委托方（A）建立数据收集制度，向受托方（B）收集产品制造过程中质量水平相关的数据，收集的周期可根据具体的产量、品种等来调整。

（3）年度监测：

1）年度受托方审核

委托方（A）将受托方（B）作为供应商进行管理，通过建立《受托方综合评价与监督审核》来进行年度审核。

2）年度风险管理评价

由委托方（A）建立数据收集制度，向受托方（B）收集风险管理相关的数据，收集的周期可根据具体的产量 / 销售量和产品的风险程度来调整。

3）委托方管理评审

将受托方（B）的审核结果和风险管理评价的结果作为年度管理评审的输入。

（三）汇合“三流”形成敏捷交互机制

鉴于医疗器械上市预审批的监管特性，在完成试生产后，按以下活动逐步实现大规模委托生产。在产品的生产阶段，主要通过“人流”、“物流”和“信息流”实现过程交互。在交互过程中，人和物都可作为信息的载体相互传递。受托方（B）按照委托方（A）的订单要求和制造规范，完成生产任务并交付产品。

1. 人员权责无缝对接

为了更加高效的进行委托生产过程中的沟通，避免多人对接所产生的信息不对称，双方分别任命一名项目接口人，在过程中关于需求与变更的建议均由双方项目接口人互通，以确保信息准确性。

委托方（A）项目接口人：负责与受托方（B）联络对接，协调关于生产、工艺、质量的相关事务。

受托方（B）项目接口人：负责与委托方（A）联络对接，就生产、工艺、质量等问题统一调配资源并及时反馈给委托方（A）。

（1）原材料控制

由委托方（A）研发职能人员实施对原材料的评价，由委托方（A）供应链职能监控受托方（B）对合格供应商的选择与评价，并定期对受托原材料采购控制进行监督；受托方（B）职能人员执行采购、检验和原材料仓储等活动。

（2）生产控制

委托方（A）授权生产监控人员，并对受托方（B）的生产情况实施定期监督审核；受托方（B）的生产人员按要求执行生产，并定期协助接受现场审核。

（3）产品放行

注册人项目产品的放行，依据法规的要求分为产品的生产放行和产品的上市放行。产品的生产放行，由受托方（B）的放行人进行生产放行审批，该放行人由委托方（A）审核并授权。产品的上市放行前由委托方（A）的 QA 去现场实施过程真实性随机抽样核查，最后由委托方（A）的上市放行人批准产品的上市放行，完成生产交付。

2. 信息传递通全精快

委托方（A）与受托方（B）的信息交互是委托生产过程中重要的条件。信息的交互包括技术文件、产品实现过程、不合格品处理以及上市后不良事件信息的交互。

（1）技术文件信息的转移与培训

委托方（A）输出技术文档转移给受托方（B），受托方（B）按照内部文件控制程序要求将其作为外来文件保存管理。下图为集团内部使用的 portal 系统流程，通过该系统转移技术文档可减少相互确认时间，提高交互准确性。

委托方（A）在设计开发阶段形成的技术文档，在委托生产前需转移给受托方（B），并对受托方（B）人员进行培训。培训应当覆盖受托方（B）一线操作人员以及相应职能负责人，以保证人员培训的传承性，使得在工艺无变化的情况下，受托方（B）内部人员的变化不直接影响产品的生产加工过程；对一线操作人员的培训应注重其有效性，对受训人员进行考核合格后，才能上岗。

（2）生产实现过程信息的下达与转化

生产实现过程信息交互流程中，委托方（A）通过在系统中发起采购申请流程，向受托方（B）发起生产订单需求。

受托方（B）将订单需求转化为生产计划，并按照计划组织生产并交付。

（3）不合格品信息的处置与评审

产品实现过程中不合格的处理，都根据受托方（B）的流程进行处理，委托方（A）通过参与不合格处理的评审，实时了解生产状况。

（4）不良事件信息的上报与召回

生产后信息的提供是风险管理的信息来源，不良事件上报与召回是医疗器械产品上市后非常重要的事务。委托方（A）作为注册人是不良事件上报和召回的主要责任人。受托方（B）在接收到信息后主要及时通知委托方（A），使委托方（A）及时满足法规的上报时限。在发生召回事件时，委托方（A）会及时通知受托方（B）需配合的事宜，完成召回事件的处理。

3. 物品流通职责分明

物流的交互主要体现在原材料采购、不合格品处置以及成品交付这些活动中。

（1）原材料采购

原材料可以分为通用原材料和特殊原材料。通用原材料由受托方（B）代为采购。由于医疗器械的特殊性，为了技术保密，特殊原材料可以由委托方（A）自行实施采购行为，实物可由委托方（A）自行储存或由受托方（B）代为储存。

（2）不合格品处置

原材料、过程在制品、成品中产生的不合格品，委托方（A）在处置过程中参与处理的评审，并同意处理决定。在完成不合格评审流程后，实物由受托方（B）按照处置决定进行处理。

（3）成品交付

成品在交付后，根据双方约定，可存储于委托方（A）仓库、受托方（B）仓库、委托方（A）指定的仓库。并由实物存储仓库提供方负责相应的发货与运输服务。上市后返回仓库的产品，由协议约定方进行回收处置。

综上所述，通过人流、物流与信息流的交互，结合医疗器械质量管理体系的系统流程，委托方（A）和受托方（B）通过系统分工完成医疗器械产品的生产过程，在整个产品实现过程中满足了法规、协议和体系的要求。

四、成果的实施效果

（一）完善全要素体系，形成标准化委托模式

公司通过识别“注册人制度”及相应指导原则的要求，在“九宫格”交互管理模式的基础上，完善了全要素体系要求，形成标准化的委托模式，建立了同时适用于委托方（A）和受托方（B）的管理体系，形成了管理金字塔。

截至目前，公司共建立和完善标准化文件 43 份、支持性表单 57 份。

（二）降低全过程成本，促进高效化上市流程

从 2018 年 2 月至 2020 年 9 月底，短短 2 年多时间，微创集团旗下已有 7 个注册人产品获证上市。

对比传统医疗器械开发项目，“注册人制度”下的项目具备“轻资产、快上市”的特点。

典型案例：全国首个注册人项目(单道心电记录仪)

2018 年 2 月，微创集团旗下上海微创电生理医疗科技股份有限公司以“注册人制度”为依据，其子公司上海远心医疗科技有限公司将其拥有知识产权的单道心电记录仪产品，委托给拥有生产能力的上海微创电生理医疗科技股份有限公司生产，获得全国范围内“注册人制度”下的第一张注册证。产品上市后，当年其销售数量就达 900 台，销售额 73 万元。同时，与一般产品的生产投入相比，其人员、物料、设施设备投入等生产性成本节约近 64.4%，约 100 万元。

（三）整合全集团资源，拓展多样化委托形式

2018—2019 年，监管部门不断摸索，先后出台京津冀、长三角、广东省等地的“注册人制度”互通合作的一系列法规，打出了医疗器械监管改革创新的组合拳。随着医疗器械“注册人制度”试点扩大至全国范围，进一步推动集团化企业各职能的差异化分工协作，形成区域聚集效应，资源优化配置效应也愈加显现。在“注册人制度”持续扩大的影响下，集团也在委托区域及委托主体两大方面逐渐拓展。

1. 区域拓展

（1）从浦东自贸区拓展至全上海市

2018 年 7 月，原上海市食品药品监督管理局发布了《关于将本市医疗器械注册人制度改革试点扩大至全市范围实施的公告》，集团结合《公告》与“注册人制度”的要求，也逐渐将自贸区内的委托拓展至上海市内的委托，目前持续进行中的项目有 10 余个，产品覆盖多个领域。

（2）从上海市拓展至长三角

2019 年 10 月，上海市、江苏省、浙江省、安徽省药品监督管理局协商一致，制订《长江三角洲区域医疗器械注册人制度试点工作实施方案》，将“注册人制度”的实施范围由上海市扩大至长三角。这一举措也推动了集团下不同地域各公司之间的合作，在长三角范围内（除上海市），30 余个“注册人”项目正如火如荼开展中。

（3）从长三角拓展至全国

2019 年 8 月，国家局发布了《关于扩大医疗器械注册人制度试点工作的通知》，将“注册人制度”的试点范围扩大到北京、广东等多个省市，各省市也陆续发布了相应的方案与指南。在此情况下，集团继续推进“注册人”项目，目前全国范围内（除长三角区域）已有 2 个“注册人”在进行中。

微创总部及旗下各子公司的注册人项目已经形成上海市内的“微三角”、覆盖江浙沪的“长三角”，并逐步向华北、华东、华南地区延伸。未来，我司将进一步覆盖“中三角”地区，并结合集团发展战略将注册人项目管理模式在全国乃至全球业务推广延申，助力指数型经济增长模式转化。

2. 主体拓展

（1）集团内交流合作

集团内各业务利用自身优势，增进合作和交流，形成共赢。目前微创集团旗下各业务及子公司，有 20 多家公司，近 50 个注册人项目在如火如荼的进行中。

（2）集团外资源引入

引入集团外优势资源，形成产业内增值合作，取长补短，促进医疗器械行业良性竞争与发展。

（四）助力全行业发展，布局平台化共享经济

微创集团在旗下各子公司实行二级管理独立运营的同时，将公共资源在集团层面进行了整合，搭建了“1+12+1”的创新和产业化平台，汇聚全行业合力攻坚技术难题，优化资源提高效益。如“良知创意中心平

台”是医生创意“萌芽”之所和工程师创新“策源”之地；“数值仿真中心平台”负责产品前期虚拟开发等相关的技术支持工作，并提供优化设计、动力学分析产品前期虚拟开发等相关的技术支持工作。

为响应国家长三角“一体化”战略、“健康中国”战略，微创集团打造的“1+12+1”的平台，为我国医疗器械行业实现高质量发展构建了世界一流水平的医疗器械研发制造基地。

（五）利用全方位资源，突破国产化供给瓶颈

在“注册人制度”下，充分利用好国内高端医疗器械龙头企业优势，整合内外部资源，可形成产业合力，大大降低新产品研发和生产周期。特别是对于行业内资源有限或部分缺失的企业，具有极强的参考和实践价值，提供了新的发展路径。从国家全局看，势必大幅缩短医疗器械产品国产化的步伐，促进形成医疗器械新业态下的国内大循环经济。

（六）响应全社会需求，提供普惠化美好生活

“注册人制度”是国家、企业、患者的共同期望，伴随政策持续落地，可预期的大量国产化产品上市，会有更多的医械产品将纳入社保范围，也势必大幅拉低同类进口医械产品售价。不仅有助于缓解国家医保压力，更将为所有患者提供性价比更高、更普惠化的治疗解决方案，为满足患者对于美好生活的向往提供强大助力。

未来，集团会继续紧跟行业动态，加强研究借助于区块链技术以创建安全且高度可视化的监管链记录、对医疗器械产品生命周期的标记活动等技术；同时整合各界资源，在持续保持合规的前提下，着力在全行业范围内推广资源共享化平台，以达到解决供需矛盾，实现共享经济的最终目标。

围绕“云网芯”布局下的智慧运维管理模式实践

上海宝信软件股份有限公司

中国宝武钢铁集团有限公司（以下简称中国宝武）由原宝钢集团有限公司和武汉钢铁（集团）公司联合重组而成，于2016年12月1日揭牌成立。2019年9月19日，中国宝武对马钢集团实施联合重组。中国宝武注册资本527.9亿元，资产规模超8600亿元，是国有资本投资公司试点企业。2019年，中国宝武实现钢产量9546万吨，营业总收入5522亿元，利润总额345.3亿元，经营规模和盈利水平位居全球第一，位列《财富》世界500强第111位。

上海宝信软件股份有限公司（简称宝信软件）系中国宝武实际控制、宝钢股份控股的软件企业，于2001年4月上市，公司总部位于上海自由贸易试验区，注册资本11.4亿元，在职员工近5000人。2019年，公司实现营业收入68.49亿元，实现归属上市公司股东的净利润为8.79亿元。宝信软件坚持“智慧化”发展战略，深入践行“互联网+先进制造业”，加大投入工业互联网平台建设，引领制造业向数字化、网络化、智能化转型升级。

一、围绕“云网芯”布局下的智慧运维管理实践背景

（一）国家战略对智慧制造与工业互联网提出的新要求

两化融合是信息化和工业化的高层次的深度结合，是指以信息化带动工业化、以工业化促进信息化，走新型工业化道路。工业互联网是两化融合的必然产物，是智慧制造与工业领域信息化建设最重要的基础设施。党中央国务院高度重视发展工业互联网，2017年12月8日，习近平总书记在中共中央政治局第二次集体学习时明确提出：要深入实施工业互联网创新发展战略，系统推进工业互联网基础设施和数据资源管理体系建设。李克强总理在2019年政府工作报告中明确提出：推动传统产业改造提升，打造工业互联网平台，拓展“智能+”，为制造业转型升级赋能。国家层面对智慧制造与工业互联网的大力推进，也为信息化领域智慧运维的高速发展创造了基础条件。

（二）新兴技术对工业领域信息化建设提出的新挑战

随着两化融合的持续、深度推进，信息化对工业化的支撑作用将越来越重要，特别是在智慧制造大背景下，云计算、大数据、工业互联网、人工智能、5G等前沿技术将带动工业化高速发展，大量新技术应用到工业领域之中，让企业的IT环境进一步复杂化。例如，云计算技术所带来的资源池化与资源隔离的双重要求，大数据所带来的数据安全与数据治理难题，工业互联网所带来的IT与OT融合新要求，人工智能所引领的算力、算据、算法的爆发式增长，5G对传统网络所带来的便捷性与安全性之间的矛盾等，都对工业领域的信息化建设与运维提出了前所未有的新挑战。

（三）行业内大型企业在IT建设与运维领域面临的难题

行业内的大型企业，尤其是大型央企，往往组织机构庞大、分支机构众多，且这些分支机构地处全国各地，甚至是全世界范围布局。这类企业，恰恰又是信息化、智能化投资最密集，信息资产价值量最大的所在。如何管理好这些信息资产，让信息系统稳定运行、持续运行，在风险发生的时候，又能够快速响应、快速处置，将损失降到最低、将对业务活动的影响降到最低，最大程度地保障企业的业务连续性，是当前大型企业普遍面对的难题。

（四）中国宝武对国家战略、新兴技术、行业难题的理解

1. 中国宝武积极响应国家战略号召的行动与举措

中国宝武作为国家的核心央企成员，积极响应国家工业互联网发展战略，先后提出了“共建高质量钢铁生态圈”“建设国内一流工业互联网平台”的使命与战略。中国宝武集团总部指出：宝信软件是一个具有工业互联网基因的技术公司，要把连接智慧制造和智慧服务、推动生态圈智慧化作为核心业务，要有把全国大多数工业都连接了的雄心壮志。

2. 中国宝武积极应对新兴技术给企业带来的新挑战

中国宝武一贯秉承技术创新、技术引领的发展理念，同样也面临着各种新兴技术对大型企业信息化建设

提出的新挑战。中国宝武是两化融合战略的先行者与引领者之一，随着两化融合的持续、深度推进，中国宝武积极拥抱云计算、大数据、工业互联网、人工智能、5G 等前沿技术，例如，中国宝武大力发展云计算战略业务已近 10 年，先后成立中国宝武工业互联网研究院、中国宝武大数据中心等，以技术创新带动工业化高速发展。

3. 中国宝武深刻理解在 IT 建设与运维领域面临的难题

中国宝武作为世界第一的巨型亿吨钢铁企业，分支机构遍布全国各地，在近 40 年的 IT 建设与运维历程中，累积形成的信息资产存量非常巨大，同样也面对着大型企业在 IT 建设与运维领域的难题和挑战。基于各种历史因素（如建设时点、建设工期、技术与管理成熟度等），中国宝武前期全国各地的 IT 节点主要都是以项目形式独立建设、独立运维，没有制定统一的技术架构与管理标准，也没有构建统一的管理平台，在运维体系的构建、运维规范的执行、运维工具的使用等方面都存在较大的问题，全国各地的 IT 建设与运维水平存在着明显的不平衡、不充分现象。此外，在积极拥抱新兴技术的过程中，也导致大量新技术应用到中国宝武的 IT 环境之中，让中国宝武的 IT 环境进一步复杂化，对中国宝武的信息化建设提出了前所未有的新挑战。

二、围绕“云网芯”布局下的智慧运维管理实践内涵与主要做法

中国宝武数智办和宝信软件，充分认识到了上述历史使命、潜在风险和问题挑战，提出构建“云网芯”战略协同体系，将中国宝武的云计算业务、工业互联网战略以及 IT 运维服务 3 者统筹整合，倾力打造“云网芯”新一代信息基础设施服务与产业布局，即围绕“一朵云（宝之云）、一张网（工业互联网）、一颗芯（智慧运维服务）”进行产业布局，贯彻“纵向做加法、横向做乘法”实施策略，围绕“云网芯”布局建设全国智慧运维服务网，并形成了一整套支持全国智慧运维服务网持续建设与运营的组织架构、运维体系与管理平台。基本内涵与主要做法包括：

贯彻“纵向做加法、横向做乘法”实施策略，在此指导下推进建设“云网芯”全国智慧运维服务网。

形成一套“大后台、小前台”组织架构，“大后台”专注于纵向突破及横向赋能，“小前台”则是全国横向扩展的一线部队。

建立一套统一的标准化智慧运维体系，并以接近 100% 的转化率沉淀到统一全层次管理平台中，确保该体系在“小前台”横向全国布局中具有绝对的执行力与持续的生命力。

构建一个统一的全层次管理平台，承载上述一切实施策略、组织架构、运维体系，是本管理模式实践贯彻落实的根本保证。

（一）贯彻“纵向做加法、横向做乘法”实施策略

中国宝武数智办与宝信软件深入剖析了全国各地的 IT 建设与运维水平存在明显不平衡、不充分现象的深层次原因，贯彻“纵向做加法、横向做乘法”实施策略，在此指导下推进建设“云网芯”全国智慧运维服务网。

宝之云上海节点是中国宝武宝之云业务的孵化地，也是“纵向做加法、横向做乘法”实施策略的根据地，自 2012 年正式投运以来，经过多年的技术积累，已经经历了从标准化、自动化向智能化迈进的发展历程，初步建立了智慧运维的技术储备与整体架构，将原有的传统 IT 运维逐步转型为具有“八化”特征的智慧运维。“八化”是用户价值、用户体验、服务质量、响应速度、运维成本、运维效率等多方面因素综合驱动的结果，即监控全面集中化、流程作业一键化、故障处理自动化、管控粒度精细化、运营管理数字化、诊断排障智能化、服务质量可视化、运维交互移动化，具体内涵包括：

监控全面集中化：将分散的监控区域集中化、建设智能日志中心、建设开放式监控体系并对应用层开放底层监控能力，实现资源层、服务层、应用层千亿级监控数据的全面集中，为智慧运维奠定坚实基础。

流程作业一键化：建立较为完善的一键运维体系，沉淀了 1000 多个一键操作自动化流程，大幅提升运维效率，包括一键修复与智能补全数百个资源的监控策略漏洞、一键发布集群中多个节点的应用程序包、一键下发并批量执行底层资源池数十个节点的配置、一键分发数十个计算资源池集群的虚拟机模板、一键履行并交付服务等。

故障处理自动化：建立较为完善的故障自动处理机制，对标准典型故障基本都能做到无人干预的自动化处理，宝之云上海节点每日数百个故障与潜在风险自动修复，大幅提升应用系统的业务连续性。

管控粒度精细化：智慧运维对管控粒度提出了新要求，例如，大客户 A 本季度 Fatal 级别的故障响应时间是多少、比上个季度有没有明显的提升？服务 B 本月的故障自动化处理率是多少、在全局排名如何？资源 C 近 60 天的分析联动策略命中率是多少、阈值是否合理？在这样的管控要求下，各种业务指标（如故障响应时

间）管控粒度从全局逐层精细化到客户、应用系统、服务甚至资源级别，下钻分析超过 5 层，为精细化运维管控奠定基础。

运营管理数字化：数字化是实现管控粒度精细化的重要手段，以宝之云上海节点自身千亿级的运营数据为基础开展离线及实时大数据分析，覆盖 8 大数据域数百个业务过程，推进流程重构、业务优化、效率提升、用户体验改进。

诊断排障智能化：在建立专家知识库、运维知识图谱的基础上，以数据驱动智能，将人工智能技术融入运维业务，构建专家知识与机器学习相结合的智慧运维大脑，建设智能化的 AIOps 解决方案库，覆盖故障智能诊断、故障根因分析、动态阈值告警、告警收敛等一系列典型运维场景。

服务质量可视化：建立服务质量可视化整体架构，沉淀了 50 多个可视化模板以及 100 多个面向不同角色的业务大盘，让 IT 主管基于宏观视角掌控全局、让运维人员像看电影回放般多维度洞察 IT 资源与服务质量、让业务经理与用户透过 IT 洞察业务态势。

运维交互移动化：宝之云上海节点为运维工程师提供了一站式的移动运维交互体验，运维工程师可以实时接收告警与故障进展推送、运维日报 / 周报推送，随时随地处理运维待办项，随时随地进行故障诊断与分析等，实现 7×24 小时全天候高效值守，随时随地为用户保驾护航。

宝之云上海节点是中国宝武宝之云业务的孵化地，是实施“八化”的根据地，是中国宝武在全国范围内 IT 建设与 IT 运维水平最高的节点，在横向赋能实施前，宝之云上海节点在运维效率、服务质量、技术先进性等方面均大幅领先全国范围内的其他节点。

在宝之云上海节点形成纵向突破的基础上，中国宝武进一步贯彻落实组织架构赋能、运维体系赋能、管理平台赋能三大赋能举措，具体措施如下：

组织架构赋能：将宝之云上海运营节点的组织架构沉淀为标准的组织架构，识别各角色职责及能力需求，建立能力评估机制，并按此标准向全国各地运营节点覆盖。

运维体系赋能：将宝之云上海运营节点的运维体系沉淀为标准体系，包括制度、标准、流程、规范、模板等各方面内容，向全国各地运营节点有序覆盖。

管理平台赋能：将宝之云上海运营节点的管理平台上升为统一的标准平台，沉淀一切标准、流程、技术、模板等，逐步覆盖与取代全国各地原有参差不齐的管理平台。

中国宝武贯彻“纵向做加法、横向做乘法”实施策略，通过管理模式实践赋能多中心、多基地，将宝之云上海节点的智慧运维“八化”成果横向转化，将散布在全国各地的 IT 运维节点逐步建设成为一张智联、融合、高效、安全的全国智慧运维服务网。截止目前，已纳入全国智慧运维服务网统一管理的各节点运维效率与服务质量显著改进，运维能级大幅提升，基本达到或接近宝之云上海节点的“八化”成果水平。

“纵向做加法、横向做乘法”实施策略对中国宝武全国各地 IT 节点的运维效率与服务质量提升是全方位的，覆盖 IT 运维管理全生命周期。

故障是运维服务质量的直接体现，故障肯定存在隐患，应该也出现过异常现象的苗头，只要一个隐患被堵住、一个征兆被提前发现，往往就能避免整个故障的发生。因此，提前发现潜在隐患与在故障真正出现时及时发现故障一样重要。

故障处理效率直接影响业务连续性，自动处理一次系统故障或潜在隐患，比人为处理更及时、更高效、更标准，同时也避免了系统故障或潜在隐患随时间拖延的进一步扩散与传播。

如果说处理系统故障或潜在隐患是在“治标”，那么使用专家诊断模型或智能诊断模型查找根本原因则是“治本”，帮助运维人员定位根源，避免同类故障或隐患的再次发生。

本管理实践将中国宝武 IT 运维的故障与隐患自动发现率提升了 50%，故障与隐患自动处理率提升了数百倍（从接近于 0% 到整体 40% 左右），故障与隐患专家诊断及智能诊断模型数量提升了 250%，基于这些提升，每天将比原来多自动发现近 200 个故障或潜在隐患，多自动处理近 300 次故障或潜在隐患，多执行近 50 次专家诊断或智能诊断模型。

（二）形成一套“大后台、小前台”组织架构

基于“纵向做加法、横向做乘法”实施策略，中国宝武数智办与宝信软件形成了一套支撑全国智慧运维网持续建设与运营的“大后台、小前台”组织架构。

统一的“大后台”组织在“纵向做加法、横向做乘法”实施策略中起到了关键的压舱石作用，该后台组织既是统一标准化智慧运维体系的建立者，也是统一全层次管理平台的构建者，同时还负责统一管理与支撑

全国布局的“小前台”组织。“大后台”组织由中国宝武数智办、宝信软件、中国宝武工业互联网研究院为主体，这三者是打造“云网芯”战略协同体系的中坚力量与坚强后盾。“大后台”组织的角色是为全国智慧运维服务网的建设与运营提供公共的最底层、最基础、最夯实的技术架构、管理支撑与业务保障，因此后台组织必须是相对稳定的。

“纵向做加法、横向做乘法”实施策略的横向扩展能力最终体现为一系列随着全国布局不断增加、不断扩展的“小前台”组织。“小前台”组织的角色是作为全国智慧运维服务网的一线作战部队，在遵循统一的制度、标准、流程、模板等的基础上稳固存量业务，同时结合国家政策、市场动向、技术趋势等因素探索新方向、拓展新业务。当全国智慧运维服务网增加新节点时，按标准组织架构成立新的运营节点，就能将新节点快速纳入这个标准、统一的管理架构中来。随着运营节点数量的不断增加，全国智慧运维服务网也将持续推进建设，这张网也将越织越密、越织越实。

（三）建立一套统一的标准化智慧运维体系

统一的“大后台”组织以 ISO20000、ITSS、《中华人民共和国网络安全法》《信息安全技术网络安全等级保护基本要求》以及云计算、工业互联网等相关的国际与国家的法律、标准为理论基础与理论依据，在 PPTR（人员、流程、技术、资源）等 4 个方面对全国智慧运维服务网实施标准化管理，建立统一的标准化运维体系。基于该标准化体系，将确保在时间、地点、人物、对象等 4 个维度下都严格遵循统一性、一致性要求。

由“大后台”组织建立的统一标准化智慧运维体系，并不会仅仅停留在各种书面文档层面，以上在 PPTR（人员、流程、技术、资源）等 4 个方面所形成的各种制度、标准、流程、技术、指标、模板、策略等都是中国宝武近 40 年 IT 运维服务经验的总结，凝结着“大后台”组织与各位专家的智慧与实践，都将以接近 100% 的转化率沉淀到底层的统一全层次管理平台中，即让专家“融入”平台，让专家的知识与经验平台化，确保该运维体系在“小前台”横向全国布局中具有绝对的执行力与持续的生命力。具体沉淀到管理平台中的主要内容如下：

人员方面：全国智慧运维服务网“大后台、小前台”标准组织架构所涉及的团队、角色、职责以及具体的工作项；“大后台、小前台”组织中各种角色的运维能力需求模型，识别出六大能力线、517 项细化能力需求，覆盖 IT 运维服务全生命周期的能力需求；运维人员技能评测模型，针对六大能力线多维度进行量化评估。

流程方面：全国智慧运维服务网相关的管理制度与规范 96 份、日常运营与运维工作的标准化流程模板 26 个。

技术方面：全国智慧运维服务网相关的技术标准与技术规范 281 份，日常运营与运维工作的监控指标 1033 个、智能诊断模型 262 个、专家诊断模型 32 个、自动化流程模板 1279 个。

资源方面：从百万级的 IT 资源与服务资源中提炼资源模板 104 个、技术服务模板 349 个。

（四）构建一个统一的全层次管理平台

由“大后台”组织构建的统一全层次管理平台，承载上述一切实施策略、组织架构、运维体系，是“大后台”组织积累沉淀纵向突破与横向赋能管理成果的坚实根基，是全国布局的“小前台”组织在不断横向扩展过程中贯彻落实本管理实践的根本保障。不需要人工介入的，一律自动化、智能化执行；需要人工轻度介入的，一律一键化、半自动化执行；需要人工深度介入的，一律流程化、模板化执行。这个统一的管理平台就是 One+ 平台。“One”的内涵，既代表唯一，又代表统一。One+ 平台为全国智慧运维服务网的建设与运营提供全方位、全层次的支撑，从下至上覆盖执行层、管理层、分析层。

One+ 平台的分层设计与“大后台、小前台”的组织设计是相互映射与对应的，其中：

One+ 平台执行层与“小前台”组织对应。One+ 平台执行层部署在全国智慧运维服务网的各个运营节点上，负责按照管理层下发的模板、指标、策略、流程等执行资源监控、自动化运维、态势感知等任务。

One+ 平台管理层与“大后台”组织对应。One+ 平台管理层是全局唯一的，“大后台”组织所建立的智慧运维体系中的各种制度、标准、流程、技术、指标、模板、策略等都将以接近 100% 的转化率沉淀到 One+ 平台管理层，再由管理层统一下发到 One+ 平台各个执行层。

One+ 平台分析层与“大后台”组织对应。“大后台”组织除了将标准化运维体系沉淀到 One+ 平台管理层外，还将结合大数据、人工智能等前沿技术进一步纵向突破与横向赋能，对全国智慧运维服务网中产生的数千亿级的海量数据进行深度挖掘，基于算力、算法、算据的 3 者有效结合，形成对管理层“专家知识”的充分补充（如时序数据模型、机器学习模型等），并由管理层统一下发到执行层。

三、围绕“云网芯”布局下的智慧运维管理实践效益和效果

围绕“云网芯”布局下的智慧运维管理模式实践，不仅提升了中国宝武 IT 运维管理体系能级，也将进一步赋能行业内大型企业的 IT 管理体系，并推进国家工业互联网平台战略落地。

（一）提升中国宝武 IT 运维管理体系能级

中国宝武数智办和宝信软件围绕“云网芯”布局形成了一整套完整的管理模式、管理经验、方法论和技术解决方案，该解决方案已经在中国宝武全国范围内的部分分支机构进行运营实践，取得了超出预期的良好的效果，深受用户好评。中国宝武 IT 运维管理体系能级的提升是全方位的，覆盖 IT 运维管理全生命周期。如果以及时发现一次故障或隐患平均产生 300 元经济效益、自动处理一次故障或隐患平均产生 300 元经济效益、使用一次专家诊断或智能诊断模型平均产生 1000 元经济效益来估算，目前每年产生的经济效益约为：（300×200+300×300+1000×50）×30×12=7200（万元）。本管理实践目前在中国宝武全国 IT 节点的覆盖率大约在 40% 左右，按同比例折算，当覆盖率达到 100% 时，每年产生的经济效益约为：7200/0.4=18000（万元）。

除经济效益外，中国宝武凭借在信息化建设与智慧运维领域的重大贡献和先行探索，也取得了一系列的成绩与荣誉，包括：宝之云上海罗泾基地逐步建成亚洲单体密度最大的云计算园区、宝之云管理平台是全国第一个通过工信部云资质认证的平台、宝信软件是国内第三家通过 UptimeM&O 国际认证的企业，为国内制造企业从传统运维向智慧运维转型、从传统制造向智慧制造升级提供了经验借鉴。此外，宝信软件还获得了工信部 ITSS 云计算服务能力成熟度增强级认证（最高级）、信息系统集成及服务资质（含运行维护分项）（一级）、信息技术服务运行维护标准符合性认证（成熟度一级）、中国金服务云计算领域最具影响力服务商、中国卓越智能运维服务商等认证与荣誉。

（二）赋能行业内大型企业的 IT 管理体系

中国宝武数智办和宝信软件围绕“云网芯”布局所形成的一整套完整的管理模式、管理经验、方法论和技术解决方案，在行业内，尤其是在大型央企内，具有三大典型意义和推广价值：

赋能企业从传统运维向智慧运维转型，让 IT 系统稳定运行、持续运行，在风险发生的时候，又能够快速响应、快速处置，将损失降到最低、将对业务活动的影响降到最低。

有效解决企业分支机构众多与全国各地的 IT 建设与运维水平不平衡、不充分发展之间的矛盾，实现 IT 管理体系全国一盘棋，最大程度地保障企业全国化的业务连续性。

有效缓解大型企业稳定推进两化融合战略与不断引入新兴技术带来新挑战之间的矛盾，有效规避与缓解风险和挑战。

本管理模式、管理经验、方法论和技术解决方案，可以通过如下 3 种方式进行推广与赋能：

由宝信软件托管企业的 IT 系统，为企业提供专业、安全、一站式的运维服务，宝信软件目前在全国范围内已为上百家企业的 1000 多套业务系统提供智慧运维服务。

企业以独立运营节点形成融入“云网芯”全国智慧运维服务网，成为网中的一个节点，即企业自身的运维团队在本管理实践体系框架内开展企业自身的运维工作，目前已有多个案例。

中国宝武将本实践形成的一整套管理模式、管理经验、方法论和技术解决方案一揽子输出。

据统计，2000—2019 年，中国钢产量及占全球钢产量的比重呈稳步上升趋势，2019 年中国钢产量已接近 10 亿吨，占全球比重超过 53%。从宏观层面看，中国的工业化、城镇化与农业现代化进程仍处于上升阶段，“一带一路”倡议也将进一步引导行业产能迈向国际市场，因此，中国钢产量在未来较长时间内仍将继续保持目前的高占有率，甚至有可能进一步攀升。中国宝武 2019 年钢产量虽然接近 1 亿吨，位列世界第一位，但仍只占中国钢产量的 10%、世界钢产量的 6% 不到，人均吨钢水平与世界一流钢铁企业相比也存在不小差距。如果本管理模式、管理经验、方法论和技术解决方案能够覆盖中国 50% 的钢铁产能，按同比例估算的经济效益将达到 10 亿元量级；如果进一步覆盖到除钢铁行业以外的其他制造行业，预估经济效益将达数十亿元。

（三）推进国家工业互联网平台战略落地

中国宝武数智办和宝信软件基于“云网芯”战略协同体系与管理模式实践建设全国智慧运维服务网，推进国家工业互联网平台战略落地，从钢铁制造业起步、从中国宝武起步，除支撑中国宝武“共建高质量钢铁生态圈”战略外，还拥有成为全国一流工业互联网平台的雄心壮志。目前，宝信软件正在全国范围内积极打造 10 个以上（成熟节点 10 个、着力打造中 5 个、规划中 6 个）服务全国工业企业的数据中心节点、以及加

快与各第三方公有云（如阿里云）的融合，实现全国范围内各种类型节点的互联互通。每一个节点都可以理解为对宝之云上海节点的标准化复制，包括国家 B+ 级机房、全冗余部件、信息安全等级保护三级等，整体运行率超过 99.95%。每一个节点也将成立相应的“小前台”组织，为保障 7 × 24 小时持续稳定运行提供专业、一站式的运维服务。从实施策略到组织架构、运维体系、管理平台，每一个节点都将与宝之云上海节点一样，具有就近服务数百家工业企业、数千套工业系统的能力。

中国宝武数智办和宝信软件在“云网芯”总体布局下推进智慧运维管理模式实践，建设全国智慧运维服务网，就是为建设工业互联网提供最底层、最基础、最泛在的连接基础，是中国宝武建设国内一流工业互联网平台的战略发展需要与重要组成部分，将大力推进国家工业互联网平台战略的快速落地。

面向公共服务的智慧政务热线运营模式构建

上海电信百事应信息有限公司

一、智慧政务热线运营模式的实施背景

上海电信百事应信息有限公司秉承为政务热线提供更优质的服务理念，以提高人民群众的获得感与幸福感为根本目标，总结各类政务热线的运营规律与特点。快速接应上海电信公司业务发展和数字化转型的要求，在打造核心运营能力，展望创新技术趋势，树立体系架构等管理思想和管理机制上不断创新，通过提高整体性的思考和解决问题能力，结合对标工作任务和目标，运用了相互联系的方法和观点，对于传统业务进行深度挖掘，推动了企业高质量发展。

第一，构建高质量的智慧政务运营模式，加快电子政务是响应国家对智慧政务热线的发展要求。党的十九大报告中指出，“创新是引领发展的第一动力”，已成为当今社会治理的核心议题。以习近平同志为核心的党中央高度重视以信息化推进国家治理体系和治理能力现代化，强调要加快推动电子政务，打通信息壁垒。上海电信百事应信息有限公司为多个国家级、省市级政务热线提供呼叫中心整体解决方案，囊括了世博会962010官方热线、上海12345市民服务热线、中国进口博览会968888官方热线、上海12333人力资源和社会保障局咨询服务热线等。通过精准的需求预判，高效便捷的政务服务体系构建，有效提升公众服务体验度和服务效率。

第二，构建高质量的智慧政务运营模式，推动智能AI及云端技术落地是顺应客服行业数字化转型的必然趋势。近年来，党和国家高度重视大数据、云计算和人工智能等新技术的发展。互联网及新技术的发展逐渐改变消费者对客户服务的期望，消费者对客户服务的多样化、定制化、自助化、及时性等方面有了更高要求。上海电信百事应信息有限公司除拥有传统的呼叫中心业务，更快融合中国电信上海公司新的技术产品和数字化转型的要求。致力于新型AI智能技术、数据中台、云桌面、互动数字大屏及虚拟机器人等应用于管理过程。通过提供智能化、个性化的创新服务、拓展服务渠道等方式，使政务热线进一步满足政府和公众的需求。

第三，构建高质量的智慧政务运营模式，总结运营规律和特点是公司提高市场核心竞争力的必然举措。百事应公司把创新管理机制作为企业转型的重点工作，打造政务热线生态圈中的差异化服务能力，构建出线上加线下的多维度政务服务体系。服务方式从热线向互联网与智能化转型、服务内容从传统语音向全业务驱动转变、管理以知识与质量为抓手，围绕“精准化服务、一体化协同、智能化推进、标准化建设”，向公众持续、动态地提供便捷、满意的政务热线咨询服务。

二、成果内涵和主要做法

（一）成果内涵

上海电信百事应公司是上海最大的呼叫中心之一，也是中国电信在上海地区提供呼叫中心外包服务的专业公司，拥有近20年的运营经验，为将近600个项目提供专业的运营解决方案。百事应公司精准定位客户需求，把政务类业务吃透、深挖。从中发现国内大部分政务类热线运营现状存在以下几类问题：

服务渠道瓶颈，传统语音的沟通交流方式已不能满足不同区域、年龄、文化程度的市民的要求。

服务内容瓶颈，传统电话客服的信息量与呈现方式都比较单一，对知识库政策解读和宣贯不甚理想。

服务系统瓶颈，依赖于人工的运营模式，在业务处理能力的规范、准确性及成本管控方面面临瓶颈。

技术应用瓶颈，服务平台缺乏智能化应用，而仅通过传统呼叫中心运营模式管理，无法提升管理效能。

上海电信百事应公司根据国际COPC-2000客户服务提供商的标准管理理念，将理念应用与政务热线的运营管理，结合中国本地呼叫中心发展的特点，围绕着“听民声”“解民忧”“赢民心”构建智慧政务热线运营体系。以平台与系统数字化转型为基础，充分利用现代互联网渠道的触点，通过运营过程中的智能化技术应用，面向系统、渠道、流程、人员管理等模块进行相应的创新工作。坚持“用心服务、群众满意”的服务理念；以及“接听及时、应答准确、服务周到、热情真诚”的服务标准，更精准的满足政府和公众的服务需求。紧紧围绕政务热线服务领先、提升品牌价值、推动政务热线加快转型创新。

整体的创新成果核心内容包括：

初步完成数字化转型的运营管理体系的建设，打造融合的全方位管理平台，在生产运营实践中也初显成效。

为公众提供多种服务手段，打造互联网 + 政务服务模式，显著提升了政府对外服务窗口的运营效率与民众体验，也塑造了良好的政府形象。

借助于成熟的语音识别、智能知识库等新技术，助力政务热线实现高效管理，专业化的运营管理能力得到进一步增强，不断提升政务热线服务水平和行政效能。

（二）创新的主要做法

结合政务服务及呼叫中心运营特点，以业务系统为基础，服务渠道为抓手，标准化运营为保障，整体性创新为市民提供更加优质的服务，从而提升市民满意度。从持续性市民交互契合的全方位管理体系出发，以文化建设为引领实施各项创新工作。

1. 业务与运营一体整合，互联互通促功能联动

（1）运营系统和业务体系整合统一

智慧政务热线新的运营体系的设计充分考虑到咨询员日常实际应用需求，通过整合全媒体智能联络中心系统、坐席智能化应用系统、智能知识库及机器人、坐席无盘及数据管理系统、外围核心业务系统等，打破传统各自为政的壁垒。满足同一系统中咨询员在业务系统、坐席系统和运营系统间的无缝切换与数据、业务互通和交互，大大提升了咨询员的工作效率。

同时，为后台管理人员也提供了完备的呼叫中心管理系统，确保可以实现完整的内部管理闭环。包括设计整合了一体化培训考试、工单系统、实时监控、全维度数据分析、智能质检等，为政务热线项目提供有效的运营管理工具。

考虑到政府相关职能部门对政务热线运营监控的需求，需要预留与其核心业务平台数据对接方案，包括各类工单、运营数据、业务交互等方案设计，以满足政务热线监管部门的管理需求。

（2）快速响应业务需求，助力战疫居家办公

疫情防控期间，上海电信百事应为政务热线打响战“疫”提供专业的运营保障和强有力的技术支撑。为防止因人员聚集带来疫情防控风险，迅速调整人员在岗服务方式，考虑到咨询员的家用电脑可能无法满足呼叫平台系统的运行，我们采用了云桌面的方式让居家坐席获得与生产坐席一致的办公环境。组建跨部门的技术开发攻坚小组，集中攻克了云桌面设备调配、流程再造、系统重构、网络信息安全等方面的难题，从 2 月 4 日至 2 月 17 日，仅仅用了 13 天就完成测试及启用。

本次居家坐席解决方案体现了平台强大的可扩展性以及业务功能模块之间的有效联动，更体现了新型云网融合产品的竞争优势。将电信多个产品进行了有机的结合，充分考虑了政府部门对于信息安全、工作规范等方面的顾虑。在上海政务热线范围内，首家实现了“服务不见面、工作防聚集”工作模式，同步推出居家语音与文字双服务，切实有效地确保员工不集中返岗，同时保证政务热线服务不受影响。

（3）自主研发数据中台，推动实现数字化转型

上海电信百事应公司也赢来了数字化转型的契机，技术专家自主研发了数据中台技术。对于疫情期间，政务热线遇到的潮汐式的话务量大、访问集中、重复问题多且全年话务忙闲不均的问题，需要将以上的各类原始数据进行分析处理并直观地展现出来支撑决策调度工作。通过统一采集话务数据、来电分布和服务类型分布等的原始信息，系统进行数据集成、原始数据清洗与分析、前中台间 API 联调等环节，并在计划时间内联合热线管理人员快速呈现在现场的数字大屏上，为政务热线的通信、服务及技术工作提供了有力保障。

2. AI 助力运营创新，智能管理高效运行

通过互联网人工智能技术的深度应用，一方面，探索构建高度自助、智能优先、科学管理的新型多媒体智能化服务平台；另一方面，深化探索 AI 技术在政务热线服务领域的智能管理应用。

（1）人工智能技术创新建设知识库

目前知识库中拥有 6500 篇文章，约 1200 万字。传统的知识库只能进行目录树结构的知识展现，存在知识搜索效率低、文章缺乏关联性等弊端。为了提高咨询员在知识库中查询政策的速度及精准性，公司通过建设智能知识库，将文章知识碎片化管理，以百度式的搜索方法，实现文章、问答、案例等多维度展示。对原知识库的结构进行重建和内容优化，通过智能语义、搜索引擎、机器学习等技术，实现对知识的高效应用和管理可控。

一是解读更细致。智能知识库实现“一库为主、阶梯解读”，纵向以“政策文件—归纳解读—常见问答”三级阶梯为结构，横向以业务库为主库，辅以服务库、法规库、学习库、名词解释库、新媒体库等，形成了一张大而全的知识网络。

二是搜索更智能。智能知识库技术先进，灵活性强，容量大，支持多种搜索方式。智能知识库采用了与

百度相同的界面风格，可以进行文章内分段导航，具有记忆能力、学习能力和更为精准的智能搜索能力。使用者也可以自定义部分业务界面、设定常用知识页面的收藏、根据需要按更新时间、热度、名称等排序。

三是维护更方便。只需“一点维护”，即可对微信、微博等全媒体智能咨询，IVR 自助服务、便民问答等维度“多点发布”，同时具备知识页面新老版本对比的功能，通过数据分析辅助人工优化智能知识库和智能机器人的功能。

咨询员可以通过多种搜索方式、多种筛选和排序方法提高精准定位知识的能力。自 2019 年 4 月全面启用智能知识库后，咨询员查询政策的速度提升约 8 秒，有效辅助咨询员准确定位政策解答内容，累计总搜索量：1139429 次；一般搜索：322927 次；高级搜索：412974 次；附件搜索：23082 次；人均搜索次数 1769.3 次；最热文章点击次数达到 145208 次。同时提高咨询员查询政策的速度，降低平均通话时长，为提升产能作贡献。

（2）应用智能机器人提升交互效能

考虑到公众对政务热线迫切的服务需求，为了达到咨询的快速有效分流，借助于智能机器人与文字在线功能直接对接，利用学习机制深入了解咨询服务场景，优先由智能机器人为公众服务。经过 AI 训练师对机器人系统的智能语义理解及文本分析，累计沉淀梳理 1204 条问答，智能机器人在与市民日常交流时，能使用自然语言进行对话服务，提供愉快的使用体验。当遇到综合性或者疑难问题，可以由人工在线客服提供服务。使公众在多媒体渠道服务过程中能够满足智能机器人服务与人工服务自然交互。智能机器人能够提供 7 × 24 小时在线服务，最高日均服务超过 1 万人次，累计提供在线智能交互服务 88 万次，解答各类问题 50 多万个，相当于每月文字客服团队 27 人的服务规模，节约人力成本达到 378 万元。

（3）智能质检系统全方位保障服务质量

传统的人工质检由于热线话务数据庞大、管理资源不足及投入成本过高等因素，一般只会抽取其中 1% 的比例进行质量监控，抽样率较低，发现的也仅仅是个性问题。为了改变原有全人工质检的工作模式，上海电信百事应以全面质量管理思想为指导，从 2019 年初开始融合和应用多项智能技术，建设政务热线智能质检系统，实现咨询热线服务全流程、全方位的服务质量管控，有效保证热线服务的高质量。

实现服务态度量化评估。通过对情感评分值异常的录音电话，进行人工质检干预，能够及时发现服务质量隐患。通过业务模型建立、关键词列表设定、目标媒体集归类以及数据交叉分析，辅助质监人员找准热线质量薄弱环节，发现质量隐患、及时帮助业务欠缺的员工，持续跟踪出现的问题，严判、预警、纠正、提醒，有效采取防控措施，从而提升服务水平。

政务热线服务品质得到有效提升，在 2020 年热线全量投诉比 2019 年降低了 27%。话后满意度 99.07%，也同比上升了 0.04%。规范用语从 2019 年 12 月开始通过智能系统监控，执行率从原来的 65.16% 提升至 82.98%。有较大幅度的上升。同时，服务质量的提升也得到市民的肯定，今年累计收到市民来电表扬 20 余件。

3. 考核机制释放潜力，人才培植阶梯成长

上海电信百事应通过劳动竞赛活动方案的探索，创新考核模式，努力将考核指标不断量化、细分落实到员工的本职岗位的方方面面。更注重全方位人才的培养，建立完善的政务热线培训课程体系，为各基层岗位与管理岗位提供多维度、多层次的呼叫中心专业知识培训。

（1）专业的 KPI 管理，优化考核及制度

为了优化原传统的劳动密集型管理模式，通过前期的数据积累，对现场工作流程、坐席安排和考核指标等进行全面优化，以制度建设为抓手，对热线的管理办法进行梳理和修订，进一步释放服务潜力。

①开展劳动竞赛，制定专项考核机制

结合质量考核要求，开展专题式劳动竞赛并制定多个专项考核项目（否决性考核项、特别奖励考核项），激励员工主动提升服务质量，减少投诉并及时反馈市民诉求。

劳动竞赛开展期间的员工质检平均成绩比 2019 年同期提升 1.04 分，有责投诉率同比降低 8%，全量表扬数量同比提升 50%，服务质量的改善效果比较明显。

②管理制度优化，科学管理助力战疫

管理制度是热线服务运营的框架，管理制度的有效实施能够使热线各方面的工作均在有章可循、有章可依的条件下进行。上海电信百事应结合政府部门提出的相关合理化建议通过梳理、征询、商定、修正及公示等环节，公布了《政务热线现场管理办法》《员工考勤和假期管理办法》及《政务热线工作指导书》等 30 余份管理规范性文件。

特别是在 2020 年突如其来的疫情防控期间，预先部署政务热线应急灾备等相应流程，达到快速响应、准

确引导的重要作用，应对突发事件体现了政府服务热线应有的储备，体现出上海电信百事应作为政府服务热线的运营管理者在战“疫”中发挥的正面引导、预警预测和秩序稳定支撑的作用。

（2）人才培植，促进主动学习，提升员工综合能力

针对原本培训周期长、业务内容多且杂、培训方式单一等问题，为了使咨询员快速的熟悉业务和对咨询员的业务水平进行考核，根据大数据的业务分析结果，入职新人的培训课程从简单业务着手，调整培训周期，设计全年的职业成长计划，帮助人力资源可以的快速有效的得到补充，从而缓解热线服务压力。

①优化培训及考试系统，实现流程再造

面对着日益变化政府出台的新政，及时、准确的为在职咨询员提供业务培训是政务热线运营非常重要的工作之一。把在线培训考试系统接入智能知识库，可以自动获取内外部多渠道的知识应用，关联知识库的知识点，形成考试试题，用于考试培训的课程考题。为保证接通率的同时最大限度提升培训质量，采用了系统内嵌录屏授课的形式进行在职培训，一方面避免了培训来回及准备时间；另一方面可将课程归档及反复学习利用。

②场景化培训，解决员工个体能力差异

通过分析政策重点和市民关心的角度，设计、制定 5 种业务场景、9 个情境，共计 77 条热线服务规范话术，并从录音中分析咨询员服务忌语、表述缺陷共 8 个场景，通过开设“言值提升训练营”，集中强化规范话术与摆脱服务忌语，提升优化咨询员的服务态度和接机技巧。

③培训闭环管理，提升团队服务能力

根据咨询员反馈学习情况、录音抽听、质检例会了解培训效果。以季度培训方式，专项对于不满意电话进行录音分析，安排不满意电话数量多的咨询员参加培训，避免发生容易引起市民投诉及不满意的情况。整个过程循环递进，通过计划、学习、成长、检验、再培训，保证 12333 咨询服务热线咨询员团队整体水平不断提升，从而为市民带来更好的服务。

④设计进阶培训体系，提升员工综合能力

在巩固业务培训的基础上，为员工打通晋升渠道做铺垫，设计更多面性培训课程，提升员工的综合能力。开设各类辅助培训课程、呼叫中心管理课程，个人成长相关的课程，为政务热线建立一套完整的培训课程体系。

4. 打造多维度渠道，服务公众全向赋能

随着互联网及移动互联网信息沟通渠道的兴起，政务热线服务已开始从传统单一语音服务方式转为多种渠道服务相结合的局面。公众多元化的沟通交流需求的转变让多媒体渠道的服务方式逐步走向前台，他们更期待获取信息更便捷，互动性更强，应用手段更丰富。通过智慧政务热线新的运营体系构建，以电话、微信、微博、网站、短信等全媒体渠道实现与政务热线平台互动，丰富移动化应用，打通服务群众“最后一公里”，形成多形式、多层次、全方位的咨询服务体系，促进公共服务便民化，提升市民获得感。

（1）优化 IVR 语音导航功能

原本政务热线 IVR 自助语音交互能力不足，每月的听取量和索取量仅 7000 余条，在每月 70 余万通的话务量中无法起到话务分流作用。同时，由于原 IVR 队列中可让市民等待的时长较短，导致市民在排队中被系统被动挂断电话，使得市民重复来电较多。

在智慧政务热线运营新的体系中，考虑在 IVR 路由中增加自助服务功能、主动播报近期最新的热点政策解读、拓展服务范围、根据不同的服务人群制定个性化服务内容。从服务公众角度出发，调整市民转接人工过程中的等待音乐及单次等待时长，同时增加队列忙线时的自助留言功能入口。根据波段性话务特点，合理安排咨询员及时满足自助留言中市民的咨询需求。

优化后自助 IVR 功能分流效能显著提升，月自助服务总量达到 19 万次。自助服务量对接通率的贡献率从原先的不到 5%，上升至 13% 左右。增加自助留言功能入口，2019 年服务公众环比 2018 年同期增长 6 倍。

（2）开通在线文字客服

上海电信百事应勇立潮头，在全国人社 12333 系统中，热线率先开通居家在线客服和居家语音客服，多管齐下实时回应企业和市民关心的人社民生诉求。其中在线文字客服提供“1 对 5”实时文字交互，人均处理效能达到 140 人次 / 天，日均服务 3920 人次左右，占人工服务量的 40% 左右，服务效率是传统语音服务的 1.8 倍，有效缓解了返岗复工高峰对政务热线电话人工接听压力。在线客服功能的上线应用，可以为加快建设一体化在线政务服务平台、推动实现政务服务“一网通办”积累经验。

（3）建设微信服务号

根据政务热线的业务特征包括政策复杂度高、理解性差、数量庞大的问题。上海电信百事应从公众视角入手，用群众听得懂的语言，解读文件、宣传政策。根据公众使用移动端设备的习惯，从微信服务号作为切

入点。为政务热线开通专有的移动端主动服务机制，通过设立《微咨询》《微服务》《微互动》等3个栏目，定期发布公众关心的热点政策，以图文并茂的方式帮助大家理解。通过后台对访问信息收集与标签化管理，定期向特定人群主动推送，精准服务，满足不同群体服务需求。尤其在疫情期间，微信服务号助力政府职能部门深入解读政策达到86篇，在开通服务号的短短10个月内，累计关注人数已经达到了22余万人。

（4）开通短信服务通道

为便于市民或企业对于政策咨询内容的理解和记录，通过开通短信服务通道，发挥短信在通知、提醒、大规模群发等方面的优势，主动推送办事地址、电话、时间、办事材料、政策依据等消息，有效提高服务效率。尤其适合应用在转办工单的业务中，将近1000件转办工单的问题分类、汇总，归纳整理出27个热点，统一设计短信回复模板，提高工单处理效率的同时，也将政策解答更直接、更直观化地推送到市民手里和眼前。平均每月短信推送的服务量达到20余万次，有效解决60%以上咨询和工单诉求。

三、智慧政务热线运营取得的效益和效果

（一）政务热线供给能力显著提高

上海电信百事应将政务热线从传统的劳动密集型模式，转化“智能化、一体化、精准化、标准化”的模式为公众提供服务，运用最新的互联网技术实现政务热线的提质增效。累计政务热线服务量达到790万通/年，运用科学专业的管理方式，减员增效，平均通话时长缩短8.6%。其中实现智能化多媒体服务应用达到20%，可以减少约27个一线咨询员，将近节约人力成本达到378万元。通过智能质检系统进行员工画像，快速锁定业务薄弱点结合投诉预警的管理机制，配合培训提升咨询员的服务质量，市民满意度提升至99%以上，投诉率低于十万分之一，服务效率和质量稳步提升。

（二）积极助力政府部门有效决策

政务热线全媒体渠道的全向赋能为政府相关部门及时快速收集舆情提供保障。根据政府部门阶段性政策的指导意见，通过全媒体渠道收集企业、个人等全方位诉求。今年春节到3月初期间，上报相关政府业务部门舆情信息20余篇，梳理市民、企业提出的各类暂未明确的操作细节问题40余个，积极助力决策部门进行操作细则研究与发布；追踪热点，主动服务。向上海市领导、各局相关部门报送劳动关系数据专报13篇，反馈了疫情期间本市劳动关系情况最真实的一手数据。

（三）经济效益的提高

经济效益是企业获得可持续发展的重要保障，上海电信百事应通过成功构建面向公共服务的智慧政务热线运营模式，打造全媒体、智能化窗口，构建渠道多元、高度自助、智能优先的新型多媒体智能化服务平台，获得政务类合作商的一致认可和好评，并且愿意每年通过政府单一来源的采购方式进行继续合作，不仅增强了与政府项目的粘合度，而且随着新业务的迭代和赋能，上海电信百事应的经济效益得到了稳定的增长。2018—2020年上海电信百事应政务类项目累计收入达到2.7亿元。

通过多个政务热线智能化运营效果的展现，今年已接待武汉、重庆、四川、西藏等地的专家来上海召开专题研讨会，打响上海电信百事应公司政务热线服务品牌。百事应公司以标准化的智慧政务热线运营模式不断推动同类政务热线的业务迭代，目前本市已有多家政务热线正在接洽。公司将联合其他省市电信分公司，推进其他省市政务热线项目接洽及联动工作，进一步扩展在政务热线业务上电信公司的市场占有率和社会影响。

（四）社会效益的体现

政务热线的智慧运营成果得到多家媒体关注，截至12月底已经接待了新华社、《解放日报》、东方新闻、上观新闻、人民网、中国国际进博博览局官方公众号、文汇报业集团、上海人民广播电台、新浪、劳动报、劳动观察、中国电信官方公众号的报道，结合公司媒体渠道的配合宣传，让传统的呼叫平台华丽的转型散发了青春的气息，也增加了客户的黏合度，通过单点合作和客户深化为全面战略合作。

政务热线的智能化成果、抗疫成果多次受到上海电信公司、上海市总工会、国家人社部的肯定，并且因此而获得了多项荣誉。

大型航空企业信息化建设项目评价体系应用

中国东方航空股份有限公司

中国东方航空股份有限公司（以下简称东航）是中国三大国有骨干航空公司之一，也是首家在纽约、香港、上海三地上市的中国航企。经过62年的发展，东航现已成为全球前十大航空公司，机队规模730余架，平均机龄6.4年，是全球规模航企中最年轻的机队之一，拥有中国规模最大、商业和技术模式领先的互联网宽体机队。

近年来，东航以全面深化改革为主线，以国际化、互联网化为引领，围绕转型发展、品牌建设、能力提升，实现跨越式发展。公司在中国已拥有上海、北京、西安、昆明等"四大枢纽"，业务范围实现中国省会城市及千万级以上机场的全覆盖，全球拥有109个营业部，依托天合联盟构建起延伸至175个国家和地区、1150个目的地的航空运输网络，年旅客运输量超过1.3亿人次，位列全球前十，为全球旅客和客户提供优质便捷的航空运输及延伸服务。

公司秉持对旅客和员工安全高度负责的态度，基于谨慎的经营理念和专业的分析判断，始终坚持将安全运行放在各项工作的首位，在经营上保持战略定力，实现了经营业绩的合理增长。2019年，公司运输旅客13029.7万人次，同比增长7.5%；实现营业收入1208.60亿元，同比增长5.16%；实现归属于母公司股东净利润31.95亿元，同比增长17.94%。

一、大型航空企业信息化建设项目评价体系的实施背景

（一）响应国家政策引领，提升信息化投资建设管理水平的必然选择

近年来，国家对于中央企业的各类投资活动监管愈加重视，出台了相关的法规政策以规范企业投资建设管理行为。2017年1月，国务院国资委正式发布《中央企业投资监督管理办法》（国资委令第34号）。该办法要求"选择、确定投资项目，做好项目融资、投资、管理、退出全过程的研究论证"，同时"通过项目后评价，完善企业投资决策机制，提高项目成功率和投资收益，总结投资经验，为后续投资活动提供参考，提高投资管理水平。"

在诸多投资建设项目管理中，信息化建设项目的投资复杂性和对企业的影响程度超过了以往任何一种类型的项目投资。因此，在国家针对投资管理愈加重视的大趋势下，东航坚持以国家政策为引领，于2018年着手对信息化建设的投资项目评估工作开展专题研究，以期加强信息化建设项目的事前决策评估与事后效益评价工作，从而全面提升信息化投资建设管理水平。

（二）践行公司信息化战略，寻求信息化建设高位突破的迫切需要

东航始终将信息化建设作为公司的五大战略之一，支撑着公司业务迅速发展，2016—2020年，信息化建设项目总额超31亿元，目前已经投资建成了营销、服务、运行、飞行和机务等主要业务系统的信息化体系，自动化覆盖率已突破97%，公司想要寻求信息化建设投资的高位突破难度加大。

信息化伴随着东航发展的脚步永不停歇，虽然公司信息化水平在行业内已属前列，但公司各业务领域每年仍会根据自身发展提出多项信息系统新增或更新项目，为更好从中选择紧急性更强、综合效益性更优的项目进行建设，这就需要公司设计一套更加科学、系统、合理的评价指标体系，以帮助公司做好信息化建设的投资决策，从而实现创新突破。

（三）转变建设管理思路，促进信息化建设高质量发展的必经之路

在大云平移时代，信息化建设涉及不同领域的业务、管理、数据、技术等各方面，对公司发展影响巨大。虽然信息化建设能够通过提高生产率、降低成本产生直接或间接的经济效益，但建设的生命周期较长，且需要连续投资建设。公司以往在进行信息化建设时缺乏量化指标，无法做到事前评估以及事后评价的客观对比与分析，无法适应新要求、新形势下的信息化建设管理需要，这就要求转变以往的信息化建设管理思路，构建科学、合理的评价体系，以此强化对信息化建设投入产出的有效监控与量化评价，从而促进信息化建设领域的高质量投资。

二、信息化建设项目评价体系的内涵与主要做法

QFIT 信息化建设评价体系主要包括两大方面：一是以保障信息化战略落地为目标，以解决当前信息化建设管理痛点为导向，以量化理念为核心，吸收沉淀优秀管理经验，建立全面、客观、准确的评价指标库；二是融入闭环管理思想后改进的系统、完善的管理机制。

（一）基础：开展现状调研与理论研究

任何管理改进离不开对工作实践的总结以及对管理理论的研究与探索，是基于管理问题的优化与完善。东航开展信息化建设评价体系改进工作的第一步也需要对信息化建设管理现状开展调研以及相关理论及文献进行研究，寻找管理问题及可借鉴的理论与实践经验。

1. 领导重视，成立课题研究小组

为了更好地开展信息化建设评价体系搭建工作，公司领导高度重视，于 2018 年 7 月启动联合课题研究小组，制订课题研究方案，明确研究目标、思路、时间计划以及沟通汇报机制等，为搭建信息化建设评价体系提供了组织保障。

2. 现状调研，寻找信息化建设管理痛点

课题研究小组通过访谈沟通、小组讨论、查阅资料等方法，发现东航在信息化建设管理中存在三大痛点问题，分别是可研论证难、立项评审难以及投后评价难。进一步分析发现，这些痛点的核心在于传统的评价方式更侧重于流程合规，专业性不足、量化度不够，以及缺乏必要的配套管理机制，如缺乏目标管理抓手，由建设部门信息部主导评价客观性不足等。尤其在项目完成后，往往难以对建设效果进行评估。

3. 学习借鉴：进行理论及实践研究

与此同时，课题研究小组对国内信息化建设评价理论进行了检索与研究，结果发现研究主要分成两大方向，一类是评估方法的研究；另一类是信息化建设评价指标体系的研究，从 2000 年开始，2006 年趋于成熟，但是主要集中在量化评估的方法论上，在国内几乎未见任何企业有关于信息化建设评价模型与指标的实践案例。

（二）核心：优化信息化建设评价模型并构建指标库

东航课题研究小组吸收借鉴国内外优秀信息化评估模型框架，以量化管理为核心思想，尽可能地从现有项目管理经验中归纳量化评估指标，融合公司业务价值点以及国资监管要求，形成适用于东航的信息化建设评价体系——“QFIT”体系，分别对应该体系的 3 个创新点，即量化（Quantative）、柔性（Flexible）以及管理闭环（ITClose-Loop），具体介绍如下：

1. Q：吸收先进量化评估理念，构建三维度价值评价模型和指标库

课题研究小组对标国内外行业最佳实践的信息化评估模型框架，并借鉴平衡记分卡的绩效管理模型，从绩效出发，结合收益、成本、质量安全等 3 个维度，搭建东航信息化建设评价模型。

其中，收益部分从业务核心价值出发，以 CSF 关键成功要素法提炼出财务、用户、企业运营以及战略及核心竞争力等四大项评价指标。成本部分运用管理会计理念，对以往只估算外部人工及外购软硬件成本的方式进行优化与细化，区分内外部资源投入，并将自有基础设施、自有人员以及系统建成后的长期运维费用均纳入成本核算范畴，从信息系统建设的全生命周期视角进行成本估算。质量与安全部分主要借鉴国际上著名的 COBIT 治理模型、COSO 内控模型、CMMI 软件与系统开发模型、ITIL/ISO20000 软硬件系统维护模型以及 ISO27001 信息安全模型等，设计了系统建设、系统性能以及系统安全等三大项评价指标。

基于 QFIT 信息化建设评价模型，在与各领域专家充分访谈、交流的基础上构建了 606 项指标库。该指标库从航空业信息化项目特点进行设计，首创了行业内综合航空类信息化特点的体系指标库。指标库绝大多数均可进行量化，或通过数据直接计算，或通过用户打分，客观、准确的进行指标计量，量化率达到 96%。

2. F：柔性管理体系设计指标库，以应对快速迭代与跨领域创新

（1）采用模块化设计，使得指标库能够动态调整与更新

随着东航经营业务领域的发展变化，信息系统必然要随之调整，评价指标库也需要与之同步更新。在当前系统开发“小步快走、快速迭代”管理模式与系统平台化变化趋势下，为了减少某领域信息系统调整对整个信息化建设评价体系的影响，东航采用模块化的指标体系设计，使得指标库具有一定的柔性，同时开放日常维护通道，信息化建设评价指标可以灵活的根据业务变化而变化，形成动态、可持续的建设目标论证机制。

（2）以“二八法则”选取覆盖范围，平衡管理成本与效果

东航每年立项实施的信息化项目数以百计，若每个项目均采用 QFIT 评价体系实施评估，则会带来较大的管理成本，反而影响公司对信息化项目评估的效果判断。

为了平衡管理成本与实施效果，课题研究小组统计了2016与2017年的项目金额及类别的分布情况，结合风险控制重要性水平及管理成本两方面考虑，采用“二八法则”选取了300万元以上的项目作为信息化建设评价的初期实施范围。

3. IT：融入管理闭环思想，注重评估结果的应用与体系优化

（1）以终为始，前置指标库提前论证项目价值

东航QFIT信息化建设评价体系将评价模型与指标体系嵌入可研立项分析阶段，从项目起始阶段就论证项目实施的业务价值，通过投资成本与绩效目标的比较来论证信息化建设项目的可行性，若投资成本小于绩效目标，则该信息化建设项目就不具备实施的价值。同时还可以通过不同项目之间量化指标的横向比较，论证信息化建设项目实施的必要性。

（2）利用评估结果，对信息化建设管理进行反馈优化

东航QFIT信息化建设评价体系，除了能够在立项可研阶段进行价值评估，帮助管理层进行信息化项目投资决策之外，还能够在项目实施完毕后，通过对信息化建设项目的后评估，一方面印证前期项目评估的准确性，沉淀信息化建设评估的管理经验；另一方面也可以反馈并验证信息化建设项目指标及其权重等设置的合理性，从而帮助优化信息化建设评价模型及指标库，进而实现信息化投资高位突破以及螺旋式上升的管理闭环。

（三）支撑：完善信息化建设评价体系管理机制

1. 职责：优化信息化建设评价职责分工，提升管理协同效应

东航信息化建设评价原有流程由业务单位提出需求，信息部进行可研论证后报公司审批，审批通过后由信息部负责实施建设，项目完成后缺乏部门组织评价工作。这种原有的方式难以保证项目效果评估的客观性，更加无法使得项目建设经验和数据进行沉淀。

为了保障QFIT信息化建设评价体系的落地实施，首先需要重新分配信息化建设评价工作中的管理职责，从而引导信息化项目评价管理部门、系统实施部门以及用户单位就信息化建设管理发挥协同效应。

通过职责重新分配与优化，最终形成由公司规划部牵头，信息部或其他信息化项目责任单位实施，需求/业务部门配合的管理机制。

2. 工具：设计五大表格工具，配套信息化建设评价模型运用

为了更好地配合QFIT信息化建设评价模型运用，东航课题研究小组研究设计了五大工具以及一个报告模板，分别是《工具一：信息化建设项目投入测算表》《工具二：信息化建设项目目标论证及评价表》《工具三：信息化建设项目KRI指标评价及程序裁剪表》《工具四：信息化建设项目程序合规评价底稿》《工具五：质量安全打分表》以及《信息化建设评价报告模板》，来指导公司开展信息化建设评价工作。

其中，前两个工具适用于信息化建设项目可研、立项阶段，主要是根据指标体系对信息化建设项目的投入与产出进行量化测算，为投资决策提供数据化的报表分析；后三个工具以及报告模板主要用于项目评价阶段，是对项目KRI、程序合规性、系统质量安全的评分，从而判断项目实施的绩效好坏，最终通过报告的方式开展整个信息化建设项目的评价总结。

3. 制度：信息化建设评价流程制度化，指导评价工作开展实施

QFIT信息化建设评价体系对建设管理中相关部门的职责进行了调整，自然也需要对整个建设管理的流程及环节进行优化，在信息化建设评价的不同阶段由不同部门及人员主导及参与，产生不同的表单记录，进一步规范了信息化建设评价流程。

与五大表格工具及报告模板相对应的还制订两份文件，分别是《信息化建设项目评价管理规定》与《QFIT信息化建设项目评价体系操作手册》，前者是对信息化建设评价流程的固化，后者是对信息化建设评价具体操作步骤及方法的指导。制度规范、管理表格、报告模板再加上可信的评价指标库，共同构成了QFIT信息化建设项目评价体系文件。

（四）关键：运行验证并推广QFIT信息化建设评价体系

通过调研查找并分析东航信息化建设评价管理中的痛点问题，然后基于量化、柔性与闭环管理理念构建了信息化建设评价模型及指标库，为了确保体系顺利落地，又从职责、工具以及制度等三方面进行设计优化，至此整个QFIT信息化建设评价体系已初步成型。随后关键的一步就是要执行该QFIT信息化建设评价体系，以验证该体系的科学性、合理性以及可操作性。

1. 开展体系运行培训工作

2018年底，QFIT信息化建设评价体系初步搭建完成，为了保证运行及验证工作更加顺利，课题研究小组

组织对体系涉及相关领导与部门人员的培训工作，使得相关人员能理解并基本掌握 QFIT 信息化建设评价体系的核心理念与工具使用。

2. 沙盘模拟验证评价体系

课题研究小组选取 4 个已基本实施完成的信息化建设项目，通过沙盘模拟的方式，验证结果显示，除个别指标因缺少前期数据而无法量化外，其余指标均取得了量化收益，由此证明 QFIT 模型的可行性。

3. 正式启动运行评价体系

QFIT 信息化建设评价体系沙盘模拟通过之后，该体系于 2019 年正式投入试运行。

（五）展望：积累信息化建设评价数据，建立自动评估模型

QFIT 信息化建设评价要想更加科学、合理，就需要能够进行横向与纵向的数据比较，而该评价体系尚处在初步建成阶段，正如沙盘模拟结果显示，部分指标前期数据未能进行沉淀积累，也在一定程度上给当前评价指标的数据比较带来困难。因此，需要在未来 3—5 年通过 QFIT 信息化建设评价体系的实施，不断积累相关评价指标数据，从而更好帮助完善信息化建设评价的基准值，进一步利用基准值建立信息化建设效果评估模型，最终形成兼容多样化系统的、客观的、具备可比性的量化自动评估模型。

三、信息化建设评价体系应用的成效

QFIT 信息化建设评价体系的构建与实施，解决了当前信息化建设评价工作的痛点，优化了投资决策方式，提升了信息化建设管理水平，同时形成了行业首创、可复制推广的信息化建设评价体系研究模式。

（一）破解信息化建设管理痛点，切实解决管理难题

通过 QFIT 信息化建设评价体系的实施，破解了信息化建设中的可研论证难、立项评审难以及投后评价难三大痛点问题。

通过评价指标的量化，实现了从可研到立项最后到投后评估的数据化测算，为事前的投资决策提供了科学、合理的判断依据，使得信息化建设管理从定性决策向定量决策为主、定性决策为辅进行转变；为事后项目后评价提供了客观的评估数据。此外，评价指标的设计成为建设的目标管理抓手，引导信息系统科学、合理的建设开发与运维。

该体系从科学、系统、合理的角度出发，以帮助公司做好信息化建设管理，从而实现创新突破。

根据统计，以 QFIT 信息化建设评价体系 2019 年运行为例，东航共实施了 24 个信息化建设项目，其投资总额为 21458 万元，通过体系工具测算信息部自有人员、长期自有设施、长期自有人员、长期运维费等成本为 16773 万元，总生命周期成本共计 38231 万元。通过体系科学测算预估创造的直接经济效益为 37343 万元，总生命周期持续收益为 11157.5 万元，带来效益共计 48500.5 万元。投入产出比为 126.86%。

2019 年运行至今，达到评价节点的报告数量共 9 个，通过体系评估出创造的直接经济效益为 8450 万元。按照 2019 年共计 24 个符合评价的信息化建设项目测算，最终创造的直接经济效益可达到预估的投入产出比。

通过以上投入产出比测算，以公司每年信息化建设 6 亿元测算，根据投入产出比 126.86% 预估，投入产出为 7.61 亿元。

同时，根据评价体系工具测算，2019 年被公司否决或暂缓的 300 万元以上信息化项目共为 8 个，金额为 5800 万元。按照 2019 年共计 24 个符合评价的信息化建设项目测算，通过体系工具而被否决或暂缓的项目占比为 25%。

（二）提升信息化建设管理水平，实现指标定量化评价

QFIT 信息化建设评价体系的实施提高了信息化建设管理水平。自从体系正式运行以来，规划部、信息部以及用户单位严格按照优化后的制度规范以及操作手册执行，有效推动了项目的规范化运作，减少以往投资决策过程中的扯皮与博弈。

同时，QFIT 信息化建设评价体系实现了指标定量化评价，通过数据量化评估，从而论证建设价值，做到事前评估以及事后评价的客观对比与分析，使投资更科学、合理，促进信息化建设领域的高质量投资。

（三）形成行业首创体系，产生重要示范作用

QFIT 信息化建设评价体系吸收了量化理念，融合了柔性管理、闭环管理等思想，借鉴管理会计、信息化治理与评估框架等相关知识，首创了符合航空公司信息化特点的多维度评价指标模型及指标库，搭建了目前学术界与实务界首个信息化建设评价体系，为全行业提供了首个科学的、全面的信息化建设管理评价方案，

产生了示范作用和巨大的社会效益。该体系不仅可以在东航其他投资领域进行复制推广，也可以给其他行业或领域的中大型企业的建设管理提供参考与借鉴。

（四）推动信息化建设高质量发展，实现五大转变

QFIT 信息化建设评价体系紧密围绕国家十九大新时代高质量发展根本战略，主动适应新时代新要求，实现大型航空企业信息化建设由量的积累到质的飞跃，积极打造富有航空业特点的高质量发展评价体系。

推动信息化建设高质量发展，确立了管理标准，从定性为主转变为定量为主，为后期不断优化找到依托。

推动信息化建设高质量发展，优化了管理流程，从单一部门“拍脑”决策转变为多部门共同参与评价，充分发挥了管理协同效应。

推动信息化建设高质量发展，改变了员工思维逻辑与行为方式，从走一步看一步转变为以终为始全局看的逆向思维，提高信息化建设成功率。

推动信息化建设高质量发展，清晰勾勒出建设目标，从缺乏清晰的目标转变为多维立体可衡量的目标，提高信息化建设项目的运行质量和绩效考核。

推动信息化建设高质量发展，实现了项目数据的积累，从散点式数据无分析价值转变为系统化数据，让横向纵向分析成为现实，且随着数据不断沉淀能够更好的为管理决策提供依据。

“智能＋绿色”供应链的建设实践

中国石化上海石油化工股份有限公司

中国石化上海石油化工股份有限公司（以下简称上海石化），位于上海市金山区，是中国石化的控股子公司，为中国特大型炼化一体化企业，具有1600万吨/年综合加工原油能力和乙烯70万吨/年、有机化工原料428万吨/年、塑料树脂100万吨/年、合纤原料109万吨/年、合纤聚合物59万吨/年、合成纤维26万吨/年的生产能力。公司主要生产石油制品、中间化工原料、合成树脂及塑料制品、合纤原料及合成纤维等四大类产品，并拥有独立的公用工程、环境保护系统，及海运、内河航运、铁路运输、公路运输配套设施。

按照国家和中国石化集团公司的要求，上海石化聚焦“智能制造”“互联网+”“绿色企业”主线，以智能物资管理项目和绿色企业行动计划为指引，构筑创新发展新引擎，驱动上海石化供应链管理向卓越、智慧模式转变，为上海石化建设“国内领先、世界一流”能源化工及新材料公司的企业愿景提供支撑。2019年上海石化获创新中国·百强上市企业、中国石化集团公司绿色企业称号，复评“中华环境友好企业”，并获中国物流与采购联合会颁发的2019年中国化工物流行业“金罐奖”——责任关怀优秀企业、2019年度中国石化集团公司物资供应管理先进单位等称号。

一、“智能＋绿色”供应链建设背景

（一）推行“智能＋绿色”供应链建设是国家实现绿色低碳发展的必然要求

党的十九届五中全会指出，要坚持新发展理念，加快推动绿色低碳发展，持续改善环境质量。习近平总书记多次强调，“绿水青山就是金山银山”，绿色发展已被提升至新的战略高度。国家对绿色发展问题的重视，以及环境保护立法和执法的严格开展，逐步扭转了“劣币驱逐良币”的现象，市场竞争环境更加公平。企业必须融入生态环保发展理念，构建“智能＋绿色”供应链管理模式，加强企业内部精细化管控和产业链上下游的紧密协作，减少对环境的污染，提高整个供应链效率，降低供应链总成本，提升企业的综合竞争力。

（二）推行“智能＋绿色”供应链建设是是打响“上海制造”品牌的必然选择

2018年，上海市市委市政府将“上海制造”列为上海“四大品牌”之一，率先推动高质量发展。明确到2020年，制造业自主创新能力显著提升，互联网、大数据、人工智能与实体经济深度融合，产业集群发展格局基本形成，基本建成国际高端智造中心，加快迈向全球卓越制造基地。随着工业4.0的加速到来，我国推进制造业高质量发展、制造业智能化改造的脚步加速迈进，以智能化赋能制造业的“技术”领域探索不断深入。企业应该加强数字化转型，利用大数据等技术，打造同产业集群内企业的云平台，把企业间的生产、仓储、产品、供应商、客户等信息紧密连接起来，创造更为便利的数字化管理模式，为工业制造企业长足发展打下基础。

（三）推行“智能＋绿色”供应链建设是企业实现可持续发展的内在要求

今年以来，国际经济增速明显放缓，国际油价断崖下滑，大型民营炼化企业建成投产，化工行业下游市场竞争激烈。当前，国家和地方政府不断加大环保治理力度，上海市对安全环保实施最严格的标准，石油化工企业面临的生存压力越来越大。如何探索建设智慧能源系统，构建清洁低碳、安全高效的能源供给体系，实现节约发展、清洁发展、低碳发展，不仅是是企业当前谋求生存的迫切需要，更是必须切实履行好的政治责任和社会责任。大力发展化工新材料、优化整合传统化工、加快产业布局集约绿色发展将成为“十四五”期间行业高质量发展的主导方向。上海石化大力实施创新驱动和绿色持续发展战略，坚持“产城融合”发展理念，与金山区一道着力打造“碳谷绿湾”，将环境生态意识融入供应链管理之中，以智能供应为支撑，以绿色制造理论为导向，以绿色环保为原则来实现供应链管理，促使供应链合理利用资源，减少对环境的危害，树立良好形象，提升企业竞争力，实现全面可持续发展。

二、“智能＋绿色”供应链建设的成果内涵和主要做法

上海石化从环境整体效益最优化，运行成本最低化，客户服务最佳化要求出发，利用智能化、信息化的手段，通过SWOT分析。对整个供应链从产品的设计、材料的选择和采购、生产、包装、运输、仓储、服务等全过程优劣势分析，针对“智能＋绿色”供应链诊断评价的短板及改进要求，采取了绿色采购、绿色生产、绿色物流、绿色服务等举措，从而实现了业务流程优化、产业链共赢、发展模式创新、人才队伍建设的战略目标。

（一）开展“智能 + 绿色”采购

“智能 + 绿色”采购是通过应用先进的信息技术，在物资采购全流程中，充分考虑环境保护、资源节约、安全健康、循环低碳和回收利用，优先采购有利于节约资源和对环境影响最小的原材料、产品和服务的行为，构建环保、节能、循环、高效的绿色采购管理长效机制，助力全面可持续、高质量发展。

1. 打造高效协同的一体化采购管理体系

应用现代信息技术。应用企业资源计划（ERP)、电子商务系统 (EC)、易派客平台（EPEC）、供应资源系统（GSN）、物料编码主数据标准化平台（MDM）、合同管理信息系统（CMIS）、BW 数据仓库等，打造基于绿色供应链的采购管理体系。各系统之间通过接口实现互联互通、信息共享，提高业务处理和绩效管理的工作效率，提高企业内部各部门之间的协调一致性。

在信息系统中固化落实绿色采购要求。坚持绿色技术标准引领，将绿色技术标准和要求通过物料编码主数据标准化平台（MDM）等形式得以固化实施；将环保指标、低碳绩效等绿色采购要求纳入易派客标准和电子招标平台评标模板等，建立绿色产品、绿色供应商评价标准和认证体系，评价结果应用于物资采购决策。应用公开透明的 EC、EPEC 等电商平台，实现采购标准化、制造数字化、物流透明化、信息互联化，做到供应链信息的阳光、透明、可追溯，逐步打造阳光健康的绿色供应生态圈。

建立智能物资管理系统（IWMS）。应用互联网和物联网技术，以实物流为主线，集供应商、需求单位、物资采购于一体，移动应用为延伸。涵盖 14 个业务场景、19 个业务流程，包括供应商发货、质检、保管员收货、上架、下架、出库、配送、需用单位领料、签字确认。全程采用标签 / 条码技术，解决了采购过程中数据流的内外部协调问题，实现了仓储信息数据共享、标准和可视，大幅提高绿色供应链管理运行效率。

推进 IWMS 系统向前后端拓展延伸的深化应用。建立项目物资管理模块，已于 2020 年 7 月上线，实施项目物资计划全流程线上管控、费用智能化预警和控制，以及重点物资全过程线上跟踪，大幅提高业务运行效率。借助于系统平台，有效控制需求日期不合理以及合同交货日期与需求日期不一致的情况，实现采购与需求的有效衔接。

2. 构建创新发展的绿色采购机制

理念先行，培育绿色文化。2018 年起将绿色采购列为“首个三年”发展规划的目标之一，广泛宣传发动，通过专题研讨、头脑风暴等形式，确定绿色采购作为分层次推进的重点内容，贯穿物资供应工作整体思路。发布《上海石化物资绿色采购管理细则》，明确需求、采购、验收、使用、包装回收等全流程管控要求，为绿色采购提供制度保障。借助于公司物资供应管理委员会会议、物资供应“比学赶帮超”竞赛、物资供应链负责人培训等，积极宣传引导，并结合优秀供应商评选和表彰，发挥多方优势，倡导协同共建绿色供应链。

源头管控，强化策略引领。将绿色采购相关内容纳入年度采购策略编制范畴，明确绿色采购物资品种，在采购预案、评标办法、供应商资格审查标准和合同文本等环节体现绿色采购的具体要求，全面指导监督绿色采购工作。依据年度物资采购策略清册，建立绿色物资采购目录并持续丰富完善，已包含 27 个品类 331 项物资。区别于常规产品，探索实践绿色产品框架采购，已建立一级能效电机、高效变压器、低逸散垫片等 39 个品种框架。在油品清洁化项目镍基合金阀门采购中，主动与设计院、需求单位沟通交流，最终在供应商资格审查中明确，阀门填料必须满足低逸散环保要求。

坚持“全生命周期总成本最低”采购理念。探索尝试将产品节能、节水、环保、低碳、以及高质量、长周期转化为科学的、可量化的经济数据，作为商务决策重要考虑因素，推行全生命周期总成本最低招标采购模式。选择工艺技术要求高、运行环境苛刻、有节能优势的设备物资为标的，如制冷设备、风机、循环水泵、压缩机等，在“设备价格”基础上，增设“备件消耗价”“运行能耗价”等权重项，从全生命周期角度综合评价，实现设备总成本最低。2019 年至今已累计成熟制定机泵、空调机组、冷冻机等 3 套绿色招标方案，成功采购高效节能离心泵 20 台、高效多联空调机组 5 套、高能效冷冻机 1 台。组织协同相关部门推广采购高效能机电设备，2019 年以来成功采购高效能电机 2874 台、变压器 58 台、机泵设备 40 台。通过使用高效能电机降低能耗成本，年可节约电费 800 万元。

积极践行，优选绿色产品。注重市场行情和企业现状分析，掌握绿色新技术、新工艺，优先采购通过环境标准产品认证、节能产品认证或者使用先进环保技术生产的产品。如采用太阳能供电的 VOCs 网格化在线监测项目分析仪、使用惰性气体保护工艺代替废酸处理的无缝钢管，采用碳纤维材质叶片的空冷器风机等。加强与需求单位、职能部门的对接，组织泡沫玻璃、新型水性涂料等环保材料推广会。与公司财务、设动、安环等部门建立协同机制，做好国家财政支持可享受税收优惠政策的绿色产品采购工作。

3. 积极采用“云模式”提升采购效能

为切实抓好疫情期间的物资保供工作，上海石化充分发挥招标服务工作机制，联合上海招标中心，积极探索采用全流程电子招标方式，实施“投标不见面、评标不聚集、全程无纸化”的远程异地评标。

制定操作方案。方案为确保“云招标”工作顺利进行，上海石化制订了详细的操作方案及应急预案，强化风险评估，落实招标人、投标人、招标机构和评委责任。

应用视频设施。上海石化硬件设施完备，评标室具备视频监控录像功能；“云办公”软件普及，利用WeLink视频会议系统、钉钉、腾讯会议等视频软件，实施沟通交流；

优选评标专家。聘请近一月内无外阜走访史的评标专家，并书面签订保密等相关承诺；投标人在线解密和答疑，5位评委分别在4个符合条件的办公场所在线评标，同时，招标机构管理人员全程在线监督，上海石化招标业务人员全程参与，完全符合招标公开、公平、公正的原则。在此基础上，对烷基化项目建设急需膨胀节等物资实施了首次远程异地评标，并取得了圆满成功。截至11月底，累计开展“云招标”482次。

（二）实现“智能+绿色”管控

公司通过采用先进的过程控制、环保管理、设备管理、GIS可视化平台、生产过程信息集成等信息系统，不断提升公司的自动化控制水平，提升产品质量和运行效率，实行智能生产、绿色生产，实现炼化生产一体化优化。

1. 打造智能生产平台

以智能化提升决策水平。坚持以市场为导向，以效益为中心，加强生产运行管理和费用管控工作，努力提升盈利能力和水平。根据市场变化情况，及时调整公司的投资策略，实现最优化生产。建设价值链表征优化系统，利用公司现有线性规划、数据统计等相关系统，研究开发价值链表征和优化技术，通过原油效益测算、线性规划功能拓展与周尺度计划优化配置等工作，表征增利和减利因素，优化区域部署、原料采购、资源配置、产品分布等，明确价值链优化策略，增加高附加值产品比例和综合商品率，提高企业综合效益。

以智能化提升生产管控能力。公司主要装置都配置了控制系统，实现了10万吨级以上化工装置APC应用全覆盖，关键装置已经完成了单装置的优化。运用先进控制系统，预测装置的变化，提前调节多个相关的操作变量，降低操作人员对生产的监测和干预强度，根据生产运行变化，动态调整运行参数，提高装置运行的平稳性。

建成工艺过程信息集成系统。以工艺流程图为基础，集成了实时数据库系统、LIMS系统、APC监控系统、DCS报警系统等与生产过程强相关的信息系统的数据，完成数据交互，实现生产过程监控、多业务系统集成分析功能。生产管理人员可以利用实时数据和历史数据，对生产过程进行综合在线分析，及时发现生产过程中的问题和隐患，帮助装置操作人员快速作出判断，使生产过程处于良好的运行状态。

健全DCS报警管理系统。扩展业务流程统一管理平台等7个项目的建设和验收，DCS报警管理信息系统在12套主要装置试点成功，无效报警平均减少55%，提高了各装置操作效率、保证装置的在线运行时间和装置安全，降低由于操作失误导致的不必要的经济损失。

2. 推进绿色生产模式

实施生产过程清洁化管控。进一步强化生产精细管理，通过考核装置平稳率、可靠性等KPI指标，减少装置的非正常波动。加强火炬系统异常排放管理、源头排放日常管理以及火炬气回收系统的运行管理。通过petro-sim全流程优化，精准掌控关键指数，提升APC控制系统的投用效果，对乙烯塔等关键设备进行操作优化。加强技术攻关，减少危废的产生。积极推进催化裂化装置废平衡剂的回收利用，将丁二烯装置产生的排放焦油与乙烯焦油、乙烯盘油进行配比调和，生产适合炭黑母料的焦油，可以减少危废数量。

实现绿色开停工和检维修。开停工方案遵循“油不落地、气不上天”的原则，提前编制工艺倒空、置换、蒸煮等工艺处理环节，细化系统吹扫流程、物料回收、污染防治设施开停工顺序，各装置在开停工过程中，通过增加跨线，使吹扫、蒸塔、蒸罐密闭排放，确保VOCs小于200ppm，实现绿色检修。

建立溯源机制，降低边界VOCs浓度。以CEMS系统在线数据、水质分级监控在线仪系统、边界大气自动站、手持式VOC检测仪等环境数据形成较为健全的环境监测体系，全天候、全方位监控污染物排放情况。2020年，公司正式启用走航监测，形成常态化走航工作机制，与金山区、平湖市开展大气交叉走航工作。至今已共计开展厂内走航42次，厂外协助走航8次。

建立内部环保信息平台，设立预警机制。分级预警，通过短信平台和微信群等形式第一时间告知异常数据，提高应急响应速度，并将环保数据形成环境日报，加强数据管理，分析规律。建立以大气自动站为中心、结合多种检测设备和检测力量为一体的环境预警及溯源管理模式，真正实现溯源工作全天候、全过程、网格化。

开展“万员行动查异味”环保活动。发动和鼓励广大员工积极参与查找和诊断身边的环保隐患，由环保管理部门落实核实、排查和整改工作，形成闭环管理。持续推进 LDAR 全覆盖工作，密封点总数增加到 105.38 万点，检测出泄漏点 5952 点，修复率 95.9%。

（三）打造“智能 + 绿色”物流

公司以降低对环境的污染、减少资源消耗为目标，利用先进物流技术规划和实施运输、仓存、包装、装卸、流通加工等物流活动。在化工原材料及危险品运输中，尽可能减少运输过程中的损耗，合理安排运输路线，避免运输过程影响生态环境。加强仓储过程管理，避免安全事故的发生，避免因仓储管理不当造成的污染问题。

1. 优化包装形式

上海石化持续推进绿色供应工作，加强与供应商、技术方的联络对接，共同探讨解决各类包装减量、再利用。

实现包装的大型化和集装化。采用集装箱、集装袋、托盘等集装方式实现包装的大型化和集装化，实现物流系统在装卸、搬迁、保管、运输等过程的机械化，加快作业速度，减少单位包装，节约包装材料和包装费用，保护货体。

采用可循环再利用的包装材料。节约材料或产品流通过程的包装费支出，实现环境效益与经济效率的同步优化。制订化工原辅料“绿色包装”推进方案及计划，已完成 100 余种用量大的外购化工料包装改造。其中，甲酯、酸碱等大宗化工料全部实现管道、槽车供应；柴油抗磨剂、油浆阻垢剂、二甲基二硫等 23 个品种实现槽车供应；金属钝化剂、黄油抑制剂、结焦抑制剂等 64 个品种由小桶改为大桶，并推吨桶重复利用；对二氯乙烷、除臭剂等 14 个品种实现供应商回用；具备条件的长城润滑油均已使用液袋吨包装。2020 年，实施萃取防焦剂和二氧化硫脲的“绿色包装”改造，推进油漆涂料加衬内袋（胆），完成再下降 1000 只桶 / 年的年度目标。

2. 优化仓储方式

上海石化结合仓储实际，从仓库布局优化、仓储管控水平提升、智能化仓库建设等三方面推进绿色仓储工作。

优化调整现有仓库。形成了“内环、中环、外环”的仓库合理空间布局，大幅提升仓储货物运输效率。建立废催化剂暂存仓库，实现集中管理，减少对周围环境影响。改善仓库的硬件条件。制动三年滚动改造计划，进行节能照明改造，配备更加节能环保的吊装设备、铲车、空调等。

实施智能仓储项目建设。2019 年进入施工改造于 2020 年 7 月运行，自动导引运输机器人（AGV）顺利接管仓库。打破原有“分区分类、专库专储”物资存储模式，外形尺寸在 1 米 ×1 米 ×1.5 米以内，单件重量在 1 吨以内的非化工类物资均可存放。将 AI 高级算法用到了库内管理，由以往的“人找货”转变为“货找人”，以 AGV 为执行载体，选择最优、最安全的路径，将货物和货架举升后搬运至操作台，还可以按照物资使用频次智能分布货架，使仓储作业更加简单、高效、安全。

3. 优化运输管理

上海石化严格管控供应商及其承运商的运输资质，加强危化品供应商（承运商）运输管理，以签订 HSSE 协议书、召开座谈会、约谈、检查处罚等手段管控安全环保各类风险。引导供应商限制使用老旧、高能耗、尾气排放不达标的运输工具。跟踪分析外购化工料不同运输形式的损耗情况，优化运输方案，严格按照商品本身的特征和要求进行存放、装卸和搬运，减少运输途中的损失。针对海运的煤炭、丙烯腈、异辛烷等物料，通过提前制订船期计划，优化船型配合，减少运力浪费。根据生产现场物资的可承载量，扩大直送现场品种，减少厂区二次驳运。

运用 IC 自助提货系统、客户服务系统等，实现了公路销售产品出厂业务的流程重构和自助提货，建立了网页端和微信端双平台的自助开单服务和自助制单、门卫手持机打单、现场手持机槽检等便捷服务。自助提货系统在重构原有相对低效的业务流程的基础上，引入预约提货机制实现了客户在线预约，实现客户自助制单、排队叫号、门卫手持机验证功能、扫描二维码装车和提货，并以二维码为载体的信息获取方式以及使用移动终端查询复核及应用等手段，实现了产品销售出厂的全流程电子化智能营销管理，优化了提货流程，提高了提货效率，强化了运输安全管理。

（四）提升“智能 + 绿色”服务

公司以“信息精确、产品精准、服务精细”为目标，加强新产品市场开拓，加强产销计划衔接，增加产品客户黏性，通过智能营销服务建设，提高客户对智能化服务体验，实现为客户提供“更优服务”的宗旨。

加强产销研衔接，优化产品结构。开拓新的应用领域与用户，加大公司新产品推广力度，积极拓展新产品市场营销策略。近两年统的腈纶染色工艺逐渐被更加绿色环保的原液着色技术所代替，上海石化通过走访腈纶客户，分析掌握市场需求；加强与染料、纺织厂商的上下游合作攻关，生产研制出满足服用和户外用标准的多色系有色腈纶。原液着色腈纶是一款绿色环保产品，上色步骤在纤维成型前完成。相比后道染色方式，免去了漂洗工序，节省了染色剂的用量，取得经济效益的同时更加突显节能环保方面的独特优势。制得的成品颜色均匀、日晒色牢度高，还免去了下游企业印染着色带来的诸多环保问题。原液着色腈纶主要应用于高端服装、家饰市场的精纺、棉纺产品，深受客户欢迎。

推行合作竞争营销。利用公司 MPRC（市场—生产—研发—客户）小组活动，与后道用户合作开发产品、市场，通过优势互补，促进“双赢”，提升产品质量，提高新产品的竞争力。

采用“互联网＋销售”的模式。创新新型销售工具，利用网上交易新渠道，加强产品宣传和推广力度。推进化工产品网上挂牌销售，2019 年，通过网上平台累计交易 34661 吨，为公司累计增收 680.88 万元。继续深入开展“技术专家”驻点工作，安排腈纶、涤纶、塑料产品专家入驻化销华东分公司，为客户提供增值服务，收集产品信息、进行质量改进和新产品开发等工作。

以客户满意为目标，提升产品质量水平。围绕从市场研究、设计开发、生产、检验到销售及售后服务的产品生命周期主线，理顺各产品质量形成过程及质量规划、监控和改进活动等过程的输入、输出、活动方法、职责分配等要求，并以 GB/T19001 质量管理体系为框架建立、健全一体化管理体系，夯实质量管理基础，实现管理的标准化、流程化和结构化。建立、健全一体化管理体系，夯实质量管理基础，实现管理的标准化、流程化和结构化。在此基础上，结合现有实验室信息管理系统（LIMS）、实时数据库系统（PHD）、生产运营监控和生产执行系统 (MES) 等平台，开发并应用面向产品全生命周期的质量管理信息系统（QMS），覆盖从原辅料进厂、生产过程、到产成品出厂和客户服务全过程的质量管理，实现从质量策划、过程质量控制、质量风险识别与控制、质量保证到质量改进的闭环管理，全面提升公司的质量管理水平。

成立上海石化销售服务专业工作小组。负责开展产品技术服务、客户信息调查、投诉和抱怨处理，与客户商谈并提出处理意见等工作。践行“马上就办”工作方案，在公司 BPM 平台搭建客户服务相关流程，通过矩阵式小组模式，运用信息化管理工具，快速处理客户投诉意见，实现闭环管理，提高用户服务效率。

三、“智能 + 绿色”供应链建设的成果效果

（一）“智能 + 绿色”供应链建设实现发展模式创新：绿色发展

上海石化深刻学习领会党的十九届五中全会精神，结合深入贯彻落实习近平总书记考察上海和在浦东开发开放 30 周年庆祝大会上重要讲话精神，全力以赴做好转型升级的大文章。在上海市加快形成“中心辐射、两翼齐飞、新城发力、南北转型”空间新格局中，作为主要地处金山区的能源化工企业，坚持“创新、协调、绿色、开放、共享”发展理念，深入贯彻“四个革命、一个合作”能源安全新战略，带动所在地区及周边加快功能布局调整和经济结构升级，坚决扛稳保障国家能源安全和国民经济重要支柱的使命和重任。

近年来，上海石化积极开展绿色企业行动计划，紧紧围绕“价值引领、创新驱动、资源统筹、开放合作、绿色低碳”五大发展战略，坚持“向先进水平挑战、向最高标准看齐”，按照“一龙头、一核心、一基地”发展思路，加快转方式调结构、提质增效升级步伐。把碳纤维等中高端新材料作为未来发展的核心产业，积极发展风能 / 太阳能—氢能—氢能源汽车的全新产业链，打造“氢源碳谷”。2020 年，边界 VOCs 为 101.2μg/m3，同比下降 25.20%。顺利通过中华环境友好企业复审、集团公司和上海市清洁生产审核验收，获得集团公司绿色企业称号。公司绿地率为 35%，绿化覆盖率 36.5%。1 月—9 月，COD、氨氮、二氧化硫、氮氧化物主要污染物排放总量达到 2020 年集团公司能源环境责任书环保考核指标要求，分别占环保考核指标的 32.17%、25.35%、9.74% 和 28.56%，排放总量同比下降 9.85%、25.60%、12.31%、7.44%。1 月—9 月，高、低硫火炬气共回 7555.12 万立方，比去年同期减少 76.32 万立方，同比减少 1%。近 3 年，采购绿色产品实施退税总计 815.5 万元。2020 年已采购绿色产品 10830 万元，其中 6288 万元物资可享受退税，预计退税 556 万元。累计减少各类包装桶超 5 万只桶 / 年，可节约处置费用 225 万元，推行绿色包装的优势已初步显现。

（二）“智能 + 绿色”供应链建设实现业务流程优化：智能高效

在互联网 + 的时代背景下，公司利用自身生产管理、市场协同、技术输出等能力，借助互联网的优势供应链进行转型升级，转变了传统行业的交易方式，以线上线下结合，供应商、客户、交易共同协作的方式，构建了不同产业、不同企业间的资源整合模式，实现了一体化供应链运作。减少了中间的环节，增加了过程

的透明度和开放度，使得整个交易过程变得便捷化，有效地提升了公司的物资供应效率。2019 年，客户投诉意见平均处理天数 7.36 天，比 2018 年 13.25 天减少 5.89 天，处理效率提高 44.5%。

针对企业的整个物资供应过程，上海石化集成 ERP、LIMS、易派客等系统，利用 RFID 手持终端等移动互联技术，建设智能物资管理，实现物资从实物移动到财务记账的全生命周期痕迹管理，提高物资管理的效率，降低库存资金的占用。实现仓储货位标准化管理，库存清晰可视；实现实物流转过程痕迹管理，业务规范透明可控；实现与 ERP、LIMS、EPEC、CMIS 等系统紧密集成，确保物流与信息流准确一致；实现信息快速采集，实时共享。智能物资主要在物资供应全过程进行跟踪分析管理，即在需求计划跟踪、采购过程跟踪、供货执行管理、仓库管理、配送管理、综合分析预测、消息预警等方面建立智能物资管理模型，通过物资识别技术、货位标准化、无线技术、移动应用、大数据等信息技术与管理制度有机结合，实现信息快速采集、传递、共享，实现物资需求、管理、供应各部门协调、各阶段协调，提高快速反应能力，满足企业重点工程及检修单位的保供工作。打造节能、低碳、环保型绿色示范仓库，仓库储存能力提升 3 倍，效率提升 60%，人工减少 60%。仓储区域无人化，极大的降低了人力成本，项目投资回收周期只需 3—4 年，可复制性较强。智能物资管理系统使入库时效明显改进，入库时效达标率由 2015 年的 77.8% 上升至 2019 年的 98.5%。

（二）“智能 + 绿色”供应链建设实现产业链共赢：合作共生

建立供应链合作伙伴关系的目的在于，通过提高信息共享水平、加强协作关系，从而降低成本和提高运作绩效。为避免“不确定性”的风险，在供应链供需企业间建立战略联盟，供应商和采购商之间更讲求共享信息、共同获利的战略合作共生关系。供求企业双方均以本企业的信息换取供应链信息的充分共享；以本企业成本的非最优化换取整个供应链成本的最优化；以本企业对自身既然运行模式的微调换取供应链运行的顺畅，最终实现整个供应链的最大效益。与此同时供应链整体应变能力得到提升。

自新冠肺炎疫情爆发以来，上海石化按照上海市“三个覆盖”“三个一律”等要求，第一时间成立由“一把手”任组长的疫情防控领导小组，启动重大突发公共卫生事件一级响应，有序做好公司及承包商员工管控、防疫物资保供、社区联防联控等工作。

公司坚持“国家需要什么就生产什么，人民期待什么就奉献什么”，主动为国担当，为国分忧，积极履行中央企业的社会责任。为缓解口罩原料紧缺，上海石化充分发挥聚丙烯研发和产业链优势，经过 12 天的攻关，有效解决了高熔融指数难题，顺利转产口罩熔喷布专用料。上半年，累计生产熔喷布专用料 3289 吨，增产熔喷布 Y2600T 粒料 10452 吨、粉料 5728 吨，并且始终坚持生产不间断、油品不断供、商品不涨价。

组建防疫物资保供专项协调组，线上下、境内外、全天候协同联动，对防疫物资实施集中采购、统一调配，全力以赴保障供应。累计采购防疫物资 1167888 只（件、套），其中各类防护口罩共 1062860 只、一次性手套 1.5 万副、护目镜 2000 副等；全球范围搜寻资源，从瑞士、德国、美国分批采购 200 多支人体红外测温仪；与物流单位开展战略合作，保障乙醇、次氯酸钠等防疫物资第一时间发运、最短时间送达；24 小时保障供给，全天候保持联动，即时沟通物资需求、库存状态、物流配送、保障措施，全面保障防疫物资需求。

与地区强化“信息共享、人员共管、难题共解”机制。结合区域化党建平台支持地方防疫，向 26 个结对共建居民区派出百余名党员志愿者，120 名志愿者参与 G15 沈海高速道口执勤，3187 名党员踊跃捐款近 63 万元支持疫情防控，捐款率 100%。积极响应国家号召，按照中国石化集团公司统一部署，迅速启动抗疫稳岗扩就业专项行动，扩大高校毕业生招聘规模，实际招聘 263 人。

面对新冠肺炎疫情和国际油价暴跌等严峻的挑战，上海石化紧紧围绕落实“六稳”“六保”要求，充分发挥产业链长的优势，坚持抓主要矛盾、抓系统优化、抓化危为机，开展“百日攻坚创效”“持续攻坚创效”行动，聚焦疫情防控和生产经营双战双胜，统筹装置检修、平稳运行、系统优化、降本减费和项目建设、党的建设等各项工作经受住了考验，总体保持了生产经营平稳有序。5 月、6 月，原油加工量基本恢复至疫情前水平，稳住了生产经营基本盘，打好了转危为安主动仗。

基于承运清算平台的铁路多维度货运市场策略体系构建

中国铁路上海局集团有限公司

中国铁路上海局集团有限公司（以下简称上海局）作为中国国家铁路集团有限公司（以下简称“国铁集团”）下属的特大型铁路运输企业，主要负责运营及管理苏、浙、皖、沪三省一市境内的铁路客货运输业务。2013年6月，国铁集团大力推进铁路货运组织改革，从“前店后厂”的全新定位、货运承运人的优化整合、各类收费项目的大力清理，到运价体系的市场化改革，各项降低社会物流成本的举措不断推出，无不体现出国铁集团重振铁路货运雄风、收复货运失地的决心。然而，这几年上海局货运量仍在逐年下降，一方面，受宏观经济形势低迷、大宗物资需求降低影响；另一方面，经营体制、考核激励等政策难以适应白货市场竞争。2018年，国铁集团改革货运清算办法，实行货运承运清算办法，使产品运输和基础设施运维结果显性化，引导企业面向市场，算清效益账，为货物运输经营管理提供了有效的思路和评价手段。以此为契机，上海局自主研发货运承运清算平台系统，通过构建盈亏测算效益模型、定期深度分析，促进进一步提高货运经营质量和效率效益，实现铁路货运经营精准化管理。

一、成果产生的背景

（一）适应市场化改革发展的必然选择

运输营业收入是铁路局向国铁集团清算取得的具有支配权的收入，是企业安排日常支出、维持正常生产的资金来源。积极做大运输营业收入，是上海局提升运输经营质量效益，完成预定盈亏目标的前提和保障。

2018年，国铁集团改革货运清算办法，将长期以来实施的“管直清算”模式，即管内货运进款全部归己，直通货运按照运行、发送、到达分别清算，改革为适应货运市场化要求的货运承运清算模式，即承运企业取得全程运费收入，支付沿途铁路局线路、车辆、机车等资源使用服务费后，收付差额形成承运企业的清算盈亏。新的政策需要承运企业不仅关注取得收入的多少，也要关注付费支出的多少，这就需要考虑投入与产出的关系，树立算账揽货的新理念。

随着货运承运清算政策的实施，货运承运人的市场主体地位更加明确，铁路货运业务向现代物流转变的步伐不断加快。通过基于货运承运清算平台的铁路货运经营精准化管理，有助于货运部门合理研判业务结果、锁定优质客户，配合灵活的价格政策，实现算账揽货。同时经营结果的可量化，有助于出台有针对性的激励考核政策，提升营销部门开拓货运市场的积极性，持续优化货运产品结构，提升企业整体效益。

（二）实现货运增量行动计划的内在要求

2018年，国铁集团出台了《铁路货运增量行动方案》，要求以内陆大型厂矿企业、物流园区和沿海、沿江港口的煤、矿石等大宗散货及集装箱多式联运为重点，主动承接公路转移运量，深化铁路货运供给侧结构性改革，打好货运增量攻坚战，大幅提升铁路货运量。为此，上海局明确了“增总量、攻重点、调结构、提质量”的总体思路，确保2018—2020年货物发送量年均增长2.4%以上，到2020年实现发送货物2亿吨以上，并根据长三角货运市场特点，聚焦港口和重点厂矿企业，主攻煤炭、金矿、集装箱、商品车等重点品类，大力发展港铁联运、多式联运，主攻“公转铁”重点项目，优化货物运输结构，全面提高货运服务品质，提高货运经营质量和效率效益。

（三）改变货运经营现状的迫切需要

上海局地处交通发达的长三角地区，人流物流密集，资产资源丰富，公路、水路、航空等各种运输方式竞争激烈，铁路货运在整个物流市场中所占的比重并不高。特别是白货运输，由于具有办理限制多、流向分散、运价高、客户个性化需求明显等特点，一直青睐于公路、航空等运输方式，运输市场竞争白热化。客户对物流市场的价格也极为熟悉，每吨几元的差价就有可能造成铁路货源流失，加上运输的时效性以及“最后一公里”等因素，铁路货运历来不占优势。为开拓铁路货运市场，适应新形势下货运工作的新变化，需要从源头抓起，推行精准化管理，提升货运组织和服务质量，合理运用货物运价政策，提升货运整体经营效益。

二、成果的内涵和主要做法

基于承运清算平台的铁路多维度货运市场策略体系，主要通过构建上海局货运承运清算盈亏测算模型，明确货运承运清算盈亏测算模型底线标准，搭建货运承运清算基础数据平台，建立数据链，构建多维度货运市场策略体系，通过创建边际成本促增量市场模式，完善中欧中亚班列量质提升营销机制，深化大客户路企战略合作，创建货运中心细分市场模式，打造"沪苏通"新通道货运营销新亮点等市场营销策略，落实调整运输结构、供给侧结构性改革国家战略，实现货运经营质量、效益的同步提升。

主要做法如下：

（一）构建货运承运清算盈亏测算模型

1. 构建新办法下货运承运清算盈亏基本模型

旧的清算办法下，承运企业无法掌握货物运输实际盈亏情况。实施货运承运清算办法后，承运企业取得来自市场的货物运费进款，并按计费工作量和统一清算单价逐票向参与联合运输的提供服务企业支付机车牵引费、线路使用费、车辆服务费、到达服务费、综合服务费。

按照新的清算办法，定义货运承运清算盈亏基本计算模型为：

货运承运清算盈亏 = 承运运费收入 – 五项付费支出

= 承运运费收入 –（机车牵引费 + 线路使用费 + 车辆服务费 + 到达服务费 + 综合服务费）

2. 建立货运承运清算盈亏测算模型底线标准

根据盈亏测算相关理论，边际贡献 = 销售收入 – 变动成本，引入这一概念的主要目的是为了更加准确合理地判断单票货物运输对财务结果的影响。由于铁路行业运输及成本的特殊性，不能简单套用传统的边际贡献理论。

在盈亏测算基本模型基础上，考虑到在上海局管界范围内，为本局承运货物所提供的线路使用、中转到达等服务，由上海局自主提供，一方面是上海局承运货物的付费；另一方面也是上海局提供服务取得的收入，在企业合并范围内收支相抵，可以实现承运清算的收支平衡。同时，支付本局的线路使用费、到达服务费，主要用于补偿本局货运线路定期维修支出以及货运职工人工成本，根据成本属性可以定义为企业的固定支出、沉没成本。

为了更加客观地反映承运货物对企业的边际贡献，上海局研究建立了承运运费收入用于弥补外局付费支出以及本局变动付费支出的盈亏测算底线标准。主要用于市场特殊情况下，无法达到全成本清算盈利的运价项目需要满足的最低盈亏要求，并以此作为评判运价项目能否实施的底线评价标准。即：

货运承运盈亏底线标准 = 承运运费收入 – 支付外局五项付费支出 – 支付本局变动付费支出 = 承运运费收入 –（付外局机车牵引费 + 付外局线路使用费 + 付外局车辆服务费 + 付外局到达服务费 + 付外局综合服务费）– 付本局变动付费支出

对于管内运输项目，将线路使用费、到达服务费以外的 3 项付费作为本局变动付费支出；对于直通运输项目，将支付本局线路使用费以外的其他付费作为变动付费支出。

当货运承运盈亏底线标准≥ 0 时，货运运输项目可实施；当货运承运盈亏底线标准 <0 时，货运运输项目一般不予实施。

（二）搭建货运承运清算基础数据平台

1. 基本思路

根据新的货运承运清算办法，结合上海局货运经营管理实际，采用信息化技术手段，将原有碎片化的货运承运清算数据和相关报表信息进行整合，创建了货运承运清算基础数据平台。同时，使用因素分析、量本利分析等方法，运用货运承运盈亏测算模型，对基础数据指标进行多维度剖析，建立相应的盈亏分析维度，实行盈亏分析综合评价管理，深入挖掘不同视角数据背后的关键影响因素，指导货运部门、货运单位围绕盈利能力进行分析、评价及考核，提出货运产品价格政策制定、生产营销管理等方面的改进建议和实施对策。

2. 主要目标

通过货运承运清算平台数据研究分析，使铁路企业能在承运前算清效益账，促使货运部门更加重视运输经营效益，强化各货运中心的经营主体责任，统筹考虑市场竞争、运输方式比价关系等因素，不断寻求提升货运经营效率效益的途径。

通过对货物承运清算盈亏结果的测算分析，提前介入运输生产组织，对接优质客户，制定更加合理的货运营销方案和价格策略，促进铁路货运经营精准化管理，为上海局落实"货运增量行动"发挥更大的辅助决策作用及贡献。

3. 平台架构

上海局自主研发了货运承运清算基础数据平台。货运承运清算基础数据平台主要由基础数据处理、承运清算分析、数据字典维护等 3 个模块组成。

基础数据处理模块包含货运承运清算数据读取和数据匹配核对两个功能，主要是对货运承运清算数据和相关报表信息进行处理、整合。

承运清算分析模块包含中心盈余分析、货票盈余分析、品类盈余分析、客户盈余分析、运价号盈余分析、运输方式盈余分析、运距盈余分析、静载重盈余分析、运价项目盈余分析、去向盈余分析、亏损货票分析等功能，主要是对货运承运清算盈亏结果进行多维度分析。

数据字典维护模块主要包含用户管理、菜单管理、权限设置、登录地址授权等功能。

4. 建立数据链

平台读取数据主要有两个来源：一是国铁集团清算平台公布的各项收付费用明细表，主要包括 6 个应收收入明细表和 5 个应付费用明细表；二是货票系统中的运单信息。

在两个数据源中，以结账日期及运单号码为匹配依据，对不同报表中的货票信息进行关联整合，最后形成包含发货人、发送吨、品类、运价号、运距、项目号等各项重要因素较为完善的货票信息，为多维度盈亏分析提供了完整的数据支撑。

（三）构建多维度货运市场策略体系

上海局通过货运承运清算基础数据平台整合信息，运用货运盈亏测算结果，建立了多维度货运承运清算盈亏分析模型，进而构建并形成了上海局多维度的货运市场策略体系。借助于货运承运清算数据平台生成的货票盈亏信息，货运部门、财务部门可以对既有货运产品的运量、收入和清算盈亏等指标进行分析评价，挖掘影响货运经营效益的关键因素，指导下属货运中心精准研判市场、对接客户，有针对性地制定营销价格策略，达到精准化营销管理的目的和效果。

1. 创建边际成本促增量市场模式

基于货运盈亏测算模型底线标准，上海局创建了底线盈利的营销策略模式。在一部分涉及市政建设、公益运输等特殊货运业务中，承运全成本清算无法实现盈利，又不能放弃货源及物流市场的情况下，可以将承运运费收入弥补外局付费支出以及本局变动付费支出后的盈亏作为盈亏测算底线标准，并作为运价项目能否实施的底线评价标准。底线盈利的营销思维模式更加精准地反映了承运货物对企业的边际贡献，有助于进一步扩大铁路物流市场份额，完成货物发送量年度任务指标，通过摊薄固定成本提高货物运输整体效益效率。

以城市建设渣土运输项目为例。2022 年杭州亚运会前，地铁、场馆等重点工程项目施工产生大量渣土需外运，杭州货运中心经过市场比较，了解到土方市场运价约为 120 元 / 立方米，按照每立方米土方折合重量约为 2 吨计算，运费收入约 60 元 / 吨。采用铁路运输时，场地整理、汽车短驳、货场内装箱、到达端卸货、渣土车装运等两端费用合计约为 42 元 / 吨，要实现不亏损，留给铁路的站到站运费收入空间不到 18 元 / 吨。根据承运清算盈亏测算结果，萧山至龙游东渣土运输项目，单车亏损达 460 元，项目无法实施。货运部门积极运用底线盈利营销思维模式，指导杭州货运中心反复与客户沟通对接、优化方案，考虑到环保、车站装卸作业能力以及对环境的影响等因素，最终确定采用敞顶箱循环运输方式解决。由于该项目货运量大、作业效率高，同时采用敞顶箱循环运输方式大大节约了短驳、装箱、卸货、渣土车倒装等两端运输费用，因此在不考虑线路使用费、到达服务费等固定成本的情况下，基本可实现盈利。

渣土项目自 2019 年 7 月 12 日正式启动以来，铁路部门积极克服渣土消纳、短驳、集装箱箱源不足、超偏载、作业效率等困难，实现了项目的有效运作。2020 年上半年，仅萧山至龙游东就完成发运 66 万吨，实现运输收入 1236 万元。同时，渣土铁路运输方案解决了城市建设废弃物资消纳中存在的环保、交通、效率等难题，为城建物资运输提供了新途径。根据杭州地区的项目实施经验，目前上海地区渣土运输项目已正式启动，后期将进一步形成有效运作。

2. 完善中欧中亚班列量质提升营销机制

在基本承运清算盈亏模型基础上，上海局研究建立了运价项目分析模型，旨在通过分析运价项目的清算盈亏结果，挖掘影响运价项目盈亏的关键因素，指导货运部门进一步完善价格策略，准确评价项目运行效果。

以中欧中亚班列为例。班列运价实施一口价管理，按照实际运价里程乘以对应的美元箱公里运价率确定底价，减去口岸代收费和联运操作服务费后即为铁路站到站运费，具体价格随着美元内部兑换率按月调整，实际执行价格低于普通集装箱运价。

采用运价项目分析模型对班列项目运行情况进行盈亏结果分析，货运部门进一步优化了班列开行运输组织方案，有力促进了班列运量和开行效益双双提升。2020 年上半年，上海局共组织开行中欧中亚班列线条 14 个、开行 891 列，同比增加 41.7%，发送货物 67 万吨，实现货运收入 6 亿元，并成功将中欧中亚班列元素纳入“庆祝中华人民共和国成立 70 周年大型成就展”、“第二届中国国际进口博览会”，特别是在新冠疫情期间，在航空、海运受限的情况下，保持了中欧中亚陆路通道的稳定、顺畅，有效保障了防疫物资和生产物资的运输，中欧中亚班列品牌效应和国际影响力进一步提升，全力服务并保障国家“一带一路”建设取得新成效。

3. 实行大客户差异化价格策略

对运输企业而言，产品营销实质上就是客户营销。上海局货运前十名大客户运费收入对全局货运收入的贡献度达到 40% 以上。根据承运清算客户盈亏分析模型显示，2020 年 1 月—7 月，淮南矿业 (集团) 有限责任公司位列全局货发量第一，完成货物发送量 1135 万吨，实现运费收入 6.5 亿元；中铁国际多式联运有限公司位列全局运费收入第一，完成货物发送量 87 万吨，实现运费收入 7.7 亿元，同比增加 3 亿元；他们分别是上海局货运体量最大、最优质的大客户，由集团公司货运部门直接进行营销和客户关系维护。

位列白货运输第三名的农夫山泉股份有限公司，主要产品为饮用天然水、果蔬汁饮料、特殊用途饮料和茶饮料等各类软饮料，是上海局管内规模较大的生产制造企业，年销售额 240 亿元以上。浙江千岛湖凭借其地理位置优越的优质水资源，是农夫山泉重要的水源地之一。由于饮用水、饮料运输具有批量小、时效要求高、季节性变化大等特点，传统铁路站到站运输模式不能满足企业产品运输需求，虽然企业建有配套铁路专用线，但仍有大量产品通过公路运输。

针对企业实际困难与需求，近年来上海局货运部门与农夫山泉股份有限公司积极推进路企双方战略合作。铁路方充分开发利用场站、线路等运输资源，围绕农夫山泉饮用水运输，一是加强能力配套，加大在千岛湖南、朱家埠、新安江南三站投资，提高了线路、仓储、装卸、运输等方面的作业能力，扩大金千线运能，保障运输旺季的能力需求；二是提供仓库资源，根据农夫山泉的销售情况，在上海、南京、合肥、无锡等城市范围内的货场均配套提供较大面积的货运仓库，满足农夫山泉仓储和集配需求；三是提高运输效率，大力推进集装化运输，并同步实施托盘免费回送服务，提高了装卸和运输效率；四是统筹运用价格策略、优化运价调整机制，集团公司与农夫山泉公司组织签订了年度运输合作协议，分不同去向研究确定具体运价方案，共计配套运价政策 4 个，按照局别、到站分别给予 16%~35% 的运价下浮政策，根据承运清算总体盈利原则，改变了原来对不同去向货源盈利、亏损项目分别决策的评判标准，通过优势去向的盈利弥补非优势去向的亏损，既保证了整体效益又促进了运量的稳步提升，最终实现路企合作双赢。

近年来，农夫山泉铁路运量逐年提高，并保持着良好的发展势头，从 2015 年的铁路运量 112 万吨，到 2019 年实现 191 万吨，年均增长 13 万吨。今年在新冠疫情、水害等多重不利因素的影响下，仍然较好保持了年度总体运量水平。

4. 创建货运中心细分市场模式

上海局地处长三角经济发达区域，货运市场有其独特的货源结构特点，白货发送量约占货运发送总量的 29%，明显高于全路平均水平。2018 年以来，三省一市地方政府陆续出台了运输结构调整实施方案，利好政策明显，管内货运市场需求持续旺盛，集装箱、商品车、冷链装车同比大幅增长；与此同时，大宗货物市场却持续萎靡，受各大企业执行“三去一降一补”后产能压缩严重，大宗货物尤其是作为主要大宗品类的煤炭运量急剧下降，传统大宗物资面临着持续减少的态势。2019 年，上海局大宗货物发送量占货运发送总量降至 71%，低于往年及全路平均水平。

根据这一特点，上海局设计了按货运中心分类的货运承运清算盈余分析模型。通过承运盈余额和盈余率两个指标，分析各货运中心货运承运业务盈利能力，并采用环比、同比等方法，分析各项指标影响因素，并针对各因素变化带来的盈亏影响、营销策略进行深入分析。

通过对各货运中心盈亏情况的分析，指导货运中心综合考虑市场需求、货源结构特点以及运输结构调整需求等因素，分门别类制定针对性的货运营销策略，在货运增量重点方向、优势项目上精准发力，推进货运增量目标全面兑现。经过分析研判，蚌埠货运中心切实发挥煤炭运输盈余率高的特点，以煤炭保量运输、增加效益为目标，鼓励煤矿内部运量转移到铁路运量，加大矿区“公转铁”运量；徐州货运中心结合敞顶箱清算政策优势，推进 35 吨箱敞顶箱“散改集”项目，发挥 35 吨敞顶箱“门到门”环保、绿色运输优势，促进集装箱增运增收；上海货运中心积极应对白货货源盈余率低的特点，大力组织商品车运输，深化与上汽、吉利等大客户战略合作，优化“零拼整”运输模式，提高运输时效性，拓宽铁路运输市场份额；杭州货运中心加强港站运输组织，提升港区能力，对大型钢厂的铁矿石运输下浮幅度适度压缩，在运量稳定的前提下提高了运输效益。

5. “沪苏通”新通道运输网络整体优化

铁路货物运输运价实行基价 1 和基价 2 计费模式，从货物单位距离来看，随运距延长基价 1 随之摊薄，吨千米收入率呈现递远递减、承运清算收入盈余率逐步下降的趋势。根据 2019 年运距盈亏分析模型结果显示，1—1500 千米区段收入盈余率高于平均水平，1500—2000 千米以上区段收入盈余率低于平均水平，其中：1—500 千米基本为管界内运输，吨千米收入率较高，盈余率最高；501–1500 千米由于货物品类运价水平及静载重较高，盈余率处于中等水平；1500 千米以上随着运距延长基价 1 递远递减效应，同时付费成本快速增加，因此盈利率水平偏低。

根据不同运距清算盈利水平的特点，上海局货运部门抓住管内“沪苏通”新线开通契机，通过优化调整货物运输径路，研判指导新线定价政策，充分发挥运输资源优势，缩短运输距离，在减少企业货物运费的同时，提高上海局货物运量及整体盈利水平，市场竞争力显著提升。

长期以来，受既有运输通道影响，苏中、苏北地区至上海港、宁波港货物需经新长线江阴轮渡运输，存在一定程度的绕行运输。同时受轮渡能力限制，部分货运甚至需绕行南京，企业运输成本高，且时效不能保障。以海安至芦潮港海铁联运 40 英尺自备集装箱为例，计费里程 420 千米，为扩大物流市场份额、缩小与公路的运输价格差距，集团公司实施了 50% 的运价下浮政策，箱公里运费仅为 3 元，承运清算结果为单车亏损 463 元。

2020 年 7 月 1 日，上海局管内“沪苏通”铁路如期开通运营，为长三角区域开辟了运输新通道。根据上述苏中、苏北地区的货源实际情况，上海局依托“沪苏通”铁路，在国际联运、海铁联运、公铁联运等多式联运领域推出了更加丰富灵活的铁路货运班列产品，江苏省苏中、苏北地区到上海、浙江、南方等去向的铁路运输组织效率得到了极大幅度的提升，打造并形成了区域经济新亮点。上述海安至芦潮港海铁联运 40 英尺自备集装箱计费里程缩短了 107 千米，箱公里运费提高到 3.5 元以上，基本实现了项目清算盈亏平衡。

6. 创新分品类差异化营销策略

根据铁路货物运输品类分类规则，创建了货运承运清算品类盈亏分析模型，具体分析 28 个运输品类清算盈亏情况。根据 2019 年品类盈亏分析结果显示，石油、煤炭、金矿等 3 个货物品类不仅运量大，而且承运清算盈余率较高，属于优质货源，是货运部门应当重点开展营销的品类对象；粮食、钢铁、集装箱虽然运量大，但总体盈余率不高，属于需要维持的货源；其他类货物品种繁杂，虽然运量较大，但盈余为负数，需要货运部门重点关注、分析亏损原因，优化调整营销策略。

通过对不同品类盈余率的分析、研判，上海局全面推行了“板块负责、项目管理”的货运营销管理策略。针对不同品类盈余率的特点和规律，实施差异化的货运营销和价格策略，促进了煤炭、焦炭等大宗货源运量持续稳定、收益逐步提高以及非矿、集装箱等货源运量的同步大幅提升。管内矿石、矿建等重点项目增运效果明显，跨局项目增收效果显著，促进了上海局货运经营效益的整体提升。

7. 优化分运价号提质增效营销机制

铁路货运运价规则将铁路运输货物划分为整车（1、2、3、4、5、6、机械冷藏车）7 个运价号、零担（21、22）2 个运价号、集装箱（20 英尺箱、40 英尺箱）2 个运价号。运价号越高，吨公里单价就越高，承运清算的货运盈余也就越高。根据这一规则，上海局建立了运价号盈亏分析模型。2019 年分析数据显示，2 号运价货运承运清算盈余率较低，主要原因是 2 号运价承运运费运价率较平均运价率低，属于低附加值货物；4、5、6 号运价承运清算盈余率均高于其他运价号，且计费静载重较高，其运输也适合铁路大宗货物运输的优势及特点，是铁路运输方式的主要产品和主攻方向，应当重点服务好既有客户，同时加大市场开发力度，扩大市场份额。40 英尺集装箱较 20 英尺集装箱货运承运清算盈余率低且呈现普遍亏损态势，主要原因是集装箱是按箱计费而不是按吨数计费，在箱收入一定的情况下，静载重增加，付费支出也相应增加，且受到运价下浮政策的影响。

根据分运价号承运清算盈亏分析结果，上海局积极争取“两高一远”货运营销策略。在保证新增不亏或既有减亏的前提下，按照合理比价原则，促进“高运价率、高静载重、远运距”跨局项目的有效运作。针对成都昆明去向零散白货运输，上海局在坚持按照 4 号运价计费批量货物不下浮的前提下，通过实施运价下浮政策，鼓励按照 6 号运价计费的整车混装运输，实现了单车收益的提高。

（四）完善货运市场化营销保障机制

以货运承运制清算理念为指引，通过有效运用承运清算数据平台功能，上海局实现了经营结果显性化，推动了货运市场化运作和营销策略的不断改进，进而促进货运整体效益最大化。通过落实货运市场化营销保障机制，强化货运市场营销专业化管理，推进货运营销体系的不断完善。

1. 建立业财融合市场营销组织体系

随着铁路货运向现代物流转型发展的不断深入，铁路局公司制改革深入推进，各种配套机制不断完善，铁路货运加快了向市场化、企业化转型发展的步伐，铁路货运营销组织体系建设持续推进，变得更为科学、高效。上海局财务部门定期参加货运部门组织的价格政策调整方案会议，根据平台数据盈亏结果研究讨论运价项目价格调整方案，促进业财融合信息共享方案优化。上海局层面通过实施生产力布局调整，将9个货运中心整合调整为7个，同步优化经营部网点格局，建立起集产品、价格、服务等要素为一体的市场化营销机制，更好服务于货运市场及区域客户。同时承运制清算的实施为货运中心模拟法人运作提供了前提，实现了货运中心由生产型向经营型、由成本管理向效益管理的转变。

2. 实行板块项目制市场营销管理机制

按照“板块负责、项目管理”营销工作思路，上海局设立了货运部、货运中心、营业部三级营销管理体系，按不同品类划分营销板块，分级分板块落实货运营销责任。营销板块的划分以铁路货物运输主要品类为依据，在上海局货运部设立煤炭、焦炭、石油等16个营销板块。各货运中心结合辖区货物运输品类实际，设立相应的货运营销板块，做到上下对应，协同推进货运营销板块负责和项目管理。

3. 健全营销激励考核机制

依托承运清算分板块、分品类分析机制，上海局货运部、货运中心相应制订出台配套激励考核办法，进一步优化二次分配机制。上海局货运部根据集团公司机关经营绩效考核办法，制定货运部经营绩效考核实施细则，将各营销板块目标运量完成结果、经营效益效率等指标同步纳入货运部门经营绩效考核，与营销板块责任人、具体板块负责人进行绩效挂钩考核，促进“板块负责、项目管理”营销工作落实。各货运中心根据集团公司指导意见，修订完善相关的考核办法，有效传递货运各板块营销责任和压力，进一步激发做大各板块两级开发项目、推进板块增量的积极性。

三、成果实施的效果

（一）形成铁路货运精准化经营模式

通过对货运承运清算盈余结果的分析，积极引导企业面向市场，寻求相应的营销策略方案。一是在货物承运前算清效益账，促使货运部门更加重视运输经营效益，强化各货运中心的经营主体责任，统筹考虑市场竞争、运输方式比价关系等因素，使产品运输和基础设施运维结果显性化，提升企业经营水平和整体经济效益。二是建立货物承运盈亏分析评价机制，通过对承运清算数据的收集、计算、分析，按月分析既有货运产品盈亏情况，对不能满足盈亏平衡的货运产品，提出改进措施，指导货运部门利用分析结果，进一步完善货运价格运用策略，提高铁路货物运输效率和效益。比如在运输组织中选配合适车型，努力提高计费静载重，特别是针对以实重计费的货物，大容积车型有利于提高计费静载重。通过货票盈余情况发挥导向作用，在请求车、调配车型、装车等过程中，精准组织，合理调配，提高运输质量，从而增加企业效益，实现提质增效。

（二）推进货运增量行动计划落实

通过货运盈亏测算结果分析，锁定大宗货物客户，加强与客户对接，做大港口运量，确保大宗运量稳定；大力发展散改集运输，做大管内铁矿石、水泥熟料、石灰石、焦炭、块煤等大宗散货入箱运输，提高固定循环车底和35吨箱的运输效率，提升车、箱周转使用率，实现集装箱增运；平衡好政策补贴成列发运与支点集结零散发运的关系，在巩固既有份额同时，吸引属地货源的合理回归，稳定开行中欧班列。对平台数据的研究运用充分体现了清算办法对效益增量的导向作用，结合效益引导和倒逼，在提高生产组织水平的基础上提升货物发送量，既是货运提质、降本、增效的有力工具，也为促进货运增量行动计划落地生根提供了有力的技术支撑。

（三）提升货运效率实现经营效益最大化

基于货运承运清算平台的铁路货运经营精准化管理应用实践，要求加快承运清算信息资源整合，充分发挥承运清算大数据优势，加强上海局货运部门、货运中心承运清算的分析工作，提高分析质量，通过对经营结果的细致分析，找出影响企业经营效益的关键因素，指导运输生产组织。坚持量质并举，在确保“量的增长”同时，全面提高货运服务品质，关注静载重、盈余率、收入率以及货车周时、机车日产量等分析指标，提高货运经营质量和效率效益。优化运价策略，算账揽货开车，努力提高货运盈余率。财务部门及时跟进做好承运清算及运输收入综合分析工作，从而推动相关部门在项目制定、资源配置、营销策略、价格运用等方面更加科学、高效，持续促进上海局经营水平不断提升。

自2018年启动货运承运清算分析评价管理工作以来，上海局财务部门积极落实企业实现高质量发展以及业财融合的全面预算管理工作要求，通过深入开展货运承运清算结果综合分析评价，为货运部门在项目方案制定、资源配置、营销策略优化、价格政策运用等方面提供了财务有效决策支持。上海局货运部门、财务部门齐心协力，共同促进并实现了企业货运经营精准化管理。

2019年，上海局全年完成货物发送量18403万吨，货运收入超过200亿元，货运承运盈余同比提高；开行中欧班列1488列、发送箱13.95万标准箱，开行趟数同比增长23.5%；完成“公转铁”运输3175万吨，落实调整运输结构、供给侧结构性改革国家战略，实现了货运经营质量、效益的同步提升。

（四）持续提升市场满意度及社会效益

2020年，上海铁路局货运的总体市场满意度为89.48，较2019年有所上升。调查的13个货运站，满意度区间为92.54~85.17，幅差为7.37。从数据排列来看，高于总体评价的货运站有6个，占比46.2%；低于总体评价的有7个，占比53.8%。

上海局根据长三角货运市场特点，聚焦港口和重点厂矿企业，主攻煤炭、金矿、集装箱、商品车等重点品类，大力发展港铁联运、多式联运，主攻“公转铁”重点项目，主动承接公路转移运量，深化铁路货运供给侧结构性改革，进一步提升了铁路货运市场占有率及市场竞争力，促进了长三角区域经济一体化协同发展。

第六届中国工业大奖发布会在京召开

2020 年 12 月 27 日上午，第六届中国工业大奖发布会在京举行。中国工业大奖是 2004 年经国务院批准设立的我国工业领域最高奖项。第六届工业大奖旨在深入贯彻十九大和十九届五中全会精神，大力表彰在以制造强国为己任、以产业报国为初心，坚持自立自强，走中国特色创新发展、绿色发展新型工业化道路等方面做出突出成绩和贡献的工业企业和项目，引领我国工业经济高质量发展。

会上，中国工业经济联合会会长李毅中作了题为《以获奖企业和项目为榜样，努力实现国家发展战略目标》的主旨讲话。提出工业大奖要在疫后工业复兴和经济振兴的大局之中进一步发挥作用；加快构建、主动适应新发展格局；坚持科技创新，加强成果转化，提升工业自主可控能力；减碳减排、绿色发展，做好碳达峰、碳中和工作；专精特新小巨人、制造业单项冠军、工业大奖相结合，形成工业创新体系。建议新形势、新格局下，工业大奖活动要服从、服务于国家战略，要更广泛更深入推广获奖企业和项目的经验，坚持新发展理念，构建新发展格局，为实现“十四五”规划和 2035 年远景目标贡献力量。

中国工业经济联合会执行副会长路耀华宣读《第六届中国工业大奖表彰公告》。根据《中国工业大奖实施管理办法》，经过企业自愿申报、资格审查、行业专家评审、综合专家评审、工作委员会表决、实地考察、征求国家相关部门意见、审定委员会审议、社会公示、上报国务院等环节，授予 16 家企业、14 个项目中国工业大奖，12 家企业、21 个项目中国工业大奖表彰奖，授予 14 家企业、16 个项目中国工业大奖提名奖。与会领导和嘉宾向荣获第六届中国工业大奖、表彰奖、提名奖的企业及项目进行颁奖。

由上海市工经联推荐的江南造船（集团）有限责任公司“雪龙 2 号基地科学考察破冰船”获得中国工业大奖（项目）；上海外高桥造船有限公司获得中国工业大奖表彰奖（企业）、沪东中华造船（集团）有限公司“23000TEU 超大型双燃料集装箱船建造”获得中国工业大奖表彰奖（项目）；中国船舶工业集团公司第十一研究所“高技术船舶智能制造流水线”获得中国工业大奖提名奖（项目）。

国务院有关部门、有关地方政府、相关全国性工业行业联合会（协会）、地方工业经济联合会、工业企业、获奖单位代表及新闻媒体等出席发布会。上海市工经联、经团联副会长史文军应邀出席。

领军人物

Ling Jun Ren Wu

上海市第五届工商业领军人物表彰交流会隆重举行

2020年2月5日，上海市第五届工商业领军人物表彰交流会隆重举行。第十届上海市政协主席、市工经联、经团联专家委员会主任蒋以任，市经济和信息化委员会副主任戎之勤，市工经联、市经团联会长管维镛，市商联会会长蔡鸿生，市企联会长刘家平，市工经联、经团联监事长吴正扬，执行副会长朱宁宁、史文军，市商联会常务副会长吴星宝、副会长兼秘书长赵皎黎，市企联副会长兼秘书长蒋苏平等出席会议。当选“上海市第五届工商业领军人物”的62位企业家和近10家

新闻媒体代表，来自各行业协会、区商联会、区企联领导共计100余人应邀参会，会议由市工经联、经团联执行副会长兼秘书长裴崎主持。

上海市第五届工商业领军人物评选活动由上海市工业经济联合会、上海市经济团体联合会、上海市商业联合会、上海市企业联合会共同组织开展。本届评选活动结合深入学习习近平总书记2020年7月在企业家座谈会上的重要讲话，贯彻落实《上海市全面深化国际一流营商环境建设实施方案》的总体部署，大力弘扬企业家精神，激发市场主体活力，助力政府部门营造更加良好的营商环境。经过评选，江南造船（集团）有限责任公司董事长林鸥、上海医药集团股份有限公司董事长周军、紫光展锐（上海）科技有限公司首席执行官楚庆、恒源祥（集团）有限公司董事长陈忠伟等62名企业家当选。

会上，市商业联合会会长蔡鸿生代表主办方宣读了《关于表彰上海市第五届工商业领军人物的决定》。

市工经联、市经团联执行副会长史文军作了本届评选情况报告。本届评选出的工商业领军人物，可概括为如下几个特点：

一是重点行业突出。当选企业家主要来自集成电路、人工智能、生物医药、航空航天、智能制造、新能源、高端装备、新材料、时尚消费等本市先导产业和重点产业，也涵盖了现代物流、商业零售、商贸服务等现代服务业领域以及在线新经济等新兴业态，总体占比超过90%。充分展现了上海3+6产业体系的企业家风采。

二是专业人才汇聚。当选企业家中研究生以上学历和高级职称人数达56名，占比90%；获奖者平均年龄49.9岁，其中45岁以下中青年企业家有14名，占比23%，第一次有“90后”企业家当选。

三是企业性质多元。企业所有制方面，央企、地方国企共20家，占比32%；民营企业33家，占53%；外资企业8家，占13%。集体企业1家，占2%。

四是综合效益显著。据不完全统计，企业家所在企业资产总额合计达5440亿元，利税总额超千亿元。近年来，合计申报知识产权超过7000项，获得发明专利超过2800项，超过半数企业主动披露社会责任信息。

从领军人物的事迹材料看，呈现如下几方面亮点：一是践行科技赋能、勇于创新。当选的62名企业家中，8家企业曾获国家科技进步奖及上海市科学技术奖。21家企业曾荣获“国家高新技术企业”“上海市专精特新企业”“上海市高新技术企业”“市科技小巨人”等称号。反映了企业家们不断增强自主创新，抢占前沿科技和未来发展制高点，把技术优势转化为产业优势的强烈进取心。如上海天马微电子有限公司总经理姬生超在前瞻技术和先进应用技术布局方面持续深耕，每年投入超过2亿元研发新技术新产品，公司成立以来专利累计申请量3197项，专利授权量1713项（其中发明专利1444项），已自主掌握柔性显示、3D显示、透明显示等领先技术。又如上海发那科机器人有限公司总经理钱晖持续创新人工智能技术，先后研发并获授权国家专利8项，通过与高校合作，形成产学研创新机制，使公司在2017—2019年度连续三年机器人产业国内市场占有率排名第一。二是善于把握大势、化危为机。虽然面临经济下行、疫情反复等严峻考验，企业家们勇于攻坚克难，迎难而上。在这62名企业家中，所属细分行业排名全国第一的有7家，占11%。所属行业列上海首位有27家，占44%。反映出企业家们善于把握大势，抢占先机，弥补短板，持续发力。王永清总经理率领上海通用汽车团队累计产销突破2000万辆，刷新中国汽车行业发展的纪录；上海外服（集团）有限公司董事长李栋领导企业连续多年在中国人力资源市场占有率达到10%，服务规模和营业收入始终位居国内行业榜首。再如民营企业家梁昌霖于2017年创建的“叮咚买菜”APP，创造单月营收12亿元，企业资产总额由2018年的1.37亿元，增长到2019年的13.8亿元，增幅超过10倍。三是着力对标国际、面向全球。当选的62位领军人物积极助力上海建设“国内大循环中心节点”和“国内国际双循环战略链接”。如紫光展锐首席执行官楚庆把公司植根中国，面向全球市场，打造我国集成电路设计产业的龙头企业。目前，企业已成为全球第三大面向公开市场的手机芯片设计企业、全球领先的5G通信芯片企业、中国最大的泛连接芯片供应商。

又如东方美谷企业集团总经理袁飞持续推动产业升级，使企业在知名度、企业质量、国际化三方面上新台阶。2020年引进和培育了药明康德、上海奉贤生物医药技术转移中心等一批龙头项目，推动了日本资生堂、欧莱雅、意大利安吉利通生物样本存储等优质外资项目落地。四是坚持科学发展、积极履责。当选本届工商业领军人物的企业家们自觉履行社会责任，在节能减排、保障消费者权益、和谐劳动关系、助力产业稳增长等方面作出了表率。特别是2020年抗击疫情期间，企业家都第一时间响应党和政府号召，加班加点稳生产、畅流通、保供应，确保防疫物资和市民生活物资的生产保供。如上海之江生物科技董事长邵俊斌带领团队仅用15天就研制出获得国家药监局批准的新冠检测试剂，并以每天16小时的工作强度实现检测试剂日产能30万人份，保证了防疫一线市场供应。

又如周军董事长带领上海医药集团闻令而动，全力以赴保障抗击新型肺炎医疗物资需求，确保十大类100多个抗疫相关药品的供应，并向湖北及全国各地捐赠医疗设备、呼吸机、抗疫药品、防护物资等价值累计超过2600万元。

会上，紫光展锐（上海）科技有限公司首席执行官楚庆、上海之江生物科技股份有限公司董事长邵俊斌、上海新世界（集团）有限公司党委副书记、副董事长、总裁陈湧、上海博泰悦臻电子设备制造有限公司董事长应臻恺等四位企业家作为当选领军人物代表作了交流发言。

市工经联、市经团联会长管维镛代表主办方向各位工商业领军人物表示祝贺并感谢他们在上海工业和商业发展中发挥的重要作用。他希望各位企业家在“十四五”时期认清新格局，确立新理念，把握新机遇；要坚守创业初心，坚持创造价值，坚定创新发展；要做实干兴邦引领行业比学赶超的表率，做践行新发展理念的表率，做积极履行企业社会责任的表率。

市经信委副主任戎之勤代表市经信工作党委、市经信委、市企业服务联席会议办公室对当选领军人物的企业家表示祝贺。他在讲话中指出，新时代的工商业领军人物更加具有超前眼光和长远战略，在复杂多变的市场风云中，把握住方向，占领制高点；更加具有全球化的视野和创新魄力，能从新技术、新产业、新业态、新模式中获取灵感，敢为人先，不走寻常路；更加善于汇聚资源，苦练内功，持续提升企业的核心竞争力，引领行业发展进步。他建议直面数字化浪潮，推动企业智慧化；坚持完善创新链，打造新的增长点，强化服务精准度，持续构建生态圈，共同培育更多的优秀企业家和工商业领军人物。

第十届市政协主席、市工经联、市经团联专家委主任蒋以任，市工经联、市经团联会长管维镛，市商联会会长蔡鸿生、市企联会长刘家平等与到会的市经信委、市商务委领导、活动主办单位领导为当选领军人物的企业家颁发奖牌。

关于表彰上海市（第五届）工商业领军人物的决定

各有关单位：

为深入学习贯彻习近平总书记2020年7月在企业家座谈会上的重要讲话精神，贯彻落实《上海市全面深化国际一流营商环境建设实施方案》的总体部署，着力强化“四大功能”、持续打响“四大品牌”，充分弘扬企业家精神，经市有关主管部门批准，上海市工业经济联合会（上海市经济团体联合会）、上海市商业联合会、上海市企业联合会（上海市企业家协会）于2020年下半年共同组织开展了上海市（第五届）工商业领军人物评选活动。

本次评选由企业提出申报，有关行业协会、集团公司、区商联会、区企联作推荐。经预审、初审、复审、信用征询、终审、社会公示等程序，并征求市有关部门意见后，共有62名企业家当选为“上海市（第五届）工商业领军人物”。

希望当选的领军人物继往开来、脚踏实地、扎实进取，在各自岗位上再创新辉煌。也希望各单位能以领军人物为榜样，学习他们创新创业、胸怀全局、甘于奉献的先进事迹，以实际行动弘扬新时代企业家追求卓越、勇于创新的精神，为推动上海“四个品牌”和“五个中心”建设作出新的贡献。

上海市工业经济联合会
上海市经济团体联合会
上海市商业联合会
上海市企业联合会
2021年1月27日

“上海市（第五届）工商业领军人物”名单

（按姓氏笔画为序）

姓名	单位	职务
马劲松	上海联泰科技股份有限公司	总经理
王永清	上汽通用汽车有限公司	总经理
王宇飞	上海黄金有限公司	党委书记、执行董事
王雪松	农工商超市（集团）有限公司	党委书记、董事长
王斌	上海徐汇区商城股份有限公司	党委书记、总经理
王毅	上海景鸿国际物流股份有限公司	总裁
尹炳新	兄弟（中国）商业有限公司	董事长、总经理
叶敞	上海市工业区开发总公司（有限）	党委书记、董事长
叶德建	上海清鹤科技股份有限公司	董事长
田晓宏	上海泰禾国际贸易有限公司（泰禾集团有限公司）	董事长
冯跃军	上海创远仪器技术股份有限公司	董事长
冯德昌	上海新镇江酒家经营总公司	总支书记、董事长
许騂	上海九百（集团）有限公司	党委书记、董事长
许光荣	上海金标文化创意股份有限公司	董事长
孙雷	上海电力实业有限公司	董事长、党委书记
李凯	中国商用飞机有限责任公司上海飞机设计研究院	党委委员、主管质量副院长
李栋	上海外服（集团）有限公司	党委书记、董事长
李健成	上海英汇科技发展有限公司	董事长兼总经理
李裕陆	上海水星家用纺织品股份有限公司	董事长兼总裁
杨冰	上海识装信息科技有限公司	CEO
杨清	上海蔡同德药业有限公司	党委书记、总经理
吴连强	上海强丰投资集团有限公司	董事长
吴胜荣	上海大胜卫生用品制造有限公司	董事长
吴锦华	万丰锦源控股集团有限公司	总裁
应臻恺	上海博泰悦臻电子设备制造有限公司	董事长
辛敏琦	上海锦湖日丽塑料有限公司	总经理
沈翊	上海泓明供应链有限公司	总经理
张西强	上海太太乐食品有限公司	CEO
张润斌	上海致盛实业集团有限公司	董事长
张渝	中国航发上海商用航空发动机制造有限责任公司	总经理、党委副书记
陈忠伟	恒源祥（集团）有限公司	董事长、总经理
陈湧	上海新世界（集团）有限公司	党委副书记、副董事长、总裁
邵俊斌	上海之江生物科技股份有限公司	董事长
林鸥	江南造船（集团）有限责任公司	董事长、党委书记
罗岚	上海市北高新（集团）有限公司	党委书记、董事长
周亚东	上海启龙农业科技有限公司	董事长
周军	上海医药集团股份有限公司	董事长
周洁	上海第一医药股份有限公司	总经理
周桂华	上海起帆电缆股份有限公司	创始人、董事长
周婷	要客实业（上海）有限公司	首席执行官
郑忠斌	工业互联网创新中心（上海）有限公司	总经理
郑金龙	上海闽龙实业有限公司	董事长
郑锦荣	上海电气临港重型机械装备有限公司	执行董事、总经理、党委书记
钟中林	立邦投资有限公司	中国区总裁
姚皓	上海蓝魂环保科技有限公司	董事长

姓名	单位	职务
袁飞	东方美谷企业集团股份有限公司	党委副书记、总经理
袁肖琴	华宝香精股份有限公司	总裁
聂建明	上海恒实投资集团有限公司	董事长
夏国海	上海辉展果蔬市场经营管理有限公司	董事长、总经理
顾治强	上海电气环保集团	上海电气股份公司副总裁 环保集团负责人
钱建中	上海汇得科技股份有限公司	董事长兼总经理
钱晖	上海发那科机器人有限公司	总经理
高宝霖	上海中昊针织有限公司	董事长
郭莉君	上海君聪优格餐饮管理有限公司	董事长
姬生超	上海天马微电子有限公司	总经理、党委副书记、纪委书记
梁昌霖	上海壹佰米网络科技有限公司	创始人、CEO
董顺德	上海龙阳精密复合铜管有限公司	总经理兼总工程师
蒋陆峰	上海柘中集团股份有限公司	总经理
韩文	上海珍鼎餐饮服务有限公司	董事长、总经理
谢峰	上海水产集团有限公司	党委书记、董事长、总裁
楚庆	紫光展锐（上海）科技有限公司	首席执行官
穆竞伟	上海凯宝药业股份有限公司	董事长

领军人物事迹

董顺德

董顺德于1989年起任职于上海龙阳精密复合铜管有限公司所属集团——金龙精密铜管集团股份有限公司，至今在铜管行业已从事三十余载，其中在上海龙阳公司共任职10年，现担任公司总经理兼总工程师，具备长远发展战略目标和前瞻性的经营理念，促使企业具有较强核心竞争力，带领公司长期致力于不断的技术创新和超前的产品研发，生产工艺和产品均达到国际领先水平，进而推动了世界空调与制冷行业的技术进步。

作为公司的主要管理与技术骨干，为企业的持久发展和产品质量的提高，为高精度空调与制冷用铜管、高效传热内螺纹铜管及高清洁度无氟冰箱用铜管在质量赶超世界先进水平做出了卓越业绩。并带领团队在技术创新、产品创新、节能降耗等方面为上海建设贡献力量。

个人曾被上海市人民政府授予“科技进步二等奖”，被全国有色行业协会授予“行业先进个人”称号，以及获得3项发明专利与15项实用新型专利。带领团队曾先后获得由中国质量协会授予的“卓越绩效模式先进企业”荣誉；“高精度无氟、瘦高型齿内螺纹无缝高效传热管”高新技术转化项目；长期重视自主核心技术研发，节能减排，绿色制造等工作，企业先后获得“专利试点单位”、2020年公司被列为“上海市第一批绿色制造体系示范单位”。

钱建中

复旦大学高级工商管理硕士，现任上海汇得科技股份有限公司董事长兼总经理，上海市金山区政协第六届委员会常务委员。

1989年大学毕业即进国有企业从事技术工作，1995年开始创业，1997年到上海创建上海汇得化工有限公司，具有在聚氨酯行业近30年的从业经历，从一名专业技术人员成功转型为企业经营者，具有丰富的技术管理、项目组织和企业管理实战经验。在他带领下，汇得科技从当初只有10多个人，年产值只有几百万元，发展成为员工近500人，年产值15亿元，利税近2亿元的国内行业内第一家主板上市公司。

社会兼职：上海市聚氨酯工业协会常务副会长（法定代表人）、上海市新材料协会理事、上海市化工行业协会理事、上海市公共关系协会理事、温州市聚氨酯革用树脂商会决策顾问等。

李健成

1992年毕业于北京科技大学金属压力加工系金属压力加工专业获工学学士，毕业后至2000年4月留校从事项目管理工作，期间1996—1999年在校攻读材料加工工程专业硕士研究生获得工学硕士。2000年5月至2012年8月在上海瑞尔实业有限公司工作，担任常务副总经理。2010年11月创立上海英汇科技发展有限公司并担任董事长兼总经理职位。

曾多次获得嘉定区先进制造业优秀经营，2009年获得第五届“嘉定十大杰出青年”称号，“2014年度中国长三角青商领袖”称号；2008年度上海市节能先进个人。曾作为“汽车ABS制动器阀体（MK20）的国产化”项目方案总体设计负责人，主持该项目总体方案设计，该项目在2007年获得了上海市嘉定区科学技术进步奖一等奖。

李裕陆

李裕陆董事长多年来以强烈的使命感和责任感，以前瞻性的经营理念和创新思路，带领企业改革发展，取得了优异的成绩。他和团队创造的水星品牌在行业中具有一定的影响力和号召力；他重视科技创新，主持公司多项新产品项目的开发，带动了整个行业的产品发展导向；他重视数字经济对家纺产业的赋能，线上销售多年占据全国家纺首位，在疫情下积极发展在线新经济；他坚持现代化管理，推行卓越绩效管理模式，形成了独特的水星家纺管理文化；他具有很强的社会责任感，积极参与社会公益活动，尤其是面对新冠病毒疫情，亲自挂帅，火速组织生产抗疫物资。在李裕陆的带领下，企业具有较强的核心竞争力，经济持续稳定发展，效益、市场占有率在同行中名列上海第一，全国第二。

吴胜荣

1977 年退伍回乡后曾担任过公社武装部干事，公社广播站编播员。1978 年泖新公路（泖港—新浜）通车时创新地采制了现场口头报道，得到了市县广播系统的表彰。

1997 年下海创办了上海大胜公司——专业生产劳保行业防尘口罩。办厂 23 年来共创新开发了 130 多种口罩品种，获得 68 个国家专利并永久拥有自主产权。230 多张美国、欧洲、澳洲、日本等国际认证。产品远销 70 多个国家地区。连续三届获“上海市高新技术企业”，2019 年同时获得“中国十大品牌企业”和“中国民族振兴品牌”。

今年疫情期间，大胜公司迅速响应中央和市委、区委的决策部署，积极示范带头，率先复工复产，工人两班倒，机器 24 小时不停歇，成为上海市复工最早、响应最快的防疫物资生产企业。

钟中林

现任立邦中国区总裁，主要负责立邦集团总部及立邦建筑涂料事业群管理工作。

钟中林 1984 年毕业于中国台湾地区“交通大学”管理科学系。在加入立邦公司前，曾于任职于康师傅控股公司下属天津顶益国际食品有限公司营业经理、行销协理及天津顶益国际有限公司总经理，康师傅方便食品事业群总经理等职。

从 2007 年开始，钟中林任职立邦中国区总裁，负责整个立邦公司中国区全事业群的整体运营与管理，并致力推动立邦中国 ERP 系统合理化、企业社会责任及公益项目（为爱上色）项目推动，并重塑行销业务团队与渠道、市场营销模式。

2010 年，立邦中国集团总部成立，钟中林被委以重任，重点关注立邦中国集团总部运作与立邦中国区建筑涂料市场的发展。

叶德建

叶德建 1993—1997 年本科就读于浙江大学竺可桢学院，1997—1999 年硕士就读于哈尔滨工业大学控制工程与控制理论专业，1999—2003 年就读于清华大学自动化系，获清华大学优秀博士毕业生称号。历任复旦大学副教授、流媒体实验室主任、卡耐基梅隆大学西蒙学者等职。

自 2010 年起，凭借清华优秀博士论文一等奖和卡耐基梅隆计算机系西蒙研究学者等科研经历历练出来的扎实科研攻关能力，充分融合浙商的开拓进取的社会主义市场经济的创业精神，白手起家开拓创业，该创业经历充分展现了科研攻关精神与企业家精神的融合。历时 8 年，将视频基础软件和算法中的分发和播放的几个难点攻克，并成功推向市场化，从零开始实现年营收过亿元、净利润 2000 万、市值 10 亿元(新三板创新层)的水平，并获上海领军人才等荣誉称号。

历经几年探索与酝酿，现正式系统形成与推出融合视频边缘计算的系统与算法，填补国内空白，获多项国家授权发明专利和软件著作权，并在国内外形成了多个示范应用。申请人目前已和清华大学签订联合共建融合视频实验室产学研协议，并拟正式启动总部大楼建设，争取再用 3—5 年时间，实现 10 亿以上的高附加值产值。

担任企业创始人、实控人、董事长，主管全面经营，并兼任技术带头人，深度融合科研创新与市场化产业化。

郑忠斌

现任工业互联网创新中心（上海）有限公司董事长总经理。长期从事人工智能、工业互联网等领域研究，承担了“面向人工智能创新应用先导区的应用场景公共服务平台建设”“工业互联网安全服务平台建设及运营项目”等重大项目数十项，在国内外核心刊物发表文章数十篇，获得知识产权 21 项，起草国家、行业通信标准 10 余项。作为信通院驻沪机构负责人，多年来筹建了人工智能、工业互联网、网络安全、数字经济、智慧城市、智慧医疗、网联汽车等专业团队，对上海相关领域发展做成了贡献。

自 2016 年起，郑忠斌任工业互联网创新中心（上海）有限公司董事长总经理，他坚持对标国家战略和市场发展需求，聚焦工业互联网、人工智能与大数据、智慧城市与规划、网络安全、通信检测、智能应用等新一代信息技术重要领域，在科学研究、政府决策支撑、平台载体及国家节点项目建设、专业能力打造、新型业务开拓等方面都取得了突破性的成果。他的主要工作业绩是：引领全国首个人工智能先导区建设及人工智能产业化应用；重点突破工业智能平台建设与关键技术研发；打造了系统化的信息通信测试认证能力体系；推动工业互联网安全体系建设；牵头建设上海临港智能网联汽车示范区；提升智慧城市与规划能力。

邵俊斌

博士，上海之江生物科技股份有限公司董事长、总经理兼研发总监，全面负责公司项目研究和企业运作。他是上海市领军人才，全国抗击新冠肺炎疫情先进个人，曾获得国家技术发明奖二等奖和上海市科学技术三等奖等多个奖项。带领团队研制了400余种基因诊断产品，形成二十大系列，产品几乎涵盖所有国家法定传染病，应用于医学临床、公共卫生突发事件、出入境检验检疫、食品检验、农畜牧业、水产业等相关领域检测。邵俊斌带领公司在多次重大公共卫生事件爆发之际，一直冲锋在前，充分彰显了中华民族的科技力量，体现了中国生物科学界勤于钻研、精于实践的精神。

新冠疫情爆发后，邵俊斌认真贯彻落实上海市委书记李强调研时“战胜疫病需要科技支撑，科研攻关必须争分夺秒”的讲话精神，凭借过硬的经验和技术，第一时间响应，全力以赴带领团队开展科研攻关，使快速诊断落到实处，为推进科学防控与救治赢得了宝贵的时间。1月11日拿到基因序列后，邵俊斌带领研发团队针对爆发疫情的病毒基因组进行序列分析，快速研制出合格的新型冠状病毒检测试剂。1月26号，公司研制的新冠检测试剂首批获得国家药监局批准。试剂获批后，他鼓舞全体员工，和大家一起按照每天16小时的工作强度加班加点，并肩作战，带领企业克服困难，以最快速度实现检测试剂日产能达到20万人份，并快速将日产能增至30万人份，为全力加快试剂生产、保证防疫一线市场供应贡献力量。

邵俊斌秉承“以信为本、以质为本、以奋斗者为本”的理念，带领团队在抗击新冠这场“战役”中加速赛跑，为全国疫情防控贡献科研力量，展现了一名企业家的责任与担当。

马劲松

一、技术突破争首创，牵头定标显规章

主持公司研发项目8项，带领研发团队主攻国内领先的正畸齿科领域的RS系列设备及软件开发项目，成功研制了应用于口腔市场的3D打印设备，在行业领域，马劲松共获得知识产权19项，其中专利15项，软件著作权4项，带头起草制订上海市首个增材制造团体标准1项，填补国家和地方标准的缺失。

二、荣誉资质同争取，衣钵满满创佳绩

公司在马劲松的带领下，2016年认定为高新技术企业，同年被评定为上海市“专精特新”企业；2017年评定为松江区两化融合试点企业、松江区企业技术中心；2018年评定为科技小巨人企业、上海市专利试点企业。公司历年荣获松江区科学技术奖三等奖、2019知识产权标杆示范奖、2019上海民营制造业企业100强、中国机电一体化技术应用协会《智能制造科技创新奖》、中国3D打印自主品牌优秀企业、中国工业级3D打印机优秀推荐品牌等荣誉奖项。

三、市场占有夺魁榜，开拓海外迈全球

马劲松带领整个团队经过10余年的耕耘，目前我公司已经拥有国内立体光固化（SLA）3D打印技术较大份额的工业领域客户群，国内市场占有率超过60%，在国内3D打印技术领域具有广泛的行业影响力和品牌知名度。目前，联泰科技正以上海为起点，开始向全新的全球化战略迈进。公司已在德国、越南等国家与地区设立了海外分公司与办事处，搭建起覆盖全球的销售网络。

林鸥

中国共产党党员，研究员级高级工程师，现任江南造船（集团）有限责任公司董事长、党委书记。大学毕业后进入中船集团第708研究所工作，先后担任设计员、副科长、副主任、副所长（主持）等职务，2005年3月调任江南造船（集团）有限责任公司任副总经理，并于2011年1月任江南造船总经理职务，2015年8月任江南造船董事长兼总经理，2016年12月任江南造船董事长、党委书记、总经理，2019年8月至今担任江南造船董事长、党委书记。

在林鸥领导下，江南造船践行央企社会责任，大力践行开放合作、共赢共享，主动承担企业社会责任，构建了涵盖经济绩效、社会绩效和环境绩效的社会责任评价体系。以性能优异和质量稳定的产品为用户创造价值，实现与客户共赢。江南造船作为大型军工企业，始终以保军责任作为自身的第一要务。自2008年12月26日以来，公司建造的中国海军“武汉舰”等一系列舰船作为主力参与中国海军赴亚丁湾、索马里海域护航任务，这些装备以一流的性能和质量经受住了长航程、高强度、恶劣环境的考验，得到了海军官兵的好评。他带领江南造船主动对接上海发展战略，为把上海建设成为全球航运中心贡献力量。积极推进江南原址地块谈判，顺利签署战略合作框架协议，圆满解决世博原址搬迁等历史遗留问题。支持江南技校立足企业，服务三岛，不断为企业和地方培养、输送了各类高技能人才，对区域经济与社会发展起到了积极作用。

田晓宏

泰禾集团有限公司董事长，历任上海泰禾（集团）公司、上海泰禾国际贸易有限公司董事长。1995 年起立足上海从事化工产业的经营，历任中国农药工业协会理事，上海市化工协会副会长，长宁区进出口商会会长、长宁区工商联执委等职。田晓宏立足上海，放眼全球，积极根据上海市产业政策调整，将不适合上海的生产部分转移到外地，并成功地进行了转型升级，将市场和研发保留在上海，保住了上海企业地持续发展。他带领的泰禾 2019 年实现销售收入 31 亿元，利润总额 9.2 亿多元，上缴国家税收 1.8 亿多元，近 3 年来持续保持了 30% 以上的年均增长。在持续践行绿色、生态和创新发展理念的同时，为引领中国农药工业转型升级并走向国际市场做出了积极贡献。

楚庆

1989—1996 年在西安交通大学获得学士和硕士学位。在通信、半导体和投资领域从业 22 年，历任华为无线预研部总经理、大唐移动副总经理、海思无线产品线总监，华为创新孵化中心主任、华为公司战略与技术副总裁兼海思半导体首席战略官、兼任张江实验室微电子研究院院长、紫光集团执行副总裁，现任紫光展锐 CEO。是移动通信和微电子多个重要领域的产业和技术开创者。中国第一台商用无线基站的主要研发负责人之一、全球最早的软件无线电基站样机的领导人、发布中国第一套手机芯片方案（cdma，华立通信），作为团队创始人发布全球第一个 TD-SCDMA 手机芯片方案（大唐移动），作为团队创始人发布中国第一个 WCDMA 手机芯片方案（华为海思）。作为研发负责人发布了全球第一套 WCDMA 基站芯片组。拥有多项国际专利，是国际宽带软件无线电技术产业化的主要开创者之一。创办华为公司孵化器（创新与孵化中心主任），是高铁通信、ehealth、数字家庭、新能源等多个业务领域的开拓者。主持收购 NEUL 公司，是 NB-IOT 技术标准和产业的主要发起人和推动者。

在芯片和半导体领域从业 14 年，是中国半导体行业最富成功经验的投资团队创办人，在包括中国、英国、比利时、以色列、新加坡等多个国家拥有 10 多个成功的投资和并购项目。是 2016 年成立的半导体先进技术研究院（中芯国际、华为、欧洲半导体研究院、高通）的发起人，也是中国半导体产业大基金投委会委员。

冯跃军

军人身上总是有一股积极向上的动力，一股坚韧不拔、特别能吃苦的精神，是军营历练造就了军人乐观的生活态度、坚强的意志、永不言败的精神；这种“军人”特征刻画到转业军人创业中的每一个细节里，成为他们成功里必不可少的独特注脚，也是军人企业家取得成功的最重要因子。冯跃军也是这样一位转业后创业的成功企业家。他将军人的意识和精神在创业中发挥的淋漓尽致，带领创远不断发展，并荣获 2016 年度国家科学技术进步奖特等奖。

10 多年来，冯跃军始终坚持公司发展战略与国家发展战略保持一致，以国家需要作为努力方向不懈奋斗，公司多次牵头承担“新一代宽带无线移动通信网”国家科技重大专项课题开发任务，坚持自主研发，从而在 5G 时代可以同国际巨头同台竞技、甚至实现领先或超越，朝着他的梦想：“成为中国无线通信测试仪器的领先者，让中国通信仪器在世界占有一席之地”，砥砺前行。

创远始终把社会责任放在公司发展的重要位置，努力履行着作为企业的社会责任，支持地区经济发展和社会共享企业发展成果。创远在陕西省三元县出资捐助兴建“创远新兴希望小学”；在陕西省太白等县出资捐助爱心桥七座；在东南大学设有“创远仪器微波奖学金”；资助员工继续深造，鼓励员工继续学习；创远及公司党支部捐赠 17 万元支援祖国抗击疫情；积极参与《消费帮贫爱心扶贫》活动；向上海玺安关爱基金捐赠善款；积极组织和参加各种公益知识讲座和论谈。

叶敞

担任公司党委书记、董事长职务的叶敞，更多思考的是企业意识形态和主业工作的双轮驱动，以及在市场化优胜劣汰的浪潮中凸显核心竞争力，打磨精兵强将、选树先进典型。

在他身先示范的带领下，公司党委“把方向、管大局、保落实”的核心引领作用得到了有效发挥。他平均每年为全员上 3~4 次党课，从诠释公司战略、加强党性修养修为、提升管理能效等方面传递卓越管理理念，加强思想和认知统一。在他前瞻格局的部署下，公司形成了党政条线完备的管理制度，各条线工作有据可依，团队逐步形成对全过程、全局性的跨前思考和落实。在他敢为人先的进取中，公司创成了一批国内外有分量的奖项荣誉，学习型组织获颁全市首批牌照。在他知行合一的教导中，一批青年干部迅速成长担起重任，公司内部形成了勇于创新、倡导成功、合理容错、激励奋斗的文化氛围。

危机中育新机、变局中开新局。这是叶敞带领团队二次创业要交付的答卷，也是智创TOP坚定高质量发展向全市交付的答卷。在他坚强领导下，公司全员抱定信心，在砥砺奋进中推动区域转型和公司转型“双战双赢”，为将桃浦建成中心城区转型升级示范区、上海科创中心重要承载区做出新贡献！

张渝

现任中国航发商发制造总经理、党委副书记，在工作中严谨务实，敢于创新。在他的带领下，中国航发商发制造构建起了商用航空发动机总装交付中心，建构了商发制造标准、技术体系，主持参与了重大项目研究及建设并取得了不少成果。

攻坚克难，开拓进取，坚守航空报国信念。张渝自1985年参加工作以来，一直从事与航空产业相关的技术、管理工作。2012年入职中国航发商发以来，他一直工作在第一线，坚持一张蓝图干到底，参与策划商用航空发动机研制的技术路线图、试验/加工/装配/检验检测能力规划蓝图，并将智能制造作为重点抓手，推进商用航空发动机研制过程数字化转型智能工厂蓝图规划与建设，为项目顺利推进奠定了良好的基础。

科学为本，务实创新，坚持“严慎细实、精益求精”的工作理念。航空发动机研制攻关有“五高”特点，涉及众多基础学科和工程技术领域，对科学技术综合要求极高。张渝同志坚持走科学研究—技术—工程应用的道路，对材料、加工/装配/实验工艺、数字化技术，坚持拉团队、建能力、强攻关，通过独立钻研形成多项支持航空发动机全生命周期研制的重要技术成果。张渝同志在科研工作中始终保持了“严慎细实、精益求精”的工作态度，完成了某型商用航空发动机装配、试验等任务，在实现商用航空发动机自主研发的道路上迈出了坚实的步伐。

不忘初心，砥砺前行，彰显党员本色。作为一个奋战在航空战线30余年的老党员，张渝在思想上严于律己，坚持理想信念讲奉献，始终保持着坚强的党性，无条件地服从组织安排，不计较个人得失。一份耕耘，一份收获，张渝团结务实的工作作风、积极进取的工作态度，使得他无论走到哪里都赢得周围同事的好评，他用自己对航空工业的满腔热忱书写着一名航空人的精彩。

王毅

现任上海景鸿国际物流股份有限公司总裁，上海景鸿（集团）有限公司副董事长及集团人民武装部部长，中共党员，曾获得上海市人民政府颁发的2007—2009年度上海市劳动模范称号。在开创景鸿物流20多年的风雨中，他始终保持激情求发展，创新求成效的理念，努力开拓公司经营发展新局面。

作为景鸿物流的开拓者、领路人，王毅自公司成立起就始终与公司紧密的捆绑在一起，毫无保留地把自己奉献给了中国物流事业。多年来，他带领公司全体员工紧跟国家商贸流通建设发展的步伐，对公司的发展做了精心的战略布局。景鸿物流是一家开展一站式综合物流服务业务的综合物流公司，业务布局面向上海、江苏、北京、成都、重庆、郑州等各大物流口岸和市场，主要为货运代理公司、进出口贸易公司和有物流服务需求的制造业企业提供代理报关报检、外贸服务、公路运输、仓储、航空运输地面服务等定制化菜单式的一站式综合物流解决方案。

在王毅的指导下，景鸿物流凭借多年规范和优质的物流服务在行业内树立了良好的口碑，目前公司企业人员规模达700余人，资产总额近3亿元，年营业额4亿多元，盈利能力逐年稳步提升；作为上海地区规模较大的物流公司，为促进贸易流通发展，加快发展商贸流通业现代化建设作出了自己的贡献。

作为一名22年党龄的老党员、退役军人，王毅时刻谨记肩负的责任，心系公益。在担任景鸿集团党委书记、人民武装部部长期间，他多次带头组织捐款，成立“爱心公益基金”；作为景鸿物流总裁，他坚持打造企业公益新常态，常年组织开展员工帮扶慰问、精准扶贫等；2020年初新冠肺炎疫情爆发，王毅心系疫情防控，第一时间启动疫情捐助物资进口免费通关服务和物流配套支持的措施，助力缓解疫情地区物资短缺；随着新冠肺炎疫情席卷全球，王毅带领公司以保障客户防疫物资稳妥出运为目标，为全世界人民战胜疫情作出贡献。

姬生超

上海天马微电子有限公司（简称“上海天马”或“公司”）是中国航空工业集团有限公司旗下天马微电子股份有限公司的全资子公司，是在全球范围内提供显示解决方案和快速服务支持的创新型科技企业。公司总投资32.9亿元，注册资本10.3亿元，拥有一条第4.5代TFT-LCD液晶显示器生产线，产品主要应用于车载、医疗、工控类等显示屏及模块。

在公司总经理姬生超的带领下，公司销售额由2015年19亿元增长到2019年45亿元。公司车载TFT出货量自2019年起保持全球第二、国内第一，2020年Q2单季出货量全球第一。公司具备复杂显示模组一体化整合开发、量产出货能力，是全球增长最快和国内第一的车载 TFT 面板和模组供应商；在高端医疗、航海、航空、HMI 等细分领域市场份额均保持全球领先地位。未来，公司在维持医疗和航海业务市占全球第一的同时，更要打造国内领先的专显车载生产基地，实现 5 年内在专显领域做到全球市占第一。

钱晖

自公司成立以来一直从事机器人及智能自动化领域的技术开发及管理工作，负责完成了数十项科技项目的研发工作，每年都取得高新技术成果转化项目的认定；在 2008 年获得“上海市高新技术企业”认定；并获 2011 年“上海市重大技术装备研制专项”认定。领导公司以科技创新为发展战略，建成市级企业技术中心，并与高校，科研单位合作，开展产学研科研项目合作，成立联合实验室，推进智能自动化技术的研发和专项技术的攻关，提升了新产品的研发能力，为企业的长足发展奠定了坚实的基础。

钱晖提出智能化、网络化，生态化的产品开发战略，围绕产业需求和上下游生态圈，结合上海发那科自主开发的 SmartLINK 软件平台，致力于提供包含产业发展核心工艺的整体解决方案。并通过结合网络化和智能化技术，自主开发面向中国市场需求的智能视觉解决方案和人工智能解决方案。

高宝霖

中国致公党党员、致公党中央经济委员会委员、上海市青浦区政协常委、青浦区工商联副主席、外经贸大学特聘教授、上海市工商业联合会纺织服装商会副会长、上海市安徽商会副会长、上海市池州商会会长等，上海中昊针织有限公司董事长、上海东北亚新纺织科技有限公司董事长。

作为曾在央企任处级干部职务的民营企业家，作为一名青浦区政协常委，高宝霖始终拥护中国共产党的领导，拥护习近平新时代中国特色社会主义思想，认真学习党的路线方针政策和各项规定，自觉增强“四个意识”，坚决做到“两个维护”。积极建言献策，为加强社会经济建设贡献企业主的智慧和奉献。

上海中昊针织有限公司是国内业界较为著名企业，袜类出口为全国第一并且遥遥领先于同行，年出口丝袜、棉袜、裤袜等各类袜子超过 17 亿双，60% 以上为自有品牌。企业在快速发展的同时，连续多年被评为上海市“诚信创建企业”和“中国纺织服装进出口行业企业信用等级评价”3A 级企业。“有所不为才能有所为。”数年如一日专注袜类出口。

穆竞伟

中医药是中华民族的精粹，是打开中华文明宝库的钥匙。习近平总书记在多个场合隆重表达弘扬中医药事业的决心。上海凯宝药业股份有限公司董事长穆竞伟一直在行动，用高品质产品为中药梦的实现付诸心血。

穆竞伟作为上海凯宝董事长，全面负责企业战略规划制定及生产经营的各个环节，下面介绍她近年来的主要工作业绩及贡献。

上海凯宝成立于 2000 年，是一家主要从事现代中药研发、生产、销售的高新技术企业，是奉贤区首家上市公司。多年来，穆竞伟带领凯宝人奋力拼搏，打造总资产近 20 亿元的综合制药企业，构建以痰热清注射液为代表的呼吸领域，以芪参胶囊为代表的心脑血管领域以及以硫普罗宁系列产品为代表的消化领域为主导的三大领域产品线，企业综合实力及品牌影响力日趋完善。

主导产品痰热清注射液是独家专利产品，国家中药保护品种，在非典、甲流、人禽流感等重大疫情的防治中，均被国家列入治疗方案用药，属国家战略储备药品。2020 年元月，系列产品痰热清胶囊进入国家医保目录，进一步拓展痰热清品牌，打造国药系列精品，造福百姓。

袁飞

凭借敏锐的判断力以及果断的决策力，袁飞苦干实干、奋楫者先，于日复一日的工作中丈量园区发展的步子、寻求扶持企业的办法，在为集团、为企业服务中展现出了一名新时代企业管理者善谋实干、锐意进取的时代风范，带领东方美谷企业集团股份有限公司勇攀新高峰，创造新奇迹！

上海东方美谷荣膺“中国化妆品产业之都”后，经过不断的产业结构调整、升级和优化，东方美谷企业集团股份有限公司在化妆品产业发展方面实现了知名度、企业总数和质量、国际化等三方面的升级。进入 2020 年，东方美谷集团不仅荣获上海市生物医药特色产业园区殊荣，更成为上海仅有的五个市级生物医药产业特色园区之一，还带领园区入驻企业打破了传统的加工、代加工产业模式，逐渐向全渠道、全零售布局发展。同时，东方美谷正积极响应上海产业结构升级、“四大品牌”打造，将主营产业从传统企业的单一产业制造向生产性服务业转型，形成制造业与服务业融合的新态势！这些转变，离不开袁飞的头脑和行动。

袁飞于2019年11月来到东方美谷集团任职，两个月后，新冠肺炎疫情爆发。眼里没有“不可能、办不到”、只有“想办法、一定能”的袁飞开始了“抗击疫情前线”和“经济发展前线”的两条线作战，直面这场硬仗。袁飞积极响应集团搭建园区企业共生系统、“物资共享池”、“共享员工”的战略，为齐心协力做好新冠疫情防控“第一任务”、共克时艰抓好经济社会发展“第一要务”、夺取疫情防控和经济发展“双胜利”打下坚实基础。

姚皓

博士研究生学历，现任上海蓝魂环保科技有限公司执行董事。姚皓工作务实，领导企业锐意进取，不断发扬创新精神，凭借过人的魄力和胆识，独特的经营管理方式，带领团队努力奋斗。始终坚持以科技创新，持续为海洋环境做贡献为理念，顺应时代发展潮流，不断突破并研发新产品，从最初的3个人的团队，在近两年内达到近40人的国际化科技型公司。公司研发的产品在国内多次打破多个第一，技术水平达到世界领先水平。姚皓于2016年带领团队参与了国家高技术船舶专项大型低速机相关环保类项目。企业在2018年11月被认定“上海市高新技术企业”的荣誉，同年并代表上海市企业参加全国创新大赛获得了优胜企业奖，姚皓带领的企业也多次获得上海市政府认可，并获得诸多专项支持。2019年底，不到40人的公司达到1.7亿的资产总值。

随着国家对科技型公司的重视，姚皓带领的企业已步入正轨。但他并没有忘记为党分忧，为国家和社会作贡献。2020年初的一场疫情，多地水果遇到滞销。为响应国家政策号召，蓝魂科技积极开展“爱心助农”扶贫活动。姚皓带头为这些地区奉献自己的爱心，同时也与蓝魂员工共同分享献爱心的喜悦。

郑锦荣

认真学习贯彻习近平新时代中国特色社会主义思想，爱岗敬业，开拓创新，敢于担当，勇挑重担，具有强烈的事业心、使命感和责任感，具有较高的企业经营能力和管理艺术，胜任于发展型、改革型、功能型和转型型等多种类型企业的经营管理工作，恪守廉洁从业的职责，树立了勤政廉政的良好形象。他积极投身于上海城市建设和中国（上海）自贸区临港新片区的发展事业，带领了企业全体干部员工，加强科研和管理创新，加快企业改革创新、转型发展，不断提高企业经济效益和经营质量，不断改善民生，履行社会责任，实现了企业的快速平稳的高质量发展。

在兼任上海电气集团置业有限公司总经理期间，他积极顺应上海新一轮城市更新的发展要求，对接区域控制性详细规划，规范实现资源利用最大化，促进产业集聚。推动企业经营转型，线上线下融合，快速提升房地产经营管理和园区运营管理的信息化水平和能力，管理更加高效、便捷、阳光和透明。近三年来，公司经营稳中快进，每年利润均实现同比翻番，有力地支持了上海电气集团高端制造实体产业的快速发展。

自2006年以来，他连续三届当选闸北（静安）、浦东新区人大代表，积极为临港地区的产业发展和员工利益向人大建言献策，多次得到国家发改委、浦东新区政府等部门的高度重视，部分议案也已得到了实施。他长期担任上海市高级经济师专家评委、高端装备制造业协会合作联盟主席、上海重型装备制造行业协会会长等行业领域重要社会职务，引导装备制造产业的创新发展和人才队伍建设工作。他担任华东理工大学、上海海洋大学、上海电机学院等高等院校的客座教授，以及上海建桥学院战略委员会专家委员，为在校研究生开设多场讲座，配合高校培养理论实践相融合的高端经济管理人才。

李凯

作为民机研制的参与者，李凯始终立足本职岗位，认真专研理论并实践应用，他始终把质量放在第一位，工作事事追求极致，在领导设计能力提升和质量技术发展上冲锋在前，提出了全面设计质量管理理念；作为党员他政治立场坚定，始终发挥模范带头作用，积极带领团队攻坚克难，钻研创新，用实际行动践行“安全发展，高质量发展”，落实中国商飞公司“质量第一，安全至上”工作准则。

航空报国，不仅仅是航空工业的行业特质，也成为航空人的精神和信仰。在中国商飞设计研发的龙头单位，李凯同志默默耕耘在各个岗位，他没有慷慨的豪言壮语，却有着实现目标的坚强毅力；他没有华丽光鲜的外表，却有责任始终在肩的担当；他矢志航空，在报国路上拼尽全力，只为当初的那颗投身航空、逐梦蓝天的“初心”。

或许是机缘巧合，或许是命中注定，初入职场，他就选择航空事业。2005年，进入了640所强度部，主要负责ARJ21-700飞机载荷计算、强度分析和试验验证等重点工作，他先后参与和负责完成多项飞机强度设计、分析、计算以及试验验证工作，同时带领团队攻克多项关键技术，编制形成了多份建模、强度计算、分析等标准规范，为C919和CR929项目顺利推进和上飞院强度专业能力提升，吃透技术奠定基础。

孙雷

自履职上海电力实业有限公司董事长、党委书记以来，带领公司坚持科学发展、开拓创新，“以发展促转型，积极推进结构和战略转型，推动发展方式的“两个”转变，走上“集约化发展、专业化管理、标准化建设”的现代企业发展道路。公司连续七届蝉联上海市文明单位称号，先后获得国家电网公司集体企业管理工作先进集体、上海市科技奖励组织管理工作优秀奖、国家科学技术进步奖（二等奖）、中国产学研合作创新成果奖二等奖、上海市路政行业“文明工地”、上海市企业管理现代化创新成果二等奖和三等奖、上海市重点工程实事立功竞赛优秀公司等荣誉，著作和专利硕果累累。

截至 2019 年底，公司实现营业收入 40667 万元；利润总额 7549 万元；上网电量 56339 万千瓦时；房产租金收入 7024 万元；新签工程合同 52139 万元（其中：市场化合同 23353 万元）；运维公交充电站 42 座（其中市场化 7 座）、快充站 480 座，台交直流桩 7918（其中市场化 151 座），充电设施运维管理规模保持上海市场第一。

袁肖琴

任华宝股份总裁并兼任下属公司上海华宝孔雀香精有限公司董事长（法人），有着 20 多年的香精行业从业经验，对调香工艺、前沿科技有着深入研究和独到见解，是行业内公认的专家型企业家。凭借对行业发展和市场趋势的高度敏感及正确判断，她抓住中国消费升级的大好机遇，带领公司展开了产品和销售模式的创新升级，重新系统定义了十大类产品的分类模式，涵盖花草茶类、果蔬类、坚果类、奶香类、谷物类、糖香类、酒类、咸味类、天然类、功能性类。为了顺应消费升级后消费者不断发展变化的需求，加大了对健康、天然、时尚类新产品的开发，为消费者提供全新的味觉体验。她在销售模式上有着独到的见解，提出：以往香精企业在市场推广时为客户提供香精样品，这是销售模式 1.0；给客户提供应用产品，是 2.0；新形势要求企业进入销售模式 3.0 和 3.1。3.0 是针对传统企业客户，在传统销售基础上，给客户提供全方位问题解决方案。3.1 则针对新兴企业客户，提供端到端的服务。在这一新销售理念指导下，公司针对不同客户的不同需求，采取相应的业务模式，为行业树立了新的销售模式典范。她坚持不断探索、不断创新，牵头举办了华宝・异同新零售总裁游学私享会，携手央视和众多新零售企业管理者，共同探访异同新零售。在她的带领下，华宝股份近年来经营业绩表现良好。

罗岚

长期在国企担任领导，她专心专注、至精至善、迎难而上、积极拼搏；她征战产业地产多年，先后担任苏河湾投资控股有限公司、市北高新集团的党委书记和董事长，致力于静安区“一轴三带”的“苏州河两岸人文休闲创业集聚带”、“中环两翼产城融合发展集聚带”的推进工作；她的工作永远在不断开创新局面、不断开启新征程，带领两家区属国有企业均被评为全国文明单位，今年市北高新集团荣获上海市政府质量奖的殊荣，她本人也先后获得全国三八红旗手、上海市劳动模范、静安区首届“好班长”等荣誉。

长期在国有企业担任领导岗位，罗岚始终能以战略的眼光、果断有效的抉择带领企业谋划长远、创新发展。2017 年底，她出任市北高新集团的董事长，提出了“打造中国大数据产业之都、建设中国创新型产业社区”的战略目标，牵头制定了《全力打造大数据产业之都，推动园区高质量发展三年行动计划（2018—2020 年）》，确立了八大行动，19 项重点任务，提出“数智市北”在全国、全球大数据和人工智能产业迭代创新中的特殊位置与特殊优势，在未来三年建成上海科创中心的最强“数据核”及长三角城市群的“数据港”，实现园区及集团公司大数据产业新一轮的高质量发展的目标。同时她提出大力加强投后管理工作，进一步明确了“地产 + 投资”双轮驱动的主营业务模式。对接“科创板试点”成立“助力科创企业引培联盟”，加强对科技创新企业的指导、跟踪和服务，站在市北已有的高度上为再出发制定了大战略和新目标。

周军

2016 年 10 月出任上实集团总裁、上海医药董事长。入职上海医药之前，周军先后在上实集团及其旗下上海实业控股有限公司、上海实业环境控股有限公司、上海星河数码投资有限公司等企业工作，在投资银行、收购兼并、金融投资、房地产、基建环保以及企业管理等方面拥有逾 20 年的专业工作经验，曾组织领导了包括 4 家上市公司在内的逾 20 多起大型收购兼并和 10 余起重大股权与项目投资。医药行业对于周军同志来说是一个全新的、极具挑战性的领域。周军通过高强度的实地走访调研，在较短时间内深刻洞察了医药行业的发展规律，熟悉了上海医药的运作与经营，理解了下属企业的优势与特色。随着认识的不断深入以及与国内外同行业标杆企业的对标，也让周军认识到了上海医药对上海生物医药产业高质量发展的重要作用，上海医药高质量发展所面临的挑战和亟待解决的问题。在深感肩负重大责任的同时，更坚定了周军为上海生物医药产业发展而奋斗的使命感和责任感。

任职期间，周军带领班子成员启动了新一轮的三年规划编制工作。作为该项目的负责人，为确保规划的科学性、前瞻性、可操作性和可延续性，他结合上实集团整体战略，用心思考并全力推进上海医药规划的编制工作，定期与项目组进行深入探讨和交流，细致分析经营数据，深度剖析内在问题，希望在规划的引领下完善顶层设计，找准战略定位，聚焦核心产品，重视品牌建设，提升研发能力，建设优秀团队，加强内部管控，将上海医药打造成为受人尊敬的、拥有行业美誉度的领先品牌药制药商和健康领域服务商。经过艰苦而繁重的工作，上海医药确定了新三年发展规划、战略定位、具体目标，以及 5 年内进入《财富》世界 500 强的战略目标，以科技创新引领发展，以开放合作深化改革，实施创新、集约化、国际化和融产结合的四大转型发展战略，为整个公司上下一盘棋，实现长期可持续发展指明了方向、夯实了基础。

专委会工作

Zhuan Wei Hui Gong Zuo

市工经联、市经团联专家委员会成立仪式暨上海制造业发展研讨会举行

为更好地发挥市工经联、市经团联作为枢纽型社会组织的服务功能，有效提升决策咨询与服务能力，根据市工经联、市经团联六届一次理事会决议并经会长办公会决定，成立专家委员会。

10月23日下午，专家委员会成立仪式暨上海制造业发展研讨会隆重举行。第十届市政协主席、市工经联、市经团联原会长蒋以任，市工经联、市经团联会长管维镛，执行副会长史文军出席会议。中欧国际工商学院院长汪泓，上海社科院高端智库资深专家杨建文，市科促会副会长孙正心，国际质量科学院院士、同济大学教授尤建新等10多位专家学者以及市工经联、市经团联老领导俞国生、陈祥麟、姜光裕、张培璋、李鹤富、胡云芳、叶伟成、吴永华等应邀参会。会议由专家委员会副主任、总干事李鹤富主持。

会上，史文军宣读专家委员会成员名单。管维镛代表市工经联、市经团联向蒋以任颁发了专家委员会主任聘书。蒋以任以主任身份向各位专家分别颁发聘书。

与会专家们就市工经联、经团联受市经信委委托开展的上海制造业转型升级“十三五”规划评估情况进行研讨，并对“十四五”上海制造业的发展提出建议。

专家们纷纷表示，“十三五”期间，上海制造坚持科学发展理念和发展定位，统筹优化配置资源，坚守开放发展格局，品牌建设持续发力，综合实力持续增强，重点产业持续升级，产业发展后劲稳定，产业生态持续优化。“十四五”时期上海制造业面临复杂多变的发展环境，要顺应趋势、抓住机遇，坚定不移推动制造业高质量发展。“十四五”时期的产业政策应进一步着眼于制度开放、平台创建和生态营造，着力打造3+6重点产业体系，强化高端产业引领功能，掌握产业链核心环节、占据价值链高端地位，优化要素资源配置能力，满足高品质消费需求，探寻出一条具有上海特色的产业高质量发展新路。

管维镛在讲话中介绍了当前市工经联、经团联开展的重点工作。他表示，市工经联、市经团联将进一步发挥服务平台和智库咨询的作用，筹建“1+N”委员会体系，依托专家委员会、专业委员会等机构的工作开展，汇聚智力成果和资源优势，聚焦重点、扬长避短、善作善成，在上海产业发展和行业协会建设中发挥更大作用。

蒋以任在讲话中首先对各位专家加入市工经联、市经团联的专家团队表示欢迎和感谢。他指出，专家委员会可以充分发挥专家的智慧与功能，对未来联合会的发展起到非常有效的帮助作用。未来专家委员会要以习近平新时代中国特色社会主义思想为指引，贯彻市委李强书记对市工经联、市经团联有关工作报告的批示精神，围绕市委、市政府的中心工作，围绕市工经联、市经团联的功能与宗旨，做好课题研究，深入开展调研，注重工作成效。在定位上，坚持智库性质、专家主体；在工作上，做好调研咨询、建议参谋；在方向上，强调问题导向、改革导向；在做法上，努力完善制度，汇聚资源，着力探索专家委员会可持续发展的体制机制。

市工经联、市经团联副秘书长曹恺汇报《上海市制造业转型升级“十三五”规划》终期评估课题报告。

会议还研究了专家委员会近期的工作计划。

上海市工经联、市经团联专家委员会成员名单

为更好地发挥市工经联、市经团联作为枢纽型社会组织的服务功能，有效提升为政府部门决策提供咨询与服务能力，根据六届一次市工经联、市经团联理事会提议并经会长办公会决定，成立专家委员会。

专家委员会坚持围绕中心、服务大局，提供经验、贡献智慧，以上海先进制造业、生产性服务业、现代服务业和新经济发展为主要方向，以“服务企业、规范行业、发展产业”为服务宗旨，打造研究、咨询、服务专家平台。专家委员会将接受政府部门和行业组织委托，根据理事会授权及会长办公会工作安排，组织开展重点产业、行业发展趋势、方向路径、问题短板、政策举措等研究，提出意见建议。

经研究，聘请专家委员会专家名单如下：

蒋以任　市政协原主席、市工经联、市经团联原会长

（以下专家按姓氏笔画排序）

尤建新　国际质量科学院院士、同济大学经管学院原院长

叶伟成　市工经联、市经团联原副会长

任善根　市工经联、市经团联原副会长

孙正心　上海科促会副会长、市科协原党组书记、副主席

孙环葆　市工经联、市经团联原副会长

严健勇　上海市电力行业协会副会长兼秘书长

李鹤富　市工经联、市经团联原副会长兼秘书长

杨建文　上海社科院部门经济研究所原所长、高端智库资深专家

吴永华　市工经联、市经团联原副会长

汪　泓　中欧国际工商学院院长、中共宝山区委原书记

张功镀　上海师范大学计算机应用技术研究所原所长

张晖明　复旦大学经济系主任、企业研究所所长

张培璋　市工经联、市经团联原副会长

陈　刚　上海开源大数据研究院院长

陈振浩　市工经联、市经团联原副会长

陈祥麟　市工经联、市经团联原常务副会长

胡云芳　市工经联、市经团联原副会长兼秘书长

俞国生　市工经联、市经团联原会长

姜光裕　市工经联、市经团联原副会长

韩宝富　上海市漕河泾新兴技术开发区发展总公司原总工程师、科创中心原董事长

为便于做好服务、协调和运行等工作，特聘请蒋以任为专家委员会主任；俞国生为常务副主任；陈祥麟、姜光裕、张培璋、汪泓、孙正心、李鹤富、任善根为副主任；李鹤富兼总干事。

市工经联、经团联专家委员会召开“十四五”上海制造业发展研讨会

为进一步学习贯彻党的十九届五中全会精神，聚焦上海制造业在“十四五”期间的高质量发展，发挥行业协会的专业优势和功能作用，助力政府部门的产业规划制订与实施，为进一步打响“上海制造”品牌建言献策，近日市工经联、市经团联专家委员会先后组织召开两场“十四五”上海制造业发展专题研讨会。

市工经联、市经团联专家委主任蒋以任、会长管维镛、执行副会长史文军出席会议。市工经联、市经团联专家委成员俞国生、姜光裕、张培璋、李鹤富、任善根、陈振浩、孙正心、张晖明、张功渡、叶伟成、陈刚等应邀参会。

两次会议上，来自本市医药、集成电路、人工智能、智能制造、机器人、工业互联网、医疗器械、新材料、通信制造、物联网、计算机、化工、轻工、纺织、生产性服务等领域的21家行业协会代表参加会议。与会协会代表们分别介绍了各自所在行业“十三五”期间的发展情况，总结了优势与不足，分析了“十四五”期间行业、产业发展的机遇与挑战，并对未来上海制造业进一步聚集优秀人才、掌控核心技术、占据价值链高端、引领业态模式创新，进一步转型升级、彰显美誉度等方面表达了各自的独到见解。

蒋以任、管维镛、史文军及各位专家认真听取了协会代表们的精彩发言，并就感兴趣的话题进行了深入探讨。

蒋以任在讲话中首先对广大行业协会在“十三五”期间服务企业、行业、产业发展所作出的努力表示赞许，他指出，当前上海正按照中央和市委市政府战略部署，全力建设国内大循环的中心节点和国内国际双循环的战略链接，其中实体经济、制造业的高质量发展是重要一环，要靠全市上下的共同努力。“十四五”期间上海制造应进一步发挥市场在资源配置中的决定性作用，进一步夯实基础、做优存量、做强增量，以技术创新为引领，助推上海制造能级提升和品牌建设。对于经济领域中量大面广的中小企业，要进一步振奋精神，实现更高水平发展。希望广大行业协会在促进产业高质量发展，引领、服务中小企业提质增效方面有新的举措。市工经联、经团联作为枢纽型的社会组织，要进一步发挥桥梁纽带和平台作用，与广大协会共同努力，为“十四五”上海制造业的高质量发展做出应有的贡献。

市工经联、经团联办公室、研究室有关同志参加会议。

为贯彻市委书记李强在市工经联、市经团联换届改选工作报告上的批示精神，助力上海制造业在“十四五”期间的高质量发展，市工经联、市经团联领导及其专家委员会调研走访了78家行业协会、会员企业、9家政府部门和相关机构，多次召开专题座谈会，听取了数十位行业专家意见。并组织学习、专题研究了党的十九届五中全会、中央经济工作会议、十一届市委十次全会精神以及市经信委关于上海制造业转型升级“十四五”规划的征求意见稿。在此基础上，撰写了本《专报》，呈报领导参阅。

2020年1月21日，市经信委主任吴金城在市工经联、经团联第1期《专报》“抓住六点发力，推进上海制造业高质量发展”上批示：“请刘平同志阅，六点发力建议很好，认真借鉴吸取。感谢市工经联、经团联高质量的调研工作”。

1月23日，市经信委总工程师刘平批示：“请综合规划处按照吴主任要求落实，请生产性服务业处亦阅，在规划中把五型经济与生产性服务业发展结合考虑。”

抓住“六点发力” 推进上海制造业高质量发展
——对“十四五”上海制造业发展的几点建议

上海市工经联、市经团联专家委员会

习近平总书记指出，“坚持把发展经济着力点放在实体经济上，坚定不移建设制造强国、质量强国、网络强国、数字中国，推进产业基础高级化、产业链现代化，提高经济质量效益和核心竞争力”。李强书记强调，“工业特别是制造业是实体经济的基础，是上海构筑未来发展战略优势的重要支撑”。习总书记和李强书记的上述指示，是上海制造业发展的战略方向和战略重点。

“十三五”期间，在市委、市政府的坚强领导下，上海制造业大力推进结构调整和产业升级，全力打响“上海制造”品牌，为全市经济社会发展做出了积极贡献。“十四五”时期，面临严峻形势和挑战，制造业需要在上海建设“国内大循环中心节点、国内国际双循环战略链接”中扮演好重要角色，坚定不移定位于上海经济的重要支撑点、国家战略的重要承载地、高端产业的引领集聚地、科技创新的重要策源地，实现更高质量、更高效率、更可持续的发展，努力打造具有全球影响力的卓越制造基地。为此，建议在“增长、创新、集群、突破、融合、聚力”“六点”发力，夯实产业实力，提升上海产业的核心竞争力。

一、强化“增长点”，实现制造业高质量倍增

强化“增长点”，高质量地做大制造业增量，绘制落实产业、产业链发展路线图，大力开展国内外招商引资，扩大生产性服务业内涵。

一是全力做大制造业增量。“十四五”期间，上海GDP中制造业比重应坚守25%的底线，并确保集成电路、生物医药、人工智能等先导产业两位数增长。为达到此目标，建议加强思想动员，适时召开全市的制造业企业大会或电视电话会议，把中央、市委市政府的战略部署以及上海制造业的发展和要求直接贯彻到国有、三资和民营企业中，统一思想，动员全市制造业企业制定“十四五”增量和创新发展目标，以目标为导向，做大做强上海制造业增量。二是绘制落实产业发展路线图。建议市经信委会同国资委、科委成立专项工作办公室，围绕“3+6”重点产业体系，以重点产品为龙头，绘制产业链的路线图，督促重点产品和产业链上各企业制定增量和创新计划，并跟踪落地实施。三是各行各业大力招商引资。深化制造业对外开放，坚定不移引进国际先进技术、重点项目和优质企业，建设新三资企业，助推外资企业在境内的发展，并调动国内企业在沪投资积极性，形成良性竞争的市场氛围，不断开拓新的增长点。四是扩大生产性服务业内涵。优先发展创新经济服务、流量经济服务、总部经济服务等高端生产性服务业。扩大服务辐射范围，带动产业链上下游企业走出去，构建全球市场和服务网络。着力构建面向多品种、小批量的生产环境领域，打造检验检测服务产业集群。发挥自贸区政策优势，打造现代物流供应链，形成全球采购、分销和配送体系。

二、突出“创新点”，推动产业形成新生长点

突出“创新点”，加强技术创新和攻关，打造“中国标准”“上海标准”，持续推动传统产业改造升级，更好发挥进博会的“溢出效应”。

一是加强技术创新和攻关。组建市攻关领导小组，加强财政支持，有计划发布产学研联合攻关的产业专项清单，以项目为联结，加强产学研深度融合，鼓励大集团和有条件企业与高校、科研院所围绕项目和技术开展合作，积极研发具有前瞻性、颠覆性的创新技术。大力宣传产学研优秀项目和经验。以科委、经信委为主，行业协会助推，大力挖掘中小企业的“创新点”，列出清单，组织跟踪，推动产业化，以技术创新和应用创新为切入点，走专精特新发展道路，掌握“独门绝技”，保持技术和产品的独特性和不可替代性，培育更多的制造业单项冠军。大力攻克重点产品和零部件配套项目，如数控机床、高端传感器、高端气动液压元件、燃料电池、半导体设备、高速轴承、激光雷达、高端电子元器件等。进一步落实鼓励企业积极应用国产化首台装备的政策，使创新点成为“增长点”。二是持续推动传统产业创新改造。从上海本土“老字号”“老品牌”“老产品”中遴选出拟创新改造产品名单，通过数字化、智能化赋能，金融为支撑，使上海大量老产品“旧貌换新颜”，与时代需求相匹配，实现传统产品的再造；分级分类制定传统产业创新改造计划，产品、技术、管理、模式、流程等方面再造，明确再造目标，设定如每万名工人中机器人拥有量、全员劳动生产率、单位面积产出率等量化指标，加速传统企业的数字化、智能化进程。三是在高端产业形成一批“中国标准”“上海标准”。聚焦重点领域，以标准引领产业质量提升，对标国际最高水平，牵头制定国家标准和行业标准；支持以行业协会牵头，企业共同推动，编制行业团体标准，促进制造业科技创新成果的标准化，加强高端制造业技术储备，增加制造业标准供给，健全团体标准的评价机制和监督机制。四是更好发挥进博会的“溢出效应”。将科技创新与扩大开放相结合，进一步发挥进博会溢出效应，吸收先进理念和技术，形成合作项目、技术引进、服务贸易等增量，推动制造业转型升级，持续提升上海科技创新策源地作用。

三、做强“集群点”，打造产业集群发展优势

做强“集群点”，强化对产业发展的领导，做好高端产业布局的顶层设计，构建区域制造业主战场，打造产业集群发展生态圈。

一是强化对产业发展的领导。2007 年 9 月，时任上海市委书记的习近平在上海产业发展专题调研会上强调：“上海除了 600 平方公里的纯城区，还有包括郊区的 6000 平方公里大空间，如果人为地不去发展二产，将错失良机，也不利于城市经济风险化解机制的建立”。建议抓好产业地图的制定和落地，除中心城区外各区把发展产业特别是制造业放在重要位置，主要领导亲自抓，培育和配备一批产业意识强、工作有经验的干部，强化区制造业主管部门的职能作用。二是顶层设计产业布局。各区统筹规划、协同布局，结合各区资源状况，自内而外分别有序发展高端服务业、战略性新兴产业和先进制造业。中心城区着力提升“五个中心”城市核心功能，非中心城区立足长三角一体化发展战略，结合各区的制造业基础与实际，在保护生态环境的前提下，打造各具特色的高端“硬核”特色产业集群。三是构建区域制造业主战场。坚定将临港新片区和金山区打造成上海制造业的两大“万亿级”承载区。在浦东、嘉定、松江、奉贤、闵行、金山、宝山、青浦、崇明等区，以差异化发展目标为引领，以开发区为载体，打造制造业主战场，打造新增长极，提升至准万亿级的主战场。四是打造产业集群发展生态圈。明确产业集群政策方向，制定单位面积产出率等评价指标，通过政策约束促进摒弃落后产能，推动产业集群高质量发展，提高产业集群效益与效率。各产业园区加强与专业行业协会结合，以应用端产品为抓手，主动做好产业园区招商引资工作，强化产业链招商引资协同合作。

四、攻克“突破点”，瞄准产业关键核心技术

攻克“突破点”，加强核心技术攻关，夯实产业基础能力，提前布局前沿领域，推进人才队伍建设。

一是加强核心技术攻关。针对上海制造业升级的薄弱点、卡脖子点和空白点，组建攻关小组，提出“3+6”重点产业和国家重大专项航空发动机、燃气轮机中的共性技术、核心技术、关键工艺攻关项目清单，财力支持，用贷款免贴息和拨款的方式，开展科研项目招投标“揭榜挂帅”，解决一批“卡脖子”关键核心技术和产品。二是夯实基础提前布局前沿领域。以自主可控、安全高效为目标，强化工业基础能力建设，支持打造共性基础材料项目平台，建设大科学装置，推进科研成果的产业化和商业化；围绕 2035 远景规划，超前布局生命健康、氢能源、空天海洋、量子通信、脑机工程等前沿产业，明确发展内涵，抢占未来产业发展先机。三是推进人才队伍建设。建议制定更加有效的制造业人才培育计划和政策，在梳理企业人才需求的基础上，同大专院校开展合作，建立紧缺急需人才定向培养机制，扩大互联网、物联网、大数据、云计算、人工智能和软件等数字人才的培育；制定更具吸引力的人才引进计划和政策，如减免个人所得税、提供政府津贴等，通过“引育留用”形成领军人才、核心科技人员、产业技术团队和高级技能工匠的人才队伍。

五、深化“融合点”，加快资源技术深度融合

深化“融合点”，强化数字技术与传统产业深度融合，促进“四大品牌”深度融合，推动长三角合作深度融合，加强区域合作生态融合，深化制造业与金融服务深度融合。

一是强化数字技术与传统产业深度融合。鼓励建立具备公共属性的制造业中小企业数字化转型平台，针对薄弱环节，通过诊断、咨询等手段帮助中小企业进行技术、管理、流程的数字化改造，制订推动数字技术、智能技术与生产制造融合的计划，并认真实施；支持大企业建立安全态势感知平台，确保技术自给和风险防控。二是促进“四大品牌”深度融合。探索“上海制造”“上海服务”“上海购物”“上海文化”四大品牌协同发展的契合点，发挥“上海制造”在服务领域的延伸效应。推广“东方美谷”模式，以购买为前台，制造为后台，文化为底蕴，产生新的增长点，“前店后厂”以延伸到各传统产业。三是推动长三角合作深度融合。强化上海与长三角地区创新链、产业链、服务链协同发展，形成相互配套、相互促进、相互融合的区域分工体系；实施重要产业项目整体布局，实现上下游产业链部署，切实部署若干个重点产品、产业链，供长三角地区招投资，加强长三角一体化联动机制建设，立足三省一市差异化竞争，制定长三角产业内循环发展支持政策。鼓励行业协会加强交流，打破区域机制壁垒，深化资源流动，促进监管和标准的互通互认，加强中小企业科技创新。四是深化制造业与金融服务深度融合。通过安排财政专项基金、创新发展担保模式、设立风险补偿基金、为中小企业提供“应急周转贷款”等机制，引导金融机构增加对先进制造业，特别是制造业创意创新产业化的贷款，提高对创意创新产业贷款不良率的容忍度。

六、提升“聚力点”，引导各方支持制造业发展

提升“聚力点”，提高政府服务的有效性，强化政策服务精准性，提升政府部门合力推进协同性，重视行业协会的服务助推性。

一是提高政府服务的有效性。深入制造业全产业链一线，开展调查研究，掌握第一手资料信息，坚持问题导向、目标导向，为中小企业发展提供切实帮助。二是强化政策服务精准性。建议从全寿命周期管理出发，政策服务覆盖中小企业的诞生、成长、发展的各个阶段，打造精准服务中小企业“工具箱”，包括提高研发费加计扣除比例，给予符合条件高科技中小企业资金奖励，在科技立项、创业孵化、成果转化等方面给予优先支持等，鼓励支持中小企业科技创新、管理创新、转型升级。三是提升政府部门合力推进协同性。建议加强经信委、科委和国资委等部门的协调合作，以科技创新成果促进产业化为落脚点，建立科技成果转化协作机制，支持企业科技创新工作，统筹利用各方面资源，加强衔接，共同当好企业服务“店小二”。四是重视行业协会的服务助推性。政府部门多给行业协会提要求、派任务，使行业协会在实践中进一步充分发挥助手、协调、引路的作用。行业协会要全力动员，落实市委市政府和委办对制造业和生产性服务业的指导和政策，从协会内、外部挖掘制造业潜在增长点、创新点、融合点，形成重点任务清单，由协会持续跟踪；充分发挥行业协会在构建创新体系、质量、标准、品牌建设、人才培养、产学研用一体化中的枢纽作用；由协会组织业内龙头企业通过专业分工、订单生产、科技赋能等形式，带动中小企业进入产业链，提升整体竞争力；通过课题研究等方式，持续跟踪国外先进技术产品，对比对标，提出本地化的原创性建议，为企业、政府部门提供参考；搭建制造业行业协会信息交流平台，为协会内传统企业、中小企业提供改造升级诊断咨询服务。

调研报告

Diao Yan Bao Gao

《上海市制造业转型升级“十三五”规划》终期评估报告

为进一步做好《上海市制造业转型升级“十三五”规划》完成情况评估，在市经信委指导下，上海市工业经济联合会联合相关领域专家开展规划第三方评估工作。现将有关情况汇报如下：

一、“十三五”制造业发展回顾

（一）发展成效

截至 2019 年，全市规模以上工业增加值、工业总产值分别从 2015 年的 7110 亿元、33212 亿元提高到 9671 亿元、35487 亿元，年均增长 8% 和 1.7%；实现工业利润 2906 亿元（2015 年 2681 亿元）。工业增加值占 GDP 比重 25.4%，战略性新兴产业制造业产值占全市工业总产值比重 32.4%，生产性服务业增加值占全市生产总值比重超过 47.5%，一批“世界级品牌园区”“特色产业基地”加快布局，实体经济发展新高地加速崛起。

1. 以提质增效为主线，“上海制造”品牌持续发力

以“上海制造”品牌为推动高质量发展的重要抓手，在品牌辐射面、创新力、专业化、标准化上，美誉度不断提升。“上海制造”品牌辐射面更广。根植于上海本地、面向全球布局的创新、生产和服务网络基本形成，新一代信息技术加快应用，更广泛融入全球价值链和供应链，更多制造企业成为产业链和价值链领导者。“上海制造”品牌创新力更强。在新一代信息技术、智能装备制造、生物医药、新能源与智能网联汽车等领域，技术创新、商业模式创新快速发展，培育出一批战略性新兴产业领域的科技型“独角兽”企业。“上海制造”品牌专业化更精。企业专注于细分产品的研发制造和市场拓展，“百年老店”形象精益求精，打造一批国内细分市场占有率排名前三的制造业“隐形冠军”企业。“上海制造”品牌标准化更高。质量标准体系不断建设完善，产品全生命周期质量追溯体系不断优化，重点行业关键工艺过程控制水平不断提高，涌现一批质量标杆和领先企业，市场份额和影响力大幅提升，5 年涌现 597 家龙头企业（上海百强企业 33 家，上海品牌认证企业 48 家，国内排名前三的“专精特新”隐形冠军企业 510 家，全国质量标杆企业 6 家）。围绕“消费品改善供给”“智能产品迭代升级”“高端装备自主突破”“新材料首批次应用”等四大领域，开展“上海品牌”认证试点，获“上海品牌”认证的“上海制造”企业数量，占全市总量近一半。

2. 以创新升级为驱动，综合实力持续增强

战略性新兴产业快速发展。在节能环保、新一代信息技术、高端装备、生物医药、新能源、新能源汽车、新材料等领域持续发力，呈现百花齐放的局面，完成工业总产值超过 1 万亿元。组织 5G 等关键核心技术攻关，通用 CPU 研发、PET/CT 用 LYSO 关键材料、IGBT 模块、飞机蒙皮铣削工艺等关键核心技术、工艺及基础材料实现攻关突破。传统优势制造业改造提升。在汽车、钢铁、化工、船舶、都市等传统产业领域，技术创新和改造力度加大，产品结构优化，产业链、价值链和创新链进一步外延发展，形成发展新优势。生产性服务业高效推进。在研发设计、第三方物流、检验检测认证、电子商务、融资租赁、人力资源服务、品牌建设等领域，对制造业转型升级的支撑能力不断提高，形成了一批生产性服务业功能区和重点生产型服务企业。在线新经济蓬勃发展。市政府发布促进在线新经济发展 2020—2022 年行动方案“23”条，重点推进在线医疗、在线教育、远程办公、生鲜电商零售等 12 个重点领域发展。本市首批 23 家医院上线运营“互联网医院”业务，“上海微校”大规模智慧学习平台为全市 145 万中小学生提供“空中课堂”；喜马拉雅、哔哩哔哩、阅文集团等在线文娱企业快速发展，盒马鲜生、叮咚买菜等在线生鲜电商企业订单流量增速明显。

3. 以三大产业为引领，高端智能优势凸显

集成电路、人工智能、生物医药等三大产业“上海方案”全面施工。集成电路产业取得突破性进展。本市集成电路产业规模约占全国 22%，集聚企业超过 600 家，历年完成投资超过 3000 亿元，吸引了全国约 40% 的产业人才，承担了 50% 的集成电路领域国家重大专项；实现 14 纳米规模量产，晶晨半导体 8K 超高清视频核心芯片规模应用，中微 5 纳米刻蚀机进入国际先进行列，90 纳米光刻机等技术产品打破国外垄断。人工智能高地加快建设。获批国家人工智能创新发展示范区、创新应用先导区；加快重大创新项目建设，布局算力、算法、数据和开源开放创新平台，智能芯片、计算机视觉技术产品全球领先；建好 AI+ 交通、医疗、传感、安防等“中国赛道”，以应用带动项目落地；加快浦东张江、临港新片区、徐汇滨江、闵行马桥等重点载体建设，连续三届成功举办世界人工智能大会。生物医药行业高速增长。高起点规划打造张江、临港新片区、东方美谷、杭州湾北岸、北上海、闵行等“1+5”市级重点生物医药产业特色园区；大力吸引 CRO、CMO 等医药合同研发、生产组织落户，推动百亿级生物医药产业基金加快组建和运作；培育出上药、复星、药明康德、联新微创等龙头企业集群；着力打造出“九期一”“火鹰支架”、麝香保心丸等重磅产品。智能制造持续引领。上海在《世界智能制造中心发展趋势报告》中排名国内城市首位；加快推进一批无人工厂、智能车间建设，上汽通用凯迪拉克工厂、海立集团上海工厂机器人密度分别达到 3731 台、680 台 / 万名产业工人，位居全球领先水平。未来车创新增能。上海汽车产量占全国比重超过 10%，产业规模、创新要素集聚程度全国领先，全球知名外企、国企、造车新势力、零部件企业纷纷落户；新能源汽车累计推广超过 32 万辆，成为全球推广使用量最大的城市；智能网联汽车累计开放测试道路 127 千米，向 20 家企业颁发道路测试和示范应用牌照 78 张，企业数、牌照数均位居全国首位。蓝天梦加快落地。C919 首飞和密集试飞，已有 28 家客户 821 架订单；C929 确定总体方案，启动设计；ARJ21 商业运营，累计订单 598 架，累计开通航线 59 条，涉及城市 56 座，累计安全载客超过 95 万人次。

4. 以重大项目为支撑，产业发展后劲稳定

聚焦重点项目建设，加强招商引资统筹。强化体制机制建设。制定《关于进一步加强投资促进工作推动经济高质量发展的若干意见》，上线全市统一的投资促进平台，发布新版上海产业地图（投资促进导引）；建立全市产业投资项目大数据平台，揭牌成立市投资促进服务中心，完善项目早开工、早竣工、早投产“绿色通道”。推进一批重大项目建设。加快推进中芯国际、华力二期、和辉二期、积塔半导体等重大项目建设，特斯拉超级工厂实现当年开工、竣工、投产及上市，创造“上海速度”奇迹，模式经验复制推广；大众 MEB、ABB 超级工厂等项目进展顺利，恒大轮毂电机、英威达、达闼、精测电子等项目落户；推动商汤中国总部、云从科技等一批人工智能项目集中签约，依托商飞、华为等龙头企业，构建全要素、全链条的产业生态圈，全市工业投资增长连续 21 个月实现两位数增长。滚动实施一批储备项目。每年储备 100 个左右招商引资项目，积极推动一批具有影响力的项目签约落地和加快建设。推进商汤人工智能超算中心、腾讯长三角超算中心、英威达己二腈等项目顺利开工；顺利开工；在前期储备的基础上，推进格科微项目顺利签约，并完成土地出让等开工前准备工作；协调推进上药浦东产业园项目，计划 9 月开工；推动本市和云南白药等签约。

5. 以企业服务为依托，营商环境持续优化

围绕落实“民营经济 27 条”，出台金融服务、高新技术企业、民企总部等 17 个配套措施和 9 个实施方案，虹口、长宁等 11 个区制定相关政策意见。面向企业做到“有求必应、无事不扰”，当好“金牌店小二”，着力打造“四全”精准服务。从市级到基层全覆盖，建立市级、16 个区和临港新片区，街道、乡镇、园区、楼宇服务及中小企业社会化专业服务机构等“1+17+X+N”中小企业服务体系。从线上到线下全场景，线上建设“企业服务云”，为企业提供政策信息，645 家专业机构上云开店；线下建设“上海市企业服务中心”，依托市服务企业联席会议机制，联合 314 家专业服务机构、162 位志愿服务专家，为企业提供全方位服务。从前端到后道全流程，前端受理企业诉求，开展运行监测，及时掌握中小企业经营状况和诉求建议，后台依托市服务企业联席会议机制，建立诉求分发—协调处理—跟踪—反馈的闭环机制，做到兜底服务。从创办到注销全生命周期，线下服务机构和线上店铺服务内容，涵盖创业、科技创新、知识产权、市场拓展、人力资源、投融资、改制上市、管理咨询、法律、商务等企业全生命周期。

6. 以产业集群为导向，经济密度持续提升

“十三五”期间，上海制造业产业集群发展格局基本定型，形成“创新引领、带状分布、集群集聚”的产业空间布局。科技创新中心重要承载区充分发挥作用。临港、漕河泾、张江、紫竹、杨浦、嘉定、松江等科技创新中心重要承载区作用充分发挥，原创技术和高新技术产业的策源地基本形成。聚焦集成电路、人工智能、生物医药、智能制造、航空航天、新材料等关键领域核心环节，集中推出 26 个特色产业园区，以高品质园区建设推动高质量产业发展。沿江临海先进制造业集聚发展带初步形成。浦东、奉贤、金山、宝山、崇明（长兴岛）等地区集聚资源优势充分发挥，世界一流水平的先进制造业集聚发展带初见规模。产业集群效应进一步彰显。战略性新兴产业和生产性服务业高效联动，辐射带动传统优势制造业，产业结构持续优化，形成一批参与全球产业竞争、体现上海制造业能级水平的高端特色产业集群。

（二）主要做法

“十三五”时期，上海制造业以创新驱动、提质增效为主线，深化供给侧结构改革，大力发展新技术、新产业、新业态、新模式，加快构建战略性新兴产业引领、先进制造业支撑、生产性服务业协同的新型产业体系，推动高质量发展。

1. 始终坚持服务国家战略

积极承接服务国家重大战略，推进一批重大专项，推动建设国家重燃试验基地，大型邮轮开工建设，万吨级驱逐舰首舰下水，国家集成电路、智能传感器两个制造业创新中心落户，3.0T 磁共振成像系统指标达到国际先进。聚焦临港新片区产业高质量发展，构建了集成电路、人工智能、生物医药、民用航空，及智能新能源汽车、高端装备制造、绿色再制造“4+3”前沿产业体系，制订产业发展规划和所得税优惠政策重点产业目录，优先推动布局通用航空、新能源汽车、IC 装备材料等重大项目，在洋山港和东海大桥，国际首推“无人驾驶重卡”示范运营。开展长三角一体化合作，协同发展长三角生态绿色一体化发展示范区，统筹衔接示范区三地产业发展规划、产业指导目录和项目准入标准，增强显示度和集中度。加强科创板对接，落实“浦江之光”行动，启动“科创企业上市贷”，支持 19 家上海企业科创板上市，占全国约 1/7。

2. 始终坚持科学发展理念

优化产业空间布局。创新发布上海市产业地图，明确各区和重点区域产业定位，郊区县集聚发展先进制造业，中心城区优先发展高附加值都市型工业和高端生产性服务业，推动区域经济朝优势更优、特色更特、强项更强的方向发展。深化落实“四个论英雄”。建立资源利用效率评价制度，实施差别化资源配置措施。充分发挥市场配置资源的决定性作用，以重大项目为引领，技术改造为动力，保持工业投资适度规模，优化投资结构，提升投资质量和效益。加快提升产品质量。实施品牌发展战略，把质量和品牌作为产业竞争力的核心要素，坚持标准引领、质量取胜、品牌培育，完善质量管理机制，推进制造业品牌建设，激发品牌活力，提升上海制造品质、打造“品牌之都”。

3. 始终坚持上海“四化”发展定位

坚持高端化，推进重大项目建设。借助中国国际进口博览会、世界人工智能大会、中国国际工业博览会等平台，加强招商精准对接，加快引进高端产业总部机构、龙头企业、旗舰项目、功能平台、隐形冠军等，上海制造业在全球产业链、价值链、创新链的影响力逐步提升。坚持智能化，推进新型基础设施建设。围绕 5G、大数据中心、人工智能、工业互联网等新基建领域，推进数据中心、商汤人工智能计算和赋能平台、交通银行数据中心、海尔智谷、厚朴金融云等项目建设。坚持绿色化，打造绿色制造示范。推动绿色制造发展，深化制造业节能低碳、清洁生产和资源循环利用，实施清洁化改造，提升重点行业能源利用效率，建设绿色园区，利用绿色设计技术，开发绿色产品，打造绿色供应链。坚持服务化，打造制造升级平台。强化制造与服务的系统集成与融合发展，促进生产型制造向服务型制造转变；积极培育“制造 + 互联网 + 服务”新模式，着力打造一批创新型、网络型、服务型平台。

4. 始终坚持统筹优配资源

强化土地资源保障。出台《关于本市推进产业用地高质量利用的实施细则（2020 版）》，保障产业发展空间，服务产业项目落地，推进重点区域转型发展。加强产业用地数据库建设，编制全市产业空间布局图册，引导资源要素与项目匹配、向高效空间和优质企业配置。协同创新资源盘活利用政策，推动产业用地综合混合集约利用，开展楼宇型产业试点示范，提高园区配套服务空间品质。布局首批 26 个特色产业园区，涵盖集成电路、人工智能、生物医药、航空航天、新材料、智能制造等六大核心产业领域。

加强人才资源集聚。加快引进国内外人才，推进高层次人才培养选拔，促进高技能人才队伍建设，服务上海制造发展。落实《关于进一步集聚重点产业领域紧缺急需人才推动产业高质量发展的实施意见》，编制《上海市重点领域（产业类）紧缺人才开发目录》，涉及 11 个产业领域 161 类紧缺人才，并在人才引进重点机构推荐、重点扶持单位推荐、重点产业技能人才集聚、重点产业外籍人才集聚、重点领域紧缺专业动态调整等 9 个方面给予相关配套政策支持；推动产教融合型城市建设试点，聚焦重点产业选树一批优秀技能人才，结合产业紧缺人才开发目录加大紧缺技能人才的集聚培养力度，加强产业人才“引育留用”，打造一支产业和信息化铁军，协同推动长三角产业人才集聚。推进资金资源融通。加大产业扶持专项资金支持力度，促进政府产业引导基金发展，助力产业升级。推动总规模 357.5 亿元的国家中小企业发展基金母基金注册落户，综合运用贴息、奖补等手段，推动中小企业加大研发投入，降低综合融资成本。聚焦集成电路、人工智能、生物医药三大重点产业，支持企业创新转型升级，其中，集成电路基金一期 500 亿元、二期 400 亿元，人工智能产业基金 100 亿元、首期 50 亿元，生物医药产业基金 500 亿元、首期 100 亿元。进一步发挥上海产业转型升级投资基金作用，加强与全市重大项目对接，加强重点区域、产业集群产融联动。加大政策聚焦力度，创新资金支持方式，提升产业转型升级发展专项资金、信息化发展专项资金、中小企业发展专项资金使用绩效。设立“上海制造”品牌专项资金，扶优扶强“上海制造”品牌。

5. 始终坚持新旧动能转换

“十三五”时期，上海制造业面向世界科技和产业前沿，聚焦引领未来发展方向的新动能产业，加快新旧动能接续转换。三大先导产业厚积成势。集成电路芯片制造业、装备材料业规模和技术水平稳居全国首位，设计业规模位居全国前列，集成电路全行业年销售收入超过1700亿元，较2014年翻番，上海成为国内集成电路产业最集中、产业链最完整、综合技术水平最高的地区。上海人工智能产业规模超过1500亿元，集聚了泛人工智能企业300家。生物医药制造业产值超过1300亿元，生物制品、医疗器械、化学制剂等细分行业增速超过10%。推动传统优势制造业改造升级。通过发展“四新经济”，推动汽车、钢铁、化工、传播等传统制造业改造升级，加大技术创新和改造力度，优化产品结构，延伸产业链和价值链，形成发展新优势。产业融合发展持续加快。加快信息化与实体经济融合发展，推动互联网、大数据、人工智能和实体经济深度融合；加快软件和信息服务业发展，加快建设市西软件信息园、华为青浦研发中心、网易西岸研发中心等项目，大力发展创意设计产业，生产性服务业向专业化和价值链高端延伸。

6. 始终坚持开放发展格局

实施更加积极主动的开放战略，加大全球资源配置力度。支持企业参与全球经济合作和竞争，积极参与“一带一路”产业分工合作，推动国际产能和装备制造合作，加大对境外创新投资并购的支持力度。探索产业园区“走出去”发展新模式，鼓励园区、企业创新合作方式，推进长三角产业协同创新区建设，支持与本市对口支援地区开展园区共建，促进产业联动发展。大力吸引先进制造业企业、境内外研发中心集聚，进一步放宽制造业市场准入，积极引进国内外先进制造业企业，鼓励投资建厂，鼓励其转型升级成为全球性研发中心和开放式创新平台，联合开展产业链核心技术和关键零部件攻关。

（三）存在问题

“十三五”时期上海制造业发展取得了明显成效，在制造业不断下行的形势下，重新唤起了全市发展制造业的信心和决心。全市在国家战略、产业布局、技术创新等领域取得了重大突破，产业重大项目密集落地、特色园区精心打造，为“十四五”打下了坚实的基础，是制造业加快转型升级、迈向高质量发展的重要5年。但同时也存在创新不足、能级不高、品牌不响、要素不够、项目不多、配套不够等问题瓶颈，亟须在“十四五”期间加以突破。

二、“十四五”制造业发展环境

“十四五”期间，全球经济发展面临更多不稳定性和不确定性，单边主义、保护主义与逆全球化思潮，对全球产业链稳定和供应链安全带来影响，贸易摩擦对我国制造业高质量发展形成一定制约。本市处于经济转型升级的关键阶段，先进制造业发展既面临重要战略机遇，也面临严峻新挑战。

1. 从战略导向看，制造业全球化竞争持续凸显，国家实施制造强国战略，制造业面临从量到质转变的新形势。新一轮产业和科技革命的全球竞争态势越来越明显，发达国家再工业化战略向纵深发展，抢占产业链、价值链制高点；新兴发展中国家加快承接国际产业转移，融入全球分工体系，对我国制造业形成“双重挤压”。国际贸易壁垒日趋复杂，中美贸易摩擦逐渐延伸到技术领域。国家大力推动高质量发展，提升产业基础能力和产业链水平，推动质量变革、效率变革、动力变革，赋予上海重大战略使命，强化高端产业引领功能。

2. 从产业安全看，疫情加剧逆全球化趋势，发达国家强化制造业回归政策干预，对产业链安全带来新风险。国际疫情持续蔓延，使得全球经济面临前所有未的挑战风险和不确定性，严重影响产业链安全，存在断链风险。美国、日本等政府进一步推动制造业回归，跨国公司逐步从全球布局转向区域布局，关键技术、零部件、原材料等“卡脖子”限制更加凸显。要求上海补链、强链、延链、固链，加大关键备件储备，加快启用国内技术产品备胎，建立长三角区域产业链协同机制，推动产业链重构。

3. 从技术变革看，新一轮工业革命呈现出“一主多翼”的技术特点，生产、组织方式对制造业发展提出新要求。“一主”指数字化、网络化、智能化制造；特别是以数据作为生产的核心要素进行产业链整合，有效增强产业内垂直分工效率。“多翼”指信息技术、生物技术、能源技术、材料技术等的创新发展。新制造生产方式呈现出数字化、网络化、智能化、个性化、本地化、绿色化等趋势，产业组织方式出现网络化、平台化、扁平化的趋势。

4. 从市场消费看，制造业中高端产品供给不足，人民群众对美好生活的追求对制造业优质产品提出新需求。我国拥有强大国内市场，人民群众对制造业优质产品品种、品质、品牌的需求，拓展了制造业提升发展的新空间，新的市场增长点正在加快孕育并不断破茧而出。为抓住消费升级带来的重大机遇，抢占制造业高质量发展最可靠的市场基础，上海亟须进一步加快供给侧结构性改革，增加高品质产品和服务供给，大力培育新兴消费，不断激发潜在消费。

5. 从产业形态看，制造和服务不断融合发展，深化业务关联、链条延伸、技术渗透，衍生产业新形态。当前，大量新技术不断突破原有制造和服务的边界，新兴商业模式的出现加深了产业之间的相互渗透、跨界融合，产业边界越来越模糊，衍生出新的产业形态。制造业开始从以产品为中心向服务端延伸，服务业发展出现产品化、标准化、连锁化趋势。在线经济、数字经济、智能经济等快速发展，加快产业融合发展。

6. 从产业环境看，打造汇集技术、人才、资金、应用等全要素的产业生态圈，成为提升产业集群发展的新生态。围绕重点区域、重要行业、龙头企业，引导研发创新力量和各类资源要素服务体系集聚，构建集成、共享、匹配、融合的若干产业微观生态链，能够有效促进产业链上下游协作关联，形成主题鲜明、要素可及、资源共享、协作协同的产业集聚区，能够推动区域、行业、企业从单一发展模式转向系统集成提升。

7. 从要素条件看，优化资源高效率配置成为必然选择，资源成本的进一步提高和供给趋紧形成新约束。"四个论英雄"是上海新一轮经济发展的明确导向，在资源环境紧约束的条件下，要推动资源向重点行业、优势企业集中，提高资源配置效率，实现"向存量要空间、以质量求发展"。以用地用能、劳动效率、科技创新、污染排放等为核心，构建资源利用效率评价制度；在产业准入、技术改造、电价、环保等方面，实施要素差别化配置机制。

"十四五"时期，是我国实现第二个一百年重要历史使命第一阶段的第一个五年规划期。在未来的 15 年，我国的综合国力进一步提升，面临国际国内新的发展环境。面向全球、面向未来，面对外部环境和自身条件的深刻变化，本市必须立足服务全国发展大局，围绕增强城市核心功能，坚持创新驱动发展战略，把推动制造业高质量发展作为构建现代化经济体系的重要一环，着力提升产业基础能力和产业链现代化水平，在抢占制造业新一轮竞争制高点的同时，更好服务经济社会发展，更好满足人民对美好生活的发展型需求。

小结

"十四五"时期上海制造业面临复杂多变的发展环境，对制造业能级提升和产业链安全带来严重挑战，但同时，危中有机，要顺应趋势、抓住机遇，坚定不移的推动制造业高质量发展，强化高端产业引领功能，掌握产业链核心环节、占据价值链高端地位，优化要素资源配置能力，满足高品质消费需求，营造良好产业生态，打开发展新局面，加快提升产业基础能力和产业链现代化水平。

立足在线新经济　推动上海制造业高质量发展研究

一、在线新经济及制造业高质量发展释义

（一）在线新经济

根据上海市发布的《上海市促进在线新经济发展行动方案（2020—2022年）》显示，在线新经济是借助5G、互联网、大数据、区块链等智能交互技术，与生产制造、商务金融、文娱消费、教育健康、流通出行等领域深度融合，具有在线、智能、交互特征的新业态新模式。据此，在线新经济是新一代信息技术与传统产业深度融合的产物。

（二）制造业高质量发展

制造业高质量发展，主要是制造业发展质量和效率，具体表现在产业生产效率提高、技术创新能力增强以及经济发展的协同性提升。

（三）在线新经济与制造业高质量发展的逻辑关联

借助5G、互联网、大数据、区块链等智能交互技术，推动制造业发展质量和效率提高，概而言之推动了制造业在生产、采购、销售等“硬性”领域的转型升级，在企业管理方式等“软性”领域提升效率。如，推动制造业研发、产品形态、制造模式、商业模式产出质量和效率增强。

二、推动上海制造业高质量发展的重大意义

（一）推动制造业高质量发展是新时代上海落实党中央“制造强国”战略的新任务

十九大报告指出，制造业是立国之本，推动制造业高质量发展是我国经济工作的重中之重。制造业高质量发展对促进我国从制造业大国向制造业强国迈进、构建现代化经济体系、实现经济持续健康发展举足轻重。从高增长阶段转向高质量发展阶段，意味着经济社会发展在站位、思路、手笔等方面都要有很大的转变。制造业是大量新技术、新发明和新产品的应用领域，是具有最大创新动能和最广阔应用

空间的部门，新技术、新发明等科技创新是否以及如何驱动制造业的高质量发展直接关系我国新时代社会主义现代化建设成效。可以说，从国家到地方，陆续发布政策措施，加快推动传统产业与新技术结合转型发展。国务院发布《关于构建更加完善的要素市场化配置体制机制的意见》、国家发改委发布《关于推进“上云用数赋智”行动，培育新经济发展实施方案》、工信部发布《关于推动工业互联网加快发展的通知》、《中小企业数字化赋能专项行动方案》等，旨在大力培育数字经济新业态，推动制造业高质量发展。在线新经济是数字经济的重要形态，也必然是新时代“制造强国”战略的重要任务。上海具有雄厚的制造业发展基础。在上海所依托的长三角地区，既有上汽集团、上海电气等制造业领军企业，也有阿里巴巴等互联网巨头。上海电子信息、汽车、装备等重点产业在全国的产业布局已经形成，上海在长三角地区、长江经济带和“一带一路”建设中的目标定位，也能进一步提升上海带动区域发展的功能，为我国制造业中高端升级提供助力。新时代，上海要继续当好排头兵先行者，必须在推动经济发展实现质量变革、效率变革、动力变革上，先行一步，快着一招。

（二）推动制造业高质量发展，是适应上海经济发展阶段变化和迈向工业化新阶段的必由之路

制造业高质量发展符合工业化后期产业升级的一般规律。从主要国家工业化、现代化的历史经验看，制造业的转型升级和高质量发展贯穿了整个工业化的历史进程，特别是进入工业化中期以后，随着经济发展和收入水平的提高，制造业一般都会经历综合成本上升的压力，这时需通过产业升级实现向价值链高端的攀升。上海经济已进入中高增长期、经济结构调整进入关键期、经济增长动力进入创新驱动期，经济发展面临的资源和环境约束不断强化成为新常态，经济转型亟需突破上述瓶颈和短板。经济转型升级的本质即为从过去主要依靠劳动力、资本和土地等传统要素推动经济增长转向主要依靠技术进步和创新来推动经济增长，实现制造业价值链的提升和服务业尤其是现代服务业更快增长。此外，居民消费升级对制造业高质量发展也提出了要求。上海人均gdp已经突破1万美元，按照世界银行标准，已经进入高收入经济体行列，根据国际经验，人均国民收入在超过1万美元后，将进入一个消费升级较为剧烈的时期，特别是高品质、高端化、多元化的

产品和服务消费将快速增长，居民消费结构和层次的提高将对制造业高质量发展形成直接推动。为此，推动上海制造业高质量发展是适应经济发展阶段变化，实现城市从外延式增长向调整结构、精细化发展转变的现实抉择，迈向工业化新阶段的必由之路。

（三）在线新经济是推动上海制造业高质量发展的关键举措

在线新经济，正是推动制造业高质量发展的的有力抓手，也是落实中央对上海城市功能定位和发展要求的具体。国家发改委测算，在不考虑疫情影响的情况下，数字化转型可使制造业企业成本降低 17.6%、营收增长 22.6%，使物流服务业成本降低 34.2%、营收增长 33.6%，使零售业成本降低 7.8%、营收增长 33.3%。2020 年 4 月，上海市政府正式印发《上海市促进在线新经济发展行动方案（2020–2022 年）》。方案明确，聚焦一年，着眼三年，实现集聚“100+”创新型企业、推出“100+”应用场景、打造“100+”品牌产品、突破“100+”关键技术等行动目标。聚焦打造标杆性无人工厂、加快发展工业互联网等十二大发展重点，实施 6 项专项行动，落实 5 条保障措施。支持各区、各开发区按照本行动方案要求，立足本区域在线新经济发展，主动作为，出台专项支持政策，持续发力，形成叠加效应，为上海产业高质量发展打造新亮点、创造新标杆，形成经济发展新增量。

三、立足在线新经济，推动上海制造业高质量发展实践探索及存在的薄弱环节

（一）实践探索

1. 积极推动工业互联网建设

一是完善以 2 个文件为核心的政策规划。一是印发了《上海市工业互联网产业创新工程实施方案》，基本形成了顶层设计。二是发布了“上海工业互联网平台和服务商推荐目录”，强化市场主导和龙头企业引领。

二是完成以 5 大功能为核心的战略任务解构。一是建设以标识解析和 5G 为代表的工业互联网网络体系。标识解析国家顶级节点已上线，核电、航空、家电、汽车等行业加快应用。上海华峰超纤率先与顶级节点连通，商飞、宝钢等企业积极部署 5G+ 工业互联网。二是打造技术多样、主体多元的平台集群。海尔 Cosmo、上海理想等通用型平台，上海电气、智能云科、威派格等行业级平台形成梯度发展格局，部分平台连接设备超 10 万个。三是推动工业互联网安全同步规划同步实施。2018 年已完成 8300 家规上工业企业自查，自仪院获批“国家工业控制系统安全质量监督检验中心”。四是着力完善工业互联网产业生态。成立地方首个工业互联网地方联盟，筹建上海市工业互联网协会，启动建设上海市工业互联网功能型平台（作为科创中心建设四梁八柱之一）。五是努力营造更加开放的国际国内合作交流环境。与美、德等国际组织开展多层次合作；率先签署部市合作框架协议，积极推动长三角工业互联网平台国家先行区建设。

三是形成 6 大领域的产业聚焦。推动电子信息、装备制造与汽车、钢铁化工、生物医药、航天航空、都市等 6 大领域的创新应用，打造工业互联网赋能的“上海案例”。如中微半导体、上工申贝等聚焦“平台 + 生态链”，商飞、电气、宝信、新力动力、威马等打造“5G+AI+ 工业互联网平台”；华峰超纤、核工院探索“标识解析 + 产业协同”；海尔、811 所等基于平台实现制造业“双创”；复星医药打造“BIM+AI+ 工业互联网平台”。优也、积梦等一批工业互联网解决方案提供商更趋成熟。

四是形成 6 大领域的产业聚焦。推动电子信息、装备制造与汽车、钢铁化工、生物医药、航天航空、都市等 6 大领域的创新应用，打造工业互联网赋能的“上海案例”。如中微半导体、上工申贝等聚焦“平台 + 生态链”，商飞、电气、宝信、新力动力、威马等打造“5G+AI+ 工业互联网平台”；华峰超纤、核工院探索“标识解析 + 产业协同”；海尔、811 所等基于平台实现制造业“双创”；复星医药打造“BIM+AI+ 工业互联网平台”。优也、积梦等一批工业互联网解决方案提供商更趋成熟。

五是打造 1 核多点的空间布局。形成以松江为核心，临港、宝山、金山、嘉定等区为支点的工业互联网空间布局。松江获批国家首个工业互联网新型工业化示范基地，G60 科创走廊目前已集聚海尔、用友、紫光、徐工、赛摩等一批平台型企业，建成首个工业互联网孵化器。

2. 探索构建长三角全新的供应链协同制造体系

松江区紧抓“四个窗口期”，启动建设长三角 G60 科创走廊数字产业化公共服务平台（以下简称平台），为长三角 G60 科创走廊先进制造业企业更多更广的资源要素对接。平台依托工业互联网链接全要素、全产业链、全价值链的枢纽作用，利用互联网信息技术链接产业链上下游，集平台创新、网络协同制造、在线协同研发、集约采购、设备租赁与共享等公共服务于一体，旨在构建长三角全新的供应链协同制造体系，打造长三角 G60 科创走廊超级工厂。

由海尔卡奥斯开发建设，平台已建成资源配置、提质增效、生态共建三大专区。

在资源配置专区，平台以卡奥斯复工增产服务平台、海模智云模具平台、海达星集约采购平台等供需数据以及企业资源为基础，对原有的线下交易模式进行创新和简化。供方与需方一键发布，平台进行匹配和对接相应供需方，可实现钢、铝、铁等原材料，螺丝螺母、电缆等辅料资源以及口罩、防护服等防疫物资的供需信息及时、准确零距离互联互通，从而缩短商务对接时间，降低成本，实现高效、低成本的交易。

在提质增效专区，平台规划为在线新经济、设备赋能、人力赋能三个板块。平台依托长三角 G60 科创走廊内完整的工业互联网平台生态，通过汇聚产业链上下游的技术、设备、人才等资源，为企业搭建起智能制造、智能设备、新技术应用等数字化转型武器库，并提供标识解析、智能制造成熟度评估、九城纳贤、工业互联网云课堂等服务。

在生态共建板块，平台已实现与一网通办、G60 科创云、卡奥斯 COSMOPlat 工业互联网平台、用友精智工业互联网平台、汉云工业互联网平台、云汉芯城电子产业服务平台等二十余个平台的互联互通。

下一步将以供需资源对接为基础，汇聚长三角 G60 科创走廊内中小型企业的碎片化订单需求，将小单变大单，以大资源换大资源，为中小型企业提供质量成本交货期第一竞争力产品，解决中小企业采购量少，供需不对等的痛点。平台规划利用大数据技术精准分析预测产业链上下游需求及趋势，形成以数据智能为核心的实时决策能力，从而引导产业链上下游资源优化配置，打通企业研发、设计、制造、交易、配送、售后六环节企业间壁垒，横向整合信息、材料、技术、设备、资金、人才六个要素资源，建立起长三角 G60 科创走廊的超级工厂。

三是在线新经济推动制造业高质量发展已在一些关键环节产生很大影响

制造业研发模式向注重用户参与，更加开放创新转型；产品形态以集成、嵌入为重点，向智能互联转型；制造模式强化信息技术应用，向数字化、网络化、智能化转型；商业模式不断创新，向以用户为中心、以服务为导向转型。

实践中，已经涌现出的协同研发、个性化定制、众包设计、众筹融资等诸多新模式，均以用户的深入参与为基础，将产品的研发设计过程全程对外开放，集聚内外创新资源，最终实现产品优化、迭代。

在线新经济使得技术的交叉与融合越来越明显，对制造业的影响不仅在于产品更新迭代的速度会加快，越来越多的产品形态被颠覆。打通物理世界与网络世界的联通，通过工业互联网、传感器、CPU 芯片、数字平台、制造执行系统（MES）、设备与设备（M2M）及设备与云平台（M2C）数据传输和云服务等数字化技术，将传统工业体系中分散、封闭和独立存在的自动化设备连接起来，形成无缝隙对接的网络物理系统，实现物理设备彼此间以及与外部网络世界的信息感知、网络通信、精确控制和远程协作，驱动制造系统向数字化、网络化和智能化转变。如，上南复盘的共享托盘产品，就是把把物联网、云端等跟智能终端结合起来产生新效应。汽车行业亦是如此，互联、自动化、电动化、智能化等技术的交叉融合对传统的汽车产品产生了巨大影响，通过加载软件，并与各种信息、数据的互联互通，汽车被赋予的功能越来越多，越来越智能化；汽车行业也从单纯的装备制造转向“平台 + 产品 + 服务”的发展模式。汽车产业是实体经济的重要组成部分，是上海经济发展的重要支撑。2017 年，上海汽车工业总产值 6774 亿元，同比增长 19.1%；新能源汽车实现推广上牌 6.1 万辆，累计推广达到 16.6 万辆，继续保持为全球最大的推广应用城市；上海新能源汽车制造业产值首次突破 200 亿元，达到 232.38 亿元，同比增长 42.6%。上海智能网联汽车率先起步发展，形成了良好的发展环境。2017 年，上海制订出台了《上海市智能网联汽车产业创新工程实施方案》和《上海市智能网联汽车道路测试管理办法》，加快布局智能网联汽车产业链。上汽集团推出了互联网操作系统汽车荣威 RX5，上海蔚来汽车研发的高性能 7 座纯电动智能互联 SUVES8 发布上市。2018 年，上海率先发布了《上海市智能网联汽车道路测试管理办法（试行）》。

2020 年，新能源汽车新兴力量威马汽车。面对疫情，依然在尝试利用工业互联网做加法、做增量。嫁接上 5G、虚拟现实（VR）等技术后，威马建立了一个早期车型的协同评审平台，成都、上海、绵阳等地的专家哪怕相距千里，但只要戴上 VR 眼镜，就能立即被“拉”进同一间“虚拟评审室”；大家能一起观察设计方案，探讨修改意见；而根据专家反馈，调整了颜色、内饰、几何剖面等的车型，可以迅速“运”到专家面前。

对汽车消费者来说，威马平台打通了从订单到车间的障碍，买家可以从 1500 种选配方案中挑出中意款型，之后，平台能给工厂“秒级”排产——哪怕是防疫期间，威马定制车型依然能做到三周交付。

推动制造业商业模式不断创新，向以用户为中心、以服务为导向转型。一是企业通过分析用户的需求、消费决策、消费方式、用户体验要求等，重新定位用户，在此基础上，通过微信、微博、APP、电商等多渠道多终端接入、多屏融合方式重新建立起企业与用户的“连接”；二是围绕用户需求，提供客户化、定制化的产品和服务，国内一些传统制造企业在这方面的探索已较为成熟，如（定制插头）等；三是建立订单为导向的流程体系，将供应、研发、生产、销售、售后整个价值环节都围绕用户展开，全程基于用户体验、全程用户可参与。以服务为导向，企业从销售产品转变为提供服务，通过为不同的客户建立不同的服务渠道，如微信、微博、交互设计、在线订单、在线客服等，大力拓展基于互联网的质量诊断、远程运维、故障预警等在线服务，深化“制造＋服务”模式。

（二）薄弱环节

1. 5G基站建设及应用面临实际困难

（1）5G基站完成开通数量与北京等城市比尚有差距

上海较早开始5G试验网建设，在5G商用牌照发放后，本市通信行业加快了5G网络建设步伐，截至2020年6月底，本市5G基站完成建设开通23999个，与北京相比仍有一定三千多的差距。目前各地均在积极推进5G网络建设和应用，纷纷出台各项具体支持5G网络建设和应用的政策举措，上海要在全国争取领先地位，还需进一步加大力度。

（2）5G网络建设面临实际困难

一是存量资源可利用率低。存量站址密度不能满足5G网络规划目标要求，相当部分存量站址不具备改造安装5G基站条件，需要换址新建。

二是新建站址、机房、管道难度大，建设周期长。目前急需政策支持，协调开放城市地上、地下空间资源，以满足新建5G通信网络设施需求。

三是业主协调难度大。居民对基站举报投诉、阻挠建设的情况时有发生。5G站址协调费用较高，谈判难度大。同时，5G室分系统的现行方案对楼宇垂直管井、弱电间空间、温度、电力容量等环境资源要求较高，面临业主资源紧张的困难。

四是基站用电转供电比例高、容量不足。初步排摸，目前仍有约54%的站址采用业主转供电的方式，由于业主擅自加价使得转供电价格远高于直供电价格，带来基站用电费用高。另外基站用电容量不足，约63%的站址需要进行外电容量扩容，协调扩容的难度较高、周期较长。

五是当前一系列城市整治工作对通信网络资源的影响较大。架空线入地和合杆整治以及箱体、井盖、公用电话亭等系列整治工作涉及到通信传输骨干网、重要商圈和重点路段的移动通信基站和通信箱体等通信设施的变动，带来了大量的网络割接和资源调整工作，有的整治工作不尊重通信行业的标准规范和实际情况，对本市现网运行的通信网络资源、未来本市5G通信建设和网络资源部署均造成较大影响。

2. 互联网数据中心建设和发展存在供需不平衡，发展格局不充分，政策保障待提升等问题

（1）供需不平衡主要体现为对上海地区数据中心的需求远大于供给。上海作为国内最早的三大骨干直联点和国内三大国际光缆登陆点城市，拥有丰富的网络资源优势，BAT等大型互联网企业均争相在上海追逐数据中心资源，上海各个产业的信息化发展均需要数据中心等通信基础设施做支撑，然而，上海作为国际化大都市，寸土寸金，数据中心的建设成本较高；外电引入造价以及电价对运营企业的压力较大，外电引入周期也较长；同时数据中心作为高能耗产业，直接收入对经济贡献较小，受制于能耗指标限制，发展受到约束，造成供需不平衡。

（2）对重点产业支撑不充分（产业支撑相对单一）主要体现在目前上海的数据中心主要服务于互联网企业，由于目前新建机房都是大型机房，运营商由于有网络优势，获批的数据中心一般都愿意和运营商合作运营机房。而运营企业为加快机柜的出售，倾向于整体销售给互联网企业，而不倾向于分批次销售给只需要中等规模机柜相关重点行业企业，如制造、金融等行业，导致这类行业对数据中心的需求日益迫切，如银行客户需要的数据中心规模一般都是自建或向万国等少量独立出售机柜的经营方租用，导致市面上可提供给这类行业的机柜比较紧缺。

（3）政策保障待提升主要体现在新一版的《数据中心建设布局的指导意见》还未出台，数据中心在上海仍不是一个鼓励发展的产业。同时，各基础电信企业均为国企，在地方购地建设数据中心，购地时当地政府税收落地的要求与国企管理要求之间也存在一定矛盾。

3. 数字经济与制造业实体经济的融合发展还比较薄弱。

制造业同数字经济的融合发展虽然取得了一些进步，但融合深度和广度明显不足。从宏观角度来看，制造业的数据挖掘能力仍然不足，在解决市场信息不对称问题上仍存在较大差距，特别是伴随着数据爆发式的增长，这种不足愈加凸显，另外，数字化技术创新成效还没有达到为促进经济高质量发展所提出的要求；从微观角度来看，制造企业乃至整个制造行业对其与数字经济深度融合的价值识别以及主动作为的意识还不够，在具体实践中存在数字化、网络化、智能化资源整合力量薄弱等问题。整体上，我国的数字经济发展还未形成自上而下的方向指导，或一个强有力的平台进行资源整合、协同发展。在未来，单靠企业自发的、零散的、低效的数字化转型尝试，很难突破以上所提及的问题。

4. 数字领域人才短缺，特别是关键领域的人才匮乏，导致基础创新能力较弱

在当前数字经济迅猛发展的大背景下，我国科技型企业以及相关研发机构在数字技术人才储备上的不足被凸显出来，特别在一些重点行业和核心科技、产品的研发上，人才不足问题更加突出，这使得我国在数字技术资源开发利用上受到很大制约。并且需要进一步指出的是，对于制造业转型升级的现实需求来说，数字化人才不仅包括IT工程师、数据科学家、数据分析师、AI算法工程师、产品经理等传统意义上的技术精英，更重要的是只有将商业应用及行业的专业人才融合进来，形成跨行业跨平台的复合型人才体系，才可能真正将数字化落地到实体行业中去，解决行业实际问题，贡献实际商业价值。

四、若干建议

（一）考虑到"在线经济"爆发式增长对信息化基础设施尤其是存储和算力的需求，应加强通信新基建建设

推进5G网络建设工作建议

1. 落实通信的市政基础设施定位。按照《国务院关于上海城市总体规划的批复》中"统筹规划建设水、电、气、通信、垃圾处理等各类市政基础设施"的要求，明确落实通信作为市政基础设施的定位，尽快出台本市通信基础设施建设保护地方性法规，提请规划管理部门落实将全市5G通信基础设施规划纳入城乡总体规划和控制性详细规划，提请住建和交通等管理部门明确通信基础设施作为市政基础设施在道路上设置的报建流程，推动公共设施开放共享，同时结合国家全面开展工程建设项目审批制度改革的契机，实现5G建设与工程建设项目的同步推进，确保5G基础设施融合建设、资源共享。

2. 加快推进通信基础设施建设和保护地方立法。上海市通信管理局牵头推进的地方通信基础设施建设和保护立法工作，从2015年成为市政府规章调研项目，2016年成为市政府规章预备项目，2017年成为市人大2018年度立法计划的预备项目，2018年列为2018–2022年市人大立法规划第一类项目，到现在申报市人大正式项目。全国已有27个省、自治区、直辖市出台了关于通信基础设施建设和保护方面的相关地方法规或政府规章。希望上海的地方法规能够加快出台，助力上海的5G建设发展。

3. 加强对5G网络建设的整体认识。5G网络建设是一个整体的通信网络构建，不单单是基站站址的建设，还涉及到通信核心网络的升级，机房、管道、设备箱等网络设施的建设，以及电力资源扩容改造等方面，均需要通盘考虑到位，才能保证5G网络真正发挥出应有的功效。提请各区人民政府积极协调推动区内5G网络建设所需站址、机房、管道、设备箱及电力等资源的全面落实。

4. 合法合理、安全高效利用城市空间资源。城市精细化管理，需要解决城市空间资源有限的问题，应梳理明确各类市政基础设施对城市空间资源的合法占有、合理使用，其它有使用需求的行业应利用市政基础设施来满足需求，而不是与市政基础设施一道占用有限的城市空间资源。处理好城市的环境景观专项整治和通信设施运行稳定安全的关系，强调各项整治工作中对各权属专业的属性规则和标准规范的尊重，应在确保各类设施运行安全稳定的基础上进行综合协调，而不是否定或替代原有的权利属性、专业规则和标准规范，应还权于权属单位，引导各权属单位加强对城市精细化管理的理解，充分发挥各权属单位的积极性和责任感，科学合理地调配资源，提高整治工作效率。坚持城市合杆整治的初衷，坚持综合杆设置的规范和原则，综合杆的承载主体应该在原有城市杆体的基础上多元化，防止异化为独揽建设和垄断设置。提请住建管理部门维护通信综合杆的建设权，积极支持以通信功能为基础，兼顾市政、监控、环保等社会功能的综合杆的建设，基于通信杆体的基础技术特性，切实推进通信综合杆的建设，通信杆向社会需求开放。

5. 切实提升电力配套服务能级。针对目前5G基站建设中转供电比例高、单位电价高等问题，学习借鉴其他地方政府部门的经验做法，明确责任部门，建立健全相关协调推进机制，提请电力和价格管理部门，推进通信用电申请配套等方面尽快形成绿色通道，简化通信用电报建流程，加快转供电改直供电的进程，出台降低通信用电成本的政策举措。

6. 合理规范建设收费。认真贯彻国家对通信的市政基础设施定位和对通信网络提速降费的要求，严格落实《国务院办公厅关于加快高速宽带网络建设推进网络提速降费的指导意见》（国办发〔2015〕41号）中明确的"市政设施和政府机关、企事业单位、公共机构等所属公共设施，应向宽带网络设施建设开放，并提供通行便利，保障公平进入，禁止巧立名目收取进场费、协调费、分摊费等不合理费用。"提请交通管理部门推动

机场、地铁、高铁、隧桥等重要交通枢纽为5G网络覆盖提供便利，合理规范城市公共基础设施区域对通信建设的收费。

互联网数据中心建设方面的相关建议

1. 建议有序开放互联网数据中心能耗申请，按照不同区域的产业实际需求规划建设数据中心，向发展云计算服务、为制造，金融、人工智能等重点行业提供数据支持的数据中心提供能耗指标倾斜。

2. 优化数据中心经济效益测算方式，在测算数据中心的经济效益时，研究间接测算方法，将承载在数据中心之上本地产业应用带动的经济效益间接换算数据中心的经济效益，以全面评估数据中心建设带动经济发展的溢出效应，为提升数据中心能耗指标的分配力度提供测算依据。

3. 提高对数据中心建设的电力供给能力，电力基础设施规划要与数据中心规划向匹配，规划中的高压配电站建议靠近拟建设的大型数据中心，减少数据中心建设企业引电成本；加快引电的申请和建设流程，为已经获批建设数据中心的企业开通绿色通道，提升数据中心建设进度。

4. 加强节能减排的技术研究，鼓励对降低数据中心PUE的研究，对数据中心适用良好的节能技术进行引导，将实测值能达到1.3PUE的节能方案进行推广；同时，对通过技术手段满足PUE指标的企业可以给予适当电价的补偿，提升企业节能减排积极性。

5. 优先支持临港新片区建设互联网数据中心，为新片区单列数据中心能耗指标，满足临港新片区规划期内所有数据中心能耗指标（约6万架）需要，为正在试点推动的新型互联网基础设施提供物理设施保障，以带动建设国际数据港等重点任务在临港新片区落地，并推动新片区各重点产业集聚和发展。

（二）对于制造型企业来说，应着手构建产业数字化平台，以满足数字经济时代用户需求的变化

在具体实践中应主要从三个方面着手：第一，引入最新的数字化技术，如，大数据、云计算、人工智能、物联网等新兴信息技术对商业模式和产品服务进行升级，进而使其走向智能化、平台化和品牌化的发展道路。第二，通过对数字技术的应用，推动部分产业活动由线下转到线上，而这种转向选择一定是以整体效率最大化为目标，通过线上线下的无缝衔接、部门联动，对市场变化做出最迅速的反应，及时应对市场需求的变化，进而增强企业的竞争能力。第三，企业要从整个产品价值链优化整合的角度来构建数字化平台，在降低企业运营成本的同时，提高运营质量和效率，并通过新的企业生态来创造新的产品体验和社会价值。同时，政府应该针对数字技术的技术创新项目提供资金或者税收方面的激励，引导制造业企业以数字技术为基础共享开放式数字化平台系统。尤其需要鼓励制造业企业在技术创新领域率先实现数字和信息的开放共享，有效避免企业数据重复搜集，降低企业的数据库建设的成本。

（三）全面培育本土化数字技术人才，加强数字化职业教育

与消费领域数字化转型主要依靠海量互联网用户的“人口红利”相比，生产领域的数字化转型将更加依赖“人才红利”。因此，我国一定要在数字人才培养上加强改革，深化教育，对全国高等院校的学科专业进行动态调整，推行面向未来的数字经济新工科建设。特别是在数字领域的新兴专业、交叉领域更要尽早着手，促进计算机科学、数据分析与其他专业学科间的交叉融合，扩大互联网、物联网、大数据、云计算、人工智能等数字人才培养规模。此外，一定要加强技能培训。制造业的数字化转型升级需要大量不同层次的数字技术人才，特别是对于那些在制造领域已经任职多年的员工来说，更要开展数字技能职业培训，因此，我国要积极创新培训方式，探索职业培训外包模式，并实施国家职业资格目录，做好有关人才资格认证工作。最后，为了提升全民的数字化素养，使得数字技术培训更加普及，就要开发全网络学习培训方案，实现从课程设计、课程开发、教学过程到教学评估全流程网络化，加强教育与培训信息化基础设施和数字教育资源建设，提升教育、培训机构网络运行能力，促进教育、培训数据资源共享。

（四）加强政策引导和政策保障，在激励制造型企业数字化转型升级的同时，尽量降低转型成本和转型风险

具体来说，可以从两个层面入手：一是强化引导类政策，因为企业进行任何一种大的调整都是面临风险的，而大多数企业都是趋向于风险规避的，一旦在转型过程中出现错误，那么就会给企业带来很大的负面影响。因此，在政策引导方面，一定要积极创新政策支持方式，建立数字化转型企业保险基金，采取各种措施努力降低企业“试错容错”风险；二是积极应对结构性失业风险。企业在融入数字技术进行转型升级的同时，也一定会导致企业员工需求的大幅调整，可能会出现企业员工下岗失业等一系列社会问题。因此，政府要引导企业妥善处置退出后的员工安置和补偿工作，建立健全失业保险、社会救助与就业的联动机制，完善“互联网+”灵活就业的工资保险制度。

附件 1

促进临港新片区发展的建议

2019 年 8 月，国务院决定设立中国（上海）自由贸易试验区临港新片区，《中国（上海）自由贸易试验区临港新片区管理办法》正式施行。新片区面积 873 平方公里，按照“整体规划、分步实施”原则，先行启动南汇新城、临港装备产业区、小洋山岛、浦东机场南侧等面积为 119.5 平方公里的区域。在目前新的国际与国内形势下，临江新片区肩负主动服务和融入国家重大战略，更好服务对外开放总体战略布局的重任。

近年来，尤其新冠疫情在全球爆发以来，我国面临的国际环境发生了重大变化。习近平总书记强调，我们要逐步形成以国内大循环为主体、国内国际双循环相互促进的新发展格局。在美国为首的西方国家力图与中国经济脱钩、技术脱钩的背景下，我国加入世贸以来形成的“外国（跨国公司）研发，中国加工制造”为主的制造业全球分工模式正在逐步转向“中国研发、中国制造”为主的模式。因此，临港新片区的建设与发展的一个关键问题，是如何引进、培养和集聚海内外相关人才。

与传统的制造业园区相比，转型对临港新片区的城市基础设施提出了新的更高的要求。传统制造业园区除物流与加工制造等生产功能外，只需向蓝领工人提供吃饭住宿等基本生活服务。这类传统制造业园区的功能布局难以满足各类工程技术人员与管理人员（以下简称“白领”）对城市功能的更加多元化的需要，所以他们一般都不住在园区或园区周边而住在中心城区，每天通勤上下班。

最近上海市制造业创意促进中心课题组对临港新片区进行了调研。在我们深受新片区快速发展的大好势头的鼓舞的同时，也看到临港新片区存在的一些有待解决的问题。本文在下面将对这些问题进行简要分析并提出相关政策建议。

一、新片区需要解决的问题

1. 新片区城市功能可以满足制造业加工装配型生产的需要，但是难以满足研发设计、营销、金融服务等生产者服务业发展的需要，难以满足这些服务业相关人才的需要。实际上，2016 年通过的《上海市十三五规划纲要》就已明确南汇新城是上海城镇体系的五个新城（或城市副中心、二级中心）之一，要求将其打造成为长三角城市群综合性节点城市，强化枢纽和交通支撑能力，完善公共服务配套，加快人口和产业集聚，加强与周边地区联动发展，成为相对独立、产城融合、集约紧凑、功能混合、生态良好的城市。临港新片区的设立，对南汇新城的城市功能提出了更高的要求。《临港新片区管理办法》要求新片区“促进产城融合发展。进一步拓宽国际优质资本和经验进入教育、医疗、文化、体育、园区建设、城市管理等公共服务领域的渠道，加强新片区各类基础设施建设管理，提升高品质国际化的城市服务功能。”

显然，目前南汇新城的现状与以上要求还有相当差距。衡量南汇新城能否满足现代服务业与相关人才需要的一个基本指标是：在新片区工作的白领，有多少人在南汇新城居住？有多少人把家安在南汇新城或新片区其他区域？目前看来这样做的人还为数寥寥。要从根本上改变这种情况，就需要大力提升南汇新城的城市功能。

2. 新片区南汇新城与上海中心城区距离较远，缺少便捷快速的交通联系。南汇新城到上海人民广场的距离约 76 公里，到虹桥机场的距离约 83 公里，但是目前新片区与中心城区之间缺少大容量快速交通联系，虽有通往上海中心城区的地铁，但是这些站站停的地铁速度较慢，从人民广场到滴水湖站地铁单程耗时 1.5 小时，如果加上居住地到地铁站，以及地铁站到工作地的交通时间，单程耗时更在 2 小时以上。此外，新片区内部也缺少便捷的交通联系，如南汇新城地铁站与新片区其他区域之间的最后几公里也缺少便捷的公共交通。目前新片区许多工作人员家住上海中心城区，上下班通勤主要依赖私人小汽车，平均每天通勤 140 公里以上，途中费时费力。

3. 新片区人气严重不足。由于新片区的城市基础设施不足，城市空间按传统制造业需要低密度规划（大马路、大绿地），加上上海作为超大城市实施严格控制人口规模的政策影响，新片区人口集聚程度较低。目前没有新片区人口的公开统计，仅以南汇新城镇为例来说明这个问题。南汇新城镇的面积 152.15 平方公里，规划人口 65 万，2017 年实际人口仅为 7.3 万人，其中还包括了 3.1 万名大学生。以如此小的人口规模和如此低的人口密度，根本无法实现城市规模经济与集聚经济效益，并且严重制约了当地教育、医疗、文化、商业与生活服务设施的正常发展。

二、相关政策建议

为了尽快消除以上问题，更好地推动临港新片区的发展，我们提出以下建议：

1. 在新片区规划建设一个混合功能的新城中心。在新片区规划与建设有一定规模与密度的、具有较完善混合功能和较便捷的对内对外交通联系的新城中心，以该中心为载体，改善新片区的空间布局和提升其城市功能，并将新片区的规划与南汇新城作为上海市城镇体系的一个新城与二级中心的规划更好地衔接起来。这个新城中心可以整体规划，分步实施；先在滴水湖西岸选址，建设一个空间比较紧凑（如面积为2平方公里），但有较高的建筑容积率和人口密度，具备商业、办公、文化，教育、医疗、社区居住与生活服务等多种混合功能的新城中心。这个新城中心的城市空间形态应该更加接近于上海中心城区如黄埔区、静安区或徐汇区，而不是接近于目前上海郊区低密度大街区的郊区新城或功能单一的工业园区的空间布局。这个中心与上海中心城区之间应有便捷的大容量快速交通（下面我们做进一步讨论），并与新片区的不同区域有便捷的公共交通联系。等到新片区城市基础设施逐步成熟，人口逐步增加以后，可以根据实际需要逐步扩大新城中心的空间范围。

这里需要强调指出的是，临港新片区除了要加强研发设计与产品营销等生产性功能、需要加强互联网通信基础设施外，还要大力加强教育，医疗，商业，文化及生活服务等基础设施与服务。新城中心应该能就地提供上述服务，尽量减少对上海市中心城区的依赖。只有这样，新片区才能吸引力人才在新片区工作和全家在新片区居住，而不是人在新片区工作，家在中心城区居住。

2. 把龙阳路到浦东机场的磁浮线延伸到临港。如上所述，目前临港新片区远离上海中心城区，且缺少大容量快速交通联系。如果能将上海磁浮线延伸到临港，就可将新片区与上海浦东龙阳路的行程压缩到20分钟以内，从而有效实现临港新片区与中心城区间的“时空压缩”。磁浮线从龙阳路出发，途经浦东机场，到达南汇新城的新城中心；途中可增设上海迪士尼乐园站，以及“上海东站”站（可与浦东机场航站楼站分成两个分叉），以便将磁浮线与通沪铁路及沪乍杭铁路等国铁线路、以及（从虹桥机场到浦东机场的）上海机场联络线等联结起来。同时加强磁浮站点与周边地区的公交联系。上海磁浮线从龙阳路到浦东机场约30公里长的建设费用约100亿元，从浦东机场到南汇新城的延长线略短，且有一定建设与施工基础，所以建设费用当在100亿元以下。延长线的建设可争取作为“新基建”的一个项目来规划实施，相关建设费用可以由上海市、浦东新区与临港新片区分担。作为交换，在临港新片区工作的职工可以用补贴价购买专用磁浮线月票。这样做，一方面可以实现新片区与上海中心城区的大容量快速交通联系，另一方面也可激活目前运行亏损、甚至传言行将报废的世界上第一条商业运行磁浮线。

3. 新片区产业在着力吸引大企业的同时大力吸引创新型中小企业。2019年10月，临港新片区管委会发布了支持临港产业发展的“1＋4”产业政策。在《中国（上海）自由贸易试验区临港新片区促进产业发展若干政策》明确提出集聚发展集成电路、人工智能、生物医药和航空航天等四个重点产业的若干措施。临港新片区支持特殊重大项目，对于项目总投资超过100亿元，其中固定资产投资占项目总投资的比例不低于60%的符合临港新片区产业导向的特殊重大项目，可给予多达10亿元的支持。

在目前的背景下，新片区一方面要着力引进像特斯拉那样一年可产生上千亿元销售收入的大企业，同时也要大力引进国内的创新型中小企业。诚然，在“外国研发，中国加工制造”为主的制造业发展模式下，外国企业与跨国公司是我国各地努力引进的重点企业，但是对于我国制造业转型创新发展来说，今后可能更加重要的是着力培育本土的创新型中小企业。与广东、浙江相比，上海本土培育的创新型中小企业还较少较弱，成长为大企业的也较少。

当然，《临港新片区促进产业发展若干政策》也出台了支持创新资源集聚及创新创业活动的相关政策，其中主要包括：（1）支持符合临港新片区重点产业导向的市级及以上众创空间、孵化器落地新片区；（2）支持在新片区举行的创新创业大赛等活动；（3）支持在集成电路、信息技术、人工智能、生物医药、智能制造、航空航天、新能源、新材料、工业设计、生产性服务等领域获得过省级及以上创新创业大赛前10名成绩的团队在新片区注册发展等。

以上举措的一个弱点是选择性太强而涉及面过小。新片区的政策应该着眼于为早期创业项目与创新企业提供更好的创新环境与创业支持，从而从中培育出成功的独角兽与知名企业。临港新片区城市基础设施改进以后，依托长三角城市群和全球制造业中心的优势，以及面向西太平洋与全球的高度开放性，如能出台吸引中小企业的更加切合实际的有效政策，就一定能吸引更多的中小企业来新片区创业发展。

4. 要允许新片区人口较快增长。新片区人口面临的主要问题是人口过少而不是人口过多。如上所述，2017年临港新城镇的人口规模仅为区区几万人。《上海市城市总体规划（2017—2035年）》已经明确南汇新城的规划人口为65万，如果考虑到2019年国务院决定设立临港新片区这一新情况，人口规模还应进一步向上调整。所以未来几年，临港新片区需要增加几十万人口。建议上海市在人口总量控制方面允许临港新片区在原有人口规划的基础上向上调整。临港新片区的新增户籍人口与非户籍人口可包括新片区迫切需要的各类人才，以及为各类人才服务的各行各业的劳动者。

附件 2

松江区在线新经济基本情况

一、本区在线新经济发展基本情况

电商园区情况：目前，我区电子商务产业发展聚焦区域共有 5 个，集聚效应初步显现。2012 年，永丰街道电子商务集聚区获市商务委批准建立。2014 年，石湖荡镇和方松街道经区经委批复成立“松江电子商务产业集聚区”以及“松江电子商务园区”。2015 年 6 月 18 日，出口加工区成为上海首个跨境电子商务示范园区。2016 年 7 月新桥镇上海 1560 电商园获市商务委批复成为市级电子商务示范园区。

重点电商企业情况：近些年，我区电子商务呈现快速发展的强劲势头，电子商务正逐步渗透各行各业，其中行业细分领域的垂直类电商发展较好，呈现快速增长的态势。如：在线电子元器件的云汉芯城；在线远程医疗的优加利、明品医学（大专家）；化妆品领域的丽人丽妆、林清轩；酒类电商平台的购酒网；隐形眼镜领域的可得光学；食品领域的来伊份、诺心、21CAKE、品渥；家电、服饰类传统企业应用电商的：飞科、奔腾、日播等。

发展中的主要瓶颈：一是区内云计算大数据、信息软件和设计研发、供应链管理、电商代运营、电商培训机构等大型配套平台不多，尚未形成完整的电商服务产业链，缺乏先导性产业支撑。二是我区食品、小家电、服饰、日用品等消费品生产企业众多，企业往往专注于研发和生产，缺乏互联网思维，信息化建设落后，即懂电子又懂商务的复合型人才缺乏。三是郊区普遍缺乏电子商务专业人才。松江园区和企业，一致反映郊区招工难，电商相关人才大多集聚在市区，缺乏与发展相匹配的人才。四是电子商务扶持政策相对缺乏。相对电子商务发展比较好的嘉定、浦东、宝山，松江缺乏电子商务行业扶持政策。

二、下一步围绕在线新经济招商和布局的主要考虑

一是发挥园区载体平台作用。培育现有电商园区向在线新经济生态园方向发展，引导园区形成特色、功能错位、相对集聚。上海 1560 网红直播基地、上海百家安新媒体网红基地、零距空间直播电商基地等已初具规模。二是健全产业链招商。重点引进跨境电商平台、供应链管理平台、云计算大数据平台、信息软件和设计研发、电商代运营、电商培训机构等。三是大力发展本地在线新经济、数字新基建的供应链配套，在浦南地区布局生鲜冷链物流，利用上海西南综合物流园区的优势，进行逆向招商（目前 Zara 电商平台总仓、叮咚买菜的蔬果分选中心、万科冷链生鲜等均位于松江）。四是加强新终端建设。全年计划完成智能快件箱 500 组、新建生鲜前置仓 10 个、智能回收终端 20 个、新建改建智能仓储设施 2 个。五是加快引导具备一定条件的传统制造业企业发展在线经济，延伸上下游价值链，如庞氏水产、维他奶等均已入驻全国知名电商平台，并实现较高销售增长，林清轩、正新鸡排、乔家珊等也邀请薇娅、李嘉琪、叶璇等头部网红进行带货直播，之禾女装开展线上销售实现逆势增长。六是进一步完善政策支持体系，做好松江区落实“六保”促进“六稳”支持生产企业开拓直播、电商等线上业务政策补贴的宣贯，同时在研究酝酿过程中的加快商业转型升级政策中，专题支持发展在线新经济。支持新零售品牌线下首店、综合性云购物平台、在线展览展示、生鲜电商、无接触购物、无接触配送等领域建设。七是在原有已建成 242 家智慧微菜场的基础上，继续加大力度提升优化，实现智慧微菜场的功效。

上海企业社会公益发展现状研究

一、背景意义

放眼世界，可持续发展已成为全球共识。联合国2030年可持续发展议程着眼统筹人与自然和谐共处，兼顾当今人类和子孙后代发展需求，提出协调推进经济增长、社会发展、环境保护三大任务，为全球发展描绘了新愿景。作为世界最大的发展中国家和负责任大国，中国始终坚定不移履行可持续发展承诺。在2019年6月7日第二十三届圣彼得堡国际经济论坛全会上，习近平主席发表致辞并指出“可持续发展是破解当前全球性问题的‘金钥匙’”，深刻阐释可持续发展的重要意义。提出“中国愿继续同各方携手努力，秉持可持续发展理念，体现人类命运共同体担当，倡导多边主义，完善全球治理，共同促进地球村持久和平安宁，共同创造更加繁荣美好的世界。”

企业作为社会财富的创造者，是推动经济社会的重要力量，同时也是消耗者，是环境污染的主要来源。积极承担社会责任不仅是企业发展的内在需求和安身立命的基础，而且已成为现代社会对企业的普遍期望和要求。企业在享受社会环境赋予发展机遇的同时，应当义不容辞的承担起对员工、消费者和社会等利益相关方的责任，以及对环境的责任，承担起推动可持续发展的责任。

近年来，上海十分重视企业社会责任。首先，在市委市政府近期颁布的重大发展战略中有所体现，如《上海市国民经济和社会发展第十三个五年规划纲要》明确提出“倡导科学人文精神和企业社会责任”。其次，行业推进与社会参与紧密结合，多元共促企业社会责任向纵深发展。在以上海市经济团体联合会为代表的行业协会努力推进下，上海企业履行社会责任的起点不断提高，内容不断创新，成果不断显现，构建具有上海特点的企业社会责任体系正在逐步形成。

2010年4月，上海市经济团体联合会会同上海市企业联合会、上海市质量协会、上海进出口商会联合举办“浦江经济论坛——2010上海企业社会责任论坛”，旨在把社会责任融入企业经营战略，着力提升企业软实力。2011年4月，上海市经济团体联合会召开“四届五次主席团（扩大）会议暨企业社会责任推进会”。2012年5月，上海市经济团体联合会举办“上海企业社会责任报告发布会”，这是上海首个集中发布企业社会责任报告的平台。之后，上海市经济团体联合会每年举办一届。至今，已连续举办九届，发布单位有国企、民营、外资、股份制等各种所有制的大型企业集团，以及中小企业，也有行业协会和事业单位。参与发布的单位从2012年32家增加到今年334家，发布企业家数增长了10余倍，报告发布数量创历史新高，报告质量逐年提升，履行社会责任的认识和水平持续提高。

社会公益是企业履行社会责任的重要议题之一。当前，我国经济发展步入新常态，国内外环境复杂多变，尤其是今年年初爆发的疫情，对履行社会责任提出了新的要求。

二、企业在社会公益领域的基本做法和取得效果

回顾上海企业社会责任报告发布的九年，可以看出，上海广大企事业单位通过多年的努力，在教育支持、社区参与、志愿者服务、慈善捐赠、关爱弱势群体等社会公益支持领域取得显著成效。据统计，在公益事业及服务社会方面，本届发布单位在2019年合计为社会提供110344个就业岗位，较2018年提升了16.1%，增幅超过全市平均水平。2019年参与社区志愿活动共计27047次，较2018年提升了37.7%。2019年慈善捐款合计3.5亿元，较2018年增长32.7%。主要表现如下：

一、从参与的社会公益支持领域来看，各企业结合自身优势条件参与社会公益支持领域越来越广。企业从常规性的教育支持、社区参与、开展志愿者服务、慈善捐赠等社会公益支持活动，进一步积极响应国家号召，顺应国家政策导向投入资源提供积极的社会问题协助解决方案。如开展精准扶贫，典型代表企业如上汽集团，上汽集团及所属企业主动投身各类社会公益事业，积极响应政府打好“精准脱贫”攻坚战的要求，围绕产业和就业扶贫、教育扶贫、健康扶贫等主动开展扶贫帮困，据不完全统计，2018年上汽集团及主要所属企业捐赠钱款及物品折合人民币超过4100万元。如参与国家“一带一路”建设倡，典型代表企业如上海振华重工（集团）股份有限公司。“一带一路”倡议提出以来，振华重工遵循“共商共建共享”理念，主动投身“一带一路”建设，在基础设施互联互通、对外承包工程、对外投资等重大项目中，扮演了“分担者、参与者、提供者”的角色，是“一带一路”倡议的坚强践行者。据统计，振华重工已为“一带一路”相关的52

个国家和地区提供了3500余台设备，涉及国家和地区包括新加坡、斯里兰卡、巴基斯坦等“一带一路”沿线国家。

二、建立公益基金/基金会有助于企业开展专业性、持续性和有影响力的公益实践，有条件企业会倾向于建立公益基金/基金会。典型代表企业如上海医药集团股份有限公司。上海医药公司结合自身优势资源，助力“尊严生活，健康中国”这一梦想实现。2015年上海医药与中国青少年发展基金会正式启动“上海医药爱心守护计划”，计划专项基金首期规模1,000万元，以改善乡村医疗为目标，分三年（2016–2018）用于在偏远山区建设乡村卫生室、资助农村罕见病患者、培训乡村医生，并将协同医疗相关资源，开展“义诊进乡村”等活动，实施健康教育，服务当地公众。

三、内部社会公益管理水平越高的企业越重视公益品牌的打造。企业通过开展/打造富有自身特色的品牌公益项目，提升企业社会公益支持价值。有影响力的品牌公益项目如恒源祥（集团）有限公司可可西里藏羚羊自然救助项目、光明乳业股份有限公司垃圾分类、光明未来–牛奶纸盒回收全程绿色行动、东渡国际集团“东渡（法学）教项目育基金”项目等。

四、疫情这一次的新冠肺炎疫情，给我国企业经营发展带来巨大挑战，但不少企业面临艰难的生存环境，仍坚守履行社会责任的初心，围绕抗击疫情、支援疫区、复工复产、关爱员工等方面，积极作为，乐于贡献，在统筹推进疫情防控、经济社会发展和助力全国抗疫中发挥了重要作用。如上海三枪（集团）有限公司。

三、建议和展望

肯定成绩的同时，我们也应该看到上海企业在履行社会责任、参与社会公益支持的过程中仍存在一些不足。一是社会责任推进机制存在问题，如企业社会责任推进的职能在国家层面上具有分散性和割裂性，缺乏统一的高层治理架构，形成“多龙治水”的格局；标准繁杂多样，企业陷入“标准”丛林。二是责任基因未真正融入企业文化，社会责任工作呈现表面化空洞化。一些企业仍然将社会责任看做装点门面的工具或者公关手段中，工作推进呈现表面化；在广义社会责任的理解下，无所不包，因此企业在实践中反而变得十分空洞；从企业实践来看，典型的表现是企业职能架构中或者没有设置专门的社会责任部门或者没有社会责任专职人员。三是社会责任透明度仍有一定提升空间。从企业社会责任信息披露的主要载体社会责任报告发布上来看，上海企业仍有较大提升空间。

根据“上海2035”规划，到2035年，上海将基本建设成为卓越的全球城市，令人向往的创新之城、人文之城、生态之城，具有世界影响力的社会主义现代化国际大都市。实现这一目标离不开各城市主体的共同努力，未来企业社会责任建设应与上海经济建设、城市发展的目标相融合。对此，特提出以下四方面对策建议。

（一）搭建统一社会公益平台

企业社会责任是企业实施可持续发展的重要途径，是加强品牌建设的战略选择，与区域转变经济发展方式的内涵高度一致。要推进企业社会责任工作进一步提升，首先需要高层领导给予充分重视，强化企业社会责任对促进区域经济高质量发展的战略意义。其次进一步加强企业社会责任建设的组织机构建设，统一高层治理架构，搭建统一社会责任平台。由具有综合职能的部门牵头，其他部门协同。第三虽然社会责任国家标准的已经发布，但是国家标准的进一步推广和应用仍有待地方各部门进一步探讨和细化，给各类型企业提供具有针对性和可操作性强的标准细则或指南。第四党的十九大报告指出，以城市群为主体构建大中小城市和小城镇协调发展的城镇格局。在此背景下，充分对接长三角一体化发展战略，加强长三角地区企业社会责任协同发展，如举办长三角企业社会责任发展论坛，加强城市区域企业间的社会责任沟通和经验分享，发挥上海企业带头和引领作用。

（二）以责任促营商环境优化

履行社会责任、打造知名品牌，优化营商环境。营商环境是一个国家和地区的重要软实力和核心竞争力。从营商环境的概念来看，是指企业在开设、经营、贸易活动、纳税、关闭及执行合约等方面遵循的政策法规所需的时间和成本等条件。市场经济本质上就是基于契约精神的法治经济。具体到营商环境领域，表现为一系列契约，政府与企业、企业之间等一系列契约是营商环境的最重要组成部分。

从这个角度来讲，上海应结合实际情况将履行社会责任、打造知名品牌作为进一步优化营商环境要求的重要举措。一是强化企业公平运营行为，重点关注同样也是企业社会责任领域的核心议题，如公平竞争、知识产权保护等，二是政府要完善市场监管，创造有利于企业公平竞争的环境，尤其是保护合法合规经营的企业和加大对企业知识产权的保护。三是遵循品牌发展一般规律，推行更高质量标准，增强创新发展支撑，健全法律法规体系，优化市场竞争环境。企业应积极发挥城市经济发展基础支撑作用，做好优质服务，作为满足人民美好生活需求的重要抓手，全面助力优化上海营商环境。

（三）打造负责任企业文化

首先从“责任根植文化、文化引领责任”的视角，打造负责任的企业文化，推动责任融入到管理、品牌建设以及日常运营中，形成文化引领型社会责任模式。其次将社会责任融入品牌经营的长期战略。锁定目标，制定基于社会责任制定责任相关的品牌战略。企业社会责任不仅仅是慈善公益事业，社会责任涵盖的内容是丰富的，既包括了企业遵纪守法，同时还包含了就业与安全、资源和环境等一系列责任。社会责任的履行应该贯穿于企业生产经营活动的全过程。第三在企业和品牌营销的整体战略规划中，就应该充分考虑社会责任的影响，再根据自己的产品的特征，制定相关的品牌战略。把社会责任感根植于品牌基因中，而不只是一般的营销活动，探索更为新型的社会责任与品牌盈利结合的新模式。

（四）提高社会公益透明度

目前，全球范围内对企业社会责任信息披露（或称非财务信息披露）越来越重视。如欧盟 2014 年 12 月 5 日正式生效的《大型企业和集团披露非财务信息和多元化信息的指令》，要求超过 500 名雇员的公共利益实体必须按年度披露企业在社会、环境、员工等议题上所采取的政策、绩效以及风险。特别是自 2015 年以来，以香港联交所、MSCI 为代表的资本市场力量，对上市公司社会责任信息中的 ESG 信息披露提出了更高和更为紧迫的要求。目前，发布社会责任报告是企业社会责任沟通的一种有效方式。首先提高社会责任报告发布数量。督促和指导未发布过社会责任报告的企业对标国际和国家标准发布社会责任报告。其次提高社会责任报告质量。在报告内容上注重报告的完整性、实质性、可比性、时效性、可读性等要求。第三提高社会责任报告的可获得性。社会责任的透明度取决于信息传递的速度和广度。对于企业来讲，应该畅通社会责任报告可获得的渠道，如参加行业搭建的社会责任报告发布平台、官网上设置社会责任报告专栏、发布微信微博版本等等。

四、优秀企业案例

（一）上海三枪（集团）有限公司 – 全力支持疫情防控阻击战

1. 企业简介

上海三枪（集团）有限公司是以生产三枪牌内衣著称的上海针织九厂，经过自我发展、优势扩张形成的品牌集团。成立于 1994 年 11 月。1998 年以优质资产整体进入上海龙头股份有限公司。旗下品牌包括三枪牌、鹅牌、菊花牌、金杯（袜品）。秉承“扬民族之魂、攀名品之巅”的企业文化和“引领内衣发展趋势，倡导身心合一的温馨生活”的品牌发展理念，三枪的品类以内衣为主，兼有休闲、舒适的产品特性，在传统的风格中融入了时尚元素。三枪集团是上海纺织系统首家通过 ISO9001 质量管理体系、ISO14001 环境管理体系和 OHSASI8001 职业健康安全管理体系三项体系认证的企业。完善的质保体系和严格的质量管理有力地保障了三枪的品牌优势和产品品质，自 1994 年以来，三枪产品的销量和市场占有率在行业内始终夺冠。位于浦东康桥的生产基地——“三枪工业城”占地 152,000 平方米，拥有完备的设计打样中心和国际一流的生产设备，是具有亚洲领先水平的内衣制造基地，年产量可达 9000 吨以上。雄厚的研发、制作实力，紧跟时尚潮流的科技创新，以及与多家世界知名企业的长期战略合作，使得三枪的产品研发一直处于国内领先水平。近年来与沃特·迪斯尼公司合作开发生产的婴童装及青少年内衣系列，也以其高品质的面料、精良的制作和时尚的款式赢得了市场的广泛关注。公司目前拥有 29 家销售分公司，400 多家专卖店和 3000 多个销售网点，营销网络遍布中国各主要省市。

2. 履责实践

上海三枪（集团）有限公司在疫情防控阻击战中，积极贯彻党中央、市委市政府工作要求，从零起步，在短时间内完成口罩、医用防护服、隔离服等抗疫物资产线建设。截止到 6 月底，三枪集团累计生产医用隔离服件套 575 余万件、各类防护服 13 万件；一次性口罩 1.4 亿只、插片口罩 200 万只。累计从国内外采购各类口罩 126 万只、医用手套 985 万只、防护服 3.5 万件、护目镜 4.4 万个、免洗洗手液 3 万余瓶、酒精喷雾 1 万瓶，共计 2000 余万元。累计向近 20 个国家和地区出口 4000 多万只各类口罩，700 余万只丁腈手套、8 万余副护目镜、180 万余件隔离衣。公司还向湖北防疫一线捐赠的保暖衣物等物资已达到 642,191 套，市场价值超过 1 亿元。

数据来源：上海三枪（集团）2019 年度社会责任报告

（二）上海医药行业协会－积极发挥政府与企业间桥梁纽带作用

1. 企业简介

上海医药行业协会于1986年11月12日由上海医药行业22个单位倡议发起组建，并经原中共上海市工业工作委员会和上海市经济委员会批准于1987年1月5日正式成立，现址位于上海市黄浦区凤阳路250号。

上海医药行业协会是以上海医药企事业单位为主体、自愿组织的社会经济团体。1991年4月，根据《中华人民共和国社会团体登记管理条例》的规定，经上海市民政局批准，以(91)沪社登字第50176818一1号获得首批登记，具备社会团体法人资格。2012年协会首批获得“中国社会组织评估等级5A级”证书，2018年再次通过“中国社会组织评估等级5A级”复评。

协会团体会员中包括制药工业、生物工程、药品研发、药品包装材料、药品辅料、制药机械和相关科研院所等企事业单位。协会以“服务企业、规范行业、发展产业”为宗旨，致力于技术服务、品牌服务、咨询服务、政策服务、信息服务、培训服务、价格统计服务、行业名优产品评审及考察交流等服务，积极完成政府机构改革后委托和转移的职能，努力形成自己的特色服务项目。

2. 履责实践

上海医药行业协会发挥政府与企业间桥梁纽带作用，通过走访联系企业，了解相关药品的生产和储备情况，并向市政府有关部门作汇报；通过问卷调查，汇总统计会员单位复工复产情况，并及时将相关数据上报政府部门；动态跟踪、及时学习、积极贯彻市委市政府的工作要求，第一时间向全体会员单位传达全市抗击疫情总体部署。此外，协会心系老年人身体健康，疫情期间向上海民政系统养老服务机构捐赠了价值20万的100箱乙醇消毒液，获得市民政局的肯定。。

数据来源：上海医药行业协会2019年度社会责任报告

（三）上海核工程研究设计院－研发先进核电技术，减缓气候变化

1. 企业简介

上海核工程研究设计院有限公司（简称“上海核工院”），始建于1970年2月8日，前身是七二八工程研究设计院，与中国核电同时起步，是位于上海漕河泾开发区内的高新技术企业。2007年6月25日，整建制划入国家核电技术公司，2015年5月29日，成为国家电力投资集团有限公司成员单位，是一家以核电工程研究设计为主的高新技术企业。上海海核工院始终坚持“依法治企、科学治企、从严治企”，坚持“绿色能源、央企风范”的社会责任治理宗旨，坚持创新创造、持续奋斗、和谐共生，面向世界科技前沿、面向国民经济主战场、面向国家重大需求、聚焦重大工程实施，进一步打造经济发展新动能、赋予技术发展新内涵、落实技术平台新要求、优化管理体系新标准、展示员工精神新风貌，推进核电高质量发展，助力美丽中国建设。

2. 履责实践

数据来源：上海核工程研究设计院2017年度社会责任报告

（四）上海建工集团股份有限公司－注重环境保护，创建绿色施工示范工程

1. 企业简介

作为一家具有60多年历史渊源、享有行业赞誉的大型建设集团，上海建工已逐步形成了建筑施工、设计咨询、房产开发、城市建设投资、建材工业等五大事业群，近几年，综合营业额以“千亿平台、百亿增长”的规模稳步发展。自1998年起，连年进入美国《工程新闻纪录》（ENR）杂志评选的“全球最大的225家国际工程承包商”的前50名，2016年位列第10位。2010年，上海建工集团股份有限公司“SCG”注册商标被国家工商总局商标局认定为“中国驰名商标”；2013年，上海建工集团股份有限公司“SCG”注册商标在“建筑”服务上被延续认定为第十七批“上海市著名商标”。建工集团从2008年度起连续11年发布了年度社会责任报告。

2. 履责实践

绿色与和谐是地球永恒的主题，环保与节能也是上海建工一贯的追求。上海建工视保护和改善城乡环境质量和职工健康为己任，全面倡导绿色发展，不断建立健全公司环境保护管理体系，减少施工生产经营过程对环境的破坏，并积极发挥自身专业能力，布局土壤修复、污水处理、海绵城市等新兴业务，力求为城市、乡村环境修复、改善作出贡献。最近三年，公司承建的工程累计获34项美国LEED绿色建筑认证、14项住建部绿色施工科技示范工程、24个国家“AAA级安全文明标准化工地”、14项“中国绿色建筑标准”三星认证。

采取的主要措施：

（1）注重技术创新，始终将环境保护的理念和措施贯穿在工程建设过程中。公司将绿色环保节能施工理念深入到创建节约型工地活动中，注重在施工生产过程中对绿化古木、自然遗迹、人文遗迹的保护，严格控制污染源，成效显著。先后开发与推广循环水车辆冲洗系统、应用遥控金刚链切割新技术降低施工噪音、加大降低水泥消耗的高性能混凝土研发力度、探索住宅工厂化预制与现场装配的工业化施工技术等。同时，通过成功开发包括“三维激光扫描仪”和“计算机虚拟在历史保护建筑修缮项目上的应用技术”等，承担完成了一批较为著名的上海优秀历史保护建筑的修缮任务。集团下属材料公司积极推进“利用建筑垃圾再生骨料生产混凝土技术”，将混凝土行业发展与保护环境相结合，可消纳大量垃圾，减少用砂需求；五建集团承建的张江生物医药公共技术平台项目采用节能环保建筑工艺入选了“第三批全国建筑业绿色施工示范工程”。

（2）系统制定环境保护内部制度：公司根据《环境保护法》《城市建筑垃圾管理规定》及其他与环境保护、建设工程文明施工相关的法规、制度，制订了集团《环境保护管理指引》和《环境保护管理规范》，在企业运营的各个环节融入绿色节能环保理念，尽可能降低对环境的影响，实现与自然环境的和谐共生。公司导入GB/T24001 — 2016《环境管理体系要求及使用指南》，确保环境保护工作有序可控，防治施工生产过程中产生的废水、废气、粉尘、噪音、震动和各类固体废弃物的排放对工地周边的影响，采取系统评价方式识别、评价、控制生产过程对环境的影响因素。

（3）积极参与生态环境建设：公司积极践行“青山绿水就是金山银山”发展理念，发挥自身专业特长，积极参与水体治理、土壤修复、污水处理、海绵城市工程。2018 年，集团共新签 168 亿元的该类环境工程项目，在建工程合同造价 490 亿元。桃浦智创中心污染场地与黑臭水体修复、老港湿垃圾资源化处理等项目、泰和污水处理厂、白龙港污水处理厂污泥处理处置二期工程、苏州河综合治理四期堤防改造工程、珠海市海绵城市设计规划等一批环境工程有序推进。

资料来源：《上海建工集团股份有限公司 2018 年社会责任报告》及官网社会责任专栏

（五）恒源祥（集团）有限公司 – 关注野生动物保护

1. 企业简介

恒源祥，创立于 1927 年的中国上海。恒源祥集团经营产品涵盖绒线、针织、服饰、家纺、童装等大类。截止 2018 年 12 月，恒源祥拥有 100 余家加盟工厂，线下经销商约 170 家，零售网点超过 1000 家，线上店铺超过 6500 家。2010 年，恒源祥（北京）公司正式成立。品牌是恒源祥集团最宝贵的财富。世界营销大师弥尔顿 · 科特勒先生，国际品牌联盟副主席、可口可乐首席顾问弗朗西斯 · 麦奎尔先生，给予了恒源祥品牌经营高度的评价，并称赞恒源祥是中国的“可口可乐”！ 。恒源祥集团获得了众多荣誉称号：

2002 年、2003 年恒源祥品牌连续两年获得“中国十大公众喜爱商标”称号；

2007 年，由世界品牌实验室发布的中国 500 最具价值品牌排行榜中，恒源祥品牌位列第 64 位，品牌价值达到 94.58 亿元；

2008 年，恒源祥品牌进入“亚洲品牌 500 强”，位列第 336 位；

2011 年，恒源祥品牌入选“亚洲品牌 500 强”，位列第 268 位；同年，集团荣获“中国商标金奖”——“商标运用奖”；

2012 年，恒源祥集团荣获“中国企业品牌文化管理十佳单位”称号；

2014 年，恒源祥集团荣获“全国工业品牌培育示范企业”称号、被国家科技部授予“国家火炬计划重点高新技术企业”称号、恒源祥品牌再次入选“亚洲品牌 500 强”，位列第 127 位；

2015 年，在第十届亚洲品牌盛典上，恒源祥位列“亚洲品牌 500 强排行榜”第 82 位；

2016 年 5 月，第十届中国品牌价值 500 强榜单揭晓，恒源祥位列第 179 位，品牌价值 182.68 亿元；同年，集团荣获 2016 年度“影响中国公益 100 家企业”称号；

2017 年，恒源祥集团荣获上海市“五星级诚信创建单位”称号，同年，集团被授予“上海市品牌培育优秀企业”；

2018 年 9 月，在上海市商委指导下，阿里研究院联合北京大学光华管理学院共同完成的《中华老字号品牌发展指数》研究报告中，恒源祥在中华老字号品牌发展指数 TOP100 榜单（2018）中名列前茅。

恒源祥集团是行业内较早获得纯羊毛标志（1991 年）、ISO9002 认证（1996 年）、全国质量奖（2006 年）等殊荣的企业。

2. 履责实践

2003 年，由恒源祥捐资在可可西里自然保护区建起了世界上海拔最高的野生动物救护基地—“恒源祥可可西里藏羚羊救护中心"，从此结束了可可西里救护野生动物没有固定场所、没有固定人员、没有集中管理的局面，藏羚羊和其他各类野生动物得到了有效救护。

七年来，恒源祥可可西里藏羚羊救护中心已经救护、喂养、治疗各类野生动物无数只，先后有国家各部领导、青海省委省政府领导前来恒源祥藏羚羊救护中心参观考察，每年有全国各地来参观的游客达六七千人之多，成为我国青藏高原一个重要的生态教育基地和青藏线上一道亮丽的风景线，已成为开展生态文明教育的重要基地。

2011年由恒源祥（集团）有限公司对可可西里藏羚羊保护中心进行第二期投资维修扩建工程如今已经全部完工，投入使用。包括钢板网围栏333.3公顷（合5000亩），动物暖棚108平方米，展厅和救护室200平方米。救护中心建成以后，将在藏羚羊等珍稀野生动物救护，藏羚羊在人工管理条件下成功繁殖等方面发挥更加巨大的作用。使藏羚羊等珍稀野生动物将得到更好的救助和保护，恢复得到强化，从而拯救一些面临或将会面临濒危的物种，促进生态环境的良性循环，为社会和经济全面发展提供良好的环境，进而带来间接地经济效益。二期投入使用后，对野生动物救护成功率将达到90%以上，特别是藏羚羊在人工管理条件下实现繁殖，为今后规模性开展藏羚羊人工繁育积累了经验。虐杀藏羚羊得到了遏制，藏羚羊种群逐步恢复，野生动物王国可可西里正在重现往昔的风采。恒源祥人用先后十年的努力，为可可西里反盗猎藏羚羊队，为濒临灭绝铸造坚强的后盾。

恒源祥可可西里藏羚羊自然救助项目，更多地是在承担社会责任和义务，共同保护我们赖以生存的地球环境。恒源祥可可西里藏羚羊救护中心的建立及启用，是企业参与生态环境保护和野生动物保护的成功范例，也是恒源祥回报社会的企业精神的具体体现，为我国政府和企业共同承担生态保护责任、携手保护人类家园创造了一个成功模式。

资料来源：恒源祥（集团）有限公司官网社会责任专栏

（六）上海锅炉厂有限公司－打造具有自我修复功能的安全生态文化

1. 企业简介

上海锅炉厂是锅炉行业的龙头企业，上海锅炉厂具有多年的锅炉设计制造经验，上海锅炉厂的主要产品有燃煤锅炉、燃油锅炉、燃气锅炉、返烧多功能常压热水锅炉、有机热载体锅炉（导热油锅炉）、蒸汽锅炉、电锅炉、真空锅炉、热水锅炉、循环流化床锅炉、家用锅炉、环保锅炉、铝制锅炉、电开水炉等。

2. 履责实践

上海锅炉厂有限公司提炼形成了公司特有的安全文化内涵："以理念渗透实现安全自悟，以制度约束实现安全自制，以行为影响实现安全自觉，以诚信示范实现安全自律，打造上锅具有自我修复功能的安全生态文化"。为进一步使安全文化落地，特制订推广计划，公司党政领导挂帅，通过导入期、实施期、深化期、提升期四个阶段，形成"人人知安全、人人要安全、人人管安全"的良好安全生产氛围。公司通过加大安全投入提升本质安全度。2017年公司在安全生产、环境保护方面已投入1189万元，主要用于安措、环措、5S、危废处置、劳防用品、防暑降温用品、应急物资、演练、宣传、教育培训、检测、检验、评价、安全设备设施维保。例如，在职业卫生方面，继续在生产车间安装焊接烟尘净化装置、批磨粉尘处理装置，改善职工作业环境；在环境保护方面，持续推进包装车间VOC综合治理工作，提升环保管控能力；在防暑降温方面，安装工业空调、管道式冷风机，保障员工健康。同时，公司深入开展隐患排查治理工作，确保安全可控。公司持续深入开展安全生产大检查活动，结合"双月"活动，狠抓隐患治理，不留盲区，不留死角，不走过场，查出各类主要隐患之后及时整改。近三年公司无因工死亡、无重伤事故，安全生产工作始终处于受控状态。

（七）光明乳业股份有限公司－全产业链保障食品安全

1. 企业简介

光明乳业业务渊源始于1911年，拥有100多年的历史，逐步确立以牧业、乳制品的开发、生产和销售为主营业务，是中国领先的高端乳品引领者。公司拥有世界一流的乳品研究院、乳品加工设备以及先进的乳品加工工艺，主营产品包括新鲜牛奶、新鲜酸奶、乳酸菌饮品、常温牛奶、常温酸奶、奶粉、婴儿奶粉、奶酪、黄油、冰淇淋、烘焙等多个品类。

2. 履责实践

从牧场到餐桌，光明乳业为消费者全程把关。光明乳业通过打造全产业链，把牧场管理、乳品加工、物流冷链、品牌销售连结到一起，为消费者提供安全高品质的乳制品。

（八）上海汽车集团股份有限公司－主动投身各类社会公益事业

1. 企业简介

上海汽车集团股份有限公司（简称“上汽集团”，股票代码600104）是国内A股市场最大的汽车上市公司，总股本达到116.83亿股。上汽集团努力把握产业发展趋势，加快创新转型，正在从传统的制造型企业，向为消费者提供全方位汽车产品和出行服务的综合供应商发展。目前，上汽集团主要业务包括整车（含乘用车、商用车）的研发、生产和销售，正积极推进新能源汽车、互联网汽车的商业化，并开展智能驾驶等技术研究和产业化探索；零部件（含动力驱动系统、底盘系统、内外饰系统，以及电池、电驱、电力电子等新能源汽车核心零部件和智能产品系统）的研发、生产、销售；物流、汽车电商、出行服务、节能和充电服务等汽车服务贸易业务；汽车相关金融、保险和投资业务；海外经营和国际商贸业务；并在产业大数据和人工智能领域积极布局。2018年，上汽集团全年销售整车705.17万辆，同比增长1.75%，成为中国首家年销量突破700万辆大关的汽车集团，国内市场占有率达到24.1%。2018年7月，上汽集团以上一年度1288.19亿美元的合并销售收入，第十四次入选《财富》杂志世界500强，排名第36位。

2. 履责实践

上汽集团及所属企业主动投身各类社会公益事业，积极响应政府打好“精准脱贫”攻坚战的要求，围绕产业和就业扶贫、教育扶贫、健康扶贫等主动开展扶贫帮困，据不完全统计，2018年上汽集团及主要所属企业捐赠钱款及物品折合人民币超过4100万元，主要情况如下：

（1）公益捐赠

报告期内，上汽集团及上汽大众、上汽通用金融、上汽保险、联合电子、大众动力总成、大众变速器、安吉物流、上汽资产公司，以及华域汽车等企业分别向上海市青少年发展基金会、上海市慈善基金会（嘉定）、上海市老年基金会、宁波市人民教育基金会、杭州云栖科技创新基金会、同济大学中德学院人力资源管理基金和新能源汽车基金，以及全国多所小学、希望小学、敬老院等捐赠现金、车辆等物资合计约840万元。

（2）产业和就业扶贫

近年来，上汽集团整车、零部件、物流等基地从沿海沿江区域逐渐扩展到新疆、河南、福建宁德等地区，依托基地建设，拉动当地产业发展和就业。公司及所属企业积极开展校企合作，围绕教学设施建设、学生实习就业、奖学奖教、师资培养、送教上门等方面持续开展帮扶合作，培养专业化人才，提升就业能力和质量。

2013年至今，上汽乘用车与国家级贫困县河北阜平县职业技术教育中心开展校企合作，定期开展师资培养和送教上门，先后捐赠各类实训设备、整车零部件等超过300万元，颁发奖学金和奖教金共计22万元，滚动接收学生实习累计411名，其中253名毕业生已在公司南京浦口工厂就业。

上汽培训中心与杨浦职校、南湖职校、行健、遵义市教育局等开展13个校企合作项目，培养师资163人、学生120人。

（3）教育扶贫

上汽通用雪佛兰·红粉笔教育计划：该计划致力于改善偏远地区素质教育的发展水平，2006年启动至今，已组织超过1000名志愿者，走过29个省市的90所学校，为30000多名乡村儿童带去了素质教育课程。2016年以来，共有来自全国三十余所乡村小学80名乡村教师接受专业培训和指导、42名来自全国各地的优秀乡村少年来到上海参加启梦之旅夏令营活动。2018年，上汽通用雪佛兰·红粉笔教育计划被人民日报社评为“大国攻坚决胜2020”精准扶贫推荐案例。

上汽大众繁星计划：自2015年起，上汽大众发起“繁星计划”希望小学公益行动，联合中国青少年发展基金会、上海市青少年发展基金会在湖南、湖北、陕西、河北、云南、广西、新疆、贵州等地援建10所希望小学，累计捐赠800万元人民币，通过教学楼建设以及教学设施配套，改善贫困地区的教学环境。

（4）精准帮扶

2018年，上汽集团所属上汽乘用车、上汽大众、延锋公司、汇众公司4家企业与云南宣威市4个经济薄弱村开展上海市“双一百”村企结对精准扶贫行动，签署了为期3年的结对帮扶协议，主要帮扶内容包括扶持产业、基础建设、党建文化等多个项目。报告期内，已投入项目帮扶资金215万元。

资料来源：上海汽车集团股份有限公司2018年企业社会责任报告

（九）上海国际机场股份有限公司－推进空港社区联建共治，开展志愿者服务

1. 企业简介

上海国际机场股份有限公司是负责经营管理上海航空枢纽战略主机场——浦东国际机场的上市公司，主要

经营国内外航空运输及旅客地面保障服务以及其它与航空运输有关的业务。公司成立于 1997 年 5 月，于 1998 年 2 月上市，是经上海市人民政府批准，由上海机场（集团）有限公司独家发起、采用募集方式设立的股份有限公司。

上海国际机场股份有限公司是上海交通基础设施运营管理企业，既承担着保障城市交通基础设施正常运转的公共责任，又承担着企业自主经营、保障股东权益的上市企业经济责任。公司经营管理的上海浦东国际机场是境内三大门户枢纽机场之一。2017 年旅客吞吐量排名境内第二位，全球第九位；货邮吞吐量排名境内第一位、全球第三位。2017 年浦东机场服务质量在全球排名第五位，获颁“2017 年度全球卓越绩效奖”。

2. 履责实践

公司遵行“组织互通、业务互联、信息互享”的原则，紧扣“促进主营业务、保障国家战略、抓住难点问题”三个重点，扎实推进空港社区共建项目，拓展共治空间，完善联建机制。根据需求导向和问题导向的思路，先后与上海飞机制空港社区联建共治造有限公司党委、春秋航空党委开展了党建联建，为大飞机的试飞和春秋航空发展提供了有力的支持。针对旅客关心的热点和难点问题，公司积极发挥主体作用，牵头华东管理局、空管局、各大航空公司组建浦东机场运管委和运营指挥协同中心，推动解决航班正常性工作中长期得不到解决的问题和发展中的瓶颈问题，通过建立分析研判机制、预警响应机制、信息共享机制，发挥群体力量，攻克了一个又一个难关，浦东机场放行正常率和时刻协调机场排名稳步提升，受到了社会肯定。为提升旅客出行品质，公司主动加强与市交通委、出租车公司等党组织联系，完成了浦东机场出租车智能调配系统，做到高效调配。春节高峰时段，两楼站点供车充足，旅客平均不到 15 分钟就可以坐上车。

公司运营管理的浦东机场是上海大型窗口企业，公司致力于服务旅客、回馈社会，在城市窗口传播志愿服务精神，弘扬社会正能量。公司在浦东机场建有志愿者工作站，吸收员工担任志愿者，建立具有浦东机场特色的志愿服务品牌，在春运、“三五”学雷锋、“五一”、“暑运”、“带着国旗去旅行”、“大郭山希望小学爱心助学”、“十一”等重要时间节点、重大保障时期和航班大面积延误期间开展志愿服务。2017 年公司组织参与了近 20 个专题志愿活动，累计近千人次参加。

资料来源：上海国际机场股份有限公司 2017 年度社会责任报告

（十）上海杨浦科技创业中心有限公司－立足主业，不断创新服务体系

1. 公司简介

上海杨浦科技创业中心（简称“杨创”）成立于 1997 年，是国家级高新技术创业服务中心、国家中小企业公共服务示范平台、上海市高新技术企业、上海市文明单位、上海市企业文化建设示范基地和“上海名牌”企业。2016 年荣获“第二届中国质量奖提名奖”，并成为科技孵化器内第 1 家获此荣誉单位。多年来杨创不断整合资源，强化资本运作，创新服务及管理形式，为企业的生存、发展提供创新创业系列服务，包括创业导师服务、市场拓展服务、融资服务、项目申报服务、技术转移服务等一整套的创新服务，从企业的实际需求出发，为企业成长提供了强有力的支撑和保障。目前杨创旗下已设有 10 家科技园区、9 家职能子公司，近百万平米科技园区，3000 余家企业资源，已形成较完整的集团化管理体系。

2008 年，以资本为纽带、服务为核心，集成孵化资源，迈向跨行业、跨区域、跨专业服务领域的集团化道路。建立全国首家由自由孵化器发起的小额贷款公司和创业投资基金；形成“创业苗圃——孵化器——加速器”为核心的创新服务体系。获“国家中小企业公共服务示范平台”、“上海名牌”、“上海市质量金奖”。2014 年，追求卓越的“杨浦创业”，以“国家技术转移东部中心”建设为契机，赋予孵化器新内涵。聚焦技术转移上下游，形成技术、服务、产业资源集聚区和资本集散地，构建国家技术转移战略高地，打造全球技术转移枢纽。2016 年荣获“第二届中国质量奖”提名奖。

2. 履责实践

杨浦科技创业中心始终将培育科技企业和企业家作为使命，积极参与区域创新创业环境的打造，通过服务链前伸，建立创业苗圃，服务链后移，建立企业加速器，开创了“植入质量因子的孵化全链条杨浦模式”。该模式对应了初创企业成长过程中的三个成长阶段，以三套服务规范为基础，通过植入标准、计量、文化、品牌、绩效等质量因子，构建三级辅导体系，形成“孵化服务九宫格”模式。三个成长阶段即“创业苗圃＋孵化器＋加速器”的阶梯式孵化阶段，三级辅导体系即“联络员＋辅导员＋创业导师”，三套服务规范（标准）即“苗圃服务规范”、“孵化服务手册”和“加速器服务管理办法”。

杨浦科技创业中心针对科技型中小企业在不同发展阶段的融资需求，发挥自身科技综合服务的独特优势，通过整合银行、保险、金融担保、创投基金等多方资源，开发出多种为科技型中小企业度身订造的集成创新

型金融产品，并提供一站式、个性化的公益性融资服务平台。此外，为了更好的输出杨创特有的创新服务模式，杨创还先后投资了复旦科技园创业中心、上海临港海洋科技创业中心、上海财大科技园、上海电力科技园、上海同济科技园孵化器、上海新华文化创新科技园、上海中图文化创意产业园等一批具有产业化特色的科技园区和孵化器，以创新思维与地方园区协同打造科技、金融与服务资源对接的有效载体，进一步拓展了科技金融发展渠道，提升了杨创品牌的影响力。

围绕打造张江示范区国际技术转移功能集聚区这一核心目标，杨创聚力推动国家技术转移东部中心的建设，以创新先行先试者、国际资源导入者、功能平台构建者为己任，集技术交易、孵化引导、科技金融、国际对接等多种功能于一体，通过海量聚集国内外顶尖技术并实现交易，锐意实践技术标的金融创新，推动技术市场和资本的有力结合，最终形成科教资源雄厚、高新技术产业集聚、技术转移机制完善、技术交易模式创新的国家技术转移战略要地。加快实施国际技术转移功能集聚区与各分园科技成果转化的对接体系建设，成为全球科技创新体系枢纽及具有全球影响力的科技创新示范区。

（十一）上海家化联合股份有限公司－保障消费者权益，树百年老店品牌

1. 企业简介

上海家化联合股份有限公司（以下简称“上海家化”）是中国日化行业历史悠久的民族企业之一，前身是成立于1898年的香港广生行，于2001年在上海证券交易所上市。上海家化致力于成为美容护肤、个人护理、家居护理最佳提供者，以“研发先行、品牌驱动、渠道创新、供应保障”为经营方针，践行“创新领先、增长领先、品质领先”的发展战略。2018年度公司实现营业收入71.38亿元，同比增长10.01%，实现归属于母公司的净利润5.40亿元，同比增长38.63%。专利硕果累累。2018年度专利申请52项，其中发明专利申请15项，实用新型申请4项，外观设计申请33项；2018年度内获得国内发明专利授权数为11项。

品牌是企业的核心资产，上海家化旗下拥有十大自有品牌，在众多细分市场上建立了领导地位：雙妹品牌曾广受民国名媛的欢迎，赢得了国际至高荣誉；美加净品牌是三代人关于美的集体记忆；六神品牌在花露水中创新的加入了中草药元素，是花露水品类的主导者；高夫品牌作为中国男士化妆品的先驱，占据行业前四的份额；佰草集品牌充分运用平衡之道，将中华文化融于现代科技，让东方美闪耀世界的梦想变成了现实；家安品牌坚持科技创新，在不断创造家居清洁新品类的基础上进一步向成熟品类进军；启初品牌取自然之初，育生命之初，陪伴中国宝宝健康成长；玉泽品牌与瑞金医院进行合作，产品品质经过了临床医学专业的严格检验；Tommee Tippee汤美星是享誉全球的婴幼儿喂哺品牌。此外，2018年，上海家化与美国Church & Dwight公司签署中国地区长期合作协议，成为了其在家居护理、口腔护理、发类护理、女性护理这四大品类产品在中国内地市场的独家合作伙伴。

2. 履责实践

上海家化始终将关爱消费者放在首位，在科研创新方面，公司严守产品安全性与有效性，发挥研发优势，与外部多方开展合作，建立了开放式的研发平台；在品牌战略方面，上海家化顺应高端化、年轻化、细分化趋势，坚定差异化中国文化核心竞争优势，完善产品品类，不断创造出众多深受消费者喜爱的产品，推进消费提质升级，持续为人们创造美好生活。

洞察消费者细分需求。上海家化长期以来一直注重消费者对于产品的使用体验，致力于拉近与消费者的距离，从提出产品概念、配方筛选、到上市前期等各个阶段，公司通过网络调研平台、座谈会、感官评估、消费者留置试验等全面了解消费者对于产品的看法，确保最终上市的产品深受消费者喜爱和认可。

（1）产品安全保障：上海家化永远把产品安全放在第一位，专门配备了多名专职科研人员进行产品安全性测试和评估，其中，三人具有博士学位。在原料把控、配方开发、产品生产与储运的各个环节，进行了非常多的创新性工作，最大程度地保证产品的安全性，获得行业的广泛认可。公司受邀作为主要起草单位，参与2项化妆品相关国家标准的制订和14项相关团体标准的制订。

（2）产品功效评估：公司具备国内一流的体外功效评估平台，涉及生物化学、分子生物学、细胞生物学以及组织工程等多个方面的技术手段；由多位资深功效评估专家组成的团队长期致力于化妆品相关的皮肤生理和检测方法的深入研究，现已建立保湿、美白、抗衰老、祛痘、皮肤屏障修复等多种化妆品功效测试方法；同时，凭借强大的自主研究和创新能力，在化妆品无创性测试体系和皮肤影像分析领域，开发了具有自主发明专利权的光泽度分析等一系列国内领先方法。功效研究团队多次在国内外期刊中发表著作，先后在IFSCC等国内外会议中进行专题演讲，多项独特的测试方法已申请国家发明专利，同时，也受邀作为牵头单位参加了2项化妆品功效评价团体标准的制订。

（3）配方技术创新：2018 年，上海家化科研团队开展了一系列创新型项目研究，包括基于纳米微粒开发的智能靶向技术原料的研究、不含防腐剂的固态面膜与面部皮肤微生物多样性的关系研究、六神核心添加剂升级研究、喷雾干燥技术应用研究等取得了突破性的成果，将国内日化行业的科创水平提升到了全新高度，为消费者提供了对标国际尖端科技水平的丰富产品。

（4）创新体系建设：2018 年，上海家化全新科创中心落成投用，升级后的科创中心将会进一步利用内外部资源，加快创新步伐。公司与 30 多家科研院所和医疗机构保持着密切的合作，合作方向包括皮肤科学、配方升级、法规影响、中医美容、美学设计等。除此之外，公司非常重视为行业培养交叉学科人才，近几年公司博士后工作站与高效合作，完成了数位名博士后的培养工作。

重视售后服务，保障消费者权益

上海家化高度重视售后服务，以“顾客满意”和“高效处理顾客问题”为售后服务的目标。公司建立了完善的顾客投诉处理流程，全面覆盖线上、线下各个渠道，囊括质量、安全、法律法规等各方面问题。公司产品热线团队积极、及时处理顾客投诉，主要措施包括：针对一般问题投诉，公司授权一线人员快速处理；遇严重问题、法律法规专业问题投诉，公司专业部门进行快速有效的分析和处理，并深入分析原因、采取预防措施；针对有重大影响的批次性问题投诉，及时上报公司领导，妥善处置，必要时进行产品召回。

资料来源：上海家化联合股份有限公司 2018 年社会责任报告

合作交流

He Zuo Jiao Liu

2021年合作交流工作设想

上海市工经联（市经团联）合作交流部

2021年，疫情还会继续应该是大概率的事，因此对外（境外）经济贸易合作活动将会受到很大影响。在经济全球化遭遇逆流情况下，国家提出推动形成以国内大循环为主体、国内国际双循环相互促进的新发展格局，而且强调对外开放将进一步发展加强。在这样特殊时期，要努力克服跨境交往有难度、面对面交流有障碍的影响，进一步创造新模式，寻求新渠道，广聚新老朋友，整合各方资源，扩大合作交流，为企业创造经商机会，为会员单位提供信得过的服务。

一、继续加强与国外商会，协会之间的交往，线上线下相结合开展信息交流，科技合作，项目对接

日本关西经济联合会是关西地区最有声望联合会，云集了几乎所有著名大企业。2010年在蒋以任创导和推助下，双方签署了合作备忘录，历年交流活动不断。初步酌酿将举办线上线下有关清洁能源技术交流，开展企业创新案例交流。台湾三三会也是最早与我们建立了合作关系，由于台方局势问题，原定今年交流活动没能预期进行，但台方不少企业家多次热情表达了举办连线交流会的愿望。

二、会员企业参展从走出国门改变为在境内参加国际展

2021年6月，拟参与德国著名的慕尼黑展会公司在沪举办的生鲜冷链技术博览会；下半年拟组织企业赴深圳参展观展智慧创新物流国际展以及有关论坛。拟与荷兰领馆、荷比卢商会，瑞典大使馆共同组织举办中外企业双碳技术论坛。拟与上海国际商会合作关于长三角防疫物资和应急救援展会。

三、继续做好组织企业参加2021年中国国际进口博览会。

前三届上海国际进口博览期间，我们已经为1000余会员和企业人员办理“进博会专业观众”证件，工经联已成为会员单位参"博"取证的有资质的口子。2021年进博会期间，将继续组织企业配合市商委、促进中心、贸促会等参与线上线下招商活动，洽谈项目。

四、加强与驻沪领事馆，外国经贸机构驻沪代表处联系，为企业提供商务信息

市工经联、市经团联与汉堡政府代表处，马德里、新加坡、泰国商会，法国、荷兰、越南驻沪领馆等以及日本经团联广报中心、上海日中经贸中心、日本贸易振兴社、印度马哈拉施特邦经济发展委等都有着合作经历。在疫情时期这些驻沪机构更起到了桥梁作用。2021年，除了走访老朋友加深联系，初步设想与上海投资促进中心联合主办中日中小企业创新发展座谈会；应泰国商会要求拟组织上海企业就食品，农业，家居用品，乳胶制品等进行项目对接活动。

五、加强与外省市有关机构企业的联系，促进国际国内合作交流

积极探索合作交流工作新形式新内容，走出去学习兄弟省市工经联合作交流工作的经验和成果，继续支持有关协会对外交流活动，支持如北京国梦生产力促进中心、上海国际商会、河北邯郸商会、湖州工业园区等与市工经联、市经团联共同组织的经贸活动，参与区域经济合作。充分发挥市工经联、市经团联的枢纽平台作用，为会员企业提供更好服务。

2020 年上海之帆活动小结

2021 年 1 月 19 日，上海之帆联合塞尔维亚工商会举办了塞尔维亚国家周。近 20 家塞尔维亚企业线上与 20 家中国企业进行交流。上海之帆经贸巡展组委会与塞尔维亚工商会共同签署全面战略合作协议

2020 年 11 月 3 日，上海之帆“波罗的海”国家月——魅力拉脱维亚企业家沙龙在上海亚振家居 1865 园区举办。来自上海化工、纺织、有色金属、半导体照明、新材料、建材、钢铁等 15 家行业协会代表和上海之帆的新老企业家朋友们齐聚一堂，畅所欲言。拉脱维亚驻中国大使馆商务参赞艾思洁女士亲临现场作精彩发言。“魅力拉脱维亚企业家沙龙”既是展示拉脱维亚经贸文化的平台，同时也是中拉企业家合作交流的窗口。沙龙结束后，上海企业和拉脱维亚企业进行线上对接会。

2020 年 9 月 29 日，上海之帆 365”线上展会平台试运营暨“波罗的海国家产品月”开幕仪式在上海市工业经济联合会举办。此次活动的主要目的旨在推出“上海之帆 365”线上展会平台、同时举办首届国家产品月活动（暨波罗的海产品月）、“波罗的海”企业线上对接会等。希望“上海之帆 365”平台和举办的相关线上活动能促进上海与世界各国的经贸信息交流，完善线上线下融合发展，促进上海商协会、企业与世界的交流合作。阿尔巴尼亚、乌克兰、匈牙利、斯洛文尼亚、意大利等国在会后纷纷发来对“上海之帆 365”线上展会平台试运营开幕的热烈祝贺，期待各国企业家们能够通过该平台找到更多的商业机会，进一步加强中外经贸合作。开幕式结束后举办了以“食品”为主题的立陶宛产品线上对接会，来自中国和立陶宛的 20 多家企业家在会上纷纷推介了当地特色产品。

6 月 15 日，“上海之帆”走进东盟经贸巡展说明会在上海市工业经济联合会顺利召开。上海近 40 家各行业协会与企业代表参加会议。此次说明会的目的在于为各行业协会和企业介绍新加坡经贸环境，同时介绍“上海之帆”走进东盟经贸巡展重新启动筹备工作。由于突如其来的疫情，原本计划在 3 月举办的展会不得不延期至 12 月举办。工经联和“上海之帆”组委会商议后研究决定，6 月开始重新启动展会组织工作，展览规模将扩大至 220 个展位，预计组织 120 家企业参展。作为疫情后的上海最大的经贸展团之一，特别是在“上海市 – 新加坡全面合作理事会”框架下，为深化上海与新加坡之间的经贸合作交流，具有极其重要的意义。工经联和“上海之帆”组委会将充分发挥“上海之帆”国际交流平台的功能，助力企业重新开拓国际市场。“上海之帆”经贸巡展组委会秘书处在会议现场向大家汇报了 2020 年“上海之帆”走进东盟经贸巡展的筹备情况，并介绍“上海之帆 365”线上展会平台。

2020 年上海之帆和近 15 家国外合作伙伴组织召开了 20 多场不同主题的线上对接会，国内外参与企业近百家，参与国家包括意大利、新加坡、泰国、匈牙利、立陶宛、拉脱维亚、乌克兰等国家，主题涵盖食品饮料、医疗、通讯电子、化工、建材、日用消费品等。

会员单位

Hui Yuan Dan Wei

上海服装行业协会

协会名称	上海服装行业协会		电话	62361551	
地址	普陀区澳门路 158 号 802 室	邮编	200060	传真	33532659
网址	www.cnfashion.net				
协会简介	上海服装行业协会成立于 1986 年 3 月，是上海服装行业企事业单位自愿组成的跨部门、跨所有制的非营利性的行业社会团体法人 协会以服务为宗旨，在政府与企业、企业与企业、企业与国际间发挥桥梁和纽带作用。主要工作职能是开展行业调查，研究行业发展战略，拟订行业发展规划，参与制定、修订行业技术质量标准，组织推进标准的贯彻实施；开展各类专业培训，技能大赛；组织行业技术职称评审，推荐名优品牌；开展国内外有关服饰品牌和相关产业链的技术、商贸、文化等方面的交流与合作 协会通过官网及订阅号等，及时发布服装经济运行概况、上海服装行业服装品牌销售排行榜和其他行业相关信息 每年举办“中华杯”国际服装设计大赛、中华定制时尚周等大型时尚活动，架构起设计师与企业的桥梁，为服装行业经济繁荣服务				

上海针织服装服饰行业协会

协会名称	上海针织服装服饰行业协会		电话	63784717　53075646	
地址	打浦路 443 号 506 室	邮编	200023	传真	53070967
邮箱	skaata@126.com	所办刊物		针协信息	
公众号	上海针织服装服饰行业协会				
协会简介	上海针织服装服饰行业协会原名为上海针织行业协会，成立于 1987 年 5 月；2002 年 12 月，更名重组为上海内衣行业协会；为适应市场快速发展需求，2017 年 2 月经上海市民政局社团管理处批准，更名为上海针织服装服饰行业协会 协会现有会员单位 99 家，其中民营企业 70 家，占 70%、国企 22 家，占 23%、合资和外资企业 7 家，占 7%，具有广泛的代表性，会员主要由针织服装、文胸、袜子、服饰、时尚产业等企业组成。协会荣获“中国驰名商标”“中国名牌”“上海著名商标”品牌的企业有三枪、古今、安莉芳、恒源祥、北极绒、帕兰朵、民光、海螺、华高、凤凰、钟牌 414、菊花、鹅牌、飞马、东珠等，汇聚了上海乃至在全国都有影响力的著名品牌 协会宗旨：服务企业，规范行业，发展产业，推进针织服装服饰行业的健康有序发展 协会任务：组织行业培训、技术咨询、信息交流、会展招商、产品推介等；还参与制定行业质量标准、制定行规行约、开展行业调查、发布行业信息等				

上海缝制机械行业协会

<table>
<tr><td>协会名称</td><td colspan="2">上海缝制机械行业协会</td><td>电话</td><td colspan="2">63145247</td></tr>
<tr><td>地址</td><td>中山南一路 210 号</td><td>邮编</td><td>200011</td><td>传真</td><td>63145247</td></tr>
<tr><td>公众号</td><td colspan="5">上海缝制机械行业协会</td></tr>
<tr><td>协会简介</td><td colspan="5">上海缝纫机行业协会成立于 1987 年。是由从事缝制机械设备制造、经销、科研、教育等企业自愿组成的非营利性的社会团体。目前有会员 75 家，占全行业的 55% 以上，销售收入占 80%
协会任务：开展咨询、培训服务，协调行业关系，规范行业管理；组织制定行业产品的技术、质量标准，产品技术鉴定；开展会展招商以及新产品、新技术、新材料、新工艺等推介活动；组织国内、国际同行间的联络、交流学习；履行政府行政部门委托的工作，提出政策制定和立法的建议
随着我国缝纫机行业发展，缝纫机行业不仅是单纯制造缝纫机械设备的行业，已发展成与缝纫机相配套的服装机械的裁剪、黏合、针烫、吊挂、包装等设备；皮革机械的鞋、帽、箱包等设备，以及工业包装机械中的封袋输送设备
行业协会成立以来，尤其近几年来不断增强协会工作的紧迫感和责任感，提升了服务功能，有效地为企业服务。以经济工作为中心，结合企业产品结构调整、加强企业管理等方面开展咨询服务，采用教育培训，工贸交流等多种形式发挥协会为会员单位服务的作用；以科技创新为动力，组织学术交流，推广新技术、新材料、新工艺等来促进企业的技术进步；以规范行业行为、自律管理为基础，加强行业协会的自身建设</td></tr>
</table>

上海市家用纺织品行业协会

<table>
<tr><td>协会名称</td><td colspan="2">上海市家用纺织品行业协会</td><td>电话</td><td colspan="2">65434839</td></tr>
<tr><td>地址</td><td>浦东新区康梧路 555 号</td><td>邮编</td><td>201315</td><td>传真</td><td>63164850</td></tr>
<tr><td>网址</td><td>www.shta.sh.cn</td><td colspan="2">所办刊物</td><td colspan="2">《上海家纺行业协会》</td></tr>
<tr><td>协会简介</td><td colspan="5">上海市纺织行业协会于 1988 年 10 月经上海市经济委员会批准成立，1992 年 12 月更名为上海市家用纺织品行业协会。协会下设床上用品、毛巾、布艺等 3 个专业委员会和专家委员会。上海家纺协会被市民政局评定为 4A 级协会，被市商务委授予“上海市进出口公平贸易行业工作站”，被市经信委确定为“上海市中小企业服务机构”，中国家用纺织品行业协会上海办事处也设在本协会
上海家纺协会坚持服务企业、规范行业、发展产业的宗旨，积极协助政府开展行业管理，努力为企业提供服务。一是搭建学习交流平台，为企业合作共赢牵线搭桥；二是指导行业品牌建设，帮助企业提升品牌形象；三是开展经济运行分析，组织调研培训，编写行业经济运行报告向政府、企业报送发布；四是组织企业诚信建设活动，建立完善行规行约；五是开展信息咨询服务，为企业提供政策、市场等各类信息，向政府部门反映企业诉求和推荐各类典型，维护企业合法权益</td></tr>
</table>

上海服装鞋帽商业行业协会

<table>
<tr><td>协会名称</td><td colspan="2">上海服装鞋帽商业行业协会</td><td>电话</td><td colspan="2">63293448</td></tr>
<tr><td>地址</td><td>物华路 73 号 1 号楼 8708 室</td><td>邮编</td><td>200002</td><td>传真</td><td>63296638</td></tr>
<tr><td>邮箱</td><td>fxmsh@hotmail.com</td><td colspan="2">所办刊物</td><td colspan="2">《服装鞋帽》行业信息</td></tr>
<tr><td>协会简介</td><td colspan="5">上海服装鞋帽商业行业协会成立于 1988 年 10 月，是在市商务委、市社团管理局的指导和监督管理下，根据行业特点自愿组成的跨部门、跨所有制的社会团体。协会是上海商业行业岗位资格考核站、学生服装质量社会监督站、国家服装鞋帽商业行业标准归口单位。它对全市服装鞋帽行业进行指导、协调、咨询、培训和服务
协会所属会员企业中有不少是大中型国企、民营、中国港台地区，以及日韩等集团公司，具有相当的行业代表性和广泛性
协会宗旨：以服务为根本，维护会员企业的合法权益，保障行业公平竞争，促进行业经济发展，繁荣活跃市场，为推进本行业创建国际时尚之都服务，发挥政府部门与企业之间的桥梁与纽带作用
协会功能：积极开展创优评优、标准制定、技术咨询、商务展览、行业培训、经营管理、行业统计、产品推荐、信息交流、承办政府和上级部门委托的有关业务事项，充分发挥协会在社会主义市场经济中的积极作用，使之真正成为行业的代表</td></tr>
</table>

上海纺织品商业行业协会

<table>
<tr><td>协会名称</td><td colspan="2">上海纺织品商业行业协会</td><td>电话</td><td colspan="2">62713618</td></tr>
<tr><td>地址</td><td>漕溪路 250 号 8L2 室</td><td>邮编</td><td>200235</td><td>传真</td><td>62713618</td></tr>
<tr><td>网址</td><td>www.shfzpsyhyxh.com</td><td colspan="2">所办刊物</td><td colspan="2">《纺织信息》</td></tr>
<tr><td>协会简介</td><td colspan="5">上海纺织品商业行业协会依照《社会团体登记管理条例》和《上海市促进行业协会发展规定》等规定，由上海纺织品行业同业企业以及其他相关经济组织自愿组成、实行行业服务和自律管理的行业性、非营利性社会团体法人
协会坚持中国共产党的全面领导根据中国共产党章程的规定，设立中国共产党的组织，开展党的活动，为党组织的活动提供必要条件
协会的宗旨：遵守国家的法律、法规和政策，遵守道德风尚。以政府经济发展战略为指导，坚持服务企业、规范行业、发展产业、坚持为行业服务，为社会服务，保护公平竞争，维护会员权益，沟通会员与政府、与社会的联系，推进纺织品行业的健康有序发展。
协会的登记管理机关是上海市民政局，行业主管部门是上海市商务委员会。协会接受登记管理机关和行业主管部门的监督管理和业务指导
协会的任务：加强行业服务、行业自律、行业代表、行业协调
业务范围：组织行业培训、技术咨询、信息交流、会展招商以及产品推介等</td></tr>
</table>

上海市服饰学会

协会名称	上海市服饰学会	电话		62373303	
地址	延安西路 1882 号三教 3 楼三中 308 室	邮编	200051	传真	62701215
网址	www.sfas.org.cn	所办刊物	《尚班志》		
协会简介	上海市服饰学会成立于 1985 年 6 月，是在上海市民政局注册，具有独立法人资格的学术性社会团体，是中国服装服饰界成立的第一家服饰专业社团。时任上海市市长汪道涵先生为学会首位名誉会长，时任全国妇联副主席、上海市妇联主席谭茀芸女士为学会首创会长 2018 年 12 月，经过换届组建了上海市服饰学会第八届理事会。会长为原东华大学副校长、博士生导师刘春红教授，宓忆琴担任驻会副会长，支跃蓓担任秘书长，袁孟红担任常务副秘书长 上海市服饰学会第八届理事会聘请谭茀芸、张丽丽担任上海市服饰学会第八届理事会名誉会长，聘请邓杨咏曼、颜宝铃、叶长根担任上海市服饰学会第八届理事会名誉副会长				

上海液压气动密封行业协会

协会名称	上海液压气动密封行业协会		电话	64551699	
地址	莘朱路 2188 号	邮编	200237	传真	64551699
网址	www.shpsa.net	所办刊物		《流体传动与控制》	
协会简介	上海液压气动密封行业协会成立于 2004 年 1 月，为上海液压（液力）、气动、密封等产品生产企事业单位自愿组成的跨部门、跨所有制的非营利性的行业性社会团体法人 现有单位会员 100 余家。其中，代表性的大企业在发展规模、经济效益、技术水平等方面均处于国内同行业的领先地位 协会组织开展相关专业人才的培训，技术咨询、市场调研、信息交流、举办展览、产品推介、国际商务联络等活动 协会充分利用会员单位的力量，促使产、学、研结合，以提高企业的开发能力。协会还将加强行业内部的自律，共同面对国内外市场的激烈竞争，监督会员单位依法经营，以有序的竞争保障整个行业健康、稳定的发展				

上海家用电器行业协会

<table>
<tr><td>协会名称</td><td colspan="3">上海家用电器行业协会</td><td>电话</td><td colspan="2">65661637</td></tr>
<tr><td>地址</td><td colspan="2">虹口区横浜路 200 号 2 楼</td><td>邮编</td><td>200081</td><td>传真</td><td>65671202</td></tr>
<tr><td>网址</td><td colspan="6">www.shjd.dog</td></tr>
<tr><td>所办刊物</td><td colspan="6">《上海家电》（月报）《家用中央空调》（双月刊）</td></tr>
<tr><td>协会简介</td><td colspan="6">上海家用电器行业协会成立于 1985 年 8 月，为上海家用电器行业企事业单位自愿组成的跨部门、跨所有制的非营利性的行业性社会团体法人
协会现有国有、民营、台商、中外合资、外商独资等各种所有制会员单位 480 余家
包括各类品牌家电产品的生产经销企业、设计安装、家电维修企业。上海地区会员年产值占行业的 87.5%。协会下属有家用中央空调、家电维修、水家电专业委员会等 3 个专业委员会，目前分别有会员中央空调 210 家、家电维修 170 余家、水家电 40 余家。协会秘书处设：办公室、信息中心、会员工作部、科技咨询部、教育培训部。设立分支机构：家用中央空调专业委员会、家电维修委员会和水家电专业委员会
协会宗旨：协调行业、诚信服务、遵章守法、贯彻执行政府有关方针政策，开展调查研究，搜集、整理、统计行业基础资料，协助政府搞好行业管理，提出发展行业规划与建议，反映企业的诉求，制定行业质量规范和技术标准，进行家用中央空调设计安装维修及家电维修企业的资质评审，遵守社会道德风尚，制定行规行约，协调价格自律管理，促进行业内公平竞争，维护企业会员的合法权益，组织技术培训和咨询，推动行业技术进步与发展</td></tr>
</table>

上海铝业行业协会

<table>
<tr><td>协会名称</td><td colspan="3">上海铝业行业协会</td><td>电话</td><td colspan="2">32098813</td></tr>
<tr><td>地址</td><td colspan="2">松江区广富林路 255 号 21 楼</td><td>邮编</td><td>200060</td><td>传真</td><td>64828403</td></tr>
<tr><td>网址</td><td colspan="2">www.sata.org.cn</td><td colspan="2">所办刊物</td><td colspan="2">《上海铝业》（双月刊）</td></tr>
<tr><td>协会简介</td><td colspan="6">上海铝业行业协会成立于 1989 年 3 月，是上海及长三角地区从事铝材、铝制品、铝冶炼的生产企业和铝产业链的等相关企事业单位自愿组成的行业性社会团体
本会是中国有色金属加工工业协会轻金属分会副理事长单位，是上海市经济团体联合会理事单位，是上海市统计局授权进行行业统计调查单位
协会会员来自上海、江苏、浙江等 11 个省市，现有会员 154 家。会员企业中有生产铝加工材、铝铸件、铝制品、铝合金锭和再生铝的企业，有铝加工装备设计、制造、安装的企业，还有为铝行业服务的贸易公司、期货公司等单位。会员间建立了上下游链接，互相服务的关系
协会坚持“服务企业、规范行业、发展产业”办会方针，通过行业调研、技术咨询、信息交流、产品展示、市场研讨和举办长三角铝业峰会等活动，把协会的服务覆盖到长三角地区。协会向会员企业和国内外同行提供各种铝加工方面的信息</td></tr>
</table>

上海市工具行业协会

协会名称	上海市工具行业协会		电话	63539528	
地址	天目中路258号308室	邮编	200070	传真	63546655
所办刊物	《上海工具简报》《工具信息与标准》				
协会简介	上海市工具行业协会成立于1987年10月，是以上海地区工具行业为主体，并由生产、科研、经营等单位自愿参加的行业组织。现有会员单位125家 协会职能：调查和研究行业技术经济发展趋势及市场需求情况，向政府有关部门提出行业生产发展、技术进步和行业中长期发展规划的建议，以及有关方针、政策、经济立法的建议。依据本行业的特点，致力于维护本会会员单位的合法权益，促进国内外之间技术经济联合、经营合作、技术合作、信息交流、人才培养、推广国内外科技新成果，并承办会员单位要求或政府有关部门委托办理的事项。开展行业统计，建立行业档案，对本行业各重点产品、产销作动态分析，举办各类研讨、营销培训、新产品设计等活动				

上海市家具行业协会

协会名称	上海市家具行业协会		电话	63137133	
地址	盛泽路8号13楼C座	邮编	200002	传真	63737133
网址	www.fa-shanghai.com	所办刊物		《上海家具》	
公众号	上海市家具行业协会（服务号）				
协会简介	上海市家具行业协会成立于1994年，经过20多年的行业发展与企业升级，在品牌引领、创新赋能、服务规范方面形成了独特的行业服务模式。在国家环保政策及应对中美贸易战和抗击新冠病毒的战役中，协会始终站在国家战略层面及行业未来发展的高度引导与推荐有效资源和战略方法给会员企业，并躬身入局做好各项对接服务工作。在发扬协会传统优势的基础上，创新服务内涵，为会员企业提供有价值的建议与思路。使上海家协真正成为了企业的贴心娘家，政府的策略内助，行业的特色标兵，并于2019年被中国家具协会评为“中国家具行业突出贡献单位”				

上海市室内装饰行业协会

<table>
<tr><td>协会名称</td><td colspan="2">上海市室内装饰行业协会</td><td>电话</td><td colspan="2">15921409726</td></tr>
<tr><td>地址</td><td>徐汇区龙华中路596号绿地中心A座1604室</td><td>邮编</td><td>200021</td><td>传真</td><td></td></tr>
<tr><td>网址</td><td>www.snzsxh.org</td><td colspan="2">公众号</td><td colspan="2">上海室内装饰行业协会</td></tr>
<tr><td>协会简介</td><td colspan="5">成立于1987年10月15日，由上海市轻工业局、第二轻工业局、纺织局、农机局、建材局、仪表局、房产局、化工局、机电局所属的115家从事室内装饰施工、设计、材料产品以及建筑领域的企业共同成立的行业社会团体。理事长俞南平，秘书长宗汉兴，上海市副市长倪天增为名誉理事长。2021年7月，有会员520余家
服务范围：室内设计指导、能力评价、行业调研、行业统计、行业培训、行业评比、编辑出版、会展招商、产品推介、咨询服务、国内外信息技术交流等</td></tr>
</table>

上海市物流协会

<table>
<tr><td>协会名称</td><td colspan="4">上海市物流协会</td><td>电话</td><td colspan="2">63210079</td></tr>
<tr><td>地址</td><td colspan="3">江西中路406号307室</td><td>邮编</td><td>200002</td><td>传真</td><td>63219051</td></tr>
<tr><td>会长</td><td>浦静波</td><td>电话</td><td>63210079</td><td>秘书长</td><td>陈震</td><td>电话</td><td>63219069</td></tr>
<tr><td>网址</td><td colspan="3">www.sh56.cn</td><td colspan="2">所办刊物</td><td colspan="2">《上海物流》</td></tr>
<tr><td>协会简介</td><td colspan="7">上海市物流协会成立于2007年4月，是上海物流与商贸流通企业，以及相关单位等自愿组成、实行行业服务和自律管理、跨系统、跨部门、跨所有制和非营利性的社会团体法人。协会现有团体会员近900家
协会以行业服务、行业自律、行业代表、行业协调为基本职能，发挥政府与企业之间的桥梁、纽带作用，维护会员合法权益；维护物流市场的公开、公平、公正和有序运行；加强与国际同行的交流；充分发挥上海的地域资源优势，立足上海，联合长三角地区，辐射全国，走向世界；推动上海现代物流产业的发展，加快形成服务经济为主的产业结构，为上海实现“四个率先”，建成“四个中心”战略目标发挥作用</td></tr>
</table>

上海市建筑材料行业协会

<table>
<tr><td>协会名称</td><td colspan="3">上海市建筑材料行业协会</td><td>电话</td><td colspan="2">63842410</td></tr>
<tr><td>地址</td><td colspan="2">黄浦区普安路 128 号
淮海大厦东楼 1601、1602、1701、1702 室</td><td>邮编</td><td>200021</td><td>传真</td><td>63842430</td></tr>
<tr><td>网址</td><td>www.sbmia.org.cn</td><td>公众号</td><td colspan="4">上海市建筑材料行业协会（sbmiash）</td></tr>
<tr><td>协会简介</td><td colspan="6">上海市建筑材料行业协会（Shanghai Building Material Industry Association，简称 SBMIA）成立于 1986 年 12 月。协会现有流通、建筑陶瓷卫生洁具、地板、定制家居、新型墙体和建筑节能材料、采暖与舒适家居、建筑钢材、建筑绿化、创意与工程设计、干混砂浆、新材料等 11 个专业委员会（分会），会员单位 900 余家，协会官网是“上海建材信息网（www.sbmia.org.cn）”，官微是“上海市建筑材料行业协会（sbmiash）”
协会成立 30 多年来，在节能减排、诚信自律、品牌建设、技术创新等方面成绩显著。主编或参编多项国家、行业、地方、团体标准等；推动上海建材行业品牌建设、自主创新和行业诚信自律建设；开展标准宣贯、课题研究、产品推广、技术研讨等工作
协会先后荣获“全国建材行业先进协会”“上海工业先进行业协会”“AAAA 级社会组织”“上海市三八红旗集体”“上海新经济组织、新社会组织五好党组织”“五星级社会组织党组织”“党支部建设示范点”“先进基层党组织”等荣誉称号</td></tr>
</table>

上海市新材料协会

<table>
<tr><td>协会名称</td><td colspan="2">上海市新材料协会</td><td>电话</td><td colspan="2">64081742</td></tr>
<tr><td>地址</td><td>零陵路 583 号（海洋石油大厦）606 室</td><td>邮编</td><td>200030</td><td>传真</td><td></td></tr>
<tr><td>网址</td><td>www.ssam.cn</td><td colspan="2">所办刊物</td><td colspan="2">《上海新材料》</td></tr>
<tr><td>协会简介</td><td colspan="5">上海市新材料协会成立于 2000 年，由中国宝武、上海华谊、上海建材、上海建工等企业集团和上海交通大学、复旦大学、华东理工大学等联合发起创建，现有会员单位超过 300 家；行业涵盖新型金属材料、新型有机材料、新型无机非金属材料、复合材料、新型建材和纺织等领域
协会以“服务企业、规范行业、发展产业”为宗旨，建有上海研发公共服务平台工作站、市商委公平贸易行业工作站、市中小企业服务工作站、市新材料高技能人才培养基地等服务平台
协会秉承“服务政府、服务行业、服务企业”理念，协助政府编制新材料产业发展规划和行业发展研究报告；发挥协会服务平台作用，建立行业内外合作交流机制，积极开展“产学研用”对接交流活动；深入企业，加强指导，分类施策，促进企业新材料成果产业化，为会员单位提供增值服务</td></tr>
</table>

上海市南京商会

协会名称	上海市南京商会		电话	50307370	
地址	静安区北京西路 1399 弄信达大厦 10C 座	邮编	200040	传真	50307370
网址		企业所有制		社会组织	
协会简介	上海市南京商会，是依法成立的社会团体，是政府与企业沟通的桥梁，是维护会员合法权益的渠道，是为家乡南京招商引资的重要力量。本会以服务为核心，以资源为纽带，以帮助会员成长为主要任务，以成为上海滩最有影响力的商会为目标，致力于打造国际化的新型商务交流平台				

上海重型装备制造行业协会

协会名称	上海重型装备制造行业协会		电话	63542670	
地址	恒丰路 600 号 923 室	邮编	200070	传真	63542670
公众号	上海重型装备制造行业协会				
协会简介	上海重型装备制造行业协会成立于 2004 年 12 月。拥有 70 余家会员单位，覆盖火电与核电装备、智能制造装备、大型工业工程装备以及相关科研、配套等产业。协会旨在加强会员与政府、社会之间的联系，提高企业市场竞争力，促进行业经济又好又快发展。协会业务范围包括行业调研、技术培训、编辑出版、会展招商、产品推介、中介咨询服务、国内外信息技术交流等 主要会员情况：会长单位是上海电气临港重型机械装备有限公司 高效清洁火电装备：上海电气电站设备有限公司发电机厂、电站辅机厂等、嘉兴嘉诚动能设备有限公司；核电装备及配套：上海电气核电设备有限公司、上海第一机床厂有限公司、上海申江锻造有限公司；智能制造装备：航天智造（上海）科技有限责任公司；工业装备：上海电气上重碾磨特装设备有限公司、高斯（中国）图文印刷系统有限公司、上海船用曲轴有限公司；工程装备：世邦工业科技集团股份有限公司、上海德盛集团有限公司、上海建冶重工机械有限公司；大专院校：上海第二工业大学、上海电机学院、上海应用技术大学、上海理工大学				

上海防静电工业协会

<table>
<tr><td>协会名称</td><td colspan="2">上海防静电工业协会</td><td>电话</td><td colspan="2">65367650</td></tr>
<tr><td>地址</td><td>虹口区凉城路717号3室</td><td>邮编</td><td>200434</td><td>传真</td><td>65369757</td></tr>
<tr><td>网址</td><td>www.esdchina.org.cn</td><td colspan="2">所办刊物</td><td colspan="2">《上海防静电工业协会》</td></tr>
<tr><td>协会简介</td><td colspan="5">上海防静电工业协会成立于2004年9月，是由从事防静电产业的企业、事业单位自愿发起的组成的专业性、跨行业、跨地域的非营利性的社会法人组织，具有社会团体法人资格。现有会员单位106家，覆盖长三角地区的服装、地板、包装、耗材、设计、装备设备等领域的骨干企业
协会宗旨振兴防静电产业，以产业服务、产业自律、产业代表和产业协调为基本功能，发挥行业协会在政府与企业、企业与社会之间的桥梁和纽带作用，协助政府搞好产业管理，保护会员的合法权益。遵守宪法、法律法规和国家政策，加强自律，提高协会的整体素质，不断创新，推动产业的技术进步和健康发展
协会设秘书处，并投资成立具有独立法人资格的“上海工业静电技术研发服务中心”。秘书处负责行业协会的会员入会、会费收缴、信息沟通交流、内刊编辑出版发行、办技术交流会、产品发布会、标准研讨会、与政府相关部门联络、会员单位间的协调、专题研讨等工作。中心负责技术咨询、监测、评估，组织培训、项目开发、标准制定、政府委托的工作及其他相关业务</td></tr>
</table>

上海市包装技术协会

<table>
<tr><td>协会名称</td><td colspan="2">上海市包装技术协会</td><td>电话</td><td colspan="2">53828605</td></tr>
<tr><td>地址</td><td>南昌路47号3319室</td><td>邮编</td><td>200020</td><td>传真</td><td>53821701</td></tr>
<tr><td>网址</td><td>www.shanghaipack.org.cn</td><td colspan="2">所办刊物</td><td colspan="2">《上海包装》杂志</td></tr>
<tr><td>公众号</td><td colspan="5">上海包装杂志社</td></tr>
<tr><td>协会简介</td><td colspan="5">协会成立于1978年10月28日，为上海市包装行业企事业单位与科技工作者自愿组成非营利性的社会团体法人
协会现有400余家团体会员及500余名具有中级职称以上科技人员、管理人员的个人会员。协会下设包装印刷、纸制品包装、塑料包装、木制品包装、绿色包装、包装设计、金属容器、包装机械、快速消费品、物流包装等10个专业委员会和《上海包装》杂志编辑部。协会充分发挥专委会和媒体(《上海包装》杂志、上海市包装网、上海包装微信公众号)的作用，服务会员、诚信自律、专业咨询、协调管理，从“精、细、专、新”上着手，围绕社会化、国际化、品牌化和信息化开展活动，使协会成为包装经济发展的智慧库，企业、政府部门和社会沟通的桥梁及会员的家园</td></tr>
</table>

上海市自行车行业协会

<table>
<tr><td>协会名称</td><td colspan="2">上海市自行车行业协会</td><td>电话</td><td colspan="2">62857577</td></tr>
<tr><td>地址</td><td>中山北路 3620 弄 2 号 606 室</td><td>邮编</td><td>200063</td><td>传真</td><td>62602013</td></tr>
<tr><td>网址</td><td>www.shbicycle.com</td><td colspan="2">所办刊物</td><td colspan="2">《自行车动态》</td></tr>
<tr><td>协会简介</td><td colspan="5">上海市自行车行业协会成立于 1988 年 11 月，为本市自行车行业企事业单位自愿组成的跨部门、跨所有制的非营利性的行业性社会团体法人。现有各种所有制会员单位 148 家。协会下设电动车专业委员会分支机构。行业协会团体会员全市覆盖率已达行业的 90% 以上
协会宗旨：全心全意为企业服务、为会员服务
协会设秘书处负责协会日常工作
协会特色工作：主办自行车、电动自行车展览会；召开自行车、电动自行车各种质量工作会议；组织会员单位出国考察访问和产品出口推荐；推荐名牌产品、著名商标；协助市有关部门对电动自行车生产许可证预审和参与日常监督管理；自行车、电动自行车上牌备案准备工作；编制上海市自行车行业月度和年度产销存报表；举办行业技术学习培训；开展自行车、电动自行车“原产地标志”认定和电动自行车、液化石油气（LPG）助力车维修服务监管等工作</td></tr>
</table>

上海市玩具和婴童用品行业协会

<table>
<tr><td>协会名称</td><td colspan="2">上海市玩具和婴童用品行业协会</td><td>电话</td><td colspan="2">56971130</td></tr>
<tr><td>地址</td><td>中兴路 1055 号 601–1 室</td><td>邮编</td><td>200070</td><td>传真</td><td>56971130</td></tr>
<tr><td>网址</td><td></td><td colspan="2">所办刊物</td><td colspan="2">《上海玩具信息》</td></tr>
<tr><td>协会简介</td><td colspan="5">上海市玩具行业协会成立于 1986 年 7 月，是上海地区从事玩具生产、经营、科研。院校（幼教）等单位及相关企事业单位为主体自愿结合成立的跨部门，不受所有制限制的行业性的社会经济团体
协会以服务为宗旨，遵守国家宪法和法律、法规和国家政策，遵守社会道德风尚，代表会员企业利益，维护企业合法权益，维护公平竞争，维护市场秩序，为企业、行业服务，为政府、社会服务，积极推动上海玩具行业的健康发展
业务范围：调研、咨询、服务、培训、制定产品标准、产品展览、信息交流、技术交流</td></tr>
</table>

上海市钟表行业协会

协会名称	上海市钟表行业协会		电话	62804625	
地址	杨浦区榆林路 200 号 4 楼	邮编	200082	传真	62804625
网址	Shanghaiwatch-clock.com	所办刊物	《上海钟表》		
协会简介	上海市钟表行业协会成立于 1996 年。为上海钟表、钟表配件及计时仪器行业企事业单位自愿组成的跨部门、跨所有制的非营利性的行业性的社会团体法人。行业协会会长董国璋，秘书长蔡辉明 上海市钟表行业协会现有各种所有制会员单位 70 多家。涵盖了上海地区的钟表制造、营销、科研、教育、培训等方面的精干主体 协会宗旨是：遵守国家的宪法、法律、法规、规章制度和政策，贯彻国家关于发展国民经济的各项方针政策；发挥本行业协会在社会主义市场经济中的积极作用。遵守社会道德风尚，为政府和企业进行双向服务；维护会员合法权益，协调会员之间关系，维护公平竞争，促进上海钟表行业的经济技术发展				

上海照明电器行业协会

协会名称	上海照明电器行业协会		电话	62857526	
地址	柳营路 125 号上海灯具城商务中心 603 室	邮编	200083	传真	56383331
网址	www.shzm.org	所办刊物		《简报》	
协会简介	上海照明电器行业协会成立于 1996 年 10 月 15 日，是以由上海地区为主，从事照明电器产品生产、经营的工商企业和其他相关企事业单位法人自愿组成的跨部门、跨所有制的，经市社团管理局依法核准登记成立的、非营利性的行业性社团法人 协会现有团体会员 104 家，是一个既有电光源、灯具及照明电器附件（材料）的生产企业，又有照明电器研究所（院）和高等院校；还有照明电器经营商家，集科工贸于一体的面向全行业的社会中介组织，会员企业销售收入超过全行业的 70% 协会宗旨：遵守国家法律法规，执行政府各项政策，尊重社会公德，以政府经济发展战略为指导，面向行业，集行业之事，为行业服务，促行业发展，为提高和促进上海照明电器行业的整体发展，提供优质服务。协会主要开展行业调研、技术培训、行评、国内外信息技术交流、中介咨询服务、产品推介、会展招商等业务 协会每月出版的《简报》及时向会员单位提供了国家有关照明电器行业调整、发展的信息以及协会和业内动态，交流会员单位经营管理经验，推广介绍会员企业的新产品和新工艺；举办报告会和研讨会，介绍和探讨了照明电器领域新技术、新发展；编辑印制了《上海照明电器行业企业名录》，为广大消费者和采购商提供了方便；建立了“上海照明”网站，成为向社会展现介绍协会和会员企业的一个窗口				

上海工艺美术行业协会

协会名称	上海工艺美术行业协会		电话	64746003	
地址	徐汇区汾阳路79号	邮编	200031	传真	64738720
网址	www.luckychina.vip	所办刊物	《工艺美术》简报		
协会简介	上海工艺美术行业协会成立于1996年2月，为上海工艺美术生产、经营、科研、教育、设计及服务行业企事业单位自愿组成的跨部门、跨所有制的行业性社会团体法人。协会有红木雕刻专业委员会、旅游纪念（礼）品专业委员会。（沪府发〔2014〕5）明确“对传统工艺美术大师、品种、技艺、工艺美术精品的认定”（转由市工艺美术行业协会组织专家评审认定），协会的业务范围是开展上海的传统工艺美术保护工作、技术交流、培训咨询、检测评估、展示博览。协会的宗旨是遵循国家的有关法律、法规，贯彻国务院颁发的《传统工艺美术保护条例》，在发展中保护传统工艺美术，坚持科技进步和管理优化的方向，促进国内、国际间的交流与合作，推动行业、产业的发展。协会创刊会员单会刊即彩版《工艺美术》简报。协会重视与国外工艺美术行业的交流与合作，曾举办首饰艺术博览会等。积极承接政府的课题，如市区两级的工艺美术产业三年发展规划和提升规划等				

上海宝玉石行业协会

协会名称	上海宝玉石行业协会		电话	63515631	
地址	南京东路388号403B	邮编	200001	传真	63515630
网址	www.shanghaibaoxie.org				
所办刊物	《上海宝玉石通讯》简报				
协会简介	上海宝玉石行业协会是经上海市民政局和上海市经济和信息化委员会批准的社会团体法人。会员单位涵盖珠宝、玉器、钻石、贵金属行业的名厂名店，以及诸多国内外名企。协会集加工制造、科研创新、商贸会展、鉴测评估、行业标准、技术登记、教育培训、文博收藏于一体，具有行业代表、行业协调、行业服务、行业自律的基本职能。协会下设玉石、珍珠、水晶、鉴测等专业委员会和专家工作委员会，聚集了一批专家、学者、工程技术骨干，为宝玉石行业的繁荣、创新和发展做出了贡献 1996年成立以来，协会以政府经济发展战略为导向，为企业提供多元化、多层次、多方位、多类型服务为目标，本着“大团结、大联合，服务企业、服务社会”的宗旨，在会员单位共同努力下，建设行业规范与诚信、落实相关政策的制定、修订，维护企业与消费者的合法权益，保护行业公平竞争，开展从业人员技能培训、加强内外学习交流，促进会员商贸活动，弘扬宣传珠宝玉石声誉，推动行业健康发展，做了大量工作。协会为宝玉石行业发展，作出了一定的贡献，在社会、单位和市民中赢得了声誉				

上海市眼镜行业协会

协会名称	上海市眼镜行业协会		电话	62401313	
地址	长宁区定西路 1281 号 802 室	邮编	200050	传真	62525399
邮箱	chinasooa@163.net	所办刊物		《上海眼镜》	
协会简介	上海市眼镜行业协会成立于 2004 年 10 月 18 日，现有会员单位 230 家（如包括连锁、加盟店则为 850 余家） 业务范围：行业调研、技术培训、信息发布、编辑出版、会展招商、标准制定、产品推介、咨询服务、国内外交流 根据上海市人民政府的《上海市行业协会暂行办法》文件精神，协会在行业同仁的精诚合作和支持下，热诚为会员提供服务，维护会员合法权益，提倡行业公平竞争，沟通会员与政府、社会的联系，协助政府在行业管理中发挥积极作用，全面促进上海和周边地区眼镜业的发展和繁荣 协会设秘书处、办公室、专业事务部、传媒部、培训部				

上海市汽车行业协会

协会名称	上海市汽车行业协会		电话	62401313	
地址	威海路 489 号 901 室	邮编	200050	传真	22011777
网址	www.shata.org	所办刊物		《汽车汽配界》	
协会简介	上海市汽车行业协会成立于 1996 年，为上海汽车行业企事业单位自愿组成的跨部门、跨所有制的非营利性的行业性社会团体法人 协会现有会员单位 319 家，主要以注册地在上海的轿车、大客车、载重汽车、专用车、改装车、摩托车、拖拉机等整车制造和零部件生产企业为主，同时吸收部分与汽车行业相关的科研院所、金融服务、汽车整车和零部件销售等企事业单位参加，包含多种经济成分。会员单位的产量、销售收入、利润等主要经济指标，均占全市行业总量的 95%以上 协会宗旨：努力做好行业服务、行业自律、行业代表、行业协调工作，以政府经济发展战略为指导，增强企业市场竞争力，促进上海汽车工业的发展 协会职能：为会员企业提供行业信息服务、国内外贸易洽谈服务、法律咨询服务、会展服务等。参与有关行业发展、行业改革以及行业利益相关的政府决策论证，提出有关经济政策和立法的建议，参加政府举办的有关听证会，接受政府委托编制上海汽车行业规划。参与行业内企业发展规划和投资项目的前期咨询工作。推荐评选著名商标和名牌产品。开展行业统计、行业调查、发布行业信息。组织行业内人员培训。行业诚信体系建设等				

上海市汽车零部件行业协会

<table>
<tr><td>协会名称</td><td colspan="2">上海市汽车零部件行业协会</td><td>电话</td><td colspan="2">69191685</td></tr>
<tr><td>地址</td><td>普陀区中江路 118 弄 12 号 B 座 15A09 室</td><td>邮编</td><td>200062</td><td>传真</td><td>69191685</td></tr>
<tr><td>网址</td><td>www.apcta.com</td><td colspan="2">所办刊物</td><td colspan="2">汽车汽配界</td></tr>
<tr><td>公众号</td><td colspan="5">apcta-sh</td></tr>
<tr><td>协会简介</td><td colspan="5">上海市汽车零部件行业协会（原：上海市汽车配件用品行业协会）成立于 2002 年 4 月。协会以上海汽车零部件相关产品的生产制造、研发、流通、服务等企业自愿组成，实行行业服务和自律管理的跨部门、跨所有制的非营利性的行业性社会团体法人，被上海市社会团体管理局评定为 AAAA 级社会组织
协会的宗旨是：联合自律、规范经营、整合优势、共谋发展
协会的定位是：政府的参谋部、行业的联络站、企业的服务员</td></tr>
</table>

上海市汽车销售行业协会

<table>
<tr><td>协会名称</td><td colspan="2">上海市汽车销售行业协会</td><td>电话</td><td colspan="2">65370515</td></tr>
<tr><td>地址</td><td>同普路 1220 号同普大厦 609 室</td><td>邮编</td><td>200333</td><td>传真</td><td>65370515</td></tr>
<tr><td>网址</td><td>www.csasta.org</td><td colspan="2">所办刊物</td><td colspan="2">《上海汽销行业》</td></tr>
<tr><td>公众号</td><td colspan="5">上海市汽车销售行业协会</td></tr>
<tr><td>协会简介</td><td colspan="5">上海市汽车销售行业协会成立于 2003 年 10 月 15 日，是由上海汽车销售行业企业单位自愿组成的跨部门、跨所有制的非营利性的行业性社会团体法人。现有会员近 400 家，被上海市社会团体管理局评定为 AAAA 级社会组织
协会宗旨：沟通会员与政府、社会的联系，秉承服务政府、服务行业和服务会员的宗旨
协会在促进上海汽车销售行业的规范和健康发展中发挥积极的作用，坚持面向政府、面向行业（企业）、面向社会的民主办会的原则，反映行业内企业的愿望和诉求，维护会员的合法权益；加强行业内各企业的团结、交流与协作，为各级政府和会员提供汽车市场的信息分析和预警，也为打造上海良好的汽车市场环境和汽车销售的“上海服务”品牌而努力</td></tr>
</table>

上海都市型工业协会

<table>
<tr><td>协会名称</td><td colspan="2">上海都市型工业协会</td><td>电话</td><td colspan="2">64676249</td></tr>
<tr><td>地址</td><td>双联路 88 号三银基金产业园 4 楼 3A02 室</td><td>邮编</td><td>200031</td><td>传真</td><td>64661922</td></tr>
<tr><td>网址</td><td>www.shscia.org.cn</td><td colspan="2">所办刊物</td><td colspan="2">《简讯》</td></tr>
<tr><td>协会简介</td><td colspan="5">上海都市型工业协会成立于 2001 年 6 月 17 日，由上海轻工控股（集团）公司、上海界龙实业股份有限公司等 10 家单位发起成立的跨系统、跨部门、跨所有制的新型社会团体。协会于 2007 年 7 月进行换届改选，会长单位是上海奇士企业发展有限公司，现有会员单位 125 多家。涵盖了电子信息产品、服装服饰业、广告印刷与包装业、钻石珠宝等工艺美术和旅游品业、钟表眼镜业、食品加工业、室内装饰装璜等传统行业以及其他符合都市型工业特征的新兴行业
协会下设 5 部 1 室，信息部、财务部、园区工作部、企业管理咨询服务部、人才服务部、办公室
协会宗旨：沟通会员与政府、社会的联系、在行业发展中发挥积极作用
主要业务：工业园区建设、招商和管理；企业质量管理咨询</td></tr>
</table>

上海市纸业行业协会

<table>
<tr><td>协会名称</td><td colspan="2">上海市纸业行业协会</td><td>电话</td><td colspan="2">62262317</td></tr>
<tr><td>地址</td><td>武宁路 1500 号北海饭店南楼 402 室</td><td>邮编</td><td>200050</td><td>传真</td><td>62262327</td></tr>
<tr><td>网址</td><td>www.sptacn.con</td><td colspan="2">所办刊物</td><td colspan="2">《纸业动态》</td></tr>
<tr><td>协会简介</td><td colspan="5">上海市纸业行业协会成立于 2003 年 8 月 8 日，是由上海地区纸业行业的企事业单位及相干关企事业单位自愿组成的跨部门、跨所有制的非营利性社团法人。会员单位中有造纸企业、加工纸企业、纸制品生产企业、造纸机械生产加工企业、造纸化工生产企业、纸张纸品经销商、大专院校、科研院所等 70 余家
协会设秘书处、办公室、教育培训部、技术服务部、纸业促进部和行业自律部。秘书处负责协会的日常工作。办公室负责行业协会的会员入会、会费收缴、信息工作、法律服务，负责办刊、办会、办事等工作。教育培训部负责业务培训、职称评定、资质认定等工作。技术服务部负责技术咨询、技术服务、品质检测、中介服务等工作。纸业促进部负责产品推介、质量评优、合作交流及制定质量规范、服务标准、产品标准、行业发展规划等工作。行业自律部负责行业诚信、企业自律、维护会员利益等工作
协会宗旨和职能：搞好服务，服务于企业，服务于行业，服务于政府，当好政府的助手，做好企业的朋友，成为企业和政府之间的桥梁和纽带</td></tr>
</table>

上海仪器仪表行业协会

<table>
<tr><td>协会名称</td><td colspan="2">上海仪器仪表行业协会</td><td>电话</td><td colspan="2">52668266</td></tr>
<tr><td>地址</td><td>曹杨路 1008 号 605 室</td><td>邮编</td><td>200063</td><td>传真</td><td>52666960</td></tr>
<tr><td>网址</td><td colspan="5">www.siia-sh.com</td></tr>
<tr><td>所办刊物</td><td colspan="5">《上海仪器仪表》（季刊）《上海仪器仪表简讯》（月刊）《上海仪器仪表价格信息》（月刊）</td></tr>
<tr><td>协会简介</td><td colspan="5">上海仪器仪表行业协会成立于 1988 年 6 月 4 日，是以上海市仪器仪表行业的企业、事业单位自愿组成的跨部门、跨所有制的非营利性的行业性社会团体法人。现有团体会员 139 家
协会遵守宪法、法律、法规和国家政策，以政府经济发展战略为指导，在行业管理中发挥积极作用，为增强企业市场竞争力，维护企业合法权益，促进上海仪器仪表行业的发展提供服务
服务范围：行业调研、行业统计、岗位培训、技术培训、技术交流、信息服务、编辑出版、会展招商、产品推介、中介咨询、公信证明，承担政府部门、其他团体及会员单位委托办理的事项</td></tr>
</table>

上海电子元器件行业协会

<table>
<tr><td>协会名称</td><td colspan="2">上海电子元器件行业协会</td><td>电话</td><td colspan="2">62523309-277</td></tr>
<tr><td>地址</td><td>宜山路 705 号 1201 室 C 座</td><td>邮编</td><td>200072</td><td>传真</td><td>36396389</td></tr>
<tr><td>网址</td><td>www.sh-secta.com.cn</td><td colspan="2">所办刊物</td><td colspan="2">《电子元器件》</td></tr>
<tr><td>协会简介</td><td colspan="5">上海电子元器件行业协会由上海高等院校、科研单位、各类电子元器件企业自愿组成的跨部门、跨所有制非营利性的行业性社团法人。经上海社团管理局批准，于 1989 年 5 月成立。现有会员单位 130 多家，会员企业已向长江三角洲地区拓展。成员单位由股份制企业、高等院所、独资与合资企业、民营企业等组成，民营企业占 50%左右
协会“坚持服务宗旨，促进行业发展”。在企业和企业之间、企业与政府之间架起一座桥梁，起到沟通、协调的作用，为企业提供各类有效服务。同时，热忱欢迎上海、长江三角洲地区电子元器件企业、海内外有志之士创办新企业的同仁，相互建立友好合作关系，共同推动我国电子元器件行业发展</td></tr>
</table>

上海电机行业协会

协会名称	上海电机行业协会		电话	62585877	
地址	静安区泰兴路 567 号 101 室	邮编	200020	传真	62539863
邮箱	t567101@yeah.net	所办刊物		《电机快讯》	
协会简介	上海市电机行业协会成立于 1987 年 5 月，为上海电机行业企事业单位为主自愿组成的跨地区、跨部门、跨所有制的非营利性的行业性社会团体法人，也是全国最早成立的电机行业协会之一 协会现有包括上海、浙江、江苏、福建、山东、安徽、重庆、辽宁、河南等省市的电机企业、大专院校、科研单位 100 余家，电机产量产值占全国 1/3 以上，拥有一批质量好、技术高、效益佳、创新意识强的企业，在国内同行业中具有较高的知名度				

上海市机器人行业协会

协会名称	上海市机器人行业协会		电话	52202817	
地址	光复路 757 号 12 楼 1203 室	邮编	200070	传真	52202817
网址	www.robotia.cn	所办刊物	《上海市机器人行业发展报告（年鉴）》		
协会简介	上海市机器人行业协会由东浩兰生（集团）有限公司、上海电气集团股份有限公司、上海机器人产业园、上海 ABB 工程有限公司、上海发那科机器人有限公司、库卡机器人（上海）有限公司、上海新松机器人自动化有限公司等共同发起，自愿组成的行业性的非营利性社会团体法人。协会以“搭建平台、服务会员、增进合作、推动发展”为宗旨，依托“中国国际工业博览会”“中国（上海）国际技术进出口交易会”两大国家级市场平台，致力于推动机器人产业上下游间的合作，加速机器人技术与产品在各行业中的普及应用，向政府提出促进产业发展的建设性意见，为政府制定相关产业政策提供依据，争取政府项目资金，反映协会成员的意愿和要求，支持协会成员发展，打造政、产、学、研、资多赢的品牌产业综合服务平台。2018 年 9 月 20 日，协会牵头江苏、浙江、安徽机器人与智能制造协 / 机构会共同发起成立长三角机器人与智能制造合作组织，是首年轮值主席单位				

上海电器行业协会

协会名称	上海电器行业协会		电话	52393335	
地址	愚园路 1395 号	邮编	200050	传真	52393306
所办刊物	《上海电器技术》《电器行业简讯》				
协会简介	上海电器行业协会成立于 1987 年，是以上海地区电器行业的企事业单位及其他经济组织自愿组成的行业性的非营利性社会团体法人 协会按照“服务企业、规范行业、发展产业”这一宗旨做好为企业服务工作，推动行业科技进步和产业经济的可持续发展 协会实施品牌战略，组织推荐行业名优产品，为行业名优产品做好宣传推广和市场开拓。推进行业诚信体系建设，在行业内树立诚信建设示范标兵。做好信息服务工作，为会员单位提供政策、技术、和市场信息。做好行业统计，为会员单位和政府部门提供决策依据。组织行业调研，提出上海电器行业发展规划和建议。建立行业自律机制，制定行规行约，打击假冒伪劣产品，保护行业名优产品。开展行业各类业务培训，组织企业交流活动，积极发展与国内外和地区间有关民间技术经济团体联系，为提升行业整体水平搭建平台				

上海电子商会

协会名称	上海电子商会（上海电子制造行业协会）		电话	64080270	
地址	田林路 142 号（D1）12 楼	邮编	200233	传真	64080273-608
网址	www.sema.org.cn	所办刊物		《上海电子信息》	
公众号	上海电子商会				
协会简介	上海电子商会（上海电子制造行业协会），简称“商协会”。成立于 2002 年 4 月，具有社团法人资格，是上海市 5A 级社会组织，行业主管单位是上海市经济和信息化委员会。由本市从事电子业制造、服务、采购经销企业，相关大学、科研院所、信息中心以及协会、学会等单位自愿组成的地区性跨部门、跨所有制的行业社团组织。商协会下设绿色照明应用专业委员会、智能安防专业委员会、智慧园区产业服务专业委员会、大健康产业专业委员会、专家委员会等分支机构，具有较强的行业代表面和广泛的行业基础。商协会会长单位为上海仪电（集团）有限公司 商协会现有会员单位 280 家 本会以“为会员、市场、行业服务”为宗旨，促进上海电子信息制造行业的不断发展				

上海电子产品维修服务行业协会

协会名称	上海电子产品维修服务行业协会		电话	63080038	
地址	合肥路 219 号 3C	邮编	201103	传真	62084738-8107
网址	www.csepsc.org	所办刊物		《上海维修》	
协会简介	上海电子产品维修服务协会是家用电子电器产品维修服务行业组织，成立于 1989 年 5 月。是由上海地区家用电子电器生产厂维修服务部门，以及社会家用电子电器维修服务企业自愿组成的社会团体。团体会员单位 222 家，遍及全市各区、县，涉及视听、微型计算机、移动电话机、制冷、加热、清洗等六大产品维修领域的各种所有制性质的企业，已基本形成上海家用电子电器产品的维修服务专业化、社会化的行业归口协会 协会按上海市经信委、市经济团体联合会要求，开展对废旧电子电器的回收处理再利用调查研究，组织召开电子废弃物国际研讨会，制定手机三包细则的地方法规，作为电子产品维修服务的延伸，对上海废旧电子电器回收处理再利用系统，协助有关领导部门进行设想、规划，为上海地区保护生态环境，充分开发、利用生资源促进科技进步，推进循环经济起积极作用 为缓解电子电器消费者与产品质量间的矛盾，经相关部门批准，协会将成立“上海电子产品技术质量检测鉴定中心”，成为处理消费者对电子产品技术质量投诉的第三方，为消费者提供有效的检测数据和鉴定意见，达到既保护消费者合法权益又维护产品声誉的效果，每年举办大型的“3・15”活动				

上海市模具行业协会

协会名称	上海市模具行业协会		电话	63244555	
地址	静安区河南北路 441 号 1103 室	邮编	200071	传真	63257006
网址	www.sdmta.com	所办刊物	《上海模具工业》		
公众号	上海市模具行业协会				
协会简介	上海市模具行业协会（SHANGHAI DIE & MOULD TRADE ASSOCIATION）成立于 1994 年 12 月，由本市从事模具行业生产、经营的企业和有关的高校、科研机构等以及其他相关经济组织自愿组成，实行行业服务和自律管理的行业性、非营利性社会团体法人 协会现有各种所有制会员单位 250 家左右，秘书处设综合部和办公室。协会下设经营管理、模具技术、模具标准件、模具材料、信息化、标准化、汽车模具、教育培训、特种加工和专家等 10 个专业委员会，各专业委员会活动基本上覆盖了整个模具行业，是协会工作的一个重要组成部分 协会举办的“中国国际模具展”每年在上海举行，期间还举办多场场内技术交流会、模具论坛会和人才招聘会。协会还不定期举办模具技术研讨会，为会员单位及时传递国内外前沿模具技术、新材料、新工艺、新设备等信息				

上海冷冻空调行业协会

协会名称	上海冷冻空调行业协会		电话	66086281	
地址	静安区胶州路 699 号 403 室	邮编	200090	传真	
网址	www.lengdong.com	所办刊物		《制冷信息》	
协会简介	上海冷冻空调行业协会成立于 1985 年 12 月，是以生产制冷空调设备的企业为主，包括相关科研、设计、院校、商贸及工程、安装、设备维修等企事业单位和社会团体自愿组成的跨地区、跨部门的行业组织，是以推动行业发展，维护会员利益，加强行业自律为目标的实行行业服务的非营利性社会团体。现有各种所有制会员 200 家 协会宗旨；以政府经济发展战略为指导，在行业管理中发挥积极作用，为增强企业市场竞争力，促进上海地区冷冻空调行业的发展提供服务 协会设立常设机构、工作委员会和专业委员会。致力于研究行业发展方向、布局和战略目标，维护会员合法权利，协调关系，保障行业公平竞争，进行行业统计调查，收集发布信息，反映企业的愿望和要求，提出政策、立法要求，参与制定、修改行业标准及规范，协助审查、颁发企业从业资质及行业准入，组织科研项目、成果鉴定，开展技术咨询、服务、交流活动，组织举办展览会，开展产品推介及与国内外同行的交流与合作，组建信息网络，发展社会公益事业，根据行业和会员需要组织各类培训，协助政府搞好行业管理，在企业和政府、企业和社会间起桥梁和纽带作用				

上海锅炉压力容器行业协会

协会名称	上海锅炉压力容器行业协会		电话	67681100	
地址	闵行区华宁路 250 号 （上海锅炉厂有限公司厂）内	邮编	200245	传真	67681100
网址	www.sbpvta.com	所办刊物		《信息简报》	
协会简介	上海锅炉压力容器行业协会成立于 2003 年 12 月，为锅炉压力容器设计、研究、制造、安装、咨询服务等企事业单位自愿组成的跨所有制的非营利性的行业性社会团体法人 协会现有各种所有制会员单位 79 家，其中有研究院、所、高等学校、有设计院，相关国有企业和民营企业以及锅炉压力容器相关企业（包括个别长三角有关企业）。行业的产品门类齐全，包括各种类型等级的火电站锅炉、工业锅炉、生活锅炉以及压力容器、化工设备，具有广泛的行业基础和较强的行业代表性。本协会中有全国最大、最早的锅炉、核电设备等 协会以企业发展的需要为基点，促进行业发展；企业与研究所、高等院校间的多方合作、立足开发节能、环保、高效、安全的产品，贡献社会；为会员提供服务咨询，企业经营战略，营销策划，组织管理，企业形象及企业文化，人力资源管理，岗位规划，岗位培训等；协会推动行业的健康发展，发挥行业协会在市场活动中的作用				

上海市铸造行业协会

<table>
<tr><td>协会名称</td><td colspan="2">上海市铸造行业协会</td><td>电话</td><td colspan="2">56623698</td></tr>
<tr><td>地址</td><td>中兴路 960 号 6 号楼 406 室</td><td>邮编</td><td>200070</td><td>传真</td><td>56988408</td></tr>
<tr><td>网址</td><td>www.shfoundry.org</td><td>所办刊物</td><td colspan="3">《上海铸造通讯》</td></tr>
<tr><td>公众号</td><td colspan="5">shfoundry</td></tr>
<tr><td>协会简介</td><td colspan="5">上海市铸造行业协会成立于 1984 年 1 月，由上海铸造生产企业以及与铸造相关的上下游企业、科研机构等组成，现有团体会员单位近 180 家。多年来，我会员单位生产的铸件产品为上海和全国的汽车、机电、电站、机器人、通信、船舶、航天、航空等行业配套，极大地支持了这些产业的发展。协会竭诚为会员提供服务，维护会员合法权益，沟通会员与政府、社会的联系，促进上海铸造行业健康有序发展。上海市铸造行业协会始终坚持“服务企业、规范行业、发展产业”的宗旨，尽心为上海铸造企业服务，当好政府与企业联系和沟通的桥梁，建设好企业之间交流沟通、互帮互促的平台，为创建上海先进制造业名牌和上海铸造业的绿色转型发展作出有益的贡献</td></tr>
</table>

上海市热处理行业协会

<table>
<tr><td>协会名称</td><td colspan="2">上海市热处理行业协会</td><td>电话</td><td colspan="2">021-56315636</td></tr>
<tr><td>地址</td><td>静安区中兴路 960 号 6 号楼 407 室</td><td>邮编</td><td>200070</td><td>传真</td><td>56300050</td></tr>
<tr><td>网址</td><td>www.shta.com.cn</td><td>所办刊物</td><td colspan="3">《上海市热处理行业协会通讯》</td></tr>
<tr><td>公众号</td><td colspan="5">上海市热处理行业协会</td></tr>
<tr><td>协会简介</td><td colspan="5">上海市热处理行业协会组建于 1984 年，是以上海市热处理企业为主和相关的设计、科研、教育及有关的单位自愿组成的市级社会团体，主管理部门是上海市经济和信息化委员会
协会覆盖了全市几号所有的种所有制形式，会员单位包括航空航天、电气、核电风电、军工、航海、医疗器械、汽车高铁、机械制造等领域和教学、科研以及与热处理领域相关行业
协会的主要工作：成为政府和企业之间的桥梁和纽带；通过“上海市热处理厂点基本生产条件达标”审核加强对热处理行业的管理和自律；对热处理从业人员进行各类培训和鉴定（包括热处理高级技师、技师、高级工、中级工、初级工、上岗资格等）；组织专家编写本行业的地方标准和热处理书籍；通过《上海市热处理行业协会通讯》和网站、微信公众号等平台发布相关信息；维护会员单位的合法权益、维护行业公平竞争，促进热处理行业健康发展，为上海市先进制造业的发展做贡献等</td></tr>
</table>

上海市电镀协会

协会名称	上海市电镀协会		电话	56622820	
地址	中兴路 960 号 6 号楼 405 室	邮编	200070	传真	56319581
网址	www.sea@shea.cn	所办刊物		《上海电镀》	
协会简介	上海市电镀协会成立于 1984 年 6 月，是上海地区电镀生产企业以及相关的电镀设备材料、设计、科研、教学、经营等企事业单位组成的行业组织，现有会员单位 369 家，遍及汽车、电子、通信、机电、电力、化工、仪表、轻工、建筑、航空、航天、船舶、冶金、军工等行业 协会设老专家工作委员会、清洁生产工作委员会、青年电镀工作委员会、台资企业联谊会、热镀锌工作委员会、教育培训工作委员会、电子工作委员会 协会宗旨：服务企业、服务政府 主要业务：积极开展行业达标、政策指导、技术创新、规范自律、资讯、统计、培训、宣传等各方面工作，致力健全、维护市场，维护行业合法权益，为行业的共同利益服务，推动行业发展				

上海市焊接行业协会

协会名称	上海市焊接行业协会		电话	56308667	
地址	中兴路 960 号 6 号楼 402 室	邮编	200070	传真	
网址	www.sh-swa.cn	公众号		shweld	
协会简介	上海市焊接行业协会（原上海市焊接协会，以下简称“协会”）成立于 1985 年，是经上海市民政局审核批准的非营利性社会团体法人。协会的行业主管部门是上海市经济和信息化委员会，行政主管部门是上海市民政局 2014 年 12 月 21 日，经自评、初评和上海市社会组织规范化建设评估委员会审议终评，上海市焊接协会被评为 4A 级行业协会 2017 年 12 月，本协会按照“五脱钩、五分离”的要求，完成上海市行业协会（商会）第二批与政府机构脱钩改革工作 2018 年 11 月，经上海市经济和信息化委同意、上海市民政局核准，上海市焊接协会更名并转型为上海市焊接行业协会 2020 年 1 月，经复评，上海市焊接行业协会被评为 4A 级行业协会				

上海有色金属行业协会

<table>
<tr><td>协会名称</td><td colspan="3">上海有色金属行业协会</td><td>电话</td><td colspan="2">55600666</td></tr>
<tr><td>地址</td><td colspan="2">普陀区中山北路1777号607室</td><td>邮编</td><td>200061</td><td>传真</td><td>56666685</td></tr>
<tr><td>网址</td><td>www.csnta.org</td><td>所办刊物</td><td colspan="4">《上海有色金属信息》月报</td></tr>
<tr><td>公众号</td><td colspan="6">上海有色金属行业协会</td></tr>
<tr><td>协会简介</td><td colspan="6">上海有色金属行业协会成立于2002年1月，是中国社会组织4A级行业协会。目前拥有会员单位168家，基本覆盖了上海地区主要的有色金属骨干企业、同时含有全国最大的有色金属交易市场以及改变传统贸易的现货电子交易中心，聚集了有色金属材料、辅料、制品、装备等制造领域企业和相关的商贸、金融、信息、物流、咨询、会展等生产性服务业企业
多年来，协会以“服务企业、规范行业、发展产业”为己任，拓展服务维度，延伸服务触角。相继获得了上海有色金属职业技能鉴定所、上海市高技能人才培养基地、上海市中小企业服务机构、上海市进出口公平贸易站等服务资质。并被市商委、市技监局、市经团联、市现代服务业联合会授予优秀服务奖、标准化工作先进集体、先进行业协会、先进党支部、创新活动组织奖等荣誉称号</td></tr>
</table>

上海市生物医药行业协会

<table>
<tr><td>协会名称</td><td colspan="3">上海市生物医药行业协会</td><td>电话</td><td colspan="2">021-50803610</td></tr>
<tr><td>地址</td><td>浦东新区张江碧波路500号305室</td><td>邮编</td><td>201203</td><td>传真</td><td colspan="2">50805641</td></tr>
<tr><td>网址</td><td>www.sbia.org.cn</td><td colspan="2">所办刊物</td><td colspan="3">《生物技术产业》</td></tr>
<tr><td>公众号</td><td colspan="6">上海市生物医药行业协会</td></tr>
<tr><td>协会简介</td><td colspan="6">上海市生物医药行业协会成立于2002年12月19日，由在上海从事生物医药行业的企业、机构及相关单位自愿组成的跨部门、跨所有制的非营利性的行业性社团法人，现有注册会员单位225家，产业规模超过5000亿元。行业涵盖现代生物技术和医药领域从研发、生产到流通整个产业链。业务领域包涵化学药物、生物制药、中药、医疗器械、医药商业、生物医药服务业等。协会设立了会员服务部、咨询服务部、培训中心、信息中心、“谈家桢生命科学奖”管理办公室、知识产权部和对外联络部
协会作为政府管理部门与企业之间的桥梁，为政府决策出谋划策，提供战略研究、产业规划、行业发展报告，通过产业调研、反映行业诉求；为会员提供政策宣读、行业研究、项目申报、信息咨询、人才推荐、专利代理、法律援助；开展国内外技术交流、行业沟通、引进国际先进技术和产品、帮助国内企业走向世界等全方位的服务</td></tr>
</table>

上海医疗器械行业协会

协会名称	上海医疗器械行业协会			电话	64268298	
地址	徐汇区漕宝路D座2906室		邮编	200235	传真	64261612
网址	www.smianet.com	所办刊物	《上海医疗器械行业信息汇编》			
公众号	上海医疗器械行业协会					
协会简介	上海医疗器械行业协会成立于1987年3月，现有会员单位837户。协会下设经营工作、口腔工艺、植入介入器材、体外诊断系统、管理者代表、康复养老器材专委会；秘书处下设科技发展部、教育培训部、会展部、行业部和办公室等职能部门。是中国医疗器械行业协会和上海市工业经济联合会副会长单位 协会围绕“服务、中介、协调”的宗旨，推进行业技术进步，推进行业自律和诚信建设，推进行业产学研医合作，培养职业技能人才，组织企业参加知名展会。受政府委托开展行业统计、中高级职称申报、专业培训、职业鉴定、产品质量鉴定、进出口公平贸易和行业经济技术纠纷调解等服务工作 协会被评选为“上海市先进社会组织”、“5A级”社会组织和“上海市工商联优秀商会”；被上海市工业经济联合会授予“先进集体”、“先进基层党组织”称号					

上海医药商业行业协会

协会名称	上海医药商业行业协会		电话	54500321	
地址	滇池路133号	邮编	200002	传真	
网址	www.spta.cn	所办刊物		《上海医药商业动态》	
协会简介	上海医药商业行业协会成立于1995年11月28日，现有会员3988家。2012年被命名为国内首批5A级行业组织。 协会下设价格、零售连锁、医药物流、医疗器械、外资企业、教育培训等6个专业委员会、5个职能部门和1个行业培训中心，具有行业管理、价格服务、质量管理、行业统计、行业培训、信息交流等六大专业功能 协会致力于：服务企业发展、规范市场秩序、开展行业自律、制定行业标准、维护会员权益、提供咨询服务、开展教育培训、调解经贸纠纷、推进经济合作，在促进行业改革与发展中，努力搭建一个政府放心、企业满意、社会认可的医药商业行业公共服务平台				

上海保健品行业协会

<table>
<tr><td>协会名称</td><td colspan="2">上海保健品行业协会</td><td>电话</td><td colspan="2">63221058</td></tr>
<tr><td>地址</td><td>黄浦区光复西路 2789 号 7 号楼 2 楼</td><td>邮编</td><td>200062</td><td>传真</td><td>63503199</td></tr>
<tr><td>网址</td><td colspan="5">www.shbjp.com</td></tr>
<tr><td>协会简介</td><td colspan="5">上海保健品行业协会成立于 1985 年 7 月 5 日，现有会员 220 家。协会是由生产、经营保健品等相关产品企业及有关事业、科研单位与科技工作者自愿组成的专业性的非营利性社会团体法人
协会的登记管理机关是上海市社会团体管理局，业务主管单位是上海市人民政府经济委员会。本会接受登记管理机关和业务主管单位的监督管理
协会职能：（1）开展业务服务，帮助企业拓展市场；（2）开展技术交流，帮助企业引进新技术、新设备、新工艺；（3）开展自律管理，督促企业诚实守信，加强反腐倡廉；（4）开展保健品产业的调查研究，参与制订产业规划；（5）大力发展会员，维护会员合法权益，反映会员诉求；（6）办好《上海保健品信息》，开展产业信息交流；（7）指导帮助保健品企业改善经营管理；（8）开展国内外保健品企业的交流和合作；（9）受委托组织保健品科技成果的鉴定和推广应用；（10）组织开展保健品展览会、研讨会和论坛；（11）组织开展保健品企业职业培训；（12）承担政府部门委托的其他任务</td></tr>
</table>

上海市食品添加剂和配料行业协会

<table>
<tr><td>协会名称</td><td colspan="2">上海市食品添加剂和配料行业协会</td><td>电话</td><td colspan="2">63170012</td></tr>
<tr><td>地址</td><td>秣陵路 100 号 917 室</td><td>邮编</td><td>200070</td><td>传真</td><td>63170012</td></tr>
<tr><td>网址</td><td>www.sfata.com</td><td>所办刊物</td><td colspan="3">《动态》</td></tr>
<tr><td>协会简介</td><td colspan="5">上海市食品添加剂和配料行业协会成立于 2004 年 1 月 12 日
协会会员除了食品添加剂生产经营企业外，还包括食品、农产品生产经营企业、部分外地食品添加剂生产企业，以及高等院校、科研院所等，是自愿组成的跨部门、跨所有制的非营利性的行业性社会团体法人，是上海市工业经济联合会、上海市经济团体联合会会员。协会于 2014 年被认定为 4A 级中国社会组织，并连续多次被评为上海市先进行业协会
协会现有会员单位 125 家，其中高校和科研院所 8 家
协会建立有党支部，指导协会各项目工作
协会秘书处设有办公室、宣传部、法规及培训部、技术产业部、国际合作部等六个工作部门
协会设有食品添加剂与食品安全专家委员会，拥有专家 30 名，其中有科研院所的院长、教授、学科带头人，有生产企业的专业技术人才等
协会承担国家卫计委下达的制定食品添加剂国家安全标准任务
协会主持《中国食品添加剂和配料年鉴》编写工作
协会拥有制定食品安全团体标准的资质。团体标准制定包括食品、食品添加剂、农产品的产品团体标准及生产过程、贮运、销售管理的团体标准</td></tr>
</table>

上海市豆制品行业协会

协会名称	上海市豆制品行业协会			电话	62412898
地址	天山路600弄4号10楼A座	邮编	200051	传真	62412757
网址	www.shdouxie.com	所办刊物		《豆制品行业动态》	
协会简介	上海市豆制品行业协会成立于1986年9月，现有各种所有制会员单位68家，协会秘书处下设办公室（联络部）、综合信息部、集体商标管委会、质量检测中心、技术培训中心、标准化工作小组等机构 协会积极推行自身创立的“两新、三化、八字”（开发新产品、拓展新市场，实现生产机械化、产品包装化、产销冷链化，豆制品做到安全、营养、可口、方便）的科技兴业方针，努力实践科学发展观，联系行业实际，抓食品安全，抓品牌建设，抓节能减排工作，发挥协会助推器作用，推动豆制品企业的升级和发展 行业内拥有4只上海市著名商标、1只浙江省著名商标、1只嘉兴市著名商标、4只上海市名牌产品、1只浙江名牌产品、10只上海优质畅销品牌、45只名优食品				

上海市人工智能行业协会

协会名称	上海市人工智能行业协会			电话	62037717
地址	浦东新区世博村路231号330室	邮编	200125	传真	62037717
网址	sh-aia.com	公众号	上海市人工智能行业协会		
协会简介	上海市人工智能行业协会(英文缩写SAIA)是在上海市经济和信息化委员会、上海市民政局的业务指导和管理监督下成立的唯一代表上海人工智能行业性质的非营利性社会团体。协会以2019年7月成立的上海人工智能发展联盟为基础，由仪电集团、优刻得等单位共同发起，于2020年7月11日下午世界人工智能大会云端峰会项目签约和成果发布活动中正式揭牌成立 作为上海产业生态创新平台之一，协会承担“支撑本市人工智能产业发展服务企业创新促进行业进步”的责任和使命！一方面，做好行业代表，协调行业资源，为政府各委办局提供人工智能领域的决策支撑，做好行业分析，融合共性诉求，强化行业自律助力构建上海人工智能产业生态，吸引全球人工智能企业集聚。另一方面，做好产业对接，促进企业创新，推动项目加速落地，促成企业业务承接 2021年，协会将围绕四项重点工作展开全年建设：推动上海市人工智能标准化技术委员会组建工作；积极参与2021世界人工智能大会；服务好上海市人工智能企业，助力招商引资；做好上海人工智能领域重点企业经济运行监测报告				

上海市糖制食品协会

协会名称	上海市糖制食品协会		电话	64180310	
地址	大木桥路 620 号	邮编	200032	传真	64180360
所办刊物	《上海糖制食品信息》	公众号	Tangzhishipin xiehui		
协会简介	上海市糖制食品协会成立于 1988 年 6 月（原名为上海市糖制食品工业专业协会），是由上海地区从事食糖、糖果、巧克力、糕点、饼干、冷冻饮品、休闲食品、馅料、食用油等生产经营企业和科研院所、大专院校等单位自愿参加组成的，跨部门、跨所有制的非营利性的行业性社会团体法人 协会现有会员 82 家，涵盖了上海市场 90% 中西糕点的经营大户和食糖经营龙头企业，囊括了上海现有的 15 家经营焙烤食品、糖制食品的中华老字号企业。会员企业生产的焙烤糖制食品在上海的市场占有率达到 70%，月饼市场占有率达到 87%，食糖市场占有率达到 90% 目前有中国驰名商标 2 家、国家非物质文化遗产 1 家、上海名牌产品 6 家 7 种类、上海市著名商标 14 家、2019 年上海名特优产品 21 家 46 种 协会的宗旨和职能是服务企业，发展产业，规范行业，倡导诚信经营，推进品牌建设，促进行业发展。协会是政府的助手，是企业之友，是连接政府和企业的桥梁和纽带，也是消费者权益的维护者。协会积极宣传贯彻国家有关食品行业的法律法规，提高企业在国内外的竞争力				

上海市化工行业协会

协会名称	上海市化工行业协会		电话	64733166	
地址	徐汇区零陵路 583 号 6 楼 610-615 室	邮编	200030	传真	54198851
网址	www.scianet.org	所办刊物	《上海化工》		
协会简介	上海市化工行业协会是经上海市民政局、上海市社会团体管理局批准设立的社团法人组织；是上海市民政局、上海市社会团体管理局授予的“中国社会组织评估 4A 级规范化建设单位” 本协会在上海市经济和信息化委员会指导下，发挥政府与企业之间的桥梁与纽带作用，对上海化工行业实行社会化管理，成为企业的协调、服务机构，市场的中介组织，非营利性、自律性的社会团体法人 上海市化工行业协会成立于 1997 年 6 月 18 日，是由从事化工生产、制造、经营、施工、科研、教育、设计及服务等活动的企事业单位、社会团体自愿参加组建的社会团体。目前拥有国有企业、集体企业、外企、股份制企业、中外合资企业、民营企业，以及高等院校、科研院所等 230 多家会员单位，它们分别从事石油加工、基础化学原料制造、精细化工、化工环保能源、化工新材料和化工现代服务业等				

上海新能源行业协会

<table>
<tr><td>协会名称</td><td colspan="2">上海新能源行业协会</td><td>电话</td><td colspan="2">64137708</td></tr>
<tr><td>地址</td><td>中山西路 1525 号 1310 室</td><td>邮编</td><td>200235</td><td>传真</td><td>64137708</td></tr>
<tr><td>网址</td><td colspan="5">www.sneia.org</td></tr>
<tr><td>所办刊物</td><td colspan="5">《上海新能源》《光伏时代》</td></tr>
<tr><td>协会简介</td><td colspan="5">上海新能源行业协会是在原上海能源化工协会（主要是液化气）基础上，在市经委、市社会服务局、市社团局的关心帮助下和市工经联的具体指导下进行改革重组的。成立于 2006 年 10 月 29 日，并于 2007 年 9 月 17 日正式更名为上海新能源行业协会。本协会为新能源行业（太阳能、风能、氢能、生物质能）等相关企事业及相关组织自愿组成的跨部门、跨所有制的非营利性的行业性社会团体法人
协会现有各种所有制会员单位 300 家，其中正副会长单位 14 家，理事单位 42 家
协会设有秘书处、专家委员会、社会联络部、信息资讯部、国际合作部
协会通过法律法规授权、政府委托，开展信息与学术交流，技术咨询，项目论证，标准采编，市场服务，教育培训，会展会务。推进行业协会内部的技术经济信息交流，加强会员与政府、社会的联系，推广新能源技术进步和先进技术，促进行业经济发展，为进一步加强国际合作和交流，已在美国注册成立“亚太新能源行业协会”，在新加坡注册成立“亚洲光伏产业协会”，努力使协会成为新能源行业的一面旗帜</td></tr>
</table>

上海塑料行业协会

<table>
<tr><td>协会名称</td><td colspan="2">上海塑料行业协会</td><td>电话</td><td colspan="2">62985029</td></tr>
<tr><td>地址</td><td>普陀区中山北路 2299 号 215 室</td><td>邮编</td><td>200061</td><td>传真</td><td></td></tr>
<tr><td>网址</td><td>www.sspi.com.cn</td><td colspan="2">所办刊物</td><td colspan="2">《上海塑料通讯》</td></tr>
<tr><td>公众号</td><td colspan="5">上海塑料行业协会</td></tr>
<tr><td>协会简介</td><td colspan="5">上海塑料行业协会成立于 1990 年 2 月，系上海市民政局登记的社会团体法人，业务主管单位为上海市经济和信息化委员会。目前为第七届，会长单位是中国石化上海石油化工股份有限公司
经过 30 年发展，协会已经发展成为以服务政府和会员企业为宗旨，业务范围包括行业调研、会展招商、中介服务和技术交流等的社会团体。下设五大专业委员会，现有的 188 家会员企业的产品涵盖整个塑料产业链上的塑料原料、塑料制品、塑料助剂、塑料模具和塑料加工机械等
协会设有官网，定期出版《上海塑料通讯》。协会坚持科学发展观，不忘初心，贯彻“服务企业、规范行业、发展产业”的理念，立志不断推进塑料产业的健康发展</td></tr>
</table>

上海涂料染料行业协会

<table>
<tr><td>协会名称</td><td colspan="2">上海涂料染料行业协会</td><td>电话</td><td colspan="2">62127163</td></tr>
<tr><td>地址</td><td>共和新路 966 号 1704 室</td><td>邮编</td><td>200070</td><td>传真</td><td>62127163</td></tr>
<tr><td>网址</td><td>www.sdta.org.cn</td><td colspan="2">所办刊物</td><td colspan="2">《上海染料》</td></tr>
<tr><td>协会简介</td><td colspan="5">上海涂料染料行业协会是由长三角洲地区染料、涂料、颜料、助剂及其他经济组织为主自愿组成、实行行业服务和自律管理的跨部门、跨所有制的非营利性的行业性社会团体组织
本会前身是上海染料农药工业行业协会，成立于 1987 年 1 月，是上海早期的协会之一。2002 年在上海市协会改革调整中，上海染料农药工业行业协会更名为上海染料行业协会。2005 年由于行业出现了较大的变化，为了推进涂料染料产业的共同发展，上海染料行业协会按规范程序更名为上海涂料染料行业协会。本会 1994 年、2001 年、2004 年、2006 年、2009 年被评为上海市先进行业协会。《上海染料》期刊，经国家科技部批准国内外公开发行，是全国石化系统的优秀期刊
现有会员单位 149 家。会员成员主要分布在上海市和长江三角洲地区，在行业中具有举足轻重地位，产品从涂料、油漆到涂料原材料，从纺织染料、食用色素到油墨和有机、无机颜料，从涂料、染料助剂到化工专用机械，从大化工到精细化工产品，广泛应用于国民经济各个领域。本会宗旨遵守国家的宪法、法律、法规和政策，为会员提供服务，维护会员合法权益，保障行业公平竞争，沟通会员与政府、社会的联系，促进行业经济发展</td></tr>
</table>

上海绿色工业和产业发展促进会

<table>
<tr><td>协会名称</td><td colspan="2">上海绿色工业和产业发展促进会</td><td>电话</td><td colspan="2">64678238</td></tr>
<tr><td>地址</td><td>江宁路 212 号 9 层 B 座</td><td>邮编</td><td>200041</td><td>传真</td><td></td></tr>
<tr><td>网址</td><td>www.gitpc.com.cn</td><td>公众号</td><td colspan="3">微信公众号“上海绿促会”</td></tr>
<tr><td>协会简介</td><td colspan="5">上海绿色工业和产业发展促进会成立于 1998 年，是在上海市经济和信息化委员会指导下，由有关集团、企业、行业协会、科研院所、大专院校等联合发起的非营利性社团组织，不收会费、无财政补贴、走市场化道路是绿促会运营的基本特点。绿促会是原国家环保总局 2002 年发布的全国首批清洁生产审核服务 46 家机构之一，是上海地区清洁生产审核开展最早、审核行业覆盖面和工业企业数量最多的审核机构。绿促会为各级政府部门、工业园区、企业提供产业规划咨询、产业发展战略研究、产业结构调整方案以及国家工信部“四绿”方案编制等服务，提供决策咨询服务。努力成为上海一流的绿色产业促进和产业规划研究的咨询机构是绿促会的发展目标</td></tr>
</table>

上海市环境保护工业行业协会

<table>
<tr><td>协会名称</td><td colspan="2">上海市环境保护工业行业协会</td><td>电话</td><td colspan="2">61197226</td></tr>
<tr><td>地址</td><td>中山北路1759号浦发广场D座1415室</td><td>邮编</td><td>200040</td><td>传真</td><td>61197227</td></tr>
<tr><td>邮箱</td><td>hjbhxh@sina.com</td><td colspan="2">所办刊物</td><td colspan="2">《上海环保工业简讯》</td></tr>
<tr><td>协会简介</td><td colspan="5">上海市环境保护工业行业协会成立于1992年11月，是上海地区从事环保工程设计；环保装备、仪器仪表、环保药剂和新材料的开发、研制、生产；环保教学科研和环保运行管理技术服务等设计院所、高等院校和企事业单位自愿组成的、非营利性的、具有法人资格的社会团体，现有会员单位195家
协会以法规、业规自律，团结业界，为发展环保产业和会员企业服务
协会受政府委托，负责收集、整理全行业统计资料，组织完成环保专业课题任务为政府制定产业政策提供依据，发挥企业与政府沟通的桥梁和纽带作用。协会组织开展国内外同行业技术交流，先后与美国、法国、英国、德国、日本、加拿大、以色列、韩国、及台湾等国家和地区进行技术交流和洽谈40余次。协会利用自身优势推进和帮助企业在科技创新和新产品研发上发挥积极作用。为提高环保工业产品的质量，由协会牵头组织制定环保产品协会标准。并培植、推荐、评审名牌产品</td></tr>
</table>

上海硅酸盐工业协会

<table>
<tr><td>协会名称</td><td colspan="2">上海硅酸盐工业协会</td><td>电话</td><td colspan="2">52411108</td></tr>
<tr><td>地址</td><td>长宁区定西路1295号</td><td>邮编</td><td>200050</td><td>传真</td><td>52411107</td></tr>
<tr><td>网址</td><td>www.scachina.org</td><td>所办刊物</td><td colspan="3">《上海硅酸盐工业》</td></tr>
<tr><td>协会简介</td><td colspan="5">上海硅酸盐工业协会成立于2003年12月5日，由江浙沪等地区从事陶瓷、玻璃、晶体、耐火、建筑材料、无机能源、无机生物和环保、无机涂层及膜材料的生产、设备、检测仪器等制造企业、与之相关的大专院校、科研和设计咨询机构组成的社会团体，现有会员单位70多家。设陶瓷材料、玻璃材料，窑炉与机械设备、晶体与生物材料专业委员会
协会以“促进新型无机材料产业发展，加快传统硅酸盐材料技术改造转型和进步”为宗旨，积极为会员单位提供政策宣传咨询服务，为企业做技术培训咨询、职称评审、国内外信息交流、新产品联合设计试制和推广服务，定期举办国际先进陶瓷和玻璃展览会、无机材料研讨会，开展行业调查和统计分析，协助企业制定新产品的行业标准等，推进无机新材料产学研合作</td></tr>
</table>

上海市润滑油品行业协会

协会名称	上海市润滑油品行业协会		电话	58776200	
地址	浦东新区浦东大道 1525 号西楼 1901 室	邮编	200135	传真	58776656
网址	www.slta.cn	所办刊物		《上海润滑油信息》	
公众号	润滑行业协会				
协会简介	上海市润滑油品行业协会（SLTA）成立于 2005 年，我国首家省级润滑油的行业协会，汇集有润滑油、脂的生产、研发、质检、销售、服务和润滑油添加剂生产等企事业单位。拥有会员单位近 200 家，下设 3 个分支机构——添加剂专业委员会，金属加工液专业委员会和汽车化学品专业委员会，建立了 11 个培训实验基地和 7 个第三方检测基地 《上海润滑油信息》作为每月定期出版的会刊，及时为会员单位提供市场信息，推介国内外技术发展的最新动态，传播政府各项新的政策与法律法规 未来，协会将坚持以“服务企业、规范行业、发展产业”为宗旨，真诚期望与长三角乃至全国相关行业、协会、企事业单位紧密携手，为中国润滑油品行业的发展与进步贡献力量				

上海市乐器行业协会

协会名称	上海市乐器行业协会		电话	63391936	
地址	中山南路 917 号 5A	邮编	200011	传真	63391936
协会简介	上海市乐器行业协会成立于 2004 年 2 月，是上海范围内各种经济成份和所有制乐器生产、科研、经营、教学以及与之相关的企事业单位、团体和个人自愿组成的行业性社会团体和中介组织。主要职能和业务范围：参与制订行业发展规划，对行业投资开发、重大技术改造、技术引进等项目进行前期论证和初审。开展行业调查研究，向政府提出有关行业政策和法规的建议。开展行业调查统计，收集、分析、管理和发布行业信息，为企业提供信息咨询和服务。参与本行业技术标准、管理标准的制定、修订工作，并组织标准的贯彻实施。组织开展行业质量管理，发布产品质量信息；参与产品质量监督，推荐优质名牌产品和新技术产品。加强行业自律，规范行业行为，保护公平竞争，维护消费者和企业利益。组织行业技术培训、专业技能教育和等级考核工作。组织行业性国内外展览会，参与培育国内专业市场。组织开展行业新技术推广应用、科研成果鉴定。组织开展国内外技术交流与经贸合作活动。反映行业情况和企业要求，维护行业和企业合法权益				

上海市饮料行业协会

<table>
<tr><td>协会名称</td><td colspan="2">上海市饮料行业协会</td><td>电话</td><td colspan="2">62876068</td></tr>
<tr><td>地址</td><td>新闸路 831 号 6 楼</td><td>邮编</td><td>200041</td><td>传真</td><td>62876028</td></tr>
<tr><td>网址</td><td>www.bevchina.com</td><td colspan="2">所办刊物</td><td colspan="2">《饮品会刊》</td></tr>
<tr><td>协会简介</td><td colspan="5">上海市饮料行业协会成立于 2006 年 5 月 30 日，为上海及周边地区饮料行业同业企业以及其他经济组织自愿组成、实行行业服务和自律管理的跨部门、跨所有制的非营利性的行业性社会团体法人
协会以政府经济发展战略为指导，以促进上海饮料行业发展为宗旨，努力服务企业、规范行业、发展产业，充分发挥协调、服务、维权和自律四项职能，着力为上海及周边地区的饮料及相关企业打造交流沟通平台、信息集聚平台、品牌推进平台、协调发展平台、维护合法权益平台、学习促进平台，切实反映行业呼声，维护会员企业的合法权益，推动行业的良性和谐发展</td></tr>
</table>

上海皮革行业协会

<table>
<tr><td>协会名称</td><td colspan="2">上海皮革行业协会</td><td>电话</td><td colspan="2">53520199</td></tr>
<tr><td>地址</td><td>南塘浜路 116 号</td><td>邮编</td><td>200023</td><td>传真</td><td>63016921</td></tr>
<tr><td>所办刊物</td><td colspan="5">《皮协简讯》</td></tr>
<tr><td>协会简介</td><td colspan="5">上海皮革行业协会成立于 2002 年 4 月，是上海从事皮革工业生产及相关业务的企事业单位自愿组成的跨部门、跨所有制的非营利性的行业性社会团体法人
协会现有团体会员单位有制革企业、皮鞋企业、箱包企业、皮服装企业、皮制球企业、皮手套企业、皮革化工企业和鞋城、专业学校、研究所等 78 家。协会下设箱包专业委员会
协会宗旨：遵守国家宪法、法律、法规和政策，促进皮革行业的经济发展、科技进步和管理优化，协调会员关系，维护会员合法权益，为会员服务，努力沟通会员和政府之间的联系，促进国际经济交流与合作，推动社会进步
协会不定期出版《皮协简讯》，向会员单位提供各类信息，组织会员单位参加国内外各类展览会及经贸洽谈会，拓展国内外市场，并不定期的举办各类培训班，为会员单位服务</td></tr>
</table>

上海市计算机行业协会

<table>
<tr><td>协会名称</td><td colspan="2">上海市计算机行业协会</td><td>电话</td><td colspan="2">52137151</td></tr>
<tr><td>地址</td><td>海宁路 1399 号金城大厦 901、902 室</td><td>邮编</td><td>200070</td><td>传真</td><td>52137153</td></tr>
<tr><td>网址</td><td>www.scta.org.cn</td><td colspan="2">所办刊物</td><td colspan="2">《上海计算机》</td></tr>
<tr><td>协会简介</td><td colspan="5">上海市计算机行业协会，成立于 1988 年 5 月，现有会员单位 145 家，理事单位 32 家。本会面向计算机行业，包括计算机制造、计算机行业内的企业及相关企事业单位和科研院校。不受部门、所有制限制，是计算机行业及相关产企事业单位自愿组成的非营利性社会团体法人。在“协助政府、帮助企业”的指导思想下，为会员提供服务，维护会员合法权益，按照“公正、公平、公开”的原则开展工作，保障行业公平竞争，在政府和企事业之间发挥桥梁和协调作用，促进上海市计算机行业的健康发展
协会主要任务、业务范围和活动：
收集计算机行业的技术、管理、市场的方面的信息，利用刊物等载体向会员传递。提供行业情况调查、市场趋势、经济预测等信息
交流本行业各单位的经验，促进行业健康发展。沟通国内外相关企业和市场信息交流、促进中外企业合作
开展学术、技术交流。组织本行业国内外新产品、新技术展览、展销，为企业开拓国内外市场服务
制定行规行约，推动市场机制的建立和完善。根据行业需求制定、修订本行业的行业标准、服务标准、技能资质的考核标准及行业自律标准等，并推动其贯彻执行</td></tr>
</table>

上海日用化学品行业协会

<table>
<tr><td>协会名称</td><td colspan="2">上海日用化学品行业协会</td><td>电话</td><td colspan="2">64675056</td></tr>
<tr><td>地址</td><td>肇嘉浜路 376 号 1202 室</td><td>邮编</td><td>200031</td><td>传真</td><td>54675056</td></tr>
<tr><td>网址</td><td>www.sdcta.cn</td><td colspan="2">所办刊物</td><td colspan="2">《上海日化》</td></tr>
<tr><td>协会简介</td><td colspan="5">上海日用化学品行业协会是由化妆品、洗涤用品、香精香料、口腔护理用品等 4 个行业组成的行业协会，现有会员单位 200 余家，协会的主要工作：秉承引领和推动产业发展的使命，承载着维护企业和社会权益，做强品牌，创新创优的原则，开展了卓有成效的工作，收到会员单位的好评。围绕以上宗旨主要开展了教育培训、团体标准的制定，组织学习交流，展览展示，以及信息发布，人才交流等项活动</td></tr>
</table>

上海市室内环境净化行业协会

<table>
<tr><td>协会名称</td><td colspan="2">上海市室内环境净化行业协会</td><td>电话</td><td colspan="2">021-66316517</td></tr>
<tr><td>地址</td><td>静安区江场三路 238 号 611、613、615、616 室</td><td>邮编</td><td>200000</td><td>传真</td><td>66316517-805</td></tr>
<tr><td>网址</td><td colspan="5">www.jhxh.org.cn</td></tr>
<tr><td>公众号</td><td colspan="5">上海市室内环境净化行业协会（微信号 jhxh66316517）</td></tr>
<tr><td>协会简介</td><td colspan="5">上海市室内环境净化行业协会筹备于 2002 年 5 月，成立于 2006 年 8 月 22 日，属市级行业协会，登记管理单位是上海市民政局（市社会组织管理局），业务指导单位是上海市经济和信息化委员会，是从事洁净室、洁净生产环境和公共场所空气净化的研发、生产、销售、检测、咨询、洁净工程、污染治理、消毒服务及其他相关的产业链企业自愿组成的非营利性社会团体法人，现有会员企业 493 家，有专职工作人员 18 名。协会坚持“自治、自养、自律”三自办会精神，秉承“规范行业，服务企业，发展产业”宗旨，积极创新服务，不断推动室内环境净化行业发展，被评为 5A 级社会组织，并获得全国巾帼文明岗集体称号和上海市先进社会组织等多项荣誉</td></tr>
</table>

上海市担保行业协会

<table>
<tr><td>协会名称</td><td colspan="2">上海市担保行业协会</td><td>电话</td><td colspan="2">64229080</td></tr>
<tr><td>地址</td><td>东湖路 9 号 1803 室</td><td>邮编</td><td>200032</td><td>传真</td><td>54591709</td></tr>
<tr><td>网址</td><td>www.1128.org</td><td colspan="2">所办刊物</td><td colspan="2">《上海担保通讯》</td></tr>
<tr><td>协会简介</td><td colspan="5">上海市担保行业协会成立于 2007 年 1 月，是上海担保行业企业以及其他经济组织自愿组成、实行行业服务和自律管理的跨部门、跨所有制的非营利性的行业性社会团体法人
协会现有各种所有制会员单位 59 家，其中国有企业 24 家，中外合资 3 家，民营企业 32 家。协会设会长单位一家，副会长单位 4 家，理事单位 19 家。协会会员中共有 43 家担保机构
协会职能：通过行业调研、业务培训、会刊编辑、咨询服务、信息交流，承担政府授权的工作（涉及行政许可的，凭许可证开展业务）等。为担保机构、协作银行及企业服务，缓解企业（特别是中小企业）融资难，推动上海中小企业发展</td></tr>
</table>

上海市酿酒专业协会

协会名称	上海市酿酒专业协会		电话	64181119	
地址	大木桥路 620 号 2 楼	邮编	200032	传真	64180239
网址	www.shdrinks.org.cn	所办刊物		《上海酿酒简讯》	
协会简介	上海市酿酒专业协会创建于 1989 年 2 月，其是由上海市专门从事酒类生产和经营相关的企业及有关酒类科研、教育等单位自愿组织的跨部门、跨系统，具有法人资格的社会经济团体组织 协会现有会员单位 80 家，涵盖上海市啤酒、黄酒、葡萄酒、白酒、老白酒、配制酒、洋酒等所有酒种的生产企业和部分酒类经销商，其中酒类生产企业占上海合法酒类生产企业的 50%，包含国有、三资、私有、股份合作等性质的企业，其会员企业的产量占全市酒品产量的 95% 以上 协会宗旨：遵守国家宪法和各项方针、政策，坚持社会主义四项基本原则，坚持改革开放，发展社会主义市场经济，开拓横向经济联系，促进内外交流，推动酒类行业的发展，繁荣酒类商品市场，为企业提供规划、协调、信息、咨询、培训、组织会展活动等服务。在政府和企业间起桥梁和纽带作用，通过组织、服务，推动各方面的合作，协助政府部门搞好行业管理。利用协会涵盖工业和商业的独特优势，在厂家和商家，批发与零售之间发挥桥梁和中介作用，有利于厂商、批零之间更紧密地联系				

上海市茶叶行业协会

协会名称	上海市茶叶行业协会		电话	58430621	
地址	浦东新区东昌路 600 号 218 室	邮编	200120	传真	58430795
网址	www.sta2005.org	所办刊物		《上海茶业信息报》	
协会简介	上海市茶叶行业协会成立于 2005 年 1 月，为上海茶叶行业企事业自愿组成的跨部门、跨所有制的非营利性行业性社会团体法人 本会以提升行业素质、规范茶叶市场、维护消费者利益为工作重点，通过制定并实施行规行约、参与政府技术监管机关制定茶叶地方标准、建立茶叶质量安全二级网络、邀请社会著名人士担任行风督导员等措施，促进行业经营诚信、行风自律 本会经主管部门批准，每年举办“中国（上海）国际茶业博览会”春季展和秋季展，为中外茶业搭建产销交流、合作和交易平台。目前，该茶博会已成为全国最具影响力的专业展会 近几年，本会重点推进和落实国家“一带一路”倡议，精准扶贫任务以及打造上海的“四个品牌”的目标，与云南、贵州、福建、广西、湖南、湖北等茶产地的地方政府和茶企签订了产销合作、战略合作框架协议				

上海市集成电路行业协会

<table>
<tr><td>协会名称</td><td colspan="2">上海市集成电路行业协会</td><td>电话</td><td colspan="2">50805257</td></tr>
<tr><td>地址</td><td>张江碧波路 500 号</td><td>邮编</td><td>201203</td><td>传真</td><td>50805259</td></tr>
<tr><td>网址</td><td>www.sica.org.cn</td><td colspan="2">所办刊物</td><td colspan="2">《集成电路应用》</td></tr>
<tr><td>协会简介</td><td colspan="5">上海市集成电路行业协会成立于 2001 年 4 月，为上海从事集成电路设计、制造、封装、测试、智能卡及其他设备材料和其他直接相关的企事业单位自愿参加并组织起来的，不以营利为目的行业性社会团体法人
协会业务范围：行业调研、产品评测、技术培训、编辑出版、会展招商、产品推介、中介咨询服务、国内外信息技术交流合作以及政府授权的职能
协会开展主要工作：协会是政府联系企业的纽带和桥梁，每年通过实地走访调研会员企业 100 多家。了解企业在生产运营中遇到的各种问题，开展政策服务、协调；开展信息服务；开展行业高技能人才培训；行业薪酬调研；行业中高级职称评审；课题调研；组织企业参展参会开拓市场等
会员分类：协会下设设计、制造、封装测试、设备材料、智能卡、智能传感器 6 个专业委员会。现有各种所有制会员单位 587 家，占全行业的 90% 左右
2011 年 7 月，协会被上海市统计局正式授权承担集成电路行业统计调查单位。2014 年 2 月，被市民政局、市社会团体管理局评为 5A 级社会组织。同年 6 月，被中共上海市委社会工作党委评为“五星级社会组织党组织”。被市民政局、市人力资源和社会保障局、市社团局评为上海市先进社会组织。连续多年，被市工经联评为年度先进行业协会。被中共上海市工业经济联合会委员会评为“先进党支部”</td></tr>
</table>

上海市信息服务业行业协会

<table>
<tr><td>协会名称</td><td colspan="2">上海市信息服务业行业协会</td><td>电话</td><td colspan="2">021-65018100</td></tr>
<tr><td>地址</td><td>铁岭路 32 号同叶大厦 16 楼 A 区</td><td>邮编</td><td>200093</td><td>传真</td><td>65018133</td></tr>
<tr><td>网址</td><td colspan="5">www.sisa.net.cn</td></tr>
<tr><td>协会简介</td><td colspan="5">上海市信息服务业行业协会成立于 2001 年 1 月 18 日，由上海信息服务业企业自愿组成的非营利性社会团体，是一家 5A 级行业协会。目前有上海电信、移动、联通、百度、腾讯、携程、盛大、大众点评、陆金所等 500 多家会员单位
协会以服务企业、规范行业、发展产业为宗旨，根据社会主义市场经济体制的要求，严格遵守国家宪法、法律、法规和方针政策，维护信息服务行业的市场秩序和会员单位的合法权益，增强上海信息服务行业的诚信自律管理水平，促进信息服务行业健康发展。近年来，协会积极承接政府职能转移，代表行业共同利益向政府提出政策建议，真正成为企业与政府之间的沟通桥梁和纽带，具有很高的行业号召力和社会影响力</td></tr>
</table>

上海市信息家电行业协会

<table>
<tr><td>协会名称</td><td colspan="2">上海市信息家电行业协会</td><td>电话</td><td colspan="2">50274831</td></tr>
<tr><td>地址</td><td>浦东新区松涛路 563 号 B 座 207 室</td><td>邮编</td><td>201203</td><td>传真</td><td>50274831</td></tr>
<tr><td>网址</td><td>www.sh-siaa.com</td><td colspan="2">所办刊物</td><td colspan="2">《上海信息家电》电子会刊</td></tr>
<tr><td>协会简介</td><td colspan="5">上海市信息家电行业协会成立于 2002 年 3 月，为上海信息家电行业企事业单位自愿组成的跨部门、跨所有制的非营利性的行业性社会团体法人
协会是上海电子信息产业聚焦于家庭数字化、网络化、信息化相关产业的行业协会，致力于发挥产业链积极作用，推进超高清视频、智能电视、智慧家庭、新型显示等产业发展，推动上海智慧城市建设。协会的业务主管部门是上海市经济和信息化委员会
协会现有会员单位 106 家，2017 年 5 月成立的第五届理事会由 27 家理事单位组成，会长单位是上海东方明珠新媒体股份有限公司，副会长单位有东方有线网络有限公司、上海文化广播影视集团有限公司、中国电信上海公司浦东局、上海交通大学等 8 家</td></tr>
</table>

上海市信息化培训协会

<table>
<tr><td>协会名称</td><td colspan="2">上海市信息化培训协会</td><td>电话</td><td colspan="2">36337996</td></tr>
<tr><td>地址</td><td>天宝路 879 号 C 楼 604 室</td><td>邮编</td><td>200086</td><td>传真</td><td>36337996</td></tr>
<tr><td>网址</td><td colspan="5">www.itta.org.cn</td></tr>
<tr><td>协会简介</td><td colspan="5">上海市信息化培训协会成立于 2003 年 2 月 26 日，是由上海电视大学、华东师范大学软件学院、上海华东电脑进修学院、上海市申信信息技术专修学院、上海实业软件工程学院、上海市信息人才培训中心和上海启明信息技术培训中心等单位联合发起成立、由上海从事信息化培训的机构自愿组建的一个专业性社团组织，现有会员单位 82 家。业务主管单位是上海市经济和信息化委员会
协会宗旨和职能：以“服务、自律、代表、协调”为基本职能，发挥连接政府和会员的纽带和桥梁作用，加强协会会员间的相互合作，致力于营造上海市信息化培训的良好市场环境，为会员提供各种专业服务，促进上海的信息化培训事业健康发展
协会成立至今，在开发培训课程、承接课题、开展基础调研、编制岗位目录等基础工作以及承担政府委托的“百万家庭网上行”、上海干部电子政务培训考核、信息技术管理职业资格认证等项目管理方面取得一定的成就。2008 年开始组织实施了“千村万户”农村信息化培训普及工程。近年来，协会先后多次获得市级机关工作委员会的表彰，2006 年在上海市社团局组织的优秀社团的评选中被评为“上海市优秀社团组织”</td></tr>
</table>

上海市交通电子行业协会

协会名称	上海市交通电子行业协会		电话	66309878	
地址	静安区江场三路238号602室	邮编	200436	传真	66309877
网址	www.stea2008.org				
所办刊物	《上海交通电子产业创新研究》				
协会简介	上海市交通电子行业协会作为上海市“5A”级跨行业、跨领域、跨学科、创新型的行业协会，是由上海汽车集团股份有限公司、中国航空无线电电子研究所、上海外高桥造船有限公司、上海轨道交通设备发展有限公司等单位共同发起并于2008年7月成立。协会现有会员单位共170余家（其中理事单位51家、监事单位3家），会员涵盖汽车电子、航空电子、船舶电子、轨交电子等领域的企业、高校、科研院所，业务领域具有跨行业、跨学科的专业化特征 协会积极深化专业组织发展，先后组建了上海交通电子行业汽车电子、航空电子、船舶电子和轨道交通电子等4个专家委员会；承担工信部中国电子工业标准化技术协会汽车电子标准工作委员会（集聚了上汽、一汽、东风、广汽等国内汽车领域52家重点企业）的职责；构建了上海车联网“产业、科技、标准”三位一体创新发展联盟；与国际上的AUTOSAR、GENIVI、欧洲Telematics Valley、CVTA（美国汽车通讯商会）、中国台湾地区车载信息服务联盟等组织建立良好合作关系 协会宗旨：服务为本　创新为先 协会业务：行业调研、会展招商、合作交流、信息收集、分析研究、业务培训、中介咨询服务、编辑出版以及政府委托承担的事项（涉及行政许可的，凭许可证开展业务）				

上海市电子商务行业协会

协会名称	上海市电子商务行业协会		电话	63560343	
地址	逸仙路2816号华滋奔腾大厦B20楼	邮编	200441	传真	63560343
网址	www.sh-ec.org.cn	所办刊物		《电子商务资讯》	
公众号	上海市电子商务行业协会				
协会简介	上海市电子商务行业协会成立于2002年4月，由从事电子商务的企事业单位按照自愿平等原则组成的，经上海市社团管理局注册登记、并具有独立法人资格的非营利性行业组织。主要涉及快消品零售网购、大宗商品网上交易、工业电子商务等领域。特色服务涵盖会展、行业标准化工作、政府政策支持、人才培养、社区沙龙和浦江电商讲坛、咨询认证等。现有会员单位400余家。协会下设1个学术专家委员会（约70名）、6个专业委员会（短视频直播电商、产业互联网、跨境电商、移动电商、电商物流和电子支付）和1个联盟（上海中高本电商专业联盟）。同时，协会牵头发起并建立了长三角电子商务联席会议机制				

上海市光电子行业协会

<table>
<tr><td>协会名称</td><td colspan="2">上海市光电子行业协会</td><td>电话</td><td colspan="2">50805489</td></tr>
<tr><td>地址</td><td>北京东路 688 号西楼 8 楼 J 座</td><td>邮编</td><td>200002</td><td>传真</td><td></td></tr>
<tr><td>网址</td><td>www.chinasoia.org</td><td colspan="2">所办刊物</td><td colspan="2">《光电通讯》</td></tr>
<tr><td>协会简介</td><td colspan="5">1．产业研究与测试服务
进行光电子产业研究，协助政府研究、拟定产业发展策略和发展规划；调查国内外行业动态，建立企业数据库，分析产业技术发展趋势；制定行业内有关标准规范，保护相关知识产权；建立具有国际水平的测试平台，为会员单位提供服务
2．技术转移与招商引资
组织会员单位进行技术攻关和成果转化；为企业开展技术及产品咨询、情报检索；为会员单位引进先进高端技术和资金服务；举办各类产业内投资招商会；为会员单位进行委托投资评估；组织技术及人材培训，帮助企业引进先进的技术与高级人材
3．国内外交流与合作
内环：促进协会会员单位间的行业互动与协作。中环：促进上海长三角地区与国内其它省、市及港澳台地区的行业互动与协作。外环：加强与国外行业协会的互动、合作与交流。定期举办国际性光电产业大型展览会与学术研讨会；定期组织会员单位参加海外展览会与研讨会；定期开展行业内企业间的联络与交流活动
4．推广服务
协助政府有关部门向社会各界推广光电子工业，普及光电技术；主办行业内产品优胜选拔活动</td></tr>
</table>

上海信息化发展研究协会

<table>
<tr><td>协会名称</td><td colspan="2">上海信息化发展研究协会</td><td>电话</td><td colspan="2">54657933</td></tr>
<tr><td>地址</td><td>复兴中路 585 号 203 室</td><td>邮编</td><td>200025</td><td>传真</td><td>63539860</td></tr>
<tr><td>网址</td><td colspan="5">www.saider.org.cn</td></tr>
<tr><td>协会简介</td><td colspan="5">上海信息化发展研究协会成立于 2004 年 11 月，是由上海从事信息化发展的咨询、研究、评估机构、信息技术企事业单位以及信息主管、专家等个人自愿组成的专业性协会。业务主管单位为上海市经济和信息化委员会
主要业务：开展信息化发展战略规划的研究、咨询和评估
协会成立后，致力于信息化领域最新技术应用、信息产业发展等跟踪和研究，先后承担原市信息化委员会、上海部分区县信息化委员会近 20 个相关领域的研究课题，对上海信息化建设形成了一套具备操作性的理论系统。在以往所开展的课题研究中均得到委托单位的首肯，为上海信息化水平的提升发挥了应有作用</td></tr>
</table>

上海市信息服务外包发展中心

协会名称	上海市信息服务外包发展中心		电话	54657933	
地址	复兴中路 585 号 2 楼	邮编	200025	传真	54657950
网址	www.iiso.org.cn				
协会简介	上海市信息服务外包发展中心成立于 2006 年 7 月，是一家全市性、从事非营利性社会活动的非企业法人组织。中心旨在建立企业与政府之间的桥梁与纽带，成为上海市外包产业对内提供公共服务，促进产业联盟建立；对外提供业务中介，促进国际合作交流的统一窗口。其业务主管单位为上海市经济和信息化委员会 业务范围：开展外包行业标准和规范研究、行业统计分析、业务中介服务、外包人才服务及国际合作交流等 中心成立以来来，紧紧围绕服务全市信息服务外包企业，有计划、有重点地开展了多项富有成效的工作，切实起到推进全市信息服务外包产业发展的作用 中心已组建一支稳定的专业队伍，专职人员为 10 人，90% 以上具有本科学历，25% 具有研究生学历，具有较强的专业能力和国内外资源整合能力				

上海市航空学会

协会名称	上海市航空学会		电话	64803925	
地址	沪闵路 7900 号 3 号楼 4 楼	邮编	201102	传真	34135122
网址	www.ssa.cn				
协会简介	上海市航空学会成立于 1988 年 1 月 27 日，是经核准登记的社团法人，在上海市科协的领导下和中国航空学会的指导下开展工作，其宗旨是繁荣、发展我国航空事业，促进航空科技战线出成果、出人才，促进航空科学技术的普及和推广。江泽民和汪道涵曾分别亲笔题词“展翅飞翔”“鹰击长空”祝贺学会成立。学会现有团体会员 40 余个，个人会员近 800 名，绝大多数具有高级职称 学会下设专家委员会和空气动力学、航空电子学、航空机械工程、自动控制、材料科学与工程、飞行技术、航空维修工程、特种飞行器和管理科学等 9 个专业委员会；另设组织、学术、科普教育和国际交流等 4 个工作委员会和办公室、秘书处等办事机构 建会 20 多年来，认真贯彻党的“科教兴国”和“可持续发展”战略决策，积极投身经济建设主战场，努力实践科学发展观，紧紧围绕航空产业的发展，团结全体专兼职干部和广大会员，开拓进取，勤奋工作，充分发挥人才荟萃，知识密集的优势，积极发挥好桥梁和纽带作用，卓有成效地开展国内外学术交流，航空科普、科技咨询、教育培训、人才举荐等工作；大力推进学会改革，努力加强自身建设				

上海市设备管理协会

协会名称	上海市设备管理协会		电话	63536696	
地址	天目中路240号3楼	邮编	200070	传真	63178141
网址	www.cndfsb.cn	所办刊物		《上海设备管理》	
协会简介	上海市设备管理协会成立于1986年5月，具有独立的社团法人地位，现有会员单位1081家，下辖宝钢、船舶、电气、仪电、医药、纺织、轻工、维修、调剂、状态监测等10个行业工作委员会 协会以“为企业设备管理与维修服务、为广大设备管理和维修工作者服务、为架设政府与企业间沟通桥梁服务”为宗旨，宣传贯彻党和国家的有关政策、法规，通过组织调研为政府决策提供参考依据，并建立了比较完善的服务体系，包括市场调研、技术咨询、经验及技术交流、信息服务、产品推介、设备维修市场管理、二手设备的技术鉴定与评估、行业技术标准编制、人员培训等 协会作为上海设备维修企业的行业组织，积极发挥行业主导作用，通过对维修企业的资质认证、安全评审、行业诚信体系建设及规范运作等自律管理，推动上海设备维修行业的健康发展 协会建立的“中国东方设备”网站、《上海设备管理》杂志和设备工程专家库，集中和整合上海设备管理的优势资源，以满足企业相关需求为目标，拓展专业化服务的广度与深度，为上海先进制造业和现代服务业的发展努力构建一个社会化的服务保障体系					

上海进出口商会

协会名称	上海进出口商会		电话	62715639	
地址	江宁路445号6A	邮编	200041	传真	62717251
网址	www.shccie.org.cn	所办刊物		《上海外贸报》	
协会简介	上海进出口商会成立于2009年11月12日，其前身是成立于1997年的上海对外经济贸易企业协会。上海进出口商会是上海从事进出口业务的企业和与进出口相关的单位、团体依法自愿组成的行业性、非营利性社会团体法人，现有会员单位6400家 商会宗旨：遵守国家宪法、法律、法规和政策，遵守社会道德和行业道德，履行“服务、协调、代表、自律”的职能，反映进出口企业呼声，维护进出口企业权益，规范进出口企业行为，提升进出口企业素质，帮助进出口企业成长，成为进出口企业与政府联系的纽带，成为进出口企业走向国际市场的桥梁，成为进出口企业交流合作的平台，推动上海国际贸易中心建设，促进全市进出口行业发展					

上海市交通运输行业协会

协会名称	上海市交通运输行业协会		电话	63903418	
地址	黄陂北路 9 号 15 楼	邮编	200003	传真	63904824
网址	www.shcti.cn				
所办刊物	《上海交通运输》(双月)《交通信息》(半月刊)				
协会简介	上海市交通运输行业协会成立于 1985 年 4 月 22 日，是经上海市民政局登记核准，由业内企事业单位自愿组成的跨部门、跨所有制的非营利性的行业社团法人，现有包括铁路、公路、水路、航空、邮政、城市交通，以及交通工程建设、交通科研院校等单位的会员 600 多家。主管机关是上海市城乡建设和交通委员会 协会宗旨：充分发挥自身桥梁纽带和联系广泛的优势，加强为政府、行业、企业和社会的服务工作，遵守社会道德风尚，维护会员合法权益，保障行业公平竞争，在促进上海交通运输事业又好又快和可持续发展中发挥积极作用，为把上海建成现代化国际大都市而努力奋斗 协会现设有 10 个分支机构，分别是：职教与质量工作委员会、交通安全工作委员会、技术标准与智能交通工作委员会、交通节能减排工作委员会、运输与物流专业委员会、港航运输专业委员会、集装箱运输专业委员会、集装箱仓储专业委员会、轨道交通专业委员会、监管车辆专业委员会				

上海市国际服务贸易行业协会

协会名称	上海市国际服务贸易行业协会		电话	63581937	
地址	雁荡路 107 号雁荡大厦 3G\E\F	邮编	200020	传真	63583039-8002
网址	www.servtrad.org.cn	所办刊物		《国际服务贸易报》	
协会简介	上海市国际服务贸易行业协会成立于 1996 年 10 月，是在商务部(前外经贸部)的倡导下，作为上海推进服务贸易发展的主要措施之一，在全国率先成立起来的国际服务贸易行业社团法人组织，隶属于上海市人民政府商务委员会，是中国服务贸易协会的副会长单位。协会设有投资和管理顾问专业委员会、文化贸易专业委员会、安全防灾专业委员会和外经贸车辆管理专业委员会等分支机构 协会的投资和管理顾问专业委员会开展以下服务工作：法律服务：协助企业处理境内外法律事务，每年为会员单位提供一次免费的法律咨询服务。人力资源服务：包括跨国人才的招募、管理、培训，中国企业海外商务考察，人事派遣、外包，帮助企业寻找合适的高端人才，规避企业在劳动用工方面的风险。咨询(投资)服务：为会员单位提供目标市场的统计调查、市场动态信息以及金融咨询，企业运行管理等以及高新技术项目支持服务				

上海市成本研究会

<table>
<tr><td>协会名称</td><td colspan="2">上海市成本研究会</td><td>电话</td><td colspan="2">53594858-3251</td></tr>
<tr><td>地址</td><td>中山南路315号406室</td><td>邮编</td><td>200120</td><td>传真</td><td>63321178</td></tr>
<tr><td>网址</td><td colspan="5">chen_ben@live.cn</td></tr>
<tr><td>所办刊物</td><td colspan="5">《上海市成本研究会简报》</td></tr>
<tr><td>协会简介</td><td colspan="5">上海市成本研究会成立于1982年，现挂靠上海市国有资产监督管理委员会，是上海国资管理下属的一个学术研究团体。2008年成为上海市经济团体联合会会员、理事单位
研究会是专司成本研究的学术团体，联手具有行业代表的企业财务总监、相关职能部门、高等院校的学者、研究机构的专家等。在开展成本理论研究、拓展成本管理视野、研究降低成本方法、引领成本管理新理念方面，形成了以研究会为主体的研究成本管理的学术群体，服务于社会经济的发展和企业成本管理的进步
上海市成本研究会，始终围绕“沟通信息、学术研究、服务企业、促进改革”的办会宗旨，依据学会章程，依靠来自著名高校的专家学者、职能部门及企业集团的财务专业高级管理人员组成的学会理事会，着力加强学术研究和学术交流，为推进上海各企事业单位加强成本管理、为上海经济发展和建设做出积极的探索和贡献</td></tr>
</table>

上海人才服务行业协会

<table>
<tr><td>协会名称</td><td colspan="2">上海人才服务行业协会</td><td>电话</td><td colspan="2">32511555</td></tr>
<tr><td>地址</td><td>梅园路77号上海人才大厦1011室</td><td>邮编</td><td>200070</td><td>传真</td><td>32508112</td></tr>
<tr><td>网址</td><td colspan="5">www.shrca.org</td></tr>
<tr><td>所办刊物</td><td colspan="5">《上海人才服务行业简讯》</td></tr>
<tr><td>协会简介</td><td colspan="5">上海人才服务行业协会立于2002年4月9日，为上海人力资源服务机构行业企事业单位自愿组成的跨部门、跨所有制的非营利性的行业性社会团体法人
协会在政府“不派员、不干预、不给经费”的情况下，在“四位一体”发展战略规划（即协助政府制定相关政策、研究业态发展、充分嫁接商机、提高从业人员素质、打造科学的管理体系）的指导下，不断探索创新，充分发挥“服务、自律、代表、协调”的职能，服务行业发展壮大
协会现有各种所有制会员单位331家，副会长单位27家，理事单位111家。会员单位在整个人才服务行业中都具有较强的代表性和明显的优势
协会宗旨：“立足上海，服务全国，走向世界”，以做大、做强人才服务产业为目标，以“上海一流、全国领先、国际接轨”为努力方向，遵守宪法、法律、法规和国家政策，维护人力资源服务机构的合法权益，加强会员之间的协调和自律，规范业务活动，维护市场秩序，促进上海人力资源服务市场的健康发展，维护行业道德风尚</td></tr>
</table>

上海市股份合作制企业协会

<table>
<tr><td>协会名称</td><td colspan="3">上海市股份合作制企业协会</td><td>电话</td><td colspan="2">62676508</td></tr>
<tr><td>地址</td><td>长宁区番禺路 390 号 301 室（时代大厦）</td><td>邮编</td><td colspan="2">200052</td><td>传真</td><td>62676508</td></tr>
<tr><td>邮箱</td><td>guifen_zhu@126.com</td><td colspan="2">所办刊物</td><td colspan="3">《上海股份合作》</td></tr>
<tr><td>协会简介</td><td colspan="6">上海市股份合作制企业协会成立于 2008 年 1 月 18 日，是由 12 家市股份合作制企业牵头、以股份合作制企业为主及和股份合作制企业相关的中小微企业自愿组成的专业性、跨行业、非营利性的社会团体法人
股份合作制企业是一种非常特殊的体制企业；就其成立之初的历史背景和成因都存有瑕疵和畸形的成分。上海市股份合作制企业协会是上海唯一以企业所有制形式组建的企业协会，它与其他的行业协会有根本上的不同，是协助政府为众多无上级主管部门的股份合作制企业解决历史遗留的难题和矛盾、解决难题和矛盾引发的不稳定，协助企业改制和退市提供服务的
在市经信委、市发改委、市社团局、市工商局、市高院等多部门领导的关心支持下，协会不负众望，辛勤劳动获得丰硕果实。市政府 2010 年 27 号文件明确：“上海市股份合作制企业协会要充分发挥政府和企业之间的桥梁纽带作用，积极做好相关服务工作”，指明了协会的工作方向</td></tr>
</table>

上海市旅游行业协会

<table>
<tr><td>协会名称</td><td colspan="3">上海市旅游行业协会</td><td>电话</td><td colspan="2">63391513</td></tr>
<tr><td>地址</td><td>黄浦区金陵东路 2 号 21 楼</td><td>邮编</td><td colspan="2">200002</td><td>传真</td><td>63391600</td></tr>
<tr><td>网址</td><td colspan="6">www.shtour.org</td></tr>
<tr><td>协会简介</td><td colspan="6">上海市旅游行业协会（原名上海市旅游协会）成立于 1990 年 3 月，是实行行业服务和行业自律的非营利性的社会团体法人
协会党支部归属为中共上海市市级机关工作委员会，市级机关行业协会党委
上海市旅游行业协会下辖饭店业分会，旅行社分会，旅游教育分会，旅游景点分会，水上旅游分会，旅游商品与装备分会，在线旅游分会
上海市旅游行业协会现有会员 981 家，理事单位 249 家，常务理事单位 115 家。其中饭店业分会（会员 216 家）旅行社会会（540 家），旅游教育分会（42 家），旅游景点分会（105 家），水上旅游分会（11 家），旅游商品与装备分（23 家），在线旅游分会（30 家），协会综合旅游会员单位 14 家</td></tr>
</table>

上海市银行同业公会

协会名称	上海市银行同业公会		电话	68286952	
地址	杨高南路428号2号楼20层	邮编	200127	传真	68286966
网址	www.sbacn.org	所办刊物		《上海银行同业》	
协会简介	上海市银行同业公会原名上海市银行（外汇）同业协会，成立于1992年12月22日，1998年改为现名。公会是经上海市社会团体管理局批准，依法设立的由设在上海市行政区内的商业银行等金融机构自愿组成的专业性、非营利性、行业性的社会团体法人，其业务主管单位为上海银监局。经考证，现今的上海市银行同业公会是成立于1918年的上海银行公会的历史延续，两者一脉相承 公会履行行业自律、维权、协调、服务职责，旨在维护上海银行业良好秩序和健康发展环境，实现会员共同利益，为促进上海国际金融中心建设发挥积极作用 截至2016年7月下旬，公会共有184家会员单位，其中正式会员156家、准会员28家。会员单位包括：政策性银行、民营银行、大型商业银行、股份制商业银行、城市商业银行、资产管理公司、村镇银行、外资银行及商业银行持牌专营机构等。准会员单位为外资金融机构驻沪代表处 公会致力于建设成为与上海银行业地位相匹配，与上海国际金融中心建设相适应的职业化、专业化、国际化的高水准行业组织				

上海纺织协会

协会名称	上海纺织协会		电话	62767579	
地址	澳门路158号801室	邮编	200060	传真	32523639
网址	www.shtex.org.cn				
协会简介	上海纺织协会由上海纺织控股（集团）公司、东方国际（集团）有限公司、上海恒源祥（集团）有限公司、维科控股集团股份有限公司、东华大学、上海工程技术大学及11家纺织服装相关专业协会（学会）等27家发起人单位，经上海市经济和信息委员会（原上海市经委）和上海市社会团体管理局批准，于2008年12月17日成立。是纺织行业的企事业单位及相关事业单位自愿组成的跨地区、跨所有制的非营利性的行业性社会团体法人 协会宗旨：在政府的指导下，充分发挥代表、协调、自律、服务功能。在品牌发展、纺织制造、商贸流通、科技研发、时尚创意、人才培育、展示展览、信息咨询、纺织检测、物流配送、跨地区合作交流等领域开展工作 协会第一批入会单位数量已超过250家，会员涵盖制造业企业、贸易类企业、科研院校、行政事业单位和社团机构等多种经济类别				

上海市咨询业行业协会

协会名称	上海市咨询业行业协会		电话	021–53821058	
地址	雁荡路 84 号 2 号楼 2407 室	邮编	200020	传真	53821058
网址	www.shact.org.cn	所办刊物		《咨询信息》内刊	
协会简介	上海市咨询业行业协会成立于 1987 年 3 月。协会业务范围包括：学术研讨，信息交流，人才培训，咨询服务，行业管理。协会现有各种经济类型会员单位 110 多家，截至 2018 年底，协会负责登记注册管理的上海市注册咨询专家和咨询师 400 余名 协会坚持以行业服务为主要职能，开展行业调查研究，组织大型咨询论坛、青年咨询论坛和咨询理论与实践研讨会，开展国内外咨询业交流，编撰行业发展报告，组织专业或多学科咨询服务，评审上海市信誉咨询机构、上海青年咨询精英、上海市注册咨询专家和咨询师，开展继续教育培训，努力培养咨询人才 协会于 2017 年 9 月被上海市民政局、市人力资源和社会保障局、市社会团体管理局评为《上海市先进社会组织》。2019 年获上海市民政局（上海市社会组织管理局）颁发的中国社会组织评估等级 3A。2019 年被评为上海市科协三星级学会				

上海市电力行业协会

协会名称	上海市电力行业协会		电话	51525222	
地址	北京东路 239 号	邮编	200002	传真	63211971
网址	www.sepa.com.cn	所办刊物		《上海电力行业信息》	
公众号	上电行协				
协会简介	上海市电力行业协会成立于 2004 年 9 月 28 日，至今会员单位共 188 家，有发供电、建设施工、装备制造和物流、科研院校等 4 个分会 协会以“服务政府、服务行业、服务会员”为宗旨，以政府参谋者、政策制定参与者与政策落地宣导者的身份定位，以聚焦政策宣导、推动政策执行与反馈企业诉求的服务重点，在政府宏观调控指导与企业微观落地执行之间架起一道政企多维沟通桥梁，积极推动会员单位、上海市电力行业乃至中国电力行业的健康、高质量发展 在上海市政府、市经信委、市社团局、中电联等关心指导及会员单位的大力支持下，协会先后获得“全国省级电力行业协会先进单位”“中国国际工业博览会优秀组织奖”等多项荣誉称号				

上海市保险同业公会

<table>
<tr><td>协会名称</td><td colspan="2">上海市保险同业公会</td><td>电话</td><td colspan="2">63155989</td></tr>
<tr><td>地址</td><td>中山南路 1228 号 8 楼</td><td>邮编</td><td>200011</td><td>传真</td><td>63155990</td></tr>
<tr><td>网址</td><td colspan="5">www.shia.org.cn</td></tr>
<tr><td>协会简介</td><td colspan="5">上海市保险同业公会成立于 1994 年 2 月，为上海保险行业企事业单位自愿组成的非营利性的行业性社会团体法人，为上海市 5A 级社会组织。现有各种所有制会员单位 314 家。理事会下设车险、非车险、反保险欺诈、个人营销（人身险）、银行保险、团体保险、电销保险、意健险、品牌建设和文化传播、保险代理、保险经纪、保险公估等 12 个专业委员会
公会遵循章程，发挥五大职能，深化自律工作；创新服务，辅助社会治理，创新研发“上海道路交通事故‘快处易赔’管理信息系统”（获“2017 年上海市金融创新二等奖”）、“上海市水灾风险地图”（获“2015 年上海市金融创新提名奖”）；创新建立“联合化解保险纠纷工作机制”（获上海市金融服务办公室颁发的“金融服务创新入围奖”）</td></tr>
</table>

上海市气体工业协会

<table>
<tr><td>协会名称</td><td colspan="2">上海市气体工业协会</td><td>电话</td><td colspan="2">64477797</td></tr>
<tr><td>地址</td><td>广元西路 309 号 306 室</td><td>邮编</td><td>200030</td><td>传真</td><td>64477797</td></tr>
<tr><td>网址</td><td>www.sgia.com.cn</td><td colspan="2">所办刊物</td><td colspan="2">《上海气协简讯》</td></tr>
<tr><td>协会简介</td><td colspan="5">上海市气体工业协会是由上海市气体工业中专业气体生产、气体储运、空分装备、承压设备制造、相关仪器仪表和零配件制造等单位，科研单位、检测中心和大专院校等相关企事业单位，以及在本专业领域内具有一定影响的个人自愿组成的非营利性的专业性社会团体法人
协会任务：1. 研究气体工业发展问题，促进气体工业结构调整，引导气体工业向专业化、社会化、集约化、综合化、管理化和国际化等方向的发展，促进气体工业的持续发展；2. 搜集、反馈有关气体工业的相关信息，组织技术、安全和管理等经验的交流，组建信息网络，提供信息服务；3. 协助政府参与制定有关气体工业的技术标准、产品标准、检测标准、管理规范和安全规范，并组织贯彻实施；4. 组织开展咨询服务和技术协作活动、举办各种培训、研讨和专题讲座等活动，提供海内外及国际交流与合作活动平台；5. 协助政府研究制订气体工业发展的规划，开展政策研究和专题调研，反映气体工业企业发展中存在问题和要求，及时向政府提出意见和建议；6. 协助政府对气体工业安全工作进行监督、管理和验收，并做好气体工业市场的规范和管理工作；7. 协助政府对气体工业的产品质量进行监督和抽查，促进相关产品质量的不断提高；8. 接受委托对气体工业和有关项目进行可行性论证，为政府有关部门行政审批提供依据等</td></tr>
</table>

上海市企业法律顾问协会

协会名称	上海市企业法律顾问协会		电话	52710567	
地址	静安区天目西路 511 号 604 室	邮编	200070	传真	52710567
网址	www.scca.org.cn	所办刊物		《企业法律顾问》	
公众号	qyflgwxh				
协会简介	上海市企业法律顾问协会成立于 2004 年 1 月，是由本市企业法务工作者及有关单位自愿参加，具有法人资格的专业性、非营利性社会团体 协会业务主管机关市上海市经济和信息化委员会。协会接受上海市社会团体管理局、上海市经济和信息化委员会、上海市国有资产监督管理委员会以及上海市司法局的监督管理和业务指导 协会业务范围是：法治宣传、法律培训、实务研究、业务咨询、法律服务、纠纷协调、权益维护、合作交流、承担政府部门委托的相关工作等 协会是企业法治建设的服务平台，也是联系政府、企业及其他组织的桥梁和纽带。协会将集聚各方资源，开展法治宣传和法律服务，为全面依法治国贡献力量 协会于 2014 年被上海市社团局评为中国社会组织规范化建设 4A 级协会，并连续多年被上海市经济团体联合会评为先进协会					

上海市信息安全行业协会

协会名称	上海市信息安全行业协会		电话	33931881	
地址	浦东新区张衡路 500 号 1 号楼 6 楼	邮编	201204	传真	33931880
网址	www.sisa.org.cn	所办刊物		《行业动态选编》	
协会简介	上海市信息安全行业协会成立于 2003 年 3 月，是由上海信息安全行业同业企业以及其他相关经济组织自愿组成、实行行业服务和自律管理的非营利性的社会团体 协会现有会员单位 100 余家，包括信息安全企业及用户单位。协会下设商用密码专业委员会、ISG 中国信息安全职业技能竞赛组委会办公室、中国信息安全用户大会秘书处、上海市信息安全高技能人才培训基地、上海市“四新”经济人才实训基地、上海市信息安全服务能力评估办公室。协会拥有内部期刊《行业动态选编》 在大众创业、万众创新及上海建设具有全球影响力的科技创新中心的新形势下，协会将贯彻中央网信办确定的信息安全与信息化之间“以安全保发展、以发展促安全”的方针，进一步提升服务意识，加强诚信自律建设，改进协会管理，提高协会公信力和影响力，推进行业自律体系和社会信用体系建设，促进信息安全行业健康发展					

上海市海外经济技术促进会

<table>
<tr><td>协会名称</td><td colspan="2">上海市海外经济技术促进会</td><td>电话</td><td colspan="2">64155911</td></tr>
<tr><td>地址</td><td>肇嘉浜路 212 号明珠大饭店 1103 室</td><td>邮编</td><td>200031</td><td>传真</td><td>64155911</td></tr>
<tr><td>协会简介</td><td colspan="5">上海市海外经济技术促进会于 1988 年得到上海市人民政府支持，为促进上海对外经济技术合作、积极参与“四引进”活动而成立。是经上海市民政局注册的全市性非营利社会团体法人，归口中共上海市委统战部主管并接受上海市归国华侨联合会指导
本会由致力于促进上海对外经济技术合作的归国华侨、侨眷，在沪发展事业的海外华侨、留学生，港澳台同胞和其他有关人士及单位自愿组成，分布于经济、科技、教育、工业、商贸等领域
海促会宗旨：为国兴利，为民兴业，竭诚服务
主要业务：牵线搭桥、沟通信息、为海内外投资与贸易咨询服务；开展科技咨询、人才交流、工业加工、商务考察、物资流通和企业人员培训。同时，受托为国内外企业在沪开展业务联络及项目招商
海促会内设秘书处（办公室）、经济贸易部、综合信息部、科技教育部，下属设有上海侨茂工贸有限公司等</td></tr>
</table>

上海市信用服务行业协会

<table>
<tr><td>协会名称</td><td colspan="2">上海市信用服务行业协会</td><td>电话</td><td colspan="2">50396501</td></tr>
<tr><td>地址</td><td>杨浦区安波路 998 号 2 号楼 3 层</td><td>邮编</td><td>200433</td><td>传真</td><td>50396502</td></tr>
<tr><td>网址</td><td colspan="5">mp.weixin.qq.com</td></tr>
<tr><td>协会简介</td><td colspan="5">上海市信用服务行业协会于 2005 年 6 月成立，是本市从事信用服务的同业企业及其他经济组织自愿组成的跨部门、跨所有制的非营利性行业性社会团体法人。协会获得中国社会组织评估 4A 等级。协会的业务范围是：行业调研规划、标准制定、学术研究、信息交流、咨询服务、培训及从业人员资质认定。协会目前现有会员单位 100 余家。目前协会设有上海市信用服务行业协会培训机构专业委员会、上海市信用服务行业协会信用研究专业委员会、上海市信用服务行业协会企业信用管理专业委员会、上海市信用服务行业协会新金融信用管理专业委员会等 4 个分支结构
协会拥有著作权和商标注册权：
1. 长三角信用论坛（上海、江苏、浙江、安徽）；
2. 合作著作权注册（甲方：上海市信用服务行业协会；乙方：深圳市信用促进会）：信用天下 50 人论坛之 – 论剑</td></tr>
</table>

上海市外商投资协会

协会名称	上海市外商投资协会		电话	62958677	
地址	娄山关路 55 号 615 室	邮编	200336	传真	62751423
网址	www.saefi.org.cn				
所办刊物	《上海外资》《外资信息》《商务法规选编》				
协会简介	上海市外商投资协会，是经上海市政府批准成立的由外商投资企业、台港澳投资企业和其他有关组织联合组成的非营利性的社会团体，是社会团体法人。上海市外商投资协会成立于 1988 年 3 月。2015 年 5 月第七届会员代表大会选举产生了新的领导成员，刘锦屏为会长 协会宗旨：遵守中华人民共和国宪法，贯彻执行国家对外开放、鼓励外商投资的法律、法规和政策，努力为会员和投资者服务，维护会员和投资者的合法权益；增进会员企业中外各方、会员和政府有关机构以及会员之间的联系、了解与合作；沟通信息，交流经验，促进会员在上海现代化建设事业和国际经济合作中发挥积极作用				

上海中华老字号企业协会

协会名称	上海中华老字号企业协会		电话	52043003	
地址	岚皋路 182 号	邮编	200061	传真	52043003–107
网址	www.brightfood.com				
协会简介	上海中华老字号企业协会由上海市具有一定历史和相当知名度、一定文化代表性和地方特色的一批“中华老字号”名店、名庄、名厂、名号组成 协会致力于百年民族品牌“中华老字号”的保护和发展，是政府和“老字号”企业的桥梁纽带。协会秉承“保护资源、提升品牌、传承经典、弘扬文化”的宗旨，努力为“中华老字号”企业搭建健康发展的服务平台，促进“中华老字号”企业间相互沟通、交流和合作。为培育发展代表上海国际大都市形象和品位的大品牌相匹配，具有自主知识产权的知名品牌做出应有的贡献				

上海船舶工业行业协会

协会名称	上海船舶工业行业协会		电话	021-58862810	
地址	浦东新区浦东大道1号 中国船舶大厦12B05A单元	邮编	200120	传真	58862809
所办刊物	《上海船舶工业》	公众号		上海船舶工业行业协会	
协会简介	上海船舶工业行业协会成立于1993年，成员为上海地区主要从事船舶及其配套设备的研究、设计、制造、修理、经贸、教学的企事业单位，为自愿组成的跨部门、跨所有制的非营利性的行业性社会团体法人，现有会员单位103家。2017年，协会顺利通过上海市社会团体管理局组织的评估，再次获得“中国社会组织评估等级4A级社会组织”称号；2018年获上海市商务委“年度产业安全预警监测”优秀组织奖。由协会牵头主办的第二十四届“中国（上海）国际船艇及其技术设备展览会”，于2019年6月20日—23日在国家会展中心（上海）成功举办，展会吸引600多家中外展商，来自85个国家及地区的3.5万余名观众共襄盛举，展会期间还主办了“2019中国国际船艇产业高级论坛”。此外，协会还承担了政府各类研究课题				

上海市电梯行业协会

协会名称	上海市电梯行业协会		电话	56951274	
地址	静安区中山北路198号申航大厦1309室	邮编	200071	传真	56951451
网址	www.sh-ea.net.cn	所办刊物		《上海电梯》	
公众号	上海电梯				
协会简介	上海市电梯行业协会成立于1988年8月，会员由电梯制造、安装维保、配件公司及其他大专院校、建筑设计、房地产业、物业管理、政府部门等单位所组成。在2012年和2017年连续两届被评为“上海市先进社会组织”。2012年获得“中国社会组织评估等级5A级”荣誉，2017年通过复审。协会承接政府项目，发挥好协会桥梁纽带作用；急企业之急，帮企业之需，解企业之难！服务会员单位、服务行业，积极响应企业的呼声				

上海中药行业协会

协会名称	上海中药行业协会		电话	63236204	
地址	福州路 107 号 228 室	邮编	200002	传真	63214899
网址	www.stcma.cn	所办刊物		《中成药》 《上海中药行业信息》	
协会简介	上海中药行业协会成立于 1989 年 12 月，是以上海市中药工商企业为主体的社会团体。现有会员单位近 261 家，会员企业覆盖率达到上海市中药行业企业总数的 93%。行业主管部门是上海市经济和信息化委员会。协会于 2018 年 4 月进行了换届改选，选举产生了协会第七届理事会，选举产生 87 家理事单位，其中：会长单位 21 个。监事会 3 人，其中监事长 1 人。会长由杨弘担任。陈怡霞任协会秘书长 上海中药行业协会是一个集科、工、贸于一体的综合性协会，是一个专业性强、规范管理要求高的特殊行业。上海中药行业协会立足“服务、自律、代表、协调”四项基本职能，围绕中药经济发展，对本行业的发展战略、创新发展、技术进步等各方面进行调查研究，提出对策建议，参与制订行业发展规划；协会接受政府相关职能部门的政府购买项目，负责本行业经济运行相关数据统计；加强自律管理，推进行业诚信建设；弘扬中医药文化，促进上海中药产业的发展 经过第三方评估机构审评、上海市社会组织评估委员会认定评审，上海市民政局最终审定上海中药行业协会先后于 2013 年和 2018 年度两次评估等级为 5A 级				

上海粮油食品工程技术协会

协会名称	上海粮油食品工程技术协会		电话	63137800	
地址	打浦路 457 弄 408 室	邮编	200011	传真	63168308
协会简介	上海粮油食品工程技术协会成立于 1997 年 9 月，是由上海粮食系统中具有中、高级职称的工程技术人员和部分经济管理人员及市内为具有法人资格的粮油企事业单位所组成 协会特性：民间性、技术性、中介性、自律性和跨地区、跨所有制、跨行业 业务范围：开展技术、经济、信息等中介服务，以及进行业务培训、咨询等				

上海市企业清算协会

<table>
<tr><td>协会名称</td><td colspan="2">上海市企业清算协会</td><td>电话</td><td colspan="2">63213530</td></tr>
<tr><td>地址</td><td>福州路 107 号 710 室</td><td>邮编</td><td>200002</td><td>传真</td><td>63210067</td></tr>
<tr><td>网址</td><td>www.qsxh.sh.cn</td><td>邮箱</td><td colspan="3">smela@vip.163.com</td></tr>
<tr><td>协会简介</td><td colspan="5">上海市企业清算协会成立于 2004 年 2 月，是由清算中介机构及从事与清算工作有关的单位自愿组成的专业性、非营利性社会团体法人。协会宗旨：遵守国家法律、法规和政策，遵守社会道德风尚，团结清算相关企业和单位，规范清算市场，提倡有序竞争，维护国家利益和会员利益。发挥协调、服务、监督的职能；促进上海清算事业的规范与发展
协会业务主管单位是上海市经济和信息化委员会。协会将清算、审计、评估、房地产估价、咨询、法律服务、产权交易、拍卖等中介机构联合起来，遵照本会宗旨开展活动，是连接政府、法院与各中介机构之间的桥梁和纽带
协会在保证公正、公平、公开的前提下，积极为会员单位提供交流平台，共享专业信息，介绍相关业务。同时进一步营造有助于会员单位公平竞争的氛围，努力提高企业清算工作的规范化、程序化、法治化水平，从而塑造良好的市场形象，提高协会的“影响力”和“公信力”
协会竭尽全力为企业在资产重组、破产、清算、合并、分离、歇业、关闭等方面提供“一揽子”清算服务。近年来，本会的会员单位已为上海和中央在沪单位的国有、三资、外贸以及民营等 1000 多户企业提供了清算和破产等服务，得到了市政府有关部门、各级法院以及集团公司的肯定和好评
协会自 2006 年 4 月起开展清算师岗位资格培训工作，到 2009 年 9 月有 250 多人参加培训，经考试合格、共有 191 名学员获得由上海市人事局等部委颁发的“清算师”岗位资格证书，至此，全国诞生第一批“清算师”。2010 年后，协会开展清算师岗位能力培训工作，已有 36 名学员经培训考试合格，获得长江三角洲紧缺人才项目岗位能力考核委员会颁发的“清算师”岗位能力证书</td></tr>
</table>

上海市无线电协会

<table>
<tr><td>协会名称</td><td colspan="2">上海市无线电协会</td><td>电话</td><td colspan="2">64183900　64183802</td></tr>
<tr><td>地址</td><td>复兴中路 585 号 207 室</td><td>邮编</td><td>200127</td><td>传真</td><td>64183820</td></tr>
<tr><td>网址</td><td colspan="5">www.shra.com.cn</td></tr>
<tr><td>协会简介</td><td colspan="5">上海市无线电协会成立于 2003 年 12 月 18 日，现有会员 130 家。协会是由无线电管理研究、设计、生产及运用单位自愿组成的本地区无线电业的专业性、非营利性的社会团体。协会的宗旨是以经济建设为中心，发挥政府与企事业间的桥梁和纽带作用，为政府宏观决策和企业生产经营服务，促进无线电技术进步，持续快速健康发展。协会业务有：打造行业诚信体系，促进企业自律规范经营；建立企业诚信档案，开展诚信企业推荐活动；倾听企业需求，架设政府和企业沟通的桥梁；为企业提供技术支持，组织专业领域学术研讨等</td></tr>
</table>

上海市通信制造业行业协会

协会名称	上海市通信制造业行业协会		电话	61097310	
地址	金钟路633号A楼5楼	邮编	200127	传真	61097310
网址	www.shcia.net.cn				
协会简介	上海市通信制造业行业协会成立于2002年3月，为上海通信制造业行业企事业单位自愿组成的跨部门、跨所有制的非营利性的行业性社会团体法人 协会现有会员单位98家，其中副会长单位9家，理事单位20家。协会下设移动终端、IPv6等专委会，并建立了各专业领域的专家库 上海大中型通信设备制造商和主要研发机构均为协会会员单位。如上海贝尔股份有限公司、上海大唐移动通信设备有限公司、上海普天邮通科技股份有限公司、上海市漕河泾新兴技术开发区发展总公司、诺基亚西门子通信（上海）有限公司、联芯科技有限公司、上海广电信息产业股份有限公司、闻泰集团、上海集成电路设计孵化基地、上海华为技术有限公司、龙旗科技（上海）有限公司、希姆通信息技术（上海）有限公司、上海博达数据通信有限公司等 协会有网站，出刊简报、月报、每周信息汇编等；建立了行业自律、诚信体系；配合政府承接行业课题研究。同时，与重点园区建立密切的对接机制，借助于协会平台优势，推进物联网，TD-LTE联盟的建设工作；进行行业调研，掌握业内动态；协调企业知识产权和贸易纠纷；开展专题培训，指导企业做好各类项目申报工作；为上下游产业链企业、国内外同行提供交流与合作的拓展渠道等					

上海市消毒品协会

协会名称	上海市消毒品协会		电话	65573319　65576436	
地址	中原路60弄1号801室	邮编	200438	传真	65574854
网址	www.disinfection-china.com	所办刊物		《中国消毒信息报》	
协会简介	上海市消毒品协会成立于2004年。现有168余家会员单位，主要来自上海市和华东各省，北京、吉林、山东、陕西、湖北、安徽、四川、广东等省市也有消毒企业参加；会员和理事单位还有来自德国、美国、英国、日本的消毒企业 协会在市经信委、市社团管理局、市卫生局、中国标准出版社、协会专家委员会和会员单位的大力支持下，编制和发布了《公共场所消毒技术规范》（2006年第一版，2010年第二版，中国标准出版社）、《医院消毒技术规范》（2008，中国标准出版社）、《救灾防疫消毒技术指南》（2008）、《甲型流感消毒技术指南》、《家庭消毒技术指南》（2006，解放军音像出版社）、《家庭防病消毒》（系列电视教育片，2011）等。组织全国70多位专家编写出版了消毒学专著《消毒灭菌防腐保藏》（2008，人民卫生出版社）；协会主办的《中国消毒信息网》点击已达100多万人次，成为中国第一消毒网站，在业内具有较高的权威性，在消息交流、政策法规的宣传、学术和技术研讨等方面起到了很好的作用					

上海木材行业协会

协会名称	上海木材行业协会		电话	65456080	
地址	唐山路923号木材大厦3楼	邮编	200082	传真	65459371
协会简介	上海木材行业协会成立于2003年4月，为上海及周边地区木材流通、加工及行业相关的企事业单位与组织自愿组成的跨部门、跨所有制的非营利性的行业性社会团体法人，下设红木专业委员会、多层实木地板专业委员会、楼梯专业委员会、针叶材专业委员会、营销分会、阔叶木专业委员会、木门专业委员会、装饰材料分会、工程木分会、木皮分会、家居材料分会、全屋定制专业委员会12家分支机构。协会现有各种所有制会员单位400多家 协会宗旨：遵守国家宪法、法律、法规，执行国家各项方针政策，全心全意为行业和会员服务，促进技术进步，推进行业发展，维护会员合法权益，切实加强行业管理，规范木材市场，推广绿色环保 协会受权管理及编辑国家级专业刊物《中国木材》，向会员单位及全国木材行业提供各类信息和专业指导。协会设有投诉咨询、市场发展、检验鉴定、上海木业网站、编辑部以及信息中心、木材科学技术研究中心等部门。每年处理消费者及企业投诉或咨询数百次 协会经国家林业局、国家劳动部授权设有“中国木材行业职业技术鉴定站”，具有国家级的行业培训与职业鉴定资格				

上海应急消防工程设备行业协会

协会名称	上海应急消防工程设备行业协会		电话	51211758	
地址	静安区江场三路181号4楼	邮编	200436	传真	51211758-7059
网址	119shfire.com	所办刊物		《协会报》	
协会简介	上海消防工程设备行业协会成立于2014年7月，先后成立产品分会、投融资分会、应急安全科普专业委员会、专家委员会、标准委员会等。协会秉承：民间办会，做市场需要却无人牵头的事，做政府要做却无精力去做的事；做政府帮手，服务会员、抱团发展的理念。健全民主办会，提升办会品质，为政府提供决策咨询，制定行业标准，服务企业发展。2019年6月更名为上海应急消防工程设备行业协会。建立了“上海消防科技高技能人才培养基地”“上海市“四新”经济人才培养基地”“上海消防设备职业技能鉴定所”“上海应急安全（大消防）团体标准试点”。协会先后获得“上海市社团组织AAAA级行业协会“先进行业协会”“工博会优秀组织奖”“上海市公益基地”等称号				

上海市建筑五金门窗行业协会

<table>
<tr><td>协会名称</td><td colspan="2">上海市建筑五金门窗行业协会</td><td>电话</td><td colspan="2">56554829 56554187
56554723</td></tr>
<tr><td>地址</td><td>大统路 938 弄 7 号 2001 室（近中华新路）</td><td>邮编</td><td>200070</td><td>传真</td><td>56554709</td></tr>
<tr><td>网址</td><td>www.shwjmc.com</td><td>邮箱</td><td colspan="3">shwjxh@126.com</td></tr>
<tr><td>所办刊物</td><td colspan="5">《建筑五金与门窗》月刊</td></tr>
<tr><td>协会简介</td><td colspan="5">上海市建筑五金门窗行业协会（原名上海市建筑五金协会），于 2003 年 4 月 16 日经上海市行业协会发展署批准更名。协会主要是把上海地区从事建筑五金、建筑门窗生产、设计、科研、教育、流通、安装等相关企事业单位自愿组成实行行业服务和自律管理跨部门、跨系统、跨所有制的非营利性的行业性社会团体法人。协会有会员单位 550 家
协会宗旨：根据国家经济建设所规定的方针、政策、协助统筹促进行业发展，保障行业公平竞争，维护会员合法权益、加强产、供、销、科研、设计、施工及使用单位、会员与政府、社会的联系，促进建筑五金、建筑门窗产品的技术和经济效益的不断提高
协会所辖的产品范围：建筑门窗、船用门窗；建筑门窗配件、附件；船用门窗配件、附件：卫生洁具及配件、水暖五金；锁具；轻钢龙骨及配件；建筑五金、装饰五金、厨房五金；卷帘门、车库门、围墙电动门、自动门；建筑模板、钢质脚手架钢管和扣件；丝、钉、板、网和建筑五金器具等
协会行业业务主管单位是上海市建设和交通委员会，登记管理机关是上海市社会团体管理局</td></tr>
</table>

上海市食品协会

<table>
<tr><td>协会名称</td><td colspan="2">上海市食品协会</td><td>电话</td><td colspan="2">62292719</td></tr>
<tr><td>地址</td><td>静安区新闸路 945 号 309 室</td><td>邮编</td><td>200041</td><td>传真</td><td>62362291</td></tr>
<tr><td>网址</td><td>www.shfood.net</td><td>公众号</td><td colspan="3">上海市食品协会</td></tr>
<tr><td>所办刊物</td><td colspan="5">《上海食品》</td></tr>
<tr><td>协会简介</td><td colspan="5">上海市食品协会成立于 1982 年 2 月，是改革开放后上海第一个以协会形式实施行业管理的综合性 5A 级社会组织。原名上海市食品工业协会，首任会长是时任副市长裴先白。1997 年，时任副市长冯国勤任协会会长后，改名为上海市食品协会。协会第三任会长任徽典，第四任会长葛根庆，第五任会长菅和平，第六任会长张华，现任会长李林。常务副会长兼法定代表人高克敏
至 2020 年年底，共有会员企业 460 家，会员企业销售额占上海市食品类销售 70% 以上
协会业务范围是：行业调研、行业协调、行业培训、会展招商、编辑出版、咨询服务、信息交流、参与标准制定、产品评审推介、组织国内外考察等
协会下属上海现代职业技能培训中心（学校）和上海高技能人才培训中心和职业技能鉴定中心；内设烘焙、品牌、生鲜等 9 个专委会，以及法律服务工作室等部室和机构</td></tr>
</table>

上海胜华电缆（集团）有限公司

企业名称	上海胜华电缆（集团）有限公司	电话	68171788
地址	沪南公路 7577 号	邮编	201314
网址	www.shancable.cn	传真	68171781
所有制性质	民营企业		
企业简介	上海胜华电缆（集团）有限公司是经上海市政府有关部门批准成立的国家大型民营企业，其前身是始创于 1987 年的上海海新电缆厂、1998 年更名为上海胜华电缆厂，2002 年重组成立上海胜华电缆集团。是中国线缆行业最大的制造商之一，位居中国制造业 500 强第 309 位、中国电气机械设备第 17 位、中国机械 500 强第 55 位、中国民营企业 500 强第 96 位、中国线缆行业 20 强第 2 位，总注册资本 8 亿多元，总资产 19 亿元。现有子公司 30 多家，国内销售公司 500 多家，员工 5000 多人，年生产线缆能力近 110 万千米，年产值 90.6 亿元 近年来，集团投资数亿元在上海、合肥、新乡、沈阳、银川、成都、襄樊建立线缆生产基地；在上海青浦、南汇和合肥建立铜材和塑料生产基地；投资 5 亿元收购安徽绿宝电缆股份有限公司（合肥电缆厂）、新乡电缆厂和上海申铜铜业公司，重组成立中国绿宝电缆集团和河南胜华电缆有限公司等 10 多家沪外全资与控股企业。在上海投资 3 亿元成立上海胜华电气股份有限公司、上海胜华特种电缆公司、上海胜华核级电缆公司、上海胜华船舰电缆公司等 10 多家企业。投资领域涉及电线电缆、铜材加工、化工塑料等，形成跨地区、跨行业、跨国界的现代企业集团 集团主要生产 110KV 以下电力电缆、橡套电缆、控制电缆、分支电缆、铜包铝电缆、特种电缆、核级电缆、船舰电缆及高科技的环保电缆等 80 个系列 2 万多个品种，产品均获国家生产许可证、3C 认证和国家煤炭工业“MA”安全标志准用证，被评为国家免检产品、国家级新产品，“新昕”商标被认定为中国驰名商标，企业通过了 ISO9001 和 ISO14001 认证。胜华电缆以其先进的技术、可靠的质量、优质的服务和合理的价格广泛应用于电力、水利、煤炭、石化、冶金、建筑、铁道、通信、交通及城市基础设施建设领域，并出口俄罗斯、澳大利亚、印尼、巴基斯坦等 30 多个国家与地区			

上海科技成果转化促进会

协会名称	上海科技成果转化促进会		电话	23188488	
地址	北京西路 860 号市政协综合楼 403 室	邮编	200041	传真	62581611
协会简介	上海科技成果转化促进会成立于 2003 年 9 月，在市委、市政府、市政协领导的关心和指导下，充分发挥政协“人才库”“智囊团”和联系广泛的优势，坚持围绕市委科教兴市战略，履行政协参政议政职能的主导方向，为中小企业服务，探索建立了“5 + 1”（政协联合科技、教育、经济、金融、中介等单位以及社会团体）的组织模式。现有会员 247 家和专家 376 位。经过多年的实践探索，在促进产学研的互动发展上，在促进科技成果转化上起到了一定的推动作用。先后为 1500 多家（次）高校、科研、企业单位牵线搭桥，不同程度地促进了一批科技成果的转化、应用。构建了促进科技成果转化的信息、推介、培训、咨询、合作等 5 个服务系统，形成 6 个促进科技成果转化的主要服务载体				

上海市质量协会

<table>
<tr><td>协会名称</td><td colspan="2">上海市质量协会</td><td>电话</td><td colspan="2">021-52588289</td></tr>
<tr><td>地址</td><td>长宁区泰安路 74 号</td><td>邮编</td><td>200052</td><td>传真</td><td>52580276</td></tr>
<tr><td>网址</td><td>www.saq.org.cn</td><td colspan="2">所办刊物</td><td colspan="2">《上海质量》</td></tr>
<tr><td>公众号</td><td colspan="5">名称：上海质量　微信号：shanghaiquality</td></tr>
<tr><td>协会简介</td><td colspan="5">上海市质量协会（原名“上海市质量管理协会”）是由上海致力于质量管理与质量创新事业的企事业单位自愿组成的专业性非营利性社会团体法人。1981 年 6 月 13 日，经上海市人民政府批准成立，已成长为在国内外具有影响力的 5A 社团组织之一
上海市质量协会深入学习贯彻习近平新时代中国特色社会主义思想，始终坚持“服务国家、服务社会、服务群众、服务行业”的宗旨，遵守国家的法律、法规和政策，遵守社会道德风尚，组织团结全体会员单位，宣传贯彻党和国家的质量法律、法规和方针、政策，传播先进质量理念、方法和技术，切实推进质量提升行动
业务范围主要包括：质量培训；调查研究；学术交流；用户服务与质量评价；质量咨询；推荐质量管理奖、质量技术奖、优秀 QC 小组</td></tr>
</table>

上海市锻造协会

<table>
<tr><td>协会名称</td><td colspan="2">上海市锻造协会</td><td>电话</td><td colspan="2">56300697</td></tr>
<tr><td>地址</td><td>中兴路 960 号 6 号楼 403</td><td>邮编</td><td>200070</td><td>传真</td><td>56311282</td></tr>
<tr><td>邮箱</td><td>shdx88@126.com</td><td colspan="2">所办刊物</td><td colspan="2">《上海锻压》内部月刊</td></tr>
<tr><td>协会简介</td><td colspan="5">上海市锻造协会成立于 1984 年 6 月，是由上海及周边地区的锻造企业及相关企业事业单位自愿组成的跨地区、跨部门、跨所有制的非营利性的社会团体法人。上海市锻造协会现有会员 200 家，遍及上海、江苏、浙江、安徽、山东、福建等省市。除专业锻造企业，还涉及锻压设备制造、加热设备制造、工艺技术、原辅材料、研究开发等相关企业及大专院校、科研院所
上海市锻造协会的宗旨是为企业服务，当好政府的助手，成为连接政府和企业之间的桥梁和纽带。维护锻造企业的共同利益，建立行业自律机制，联合各方面力量推动锻造生产向绿色化、集约化、节能、降耗、增效的方向健康发展
上海市锻造协会设立秘书处，负责协会的日常工作，具体开展调研规划、行业自律、技术交流、技术咨询、技术服务、信息发布、企业达标、教育培训、产品推介、质量评优、对外合作交流及制订质量标准，负责办刊、办会及会员入会、会费收缴等项工作</td></tr>
</table>

上海市标准化协会

协会名称	上海市标准化协会		电话	54048034	
地址	长乐路 1219 号 902–904 室	邮编	200031	传真	54048034
网址	www.cnsas.cn	所办刊物		《质量与标准化》	
协会简介	上海市标准化协会，成立于 1981 年 4 月，日常办事机构为秘书处，下设办公室、培训中心、咨询中心、企业服务中心等部门 协会坚持以服务企业、服务社会、服务经济为宗旨，依托各行各业，团结和组织上海市标准化工作者，开展标准化学术研究、标准体系建设、标准制定和修订、标准化培训、科普宣传、编辑出版、国内外交流等全方位的标准化服务 协会受上海市质量技术监督局委托，接受上海企业产品标准备案；协会是上海市科学技术协会认定的科技评价机构，开展技术标准水平评价 协会设有组织、科普学术、教育培训、技术咨询等工作委员会，并拥有纺织、汽车、机电、轻工、化工、船舶、仪电、航空、宇航、有色、能源、信息、印刷包装、粮油、花卉苗木、蔬菜、饲料、种植、水产、医药、建筑建材和服务等 22 个标准化专业委员会 协会拥有涉及各专业领域的标准化专家队伍，可承担各行业的标准化技术服务；拥有优秀的标准化教师队伍和一系列实用教材，开展标准化岗位培训、各类标准的宣贯培训和标准化工程师资格考试培训 协会主办有《质量与标准化》杂志、《上海市标准化协会通讯》和独立的信息网站。以加大标准化知识宣传普及和技术的推广应用，也是协会联系、服务会员的平台					

上海漕河泾新兴技术开发区企业协会

协会名称	上海漕河泾新兴技术开发区企业协会		电话	64850000	
地址	徐汇区宜山路 868 号 4 楼	邮编	200233	传真	64955475
网址	ea.caohejing.com				
协会简介	上海漕河泾新兴技术开发区企业协会，是经上海市社会团体管理局批准设立的市级社会团体，活动区域覆盖上海漕河泾新兴技术开发区的在上海设立的多个园区以及在浙江海宁和江苏盐城设立的两个分区 协会成立于 1998 年 9 月，是由上海市漕河泾新兴技术开发区发展总公司等单位发起，漕河泾开发区内各企事业单位自愿参加并组织起来的社会团体。现有会员单位 300 余家。下设集成电路、通信、金融、软件、现代服务业、人力资源、汽车研发与配套、法律、生物医药 9 个专业委员会及浦江高科技园、松江新经济园、盐城、创新创业 4 个分会 协会宗旨：为企业发展服务，为投资环境服务，为科技创新服务					

上海市开发区协会

协会名称	上海市开发区协会		电话	54234250	
地址	徐汇区宜山路900号B座401室	邮编	200233	传真	54234248
网址	www.sidp.gov.cn	所办刊物		《上海开发区》	
协会简介	上海市工业开发区协会成立于2002年9月，2004年3月更名为上海市开发区协会。协会是由上海市开发区以及从事开发区规划设计、土地厂房开发、信息沟通、环境建设、招商引资、对外交流、投资融资和中介服务等活动的163家会员单位组成的专业性社会团体。会员单位包括上海张江高科技园区、上海漕河泾新兴技术开发区、上海金桥出口加工区、上海陆家嘴金融贸易区、上海虹桥经济技术开发区、上海闵行经济技术开发区、中国（上海）自由贸易试验区等 协会下设“四室四部三中心”，即办公室、上海品牌园区推选工作办公室、业务合作办公室、修志办公室、会员服务部（对外联络部）、发展研究部、统计工作部、信息部、发展研究中心、招商促进中心和企业评价服务中心 协会的业务范围包括：信息发布、政策研讨、产业咨询、教育培训、招商服务、合作交流、人才推荐、商务会展和政府委托的事宜。协会配合政府制定一系列发展规划和相关政策；配合政府部门编制《上海市开发区统计年报》和《上海市开发区发展报告》等；编辑反映上海开发区发展动态刊物《上海开发区》及《开发区简报》；建立上海开发区信息管理服务平台和《上海开发区》网站；组织开展各类专业招商活动；提供各类商务会展服务以及规划选址、项目审批、政策咨询、法律顾问等咨询服务；开展开发区ISO9000质量管理、ISO14000环境管理及OHSAS18000安全管理等体系认证业务咨询；组织开发区开发建设和经营管理人员的技术、职业培训、就业人员岗位培训；制定一系列开发区公约、规范行业行为，形成开发区自律机制等					

上海橡胶工业同业公会

协会名称	上海橡胶工业同业公会		电话	63214083	
地址	福州路107号201室	邮编	200002	传真	63213382
网址	www.srita.org	所办刊物		《橡胶同业》	
协会简介	上海橡胶同业公会成立于1986年12月，是由长三角地区橡胶加工，橡胶机械和橡胶原辅材料及其他经济组织为主的自愿组成的非营利性的社会团体。实行行业服务和自律管理的跨地区、跨部门、跨所有制的行业性社会团体法人。现有会员企业120家。分别从事轮胎、力车胎、自行车胎、胶鞋、胶带、胶管、各类胶种和用途的橡胶制品及橡胶机械、模具，橡胶原辅材料的生产和经营。拥有“双钱”“回力”“骆驼”等多个著名品牌。会员企业覆盖率占上海各行业的70%					

上海市机动车驾驶员培训行业协会

协会名称	上海市机动车驾驶员培训行业协会		电话	66308337	
地址	江场三路 238 号 621 室	邮编	200436	传真	66308335
网址	www.shjpxh.org.cn	所办刊物		《驾培简报》	
协会简介	上海市机动车驾驶员培训行业协会成立于 2003 年 9 月，是上海从事各类机动车驾驶员培训及其相关企事业自愿组成的跨部门、跨所有制的非营利性的行业性社会团体 协会现有团体会员 193 家。入会率为业内企业的 100% 协会将“服务于会员、坚持以人为本理念，服务于行业、提高拓展功能能力，服务于政府、发挥桥梁纽带作用”作为协会的基本原则之一。制定了《行规行约》，同时向社会公开发布行业《服务守则》及承诺内容，接受社会及学员的监督，以规范会员单位行为，促进协会自我管理、自我规范目标的实现。协会将强化标准管理、提高行业综合素质及协会自我发展作为工作重点。积极参与政府主管部门行业标准的制定，注重从“源头”维护行业及会员单位的合法权益，增强协会的凝聚力				

上海市健康产业发展促进协会

协会名称	上海市健康产业发展促进协会		电话	63787807	
地址	黄浦区学前街 77 号 2 楼	邮编	200010	传真	63786728
网址	www.zhjw.net				
所办刊物	《上海市健康产业发展促进协会专刊》				
协会简介	经上海市经济委员会、上海市民政局、上海市社会团体局管理局批准，上海市健康产业发展促进协会于 2007 年 12 月 25 日正式成立 协会是上海从事保健、医疗、卫生、健康管理机构、体检中心、健康养生等健康产业的科研开发等单位及健康相关领域的企业自愿组成的群体性专业团体，是非营利性社团组织 协会的宗旨是在遵守社会道德风尚的基础上，团结和组织上海市健康产业系统的企业和工作者，积极推动上海健康产业企业的有序发展；加强与国内外健康产业的交流与合作；提高与健康相关产品的质量，支持新技术的开发与推广；服务政府、企业和消费者，积极推进上海保健产业的振兴和品牌战略的实施，为我国乃至世界健康产业的发展作出贡献				

上海钻石行业协会

协会名称	上海钻石行业协会		电话	64758734	
地址	漕溪路 270 号 1 号楼 412 室	邮编	200235	传真	64758734
网址	www.shdta.com				
所办刊物	内部期刊《上海钻石行业协会简讯》				
协会简介	上海钻石行业协会是上海从事钻石饰品、钻石工具生产、经营、加工、贸易以及相关学校、检测鉴定机构的企事业单位自愿组成的跨部门、跨所有制、非营利性的、具有法人资格的社会团体。协会成立于 2001 年 4 月。现有会员单位 72 家。其中会长和副会长单位 9 家，理事单位 12 家 协会的业务范围：行业协调、制定行规行约、标准、规划、信息交流、培训、咨询、鉴定、展销、提供服务，国内外信息技术交流等 协会的宗旨是：在政府的领导下，遵守国家的法律、法规和政策，发挥在钻石行业中的服务、自律、代表、协调的功能，传达国家关于钻石行业的各项方针、政策，促进企业在国内外市场的竞争力和知名度。根据会员需求，组织市场拓展，发布钻石市场信息，推介行业产品。代表行业内相关企业或者其他经济组织向有关国家机关反映涉及行业利益的事项，提出经济政策和立法方面的意见和建议。并监督执行本行业行规行约，恪守诚信原则，为维护会员的合法权益，对违反行规行约，损害行业整体形象的会员，采取相应的行业自律。为繁荣和发展上海钻石事业做贡献				

上海空调清洗行业协会

协会名称	上海空调清洗行业协会		电话	58886667	
地址	浦东南路 2157 号 503 室	邮编	200127	传真	
网址	www.shadca.com				
协会简介	上海空调清洗行业协会成立于 2007 年 4 月（原名“上海空调风管清洗协会”，2011 年 10 月更名为“上海空调清洗行业协会”），是从事空调清洗、净化、消毒、检测服务与相关设备、产品生产、经营以及技术研究开发的企业、事业单位自愿组成的跨部门、跨所有制的非营利性行业性社会团体法人 协会现有会员单位 196 家，占行业企业总数的 80% 左右；具有较广泛的行业覆盖面和代表性。会长、副会长单位 16 家，理事单位 47 家				

上海金融信息行业协会

协会名称	上海金融信息行业协会		电话	021-61859881	
地址	黄浦区龙华东路 647 号 608 室	邮编	200263	传真	61859882
公众号	上海金融信息行业协会（sfiasfia）				
协会简介	上海金融信息行业协会成立于 2015 年 7 月，业务主管单位是上海市经济和信息化委员会。协会立足推动产业发展和服务金融科技企业，协同政府引领行业健康发展，打造上海金融信息行业健康稳定的新面貌和新生态				

上海长三角非织造材料工业协会

协会名称	上海长三角非织造材料工业协会		电话	021-65189119	
地址	平凉路 1398 号商务楼 710 室	邮编	200090	传真	65189280
网址	www.snia-cn.com	所办刊物		《非织造通讯》	
协会简介	上海非织造材料工业协会成立于 2004 年，2006 年更名为上海长三角非织造材料工业协会 上海长三角非织造材料工业协会是由政府批准成立的跨地区非营利性行业协会 其宗旨是：促进区域经济发展以及非织造行业健康快速和可持续的发展，聚焦长三角非织造材料工业的结构调整、技术创新与进步，加强面向长三角非织造材料行业与企业的卓越服务功能 2014 年，上海长三角非织造材料工业协会获得由上海市社会团体管理局授予的中国社会组织评估 AAA 等级证书及铜牌（2013 年度上海市社会组织规范化建设评估） 2016 年，协会被授予“上海市进出口公平贸易行业工作站”称号 协会先后完成由经信委下达、协会承担的“上海非织造材料产业技术创新、产业化及产业结构调整研究”“上海及长三角地区产业用纺织品 / 非织造材料发展战略研究”政府购买服务项目；完成由市质监局下达的《非织造布单位产品综合能耗限额标准》、《非织造产品（医卫、清洁、个人防护、保健）碳排放计算方法》地方标准制定、修订项目				

上海钢管行业协会

协会名称	上海钢管行业协会		电话	021-56974051	
地址	天目中路 240 号 4 楼	邮编	200070	传真	56983204
网址	www.gghy.org	所办刊物		《上海钢管行业简报》	
协会简介	上海钢管行业协会成立于 2000 年 4 月，62 余家会员企业遍布苏浙沪江两省一市，是上海市第一家由企业发起，自下而上组建的全市性行业组织。会员企业产品覆盖无缝管（热轧管、冷拔管、冷轧管）、焊接管（直缝焊管、螺旋焊管）、复合管等，产品材质包括黑色、不锈钢两大类。钢管产品广泛应用于：核电、石油、化工、工程建筑、油气输送、航空航天、医药民用等领域。会员企业中还有来自钢管行业上下游的钢管装备制造商、物流服务提供商、资讯产业服务商和钢管产品贸易商，会员企业年销售收入超过 300 亿元 协会日常办事机构为秘书处，下设信息部、咨询服务部、不锈钢管专业委员会和专家技术委员。协会以服务为宗旨，充分发挥市场中介作用，维护行业共同利益，沟通会员企业与政府、社会的联系，反映企业的共同愿望及要求，并广泛开展国际间的技术交流、商贸、展览活动，在行业管理中发挥积极作用，为增强企业市场竞争力，促进地区钢管行业的发展提供各类服务 上海钢管行业协会为适应长三角经济圈战略实施，将适时组建成区域性行业组织					

上海晋江商会

协会名称	上海晋江商会		电话	55679299　55679499	
地址	杨浦区邯郸路 399 号财富大酒店 588 室	邮编	200433	传真	55676366
网址	www.shjjsh.com	所办刊物		《上海晋江商会》	
协会简介	上海晋江商会由在上海的晋江籍企业家成立的一个民间社团组织。商会在 2009 年 8 月 16 日正式成立。成立时上海市委常委统战部部长杨晓渡到会祝贺。现有会员单位 350 家，还有 104 位妇女联谊会成员。上海晋江商会的企业业务涉及地产、建材、钢材、机械、陶瓷、服装鞋帽、纺织拉链、食品加工、贸易期货、金融投资、物流运输等领域，已形成一定的生产销售规模，在上海占有一席之地 商会秉承“新闽商新文化”理念，开展商会工作。“新闽商”要求既保留晋江企业家的本色：诚信侠义，乐善好施，爱拼敢赢；又吸收上海海派商人的：海纳百川的胸怀，国际视野的眼光、追求卓越的理念，创新发展的精神。“新文化”指的是文明经商，依法经商，合作共赢。“新闽商新文化”的精髓是培养一支既有晋江特性又有海派特色的企业家队伍					

上海市电力工程行业协会

<table>
<tr><td>协会名称</td><td colspan="2">上海市电力工程行业协会</td><td>电话</td><td colspan="2">63331030</td></tr>
<tr><td>地址</td><td>南苏州路 333 号华隆大厦 11 楼</td><td>邮编</td><td>200002</td><td>传真</td><td>63331050</td></tr>
<tr><td>网址</td><td colspan="5">www.shepea.org</td></tr>
<tr><td>所办刊物</td><td colspan="5">《上海电力工程》《上海电力工程企业名录》</td></tr>
<tr><td>协会简介</td><td colspan="5">上海市电力工程行业协会成立于 2012 年 7 月，是由上海市辖区内从事电力工程建设相关业务的企事业单位及其他组织自愿结成的行业联合组织，是经上海市社团局批准的非营利性社会团体法人，行业主管部门是华东能源监管局
协会有近 300 家会员单位，其中理事单位 63 家，常务理事单位 21 家，副会长单位 12 家，会长单位 1 家。会员覆盖了全市 88% 的电力施工企业，且近 80% 为民营企业。会员单位主要从事电力工程相关业务，资产规模较大，技术力量雄厚，有丰富的电力工程实践经验，参与了上海世博会、特高压电网、虹桥枢纽、城际高铁、轨道交通等重大工程的建设，在行业内具有一定的代表性
协会秘书处为日常办事机构，下设综合部、培训部、信息部等 3 个部门。成立以来，协会始终以会员需求为出发点，在政府参谋助手、反映行业诉求、人才培训、信息交流、技术推广、行业自律、信用评价、行业咨询等方面发挥了积极作用
2015 年底，协会向上海市社会团体管理局申报 5A 级社团组织称号，并于 2016 年 1 月，接受上海市社会组织规范化建设评估组的现场评估</td></tr>
</table>

上海市股份公司联合会

<table>
<tr><td>协会名称</td><td colspan="2">上海市股份公司联合会</td><td>电话</td><td colspan="2">64274378</td></tr>
<tr><td>地址</td><td>徐汇区零陵路 635 号爱博大厦 3B</td><td>邮编</td><td>200030</td><td>传真</td><td>64810204</td></tr>
<tr><td>网址</td><td>www.shglh.com.cn</td><td colspan="2">所办刊物</td><td colspan="2">《股份公司参考》</td></tr>
<tr><td>协会简介</td><td colspan="5">上海市股份公司联合会是在上海企业股份制改革、建立和完善证券市场的过程中诞生并发展的社团组织。它的前身是上海市股份制企业联谊会，成立于 1987 年 10 月 8 日，经原上海市经济体制改革办公室批准，由当时上海的 8 家股份制企业和首家证券机构自愿组合成立的社会团体。1989 年 4 月，由上海市民政局登记改建为上海市股份制企业联合会，1995 年 5 月，经原上海市经济体制改革委员会批准，更名为上海市股份公司联合会。目前有会员 182 家，上级业务主管单位为上海市发展和改革委员会
第六届理事会理事长由原上海仪电电子股份有限公司董事长黄峰先生担任，副理事长及理事由上海汽车、大众交通、上海石化、申银万国等 53 家股份公司及相关企业担任
本会宗旨：认真贯彻执行国家的有关法律、法规和政策，扩展股份公司的队伍，联合股份公司的力量，加强股份公司的规范化动作，促进股份公司的发展</td></tr>
</table>

上海市节能协会

协会名称	上海市节能协会		电话	60805335	
地址	中山北一路 121 号 A1 幢 718 室	邮编	200083	传真	60805315
网址	www.shjn.cn	所办刊物		《上海节能》杂志	
协会简介	上海市节能协会成立于 1985 年 3 月 21 日，是上海使用能源、生产及转换能源、生产节能产品和节能减排服务等企业单位，能源管理、科研、设计、教育、信息等事业单位自愿组成的节能专业性、非营利性的社会团体法人组织。拥有会员单位 275 家 协会专注于节能、减排、环保、绿色、低碳领域技术和技改项目咨询、课题研究、标准制定、节能规划与能源审计、能源类项目第三方评估、节能产品评审、开展能源前瞻性宏观智库性质研究、新媒体与传统媒体宣传、培训等一站式服务 协会面对新常态、新形势、新要求，重点抓好 5 个方面的工作：一是从实从细，实现换届后平稳过渡和推进发展；二是借力借智，为会员单位提供优质服务；三是聚合抱团，在工博会上集中展示节能系统风貌，扩大社会影响力；四是未雨绸缪，搭建全市性能源互联网创新联盟平台，推动智能化、自动化、网络化能源保障体系建设；五是积淀创新，协会 OA 系统和《上海节能》杂志编辑部编务系统正式上线，为提升工作效率和工作水平奠定基础					

上海市信息化企业家协会

协会名称	上海市信息化企业家协会		电话	021-62840893	
地址	闸北区万荣路 1188 号 A 座 601	邮编	200436	传真	
网址	www.siea.org.cn				
协会简介	上海市信息化企业家协会（简称“协会”）是由上海市信息化青年人才协会退会会员及上海市 IT 十大新锐骨干分子为基础成立的具有独立法人的非营利性社会团体组织。协会会员是由从事信息基础设施领域、信息产业领域、经济与社会信息化领域、信息化环境营造领域以及信息化相关服务的机构的企业家和负责人组成。其主管单位为上海市经济和信息化委员会 协会在上海市经济和信息化委员会的领导下以会员交流、沙龙活动、技术论坛、企业互助、对外交流等手段为会员提供服务。并与政府相关部门保持沟通互动，为企业之间架起桥梁，加强企业与政府部门的和谐发展。协会将服务、凝聚、引领信息化领域的企业家和创业者，促进信息产业的发展，利用信息化手段服务于社会，为上海经济社会发展和信息化建设做出贡献					

上海医药行业协会

协会名称	上海医药行业协会		电话	63276377	
地址	黄浦区凤阳路 250 号	邮编	200003	传真	63591375
网址	www.shppa.net				
所办刊物	《上海医药》(CN31-1663/R);《上海医药微信公众号》每周推送;《协会动态》每月 2 期;《科技咨询》每月一期电子刊物。				
协会简介	上海医药行业协会成立于 1987 年，5A 级行业协会，会员单位 240 余家，涵盖制药工业、生物医药、药品辅料、药品包装材料、制药机械等领域。总规模占上海医药工业销售总值 80% 以上，代表了上海医药产业主体 协会坚持“服务企业，规范行业、发展产业”理念，积极助推医药产业创新转型。遵循章程规定的业务范围，根据会员需求开展政企对话建言献策、科技咨询、专业培训、办好《上海医药》杂志、举办医药融合的各类学术活动、完成“上海市医药产业高技能人才培养基地”、上海市“四新”经济人才实训基地”“上海市新型学徒制试点单位”的人才培训工作。提供药价统计咨询等服务，各方面工作取得了较好成绩，协会是非营利性的社会团体法人，但财务收入保持平稳增长，总体运营情况良好。协会被市经团联评为 2015—2016 年度先进行业协会				

上海印制电路行业协会

协会名称	上海印制电路行业协会		电话	54178021	
地址	闵行区颛兴东路 1277 弄 95 号楼 2 楼	邮编	201108	传真	54178012
网址	www.sepca.org.cn	所办刊物		《印制电路信息》杂志	
协会简介	上海印制电路行业协会成立于 2005 年 9 月 15 日，为上海市从事印制电路行业企事业单位自愿组成的跨部门、跨所有制、非营利性的行业性社会团体法人。截至 2017 年底，上海印制电路行业协会会员有 90 家 协会根据会员需求，组织市场拓展，发布市场信息，推介行业产品，开展行业培训，提供各种咨询服务，不定期举办各种信息、技术交流活动，依政府授权下，进行资质认证和科技成果评估和鉴定				

中国电子音响行业协会

协会名称	中国电子音响行业协会			电话	50807899
地址	浦东新区牛顿路200号5号楼106室	邮编	201203	传真	50803528
网址	www.caianet.org.cn	所办刊物		《中国电子音响行业》报	
协会简介	中国电子音响行业协会自1983年成立以来就以“为会员单位服务、维护行业和会员单位的合法权益，提高全行业产品、技术、生产和经营管理水平，推进行业健康发展”为宗旨。是我国最早成立的跨地区、跨部门、跨系统，具有社团法人资格的国家一级行业协会之一。协会总部秘书处设在上海张江高科园区 中国电子音响行业协会接受中华人民共和国工业和信息化部的业务指导和监督管理。现有会员企业400余家，分布在20多个省、市及自治区。行业产品包括：影碟机、家庭影院、专业音响、收录机、复读机、MP3/MP4、功放、播控设备、音箱、汽车音箱、车载多媒体导航设备及关键配套件（机芯、光学头、磁头、微电机、音响集成电路等），协会涵盖了音响行业几乎所有知名企业的知名品牌，奠定了代表中国音响行业的权威性基础 中国电子音响行业协会设有技术部、产业推进部、知识产权办、DICC办、培训部、发展联络部、信息部、办公室。下辖多功能视盘机、数字家庭影院、汽车电子、电声电子乐器等若干分会和电声器材、车载多媒体终端、移动多媒体、数字家庭中心、音视频编解码、光电存储关键技术、光盘产业推进等多个专业委员会。技术内涵覆盖了音视频消费类电子信息产业主要门类				

上海印章行业协会

协会名称	上海印章行业协会			电话	66285885
地址	静安区延长中路625号门卫二楼	邮编	200072	传真	
网址	www.sepca.org.cn	所办刊物		《上海印协》	
协会简介	上海印章行业协会成立于1999年，是由上海从事印章刻制和印章材料、印章设备等企业自愿组成，属于行业性的非营利性社会团体法人组织，会员单位208家，会员覆盖全市90%以上公章刻制企业 上海印章行业协会登记管理部门是上海市民政局；主管部门是上海市经济和信息化委员会；本会业务指导单位上海市公安局；党建组织上级单位上海市工业经济联合会党委 本会宗旨：遵守国家法律、法规、规章和政策，遵守社会主义道德风尚，加强行业自律，规范行业行为，以服务为宗旨，不断拓展服务领域 本会任务：行业服务、行业自律、行业代表、行业协调；为弘扬印章文化、为改革开放建设具有中国特色的社会主义事业，奉献行业的力量 本会业务范围：资质认定、制定标准、产品评定、编辑刊物、调研培训、会展招商、中介咨询、考评及行业相关业务等				

上海通用机械行业协会

<table>
<tr><td>协会名称</td><td colspan="2">上海通用机械行业协会</td><td>电话</td><td colspan="2">55271611</td></tr>
<tr><td>地址</td><td>杨浦区军工路 516 号动力一办 311 室</td><td>邮编</td><td>200093</td><td>传真</td><td>55272376</td></tr>
<tr><td>协会简介</td><td colspan="5">上海通用机械行业协会是以 1953 年成立的上海市机械工程学会流体机械分会为基础，于 2013 年 1 月经上海市经济和信息化委员会、上海市社会团体管理局批准，注册登记成立的具有独立社会团体法人资格的行业社团组织，同时经中共上海市工业经济联合会党委批准建立了上海通用机械行业协会党支部，本会从此进入了一个团队、双重品牌的新的发展阶段
本会是由泵、阀门、管道、密封、风机、压缩机、空气分离与调节及通用机械（流体机械）制造业相关的企业、高校和科研院所（涵盖了上海市机械工程学会流体机械专业各团体和个人会员）组成的大型工业行业社团组织
本会以推动通用机械（流体机械）行业的发展为己任，以企业、社会和政府服务为工作宗旨，发挥行业、企业及政府间桥梁与纽带作用，竭诚为政府和广大会员服务，及时反映会员的意见、愿望和要求，切实维护行业和会员合法权益，协会学会工作各有侧重，互为支撑，努力搭建政企之桥、会员间的产学研用合作平台，共同推进通用机械（流体机械）行业的技术进步与行业发展</td></tr>
</table>

上海市智慧园区发展促进会

<table>
<tr><td>协会名称</td><td colspan="2">上海市智慧园区发展促进会</td><td>电话</td><td colspan="2">13386269089</td></tr>
<tr><td>地址</td><td>安远路 518 弄 403 室</td><td>邮编</td><td>200040</td><td>传真</td><td></td></tr>
<tr><td>网址</td><td>sspa.org.cn</td><td colspan="2">所办刊物</td><td colspan="2">《上海市智慧园区发展促进会简报》</td></tr>
<tr><td>协会简介</td><td colspan="5">上海市智慧园区发展促进会是在上海市经济与信息化委员会直接支持和指导下成立的一个跨行业合作组织，其宗旨是：协助配合政府相关部门，联合上海主要产业园区开发单位、通信及信息化平台运营商、智慧园区应用解决方案提供商、面向园区及其入驻企业的服务单位，以及各类研究咨询机构等五类企事业单位，通过开展政策研究、标准制定、宣传培训、发展评估、会员交流、项目示范等工作，推动与智慧园区发展相关的跨界合作，加强会员单位间的沟通与协作；引导和规范上海智慧园区发展方式，促进产业、社会资源的有效利用和共享；促进产业园区管理和运营模式转变，并充分发挥智慧产业在推动园区产业转型升级中的重要作用；最终，实现助力“智慧城市”建设与发展，构筑政府、园区、社会多方参与、协同共建的发展格局</td></tr>
</table>

上海市印刷行业协会

<table>
<tr><td>协会名称</td><td colspan="3">上海市印刷行业协会</td><td>电话</td><td colspan="2">63567554</td></tr>
<tr><td>地址</td><td colspan="2">河南北路 485 号 6 楼</td><td>邮编</td><td>200071</td><td>传真</td><td>63568444</td></tr>
<tr><td>所办刊物</td><td colspan="2">《上海市印刷行业协会简报》</td><td colspan="2">公众微信号</td><td colspan="2">第一印</td></tr>
<tr><td>协会简介</td><td colspan="6">上海市印刷行业协会成立于 2004 年 4 月 28 日
上海市印刷行业协会为上海从事出版物、包装装潢印刷品和其他印刷品印刷经营活动以及相关的印刷机械、设备、器材生产经营和印刷教育、科研等企事业单位自愿组成的跨部门、跨所有制的非营利性行业性社会团体法人。现有各种所有制会员单位近 536 家
根据协会章程及行业改革发展的实际，协会在参与行业发展规划调研、编制，提出有关经济政策和立法的建议，开展行业调查、行业咨询及发布行业信息，大力实施行业品牌、人才战略，组织行业内人员培训，行业诚信体系建设，提供会展服务及“四新”技术推介，开展国际交流互动等方面活动，较好地履行行业服务、行业自律、行业代表、行业协调等职能。为提升行业、企业综合竞争力，促进上海印刷产业发展做出了贡献。2006 年被上海市民政局评为“上海市先进社团组织”。2012 年 12 月被上海市社会团体管理局评为 4A 级社会组织
上海市印刷行业协会秘书处下设办公室、产业发展部、人才建设部、信息中心、摄像编辑部、法务部；并在闸北、嘉定区设立办事机构</td></tr>
</table>

上海市软件行业协会

<table>
<tr><td>协会名称</td><td colspan="3">上海市软件行业协会</td><td>电话</td><td colspan="2">54971376</td></tr>
<tr><td>地址</td><td colspan="2">江场西路 299 弄 4 号楼 7062 室</td><td>邮编</td><td>200437</td><td>传真</td><td></td></tr>
<tr><td>协会简介</td><td colspan="6">上海市软件行业协会成立于 1986 年 6 月，是国内最早成立的软件行业协会之一，下设软件质量管理与过程改进、软件服务、软件知识产权、嵌入式系统与软件、开源软件和教育软件等 6 个专业委员会，会员单位超过 1200 家。协会遵循“行业代表、行业服务、行业自律、行业协调”的工作宗旨，根据政府主管部门的授权或委托，按照公开、公平、公正的原则承担行业管理职能，积极开展各项活动。20 多年来，协会形成了服务企业、软件工程规范和行业自律的工作特色，积极发挥行业组织优势，为推动软件产业的发展竭诚服务，获得了政府、企业和上级协会的认可，连续 10 年被中国软件行业协会评为“先进行业协会”
2019 年，上海市软件行业协会坚持以习近平新时代中国特色社会主义思想为指导，根据上级工作要求和年度工作计划，深入学习，开拓创新，扎实推进，成效显著，被市民政局评为“2019 品牌社会组织”</td></tr>
</table>

上海市节能环保服务业协会

<table>
<tr><td>协会名称</td><td colspan="2">上海市节能环保服务业协会</td><td>电话</td><td colspan="2">60805418　60805420</td></tr>
<tr><td>地址</td><td>中山北一路 121 号 A1 楼 6 楼</td><td>邮编</td><td>200083</td><td>传真</td><td>60805430</td></tr>
<tr><td>网址</td><td>上海市节能服务产业网 www.emcsh.org</td><td colspan="2">公众微信号</td><td colspan="2">节能环保第三方服务</td></tr>
<tr><td>所办刊物</td><td colspan="5">《上海节能环保服务会员报》</td></tr>
<tr><td>协会简介</td><td colspan="5">上海市节能环保服务业协会，是经上海市经济和信息化委员会、上海市民政局、上海市社会团体管理局批准成立、注册登记的社会团体，成立于 2012 年 12 月。为适应上海节能环保服务产业发展和协会工作需要，2015 年 10 月，经上级有关业务部门同意，市民政局批准“上海市节能服务业协会”变更登记为“上海市节能环保服务业协会”
协会致力于节能环保服务产业的改革、建设与发展，其业务包括推进合同能源管理、节能量审核、节能评估、能源审计诊断、节能技术咨询、用能设备改造、维修和节能检测，环保第三方服务，以及新能源、可再生能源、生物质能源的开发利用服务、节能环保服务高技能人才的培育等
协会建立合同能源管理项目对接、信用评价、融资服务、信息管理等 4 个服务平台，市人事局授予协会上海市节能环保高技能人才培养基地。协会与各区县建立合同能源管理联络员制度，开展合同能源管理进千家推广活动。与 10 余个外省市同行业协会建立合作交流机制。通过这些服务平台和抓手，服务政府、服务企业、服务社会。经协会备案登记的节能服务企业达 460 余家，环保治理第三方服务企业 70 余家，从业人员 4.5 万人，节能服务业年产值达 390 亿元。协会积极贯彻国家发展五大理念，为发挥好桥梁和纽带作用，努力开拓创新，为节能环保作出更大的贡献</td></tr>
</table>

上海市轻工业协会

<table>
<tr><td>协会名称</td><td colspan="2">上海市轻工业协会</td><td>电话</td><td colspan="2">64159898</td></tr>
<tr><td>地址</td><td>肇家浜路 376 号 7 楼</td><td>邮编</td><td>200031</td><td>传真</td><td>64726621</td></tr>
<tr><td>网址</td><td>www.slia.sh.cn</td><td colspan="2">所办刊物</td><td colspan="2">《上海轻工业》杂志</td></tr>
<tr><td>公众号</td><td colspan="5">上海轻工</td></tr>
<tr><td>协会简介</td><td colspan="5">上海市轻工业协会成立于 2007 年 6 月。协会依照《社会团体登记管理条例》的规定，是由上海轻工企事业单位以及相关社会组织自愿组成的联合性的非营利性社会团体法人
协会的宗旨是遵守宪法、法律、法规和国家政策，按照市场化原则，在政府与企事业单位和科研院所以及相关社会组织间起桥梁与纽带作用，协助政府部门推进轻工产业的发展
协会的业务范围是：从事规划、政策建议，举办展销会、培训、职称评审、中介咨询、品牌培育、国内外交流和政府委托或授权任务。协会的登记管理机关是上海市民政局，相关行业主管部门是上海市经济和信息化委员会，并接受登记管理机关和相关行业主管部门的监督管理和业务指导</td></tr>
</table>

上海市会展行业协会

协会名称	上海市会展行业协会		电话	38452001	
地址	青浦区绪光路 1588 弄 L3 B603 室	邮编	200125	传真	38452002
网址	www.sceia.com.cn				
所办刊物	《上海会展业发展报告》《会展资讯》《上海会展》				
协会简介	上海市会展行业协会成立于 2002 年 4 月。由上海从事会议、展览及相关业务的企事业单位自愿组成的跨部门、跨所有制、非营利性的行业性社会团体法人，是具有广泛代表性的新型行业协会 上海市会展行业协会实行“入会自愿、退会自由”的原则，目前，协会有效会员近 600 家，基本涵盖了展览主办、展馆运营、展览设计、展览工程、展览媒体、展览广告、展览咨询、展览教育培训、会议组织、会展旅游、活动策划等整个产业链。协会还吸收了来自长三角地区的会员，具备了较强的代表性和一定的区域性。同时协会聘请了上海市有关委、办、局领导担任顾问 协会成立以来，遵守国家法律、法规，认真履行“服务、代表、协调、自律”等四大职能，在市有关职能部门的指导下，协助政府从事行业管理，在保护会员的合法权益、提高行业整体素质、规范行业统计、加强行业自律机制、行业认证、培训、组织国际交流与合作等方面做了大量工作，同时致力于为会员单位提供优质服务，构筑了政府与企业之间沟通交流的和谐平台 协会于 2012 年加入国际展览业协会（UFI）并成为正式会员，同年获国家民政局授予的“中国社会组织 5A 级”称号				

上海市创意制作行业协会

协会名称	上海市创意制作行业协会		电话	13818712656	
地址	江场三路 76–78 号 509 室	邮编	200072	传真	36568200–8002
网址	www.scpia.org.cn				
协会简介	上海市创意制作行业协会成立于 2014 年 7 月 10 日，经由上海市经济和信息化委员会和上海市民政局批准，并在上海市社会团体管理局登记的上海非营利性社会团体，由上海市从事文化艺术类、传媒类、设计类、软件服务类、休闲生活类等相关企业秉着自主自愿原则组建而成。本会受政府委托实行自律管理及行业相关服务，接受上海市社会团体管理局和相关行业主管部门的业务指导和监督管理。凡经工商部门批准，承认《上海市创意制作行业协会章程》，持有工商营业执照等相关证件的本行业企业及其他相关经济组织均可成为上海市创意制作行业协会会员				

上海电线电缆行业协会

<table>
<tr><td>协会名称</td><td colspan="2">上海电线电缆行业协会</td><td>电话</td><td colspan="2">62996407</td></tr>
<tr><td>地址</td><td>黄浦区瑞金南路 345 弄 2 号楼 303 室</td><td>邮编</td><td>200023</td><td>传真</td><td>62996407</td></tr>
<tr><td>网址</td><td>www.scwta.org</td><td colspan="2">所办刊物</td><td colspan="2">《上海线缆》</td></tr>
<tr><td>协会简介</td><td colspan="5">上海电线电缆行业协会成立于 1987 年 5 月，为上海电线电缆产品制造、电线电缆材料和设备制造行业企事业单位自愿组成的跨部门、跨所有制的非营利性的行业性社会团体法人
协会现有各种所有制会员单位 246 家，其中股份制企业占 23%、集体和民营企业占 71%、外商独资、合资企业占 4%、科研院所占 2%。副会长单位 24 家，理事单位 74 家
协会定期出版会刊《上海线缆》，2014 年 8 月《上海线缆网》成功上线；协会每年举行 2~3 次全国性电线电缆热点课题研讨会；为拓展事业，协会与国外电线电缆行业同行合作，经常举办各种形式的“中外线缆信息与技术交流活动”，为中外专家和企业直面互动式接触提供了平台；与浙江、安徽、河北省协会、中国电缆网建立了合作沟通、互通信息、员工培训等关系拓展了广阔的渠道；协会制定行规行约，建立自律管理机制；着重扩大上海地区会员单位覆盖率，进一步增强代表性；协会还建立网站，不断加强与国内外同行业的沟通和交流，为企业提供实际服务</td></tr>
</table>

上海起重运输机械行业协会

<table>
<tr><td>协会名称</td><td colspan="2">上海起重运输机械行业协会</td><td>电话</td><td colspan="2">64163630</td></tr>
<tr><td>地址</td><td>浦东南路 3456 号 1603 室</td><td>邮编</td><td>200125</td><td>传真</td><td>64163933</td></tr>
<tr><td>网址</td><td>www.cctash.com</td><td colspan="2">公众号</td><td colspan="2">cctash@china-eqpt.com</td></tr>
<tr><td>所办刊物</td><td colspan="5">《上海起重运输机械行业通讯》</td></tr>
<tr><td>协会简介</td><td colspan="5">上海起重运输机械行业协会成立于 2003 年 11 月，由全国著名劳模“抓斗大王”包起帆和上海振华重工（集团）股有限公司、江南造船（集团）有限责任公司等起重运输机械科研院校、设计制造、安装维修单位在上海发起成立。协会是以本市起重运输机械行业企事业单位为主自愿组成的跨地区、跨部门、跨所有制的非营利性的行业性社会团体法人，现有会员单位 100 余家。协会常设秘书处，处理日常工作
起重运输机械制造业的产品范围，主要包括起重机械，输送机械，装卸机械，仓储机械，工业搬运车辆等五大类、约 1400 个品种规格。适用于电力、冶金、港口、造船、机械制造及其他物流等领域
协会会员单位能提供适用于港口、电力、冶金、矿山、造船等行业的钻井平台、装卸机械，自动化码头、自动化立体车库、输送设备、风电基础、钢结构件、起重机械专用配件及电气设备等，也能提供单机及系统集成的解决方案
协会努力做好本行业的统计调研、技术培训、会展招商、产品推介、技术咨询服务、国内外信息技术交流，为广大会员服务，同时为维护会员合法权益、规范行业管理、协调行业市场、制定行业标准、沟通会员与政府、社会的联系，促进行业经济发展等方面发挥重要作用</td></tr>
</table>

上海日本技术研修者协会

协会名称	上海日本技术研修者协会		电话	63749935	
地址	黄浦区宁海东路200号申鑫大厦2204室	邮编	200021	传真	
协会简介	上海日本技术研修者协会，经市外办批准成立于1987年10月，是由赴日本等国培训学员自愿组成的专业性的非营利性社会团体法人。业务主管单位为上海市经济和信息化委员会。至今向境外派遣培训学员1100多名，国内培训学员7000多名 协会业务范围是：举办讲座、培训班、学术会、推荐和派遣研修生、咨询服务、组织与国外相关团体的交往活动 协会任务：（1）围绕市政府、市经信委的工作中心，组织实施赴境外培训及国内专题培训、咨询服务、外事接待等工作；（2）促进中外企业间的经济与文化交流与合作；（3）为学员提供服务与交流平台。做好学员与政府企业间，学员之间、学员与海外间的信息、技术服务、业务咨询等服务				

上海市机电设备招标投标协会

协会名称	上海市机电设备招标投标协会		电话	32557319	
地址	长寿路285号20楼	邮编	200060	传真	32557329
网址	www.shjzxh.org	所办刊物		《机电设备招投标通讯》	
协会简介	上海市机电设备招标投标协会成立于2004年8月。是由从事机电设备招标代理业务的机构和与招标投标活动相关的机电设备制造企业及供应商、咨询单位、设计研究机构、高等院校等自愿组成的非营利性的社团法人组织，现有会员单位58家 协会以“服务、协调、自律、监督”为宗旨，坚持执行《招标投标法》和有关法律、法规，以规范招标投标行为，依法维护招标投标当事人的合法权益，协助行政主管部门实施对机电设备招标投标活动的组织协调，培育和完善招标投标市场，促进上海机电设备招标投标事业的健康深入发展				

上海市循环经济协会

协会名称	上海市循环经济协会		电话	60805227	
地址	中山北一路 121 号 A1 幢	邮编	200083	传真	60805091
网址	www.shace.org.cn	公众号		上海市循环经济协会	
协会简介	上海市循环经济协会是经上海市民政局、上海市社会团体管理局批准（2017 年由原上海市资源综合利用协会（1997—2017）更名成立的社团法人组织，始建于 1997 年 1 月。上海市社会团体管理局于 2015 年 12 月授予协会“中国社会组织评估 5A”证书。现有会员单位 208 家 协会业务范围：协调专业工作、调研行业信息、推进循环化改造、示范试点，制定行业标准，开展政策技术咨询、会展会务、业务培训等（涉及行政许可的，凭许可证开展业务）。协会下设办公室、会员工作部、行业发展部、咨询服务部、清洁生产部；设立固体废弃物综合利用、再制造与再生利用、资源综合利用发电、船舶、冶金渣、粉煤灰、集中供热热电联产等专业委员会				

上海工业旅游促进中心

协会名称	上海工业旅游促进中心		电话	021-54654890	
地址	黄浦区建国中路 8 号 8 号楼 4 楼	邮编	200025	传真	54656458
网址	www.itripsh.com	公众号		上海工业旅游 shgyly	
协会简介	上海工业旅游促进中心成立于 2005 年 5 月，是在上海市经信委批准下，上海市文旅局指导下，在上海市社团局登记注册的全国第一家配合政府部门推进工业旅游发展的专业服务机构。中心与上海乃至全国近 200 家工业旅游景点负责人保持联系，积累了丰富的专家、机构资源，创下多项“全国第一”，如编制了全国第一部工业旅游发展规划、制定了全国第一个工业旅游地方标准、编印了全国第一本工业旅游年票、成立了全国第一个跨区域工业旅游联合组织等。10 多年来，中心分别被评定为“上海市民办非企业单位规范化建设试点 5A 级单位”“上海市先进社会组织”“上海企业管理现代化创新成果二等奖”“上海市标准化优秀技术成果三等奖”等荣誉				

上海化学工业经济技术开发区企业协会

<table>
<tr><td>协会名称</td><td colspan="2">上海化学工业经济技术开发区企业协会</td><td>电话</td><td colspan="2">67120628</td></tr>
<tr><td>地址</td><td>化学工业区目华路 201 号 203-1 室</td><td>邮编</td><td>201507</td><td>传真</td><td>67121536</td></tr>
<tr><td>公众号</td><td colspan="5">SCIPEA</td></tr>
<tr><td>协会简介</td><td colspan="5">上海化学工业经济技术开发区企业协会成立于 2016 年 4 月，由上海化学工业区内各企业、事业单位以及其他相关经济组织自愿组成、实行区域服务和自律管理的非营利性社会团体
宗旨：遵守国家的法律、法规、规章和政策，遵守社会道德风尚，以服务化工区内企业为使命，促进化工区与与周边地区的和谐发展
业务范围：开展责任关怀和经济、技术、人才的交流、合作与培训活动，提供政策和信息咨询服务等
工作定位：会员所需、政府所想、社会所缺、协会所能
工作目标：扎实推进责任关怀、搭建高效沟通平台、持续完善服务功能</td></tr>
</table>

上海市聚氨酯工业协会

<table>
<tr><td>协会名称</td><td colspan="2">上海市聚氨酯工业协会</td><td>电话</td><td colspan="2">64941033</td></tr>
<tr><td>地址</td><td>延安西路 1358 号 2 号楼 17 楼 B 座</td><td>邮编</td><td>200052</td><td>传真</td><td>64941033</td></tr>
<tr><td>网址</td><td>www.spuia.com</td><td colspan="2">公众号</td><td colspan="2">上海市聚氨酯工业协会</td></tr>
<tr><td>协会简介</td><td colspan="5">上海市聚氨酯工业协会成立于 2011 年 7 月 28 日，业务主管单位为上海市经济和信息化委员会。本协会是由聚氨酯行业相关企业、科研院所、大专院校等单位自愿组成的专业性、非营利性社会团体，现有会员 80 余家，涵盖了聚氨酯上、中、下游产业的各个领域。聚氨酯业界众多国内知名企业、外资企业、著名专业院校及专业研究机构成为本会会员单位，成员涵盖了聚氨酯主要企业，具有充分的地区代表性
协会可以提供聚氨酯工业科研、生产、经营的调查研究、策划、咨询、评估，新技术应用推广，成果转化，各类项目申报，标准编制制定，专利申请代理，专业培训，国内外交流、展览、论坛等各类专业服务</td></tr>
</table>

上海市长宁区地市商会联合会

<table>
<tr><td>协会名称</td><td colspan="2">上海市长宁区地市商会联合会</td><td>电话</td><td colspan="2">62081007</td></tr>
<tr><td>地址</td><td>长宁区中山西路 1065 号 SOHO 中山广场</td><td>邮编</td><td>200052</td><td>传真</td><td></td></tr>
<tr><td>公众号</td><td>上海地市商会会长联合会</td><td colspan="2">所办刊物</td><td colspan="2">《联合会简报》</td></tr>
<tr><td>协会简介</td><td colspan="5">上海市长宁区地市商会联合会（以下简称“联合会”）是在沪地级市城市商会会长自愿组成的社会团体法人组织，接受上海市有关部门的业务指导和监督管理，联系服务在沪地级市城市商会会长的企业 + 会长的家乡政府 + 会长的商会
联合会秉承“商盟睦合，聚力臻善”理念，通过凝聚商会力量，整合商会资源，着力搭建平台、撮合资源，推进错位发展、跨界融合，以服务会长企业、会长家乡政府、会长商会和服务上海经济合作交流为宗旨，致力于构建新型的在沪地级市城市商会会长跨界融合生态服务体系</td></tr>
</table>

上海生产性服务业促进会

<table>
<tr><td>协会名称</td><td colspan="2">上海生产性服务业促进会</td><td>电话</td><td colspan="2">64701771</td></tr>
<tr><td>地址</td><td>徐汇区漕宝路 103 号 5 号楼 708 室</td><td>邮编</td><td>200233</td><td>传真</td><td>64844577</td></tr>
<tr><td>网址</td><td>www.spspa.org</td><td colspan="2">所办刊物</td><td colspan="2">《上海生产性服务业》</td></tr>
<tr><td>公众号</td><td colspan="5">spspa</td></tr>
<tr><td>协会简介</td><td colspan="5">上海生产性服务业促进会于 2013 年 1 月注册，系全国生产性服务业领域首家创新型、联合型社团组织，业务主管单位为市经济和信息化委
促进会分设生产性服务业功能区、产业电商和产业互联网、智能制造、两业融合等 8 个专业 / 工作委员会。现有会员单位 450 多家，涉及生产性服务业十大领域、40 家生产性服务业功能区涵盖 2.6 万余家企业，搭建了行业合作大平台
促进会秉承“学习交流、促进合作、服务企业、发展产业”的宗旨，致力于服务型制造及生产性服务业重点领域、生产性服务业功能区发展，推进制造业与生产性服务业深度融合，发挥政府与企业之间桥梁纽带作用，深受各界好评，获“中国社会组织五 A 等级”称号和 5 年蝉联上海市中小企业优秀服务机构称号</td></tr>
</table>

上海市摩托车行业协会

协会名称	上海市摩托车行业协会		电话	69502065	
地址	嘉定区安亭镇于田南路 68 号 8 号楼 B207 室	邮编	201805	传真	69502067
邮箱	xusj9159@sina.com	所办刊物		《摩托车行业信息》	
协会简介	上海市摩托车行业协会是以上海生产、销售、研制摩托车的企业单位自愿组成的跨地区、跨部门、跨所有制的非营利性的行业性社会团体法人 上海市摩托车行业协会以“遵守国家有关法律、法规和政策，做好企业与政府、企业与社会沟通的桥梁；运用信息、咨询、调研、培训等多种形式为行业和会员提供服务，协助政府从事行业管理，参与与行业利益相关的政策制定，维护市场秩序，保护会员的合法权益，推动全行业经济的繁荣和发展”为宗旨，以政府经济发展战略为指导，在行业管理中发挥协会的优势和积极作用，为促进上海摩托车行业的发展服务				

上海防电磁辐射协会

协会名称	上海防电磁辐射协会		电话	61409075	
地址	虹口区中山北一路 705 号 512 室	邮编	200083	传真	61409075
协会简介	上海防电磁辐射协会成立于 2011 年 6 月 22 日，具有完整的组织机构和管理条例。现有注册会员单位 36 家，协会成立至今，一直本着“规范行业　发展产业　服务企业”的宗旨，致力于技术咨询、监测、中介、组织培训、展览、交流、标准制定、政府委托的工作及其他相关业务，组织开展并参加了多项大型活动				

上海安全防范报警协会

协会名称	上海安全防范报警协会		电话	54732803	
地址	闵行区古北路 1799 号 B 栋 103 室	邮编	200025	传真	22025718
网址	www.sh-anfang.org	所办刊物		《上海技防》杂志	
协会简介	上海安全防范报警协会（以下简称“上海安防协会”）成立于 1992 年，经上海市民政局登记注册，其上级业务主管机关是上海市公安局。有团体会员 442 家。上海安防协会是由上海市行政区域内从事安全技术防范产品管理、科研、开发、生产、经营、推广应用、技术培训、信息服务，安全技术防范工程设计、施工、维修等技术服务和安全技术防范行业宣传教育、出版、印刷等企事业单位，以及相关的高、中等教育机构等单位自愿组成的非营利性的社会团体，是社团法人 协会宗旨：遵守宪法，贯彻执行国家的法律、法规和政策，协助政府从事安全技术防范行业管理、维护会员的合法权益，发挥协会行业服务、行业自律、行业代表、行业协调功能，团结和组织会员单位为上海地区安全技术防范行业的健康发展，促进社会稳定，保障人民生命财产安全做出贡献 协会业务范围：行业培训、咨询交流、合作、考察、会展招商，产品推介；行业政策决策论证、听证；参与行业标准制定；行业统计、调查、协调、资质审核；方案论证、工程评估等					

上海市物联网行业协会

协会名称	上海市物联网行业协会		电话	62408187-0	
地址	浦东新区碧波路 518 号 206 室	邮编	201203	传真	63408187-216
网址	www.shanghaiiot.org				
协会简介	上海市物联网行业协会是由上海物联网行业同业企业以及其他相关经济组织自愿组成、实行行业服务和自律管理的非营利性社会团体法人，成立于 2012 年。协会坚持“合作、创新、发展”理念，积极探索协会长期稳定运行的途径和方式，努力推进物联网行业标准规范化进程，加快物联网技术创新发展，促进资源整合，推进物联网示范应用，带动感知、通信、信息处理和控制等环节自主创新技术和自主标准的应用和转化，提高上海市物联网行业核心竞争力，促进上海市物联网行业的持续发展，支撑上海智慧城市建设，为上海市经济发展和社会进步做出贡献 下设运营部、会员部、培训部、政府事务部及办公室					

上海钢铁服务业行业协会

协会名称	上海钢铁服务业行业协会		电话	61810650	
地址	宝山区双城路803弄宝莲城11号楼203室	邮编	200940	传真	61813060
网址	www.sssta.net	所办刊物		《钢铁服务业》	
公众号	上海钢铁服务业行业协会	微信号		SSSTA_SSSTA	
协会简介	上海钢铁服务业行业协会（缩写SSSTA）成立于2007年6月16日。协会为全国首家省级钢铁服务业行业协会，业务主管部门为上海市经济和信息化委员会。被评为“中国社会组织评估等级4A社会组织”“上海市先进行业协会”。欧冶云商股份有限公司现任协会会长单位 协会秉承“服务企业、发展产业、规范行业”的宗旨，以“立足上海、服务长三角、辐射国内外”的发展目标，积极开拓、努力发展，为企业做好服务，促进行业发展。先后搭建了对外交流平台、信息交流平台、金融服务平台、法律服务平台、仲裁中心、人事服务中心、教育培训中心、检测中心和团体标准化工作委员会等服务平台；根据产业分布情况，先后成立了型钢专业委员会、热轧专业委员会、螺线专业委员会、中厚板专业委员会、钢铁电商服务专业委员会、物流专业委员会和唐山分会，形成与产业链对应的配套服务项目，为会员企业提供更有针对性的专业服务；同时，与国内外商协会、钢铁企业（如澳大利亚钢铁、日本、埃及、伊朗、江苏、福建、广东、唐山等地）建立了长期友好关系，得到了行业内外的肯定和好评				

上海东方企业发展促进中心

协会名称	上海东方企业发展促进中心		电话	54482669	
地址	徐汇区大木桥路108号208室	邮编	200333	传真	54482669
网址	www.shoedc.org	公众号	上海东方企业发展促进中心（shoedc）		
协会简介	上海东方企业发展促进中心是经上海市经济和信息化委员会核准批复和上海市民政局审核登记的民营非营利性社会组织。上海东方企业发展促进中心自2014年6月成立以来，已有5个年度荣获了上海市经信委“上海市中小企业服务绩效第三方评估”优秀等级单位 中心是“上海市企业服务云”窗口服务单位和上海市工业经济联合会成员单位，与市、区等各企业服务主管机构、行业协会、工业园区有着广泛的合作。中心业务是以企业发展过程中的管理咨询与实务指导为主，包括企业管理咨询、财税管理咨询、市场营销策划与企业管理培训等				

上海石材行业协会

协会名称	上海石材行业协会		电话	58201367	
地址	浦电路 489 号由由燕乔大厦 518 室	邮编	200122	传真	60853209
网址	www.shstone.org	所办刊物		《上海石材》电子杂志	
协会简介	上海石材行业协会成立于 2002 年 12 月，为石材加工、贸易、工程、石材养护、机械与工具、石材异型及雕刻、人造石相关行业企业提供专业服务的非营利性社会团体。协会现有会员单位 686 家，下设石材工程、石材养护、人造石、石材机械与工具、石材造景与雕刻、砂石等 6 个专业委员会及东方石材研究所等机构 协会为会员单位提供市场信息咨询、新产品新技术推广宣传、技术研讨、成果发布、会展论坛、行业互助公益等各类服务，编制《建筑装饰工程石材应用技术规范》地方标准，开展员工技能培训，实施石材企业能力等级认定，为上海市民政局 4A 级社会组织、上海市商务委石材业公平贸易工作站、上海市市场监管局石材行业消费者维权工作站、长三角石材高质量应用和发展联盟秘书处单位				

上海市工业互联网协会

协会名称	上海市工业互联网协会		电话	60723997	
地址	虹口区东大名路 1098 号浦江国际金融广场 3 楼	邮编	200082	传真	
网址	www.shiia.net	公众号		上海市工业互联网协会	
所办刊物	《上海市工业互联网工作简报》《上海市工业互联网创新发展实践案例集》				
协会简介	上海市工业互联网协会是上海市经济和信息化委员会指导下，由上海电气集团股份有限公司和工业互联网创新中心（上海）有限公司牵头，联合 200 余家工业和工业科技企业等共同发起的非营利性社团组织 协会立足上海市电子信息、汽车、高端装备、新材料、生命健康、现代消费品等重点产业，整合多方资源，以服务转型、融合生态、凸显价值为宗旨，为各方提供资源对接、成果转化、人才培养、智力支持等服务，发挥政府与企业的粘合剂、产业生态发展的催化剂、工业互联网信息传播的扩散剂的作用，致力于成为国际国内有影响力的社会组织，服务于上海建设成为全球卓越制造基地，助力于长三角打造世界级先进制造业产业集群				

上海产业创意设计协会

协会名称	上海产业创意设计协会		电话	63151385	
地址	黄浦区江西中路 181 号 304 室	邮编	200020	传真	63151385
协会简介	上海产业创意设计协会是一个专业性协会，其产业是指制造业及其相关的生产性服务业，其创意设计是指围绕上海先进制造业发展和传统制造业转型升级所开展的一系列创新及成果转化的活动。协会系由本市从事与制造业及生产性服务业相关的制造、创意、设计、科研单位自愿组成的非营利社会团体法人 协会以制造业及生产性服务业为主要业务领域，以产业化、市场化为目标，以创意、科研和设计成果为抓手，以大企业集团和产业链发展为依托，集聚产学研用融资源进行市场化有效配置，重点为中小科技、设计、生产、科研企业单位、院所等提供开放性第三方服务，为上海建设具有全球影响力的科技创新中心和打响上海制造品牌发挥应有的作用。目前拥有百余家会员单位的上海产业创意设计协会，以聚焦高端制造、品质制造、智能制造和绿色制造为主线，集聚了本市两院院士、教授级高工等一批资深专家，重点推进协会内外的创意设计成果对接，以加速形成科创成果产业化				

上海区块链技术协会

协会名称	上海区块链技术协会		电话	55896632	
地址	杨浦区国权北路 1688 号湾谷科技园 A8 栋 5 楼	邮编		传真	55896632
网址	www.shbta.cn	所办刊物		《区块链之声》	
企业所有制	市级社团组织				
协会简介	上海区块链技术协会是由上海市科学技术协会作为业务主管单位，是上海市民政局登记注册的市级专业性协会。协会主要开展技术研究，组织技术培训，制定技术标准，提供技术咨询、应用推广、合作交流等服务 协会自成立以来，始终牢固树立并切实贯彻以“发展区块链技术推动跨界跨学科跨领域的资源共享，打造学术交流高地、搭建协会联盟平台，推动科技进步与经济发展深度融合”为目标，以“人才培育 + 标准制定 + 企业孵化 + 技术推广 + 产业集聚 + 行业拓展”的发展理念，逐步形成创新应用高地、产业集聚高地、人才汇集高地、行业标准高地 协会宗旨：推动区块链技术持续、快速、健康地发展，营造安全高效的区块链生态圈，在政府和行业组织、企事业之间发挥桥梁、纽带作用，为促进上海各界区块链技术和应用的“高速、健康、高效”发展，建立强黏性、高转化、公信力强的平台				

上海市乡镇企业协会

<table>
<tr><td>协会名称</td><td colspan="2">上海市乡镇企业协会</td><td>电话</td><td colspan="2">50281038</td></tr>
<tr><td>地址</td><td>杨高中路 2112 号界龙总部 5 楼</td><td>邮编</td><td>200135</td><td>传真</td><td>58212548</td></tr>
<tr><td>网址</td><td>www.shxzqy.com</td><td colspan="2">所办刊物</td><td colspan="2">《乡镇企业通讯》</td></tr>
<tr><td>协会简介</td><td colspan="5">上海市乡镇企业协会成立于 1987 年 12 月。当时是由办在上海市乡镇区域内、以农村劳动力为主体的企业和在城市开办的承担支援农业义务的企业自愿组成的跨行业、跨所有制的非营利性的社会法人团体。协会第一届名誉会长由原上海市市委书记黄菊兼任，第二届、第三届名誉会长由上海市政协主席、上海市工业经济联合会会长蒋以任兼任。现任会长由全国乡镇企业功勋企业家、上海望春花实业公司董事长李培佩出任
协会现有会员单位 241 家，涉及纺织服装、食品、建材、冶金、机械、电气、化工、塑料、金属制品、汽车配件、科研院所等。副会长单位 12 家，理事单位 43 家。协会常设机构为秘书处，下设办公室、经济联络部、组织联络部、信息服务部、培训服务部、法律咨询部
协会本着“服务企业”的宗旨，按照“经济技术咨询与合作、信息与法律服务、人才引进与培训”的内容，竭尽全力为乡镇企业服务。随着市场经济的不断发展和完善，政府职能的逐步转变，协会已成为政府与企业的桥梁和纽带。协会也不断强化服务功能，在政策宣传、技术培训、信息咨询、组织国内、国外商务考察，创建、完善产品信息网络平台等方面不断深化和拓展服务内容，创新服务方法</td></tr>
</table>

上海汽车集团财务有限责任公司

企业名称	上海汽车集团财务有限责任公司	电话	62313864
地址	康定路 1199 号	邮编	200042
网址	www.saicfinance.com	传真	62312701
所有制性质	国有企业		
企业简介	上海汽车集团财务有限责任公司是 1994 年 5 月经中国人民银行批准成立的非银行金融机构，是上汽集团下属的国有独资企业，由上海汽车集团股份有限公司和上海汽车工业销售有限公司分别投资 98．592% 和 1．408% 组建，注册资本 30 亿元。公司主要经营结算、存款、贷款、外汇、顾问咨询、证券投资等金融业务 2009 年是上海汽车集团财务有限责任公司开业 15 周年。在集团总公司的正确领导下，在监管部门的帮助指导下，公司各项主营业务蓬勃发展，经济效益节节攀高，全年实现净利润 4.55 亿元，是 IPO 暴利前 2001—2005 年平均利润的 4.5 倍，全面超额完成了年初计划，被上汽集团第二次授予“年度业绩优异奖”，以璀璨的金牌向公司 15 周年华诞敬献贺礼			

上海服装集团进出口有限公司

企业名称	上海服装集团进出口有限公司	电话	62337718
地址	茅台路 567 号	邮编	200336
网址	www.sggiec.com.cn	传真	62337718
所有制性质	国有企业		
企业简介	上海服装集团进出口有限公司主营业务为服装纺织品国际贸易，年出口创汇 2 亿多美元，1994 年列入中国进出口额最大的 500 家公司排行榜，连续多年被上海市人民政府授予“文明单位”称号和“出口贡献奖”，是国家服装纺织品出口重点骨干企业 上海服装集团进出口有限公司依托在国内外服装市场上的优良信誉，构建外贸人才高地，塑造贸易服务形象，务求全面快速的发展。目前已具备接单、生产、产品质量监控、报关、出运等一系列综合功能，对外贸易的网络扩展到五大洲 60 多个国家和地区。近几年的贸易品种已从各类服装鞋帽的出口扩展到轻工、化工、机电、建材等产品的出口，与国际上许多知名公司建立了良好的合作关系，赢得了普遍的赞誉			

上海三菱电梯有限公司

企业名称	上海三菱电梯有限公司	电话	24083049
地址	江川路 811 号	邮编	200245
网址	www.smec-cn.com	传真	24083399
所有制性质	合资企业		
企业简介	上海三菱电梯有限公司成立于 1987 年 1 月，由上海机电股份有限公司、日本三菱电机株式会社、中国机械进出口（集团）有限公司、三菱电机香港集团有限公司四方合资组成，四方投资比为 52%、32%、8%、8%。公司投资总额 2 亿美元，占地面积 18.87 万平方米，现有员工 2000 余人 公司的主要业务范围包括：电梯、自动扶梯、自动人行道、大楼管理系统的生产、销售、安装、保养。机种有：（1）三菱电机技术转让的电梯、自动扶梯；（2）上海三菱电梯自主开发技术的电梯产品 公司经过 22 年的创业与发展，已成为中国最大的电梯制造和销售企业之一，产品市场占有率已连续多年在中国电梯市场保持领先地位。2008 年销售电梯 32019 台，合资以来，已累计制造和销售电梯 20.42 万台 公司以技术创新为核心，坚持做到引进与开发并重，使电梯技术始终保持国内领先，国际先进水平。公司已发展到 40 个产品系列 200 多种不同规格的产品，形成了覆盖市场不同层次需求的可供产品体系。近年来又加快转化了 ELENSSA 最新无机房和 NEXWAY 小机房等具有节能、环保的电梯技术		

恒源祥（集团）有限公司

企业名称	恒源祥（集团）有限公司		电话	63268888	
地址	黄浦区浙江南路 100 号	邮编	200021	传真	63112285
网址	www.hyx1927.com	企业所有制		民营企业	
企业简介	恒源祥，创立于 1927 年的中国上海。恒源祥集团经营产品涵盖绒线、针织、服饰、家纺、童装等大类。2005 年 12 月 22 日，恒源祥集团正式成为 2008 年北京奥运会赞助商；2008 年 11 月 30 日，恒源祥成为中国奥委会的合作伙伴；2012 年 11 月 20 日，恒源祥成为 2013—2016 年中国奥委会赞助商。恒源祥成功地为北京、伦敦、里约三届奥运会中国体育代表团打造了礼仪服饰。2019 年 11 月 18 日，恒源祥正式成为北京 2022 年冬奥会和冬残奥会官方赞助商；同年 9 月 16 日，国际奥委会官方宣布：恒源祥将在东京奥运会和北京冬奥会期间为国际奥委会成员及工作人员提供官方正装				

中国远洋海运集团有限公司

企业名称	中国远洋海运集团有限公司	电话	65966855
地址	滨江大道 5299 号	邮编	200127
网址	www.cnshipping.com	传真	65966146
所有制性质	国有企业		
企业简介	中国海运（集团）公司是中国海运是中央直接领导和管理的重要国有骨干企业之一，是以航运为主业的跨国经营、跨行业、跨地区、跨所有制的特大型综合性企业集团 中国海运主营业务设有集装箱、油运、货运、客运、汽车船运输、特种运输等专业化船队；正在开展 LNG 业务。相关业务有码头经营、综合物流、船舶代理、环球空运、船舶修造、船员管理、集箱制造、供应贸易、金融投资、信息技术等产业体系 中国海运在全球 100 个国家和地区，设有香港、北美、欧洲、东南亚、西亚等 5 个控股公司；境外产业下属 90 多家公司、代理、代表处，营销网点总计超过 400 多个 截至 2009 年底，中国海运拥有各类船舶 440 余艘，2018 万载重吨，集装箱载箱位 50 万标准箱；集团年货物运输完成量超过 3.5 亿吨、963 万标准箱，在国家能源和进出口贸易中发挥了重要的运输支持和保障作用		

中国东方航空（集团）有限公司

企业名称	中国东方航空（集团）有限公司	电话	22330258
地址	空港三路 99 号	邮编	200335
网址	www.ce-air.com	传真	62688668
所有制性质	国有企业		
企业简介	中国东方航空集团公司（简称“东航集团”）成立于 2002 年 10 月，东航集团以原东方航空集团公司为主体，兼并中国西北航空公司、联合云南航空公司组建而成，是我国三大航空运输集团之一，是隶属国务院国有资产监督管理委员会管理的中央企业 重组后的东航集团经营业务包括：公共航空运输、通用航空业务及与航空运输相关产品的生产和销售（含免税品）；航空器材及设备的维修、航空客货及地面代理、飞机租赁、航空培训与咨询等业务以及国家批准经营的其他业务。东航集团旗下共有 20 家控股投资公司，经过几年来的调整优化和资源整合，基本形成以航空运输核心主业为支撑，以航空食品、进出口、金融期货、传媒广告、旅游票务、酒店管理、机场投资等业务为辅助的航空运输服务体系 东航集团以“员工热爱、顾客首选、股东满意、社会信任”作为企业的经营理念，并确立了“做优做强，成为规模网络型航空公司”的发展目标。通过多年来实施的服务品牌战略，东航打造了“凌燕组”空中服务、“温馨组”地面服务、“东方万里行”会员服务、“95808 客服热线”服务、“穿梭中国”转机服务、“京沪、沪港快线”服务等一大批知名服务品牌。东航集团先后荣获中国民航飞行安全最高奖——“金鹏杯”，“旅客话民航”评比活动第一名，以及国际航空运输协会授予的“航空航天桂冠奖”、“10 年民航倾心服务奖”和美国优质服务协会在世界范围内颁发的“五星钻石奖”等荣誉		

中国宝武钢铁集团有限公司

企业名称	中国宝武钢铁集团有限公司	电话	26649883
地址	宝山区富锦路889号	邮编	201900
网址		传真	62688668
所有制性质	国有企业		
企业简介	1998年11月，以宝山钢铁（集团）公司为主，吸收上海冶金控股（集团）公司和上海梅山（集团）有限公司，组成上海宝钢集团公司。2000年2月，创立宝钢集团控股子公司——宝山钢铁股份有限公司，并于同年12月12日在国内上市。2005年10月，上海宝钢集团公司更名为宝钢集团有限公司 宝钢集团有限公司（简称“宝钢”）是当今世界现代化程度最高、生产规模最大、品种规格最齐全的钢铁联合企业之一，是国家授权投资的机构和国家控股公司，对授权经营范围内的国有资产向国务院国资委承担保值增值责任。注册资本510.83亿元 宝钢生产高技术含量、高附加值的钢铁产品，用途覆盖汽车、家电、石化、机械制造、金属制品等领域。围绕钢铁供应链、技术链、资源利用链，宝钢还发展资源开发及物流业、钢材加工业、工程技术服务业、生产服务业、煤化工业、金融投资业等多元产业		

上海汽车集团股份有限公司

企业名称	上海汽车集团股份有限公司	电话	22011608
地址	威海路489	邮编	200041
网址		传真	22011777
所有制性质	国有企业		
企业简介	上海汽车工业（集团）总公司（以下简称“上汽集团”）是中国三大汽车集团之一，主要从事乘用车、商用车和汽车零部件的生产、销售、开发、投资及相关的汽车服务贸易和金融业务。上汽集团坚持自主开发与对外合作并举，一方面，通过加强与德国大众、美国通用等全球著名汽车公司的战略合作，不断推动上海通用、上海大众、上汽通用五菱、上汽依维柯、上海申沃等系列产品的后续发展，取得了卓越成效；另一方面，通过集成全球资源，加快技术创新，全力推进自主品牌轿车的研发、生产和销售。目前，已实现荣威750、550、350及MG7、MGTF、MG6、MG3等多款产品成功上市，树立起良好的品牌形象。由此，深入推进了合资品牌和自主品牌共同发展的格局。上汽集团除在上海当地发展外，还在柳州、重庆、烟台、沈阳、青岛、仪征、南京、英国长桥等地建立自己的生产基地，拥有韩国通用大宇6.01%的股份，在美国、欧洲、我国香港地区、日本和韩国设有海外公司。上汽集团的愿景是：为了用户满意，为了股东利益，为了社会和谐，上汽集团要建设成为品牌卓越、员工优秀，具有核心竞争能力和国际经营能力的汽车集团。上汽集团的核心价值观是：满足用户需求、提高创新能力、集成全球资源、崇尚人本管理		

上海电气（集团）总公司

企业名称	上海电气（集团）总公司		电话	33261888	
地址	黄浦区四川中路 110 号	邮编	200002	传真	63216017
网址	www.shanghai-electric.com	企业所有制		国有企业	
企业简介	上海电气（集团）总公司是一家大型综合性装备制造集团，主导产业聚焦能源装备、工业装备、集成服务三大领域，致力于为客户提供绿色、环保、智能、互联于一体的技术集成和系统解决方案。产品包括火力发电机组（煤电、气电）、核电机组、风力发电设备、输配电设备、环保设备、自动化设备、电梯、轨道交通和机床等。改革开放以来，上海电气诞生了一大批世界领先的创新产品，如首套 100 万千瓦超超临界燃煤发电机组、三代四代核电核岛和常规岛主设备、大型海上风电设备、西气东输的高频电动机等。近年来集团营业收入保持在 900 亿元左右 作为中国工业的领导品牌，上海电气的历史最早可以追溯至 1902 年，创造了中国与世界众多第一。上海电气品牌在国际和国内多个榜单中名列前茅，荣获中国工业领域最高奖项——中国工业大奖，入选 2017 年《全球制造 500 强》、《财富》中国 500 强、ENR 全球最大 250 强国际承包商排名全球第 141 位、2017 年品牌价值 602.78 亿元，位列行业第二					

百联集团有限公司

企业名称	百联集团有限公司	电话	63327123
地址	中山南路 315 号百联大厦 15 楼	邮编	200010
邮箱	blgf@shanghaibailian.com	传真	63322323
所有制性质	国有企业		
企业简介	百联集团有限公司于 2003 年 4 月 24 日成立，为国有独资公司，注册资金为 10 亿元。经营范围为国内贸易、生产资料、现代物流、商业房地产开发等，拥有超商、综合百货、生产资料贸易三大核心业务和物流配送、商业房产、电子商务三大培育业务；拥有百联股份、物贸股份、联华超市、友谊股份和第一医药等 5 家上市公司；拥有遍布全国 25 个省市约 7100 余家营业网点，几乎涵盖了国际商贸流通集团现有的各种业态，如百货、标准超市、大卖场、便利店、购物中心、品牌折扣店、商业连锁和物流等；拥有一批享誉国内外的知名企业，如第一八佰伴、东方商厦、第一百货商店、永安百货等百货商店，百联南方、西郊、中环、又一城等购物中心、百联奥特莱斯、联华超市、华联超市、第一医药等；集团在职员工近 6 万人，从业员工 17 万人，是国内最大的商贸流通集团		

上海烟草集团有限责任公司

企业名称	上海烟草集团有限责任公司	电话	61669003
地址	长阳路 717 号	邮编	200082
网址	www.sh.tobacco.com.cn	传真	65125838
所有制性质	国有企业		
企业简介	上海烟草（集团）有限责任公司是一个以卷烟工业为主的多元化、集约化、现代化的大型国有企业，公司被上海市人民政府评为第十五届“上海市文明单位”；被上海市质量技术监督局评为“2010 年度上海市标准化工作先进集体”；被上海世博会执委会评为“上海世博工作优秀集体” 公司拥有一流水准的卷烟工业企业以及烟草储运、印刷、机械、材料等配套工业企业，并涉足商业、物流产业以及宾馆酒店、金融保险等行业。2003 年和 2004 年，公司先后与北京卷烟厂和天津卷烟厂实现战略性联合重组 目前，公司出品的主要卷烟品牌有“中华”“熊猫”“红双喜”“中南海”“牡丹”“上海”“大前门”“江山”“恒大”等。多年来，以“中华”卷烟为代表的集团名优品牌以其高知名度和高品质赢得全国卷烟消费市场的推崇，并始终保持畅销不衰		

上海医药（集团）股份有限公司

企业名称	上海医药（集团）股份有限公司	电话	63730908
地址	太仓路 200 号上海医药大厦	邮编	200020
网址	www.sphchina.com	传真	63289333
所有制性质	股份有限公司（上市）		
企业简介	上海医药（集团）股份有限公司是一家 A+H 股全国性医药产业集团，主营业务覆盖医药研发与制造、分销与零售，2015 年营业收入 1055 亿元，综合排名位居全国前列 上海医药研发以创新为长期坚持的方向，入选 10 余项“重大新药创制”国家科技重大专项，累计拥有发明专利 267 件，公司合作完成的 2 个项目分获 2014 年、2015 年国家科技进步一等奖。公司制造覆盖化学和生物药品、现代中药和保健品、医疗器械等领域，过亿元产品 24 个，旗下拥有多个中国驰名商标。公司所有药品生产企业全部通过新版 GMP 认证，多个原料药或制剂通过了 WHO、FDA、欧盟以及其他发达国家的质量认证。公司分销网络辐射全国，业务规模排名全国前三，疫苗、高端耗材、DTP（高值药品直送）及 SPD（医药物流管理技术）等新业务发展在国内处于领先地位，并积极拓展电商新模式。公司零售销售规模居全国药品零售行业前列，门店覆盖全国 16 个省、直辖市及自治区，门店总数近 1800 家 公司倡导“创新、诚信、合作、包容、责任”的企业核心价值观，致力于持之以恒，提升民众的健康生活品质，努力打造受人尊敬、拥有行业美誉度的领先品牌药制造商和健康领域服务商		

上海东浩兰生（集团）有限公司

企业名称	上海东浩兰生（集团）有限公司	电话	63161201
地址	延安中路837号	邮编	200040
网址	www.shanghaiexpogroup.com	传真	62895770
所有制性质	国有企业		
企业简介	上海东浩兰生（集团）有限公司成立于2004年2月18日，是经上海市人民政府批准，在原上海东浩国际服务贸易（集团）有限公司的基础上，由上海文化广播影视集团、上海东方国际集团、上海世博土控集团等公司共同出资组建而成，注册资本11.1亿元。东浩集团坚持市场化运作，大力发展现代服务业，致力于打造以完整产业链为标志、全国布局合理的人力资源业和以会展传播为核心、具有国际竞争力的贸易服务业 东浩集团在抓好主营业务发展的同时，以高度的政治责任感和历史使命感，全力投入服务世博、奉献世博的各项工作，在场馆建设、展览展示、人力资源、贸易物流等方面为上海世博会提供了大量服务。集团负责建造的世博会主题馆、世博中心两大永久性场馆，分别在2009年9月28日、2009年12月25日胜利竣工，成为“一轴四馆”中率先竣工的两个场馆，而且都成为绿色、节能、环保型建筑的典范之作。集团任展览服务总包的“走进世博会”系列巡展在各省市、港澳台和联合国、巴黎、纽约、伦敦等地举办了35站，为进一步扩大上海世博会的影响，营造全国和世界共同关注、了解、支持、参与世博的良好氛围起到了重要作用。2009年7月15日，胡锦涛总书记等9位中央政治局常委参观了在首都北京举行的巡展		

上海工业投资（集团）有限公司

企业名称	上海工业投资（集团）有限公司	电话	62485000
地址	桂箐路15号1号楼6层	邮编	200233
网址	www.siig.cn		
企业所有制	国有企业		
企业简介	上海工业投资（集团）有限公司（以下简称：上海工投集团）是经上海市人民政府批准，于1998年12月设立，由市国有资产监督管理委员会出资，市经济委员会监管的国有独资有限责任公司。上海工投集团以集团为核心，以国有资产为纽带、吸纳上海市工业投资公司、上海市漕河泾新兴技术开发区发展总公司、上海市工业区开发总公司、上海光通信公司、上海工业对外贸易公司、上海金辉工业房地产总公司、锦辉宾馆和上海申鑫经济发展总公司等8家公司为子公司所组建 上海工投集团的战略发展目标是：通过成功实现上海工投集团的战略转型，努力把上海工投集团建设成为为上海先进制造业和现代服务业提供产业导向和综合配套服务，为实现上海市委和市政府提出的经济社会发展目标，发挥投融资载体作用和资源集成服务作用，在上海产业服务投资领域中占有重要一席之地和具有较强实力，按照要求规范运作的国有专业投资公司。上海工投集团的总体发展要求是：服务大局，坚持又好又快发展：依托经委，推进资源优化整合；加快转型，提升投资盈利能力；加强管理，提高风险控制水平；克服瓶颈，加快处置遗留问题；稳健经营，巩固持续发展基础		

上海德力西集团有限公司

企业名称	上海德力西集团有限公司	电话	59705201
地址	北青公路 9399 号	邮编	201707
网址	www.dlxchina.cn.alibaba.com	传真	59705229
所有制性质	民营企业		
企业简介	上海德力西集团有限公司是中国·德力西集团 1998 年 11 月来沪投资建立的全资子公司，是专业生产高中低压、输变配电气设备的大型企业。公司占地 300 亩，注册资金 3 亿元，所属制造公司 4 个、合资公司 8 个，共有员工 1500 余人。生产设备拥有引进日本村田公司制造的具有当代国际先进水平的带立体仓库的钣金柔性自动流水线加工系统、进口德国母排加工机床、金属壳体毛坯表面自动化前处理和喷塑处理生产线、激光焊接机等，其他工艺、工装和测试设备具有国内先进水平。主要生产电线、电缆、电力变压器、高中低成套电气设备、箱式变电站、高压元件、高压互感器、母线桥架、11 万伏 GIS 六氟化硫开关设备、恒压供水设备、三箱类产品、电力自动化控制电气等 德力西集团获得“全国质量管理奖”“中国驰名商标”“中国名牌产品”“国家免检产品”等称号，并被评为中国十大最受欢迎商品。2002 年，德力西电气进入中国酒泉卫星发射中心，成为中国酒泉卫星发射中心电气供应商，2003 年和 2005 年助“神舟五号”“神舟六号”载人航天飞行圆满成功。公司先后被评为上海市市外在沪大企业、上海市农口级文明单位、上海市守合同重信用企业、上海市高新技术企业、上海市文明单位等。公司党委被评为上海市“两新组织”“五好”党组织，“党建工作示范点”等		

东方国际（集团）有限公司

企业名称	东方国际（集团）有限公司	电话	22110213
地址	虹桥路 1488 号	邮编	200336
网址	www.shtextile.com.cn/ec.html	传真	62082118
所有制性质	国有企业		
企业简介	东方国际（集团）有限公司是一家以科技为先导、以品牌营销和进出口贸易为支撑、以先进纺织制造业和时尚产业为依托的大型企业集团。集团以“成就无限科技梦想、编织多彩时尚生活”为使命，以“致力于成为中国现代纺织的领航者和全球客户信赖的服务商”为愿景，紧紧围绕“科技与时尚”的发展理念，努力打造与上海国际大都市相匹配的现代都市纺织业。集团现拥有总资产 227 亿元，员工 1.9 万人，有下属企业 214 家，上市公司 2 家。在 2010 年发布的中国企业 500 强排名第 256 位，中国纺织服装行业百强企业排名第 5 位；中国进出口企业 500 强排名第 78 位；中国出口企业 200 强排名第 37 位，中国纺织服装出口排名第 2 位；在 2011 年发布的上海市国资委所管企业的营业收入排名第 9 位		

上海临港经济发展（集团）有限公司

<table>
<tr><td>企业名称</td><td>上海临港经济发展（集团）有限公司</td><td>电话</td><td>38298029</td></tr>
<tr><td>地址</td><td>海港大道 1515 号</td><td>邮编</td><td>201306</td></tr>
<tr><td>网址</td><td>www.shlingang.com</td><td>传真</td><td>58073390</td></tr>
<tr><td>所有制性质</td><td colspan="3">国有企业</td></tr>
<tr><td>企业简介</td><td colspan="3">上海临港经济发展（集团）有限公司成立于 2003 年 9 月，注册资金 30 亿元，是承担上海临港产业区开发建设任务的大型国有多元投资企业，主要负责上海临港产业区 247 平方千米范围内的土地开发、基础建设、招商引资、产业发展和功能配套等工作。上海临港集团下属子公司主要包括上海市漕河泾开发总公司、上海临港建设公司、上海临港国际物流公司、上海临港投资管理有限公司和泥城、书院、芦潮港、万祥 4 个分城区发展公司等</td></tr>
</table>

上海仪电（集团）有限公司

<table>
<tr><td>企业名称</td><td colspan="3">上海仪电（集团）有限公司</td><td>电话</td><td colspan="2">24122600</td></tr>
<tr><td>地址</td><td>徐汇区田林路 168 号</td><td>邮编</td><td>200233</td><td>传真</td><td colspan="2">24122666</td></tr>
<tr><td>网址</td><td>www.inesa.com</td><td colspan="2">企业所有制</td><td colspan="3">国有独资</td></tr>
<tr><td>企业简介</td><td colspan="6">上海仪电（集团）有限公司（以下简称上海仪电）是上海市国有资产监督管理委员会所属的国有大型企业集团。上海仪电以“引领信息产业发展，服务智慧城市建设”为使命，致力于成为智慧城市整体解决方案的提供商与运营商，聚焦物联网、云计算、大数据及人工智能等新一代信息技术，形成以信息技术产业为主体，与产业地产、产业资本高度融合的产业格局。上海仪电秉承“以人为本、以资本为先导、以信息技术为核心、以基础设施为载体”的基本原则，倾力打造“智慧城市生态圈”，面向政府、企业、居民等智慧城市服务对象，聚焦智慧照明、智能安防、智慧交通、智慧溯源、智慧教卫、智慧能源、智能制造等业务领域，提供从智慧城市顶层设计与规划、集成实施和运维到融资保障全面服务。同时，基于“仪电云”平台，以数据为核心，创新运营模式，提升城市可持续发展能力和竞争力，提高城市生活品质
截至 2017 年末，上海仪电下属成员企业 237 家，其中控股企业 153 家（含 3 家上市公司），从业人员 1.4 万余人。全国共拥有 15 个生产基地，在 24 个省份及 43 个城市设有分支机构。同时，上海仪电正进入从国内资源整合到国际资源整合、加快布局海外市场的新阶段，目前在海外共拥有 8 个生产基地，50 多个分支机构
上海仪电名列 2016 年度中国企业 500 强第 341 位、中国制造企业 500 强第 152 位，中国电子信息百强企业第 16 位，上海企业 100 强第 32 位、上海制造企业 100 强第 12 位</td></tr>
</table>

上海化学工业区发展有限公司

企业名称	上海化学工业区发展有限公司	电话	67120000-1015
地址	目华路 201 号	邮编	201507
网址	www.scip.com.cn	传真	67122222
所有制性质	国有企业		
企业简介	上海化学工业区位于杭州湾北岸，规划面积 29.4 平方千米，是以石油化工及其衍生产品制造为主的现代化产业基地，主要发展石油化工和天然气化工系列产品、精细化工产品、合成新材料和综合性深加工产品。按照统一规划，纳入一体化管理的金山分区重点发展化工物流、化工检维修和化工品交易等产业，奉贤分区重点发展精细化工、化工机械装备和高分子材料等产业		

上海日用－友捷汽车电气有限公司

企业名称	上海日用－友捷汽车电气有限公司	电话	31275990
地址	嘉定区马陆镇育绿路 260 号	邮编	201801
网址	www.shry.net	传真	31273335
所有制性质	合资企业		
企业简介	上海日用－友捷汽车电气有限公司是一家以研究开发、生产系列汽车散热器风扇总成和冷凝器风扇总成及汽车用空调鼓风机与特殊交、直流微电机的专业企业。经过多年的技术改造，现已形成强大的产品开发和生产能力，并拥有自己的知识产权。在全国拥有较高的知名度，同类产品的开发和研究居于行业领先地位。顺达牌（汽）轿车散热器风扇总成连续 14 次获得上海市名牌产品称号，是中国机械行业 500 强、上海名牌产品 100 强企业 公司先后通过 ISO9001、QS-9000、ISO/TS16949 质量体系认证；OSHMS 职业安全健康管理体系认证和 ISO14001 环境管理体系认证。公司拥有一支各类中高级人才荟萃的科技队伍、设施一流的产品实验室、国外先进设备的中试基地、国内一流、国际领先的开发软件，致力于产品研发、科技创新。公司获得 22 项国家专利，产品开发的技术平台已达到国际先进水平。公司以科学的管理模式和先进的制造设备和检测设备保证产品质量，成为国内知名的车用散热器风扇的生产厂家。现为上海大众、上海通用、一汽大众、长安福特、一汽集团、上海汽车、东风汽车、长安汽车等国内多家汽车生产厂家配套		

上海红心器具有限公司

企业名称	上海红心器具有限公司	电话	58857788
地址	杨高中路 2108 号	邮编	200135
网址	www.hongxin-sh.com、www.shanghaihongxin.com	传真	50280632
所有制性质	有限责任公司（国内合资）		
企业简介	上海红心器具有限公司是拥有“红心”品牌的电熨斗、挂烫机和电饭煲等小家电开发制造企业 红心牌电熨斗在二十世纪八九十年代曾有两种产品（调温型、蒸汽型）3 次获得“国家银质奖”；红心牌电熨斗、红心牌挂烫机是“上海市著名商标”；红心牌电熨斗、红心牌挂烫机、红心牌电饭煲连年被推荐为“上海名牌产品”（1995—2013 年）；2010 年，上海红心器具有限公司还被上海市知识产权局评定为“上海市专利工作试点企业”；2011 年 2 月，在上海市浦东新区质量工作会议上，上海红心器具有限公司被授予“浦东新区质量工作贡献奖”；2011 年 3 月，公司被国家商务部认定为“中华老字号”；2012 年 8 月，红心公司法人代表徐万群还被中华老字号工作委员会评为“中华老字号企业优秀掌门人”；2012 年 9 月，上海红心器具有限公司经上海市企业诚信创建活动组委会审核，荣获“上海市星级诚信企业四星级”称号		

上海汽轮机厂有限公司

企业名称	上海汽轮机厂有限公司	电话	64358331-3481
地址	江川路 333 号	邮编	200240
网址	www.shanghai-electric.com	传真	54704378
所有制性质	国有企业		
企业简介	上海汽轮机厂有限公司是中国最早建成的汽轮机生产基地，是中国第一家汽轮机生产企业，先后援建了哈尔滨汽轮机厂和东方汽轮机厂，从而形成了中国现在的三大发电动力设备制造基地，为此享有“中国汽轮机摇篮”之美誉。公司自 1955 年试制出中国第一台 6000 千瓦汽轮机之后，相继研制成功 5 万、12.5 万、30 万和 60 万千瓦等系列汽轮机机组，创造了汽轮机制造史上多个第一的佳绩，为电力工业快速发展做出了重大贡献 公司主营业务是工业汽轮机、船用汽轮发电机组、汽轮机备品备件及资产管理。为扩大公司的销售和盈利能力，公司努力提升工业汽轮机的生产制造能力，并进行工业汽轮机组生产能力的扩建		

雄狮国际旅行社（上海）有限公司

企业名称	雄狮国际旅行社（上海）有限公司	电话	021-23151688
地址	绍虹路 99 号虹桥天地 5 号楼 5 楼	邮编	200021
网址	www.liontravel.com.cn	传真	021-61138331
所有制性质	台港澳法人独资企业		
企业简介	雄狮旅游是一家以中国台湾地区为总部，向全球扩展，以提供旅游业务为核心的国际化集团。为让更好的整合资源，集团对旅游产业的纵向产业链和横向相关产业进行深度整合，设立七大事业体发展 雄狮品牌建设开始于 1985 年。迄今，集团全球员工达到 3200 人，2014 年年营业额达 62 亿元。在全球共有 75 个服务据点 台湾旅游业市场出团量第一，占台湾市场的 15%，平均每月出团量高达 2000 团，每月服务团体旅客 5 万名，个人旅客 7 万名。雄狮旅游网（www.liontravel.com）提供一次购足，无缝隙服务。依据各大网站调查，雄狮旅游网站流量、服务满意度等指标，历年均排名台湾旅游网站第一 雄狮国际旅行社（上海）有限公司于 2011 年 7 月 14 日正式进入上海，主营业务为国内旅游业务、入境旅游业务，与旅游相关的咨询业务；民航国际及国内机票销售代理及相关咨询服务；保险兼业代理；会务服务（主办、承办除外）。在基于强大的大陆地区旅游的需求，正式落地上海，主要服务，以企业为主要对象，发展为雄狮在大陆的运营中心，并积极挖掘在地业务。经过 4 年深耕，其营业绩效蒸蒸日上		

上海海立（集团）股份有限公司

企业名称	上海海立（集团）股份有限公司	电话	58547777
地址	浦东新区金桥宁桥路 888 号	邮编	201206
网址	www.highly.cc	传真	50326960
所有制性质	股份制企业		
企业简介	上海海立（集团）股份有限公司是一家股份制上市公司。A、B 股股票分别于 1992 年 11 月和 1993 年 1 月在上海证券交易所上市。目前，公司总股本 547949195 股，其中：人民币普通股 289613188 股，占总股本 52.85%；境内上市外资股 258336007 股，占总股本 47.15%。截至 2009 年底，公司总资产为 524744 万元，归属于上市公司股东净资产 154637 万元 海立股份旗下拥有上海日立电器有限公司等 8 家企业，主营为压缩机的生产和销售。主要产品为空调压缩机、冰箱压缩机、商用冷柜、汽车起动电机等，同时还投资特种制冷设备、铸造等产业 公司自上市以来历经 18 年发展，销售收入由 2 亿元快速提高到近 50 亿元，扩大 25 倍；共计创利约 22.8 亿元；主业空调压缩机产销量从 25 万台扩大到 1400 万台，连续 10 多年位居国内领先；产品销往世界 160 多个国家和地区，约占全球份额 15%		

上海施能电器设备有限公司

企业名称	上海施能电器设备有限公司		电话	58221888	
地址	浦东新区航头镇航鸣路22号	邮编	201316	传真	58222888
网址	www.shineng.com				
企业所有制	有限责任公司				
企业简介	公司自1984年成立以来，致力于蓄电池充电机、锂电池充电机、放电机的专业设计与研发。产品广泛应用于工业车辆、部队、铁路、地铁、轻轨、航空、旅游、仓储等行业领域。目前，公司拥有国内外领先的智能绿色生产设备。公司拥有国内领先的技术研发体系和创新机制，每年研发投入占销售收入比例达5%以上，专业技术人员占全公司员工的30%以上。公司通过35多年如一日的研究发展，拥有5项创新发明专利、17项实用新型专利、7项外观设计专利。公司稳步发展，技术、品质和管理不断地向国内外同行业先进生产企业迈进，我们始终如一地向广大客户提供最满意的产品和最优质的服务				

上海易连实业集团股份有限公司

企业名称	上海易连实业集团股份有限公司	电话	58600836
地址	浦东新区银城路117号12楼	邮编	200120
所有制性质	股份有限公司（上市）		
企业简介	1968年，在费钧德等创始人带领下，界龙创办工业；1973年，投资1000元创办小印刷厂。1994年2月，改制成立的“上海界龙实业集团股份有限公司”（股票代码：600836）在上海证券交易所挂牌上市。集团现已形成印刷包装和房地产开发两大主业，发展成为拥有10多家子（分）公司、3000名员工、总资产50多亿元的集团企业 界龙印刷包装主业实力雄厚，名列中国印刷（综合）百强企业前十强。建立上海市级技术研发中心，拥有9家专门从事各类包装印刷服务的精益生产工厂，大量引进世界一流的印前、印刷和印后加工设备和软件管理系统，搭建起国际一流的生产平台。工厂应用高度数字化、网络化工作全流程和自动化、标准化生产环境；自主研发ERP管理系统，构建全过程信息化标准管理；采用国际认证的质量、安全和环境管理体系。集团注重技术研发和管理创新，先后获得100多项专利和著作权授权 公司先后获评“中国出版奖先进出版单位”“国家印刷复制示范企业”“2013—2014年度国家文化出口重点企业”“2014—2015年度全国轻工业卓越绩效先进企业”等重要荣誉		

正泰电气股份有限公司

企业名称	正泰电气股份有限公司	电话	56777777
地址	松江区思贤路 3255 号 2 号楼	邮编	201614
网址	www.chint.net	传真	67777778
所有制性质	民营企业		
企业简介	正泰集团股份有限公司（CHINT 简称“正泰”）始创于 1984 年 7 月，现辖七大专业公司、2000 多家国内销售中心和特约经销处，并在国外设有 40 多家销售机构。产品覆盖高低压电器、输配电设备、仪器仪表、建筑电器、汽车电器、工业自动化和光伏电池及组件系统等几大产业，产品畅销世界 70 多个国家和地区。是中国工业电器行业产销量最大的企业之一，综合实力连续多年名列中国民营企业 500 强前茅。“正泰”商标被认定为中国驰名商标，四大系列产品跻身“中国名牌” 正泰在全国同行业中率先通过了 ISO9001 质量体系认证、ISO14001 环境体系认证和 OHSAS18001 职业健康安全管理体系认证，通过了中国强制性认证（简称“CCC”认证），并通过了国际 CB 安全认证、美国 UL 认证、芬兰 FI 认证、比利时 CEBEC 认证、荷兰 KEMA 认证、德国 VDE 认证等。目前拥有国内外各种专利 380 多项，并领衔、参与了 30 多项行业标准的制订和修订 正泰以“为顾客创造价值，为员工谋求发展，为社会承担责任”作为企业的经营理念，并确立了“争创世界名牌，实现产业报国”的企业使命。坚持“两个文明”同步发展，建立了温州首家非公有制企业党委，形成了以党委为核心，工会、团委等为纽带的组织体系		

上海和黄药业有限公司

企业名称	上海和黄药业有限公司	电话	63503300-237
地址	龙华东路 325 号 A 座 15 楼	邮编	200023
网址	www.shpl.com.cn	传真	63522538
所有制性质	合资企业		
企业简介	上海和黄药业有限公司成立于 2001 年的 8 月，是由上海和记黄埔中药（香港）投资有限公司与上海市药材有限公司共同投资组建的上海首家中药合资企业，总投资额 2.2 亿元。原上海中药制药一厂及“上药”牌注册商标等，转入合资企业。 上海中药制药一厂建于 1958 年，由沪上 4 家百年药店雷允上、胡庆余、童涵春、蔡同德合并而成，是一家具有优良传统、丰富经验、剂型全面，技术领先的老牌中药企业 和记黄埔集团是香港李嘉诚先生属下的跨国性综合企业，是世界 500 强企业之一，在全球 42 个国家经营包括医药保健在内的多项业务，是中国大陆最主要的投资商之一。和记黄埔致力于中药全球化事业，自 2000 年始，已经分别在中国和欧洲成立了包括上海和黄药业在内的多项医药保健业务 公司拥有药品批准文号 83 个（68 个产品，83 个规格）。产品剂型有片剂、丸剂、小容量注射剂、口服液等。丸剂主要以心血管类为代表的麝香保心丸，片剂主要以消化系统类的胆宁片，注射剂主要以心脑血管类的生脉注射液、复方当归注射液等		

上海纳杰电气成套有限公司

<table>
<tr><td>企业名称</td><td colspan="3">上海纳杰电气成套有限公司</td><td>电话</td><td colspan="2">54980587</td></tr>
<tr><td>地址</td><td colspan="3">闵行区光华路 2000 号</td><td>邮编</td><td>201111</td><td>传真</td><td>54980587</td></tr>
<tr><td>企业负责人</td><td>陈延忠</td><td>电话</td><td>54980587</td><td>联系人</td><td>董春光</td><td>电话</td><td>54980587</td></tr>
<tr><td>网址</td><td colspan="3">www.njdq.com.cn</td><td colspan="2">企业所有制</td><td colspan="2">国有企业</td></tr>
<tr><td>企业简介</td><td colspan="7">上海纳杰电气成套有限公司成立于 2002 年 6 月，现隶属于上海电气输配电集团有限公司。企业占地面积 2.3 万平方米，拥有从美国、德国、日本引进的具有当代国际先进水平的电脑数控全套生产设备，具备高新技术、高品质保证和全天侯优质服务
公司专业生产和销售 40.5kV 及以下高、低压成套开关设备、智能化高低压电气成套设备、新能源成套系统和城市轨道交通用智能化（牵引、动力）箱式变电站、以及承接输配电工程施工总承包业务等
公司坚持走高新化、智能化、小型化、节能化、成套化的创新之路，通过不断的科研投入和人才集聚，每年都有多项新产品为用户所选用。并先后申报 353 项国家专利，已授权 224 项，其中发明专利授权 20 项。公司先后被授予上海市知识产权示范企业、上海市科技小巨人企业、上海市创新型企业和上海市名牌产品被认定为上海市市级企业技术中心、“纳杰电气”分别荣获中国驰名商标和上海市著名商标荣誉称号</td></tr>
</table>

上海航天技术研究院

<table>
<tr><td>企业名称</td><td colspan="2">上海航天技术研究院</td><td>电话</td><td colspan="2">24180000</td></tr>
<tr><td>地址</td><td>闵行区元江路 3888 号</td><td>邮编</td><td>201109</td><td>传真</td><td>24180188</td></tr>
<tr><td>网址</td><td>www.sast.cn</td><td colspan="2">企业所有制</td><td colspan="2">国有企业</td></tr>
<tr><td>企业简介</td><td colspan="5">上海航天局，又称上海航天技术研究院、中国航天科技集团有限公司第八研究院，其前身为上海市机电二局，是中国航天科技集团有限公司三大总体院之一，创建于 1961 年 8 月
上海航天局主要承担防空导弹、运载火箭、应用卫星、空间科学探索与应用等领域产品研制生产任务。此外，通过坚持航天科技成果转化应用发展，形成了以航天技术应用产业和航天服务业为主的民用产业发展格局
上海航天局拥有主要从事军工产品研制生产的 12 家单位和主要发展民用产业的 9 家企业，其中包括我国第一家以航天命名的上市公司——上海航天汽车机电股份有限公司（股票代码：600151），并形成了汽车热系统全球化发展布局
截至 2019 年末，上海航天局从业人员 19818 人，其中硕士博士 7000 余人。2019 年总资产 790 亿元，营业收入 433.5 亿元</td></tr>
</table>

上海决策者经济顾问有限公司

企业名称	上海决策者经济顾问有限公司	电话	68407631
地址	长逸路 15 号复旦软件园 A 幢 907-910	邮编	200441
网址	www.chinadecisionmakers.com	传真	68407633
所有制性质	民营企业		
企业简介	公司致力于推动知识和商业信息的全球化流动，为企业决策者搭建知识和交流的平台，为他们创造商业机遇，成为企业决策层不可或缺的一部分。拥有一支实力强大的咨询团队，其中包括中国高层政府官员、知名学者、产业专家。中国奢侈品峰会、亚太海洋油气峰会、中国高速铁路峰会、中国核能大会、中国商业飞机论坛、清洁能源论坛、东北亚矿业论坛、中国商业飞机论坛、中国国际智能电网产业论坛等活动都因获得了相关政府机构的授权和支持而独具权威性。公司拥有实力强大的专家团队进行广泛而彻底的研究，开发了多种从会议、峰会、参观考察、培训课程、俱乐部到咨询服务等，帮助用户在快节奏的商业环境下规划并实施成长战略		

上海爱普香料有限公司

企业名称	上海爱普香料有限公司	电话	59940388
地址	曹新公路 33 号	邮编	200436
网址	www.cnaff.com	传真	59940297
所有制性质	民营企业		
企业简介	上海爱普香料有限公司是中国香精香料食品添加剂行业最大的制造企业之一，是上海市高新技术企业、上海市企业技术中心。公司以“社会进步、员工幸福、客户满意”为企业发展宗旨，致力于推动行业的发展，并逐渐向综合性、集团化方向发展 上海爱普香料有限公司营销中心坐落在上海市万荣路 28 号，制造和研发中心坐落在上海市嘉定区曹新路 33 号，占地面积 100 余亩，是国内香精香料行业规模最大、装备先进、环境优美的花园式现代化工厂。公司以通过认证注册 ISO9001 质量管理体系、HACCP 食品安全管理体系、ISO14001 环境管理体系、OHSAS18001 职业健康和安全管理体系作为对产品质量、产品安全与卫生、环境保护和职业健康与安全的承诺 公司生产经营食品香精、烟草香精、日化香精、香料、食品配料和食品添加剂等五大系列产品。公司已经与国际国内众多知名品牌建立战略伙伴的合作关系，众多知名品牌的产品中融入爱普特有的香味和香韵 上海爱普香料有限公司现有员工 800 余人，其中专业工程技术人员 200 多名，公司设有国家级“博士后科研工作站”，并配备有国际上最先进的分析检测仪器和研发设备，强大的科研开发团队、完善的质量管理体系、以及先进的仪器装备，不断孵化出满足市场和用户需求的产品		

上海略领知识产权代理有限公司

企业名称	上海略领知识产权代理有限公司	电话	68750068
地址	新骏环路115号1号楼402室	邮编	200124
网址	www.lueling.com.cn	传真	68781710
所有制性质	民营企业		
企业简介	上海略领知识产权代理有限公司是一家经上海市工商行政管理局核准登记，国家工商行政管理总局商标局备案登记的专业知识产权服务机构。拥有覆盖知识产权各领域的资深律师、专利代理人、商标代理人等专业人才，有着广泛的沟通渠道，且具有前瞻性地提出知识产权确权、维权、用权一站式的全案服务理念。根据企业所处行业特点，再结合企业现状和未来发展目标，给出在知识产权保护、运用、体系建立等方面的近远期规划 公司业务范围涉及到商标、专利、版权的所有业务领域，且能够为客户提供科技项目申报、驰著名商标和名牌产品申报、海外公司注册、国际商标注册申请、国际专利申请、国际版权登记、法律维权等全方位优质的知识产权服务 服务项目： 企业知识产权保护、运用近远期规划及实施方案 商标类（包括商标设计、商标检索、风险评估、注册申请、争议、异议、驳回复审、转让、续展、变更、常年监控等） 专利类（包括检索、申请、答辩、复审、转让、许可、宣告无效诉讼等） 著作权类（作品著作权登记及计算机软件保护） 海外公司注册等各项业务 著作权类（作品著作权登记及计算机软件保护） 涉外商标、涉外专利各项业务 知识产权维权、法律顾问及诉讼类 企业荣誉及政府资助项目申报（驰名商标、著名商标、名牌产品、高新技术企业、创新基金、小巨人、重大技术改造等）		

上海三枪集团有限公司

企业名称	上海三枪集团有限公司	电话	58128888
地址	康梧路555号	邮编	200023
邮箱	xielier@sina.com	传真	58123326
所有制性质	国有企业		
企业简介	上海三枪（集团）有限公司在资源整合、内部挖潜上，做了大量的创新调整举措。如制造业场地的集约调整，电子化仓储系统的试点，节能项目的推广、终端门店运营质量的提升、电商运营团队的建设等，都是紧紧围绕企业三年发展规划做的基础性、方向性的工作。主营业务收入15.69亿元，利润总额6084万元，净利润5114万元，尤其是电商销售规模增长2.7倍，成绩斐然。“三枪”连续19年获全国针织内衣市场占有率第一		

上海台安工程实业有限公司

企业名称	上海台安工程实业有限公司	电话	59936372
地址	嘉定区外冈镇外钱公路301号	邮编	201823
网址	www.taian-sh.com	传真	39930057
所有制性质	民营企业		
企业简介	上海台安工程实业有限公司创建于1996年3月，公司总注册资金5800万元。占地面积50余亩，建筑面积2万余平方米。是一家集防水材料研发、生产、销售和建筑防水、体育场地设施和装饰装修工程多项二级专业施工资质的综合性企业 公司在2001年首次通过ISO9001质量管理体系认证和ISO14001环境管理体系认证。兹于公司良好的经营信誉，连续多年被上海市工商局认定为上海市“守合同、重信用”单位，资信等级“AAA”级企业。公司坚持两个文明一起抓，是上海市2007—2008年度文明单位；是上海市新经济组织、新社会组织“五好”党组织；同时，公司还是2007—2008上海市先进私营企业、中国“民营科技发展贡献奖”企业。2008年台安“月皇”防水材料在上海同行中唯一荣获“上海名牌产品”和“上海市著名商标”。在此之前台安“月皇”已先后荣获“中国建筑防水行业知名品牌二十强”和上海市中小企业“品牌产品”、上海市建材行业“名优产品”、上海市防水材料“质量诚信产品”、上海市建设工程材料重点推荐品牌“行业领军金奖”“上海市装备制造业与高新技术产业自主创新品牌”等系列荣誉和奖项并在国内防水行业首家通过CTC产品认证		

上海加冷松芝汽车空调股份有限公司

企业名称	上海加冷松芝汽车空调股份有限公司	电话	54424998
地址	颛兴路2059号	邮编	201108
网址	www.shsongz.com.cn	传真	54422478-6935
所有制性质	合资企业		
企业简介	上海加冷松芝汽车空调股份有限公司的前身为上海加冷松芝汽车空调有限公司，成立于2002年6月，总投资为3000万美元，注册资本1550万美元。2008年3月经国家商务部批准改制为上海加冷松芝汽车空调股份有限公司，注册资本为1.8亿元 加冷松芝自创立之初即引进行业高端技术人才成立研发中心，并投资近300万美元建立实验室，2008年被评为“上海市认定企业技术中心”。这些软件和硬件使得加冷松芝在公交客车、旅游客车、双层巴士、电车、中型商用车和乘用车空调的设计和制造领域具有很大的技术领先性 加冷松芝先后通过ISO9001、TS16949质量体系认证，国家汽车产品认证（CCAP）。在行业中率先进行企业资源计划（ERP）计算机管理，目前正在进行PDM系统建设，为加冷松芝的研发和技术创新搭建一个科学的平台。现已形成较完整的质量管理体系和现代企业管理制度，具有明显的管理优势 加冷松芝公交客车空调国内占有率55%以上，大中型客车空调国内占有率大于25%，为客车行业第一名，与上海巴士、北京公交、厦门金龙、郑州宇通等配套。近5年的销售平均增长率为22.38%。具有行业领先的销售优势、研发技术优势，在轿车空调领域也获得了长足的发展		

上海澳星照明电器制造有限公司

企业名称	上海澳星照明电器制造有限公司	电话	68131313
地址	沪南公路沈梅路 258 号	邮编	201318
网址	www.austar.net.cn	传真	68131212
所有制性质	有限责任公司		
企业简介	上海澳星照明电器制造有限公司是一家集科技开发、生产制造、产品销售、出口贸易、道路交通组织设计与工程施工安装等业务为一体的高新技术企业 公司地处上海市浦东新区周浦都市型工业园区等，拥有产权场地 2 万平方米，生产制造、施工配套及办公用厂房 1.8 万多平方米 涉及道路交通信号设施、LED 照明灯具、LED 光电显示产品等主要产品。年产交通信号灯产品 3 万余套，LED 室内和室外照明灯具 5 万余套，出口商业照明灯具 40 万余套，产品用户遍及国内 20 多个省市自治区，部分产品远销亚洲、欧洲、南美州和澳洲。2010 年，公司实现销售 1 亿多元 公司设有技术中心和检测中心、无尘 SMT 生产线、波峰焊生产加工流水线，产品装配流水线、产品老化和物流中心等。公司还引进现代企业生产管理模式。其中，LED 贴片插焊、信号灯装配、商用照明灯具装配、反光标志贴膜、LED 光电显示产品加工调试、物资仓储等生产管理区域均按其特定工艺的要求合理布局 公司建有满足各种信号设施产品和各类 LED 照明灯具技术性能测试的光学与电器检测实验室。现已拥有四项国家发明专利，60 多项国家实用新型及外观专利，并于 2000 年申请注册了“澳思达”牌商标，其品牌已连续多年获得上海市名牌产品称号、四省一市名牌产品称号		

上海企业文化与品牌研究所

企业名称	上海企业文化与品牌研究所		电话	62861801	
地址	普陀区新村路 423 弄 2 号楼 806 室	邮编	200065	传真	62860600
网址	www.shbec.org	企业所有制		民办非企业单位	
企业简介	上海企业文化与品牌研究所是经上海市、区有关部门批准成立的民办非企业单位，是专业从事品牌与文化研究、咨询、培训的非政府独立研究机构（NGO）。研究所主要为政府、企业等提供企业文化、品牌战略、发展战略、价值评估、会务会展等专业服务。10 多年来，研究所及旗下 3 家控股单位深耕上海、面向全国，客户遍布全国 21 个省市 3000 余家单位，受到广泛好评，被授予“上海市先进社会组织”等荣誉				

上海环宇消防集团有限公司

企业名称	上海环宇消防集团有限公司	电话	51211758
地址	闸北区江场三路 181 号 4 楼	邮编	200436
网址	www.shfire.cn	传真	56986316
所有制性质	有限责任公司（国内合资）		
企业简介	上海环宇消防集团有限公司，由原武警上海消防部队直属企业 1998 年转制的上海环宇消防工程有限公司组建而成。公司成立 17 年来，经过环宇人的共同努力，从小到大，从弱到强，发展成为集团化公司，下设消防工程施工、消防设施检测、建筑劳务承包、电子商务等四大板块，具有消防工程专业承包壹级、建筑装修装饰专业承包二级、机电设备安装工程专业二级资质、劳务承包资质。公司通过了 ISO9001 质量管理体系认证，是中国消防协会会员单位、上海消防工程设备行业协会会长单位、浙商经济研究会会员单位 公司坚持“诚信、创新、务实、和谐”的企业宗旨，不断提升专业技术水平，强化创新项目部（3+1）管理制度建设，练好内功，服务业主。自 2006 年至今，公司连续五届荣获“上海市优质消防工程麒麟奖”“2010 上海市优质消防工程（世博场馆）贡献奖”，上海市、区“文明单位”，上海市、区“两新”组织“五好”党组织，上海市党建工作示范点，全国和上海市“信用等级 AAA 级企业”，闸北区“劳动关系和谐企业”，工会工作先进单位等荣誉		

上海华林工业气体有限公司

企业名称	上海华林工业气体有限公司	电话	67121177-202
地址	化学工业区目华路 F3-A200 地块拜耳 B 大门	邮编	201507
网址	2207hualin.e1288.com	传真	67121579
所有制性质	合资企业		
企业简介	上海华林工业气体有限公司位于中国上海化学工业区目华路 82 号，与拜耳上海一体化基地相邻，是上海华谊集团所属的上海焦化有限公司与林德气体（香港）有限公司双方各投资 50% 的合资企业，成立于 2004 年 9 月。公司总注册资本超过 4000 万美元。目前公司已实施并完成 I 期和 II 期扩建工程，总投资约为 11150 万美元。所有产品均通过专用管道输送给上海拜耳一体化基地 I 期工程是 2006 年 5 月投产供气的第一套 CO 与 H2 分离净化生产装置，其原料气为上海焦化有限公司提供的合成气。生产能力为 CO 6000 Nm^3/h，H2 4770 Nm^3/h 为配合下游客户的发展需求，公司实施了相应的Ⅱ期扩建工程：第二套 CO 与 H2 分离净化装置和烃水蒸气转化制氢装置，于 2008 年 8 月投产供气。第二套合成气分离净化装置的原料气仍来自上海焦化，生产能力为 CO 6510 Nm^3/h 和 H2 5500 Nm^3/h。烃水蒸气转化制氢装置可以液化石油气、天然气或它们的混合气作为原料，产品为 H2 和副产蒸汽，生产能力分别为 18800 Nm3/h 和 8t/h 华林公司 I–II 期工程均采用林德集团的核心技术与设备，具备世界一流的先进性与可靠性。公司将实施集群用户发展战略，进一步扩大生产规模，提高服务质量，力争使华林成为亚洲地区运营业绩最佳的综合性工业气体供应商之一		

上海坤孚企业（集团）有限公司

企业名称	上海坤孚企业（集团）有限公司	电话	58596608
地址	川宏路 699 号	邮编	201202
网址	www.kunfugroup.com	传真	58355679
所有制性质	民营企业		
企业简介	上海坤孚企业（集团）有限公司创立于 1996 年，旗下拥有 9 家分公司，分布于国内 10 多个城市和海外 15 个国家及地区。集团在上海、浙江、重庆、广东、无锡、郑州、济南、中国香港、中国台湾地区，以及越南、菲律宾、马来西亚、印度尼西亚、德国、加拿大、美国等地设立办事处和营销网络。集团总部坐落在上海浦东陆家嘴金融贸易区，生产基地设于川沙工业园区（占地约 6 万平方米），拥有 4 万平方米的生产厂房，600 余名员工，系一家以高新技术应用，机械工业产品研发、制造为主的产业集团 面对新形式下的全球化经济，集团在总裁石秉钧前瞻性的国际化视野和追求卓越的经营理念下，始终坚持“信誉第一、用户至上、真诚合作、互惠互利”的方针，在装备制造业、新能源、高新技术开发与应用、房地产等领域实现了超常规跨越式发展 集团十分注重技术创新和新产品开发，并投入大量资金，于 2006 年 9 月组建坤孚研究所，现拥有 110 项专利，（16 项发明专利、44 项实用新型专利），公司多项产品达到世界领先水平。通过引进日本、美国、意大利等国先进制造技术和精密加工设备、检测设备，以及运用国际先进管理模式管理企业，已形成年产 500 万套各类小型内燃机及燃油系统、30 万台（套）各类通用机、3 万台（套）各类农牧装备的生产能力		

上海嘉荣建设工程有限公司

企业名称	上海嘉荣建设工程有限公司	电话	52135071
地址	延安中路 847 号 3 楼	邮编	200040
网址		传真	62560218
所有制性质	民营企业		
企业简介	上海嘉荣建设工程有限公司由上海嘉荣装潢有限公司、上海嘉荣建设工程有限公司北京分公司、上海嘉荣建设工程有限公司嘉兴分公司、上海嘉荣展览制作有限公司、上海嘉荣展览制作有限公司嘉兴分公司组建而成。公司现具有国家房屋建筑工程总承包二级资质，室内装饰资质甲级和建筑装饰装修工程（设计施工一体化）二级资质、机电设备安装二级、城市园林绿化三级、防腐保温二级、钢结构二级、建筑幕墙三级、市政公用三级等其他工程资质。注册资金 2500 万元，并通过 IS9001：2000 国际质量管理体系认证 嘉荣的主要客户——化工类：瓦克化学、科莱恩化学、液化空气中国投资、NALCO 纳而科、华勤集团；商业类：（酒店、百货）AIG 上海商城、波特曼丽嘉酒店、百乐门大酒店、上海九百集团、王宝和酒店（世博）、上海烟草集团、韩国现代集团、韩国乐天集团、韩国每家玛、中国香港的屈臣氏集团；金融类：渣打银行、汇丰银行、东亚银行、澳新银行、恒生银行、贵阳商业银行；科教类：交通大学、中国工程院、北师大、云南省政府、上海市中共二大、国际红十字会（世博馆）		

上海华虹（集团）有限公司

企业名称	上海华虹（集团）有限公司	电话	61007919
地址	张江碧波路 177 号 A 区 3 楼	邮编	201203
网址	www.huahong.com.cn	传真	61006700
所有制性质	国有企业		
企业简介	上海华虹（集团）有限公司（简称“华虹集团”）是现代化的以集成电路芯片设计制造为核心、以提供系统集成方案为目的的企业集团公司 经过 10 年的建设和发展，华虹集团不仅推动了中国集成电路产业的发展，而且在芯片制造、芯片设计、系统及应用服务、工艺研发、电子元器件贸易和风险投资（包括海外投资）等领域取得了令业内外瞩目的成绩，向社会和用户奉献了代工（Foundry）技术、产品工艺、芯片设计、AFC 系统等产品和服务 华虹集团以其先进的工艺技术、完善的半导体产业链、领先的现代管理能力、良好的核心竞争力和高素质的员工团队等优势，成为我国最具竞争力的 IT 企业之一 华虹集团将秉承“知难而进，奋发图强”的企业精神和“快速、创新、执着、有效”的经营理念，牢牢抓住中国信息产业发展的机遇，努力为用户提供一流的集成电路产品，并以卓越的品质、精湛的技术、优质的服务和最佳的信誉服务于社会，全心致力于中国集成电路产业的发展		

上海天逸电器有限公司

企业名称	上海天逸电器有限公司	电话	57776240
地址	松江区车墩镇北闵路 101 号	邮编	201611
网址	www.tianyi-electric.com	传真	57776240
所有制性质	民营企业		
企业简介	上海天逸电器有限公司成立于 1997 年，公司拥有 300 多名员工，年产值超 1 亿元；被评为“上海市高新技术企业”“上海市科技小巨人培育型企业”；警示灯、密封箱、插座箱、限位开关、凸轮开关、接线端子、集合式指示灯、按钮、指示灯产品广泛应用于机械、机床、电力、自动化等行业，是国内高端用户的首选产品。“TAYEE”已成为行业内具有影响力的品牌。被评为上海市著名商标并有多类产品被评为“上海市重点新产品”“上海市名牌产品”、高新技术转化项目等荣誉，奠定了行业中领先地位。上海天逸电器引进先进的管理模式，购买高品质的生产及检测设备确保每个产品的质量。公司于 2002 年顺利达标 ISO9001，2007 年获得 ISO14000,2008 年获得 18001 职业健康安全认证。目前公司产品已取得 CCC、CE、TUV、CQC、CB、CCS（船级社认证） 天逸电器获得中国电器工业最具影响力品牌、LW42Ith:32A+10A 不同电流串联式万能转换开关获得《上海市自主创新产品》证书、AD17 系列警示灯获得“上海电器行业协会 2009 年名优产品”荣誉称号、TAYEE 的信号灯、按钮产品获“上海名牌产品”荣誉称号。在未来 3~5 年的发展目标中，天逸电器立足于主令电器，向低压电器领域其他产品系列继续拓展，并致力于节能、环保和自动化产品的发展		

上海小绵羊电器有限公司

企业名称	上海小绵羊电器有限公司	电话	66312515
地址	江场一路 50 号	邮编	200436
网址	www.xiaomianyang.com	传真	66312515
所有制性质	民营企业		
企业简介	上海小绵羊电器有限公司生产的“小绵羊”电热毯已有 20 多年的历史。3 年累计上缴税金 2000 多万元。“小绵羊”商标注册于 1983 年，赢得良好的品牌声誉：2003 年、2006 年连续两次被授予“中国名牌产品”称号，1998—2010 年连续被推荐为“上海名牌产品”，小绵羊商标于 2005 年、2008 年连续两次被认定为上海市著名商标 公司自行研制双层发热线的生产设备，用 2 年时间完成电热毯核心部件发热线和控制器的自行配套，实现对电热毯从配件到成品的全面质量控制。公司注重研究电热毯生产的新工艺、新技术，获国家发明专利的注塑接头工艺，提高了电热毯电源线与发热导线联接的接点的机械和电气性能，也提高了电热毯产品的安全性能。新研发的控温型电热毯以人为本，让用户在自己最舒适的温度下使用电热毯，改变了原调温型电热毯只能简单加热的缺陷，提升了产品品质。公司生产的电热毯其安全性能和使用性能都处于行业领先水平。多温区液晶数字式控温全羊毛电热毯、多温区微电脑控温电热毯、低电压碳素控温电热围腰等高端产品设计开发上市后受到消费者欢迎		

上海自动化仪表有限公司

企业名称	上海自动化仪表有限公司	电话	021-36129977
地址	汶水路 210 号 12 号楼	邮编	200072
网址	www.saic.sh.cn	传真	021-62801680
所有制性质	国有企业		
企业简介	上海自动化仪表有限公司是中国仪表的先驱，为中国仪器仪表和自动化产业发展的典型代表，是中国工业自动化领域中同时具有控制系统、检测仪表和执行器（包括调节阀和执行机构）产品，系统成套综合制造能力最强的大型工业企业 公司以仪器仪表和自动化产品制造为主要业务，同时发展专业优势领域的工程服务和系统总承。其历史可以追溯到 1925 年。公司拥有众多优秀单位，包括中国历史上首家仪器仪表制造单位——大华仪表厂，拥有国家级技术中心，与国家核电、法国泰雷兹、日本千野、横河等企业合作，拥有投资控股及参股十几家合资企业 长期以来，公司秉承“以科学管理求持续改进、以上仪品牌使顾客满意、以市场需求促科技创新”理念服务用户，培养和造就了一批工业设计、系统集成、仪表成套、工程服务、技术培训等方面的专业人才队伍，为火电、核电、轨道交通、环保、石化、化工、冶金、水泥、建材等业务领域提供自动化系统控制和解决方案。公司有志于以“一流技术、一流产品、一流服务”提升上海自仪品牌形象，将上海自动化仪表有限公司打造成为国内最强的仪控产品制造商		

上海坤泰实业投资有限公司

企业名称	上海坤泰实业投资有限公司	电话	0086-21-61231599
地址	普陀区中山北路200号中期大厦16楼	邮编	200063
网址	www.kuntaigroup.cn	传真	0086-21-62054589
所有制性质	民营企业		
企业简介	上海坤泰集团成立于1998年，是一家大中型民营企业。经过10多年的发展，已经成为一家专业从事矿产资源开发、贵金属和有色金属及其衍生高科技产品研究和生产、贵金属和有色金属贸易为基础的集团化投资型企业，不包含境外投资，公司净资产在10亿元以上，控股资本规模在50亿元以上 公司长期以来从事贵金属和有色金属行业，在这一行业中具有较高的知名度，公司拥有年产白银500吨的生产能力的冶炼厂，并可生产部分黄金、钯、铂、铑等贵金属。公司是中国有色金属工业协会金银分会副会长单位，上海白银协会副会长单位。公司和世界白银协会等世界性行业机构、众多国外行业优秀企业建立并保持了良好的合作伙伴关系 经过多年发展，公司已经逐步发展成为一家跨国企业，在中国企业中率先在非洲开展业务，自2004年底以来，在刚果（金）、赞比亚、南非等国家从事矿石贸易、矿权申请和收购、矿山勘探、金属冶炼等业务。目前，公司在“世界原材料之都”刚果（金）拥有KTCM、BCM、KCC、ICAM等多家全资或控股企业，在刚果（金）拥有50多个探矿权和采矿权，是投资刚果（金）规模较大的中国民营企业之一 公司投资人和管理团队拥有丰富的矿产资源开发、生产、贸易经验，并且具有优秀的企业运营能力、资本运作能力 我们真诚希望能与有实力的企业和单位在刚果（金）矿业投资和其他投资业务方面加强合作，以求强强联合、互惠互利、共同发展			

上海林德二氧化碳有限公司

企业名称	上海林德二氧化碳有限公司	电话	64348866
地址	闵行区双柏路28号	邮编	201108
网址	www.linde-carbonic.com	传真	64348877
所有制性质	合资企业		
企业简介	上海林德二氧化碳有限公司是由德国林德集团、上海吴泾化工有限公司及上海焦化有限公司三方出资组成的合资企业，其中林德集团占60.1%股份，上海焦化有限公司占25.7%，上海吴泾化工有限公司占14.2%，总投资超过1亿元。1994年12月上海泾福气体有限公司成立，食品级二氧化碳生产能力为2.5万吨。2000年上海林德二氧化碳有限公司成立，食品级二氧化碳生产能力为3万吨。2002年6月起，上海泾福气体有限公司被上海林德二氧化碳有限公司吸收合并。2003年，上海林德二氧化碳有限公司又新增了一套3万吨生产设备，总产量达到了8.5万吨。2007年8月因吴泾化工厂合成氨装置导致上海林德二氧化碳有限公司（一分厂）2.5万吨二氧化碳提纯装置闲置，年产量为6万吨。目前，上海林德二氧化碳有限公司（一分厂）在扩建中			

上海宝欧工业自动化有限公司

企业名称	上海宝欧工业自动化有限公司	电话	021-63186668
地址	江场三路58号5A	邮编	200436
网址	www.baoom.cn	传真	021-63186668*8004
所有制性质	民营企业		
企业简介	上海宝欧工业自动化有限公司是中国机电装备维修与改造技术协会的理事单位，是一家专业致力于工业自动化控制系统技术开发应用、数控系统工程改造、自动化流水线维护、线路板维修及工控产品销售的高新技术企业，拥有国家级数控装备维修与改造企业AA级资质认证，公司自2006年至今连续被评为上海市守合同重信用企业，2011年通过了长城质量保证中心ISO9001-2008标准质量管理体系认证。为适应市场需求，探索新技术的研发和应用，不断提高专业化的维修品质和市场化的优质服务，以满足客户和市场的需要。宝欧公司不仅有一批专业维修工程师，而且拥有先进的故障诊断测试设备、齐全的维修资料图纸和元器件材料库、丰富的维修经验及完善的整机测试平台，如SIEMENS测试平台：新老版本的840D数控伺服系统、810D数控伺服系统、840C数控伺服系统、810M数控伺服系统、802S数控伺服系统；FANUC测试平台有：0数控伺服系统、0i数控伺服系统、0id数控伺服系统；汽车冲压线MOOG测试系统；力士乐（INDRAMAT、REXROTH）拥有全系列数控伺服系统，能够满足力士乐全系列伺服驱动和伺服电机的测试；根据客户的需求研制开发了负载测试仪，实现设备带载测试的功能			

上海立新电线电缆厂有限公司

企业名称	上海立新电线电缆厂有限公司	电话	021-56134174
地址	沪太路3100号上大国际D座511室	邮编	200444
网址	www.sh-lixin.com	传真	021-56134175
所有制性质	有限责任公司（国内合资）		
企业简介	上海立新电线电缆厂有限公司创建于1993年，是一家股份制有限责任公司，总部位于上海大学宝山校区南门对面，下设江苏吴江生产基地，占地面积1.8万平方米，同时在成都、重庆、诸暨、哈尔滨、武汉等多处设有销售处。公司生产的各类线缆品种有：电梯电缆、控制电缆、通讯电缆、射频和视频监控电缆、网络电缆、本安电缆、机车车辆电缆、耐高温和低温电缆、低烟无卤阻燃环保线缆及各类非标电缆等 公司获有CE国际认证、国家强制性认证（即3C认证）、ISO9001：2008质量管理体系认证、全国工业生产许可证和国家广电局入网证及国家防火建筑材料质量监督检验中心颁发的“阻燃制品标识使用证”等证书 公司创建10多年来，专业生产电线电缆，积累了较强的技术力量和过硬的产品开发能力。在诚信经营理念指导下，公司先后加入上海安全防范协会、上海电线电缆行业协会、上海市企业联合会与上海市企业家协会、上海市合同信用促进会以及上海市电梯行业协会，并连续多次被评为“守合同重信用企业”“合同信用等级AA级企业”“优秀企业、纳税大户”			

上海华谊能源化工有限公司

企业名称	上海华谊能源化工有限公司	电话	23530000 转各部
地址	龙吴路 4280 号	邮编	200241
网址	www.hyecc.com.cn	传真	64345267
所有制性质	国有企业		
企业简介	上海华谊能源化工有限公司（焦化、吴泾两厂整合）前身为上海焦化有限公司，创建于 1958 年，是上海华谊集团的控股子公司。总资产 98 亿元，2015 年销售收入 89.67 亿元。 公司主要产品：甲醇、醋酸、醋酸乙酯、合成气、苯酐、乙二醇等。产品畅销国内并部分向周边和欧美等国家、地区出口。2015 年甲醇产能 162 万吨 / 年，位列中国甲醇生产前 10 位。醋酸产能 130 万吨，位列中国醋酸生产前 3 位。 公司拥有上海吴泾基地工厂和安徽无为基地工厂。吴泾基地：打造以循环经济为特征的煤基多联产化工示范基地和以产业化为目标的国际化开放式技术研发基地。安徽无为基地工厂：安徽华谊产业园一期，投资 75 亿元，建设 60 万吨 / 年甲醇、50 万吨 / 年醋酸、30 万吨 / 年醋酸乙酯和码头、铁路、热岛等公用工程，引进跨国公司投资 11 亿元用于建设配套项目空分及污水处理装置，于 2012 年 4 月 27 日实现全面开车，被国家发改委批准为循环经济示范基地的试点企业 企业战略定位与战略目标：将华谊能源化工建设成为一个全球化的能源化工及工业气体产品供应商。在国内外布局碳一化工生产基地，做大做强甲醇、醋酸等核心产品，实现原料、产品的全球化购销和贸易。开拓气体供应业务，实现多元化发展		

江泰保险经纪股份有限公司

企业名称	江泰保险经纪股份有限公司	电话	34690850
地址	肇家浜路 333 号亚太企业大楼 1602 室	邮编	200433
网址	www.jiangtai.com	传真	34160016
所有制性质	国有企业		
企业简介	江泰保险经纪股份有限公司是经中国保监会批准、国内第一家开业的全国性、综合性的保险经纪公司，可在中华人民共和国辖区（港、澳、台除外）为客户提供寿险、非寿险、再保险等保险经纪服务和风险管理服务。公司注册资本金 6880 万元，总部设在北京，在全国各省、自治区、直辖市和计划单列市设立了 42 家分公司，现有员工 1300 多名，其中 600 多名风险管理和保险专业人才，可为投保人提供风险查勘、风险评估、风险管控、保险办理、分保安排、索赔协助以及保险咨询等保险经纪服务 公司营业收入每年以 20% 左右的速度保持增长，成为中国保险经纪行业的领头羊。2014 年公司收入超 5 亿元，名列国内保险经纪行业第二名		

上海汇同清算事务有限公司

企业名称	上海汇同清算事务有限公司		电话	62071759	
地址	长宁区延安西路 1030 弄 12 号 102–104 室	邮编	200052	传真	62071759
网址	www.huitongqingsuan.com	电邮		huitongqs@163.com	
企业所有制	国有企业				
企业简介	上海汇同清算事务有限公司是 2007 年 3 月经国家工商行政机关登记设立的国有控股综合类清算公司，注册资本 200 万元。2007 年 12 月入选上海市高级人民法院的企业破产案件管理人名册（第一批）；2016 年进入浙江省第一批省外破产案件管理人社会中介机构备案名单。获上海市三星级诚信创建企业；合同信用等级 2A 级；质量管理体系认证证书 GB/T19001–2016/ISO9001 为各类企业提供企业破产、兼并、分立、改制、重组、注销的资产清算服务、管理及咨询，投资管理、咨询，商务咨询服务。迄今为止已办理了 600 多个各类企业的各类清算项目 公司系中国清算行业协会（筹）发起人单位之一；上海市企业清算协会理事、副会长单位；上海市工业经济联合会会员单位；东亚破产重组会理事单位；上海市破产管理人协会理事、副会长单位				

广东鸿图南通压铸有限公司

企业名称	广东鸿图南通压铸有限公司		电话	0513–80607611	
地址	江苏省南通高新技术产业开发区杏园西路 777 号	邮编	226300	传真	
网址	www.ght–china.com	公众号		鸿图科技	
企业简介	广东鸿图南通压铸有限公司是广东鸿图科技股份有限公司的全资子公司，公司成立于 2011 年 1 月 19 日，注册资金 3 亿元，2013 年 10 月一期正式投产。 公司占地面积 203 亩，厂房建筑面积 7.4 万余平方米，规划有压铸车间、后加工车间、数控车间、成品车间和科研楼等。公司拥有 280 吨~4400 吨压铸机 50 余台，精密数控机加工设备 410 余台 公司的主要产品为汽车类铝合金压铸件：包括发动机缸盖罩、油底壳、链条盖、齿轮室、变速箱壳体、支架、新能源汽车电机壳、新能源汽车电控箱壳体等产品，主要客户有上汽通用、北美通用、吉利、北京奔驰、上汽变速、捷豹路虎、杭州依维柯、日产、丰田、日本电产、LG 等客户。主要出口国家有美国、荷兰、瑞典、德国、匈牙利、墨西哥、韩国 公司拥有燃油车及新能源汽车动力部件、变速系统部件等产品的热成形、精密加工、智能装配和检测所用工艺技术的核心技术				

思爱翼工业科技咨询（上海）有限公司

企业名称	思爱翼工业科技咨询（上海）有限公司	电话	61408900
地址	虹口区四川北路 1350 号 2503 室	邮编	200080
网址	www.sae.org.cn	传真	61408901
企业简介	国际自动机工程师学会是全球性的技术学会，包括 14.5 万名工程师和相关技术专家，遍布航天、汽车和商用车辆领域。该组织 1905 年在纽约建立之初，只有 30 名工程师会员，之后取得了长足的发展，目前已经扩展到 100 多个国家。国际自动机工程师学会最为知名的成就是它的技术标准和严格的自发性标准制定流程。来自众多国家的 8000 多名技术专家参与到 600 个标准制定委员会中，制定了众多标准和建议准则来支持产品设计和开发。世界各地政府法规和文件都援引了国际自动机工程师学会的标准。在航天领域，飞机认证都需要遵循国际自动机工程师学会的标准 2012 年，国际自动机工程师学会在中国成立上海办公室－思爱翼工业科技咨询（上海）有限公司来帮助中国和全球的产业更好的发展，搭建中美交流平台。现上海办公室每年举办 4 次大型会议，分别为每年 6 月的 SAE 航空技术论坛、9 月的 SAE 新能源汽车国际论坛、11 月的 SAE 节能减排论坛和 12 月的 SAE 汽车电子与动力总成技术论坛。另外，上海办公室每年也开展近 20 场技术研讨会，涉及主题包括计民用机载系统安全性、动力总成、传动系统及新能源汽车等当下热门技术		

上海上药杏灵科技药业股份有限公司

企业名称	上海上药杏灵科技药业股份有限公司		电话	39762146	
地址	沪青平公路 3500 号	邮编	201703	传真	59758701
网址	www.xingling.com.cn	企业所有制		国有企业	
企业简介	上海上药杏灵科技药业股份有限公司（以下简称：上药杏灵）是上海市药材有限公司旗下的现代中药与天然药物制药企业 公司主导产品银杏酮酯及其制剂、人工麝香原料药（海可素 I、海可素 II），均为上海市高新技术成果转化项目。其中，人工麝香原料药（海可素 I、海可素 II）为国家原中药一类新药。银杏酮酯原料药为国家原中药二类新药，是公司完全拥有自主知识产权的专利产品 身为制药企业，公司以“责任、专业、合作、创新”作为全体杏灵人共同遵循的核心价值观。在继承传统中药文化基础上，以创新思维和科学态度，锲而不舍地推进中药现代化，致力于中国中药产业造福民族和走向世界的崇高目标				

上海洗霸科技股份有限公司

企业名称	上海洗霸科技股份有限公司	电话	65424668
地址	虹口区中山北一路 1230 号柏树大厦 B 区 5F	邮编	200437
网址	www.china-xiba.com	传真	65446350
所有制性质	股份制企业		
企业简介	上海洗霸科技股份有限公司创建于 1994 年，并于 2017 年 6 月 1 日在上海证券交易所成功上市，股票简称上海洗霸，股票代码 603200。公司是水处理技术服务与健康空间环境服务提供商，主要是以化学水处理技术为基础，以化学品为手段，为客户提供专业的水处理技术与整体解决方案服务和健康空间环境服务。其中，工业水处理技术服务包括钢铁冶金、石油化工、制浆造纸、汽车制造、电子电器、医药等不同行业中的工艺用水处理、污水（废水）处理、锅炉水处理、循环水处理与中水回用等；民用水处理技术服务包括商业楼宇、机场车站、大型城市综合体等场所的中央空调水处理、雨水收集应用、污水处理与中水回用、景观水处理、“海绵城市”节水工程等；健康空间环境服务主要为酒店商务楼、机场高铁站、大型城市综合体等场所提供中央空调风管清洗消毒、闭式空间环境消毒等业务 上海洗霸是国家火炬计划重点高新技术企业、上海市高新技术企业以及上海市创新型企业。注册商标多次荣获上海市著名商标称号，“工业循环冷却水复合水处理剂”多次荣获“上海市名牌产品”称号，2012 年度获得上海市政府质量金奖，2012 年上海市民营科技企业纳税百强称号，2014 年上海市专利试点企业，2014—2015 年度市劳动关系和谐职工满意企事业单位，2015 年上海市厂务公开民主管理工作先进单位，2015 年上海市小巨人企业，2015 年上海市知识产权优势企业，2016 年度上海市设备维修行业 50 强企业		

上海白猫（集团）有限公司

企业名称	上海白猫（集团）有限公司		电话	33508000	
地址	枫林路 388 号 B 座 17 楼	邮编	200032	传真	54355196
企业所有制	国有企业				
企业简介	上海白猫（集团）有限公司（以下简称“白猫集团”）的前身是创建于 1948 年的上海永新化学工业股份有限公司，于 1959 年生产出中国第一包合成洗衣粉——工农牌合成洗衣粉，是中国合成洗涤剂工业的创始者。1995 年由原上海合成洗涤剂厂改制组建成立白猫集团。白猫集团原相继隶属于上海市轻工局—上海轻工控股集团—上海电气集团，2007 年，经上海市国资委批准，白猫集团划转至徐汇区政府 白猫集团原有所属全资及控股企业 6 家，其中，园区企业 3 家：上海慧谷白猫科技园有限公司、上海白猫家电科技产业园有限公司及上海纸箱厂卡登文化产业园；生产制造型企业 2 家：上海美加净日化有限公司和上海永星企业发展有限公司；另有 1 家上海新双鹿电器有限公司，主要为承担社会责任，安置原双鹿股份富余职工 2018 年 5 月，白猫集团与上海徐汇国有资产经营有限公司合并重组成立上海徐汇国有资产投资（集团）有限公司（以下简称“徐汇国投集团”），原白猫集团所属全资及控股的 4 家企业无偿划转至徐汇国投集团。白猫集团目前为徐汇国投集团所属企业之一，其下属有 2 家全资公司即上海永星企业发展有限公司和上海新双鹿电器有限公司				

上海外高桥第三发电有限责任公司

<table>
<tr><td>企业名称</td><td colspan="2">上海外高桥第三发电有限责任公司</td><td>电话</td><td colspan="2">021-28980888</td></tr>
<tr><td>地址</td><td>浦东新区海徐路 1281 号</td><td>邮编</td><td>200137</td><td>传真</td><td>58697558</td></tr>
<tr><td>网址</td><td>www.wgq3.com</td><td colspan="2">所办刊物</td><td colspan="2">外三发电</td></tr>
<tr><td>企业所有制</td><td colspan="5">国有企业</td></tr>
<tr><td>企业简介</td><td colspan="5">上海外高桥第三发电有限责任公司（以下简称：外三电厂）通过开展技术创新，研制/开发出了“冷凝法烟气除湿减排干烟”等一批具有国际先进、国内领先水平的系列发电技术，其中 23 项世界首创；“引进—消化—吸收—创新—超越”是外三电厂的创新模式和路径，通过开展对标世界一流，做到机组的综合技术水平在世界之巅再向前整整又推进了一代，2014 年被国家能源局授予全国唯一的“国家煤电节能减排示范基地”，2015 年获得世界最佳电厂奖，2017 年被授予全球清洁煤领导者奖，2019 年被推荐为市国资国企打响上海“四大品牌”之服务品牌案例</td></tr>
</table>

申能（集团）有限公司

<table>
<tr><td>企业名称</td><td colspan="2">申能（集团）有限公司</td><td>电话</td><td colspan="2">33570999</td></tr>
<tr><td>地址</td><td>闵行区虹井路 159 号</td><td>邮编</td><td>201103</td><td>传真</td><td>33588600</td></tr>
<tr><td>企业所有制</td><td colspan="5">国有企业</td></tr>
<tr><td>企业简介</td><td colspan="5">申能（集团）有限公司是上海市国资委出资监管的国有独资企业，前身为 1987 年创立的申能电力开发公司，1996 年成立集团公司，注册资本 100 亿元
申能集团目前拥有申能股份有限公司（SH600642）、上海燃气集团、东方证券（SH600958）等 10 多家二级全资和控股子企业，基本形成“电气并举、产融结合”的产业发展格局。截至 2018 年底，公司总资产 1566 亿元，年营业收入 422 亿元，连续 17 年位列中国企业 500 强</td></tr>
</table>

上海之帆会展有限公司

企业名称	上海之帆会展有限公司			电话	61360561
地址	淮海中路 918 号久事复兴大厦 24A	邮编	200020	传真	
网址	www.shanghaifair365.com	企业所有制		民营企业	
企业简介	上海之帆是致力于服务各协会、中小企业与各国、地区开展国际会议展览、经贸交流的国际交流平台。上海之帆包括展、会、数字平台、供应链管理四大产业：上海之帆经贸巡展、“上海之帆”经济团体合作伙伴会议、上海之帆 365 数字经济平台、供应链管理 “上海之帆经贸巡展”：上海规模最大、全方位展示“上海制造”“上海品牌”、“上海服务”的出展项目之一。自 2012 年开始，“上海之帆经贸巡展”已经在中东欧等十多个国家连续举办九届 “经济团体合作伙伴会议”（BTPC）：自 2012 年起，每两年举办一届，曾经在阿尔巴尼亚、乌克兰、立陶宛、白俄罗斯和当地合作方、政府、经济团体联合举办，2021 年“上海之帆”经济团体合作伙伴会议首次在上海举办。会议宗旨是加强与各国城市经济团体的合作共赢 “上海之帆 365 线上平台”：上海之帆携手 25+ 国家工商会和 50+ 上海市级商协会，深度融合的 O2O 运营模式，结合“上海之帆”线下展会，快速整合产业资源，为各协会和企业架起的品牌宣传推广和发展销售网络的国际化经贸交流网站 “供应链管理”：上海之帆合作各国工商会，运营两个品牌项目：让上海名牌走出去（SH-Mart）和请世界品牌走进来（G-Best）。SH-Mart 以出口为主，推广长三角和上海名特优产品，上海之帆将在国外设立东盟、欧盟等地区设立 4-5 个经贸代表处，进行海外市场推广；G-Best 以进口为主，以开设线上国家馆的形式，通过线上流量和线下活动相结合，为海外商品开拓经销渠道				

上海乔文律师事务所

协会名称	上海乔文律师事务所			电话	63279966-861
地址	成都北路 500 号（近南京西路）峻岭广场 27 楼	邮编	200003	传真	63278766
网址	www.elaw-china.com、www.qiaowen.com	所办刊物		《债事纵横》	
企业简介	上海乔文律师事务所为了全力协助企业建立自我保护机制，为企业和行业提供急需的专业培训和法律服务，上海市工业经济联合会的法律顾问上海乔文律师事务所长期从传统的经济纠纷延伸至 WTO、国际贸易、知识产权、产权、股权、房地产、金融、融资、投资、资产重组、破产清算、招商引资等领域，为企事业单位的疑难经济纠纷提供专业免费诊断，对各类经济纠纷提供专业律师风险代理，对涉及港、澳、台地区的经济纠纷提供专业律师代理服务，从速从省地进行境内及港澳地区企业工商基本信息查询，提供招商引资和产权业务的一条龙服务，赢得了企业和行业协会的称赞，也赢得了社会的好评				

上海皮鞋厂

企业名称	上海皮鞋厂		电话	64381210	
地址	宛平南路 404 号	邮编	200030	传真	64386659
网址	www.shhpxc.com	企业所有制		国有企业	
企业简介	上海皮鞋厂创建于 1949 年，是生产、销售中高档男女皮鞋的专业鞋厂，1988 年被评为“国家二级企业”，“牛头牌”男鞋、“花牌”女鞋连年被评为上海市名牌产品、上海市著名商标及上海轻工卓越产品等荣誉称号，2017 年，企业被上海中华老字号授予理事单位				

中国石化上海石油化工股份有限公司

企业名称	中国石化上海石油化工股份有限公司		电话	021-57941941-21472	
地址	金山区金一路 48 号	邮编	200540	传真	
企业所有制	国有企业				
企业简介	中国石化上海石油化工股份有限公司（简称上海石化公司）位于上海市金山区金山卫，占地面积 9.4 平方千米，是一家炼油、化工一体化的石油化工企业，也是中国第一家股票在上海、香港、纽约三地同时上市的股份有限公司。上海石化前身为创建于 1972 年的上海石油化工总厂，1993 年 6 月改制为上海石油化工股份有限公司。2000 年 10 月，更改为现名。上海石化具有 1600 万吨 / 年综合加工原油能力和乙烯 70 万吨 / 年、塑料树脂 100 万吨 / 年、合纤原料 109 万吨 / 年、合纤聚合物 59 万吨 / 年、合成纤维 26 万吨 / 年的生产能力。主要生产石油制品、中间化工原料、合成树脂及塑料制品、合纤原料及合成纤维第四大类产品				

上海久星导热油股份有限公司

<table>
<tr><td>企业名称</td><td colspan="2">上海久星导热油股份有限公司</td><td>电话</td><td colspan="2">021-58708588</td></tr>
<tr><td>地址</td><td>茂兴路 86 号 22D</td><td>邮编</td><td>200127</td><td>传真</td><td>50947009</td></tr>
<tr><td>网址</td><td>www.9xchem.com</td><td colspan="2">企业所有制</td><td colspan="2">股份制企业</td></tr>
<tr><td>企业简介</td><td colspan="5">上海久星导热油股份有限公司 1997 年创建，2014 年 12 月 26 日在上海股权交易所挂牌，总股本 1300 万股，公司简称：久星股份，代码 E100341，可生产矿油型和合成型导热油及热油炉清洗剂产品
总经理鲍求培从事导热油的生产研发约 30 多年，将生产和应用的经验汇编成《导热油应用手册》由华东理工大学出版社出版，为导热油客户服务
久星荣誉：
1. 通过了 ISO9001：2015 质量体系认证
2. 荣获中国锅炉与锅炉水处理协会颁发的有机热载体五星级企业
3. 荣获 2018 年上海市高新技术企业
4. 2 个发明专利、23 个实用新型专利获证
5. 为中国锅炉与锅炉水处理协会理事单位
6. 为上海润滑油品行业协会监事单位，荣获上海润滑油品行业实验数据满意单位
7. “一滴油”商标版权获证
8. 2015 上股交最美 50 评选活动挂牌企业
9. 总经理鲍求培为中国锅炉与锅炉水处理协会有机热载体专业技术委员会委员
10. 2 个上海市科委创新基金，获 65 万元
11. 2 个上海市高新技术成果转化项目</td></tr>
</table>

上海费思福环境节能工程有限公司

<table>
<tr><td>企业名称</td><td colspan="2">上海费思福环境节能工程有限公司</td><td>电话</td><td colspan="2">63074418</td></tr>
<tr><td>地址</td><td>虹口区塘沽路 309 号 25 楼 B 座</td><td>邮编</td><td>200080</td><td>传真</td><td>63246707</td></tr>
<tr><td>网址</td><td>www.faithful-sh.com</td><td colspan="2">企业所有制</td><td colspan="2">民营企业</td></tr>
<tr><td>企业简介</td><td colspan="5">上海费思福环境节能工程有限公司是一家以中央空调系统项目配套设备安装、施工、维修（上海市冷冻空调工程安装维修 A 级资质）及中央空调通风管道系统清洗、消毒的专业公司，是集中空调通风系统清洗消毒 A 级能力企业，《T/KT032001-2020 集中空调通风系统清洗消毒技术服务规范》标准主要起草单位、《T/KTS88882018 集中空调循环水系统水质标准》主要起草单位，并经“上海市疾病预防控制中心”的技术评估，获得“上海市公共场所集中空调通风系统专业清洗机构”资质，同时进行大型油烟管道清洗、空调水处理、室内甲醛治理等
公司拥有一支专业化中央空调系统专业维护保养及系统智能化系统改造开发人员队伍，在施工中面对空调专业疑难现象将得到正确判断和解决，并根据客户的不同实际情况，量身定做具体的施工解决方案。有关工艺流程、人员组织、设备管理、后勤保障等工作都有一套适合现场实际情况的解决方案
公司自成立以来，已先后为上海市政府办公大楼、世博中心、可口可乐、字节跳动、绿地集团、保利集团、万科物业、高力物业、保利集团、中智集团、上微集团、恒大集团、海泰房地产（集团）、多家国际学校等数千家单位提供了专业的服务</td></tr>
</table>

上海市药材有限公司

<table>
<tr><td>企业名称</td><td colspan="2">上海市药材有限公司</td><td>电话</td><td colspan="2">021-63217169</td></tr>
<tr><td>地址</td><td>杨浦区霍山路 519 号 11 楼</td><td>邮编</td><td>200082</td><td>传真</td><td></td></tr>
<tr><td>网址</td><td>www.shstcm.com</td><td colspan="2">企业所有制</td><td colspan="2">国有控股</td></tr>
<tr><td>企业简介</td><td colspan="5">上海市药材有限公司（以下简称：上药药材）是上海医药集团股份有限公司（以下简称：上海医药）【上交所股票代码：601607.SH；港交所股票代码：02607.HK】的全资子公司，成立于 1955 年。60 多年来，依靠员工的传承接力和开拓奋进，上药药材成为涵盖中药材种植，中药饮片、中成药、中药保健品的制造和分销，中医医疗的大型中药企业
上药药材及下属企业拥有中成药生产基地 3 个和丰富的产品资源，贡献了剂型、产品和工艺等多项行业创新性成果，产品包括一、二、三类新药和经典中成药等近 400 种
上药药材积极布局全国中药资源网络，从种植源头保障药材产品质量，目前已分别在四川、云南、山东、湖南、宁夏等全国多个道地药材产区建立了药材种植基地 8 个，形成从药材源头到饮片加工的全程闭环式标准化管理，涉及品种近 300 个。同时，拥有中药饮片生产基地 7 个，经营品种 1000 余个，年吞吐量 3 万吨
上药药材及下属企业坚持医药现代流通方向，强化终端渠道建设，销售网络遍布全国，尤其全覆盖上海各级医疗机构，是上海市中成药分销业务的首选经销商
上药药材旗下拥有多家“雷氏”中医医疗机构。秉持“名医 + 好药”的经营理念，充分利用自身中药领域的优势，确保产品质量的可溯可控，促进提高中医治疗及中医保健的质量，惠及百姓健康</td></tr>
</table>

上海通用重工集团有限公司

<table>
<tr><td>企业名称</td><td colspan="2">上海通用重工集团有限公司</td><td>电话</td><td colspan="2">021-51377777</td></tr>
<tr><td>地址</td><td>浦东新区申江南路 3888 号</td><td>邮编</td><td>201321</td><td>传真</td><td>51377087</td></tr>
<tr><td>网址</td><td>www.tayor.cn</td><td colspan="2">企业所有制</td><td colspan="2">民营企业</td></tr>
<tr><td>企业简介</td><td colspan="5">上海通用重工集团是一家集数字化焊接设备、焊接材料、自动化焊接系统、焊接技术研究与焊接技术培训为一体的焊接全产业链集团
集团旗下产品广泛应用于航天军工、船舶制造、钢结构、桥梁建筑、压力容器、轨道交通、石油化工、重型装备、机械加工、管道施工等领域，相继为载人航天飞船、长征五号运载火箭、“一带一路”中巴走廊及中老铁路、中国商飞 C919、川藏铁路、北京大兴国际机场、上海浦东国际机场、港珠澳大桥、杭州湾大桥、振华重工集团、大连船舶重工、上海迪士尼、杭州奥体中心、北京冬奥会奥运村等重点工程项目和知名企业提供服务
集团始终秉承“忠诚、担当、奋斗、创新”的核心价值观，不断推动技术创新，竭诚为全球客户持续创造价值</td></tr>
</table>

上海外高桥造船有限公司

企业名称	上海外高桥造船有限公司		电话	021-38864500	
地址	浦东新区洲海路 3001 号	邮编	200137	传真	58483393
网址	www.chinasws.com	企业所有制		国有企业	
企业简介	上海外高桥造船有限公司成立于 1999 年，是中国船舶集团有限公司旗下的上市公司中国船舶工业股份有限公司的全资子公司。公司全资拥有上海外高桥造船海洋工程有限公司、控股上海外高桥造船海洋工程设计有限公司、参股中船邮轮科技发展有限公司。发展至今，公司已成为业内最具规模化、现代化、专业化和影响力的造船企业之一 公司主要经营范围覆盖民用船舶、海洋工程、船用配套等领域，在大型邮轮、好望角型散货船、大中型原油船、超大型集装箱船、超大型液化气船、海上浮式生产储油船、半潜式 / 自升式钻井平台、海工辅助船等船海产品领域的设计建造能力突出 截至 2020 年 9 月，公司累计交付的各类船舶、海工产品 489 艘（座），持续引领全球船舶海工装备发展潮流				

上海现代制药股份有限公司

企业名称	上海现代制药股份有限公司		电话	021-62510961	
地址	航津路 1868 号	邮编	200131	传真	62101796
网址	www.shyndec.com	企业所有制		股份有限公司	
企业简介	上海现代制药股份有限公司成立于 1996 年，是由中国工程院院士创立的专业从事新型药物制剂产品制造的医药行业高新技术企业，于 2004 年 6 月 16 日在上海证券交易所上市（证券代码：600420，证券简称：现代制药）。2010 年 4 月进入中国医药集团有限公司 2016—2018 年，按照国资委、中国医药集团有限公司的决策部署，公司顺利完成化药工业板块重组、整合工作。截至 2019 年底，下属全资及控股公司 26 家，其中，二级企业 16 家，三级及四级企业 10 家 重组后的“新现代”集中并入了中国医药集团有限公司旗下化药板块的工业产品线及企业资产，形成资源统筹更加高效、主业运营更加明晰的市场主体；“新现代”聚焦“抗感染、心脑血管、抗肿瘤、麻精药物、代谢及内分泌”五大领域，形成具有国药现代特色和行业竞争力的“5+X”产业链体系，公司产品结构多元，原料药、制剂一体化发展前景乐观，国内、国际两大市场互为促进，研发协同水平逐步提高，市场地位得到巩固提升。加速推进各业务板块的改革创新，全力打好提质增效攻坚战				

上海老凤祥有限公司

<table>
<tr><td>企业名称</td><td colspan="2">上海老凤祥有限公司</td><td>电话</td><td colspan="2">64833388</td></tr>
<tr><td>地址</td><td>漕溪路 270 号</td><td>邮编</td><td>200235</td><td>传真</td><td>64834297</td></tr>
<tr><td>网址</td><td>www.laofengxiang.com</td><td colspan="2">企业所有制</td><td colspan="2">国有企业</td></tr>
<tr><td>企业简介</td><td colspan="5">老凤祥创建于公元 1848 年（清道光 28 年），距今已有 170 余年的历史。公司集“研发、设计、生产与销售”于一体，拥有多家专业厂、研究所和遍布全国各地的 3990 余家销售网点，具有黄金、白银、铂金、钻石、翡翠、彩色宝石等十四大类多元化的产品线和完整的产业链
2019 年，老凤祥荣列“中国 500 强企业”第 392 位，“上海百强企业”第 32 位，德勤“全球规模最大的 100 家奢侈品公司”第 15 位
2019 年，上海老凤祥有限公司营业收入累计完成 490.6 亿元，利润总额累计完成 22.67 亿元，持续保持健康、高速、高质量的发展态势</td></tr>
</table>

上海雅运纺织化工股份有限公司

<table>
<tr><td>企业名称</td><td colspan="2">上海雅运纺织化工股份有限公司</td><td>电话</td><td colspan="2">69136448</td></tr>
<tr><td>地址</td><td>宝园五路 301 号</td><td>邮编</td><td>201812</td><td>传真</td><td>69136466</td></tr>
<tr><td>网址</td><td>www.argus.net.cn</td><td colspan="2">企业所有制</td><td colspan="2">民营企业</td></tr>
<tr><td>企业简介</td><td colspan="5">上海雅运纺织化工股份有限公司成立于 1999 年，2018 年 9 月 12 日在上交所主板上市，下属子公司 10 多家，是市小巨人培育企业、市名牌产品、市著名商标、中国、上海工合系统先进企业，市“五星级”诚信企业，2015 年市民企服务业 50 强。2016 年、2017 年、2018 年、2019、2020 年中国品牌企业 2018 年上海民营服务业企业 100 强。2019 上海制造业百强。获中国合格评定国家认可委员会实验室认可证书。总计获授权发明专利超过 95 项，产品采用核心技术优势如“一浴法”、低温染色等工艺，节能效果明显，能降低能耗 30%，缩短工时 40%，节约用水 50%，提高生产效率 35%，减少污水排放 45%。55 个产品取得“蓝标”认证。中国染料百年优秀企业，节能环保产品列上海销售市场前五。2019 年主营业务收入 9.57 亿元</td></tr>
</table>

上海华谊（集团）公司

<table>
<tr><td>企业名称</td><td colspan="3">上海华谊（集团）公司</td><td>电话</td><td colspan="2">23530000</td></tr>
<tr><td>地址</td><td colspan="2">常德路 809 号</td><td>邮编</td><td>200040</td><td>传真</td><td>64455880</td></tr>
<tr><td>网址</td><td colspan="2">www.shhuayi.com</td><td colspan="2">企业所有制</td><td colspan="2">国有企业</td></tr>
<tr><td>企业简介</td><td colspan="6">上海华谊（集团）公司是上海市大型国有集团，前身为上海市化学工业局，1995 年 12 月 28 日改制组建为上海化工控股（集团）公司，1996 年 11 月重组改制为上海华谊（集团）公司。2016 年 5 月组建上海华谊集团股份有限公司（股票代码 600623），实现集团核心资产整体上市。集团拥有包括上海华谊能源化工有限公司、上海氯碱股份有限公司（股票代码：600618）、双钱轮胎集团有限公司、上海三爱富新材料科技有限公司、上海化工研究院有限公司等 15 家主要二级公司
华谊集团长期坚持“绿色发展、创新发展、高端发展、跨市发展和一体化发展”五大发展战略，形成“能源化工、绿色轮胎、先进材料、精细化工、化工服务”等五大核心业务，甲醇、醋酸、丙烯酸及酯、PVDF、载重胎、含氟制冷剂等众多产品均在国内市场名列前茅。目前，华谊集团已在全国 13 个省市自治区及海外拥有 40 余家生产基地及工厂，基本形成“一个华谊，全国业务，海外发展”的发展格局</td></tr>
</table>

上海工业商务展览有限公司

<table>
<tr><td>企业名称</td><td colspan="3">上海工业商务展览有限公司</td><td>电话</td><td colspan="2">021–22068388</td></tr>
<tr><td>地址</td><td colspan="2">静安区光复路 757 号 12、13 楼</td><td>邮编</td><td>200070</td><td>传真</td><td>62895703</td></tr>
<tr><td>网址</td><td colspan="2">www.sh-industryexpo.com</td><td colspan="2">企业所有制</td><td colspan="2">国有企业</td></tr>
<tr><td>企业简介</td><td colspan="6">上海工业商务展览有限公司（简称：工业商展公司）成立于 1993 年，是上海东浩兰生会展（集团）有限公司的全资子公司，是东浩兰生集团的成员企业。公司现为上海市会展行业协会副会长单位，上海市机器人行业协会、上海工业互联网协会、上海市交通电子行业协会、上海市稀土协会理事单位以及上海市新材料协会、上海市工业经济联合会、上海市经济团体联合会会员单位
工业商展公司自成立以来主要业务始终围绕促进制造业高质量发展，打造以工业全产业链为主题具有国际影响力的专业展览会（博览会）、论坛，为企业拓展工业产品在国内外市场占有率，开展咨询服务、技术交流和商务活动等
工业商展公司具有丰富的展会组织经验为制造业企业提供优质的参展体验和服务。公司常年举办工业展览项目包括中国国际工业博览会旗下各专业展、成都国际工业博览会、华南国际工业博览会、中国（华南）国际机器人与自动化展览会等。公司致力于成为中国境内举办工业展会的领跑者</td></tr>
</table>

上海益镇物业管理有限公司

<table>
<tr><td>企业名称</td><td colspan="2">上海益镇物业管理有限公司</td><td>电话</td><td colspan="2">34612265</td></tr>
<tr><td>地址</td><td>徐汇区虹桥路 772 弄 1 号 2 楼</td><td>邮编</td><td>200030</td><td>传真</td><td>34612265</td></tr>
<tr><td>网址</td><td>Yitown.net</td><td colspan="2">企业所有制</td><td colspan="2">有限责任公司</td></tr>
<tr><td>企业简介</td><td colspan="5">“时素宽平，至是益镇以安静。”——2004 年 5 月，来自金融、计算机及物业资深管理人士对长宁区劳动局大力扶持的‘常帮四保服务社’依照现代企业制度进行改造，成立了上海益镇物业管理有限公司
公司注册资本 3000 万元，国家物业管理二级资质，通过了质量、环境、职业健康三体系认证，是中国物业管理协会会员单位和上海市物业管理行业协会理事单位，荣获“2018 年度中国物业服务百强企业”“2019 年度上海市物业服务综合百强企业”“2018 年度上海市物业服务综合服务能力四星企业”“上海市物业管理行业诚信承诺 AAA 级企业”等荣誉
公司坚守诚实做人、踏实做事，坚守平等互动、市场运作、阳光财务、规范服务，坚守公平、民主、开放、学习和创新的信念，管理领域涉及商务楼、学校、科研机构、政府办公楼、居住物业等，在管项目达 100 多个，管理面积 700 多万平方米</td></tr>
</table>

上海创诺医药集团有限公司

<table>
<tr><td>企业名称</td><td colspan="2">上海创诺医药集团有限公司</td><td>电话</td><td colspan="2">60753300</td></tr>
<tr><td>地址</td><td>浦东新区张衡路 1999 号 5 号楼</td><td>邮编</td><td>201210</td><td>传真</td><td>60753300–55044</td></tr>
<tr><td>企业所有制</td><td colspan="5">有限责任公司</td></tr>
<tr><td>企业简介</td><td colspan="5">上海创诺医药集团有限公司始创于 1996 年，总部位于上海张江高科技园区。集团的名称“创诺”取自“创新与承诺”，我们一直把“创新”作为企业不断前行的动力源泉和精神指引，把“承诺”作为企业持续发展的社会意识和责任担当。在上海市、浦东新区及张江高科技园区有关部门的关心支持下，公司经过 24 年的持续发展，已经从 1996 年创业初期 3 个人的小公司，发展成为拥有 5600 名员工、18 家子公司、集科工贸为一体的大型医药企业集团，业务范围涵盖药物研发、生产、销售、贸易、对外技术和生产服务等多个业务领域，2019 年中国医药百强企业排名中位列第 72 位。创诺集团拥有高新技术企业、国家企业技术中心、国家抗艾滋病病毒药物工程技术研究中心、全国五一劳动奖状等
多年来，集团先后承担完成了包括 863 计划、国家重大新药创新专项、国家火炬计划、国家重大科技成果转化项目、国家重点新产品开发项目等在内的几十项国家级和省部市级、区级科技项目。已申请有效专利 266 件，其中授权专利 126 件</td></tr>
</table>

上海启迪创业孵化器有限公司

企业名称	上海启迪创业孵化器有限公司		电话	55887150	
地址	杨浦区长阳路 1687 号长阳创谷 7 号楼 303	邮编	200090	传真	
网址	www.tusstar.com	企业所有制		国有企业	
企业简介	启迪之星前身是成立于 1999 年的清华创业园，是科技部火炬中心认定的首批国家级孵化器，确立了孵化 + 投资的发展模式和专业孵化器的发展方向，在全球建立孵化基地 160 多个，是线下孵化网络覆盖面积最大的孵化器，拥有创新孵化面积约 55 万平方米 启迪之星（上海）作为启迪之星的第二总部和国际化中心、启迪之星长三角旗舰基地于 2015 年 6 月正式在上海落地，荣获来自国家级、市级、区级的各项荣誉 20 多个，包括国家级众创空间、上海市科技企业孵化器、上海市市级创业孵化示范基地等荣誉称号。5 年来快速发展，已在杨浦长嘉定浦东建立了 5 个创新孵化基地，形成完整的创新创业生态圈，并已在上海成立一支早期创投基金，形成孵化 + 加速 + 金融 + 培训的全方位服务格局				

上海夏普电器有限公司

企业名称	上海夏普电器有限公司		电话	021–58341111	
地址	中国（上海）自由贸易试验区金海路 1111 号	邮编	201206	传真	
网址	www.sharp.cn	企业所有制		有限责任公司（中外合资）	
企业简介	上海夏普电器有限公司是由日本夏普株式会社和上海仪电电子（集团）有限公司共同投资成立。1992 年成立以来，公司深耕浦东金桥地区 28 年，年平均销售额 30 亿元以上；人均年生产总值达 150 万元；平均年利税额达到 2000 万元以上。公司主要生产空调，冰箱，洗衣机，空气净化器为主的白色家电产品。产品 90% 以上返销日本及海外市场，空气消毒机成为全国最早获得卫健委发证认可的民用消毒器械产品，深受广大用户好评				

上海燎申（集团）有限公司

<table>
<tr><td>企业名称</td><td colspan="2">上海燎申（集团）有限公司</td><td>电话</td><td colspan="2">61131212</td></tr>
<tr><td>地址</td><td>闵行区吴中路 1068 号 9 楼</td><td>邮编</td><td>201103</td><td>传真</td><td>61131235</td></tr>
<tr><td>网址</td><td>www.sh-liaoshen.cn</td><td colspan="2">所办刊物</td><td colspan="2">《燎申信息》</td></tr>
<tr><td>企业所有制</td><td colspan="5">有限责任公司（国内合资）</td></tr>
<tr><td>企业简介</td><td colspan="5">上海燎申企业创立于 1997 年，2005 年成立上海燎申（集团）有限公司（简称：燎申集团），总注册资本 7.9 亿元，所属企业 26 家，长期合作海内外企业 3600 家，带动就业 10 多万人。集团以“科技产业投资运营商”为发展战略，通过产业平台运营优势为各类科技企业提供产业要素导入、政策红利导入、园区功能服务、优质物业、投资引入和参股优质企业、创业孵化和扶持中小微企业成长等服务支持，打造科技企业创业、发展、产品研发全产业链、全生命周期生态环境，为地区政府实现产业集聚、资本集聚、人才集聚的目标。燎申集团将逐步夯实自身投资实力，以优质的投资项目、卓越的运营能力和充裕的专业人才，完善科技产业布局，为科技型企业成就梦想，助力中国科技事业腾飞</td></tr>
</table>

上海上标汽车紧固件有限公司

<table>
<tr><td>企业名称</td><td colspan="2">上海上标汽车紧固件有限公司</td><td>电话</td><td colspan="2">69152351</td></tr>
<tr><td>地址</td><td>嘉定区马陆镇龙盘路 560 号</td><td>邮编</td><td>201801</td><td>传真</td><td></td></tr>
<tr><td>网址</td><td>www.sqb-ch.com</td><td colspan="2">企业所有制</td><td colspan="2">民营企业</td></tr>
<tr><td>企业简介</td><td colspan="5">上海上标汽车紧固件有限公司成立于 2000 年 6 月，经资产重组后为有限责任公司，2005 年改制为民营企业。是中国机械通用零部件工业协会紧固件专业协会会长单位、上海市汽车行业协会监事单位、上海桑塔纳轿车共同体成员单位、上海市高新技术企业协会理事单位。是国家级“高新技术企业”，注册“SQB”商标为“上海市著名商标”
公司从国外引进先进的研发、检测设备和高效生产设备，自主开发专利产品并拥有知识产权。生产的各类汽车专用紧固件、异型件，为上汽大众、上汽通用、等主机厂实行一次配套，还为上海汇众、三电贝洱等公司实行二次配套。与上海交通大学、上海市紧固件和焊接材料技术研究所多方合作。公司产品向高精度、异型化、组合化方向发展</td></tr>
</table>

上海华建电力设备股份有限公司

企业名称	上海华建电力设备股份有限公司		电话	68111111	
地址	浦东新区新场镇沪南公路 7929 号	邮编	201314	传真	
网址	www.hjdl.com	企业所有制		民营企业（非上市）	
企业简介	上海华建电力设备股份有限公司是一家集科研、开发、生产和销售于一体，致力于电气自动化技术发展与进步的高新技术企业，公司注册资本 10138 万元，总资产 1.7 亿元 公司自 1996 年成立以来，便确立了发展民族高科技产品，为国家和社会提供高品质服务的企业经营目标。本着“敬业、创新、求实、共赢”的宗旨，以科技创新为企业发展的核心动力开发生产了多项自有产权，自有品牌的产品，以自身出色的技术水平，赢得了石化、电力、冶金、交通、广电等广大行业用户的认同，已在众多国家重点项目中应用				

上海龙元天册企业管理有限公司

企业名称	上海龙元天册企业管理有限公司		电话	021-62331323	
地址	长宁区天山 SOHO 广场 T1 楼 3302 室	邮编	200336	传真	
网址	www.shlytc.com	企业所有制		民营企业	
企业简介	上海龙元天册企业管理有限公司是龙元建设集团下属产业运营公司，由龙元建设集团与天册中国合资成立，是中国领先的产业运营商 龙元天册以产业园区、产业小镇、产业空间为核心产品，为地方产业发展提供规划设计、投资建设、招商运营一体化的产业发展整体解决方案，全球联合创新模式助推地方产业升级，以产业发展带动区域经济发展 龙元天册建立完善的产业发展体系，打造 TCOE 产业运营模式，从资源、资本、运营和赋能四个维度，建立园区企业创新发展生态圈，打造好质量发展示范园区 龙元天册团队多年深耕产业发展领域，拥有丰富的客商资源、海外资源、商协会资源和专业的产业导入能力，通过多个项目的时间，打造一支经验丰富、对产业运营有深刻理解的专业化团队，已成功运营多个产业园区、产业小镇项目，荣膺“最佳产业运营机构”“创新产业运营商”等殊荣				

江苏申久（集团）有限公司

企业名称	江苏申久（集团）有限公司		电话	0512–53208566	
地址	江苏省太仓市璜泾镇沙鹿公路 99 号	邮编	215428	传真	0512–53825688
网址	www.senjo.com.cn	企业所有制		民营企业	
企业简介	江苏申久化纤有限公司是上海工业投资（集团）有限公司参股的大型民营企业，主要生产涤纶长丝和聚酯切片的现代化大型化纤制造企业。公司成立于 2003 年初，地处素有“中国加弹第一镇”之称的江苏太仓市璜泾镇，地理位置优越，客户资源丰富。公司总资产达 20 亿元，占地面积约 53 公顷，员工 2000 余人，年销售收入达 50 亿元。作为国内最大的 POY 生产商之一，公司具备 50 万吨聚酯和 44 万吨涤纶长丝（POY、FDY）的年生产能力，具有年产 1.5 万万米中高档涤纶坯布及涤纶胚布印染能力。市场占有率占据太仓地区涤丝市场份额的 90% 以上，与璜泾当地加弹企业建立长期稳固的合作关系。申久公司以雄厚的实力、稳健的成长、优良的品质在在国内化纤市场上拥有良好知名度和美誉度。2006 年度，公司被评为苏州市“百强民营企业”，位列“中国民营企业 500 强”。申久人将始终秉承“竞争、法制、诚信、用户、和谐、创新、人才、效率、责任”之企业精神，坚持先进科技配合卓越管理，通过运行 ISO14000 环境管理体系，推进清洁生产，力促节能降耗，为努力打造绿色、环保、和谐的国内一流化纤企业而不懈努力				

安徽国梦生产促进中心有限公司

企业名称	安徽国梦生产促进中心有限公司		电话	0553–5777069	
地址	诸光路 1188 弄 273 号	邮编	201799	传真	
网址	www.gmqyjt.com	企业所有制		民营企业	
企业简介	安徽国梦生产力促进中心有限公司成立于 2016 年 7 月，在国家提出共建“一带一路”倡议精神的推动下，公司借助于商务部国际贸易经济合作研究院、商务部国际官员研修学院（培训中心）、中国欧洲经济技术合作协会等多个部门和资源的支持，紧密围绕“走出去”与“请进来”两大业务板块开展各项工作，先后在不同国家和地区设立了国梦驻美国、国梦驻英国、国梦驻韩国、国梦驻南美（阿根廷）、国梦驻北美（加拿大）、国梦驻柬埔寨等办事处，同时还成立了国梦印度公司、国梦新加坡公司、国梦亚美尼亚公司，全面、立体地为有需求的地方政府和企业融入“一带一路”建设提供国际化、系统化、市场化的服务				

上海电气电站设备有限公司上海电站辅机厂

企业名称	上海电气电站设备有限公司上海电站辅机厂		电话	60708088	
地址	杨浦区隆昌路621号	邮编	200090	传真	65430371
网址	www.shanghai-electric.com/group/dzsbfjcgsjs/	企业所有制		国有企业	
企业简介	上海电气电站设备有限公司电站辅机厂成立于1980年，隶属于上海电气集团旗下的电站集团。工厂围绕上海电气集团的发展战略，抓住“一带一路”国家战略的国际化发展机遇，发扬“自强不息，挑战自我，勇争第一，追求卓越”的精神，以世界级工厂建设为标杆，以电站辅机常规产品、核2、3级设备、太阳能光热产品为产业发展核心，以节能环保、绿色智慧为产业发展导向，以“做强存量、做大增量”为产业发展依托，拓展全球视野，实现技术、产品、市场的全新布局，不断增强企业新产品研发、设备系统服务、市场竞争三大能力，打造水务、能源、工业领域热交换系统解决方案的国内一流、国际领先的工程公司				

上海经威环境检测技术有限公司

企业名称	上海经威环境检测技术有限公司		电话	51601300	
地址	普陀区长寿130号3楼	邮编	200042	传真	
网址	www.jingwei-sh.com	企业所有制		民营企业	
企业简介	上海经威环境检测技术有限公司是以燃煤电厂、燃机电厂、化工、固废、集中供热、船舶、汽车行业等企业为主要客户，以烟气连续监测（CEMS）系统整套方案提供、安装、调试、第三方运行维护为主的环保企业 公司成立于2007年2月，注册资金1000万元，坐落于上海普陀区长寿路130号纺织设计院大楼，公司是专业从事分析仪器仪表、环境检测系统、工业过程分析系统集成、销售以及运营维护服务的环保技术型企业 在“企业求发展环保须先行”企业愿景的指导下，公司将竭诚致力于为用户提供更加先进的产品和更加满意的运维服务。公司坚持走可持续发展的道路，坚持产品质量第一、客户第一、服务至上的经营理念，力争成为行业内的佼佼者				

上海中南建筑材料有限公司

企业名称	上海中南建筑材料有限公司		电话	64867722	
地址	徐汇区凯旋路 3001 号	邮编	200030	传真	64870827
网址	www.zhongnan.com.cn	企业所有制		国有企业	
企业简介	上海中南建筑材料有限公司成立于 1984 年，是国内较早专业生产建筑涂料和黏合剂的国有企业，见证了改革开放后的中国城市化进程。历经 35 年深耕沉淀，屹立在建筑行业之林，以昂首向上的姿态不断砥砺前行 悠然回眸，路虽漫漫，然而中南人坚持不懈，在企业转型发展、振兴民族品牌的道路上一步一个脚印，始终不忘初心，勇做逆势里的奔跑者，争当民族品牌的守护人 新时代，再出发。在城市更新中，作为社会经济发展的中坚力量、城市生态建设的努力践行者与积极参与者，面向未来，中南将立足上海，辐射全国，继续紧贴“上海品牌·上海制造”的建设要求，在创新旧城改造服务、推进城市绿色发展，实现中华民族伟大复兴中国梦的进程中，让每栋建筑更有温度，为城市更新换代保驾护航，为全面建成小康社会、夺取新时代中国特色社会主义伟大胜利贡献力量				

中工经联人才服务（上海）有限公司

企业名称	中工经联人才服务（上海）有限公司		电话	50710701	
地址		邮编	200126	传真	
网址		企业所有制		国有企业	
企业简介	中工经联人才服务（上海）有限公司专项人力资源、服务外包业务，公司注册资本 1.5 亿元。公司结合联合会大量已有的优质企业资源，为企业在价值链提升道路上提供品质的服务保障。致力为央企、国企及上市企业提供相关人力资源、服务外包、业务流程外包等外包服务业务，并提供优质的、智慧的企业人力服务解决方案。并进一步为企业的市场乃至整个服务行业及其管理决策提供有力的数据支撑，为企业的发展提供专业人才的储备				

中国人寿养老保险股份有限公司上海市分公司

企业名称	中国人寿养老保险股份有限公司上海市分公司		电话	20713600	
地址	浦东新区银城路 88 号中国人寿金融中心 26 楼	邮编	200120	传真	20713702
网址		企业所有制		国有企业	
企业简介	中国人寿养老保险股份有限公司是中国人寿保险（集团）旗下的全国性养老金资产管理公司，为客户提供企业年金基金管理、职业年金基金管理、基本养老保险基金管理、财富管理、资产管理等综合金融产品与服务。公司成立于 2007 年 1 月 15 日，总部位于北京，是目前国内最大养老金资产管理机构 中国人寿养老保险上海市分公司是国寿养老在全国范围内设立的第一家省级分公司，公司成立于 2009 年 8 月，以打造“专业公司、精品公司、价值公司、标杆公司”为发展目标，努力实现高质量发展。截至 2020 年底，公司累计年金业务累计管理资产规模突破 480 亿元，共为上海市近 500 家企业的 10 余万职工，以及全市近 75 万机关事业单位工作人员提供养老金管理服务				

上海上药信谊药厂有限公司

企业名称	上海上药信谊药厂有限公司		电话	58995818	
地址	浦东新区新金桥路 905 号	邮编	201206	传真	
网址	www.sphsine.com	企业所有制		国有企业	
企业简介	信谊品牌，始创于 1916 年，是上海医药旗下最大的工业制造企业，作为具有 100 年历史的民族制药企业，上药信谊致力于打造全球领先的微生态创新平台与国内一流的吸入剂药改良技术平台，突出打造全国市场占有率前三的高端特色药与大健康产品的集群优势，在集团内始终保持产业集群第一的全球化实体舰队 同时，上药信谊是上海医药产品最多、剂型最全的企业，在微生态制剂领域处于国内领先地位。展望未来，在参与全国和全球市场的竞争中，上药信谊始终秉承“除了好药，还有信誉和友谊”的人性化的经营理念				

雷根（中国）控股有限公司

<table>
<tr><td>企业名称</td><td colspan="2">雷根（中国）控股有限公司</td><td>电话</td><td colspan="2">400-6789-949</td></tr>
<tr><td>地址</td><td>浦东新去陆家嘴环路 958 号 26 楼</td><td>邮编</td><td>20000</td><td>传真</td><td></td></tr>
<tr><td>网址</td><td>www.regan.com</td><td colspan="2">企业所有制</td><td colspan="2">民营企业</td></tr>
<tr><td>企业简介</td><td colspan="5">雷根（中国）控股有限公司为雷根集团旗下子公司，雷根集团秉承“让财富和生活完美相融”的企业愿景，致力于为全球客户提供精准专业化的全球资产配置服务，帮助客户进行全球化投资咨询及资产配置，引领定制化投资人高端生活理念。
雷根集团以科技驱动金融，专注为客户提供专业化服务，为资产持续创造价值。业务覆盖有经中国证券投资基金业协会批复的私募基金管理人资格、中国银行保险监督管理委员会批复的全国性保险经纪牌照、香港证券及期货事务监察委员会（SFC）批复的证券交易资格和提供资产管理、就证券提供意见资格、香港保险业监管局批复保险经纪资格以及香港特别行政区公司注册处批复的信托管理资格，丰富的国际业务资源优势，为全球客户提供综合跨境财富管理金融服务。
雷根集团在中国大陆、中国香港和新加坡与多家金融机构在专业智能化的风险管理系统上进行全面合作，为客户提供多元化、全方位的资产管理、保险经纪、证券交易、家族信托等业务，全面打造国际化金融科技服务平台。</td></tr>
</table>

上海华瑞银行股份有限公司

<table>
<tr><td>企业名称</td><td colspan="2">上海华瑞银行股份有限公司</td><td>电话</td><td colspan="2">33268988</td></tr>
<tr><td>地址</td><td>浦东新区世纪大道 1788 号
陆家嘴金控广场 1 号楼 7 楼</td><td>邮编</td><td>200122</td><td>传真</td><td>33268988</td></tr>
<tr><td>网址</td><td>www.shrbank.com</td><td colspan="2">企业所有制</td><td colspan="2">民营企业</td></tr>
<tr><td>所办刊物</td><td colspan="5">《上海市经济团体联合会年鉴》</td></tr>
<tr><td>企业简介</td><td colspan="5">上海华瑞银行是全国首批、上海首家民营银行，由上海均瑶（集团）有限公司联合沪上 10 余家民营企业发起，2014 年 9 月 26 日获原中国银监会筹建批复，2015 年 1 月 27 日获开业批复，5 月 23 日正式开业。
上海华瑞银行源起改革新时代，始于上海自贸区，以“历久恒新，百年华瑞”为企业愿景，诚信稳健以历久，变革进取以恒新，致力于成为一家基业长青的百年企业；以“用心服务，智慧创造”为企业使命，以专业智慧用心服务客户，以经营智慧支持实体经济，以革新智慧推动社会进步。以“诚信、稳健、创新、担当”为企业价值观。
秉承“服务实体经济，服务小微大众”使命初心，聚焦普惠金融服务创新，以丰富的、差异化的普惠金融产品服务体系，持续拓宽普惠群体覆盖度和惠及度，为小微大众提供更加便捷、多样的创新金融产品和服务，致力于打造具有鲜明特色的数字化智慧银行。</td></tr>
</table>

上海财经大学金融学院

<table>
<tr><td>企业名称</td><td colspan="2">上海财经大学金融学院</td><td>电话</td><td colspan="2">65904556</td></tr>
<tr><td>地址</td><td>武东路 100 号毓秀楼</td><td>邮编</td><td>200433</td><td>传真</td><td>65103925</td></tr>
<tr><td>网址</td><td>sof.sufe.edu.cn</td><td colspan="2">企业所有制</td><td colspan="2">事业单位</td></tr>
<tr><td>企业简介</td><td colspan="5">上海财经大学金融学院的前身为建立于 1921 年的国立东南大学银行系，是我国高等院校中最早创设的金融学科之一，学科创始人杨荫溥、朱斯煌等教授为近代中国金融学的奠基人。建国后，彭信威、刘絜敖、朱元、吴国隽、王宏儒、龚浩成、谢树森、王学青、俞文青等资深教授均对新中国金融高等教育的发展有重要贡献。1998 年，为了适应我国金融事业发展的需要，进一步促进金融学科发展，上海财经大学成立了金融学院，这也是我国大陆高校中设立的第一个金融学院。
金融学院设有银行系、保险系、国际金融系、证券期货系以及公司金融系共 5 个系，现有本科四个专业、四个学术型硕士点、两个专业学位硕士点和四个博士点。凭借学院优良的基础设施、资深的师资团队以及现代化的管理方式和国际化视野，成就了一批批活跃于金融界的学术和实践人才。</td></tr>
</table>

上海申威资产评估有限公司

<table>
<tr><td>企业名称</td><td colspan="2">上海申威资产评估有限公司</td><td>电话</td><td colspan="2">31273010</td></tr>
<tr><td>地址</td><td>虹口区东体育会路 816 号 C 座</td><td>邮编</td><td>200083</td><td>传真</td><td>31273013</td></tr>
<tr><td>网址</td><td>www.sh-shenwei.net</td><td colspan="2">企业所有制</td><td colspan="2">有限责任公司</td></tr>
<tr><td>企业简介</td><td colspan="5">上海申威资产评估有限公司是上海市最早成立的资产评估专业机构，公司现持有：《资产评估备案公告》、《证券期货相关业务评估资格证书》、《军工涉密业务咨询服务安全保密条件备案证书》【列入国家国防科技工业局备案名录（第一批）】。公司已在北京、海南、新疆、河南、南京设立分公司。
我公司在中评协公布的资产评估机构综合评价排名：全国第 29 名；总部收入排名：全国第 26 名。公司近三年 2018 年、2019 年、2020 年评估业务收入分别为 8593.68 万元、10013.10 万元、10001.60 万元。
公司现有从业人员 90 余人，其中资产评估师近 50 人，各类工程、技术、财务、经济类专业人员配备齐全，包括注册会计师、房地产估价师、会计师、审计师、经济师、设备工程师等。
公司主要为各类企事业单位提供改制、股权转让（收购）、资产涉讼、资产处置、对外投资、抵质押担保、上市重组、清算、财政资金绩效评价、灾害损失补偿、风险投资估值、企业海外并购、以财务报告为目的等多种类型的资产评估服务。</td></tr>
</table>

中国人民财产保险股份有限公司上海市分公司

<table>
<tr><td>企业名称</td><td colspan="2">中国人民财产保险股份有限公司上海市分公司</td><td>电话</td><td colspan="2">23200286</td></tr>
<tr><td>地址</td><td>黄浦区福佑路 8 号 13 楼</td><td>邮编</td><td>200120</td><td>传真</td><td>63764678</td></tr>
<tr><td>网址</td><td>www.piccnet.com.cn</td><td colspan="2">企业所有制</td><td colspan="2">股份制</td></tr>
<tr><td>企业简介</td><td colspan="5">中国人民财产保险股份有限公司（PICC P&C）的前身是 1949 年 10 月 1 日成立的中国人民保险公司，总部设在北京，是中国人民保险集团股份有限公司（PICC Group，2021 年美国《财富》世界“500 强”第 90 位）的核心成员和标志性主业，是国内历史悠久、业务规模大、综合实力强的大型国有财产保险公司，保费规模居全球财险市场前列。公司于 2003 年 11 月 6 日在香港联交所主板上市（股票代码 2328）。2020 年，公司总保费收入 4331.87 亿元，总资产 6468.01 亿元。穆迪投资者服务公司再次授予公司保险财务实力评级 A1（评级展望：稳定）。</td></tr>
</table>

平安养老保险股份有限公司上海分公司

<table>
<tr><td>企业名称</td><td colspan="2">平安养老保险股份有限公司上海分公司</td><td>电话</td><td colspan="2">62078309</td></tr>
<tr><td>地址</td><td>静安区常熟路 8 号</td><td>邮编</td><td>200040</td><td>传真</td><td>62078065</td></tr>
<tr><td>网址</td><td>yl.pingan.com</td><td colspan="2">企业所有制</td><td colspan="2">其他股份有限分公司</td></tr>
<tr><td>企业简介</td><td colspan="5">平安养老保险股份有限公司是平安集团子公司，2004 年 12 月在上海成立，是国内首家专业养老险公司。截至 2020 年 12 月底，公司注册资本 48.6 亿元，公司员工总数 10360 余人，拥有投资人员、年金产品经理 270 余人，精算、保险两核人员 450 余人，运营及客服人员 2020 余人，IT 开发人员 380 余人。2006 年与平安人寿团体保险重组，公司拥有遍布全国的服务网络和优秀的专业团队，设立 35 家分公司，百余家中心支公司。
放眼未来，平安养老险将以“专业的养老资产管理机构”和“领先的健康管理保障服务供应商”为目标，继续肩负服务民生保障的重任，坚持创新、协调、绿色、开放、共享的发展理念，将更加聚焦民生服务事业并支持养老健康产业发展，解决好老百姓“老有所养、病有所医、贫有所助”的民生问题，为全面建成小康社会做出更大的贡献。</td></tr>
</table>

国泰君安证券股份有限公司

企业名称	国泰君安证券股份有限公司			电话	38676666	
地址	静安区南京西路768号国泰君安大厦		邮编	200041	传真	38670666
网址	www.gtja.com	所办刊物	《国泰君安人》	企业所有制	国有企业	
企业简介	国泰君安，中国证券行业长期、持续、全面领先的综合金融服务商。国泰君安跨越了中国资本市场发展的全部历程和多个周期，始终以客户为中心，深耕中国市场，为个人和机构客户提供各类金融服务，确立了全方位的行业领先地位。2011到2020年，国泰君安的营业收入连续十年名列行业前三，在致力于实现高质量增长、规模领先的同时，注重盈利能力和风险管理。自2008年以来，国泰君安连续十四年获得中国证监会授予的A类AA级监管评级，该评级是迄今为止中国证券公司获得的最高评级。					

上海国际集团有限公司

企业名称	上海国际集团有限公司		电话	22191111	
地址	静安区威海路511号	邮编	200041	传真	22191212
网址	www.sigchina.com	企业所有制		国有独资	
企业简介	上海国际集团有限公司的前身是成立于1981年的上海市投资信托公司（后更名为上海国际信托投资公司），2000年4月集团正式成立，注册资本300亿元，是上海重要的国有资本投资运营平台。集团认真贯彻落实市委市政府决策部署，主动服务国家和上海重大战略，聚焦金融控股、投资与资产经营管理两项核心主业，建立健全金融控股经营管理模式，不断深化国资平台功能，着力提升投资管理专业能力，持续加大改革创新力度，不断开创高质量发展新局面。 目前，集团持有60%市属金融机构地方国有权益，是浦发银行、国泰君安、上海农商银行第一大股东，是中国太保主要股东，是上海保险交易所、上海票据交易所、跨境银行间支付清算公司等全国性金融要素市场重要股东，设立金浦、国和、赛领、科创、国方等产业基金品牌。 面向未来，集团将深入推进以金融控股集团建设为引领、国有资本运营和投资管理双轮驱动的发展战略，积极打造承担重要战略功能、具有国际视野和显示度、国内一流的金融控股集团和国有资本投资运营平台。				

星动力（上海）信息科技有限公司

企业名称	星动力（上海）信息科技有限公司			电话	58372253	
地址	浦东新区世博大道1368号2区L1层 上海星动力科创空间		邮编	200126	传真	
网址		所办刊物		企业所有制	民营企业	
企业简介	星动力（上海）信息科技有限公司（以下简称星动力）坐落于上海世博轴，秉承“演绎永不落幕的世博会”理念，集聚要素资源，携手海内外顶级投资机构、产业龙头企业、全球高等学府及产融服务组织等诸多优势资源，坚持以科技论坛、投资交流、信息发布、项目路演、成果展示等作为主要载体，构筑了高效、全方位的价值营地，已成为全国最大的线下高端企业家交流学习平台。 星动力启动五年以来，在总面积近万平的场馆内累计到访企业家超10万人次，包括50多家央企领导、2000多家A股上市公司董事长、总裁，以及超2000家投资机构，是中欧、长江、高金、五道口、南大、哈工大等30多所高校、商学院校友会的常年活动基地。					

上海股权托管交易中心股份有限公司

企业名称	上海股权托管交易中心股份有限公司		电话	4006251000	
地址	浦东新区松涛路560号	邮编	200021	传真	38971308
网址	www.china-see.com		企业所有制	国有企业	
企业简介	公司是按照国务院指示精神，经上海市政府批准、中国证监会备案的本市唯一合法的区域性股权市场。上海股交中心主要服务于初创期、成长期的中小微企业，为其提供改制挂牌、股份转让、非公开发行、价值挖掘、营销宣传等一站式全方位综合金融服务，助推企业快速成长，为企业转向主板、创业板市场发挥培育和孵化作用。 公司始终秉持“服务科技创新、助力实体经济发展”的宗旨，探索业务创新试点，防范化解金融风险。目前已形成“一市五板、五大平台”的市场格局，即科技创新板、股份转让系统、展示系统、科创Q板、绿色Q板五大板块以及可转债平台、债转股转股资产交易平台、股份有限公司股权托管系统、银行业机构股权托管系统以及基金份额交易系统五大平台。				

上海弼兴律师事务所

企业名称	上海弼兴律师事务所		电话	51797188	
地址	徐汇区小木桥路 681 号上海外经大厦 21 楼	邮编	200032	传真	51797166
网址	www.beshininglaw.com	企业所有制		私人合伙制	
企业简介	弼兴是中国知名的知识产权及法律服务品牌，总部设在上海，在武汉、长沙、青岛、西安、杭州和美国休斯敦都有分支机构或办公室。 团队组建已 20 余年，同时具有专利代理资格和商标代理资格，拥有律师、专利代理师、商标代理人等法律和技术专家近 250 人，其中生化医药领域律师、专利代理师及专利工程师近 80 人，生化专利授权率 90% 以上。弼兴合伙人及团队曾向上千家的国内外企业及个人提供了专利、商标、著作权、集成电路布图设计、反不正当竞争及商业秘密等全方位的知识产权法律服务和综合性的国内外法律服务，专利、商标申请量及诉讼案件均排在全国前列。目前已获得由国知局、《中国知识产权》杂志、中华商标协会、《商法》、China Business Law Journal, Asia IP, Corporate INTL, asialaw Profiles, Global Law Experts, Benchmark Litigation 颁发的多项大奖。				

江苏地金网络科技有限公司

企业名称	江苏地金网络科技有限公司		手机	13584059188	
地址	江苏省南京市汉中路 89 号 金鹰国际中心 A 座 35 楼 C4	邮编	210005	传真	
网址	www.dcjr.cn	企业所有制		民营企业	
企业简介	江苏地金网络科技有限公司旗下创办的“中国地产金融网”又名“地金网”，软件小程序“地金未来”是以“地产、金融、科技创投”业务为主的综合性交易服务平台。每年汇集到平台的项目约 6000 个左右。目前该平台在大宗交易领域国内排名领先，并连续多年在百度排名首页。平台后期战略发展方向紧跟国家政策方向，带领部分房企实施战略转型投资科技类企业。2021 年是“十四五”开局之年和新旧动能转换的重要变革之年，中国地产金融网将利用自身优质资源，把握发展机遇、谋定发展思路，发挥金融优势服务中小企业，助理推动科技类创新企业、高新科技企业在投融资领域的业务。				

上海融义投资咨询有限公司

企业名称	上海融义投资咨询有限公司		电话	58365936	
地址	徐汇区东安路 562 号 1702	邮编	200032	传真	58365936
网址	www.loyalwm.com	企业所有制		民营所有制企业	
企业简介	融义成立于 2008 年，是一家立足于上海的高端社区独立财富管理机构，专注于家庭财富积累后的守护与传承，致力于做可靠的家庭财富管家。 融义以极为严格的产品筛选标准，已为可投资金融资产在 300 万以上的上千户家庭提供服务，累计合规配置资产规模超 70 亿元。 融义已覆盖七宝、古北、卢湾、莘庄、瑞虹等 9 个高端社区。根植社区，融义还组织推广社区合唱、沪语班、投资者教育等活动，为陪伴高端社区家庭的美好生活做出了相应的努力和贡献。 融义先后荣获“全国独立社区财富管理机构十强”、“全国最佳社区理财机构”、“中国高端社区卓越理财服务奖”等称号，公司举办的合唱比赛成为“上海市民文化节”的著名赛事。				

上海中财信会计师事务所

协会名称	上海中财信会计师事务所		电话	35315111	
地址	杨浦区国定东路 233 号绿地汇创国际广场 15 楼	邮编	200433	传真	35315189
网址	www.shzcx.com				
企业简介	上海中财信会计师事务所是专业从事企业会计报表的审计、会计咨询、会计服务、企业资本验证、企业合并、分立、清算事务中的审计业务及法律、行政法规规定的其他审计业务的 A 类会计师事务所，也是上海首家、全国首批获得国家国防科工局《军工涉密业务安全保密认证》资质的会计师事务所，专为国家军工系统和上海市国防工业科技办公室管辖军工企业提供咨询服务，该所具有上海市司法局《司法会计鉴定》资质，是上海市政府采购的供应商，也是上海市浦东新区综合改革会计服务示范基地的成员单位。事务所目前拥有执业注册会计师、注册资产评估师、注册房地产估价师、注册税务师等 70 多人。服务区域几乎覆盖了中国的整个版图				

上海农村商业银行股份有限公司

企业名称	上海农村商业银行股份有限公司		电话	962999、61899999	
地址	黄浦区中山东二路 70 号 B 座上海农商银行大厦	邮编	200002	传真	
网址	www.srcb.com	企业所有制		国有企业	
企业简介	上海农商银行成立于 2005 年 8 月，由国资控股，总部设在上海，是全国首家在农信基础上改制成立的省级股份制商业银行。目前注册资本为 86.8 亿元人民币，营业网点近 370 家，员工总数超 8,000 人。2021 年 8 月 19 日，上海农商银行在上交所主板正式挂牌上市（股票代码：601825）。 围绕上海新三大任务、“五个中心”以及“四大品牌”建设，上海农商银行以“普惠金融助力百姓美好生活”为使命，践行“诚信、责任、创新、共赢”的核心价值观，推进“坚持客户中心、坚守普惠金融、坚定数字转型”核心战略，扎根大都会、携手千百业、贴近老百姓，坚持金融向善、金融向实、金融向阳，努力打造为客户创造价值的服务型银行，建设具有最佳体验和卓越品牌的区域综合金融服务集团。				

上海现代新兴产业发展研究所

协会名称	上海现代新兴产业发展研究所（SEII）		电话	51615300	
地址	中山北路 2790 号杰地大厦 503 室	邮编	200063	传真	51809518
协会简介	上海现代新兴产业发展研究所（SEII）是一家国际性的产业专业研究机构，是立足中国经济前沿、促进世界经济一体化的践行者。通过为全球决策者提供产业研究和经济决策的服务，已迅速成长为亚太地区的新兴产业启蒙者及市场推动者。面临历史性发展机遇，SEII 正在迎来一个快速、健康、有序发展的崭新时代 SEII 致力于整合全球新兴产业资源，荟萃全球新兴产业精英人物，聚焦全球新兴产业经济热点，总结全球新兴产业发展规律，展示全球新兴产业最新成果，弘扬全球新兴产业创新精神，推动全球新兴产业国际合作，协助全球新兴产业领域培育				

大事记

Da Shi Ji

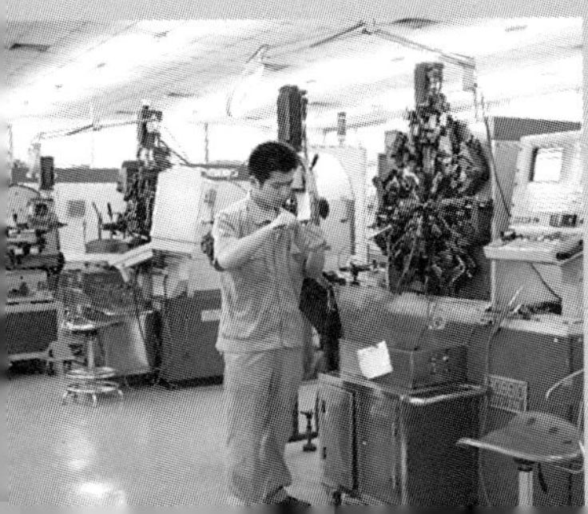

2020年大事记

1月

5日，由中国邮政集团公司上海市分公司、上海市经济团体联合会主办的庆祝生肖邮票发行40周年，《庚子年》邮票首发暨2020年新春集邮文化沙龙在百年邮政大楼中厅举行。

9日，市工经联召开2019年工作通报会。党委书记、会长俞国生主持会议并讲话。副会长兼秘书长李鹤富通报2019年行政工作、党委副书记黄国伟通报2019年党委工作，中国工经联主席团主席、常务副会长管维镛通报中国工经联主席团近期工作和会议精神。上海市十届政协主席、市工经联原会长蒋以任出席会议并讲话。

15日，上海市工业经济联合会、上海市经济团体联合会在市政协江海厅举行2020新春联谊会。上海市第十届政协主席、市工经联原会长蒋以任，市经信委有关部门领导，各行业协会负责人、市工经联领导班子成员、专务、秘书处员工近200人出席。市工经联副会长兼秘书长李鹤富主持联谊会。

2月

10日，市工经联新冠肺炎疫情防控工作领导小组召开专题会议，对做好当前疫情防控、安全有序组织复工工作进行动员部署再落实。市工经联党委书记、会长、市工经联疫情防控工作领导小组组长俞国生主持会议并讲话。

3月

6日，市工经联疫情防控工作领导小组召开第二次会议，学习贯彻习近平总书记在中共中央政治局常务委员会会议上的重要讲话精神，明确当前疫情防控和服务企业复工复产工作重点，对统筹抓好上半年重点工作进行部署。党委书记、会长、疫情防控工作领导小组组长俞国生主持会议并讲话，

9日，市工经联常务副会长管维镛赴市化工行业协会，调研协会疫情防控和企业复工复产工作情况。

11日，市工经联党委书记、会长俞国生，党委副书记黄国伟到上海市医药行业协会调研。

12日，市工经联常务副会长管维镛赴中药行业协会，调研协会疫情防控和企业复工复产等工作情况。

13日，上海市经信委给上海市工经联发来感谢信。对市工经联从疫情发生到疫情防控再到复工复产的各个阶段所做工作表示感谢。

19日，市工经联副会长兼秘书长李鹤富到上海家纺协会调研。

27日，市工经联常务副会长管维镛赴上药药材进行“疫情中药储备”的调研。

4月

3日，市工经联举行“设备智能化管理暨远程诊断应用技术推进”工作会议。市工经联会长俞国生、副会长兼秘书长李鹤富及市设备管理协会、市化工行业协会负责同志，设备远程诊断应用技术研发企业——北京康吉诺科技有限公司的代表出席会议。

9日，市工经联常务副会长管维镛到上海市信息服务业行业协会调研，

14日，市工经联、市经团联会长俞国生赴上海市化工行业协会，就在化工行业推广应用设备智能化管理进行调研。

16日，市工经联党委召开2020年度第一次党委会。本次党委会议讨论审议了市工经联党委2020年度《基层党建工作责任制任务清单》《意识形态工作责任清单》《构建全面从严治党“四责协同”机制重点任务清单》《党委中心组学习计划》以及《市工经联系统党建工作三年规划》等文件，审议了有关组织工作、党员发展工作以及人事工作。

21日，市人大常委会基层立法联系点“扩点提质”工作推进会举行。会上，市工经联被确定为市人大常委会基层立法联系点。

21日，市工经联党委书记、会长俞国生，副会长兼秘书长李鹤富，党委副书记黄国伟等一行到上海市室内装饰行业协会，就疫情对室内装饰行业的影响及室内装饰企业现阶段复工复产的情况进行调研。

28 日，“2020 首届中国（上海）工业品在线交易节”开幕，市委常委、副市长吴清出席开幕式并宣布交易节开幕。开幕式由市政府副秘书长陈鸣波主持，市经济和信息化委总工程师刘平、市工经联常务副会长管维镛出席。市工经联作为本次活动支持单位，组织 20 多家行业协会共同收看分会场的直播，并特邀江苏省工经联、苏州市企业服务中心、上海之帆会展公司设立分会场，同步直播、实时互动。

是日，市工经联、市经团联在上海临港集团举行部分主席团单位领导工作交流会。蒋以任、俞国生、管维镛、李鹤富、黄国伟和中国海运集团有限公司、上海电气（集团）股份有限公司、上海华谊（集团）公司、红豆集团有限公司等 13 家主席团成员单位的领导出席交流会。会议由市工经联常务副会长管维镛主持。

5 月

8 日，市工经联常务副会长管维镛赴上海之帆会展有限公司调研，听取企业运行情况介绍，座谈交流发展举措。

9 日，市工经联党委书记、会长俞国生，专务陈振浩走访上海烟草集团有限责任公司，调研在疫情防控常态化情况下企业经营发展、复工复产情况，征求对市工经联换届改选工作和主席团智库建设的意见和建议。

18 日，市工经联常务副会长管维镛到上海船舶行业协会调研。

19 日，市工经联常务副会长管维镛、党委副书记黄国伟走访上海工业投资(集团)集团有限公司，与集团党委副书记、执行董事、总裁吴丛宏，监事长邱平座谈交流。听取集团的经营现状、发展规划和服务需求，感谢集团对市工经联工作的支持，征求对工经联换届改选工作意见和建议，并研究下一步深化合作的思路和举措。

22 日，市政府督查室会同市经信委合办，市工经联承办的打响“上海制造”品牌工作推进情况专项督查调研座谈会在市工经联召开。市政府督查室陈琦副处长、市经信委综合规划处张宏韬处长、赵广君调研员出席会议。市经信委原副巡视员史文军、市企联副会长兼秘书长蒋苏平、市工经联副会长朱宁宁、上海财经大学教授余典范、中国信通院华东分院院长郑忠斌、上海产业发展研究和评估中心主任王小沙等专家应邀参会并提出建议意见。会议由赵广君调研员主持。

27 日，市工经联常务副会长管维镛前往上海市食品协会调研，与上海市食品协会秘书长高克敏、副秘书长王君黎进行座谈交流。

27 日，上海市行业质量工作促进会、上海市工业经济联合会主办，上海市室内环境净化行业协会协办的上海行业质量与标准化建设专题会议在市北商务中心召开。上海市质量工作领导小组办公室副主任、市市场监督管理局一级巡视员沈伟民、上海市工业经济联合会副会长朱宁宁、市市场监督管理局标准创新发展处史燕君副处长、孟凯副处长等领导出席会议，近 40 位行业质量工作促进会成员协会秘书长参加会议。会议由上海市工业经济联合会副秘书长兼研究室主任曹恺主持。

28 日，市工经联党委副书记黄国伟到上海医疗器械行业协会调研，与协会常务副会长夏秋玉、党支部书记吴汝康等座谈交流。

30 日，市工经联副会长兼秘书长李鹤富赴上海家用电器行业协会调研，参观协会乔迁新址后的办公场所，并与家电协会秘书长李富春、副秘书长吴逸萍座谈交流协会工作。

6 月

4 日，市工经联常务副会长管维镛赴上海进出口商会调研。

10 日，市工经联党委召开“四史”学习教育工作推进会，市工经联党委委员、各党建工作站站长、部分行业协会党组织书记 50 余人出席会议。会议传达市委、市经信工作党委关于开展“四史”学习教育有关会议及领导同志讲话精神，并对市工经联党委系统开展“四史”学习教育情况作具体部署。

11 日，市工经联召上海市节能减排 JJ 小组活动交流会。市工经联副会长兼秘书长李鹤富、市发改委资环处史涛锋同志及有关行业协会、企业集团负责同志 30 余人出席会议。

11 日，市工经联党委副书记黄国伟到上海市电力行业协会调研，与协会秘书长严健勇、副秘书长兼办公室主任蒋晓云、顾问廖学勤等进行座谈交流。

6 月 12 日，市工经联在本部会议室举行工作通报会。市工经联领导俞国生、管维镛、李鹤富、朱宁宁、吴永华、黄国伟出席会议。市工经联老领导、专务陈祥麟、姜光裕、张培璋、胡云芳、孙环葆、陈振浩、陈忠德、任善根、李念政以及监事韩励贞、李富春等应邀参会。会议由党委书记、会长俞国生主持。

7月

2日，市工经联党委副书记黄国伟、市工经联常务副秘书长兼党办主任范岚岚等到上海市信息服务业行业协会调研，市信息服务业行业协会秘书长陆雷、市信息服务业党委副书记贺静等出席座谈会，并汇报市信息服务业行业协会业务工作及党建工作情况。

7日，市工经联党委在上海科学会堂国际厅召开党建工作会议暨2020年度第一次党支部书记培训班。市工经联党委委员、系统各行业协会党组织书记、党建督导员近100人出席会议。市工经联党委书记、会长俞国生在会上做市工经联党委2016—2020年党委工作报告，会议由市工经联党委副书记黄国伟主持。

9日，哈尔滨市政府驻上海办事处主任单颖、副主任冯忠诚、处长田磊，上海哈尔滨商会会长王雪松，常务副会长兼秘书长尹谦在上海地市商会会长联合会秘书长周波、副秘书长赵娟的陪同下到访上海市工业经济联合会。市工经联常务副会长管维镛、副秘书长周伟明等接待代表团一行并进行座谈交流。

14日，江苏省淮安市政府副秘书长、驻沪办主任王云，淮安市高新技术开发区管委会副主任周青松，淮安市淮阴区区委常委、政法委书记殷俊等一行到访上海市工业经济联合会，常务副会长管维镛接待并作交流。

23日，市工经联党委副书记黄国伟到船舶工业行业协会调研，协会党支部书记任大德、协会秘书长张捷分别介绍船舶行业协会党建工作及业务工作情况。

24日，市工经联召开干部会议，宣布市经信工作党委关于市工经联党委主要负责同志调整的决定。市经信工作党委书记陆晓春出席会议并讲话，会议由俞国生主持。

28日，市人大法制委副主任委员、常委会法工委主任丁伟和法工委办公室主任张明君一行到访市工经联进行调研。市工经联会长俞国生、副会长兼秘书长李鹤富与到访领导进行亲切会谈。

8月

7日，“SNEC第十四届（2020）国际太阳能光伏与智慧能源（上海）展览会暨论坛”在上海新国际博览中心隆重举行。上海市工经联、市经团联常务副会长管维镛出席大会开幕式。

11日，上海市工业经济联合会（上海市经济团体联合会）在市政协会堂召开六届一次会员大会暨六届一次理事会、监事会。会议总结4年来工作，选举产生新一届领导班子。中共中央政治局委员、上海市委书记李强在市工经联、市经团联报送的《关于召开上海市工经联六届一次会员大会的情况汇报》上作批示，充分肯定市工经联工作成绩，并对新一届联合会工作提出新要求。上海市委常委、副市长吴清出席并讲话，十届市政协主席蒋以任、市委组织部副部长陈皓、市经信工作党委书记陆晓春、市国资委党委书记、市国资委主任白廷辉、市经信委主任吴金城、市民政局二级巡视员方文进等领导出席会议。大会以无记名投票选举管维镛为第六届会长，吴正扬为监事长，聘任裴崎为秘书长。中国工业经济联合会派代表参加会议。江苏、浙江、安徽三省工业经济联合会分别发来贺信表示祝贺。会议还邀请市工经联老领导和有关专家出席。

18日，由上海市企业联合会、上海市企业家协会、上海市经济团体联合会和解放日报社联合主办的2020上海百强企业发布会在中国金融信息中心上海厅隆重召开。市企联会长刘家平、市经团联会长管维镛、解放日报社党委副书记周智强、市企联副会长兼秘书长蒋苏平、市经团联副会长兼秘书长裴崎等领导出席会议。会议由蒋苏平主持。会上发布2020上海企业100强、上海制造业企业100强、上海服务业企业100强，2020上海民营企业100强、上海民营制造业企业100强、上海民营服务业企业100强和2020上海百强成长企业50强排行榜。

25日，市工经联副会长史文军走访上海应急消防工程设备行业协会，同会长杜桂潭、秘书长马育顺等协会领导就有关工作开展交流研讨。

9月

2日，“上海标准”评价委员会成立大会暨第一次全体会议在上海市质量和标准化研究院召开。上海市工业经济联合会副会长朱宁宁出席会议。市工经联成为“上海标准”评价委员会组成单位。

3日，市工经联、市经团联副会长兼秘书长裴崎到上海微电子装备（集团）股份有限公司调研，参观综合展示厅，与公司负责同志座谈交流。

4日，市工经联副会长史文军走访上海海立(集团)股份有限公司，同集团党委副书记、上海家用电器行业协会会长李黎进行交流。

4日，市工经联监事长吴正扬一行4人到上海市室内环境净化行业协会调研协会和行业发展工作，市室内环境净化行业协会副会长兼秘书长王芳、副秘书长李笑宇接待调研组一行并座谈交流。

8日，市工经联执行副会长邱平一行3人赴上海市软件行业协会进行走访调研。市软件行业协会副会长兼秘书长杨根兴、常务副秘书长姚宝敬接待邱副会长一行。

10日，市工经联、经团联会长管维镛赴上海区块链技术协会调研，与上海区块链技术协会执行会长王奕、副会长王宏和高级顾问洪仁荣进行座谈交流。

10日，中国上市公司协会宋志平会长访问上海市工经联。市工经联、市经团联会长管维镛、执行副会长邱平接待宋志平会长一行并进行座谈交流。

11日，市工经联、市经团执行副会长兼秘书长裴崎走访上海海立集团股份有限公司，与海立集团党委书记、总经理庄华、党委副书记李黎交流座谈。

16日，市工经联、市经团联会长管维镛、执行副会长邱平一行走访上海金滨海文旅投资控股集团有限公司。集团党委书记、董事长吴斌，党委委员、副总经理胡淑华、尚京典，财务总监方敏出席座谈交流会。

17日，市工经联副会长史文军走访上海市设备管理协会，同协会秘书长方琦平、副秘书长夏仁海进行交流座谈。

17日，市工经联党委副书记、执行副会长黄国伟及党办有关人员到上海航天技术研究院（上海航天局）调研，上海航天技术研究院副院长李昕对黄国伟一行表示欢迎，李昕副院长代表上海航天，向市工经联赠送航天产品模型。座谈会上，双方介绍本单位的情况，并就进一步加强沟通、交流和合作达成共识。

24日，市工经联、经团联监事长吴正扬一行到上海纺织协会调研协会和行业发展工作，市纺织协会副会长刘寅峰、主任杨建成接待调研组一行并座谈交流。

25日，十届市政协主席、市工经联、市经团联专家委员会主任蒋以任，市工经联、经团联党委书记、会长管维镛，执行副会长兼秘书长裴崎，市工经联、市经团联专家委员会常务副主任俞国生，副主任陈祥麟、姜光裕、张培璋、李鹤富、任善根等在上海电气集团主要领导陪同下，对上海电气（集团）总公司旗下上海电气医疗集团的上海康达医疗器械集团股份有限公司进行调研。电气医疗集团副总裁郭咏阳介绍电气医疗产业有关情况，会上，对燃气轮机产业及数字化产业发展情况作了介绍。

28日，市工经联党委召开党委中心组学习扩大会议，市工经联党委书记、会长管维镛在会上作“四史”学习教育专题党课。市工经联党政班子成员、各行业协会党组织书记90余人出席会议。管维镛结合“四史”学习教育情况以及工经联系统的工作实际，从“四史”学习教育、学习《习近平谈治国理政》第三卷、学习贯彻落实李强书记批示精神等3个方面与大家交流了学习体会。

29日，市工经联、市经团联在市质量协会组织召开行业质量提升工作推进会。市质量工作领导小组办公室副主任、市市场监管局一级巡视员沈伟民，市工经联、市经团联执行副会长史文军、市市场监管局质量发展处处长张丽虹、市质量协会秘书长胡章喜等出席会议。会议由市工经联、经团联副秘书长曹恺主持。

29日，市工经联、市经团联召开季度工作例会，总结前三季度工作，部署第四季度重点任务。市工经联、市经团联党政领导管维镛、吴正扬、朱宁宁、裴崎、黄国伟、邱平和秘书处全体员工出席会议。

10月

8日，上海市工业经济联合会、上海市经济团体联合会主办的“2020上海市企业社会责任报告发布会”举行。市经信委、市国资委、市市场监督局、市总工会等11家指导单位领导，市人大财经委、市政协经济委员会、主办单位和协办单位领导，社会责任报告发布单位代表等200余人出席发布会。334家企事业单位和社会团体书面和现场发布2019年度社会责任报告。十届市政协主席、市工经联、市经团联原会长蒋以任出席会议并同市经信委、市国资委、市市场监管局、市质量协会、市企联等单位领导为履行社会责任优秀单位颁奖。市经信委总工程师刘平、市工经联、市经团联会长管维镛出席并致辞。市工经联执行副会长裴崎、史文军等出席并宣读颁奖词。

12日，市工经联执行副会长邱平走访星动力(上海)信息科技有限公司，与公司董事长朱阳座谈交流。

13日，市工经联、市经团联监事长吴正扬，副会长兼秘书长裴崎赴上海铝业行业协会调研，交流座谈协会工作，征求对市工经联工作建议。铝业行业协会秘书长袁永达、副秘书长乔毅、沈岳等参加座谈。

16日，“上海之帆365”线上展会平台试运营暨“波罗的海国家产品月”开幕仪式在上海市工业经济联合会举办。市工经联、市经团联执行副会长兼秘书长裴崎，中国驻立陶宛大使馆经商处参赞陈霖、上海市公共外交协会办公室主任张瑛、上海之帆“一带一路”经贸巡展组委会副主任傅文刚、立陶宛维尔纽斯工商会总干事阿尔曼塔斯、拉脱维亚驻华使馆、拉脱维亚投资发展署商务参赞英格等出席会议。上海市轻工、食品、通信制造业、化工、纺织、咨询、旅游等13家行业协会代表亲临现场。来自匈牙利、保加利亚、意大利、斯洛文尼亚、阿尔巴尼亚、拉脱维亚、塞尔维亚、立陶宛、乌克兰、克罗地亚、新加坡、泰国等14国政府商务代表通过线上视频的形式参加开幕仪式。

23日，市工经联、市经团联举行专家委员会成立仪式暨上海制造业发展研讨会。十届市政协主席、市工经联、市经团联原会长蒋以任受聘为专家委员会主任，俞国生受聘为专家委员会常务副主任，李鹤富受聘为专家委员会副主任、总干事，中欧国际工商学院院长汪泓，上海市科促会副会长孙正心，上海社科院高端智库资深专家杨建文，国际质量科学院院士、同济大学教授尤建新等10多位专家学者以及市工经联、市经团联老领导俞国生、陈祥麟、姜光裕、张培璋、李鹤富、任善根、胡云芳、叶伟成、吴永华等受聘为专家委员会成员。

27日，市工经联、市经团联党委书记、会长管维镛、副秘书长周伟明一行前往位于嘉定区的华宝香精股份有限公司进行调研，并参加由上海市食品添加剂和配料行业协会召开的上海市食品相关协会联席会议。

27日，市工经联、经团联执行副会长朱宁宁调研上海三菱电梯有限公司，与公司副总裁阮为民进行座谈交流。

11月

3日，市工经联、市经团联党委书记、会长管维镛，党委副书记、副会长兼秘书长裴崎，教育中心主任、市工业经济管理进修学院院长陈元仲等一行赴上海商业会计学校，与校长陈文珊、党委书记乔蔓菁进行热情友好交流，并正式签署战略合作框架协议。

4日，应上海市人大常委会副主任、市总工会主席莫负春邀请，十届市政协主席、市工经联、市经团联专家委员会主任蒋以任，上海市工经联、市经团联党委书记、会长管维镛，执行副会长兼秘书长裴崎，专家委员会副主任任善根等参观上海工匠馆。

11日，市工经联、市经团联会长管维镛、执行副会长史文军、邱平会见来访的北京联东投资（集团）有限公司助理总裁夏永军、投资总监邱涛、黄浄敏，上海区域营销总经理薛红花一行。双方就加强战略合作进行深入交流和研讨。

11日，市工经联、市经团联监事长吴正扬走访上海市家具行业协会，与协会秘书长李霞座谈交流。

11日，市工经联、市经团联执行副会长史文军前往上海识装信息科技有限公司调研。

11日，2020“双千兆宽带城市”发展高峰论坛在上海举办。上海市委常委、副市长吴清，市政府副秘书长陈鸣波、中国工程院院士张平、上海市经信委主任吴金城、中国信息通信研究院院长、宽带联盟秘书长刘多，市经信委副主任张建明，上海市通信管理局副局长谢雨琦，市工经联、市经团联会长管维镛、执行副会长黄国伟等出席论坛。

16日，市工经联、市经团联专家委员会组织召开“十四五”上海制造业发展专题研讨会。市工经联、经团联专家委主任蒋以任、会长管维镛、执行副会长史文军出席会议。市工经联、经团联专家委成员：俞国生、姜光裕、张培璋、李鹤富、任善根、陈振浩、孙正心、张晖明、张功渡、叶伟成、陈刚等应邀参会。

18日，市经信委生产性服务业处何勇处长、张莉副处长、市生产性服务业促进会王惠珍秘书长等一行走访市工经联、经团联。市工经联、市经团联执行副会长兼秘书长裴崎、执行副会长史文军热情接待并与来访的宾客进行座谈交流。

19日，中共上海市工业经济联合会委员会第十三党建工作站党建活动——“学习十九届五中全会精神”主题教育会议在上海灯具城党建服务中心顺利召开。市工经联党委副书记黄国伟出席并作学习辅导。上海有色金属行业协会、上海市室内装饰行业协会、上海涂料染料行业协会以及上海照明电器行业协会的12位党员参加会议。

19日，市工经联、市经团联召开促进“十四五”上海先进制造业高质量发展座谈会，邀请16家主席团单位和副会长单位的企业家、专家为“十四五”先进制造业高质量发展建言献策。市经信委总工程师刘平出席并讲话，市工经联党委书记、会长管维镛主持会议。

21日，长三角一体化太湖融合创新联盟在无锡旺庄科创中心正式成立。上海市工业经济联合会、上海市经济团体联合会会长管维镛出席，并与无锡市十二届政协主席贡培兴一起为融合创新联盟成立揭牌。

24日，市工经联、市经团联执行副会长兼秘书长裴崎赴上海市轻工业协会调研。听取情况介绍，征求工作建议，共商发展举措。协会秘书长苗华、副秘书长季旅青和原秘书长姚志贤参加座谈。

25日，市工经联、市经团联党委书记、会长管维镛出席第十二届“食品安全与食品添加剂专题研讨会”并致辞。

12月

1日，市工经联、市经团联监事长吴正扬赴上海电机行业协会调研，与协会秘书长徐晨生座谈交流。

是日，市工经联、市经团联专家委员会主任蒋以任，市工经联、市经团联会长管维镛、执行副会长朱宁宁、执行副会长兼秘书长裴崎，专家委员会常务副主任俞国生、专家委员会副主任兼总干事李鹤富等一行赴奉贤调研“东方美谷”产业园区，实地走访美谷美购广场、伽蓝集团、区规划资源展示馆、九棵树（上海）未来艺术中心等单位。奉贤区委书记庄木弟、副区长吕将陪同调研。

2日，市工经联、市经团联执行副会长兼秘书长裴崎赴上海之帆调研，与上海之帆“一带一路”经贸巡展组委会副主任傅文刚座谈交流。

8日，市工经联、市经团联与空调清洗行业协会联合举办“聚焦常态化疫情防控，关注秋冬季空调卫生”主题活动。市工经联、市经团联执行副会长朱宁宁出席并讲话。

10日，设备智能化管理暨远程诊断应用技术现场交流会在上海臻友设备工程技术有限公司举行。市工经联、市经团联专家委员会常务副主任俞国生出席并讲话。市化工行业协会副秘书长汪碧澄主持会议。

11日，2020年上海市企业管理现代化创新成果评审会议在市工经联举行。市工经联专家委主任蒋以任、市委宣传部副部长王亚元、市国资委二级巡视员邵珉、市经信委综合规划处处长张宏韬、市国资委企业改革处处长蔡锦铝以及本市部分高等院校专家学者出席会议并担任本届评委会委员。市工经联、市经团联会长管维镛、执行副会长史文军出席会议。会议由史文军主持。

15日，中国共产党上海市工业经济联合会第一次代表大会在上海科学会堂国际厅召开，市经济信息化工作党委书记陆晓春出席会议并讲话，市委组织部和市经济信息化工作党委相关处室以及来自上海市工业经济联合会党委系统各行业协会和部分新经济组织党支部的党员代表、列席代表及特邀嘉宾150多人参加会议。大会审议通过《加强党建引领，凝聚各方力量，为行业协会健康发展提供坚强政治保证》的报告；选举产生中共上海市工业经济联合会新一届委员会，管维镛、裴崎、黄国伟、吴正扬、朱宁宁、史文军、苗华、贺静、陈少雄、严健勇、袁永达等11人当选为中共上海市工业经济联合会新一届委员会委员。在随后召开的中共上海市工业经济联合会新一届委员会第一次全体会议上，管维镛当选为党委书记，裴崎、黄国伟当选为党委副书记。

17日，2020年度上海市产学研合作优秀项目奖表彰大会在市政协举行，市政协主席董云虎、市委常委、副市长吴清、市政协副主席方惠萍、市政协秘书长贝晓曦、市工经联会长管维镛出席。

18日，市国资委党委书记、主任白廷辉率市国资委办公室、创新发展处、金融企业发展处等部门负责人来市工经联调研，了解行业协会运营发展情况，研究助力本市国企“十四五”高质量发展工作举措。市工经联党委书记、会长管维镛，执行副会长朱宁宁、裴琦、黄国伟、史文军、邱平及副秘书长参加调研座谈。

21日，2021工业互联网创新发展大会暨工业人嘉年华推进会顺利召开，市工经联副会长兼秘书长裴琦参加会议并讲话。

22日，市工经联、市经团联在上海国际会议中心举行“十四五”上海经济形势报告会暨上海市工业经济联合会、上海市经济团体联合会投融资服务专业委员会成立仪式。市发展改革委副主任阮青出席并作题为《上海“十四五”规划若干问题思考》的报告，市经济信息化委综合规划处副处长赵广君同志作题为《“十四五”上海先进制造业发展规划的总体情况》的报告。市工经联执行副会长、上海产业创意设计协会会长邱平做投融资服务专委会筹建工作报告。市工经联执行副会长兼秘书长裴崎主持会议。阮青、管维镛、黄国伟、邱平、赵广君、毛晓薇等领导为投融资服务专业委员会成立共同启动按钮。市国资委金融企业发展处副处长毛晓薇及部分行业协会、企业的领导，投融资服务专业委员会成员单位负责人和媒体记者150余人出席会议。

23日，市工经联、市经团联会长管维镛出席上海有色金属行业协会五届二次会员大会暨2020长三角有色金属行业发展论坛并讲话。

24日，市工经联召开信息样本群成立会议，会议邀请20家协会信息采集员及15家企业信息采集员参加此次会议，市工经联执行副会长朱宁宁出席并讲话。副秘书长周伟明主持会议。

统计资料

Tong Ji Zi Liao

历年工业总产值及指数（1978—2020 年）

（单位：亿元）

年份	工业总产值（亿元）	工业总产值指数（以 1978 年为 100）	工业总产值指数（以上年为 100）
1978	514.01	100.0	
1979	556.30	108.6	108.6
1980	598.75	115.7	106.5
1981	620.12	120.0	103.7
1982	634.65	125.6	104.7
1983	663.53	134.4	107.0
1984	728.12	147.7	109.9
1985	862.73	167.7	113.5
1986	952.21	177.0	105.5
1987	1073.84	188.9	106.7
1988	1304.66	208.8	110.5
1989	1524.67	215.0	103.0
1990	1642.75	223.6	104.0
1991	1947.18	255.2	114.1
1992	2429.96	306.7	120.2
1993	3327.04	368.2	120.1
1994	4255.19	435.3	118.2
1995	5349.53	510.9	117.4
（1995）	（4547.47）		
1996	5126.22	590.1	115.5
1997	5649.93	675.7	114.5
1998	5763.67	728.5	107.8
1999	6213.24	805.1	110.5
2000	7022.98	913.7	113.5
2001	7806.18	1063.8	116.4
2002	8730.00	1219.1	114.6
2003	11708.49	1601.9	131.4
2004	14595.29	1927.1	120.3
2005	16876.78	2195.0	113.9
2006	19631.23	2500.1	113.9
2007	23108.63	2892.6	115.7
2008	25968.38	3126.9	108.1
2009	24888.08	3227.0	103.2
2010	31038.57	3966.0	122.9
2011	33834.44	4227.8	106.6
2012	33186.41	4215.1	99.7
2013	33899.38	4396.3	104.3
2014	34071.19	4466.7	101.6
2015	33211.57	4444.3	99.5
2016	33079.72	4475.4	100.7
2017	36094.36	4766.3	106.5
2018	36451.84	4828.3	101.3
2019	35487.05	4813.8	99.7
2020	37052.59	4890.8	101.6

注：从 1996 年开始，工业总产值按新规定计算，括号内数为 1995 年新规定数。以下同。
资料来源：上海市统计局。

2020 年规模以上工业企业主要指标（一）

（单位：万元）

类　别	平均用工人数（人）	工业总产值	营业收入	营业成本	销售费用
总计	**1837071**	**352336993**	**395249197**	**318669898**	**14145455**
按登记注册类型分					
内资	910515	152835768	179321282	143430527	6183661
国有	6164	526144	569439	488044	9031
集体	3365	274799	297077	251841	8270
股份合作	1574	75648	79282	67634	2041
集体联营	12	8990	8990	7941	41
国有与集体联营	537	39653	37418	28824	587
国有独资公司	69007	17389940	19599991	18149615	301373
其他有限责任公司	242538	59805019	66715040	49696998	1331583
股份有限公司	89806	21092403	32654900	27952961	1808519
私营独资	5604	533510	538077	397950	24701
私营合伙	1569	161915	162251	137715	3086
私营有限责任公司	412299	43498592	47701679	38171810	2011531
私营股份有限公司	77845	9411027	10938972	8062191	681634
其他内资	195	18127	18167	17003	1262
港澳台商投资	244723	51451915	54354932	46043858	1614696
与港澳台商合资经营	72002	16346334	18074372	14379513	462366
与港澳台商合作经营	4071	304647	323888	237577	29698
港澳台商独资	158200	33611453	34675110	30556278	994720
港澳台商投资股份有限公司	9568	1151778	1243146	831883	127519
其他港澳台商投资	882	37703	38416	38608	393
外商投资	681833	148049309	161572983	129195513	6347098
中外合资经营	181163	64378058	69898244	55057544	1834527
中外合作经营	22370	2771922	3031425	2391921	246071
外商独资企业	458291	77441760	84878545	68640362	4176968
外商投资股份有限公司	18582	3335131	3523611	2897305	82839
其他外商投资	1427	122439	241157	208381	6693
按控股情况分					
国有控股	341726	114533882	133531044	106114255	2764798
集体控股	17748	2440741	2557968	2256363	48038
私人控股	607304	69064019	77576689	60982218	3678035
港澳台控股	210970	42435662	44365167	38250641	1414371
外商控股	608474	117190004	130109699	105593446	5899405
其他控股	50849	6672686	7108630	5472976	340807
按企业规模分					
大型企业	623466	172828621	194611909	157690545	5002299
中型企业	476805	76675596	87844807	69932714	4742528
小型企业	736800	102832775	112792481	91046639	4400628

资料来源：上海市统计局。

2020 年规模以上工业企业主要指标（二）

（单位：万元）

类　别	营业税金及附加	利润总额	税金总额	亏损企业亏损额	流动资产合计
总计	**10829561**	**28826731**	**17892731**	**3485420**	**290652304**
按登记注册类型分					
内资	7781635	13317038	11528914	2269178	160970305
国有	2607	14714	10962	13695	859536
集体	985	20771	7311	748	298397
股份合作	213	2175	2146	606	69933
集体联营	4	361	63		7131
国有与集体联营	349	6712	3340	204	26892
国有独资公司	83875	368909	455654	238397	13443763
其他有限责任公司	7290877	4885105	9189171	1234190	60170316
股份有限公司	218970	3305538	491130	220317	34874520
私营独资	2171	91813	24242	1600	507398
私营合伙	398	12424	4566	712	122901
私营有限责任公司	144892	3269963	1065994	485182	38456811
私营股份有限公司	36295	1339131	274336	72949	12126472
其他内资		-578		578	6237
港澳台商投资	1397566	3351947	2027336	331664	29907136
与港澳台商合资经营	1332767	1296227	1714495	169346	10556561
与港澳台商合作经营	969	26844	8439	1104	237159
港澳台商独资	57562	1859201	278741	128485	17109748
港澳台商投资股份有限公司	6013	174517	24857	27750	1981264
其他港澳台商投资	255	-4842	804	4979	22405
外商投资	1650360	12157745	4336481	884578	99774863
中外合资经营	1436025	5264671	2854890	349592	38365100
中外合作经营	7836	209709	110255	22009	2160939
外商独资企业	190556	6478827	1330806	510978	53496827
外商投资股份有限公司	15226	190395	36453	113	5564748
其他外商投资	717	14143	4078	1886	187249
按控股情况分					
国有控股	9691702	9676264	12889810	1522790	104397987
集体控股	6838	132224	53480	15375	3492757
私人控股	238859	6196991	1723323	745337	68136676
港澳台控股	82558	3090233	460043	238190	25524718
外商控股	786988	9179276	2654691	802749	83342142
其他控股	22616	551742	111384	160980	5758024
按企业规模分					
大型企业	10214354	13068774	13790231	1280945	129774877
中型企业	267156	7356189	1738977	871722	71465032
小型企业	348050	8401768	2363522	1332753	89412395

资料来源：上海市统计局。

2020年规模以上工业企业主要指标（三）

（单位：万元）

类别	存货	其中：产成品存货	资产总计	流动负债合计	负债合计
总计	**56248080**	**18897673**	**495697250**	**205749506**	**241251697**
按登记注册类型分					
内资	29346278	9112257	294534101	109031028	133868343
国有	261046	23602	1187167	589404	671985
集体	68099	14864	379096	174668	189775
股份合作	14126	5152	87757	31801	34349
集体联营	3599	3303	7253	2763	2763
国有与集体联营	6422	3898	31617	7201	10479
国有独资公司	3325597	713903	44660461	16325572	21476937
其他有限责任公司	12139832	2923984	94633754	37008152	44931923
股份有限公司	3349450	1082088	81221501	22044516	30641095
私营独资	46744	24199	792882	304800	322265
私营合伙	30008	16821	149415	62238	63118
私营有限责任公司	7902924	3354797	52385744	26026779	28327344
私营股份有限公司	2198036	945253	18990962	6449422	7192596
其他内资	395	395	6494	3714	3714
港澳台商投资	5911315	2274113	48938182	21794713	23830852
与港澳台商合资经营	1863781	723409	20653268	7955785	8511994
与港澳台商合作经营	47633	19386	321568	146327	158440
港澳台商独资	3717860	1440653	24816706	12835143	14176161
港澳台商投资股份有限公司	274274	87924	3117949	853185	962680
其他港澳台商投资	7767	2742	28692	4273	21577
外商投资	20990487	7511304	152224967	74923765	83552502
中外合资经营	7004177	3345053	64039325	33891932	37108002
中外合作经营	335499	130700	2709915	1121556	1163666
外商独资企业	11145110	3921256	74322449	34587754	37876730
外商投资股份有限公司	2474667	102672	10908597	5185417	7264965
其他外商投资	31034	11623	244681	137106	139139
按控股情况分					
国有控股	18607861	4885660	220570147	81535333	102995534
集体控股	666959	242032	4426524	1197801	1311843
私人控股	12975570	5503010	98129127	43418320	47656213
港澳台控股	5099973	2035995	40155405	18337514	20094427
外商控股	17735539	5728615	123220186	57703021	64858274
其他控股	1162179	502362	9195861	3557517	4335406
按企业规模分					
大型企业	24580840	6434269	250893783	102363975	122648120
中型企业	13579265	5009418	114943188	47374244	54309603
小型企业	18087976	7453985	129860279	56011287	64293975

资料来源：上海市统计局。

2020年规模以上工业企业主要指标（四）

（单位：万元）

类别	所有者权益	成本费用总额	管理费用	财务费用	累计折旧	其中：本年折旧
总计	**254395224**	**363391902**	**19539066**	**937071**	**129716109**	**10537214**
按登记注册类型分						
内资	160661859	164029703	8262727	744727	70961126	5224349
国有	515182	566183	54449	-2348	407582	19631
集体	189321	285349	21625	-348	50412	3527
股份合作	53408	78813	8678	308	21545	1310
集体联营	4490	8627	650	-4	321	31
国有与集体联营	21138	30273	896	-35	5031	466
国有独资公司	23183523	19797550	750721	82724	24706509	1378996
其他有限责任公司	49701824	55675102	2882168	23377	19945184	1835953
股份有限公司	50580404	32170644	848971	212065	17400265	978475
私营独资	470616	460905	31669	2036	80110	9211
私营合伙	86296	151549	7947	1031	23830	2509
私营有限责任公司	24054517	44900115	3021328	359136	7118295	845702
私营股份有限公司	11798362	9885850	633155	66780	1201626	148447
其他内资	2780	18743	472	5	415	92
港澳台商投资	25106320	50438740	1862439	50675	15000668	1001714
与港澳台商合资经营	12141272	16031248	746652	58378	6687368	420974
与港澳台商合作经营	163127	297959	22893	3953	131631	5992
港澳台商独资	10639537	32904652	1014583	-19772	7988582	552998
港澳台商投资股份有限公司	2155269	1162277	74945	8019	188468	21607
其他港澳台商投资	7115	42605	3367	97	4620	143
外商投资	68627046	148923460	9413900	141669	43754315	4311151
中外合资经营	26931320	63740235	4641112	-24837	19031710	2204292
中外合作经营	1546248	2810910	149049	-2552	693954	59869
外商独资企业	36400304	78755268	4452892	50830	22266794	1945980
外商投资股份有限公司	3643631	3390106	161631	117486	1694434	97233
其他外商投资	105542	226942	9215	743	67423	3777
按控股情况分						
国有控股	117574607	119017249	6291095	130889	72898801	5094651
集体控股	3114681	2455767	124615	-8361	383272	31318
私人控股	50469019	72318532	4489706	573375	11028966	1322495
港澳台控股	20059969	41887451	1454462	24773	10246155	758241
外商控股	58316494	121109720	6788702	152184	33487935	3133803
其他控股	4860455	6603184	390487	64210	1670980	196707
按企业规模分						
大型企业	128245663	176463310	8554007	-255975	83046350	6330931
中型企业	60633578	81593075	4250453	463611	20329586	1822584
小型企业	65515983	105335517	6734605	729435	26340173	2383700

资料来源：上海市统计局。

2020年国有控股工业企业主要指标

（单位：万元）

指　标	国有控股企业	其　中	
		#大型企业	#中型企业
工业总产值	114533882	82125872	16398929
平均用工人数(人)	341726	215618	72146
年末资产总计	220570147	167038009	30170397
流动资产合计	104397987	74510978	16644965
#存货	18607861	12842736	3525388
#产成品存货	4885660	2524046	1332162
年末负债合计	102995534	73475721	17073008
年末所有者权益	117574607	93562287	13097388
营业收入	133531044	95955734	19943706
营业成本	106114255	73579392	17348786
销售费用	2764798	1730205	751030
税金及附加	9691702	9556682	68912
管理费用	6291095	4946722	674890
财务费用	130889	-186114	189918
营业利润	9747310	7430146	1060729
利润总额	9676264	7324104	1067681
税金总额	12889810	12132712	384521
亏损企业亏损额	1522790	1096281	225209
本年应交增值税	3198109	2576030	315609

资料来源：上海市统计局。

2020 年工业企业经济效益指数

类别	营业收入利润率（%）	每百元营业收入中的成本（元）	每百元营业收入中的费用（元）	每百元资产实现的营业收入（元）	人均营业收入（万元 / 人）	资产负债率（%）	产成品存货周转天数（天）	应收票据及应收账款平均回收期（天）
总计	**7.29**	**80.63**	**11.31**	**79.74**	**215.15**	**48.67**	**21.35**	**68.02**
国有控股	7.25	79.47	9.66	60.54	390.75	46.70	16.57	44.81
按隶属关系分								
中央	6.30	76.15	6.50	57.38	391.39	44.46	9.07	36.76
地方及其他	7.49	81.49	12.25	86.24	197.89	49.90	23.57	74.07
按企业规模分								
大型	6.72	81.03	9.65	77.57	312.15	48.88	14.69	44.56
中型	8.37	79.61	13.27	76.42	184.24	47.25	25.79	88.24
小型	7.45	80.72	12.67	86.86	153.08	49.51	29.47	92.75

资料来源：上海市统计局。

2020 年 6 个重点工业行业主要指标

（单位：万元）

行业	平均用工人数（人）	工业总产值	年末资产总计	营业收入	营业成本	利润总额	税金总额
总计	**1109225**	**240151746**	**331028888**	**267850593**	**220905464**	**18000745**	**7830806**
占全市比重（%）	60.4	68.2	66.8	67.8	69.3	62.4	43.8
电子信息产品制造业	352840	65590453	71378677	67611704	61106864	2461302	196774
汽车制造业	218036	66665449	86784940	77277798	62920356	5990906	2845850
石油化工及精细化工制造业	99084	35341750	35963630	38965773	30341127	2901705	3108308
精品钢材制造业	22887	11682493	26740117	16736073	15356388	1116378	103637
成套设备制造业	314678	45968833	82795335	52113189	42808242	3122820	1004530
生物医药制造业	101700	14902769	27366189	15146057	8372487	2407633	571707
电子信息产品制造业细分							
通信设备制造	70608	18330272	9925881	18099422	17314216	423847	37092
雷达制造业	255	26244	33739	26244	21237	2403	−1058
广播电视设备制造	1174	108699	129203	116884	88453	2391	913
电子计算机制造	62218	18256717	6847243	18555925	18242735	209524	12850
家用视听设备制造	10031	2190613	1007134	2267280	2084116	17922	−2346
电子测量仪器制造	18125	2118254	2971947	2325300	1562213	376860	62624
电子专用设备制造	28458	3557192	4996355	3880630	3103211	218351	36701
电子元件制造	39328	3317336	3826720	3480560	2769168	288443	41465
电子器件制造	75304	10465173	33573624	11018090	9294529	490310	−26849
电子机电产品制造	42915	6319767	6636851	6811674	5796108	330931	29254
电子专用材料制造	4424	900188	1429980	1029693	830878	100320	6129

资料来源：上海市统计局。

上海市高技术产业（制造业）主要情况（2019—2020年）

（单位：万元）

类别	平均用工人数（人）	工业总产值	年末资产总计	营业收入	营业成本	利润总额	税金总额
2020年总计	**444377**	**77218781**	**97516804**	**78860841**	**66397363**	**4286602**	**766569**
占全市比重（%）	**24.2**	**21.9**	**19.7**	**20.0**	**20.8**	**14.9**	**4.3**
按控股情况分							
国有控股	69636	8125201	23416565	8062440	6427795	-98525	151087
集体控股	1143	109282	166053	99924	73691	11478	2788
私人控股	89153	11726166	19314702	12361369	8492664	1432450	305869
港澳台商控股	87593	22255866	17359935	22696570	20799929	1138090	58889
外商控股	182820	33174004	34347680	33755971	29266814	1669108	233652
其他控股	14032	1828262	2911869	1884568	1336470	134002	14283
按技术领域分							
医药制造业	60831	10279969	19575880	10143808	5119180	1713282	428064
航空、航天器及设备制造业	31419	2812081	5459292	2893288	2667922	-276141	37784
电子及通信设备制造业	224914	38894150	55242580	39732375	35334902	1559066	82405
计算机及办公设备制造业	66180	18625015	7062733	18965530	18622146	213859	14200
医疗仪器设备及仪器仪表制造业	60972	6534717	10120544	7051688	4587067	1071199	203652
信息化学品制造业	61	72848	55775	74152	66146	5337	464
2019年总计	**465616**	**71620691**	**77377376**	**74384027**	**62304252**	**4389700**	**842226**
占全市比重（%）	**24.2**	**20.5**	**17.0**	**18.6**	**19.3**	**15.0**	**4.6**
按控股情况分							
国有控股	68679	7896711	18568635	7893454	5851773	518037	207134
集体控股	858	70254	140695	75055	55154	4278	2144
私人控股	79816	9762339	14233379	10404572	7341760	1020914	258385
港澳台商控股	96158	19422885	13508409	19564548	17836375	843966	75332
外商控股	209277	32925975	28254442	34879985	30067766	1865408	270706
其他控股	10828	1542527	2671817	1566413	1151424	137097	28526
按技术领域分							
医药制造业	58705	9520125	16165343	9705508	4882285	1487074	481909
航空、航天器及设备制造业	29723	2912908	5033417	2783114	2242989	85830	42242
电子及通信设备制造业	250144	37282163	42130454	39183040	34879004	1765628	144029
计算机及办公设备制造业	71228	15979924	5938064	16219409	15910897	111604	13626
医疗仪器设备及仪器仪表制造业	55702	5864939	8062467	6432823	4337535	934820	159691
信息化学品制造业	114	60632	47631	60133	51543	4745	730

资料来源：上海市统计局。

2020 年各区工业企业主要指标

（单位：万元）

地 区	平均用工人数（万人）	工业总产值	年末资产总计	营业收入	营业成本	利润总额	税金总额
总计	**183.71**	**352336993**	**495697250**	**395249197**	**318669898**	**28826731**	**17892731**
#浦东新区	46.28	104883822	169299142	119276620	101025374	7642580	3215057
黄浦区	0.32	322221	791686	636869	470527	71385	13914
徐汇区	2.43	6780016	8618552	10277792	8997148	602444	104867
长宁区	2.04	1398813	2514333	1210046	1031489	-252106	44673
静安区	0.68	595239	1433051	680005	523179	58248	25522
普陀区	1.44	1572166	3160123	1961065	1542205	131684	62436
虹口区	0.27	508940	1542596	705812	617855	46456	6545
杨浦区	1.34	12414882	21388899	13132817	3997729	2317157	7397763
闵行区	18.99	33422272	43848701	37116344	28999072	3315243	868962
宝山区	9.05	19884030	39873805	26463128	23202334	1735808	359474
嘉定区	26.87	53888175	54071599	57013968	44049545	4479870	2218123
金山区	12.33	20827494	23920938	22117190	17740301	1074283	1810196
奉贤区	15.84	19711663	27478856	21912727	16739194	2098197	460964
松江区	26.00	42027825	38318243	44998951	38737728	2396625	565037
青浦区	13.77	16294174	22409967	18143579	14106253	1494967	440045
崇明区	4.24	4659457	10581865	4649563	4186065	-33924	40372

资料来源：上海市统计局。

2020年都市型工业基本情况

（单位：万元）

类　别	平均用工人数（人）	工业总产值	年末资产总计	营业收入	营业成本	利润总额	税金总额
总计	**299437**	**34987452**	**41137980**	**41901904**	**32504507**	**3505225**	**939761**
按登记注册类型分							
内资	149938	18183877	21873132	22548264	18685471	1521194	423619
国有	379	19388	44845	24218	20523	-301	1242
集体	509	14167	57153	40283	26001	8485	1603
股份合作	478	19284	20466	18109	15338	873	360
国有与集体联营	59	2259	817	2455	2292	27	58
国有独资公司	8045	1318594	979302	1402501	1151143	68687	34253
其他有限责任公司	29257	6312170	5841894	8816886	7931286	510790	85769
股份有限公司	7478	1426945	3662554	2172093	1641736	87441	52557
私营独资	1012	86848	65523	89822	67665	16488	3914
私营合伙	479	33727	35923	35516	28861	3062	871
私营有限责任公司	83016	7418255	7404542	7892027	6446683	467952	167914
私营股份有限公司	19031	1514114	3753620	2036187	1336941	358267	75078
其他内资	195	18127	6494	18167	17003	-578	
港澳台商投资	56978	5483522	7111956	6107354	4483691	600196	146040
与港澳台商合资经营	17233	1773356	2810213	2034343	1568753	379163	51518
与港澳台商合作经营	1147	71021	82848	70310	53306	7483	1377
港澳台商独资	34825	3283127	3561108	3637711	2571469	160519	84276
港澳台商投资股份有限公司	3705	353300	654388	361831	287501	53128	8804
其他港澳台商投资	68	2719	3400	3160	2661	-98	64
外商投资	92521	11320053	12152892	13246285	9335344	1383835	370102
中外合资经营	15239	1489419	1735312	1698889	1345492	94983	34113
中外合作经营	8752	801764	832903	904286	628736	71110	26484
外资企业	67588	8956531	9445468	10479412	7223306	1208325	306937
外商投资股份有限公司	307	29610	37267	35973	22469	2940	2183
其他外商投资	635	42729	101942	127725	115342	6477	385
按企业规模分							
大型企业	64246	7684020	9696557	9466700	6296861	1044481	276358
中型企业	89176	12034694	12534633	14832882	11769966	1393755	322690
小型企业	146015	15268738	18906790	17602321	14437680	1066988	340712
按行业分							
服装服饰业	29356	2421318	2995893	2894878	2443020	73276	41223
食品加工制造业	89833	10903683	12470993	13149992	9408531	1168732	411591
包装、印刷业	31583	2725672	3455728	2993485	2475905	122462	83133
室内装饰用品制造业	53300	6047459	7014019	6544230	5291521	631627	138793
化妆品及清洁洗涤用品制造业	31058	4745007	6693708	5717783	3902617	654800	154265
工艺美术品、旅游用品制造业	34556	5143136	4721964	7296546	6396452	534588	71929
小型电子信息产品制造业	29751	3001177	3785674	3304989	2586461	319741	38826

（续表）

类　别	平均用工人数（人）	工业总产值	年末资产总计	营业收入	营业成本	利润总额	税金总额
按地区分：							
# 浦东新区	47635	6423091	8747871	7614591	6051205	902237	153973
黄浦区	2601	194058	338952	494694	374589	38240	11640
徐汇区	4071	3306717	1582557	5026362	4738445	270514	17884
长宁区	4090	117407	185870	119869	127328	-45181	2285
静安区	1903	111589	123619	128570	95651	8373	4642
普陀区	6448	504025	1006768	627557	489500	14416	22555
虹口区	650	12572	17499	13191	7867	1920	883
杨浦区	1651	188072	174187	250935	218066	11304	6378
闵行区	34807	4776032	5244200	5830620	4107903	617665	205430
宝山区	8974	755862	1096146	857635	659583	27783	23302
嘉定区	44189	4965100	5444809	5645075	4462815	360275	126855
金山区	23421	2970032	3415438	3086491	2492887	265403	56610
奉贤区	39249	3437152	4462207	4099920	2723250	568862	110440
松江区	47552	4550174	5569388	5232101	3777582	300346	128791
青浦区	30315	2505050	3541397	2707767	2036949	154739	65402
崇明区	1727	102974	122939	114132	103415	-640	1832

资料来源：上海市统计局。

2020年主要工业产品生产、销售和库存

产品名称	年初库存	生产量	销售量	年末库存
饲料（吨）	9239	1212123	1193747	14035
#配合饲料（吨）	5668	722412	724471	3326
混合饲料（吨）	465	40730	39043	491
精制食用植物油（吨）	66619	597323	579607	84183
乳制品（吨）	1332	526380	526286	1283
罐头（吨）	9772	35528	37235	8064
啤酒（千升）	10715	288758	291809	7449
黄酒（千升）	5120	49553	47808	6565
饮料（吨）	268845	2717915	2646848	339715
卷烟（万支）	682833	8780832	8831358	631268
纱（吨）	2496	10197	11427	1266
布（万米）	1031	9511	6377	1013
#棉布（万米）	30	1641	1641	30
棉混纺布（混纺交织布）（万米）	48	670	674	44
化学纤维布（纯化纤布）（万米）	953	7200	4063	939
服装（万件）	4083	30471	30980	3477
皮革鞋靴（万双）	112	354	365	100
机制纸及纸板（吨）	56384	423319	379214	43204
硫酸（折100%）（吨）	1299	55300	55273	1326
烧碱（折100%）（吨）	2517	706971	658129	5018
乙烯（吨）	17224	2060871	437819	14924
纯苯（吨）	16471	906492	550807	14100
冰乙酸（冰醋酸）（吨）	7953	575182	568745	13951
农用氮、磷、钾化学肥料总计（折纯）（吨）	41	9582	9544	79
#氮肥（折含N100%）（吨）	41	9292	9254	79
化学农药原药（折有效成分100%）（吨）	1466	13522	13226	1762
涂料（吨）	152270	2428833	2406924	147089
初级形态塑料（吨）	106389	3582753	3559299	116021
合成橡胶（吨）	35822	241170	212252	31005
合成纤维单体（吨）	44943	1938155	1558009	46260
合成纤维聚合物（吨）	55608	1003401	922693	67405
合成洗涤剂（吨）	17043	659298	633884	40963
化学药品原药（吨）	2561	51671	46400	2475
中成药（吨）	1145	5921	5477	1572
化学纤维（吨）	17945	379308	386758	21874
#合成纤维（吨）	17852	378824	386256	21812
橡胶轮胎外胎（条）	379790	6244296	6321204	302882
塑料制品（吨）	244044	1996354	1950375	276615
#农用薄膜（吨）	979	29761	29048	1285
水泥（吨）	76955	3895442	3908168	41168

（续表）

产品名称	年初库存	生产量	销售量	年末库存
生铁（吨）		14113331	6759	
粗钢（吨）	5003	15755978	373145	2644
钢材（吨）	426232	18796089	18784023	417809
#中板（吨）	13701	776021	775262	14460
冷轧薄板（吨）	7042	213421	210561	9902
中厚宽钢带（吨）	37161	3172153	3158248	51066
热轧薄宽钢带（吨）	8039	818069	813142	12966
冷轧薄宽钢带（吨）	58422	3666129	3667164	56905
镀层板（带）（吨）	92140	4213710	4225438	80412
涂层板（吨）	7310	617204	619270	5244
电工钢板（带）（吨）	68323	1171620	1189403	50540
无缝钢管（吨）	14110	675732	670852	18990
十种有色金属（吨）				
#精炼铜（铜）（吨）				
铜材（铜加工材）（吨）	8938	254266	251479	10801
铝材（吨）	47233	485790	475249	56923
日用不锈钢制品（吨）	5024	42200	42123	4959
电站锅炉（蒸发量吨）	11675	22147	25575	8247
发动机（千瓦）	7873740	319081410	162193235	11890867
金属切削机床（台）	768	4072	4088	752
#数控金属切削机床（台）	169	1393	1379	183
汽车（辆）	14737	2646783	2650135	10962
#基本型乘用车（轿车）（辆）	5682	1444934	1443070	8128
客车（辆）	1641	62898	63159	1380
#新能源汽车（辆）	7597	238554	236986	8939
民用钢质船舶（载重吨）		6413600	6413600	
摩托车整车（辆）				
发电机组（发电设备）（千瓦）	8205170	18822540	22069190	4958520
两轮脚踏自行车（辆）	8000	2649938	2649938	8000
交流电动机（千瓦）	3198971	24991581	24998551	3192001
电力电缆（千米）	482622	2723501	2712039	483592
光缆（芯千米）	398665	5483318	5403488	478495
家用电冰箱（台）	7899	211489	217752	1636
房间空气调节器（台）	175980	2312289	2346878	149891
吸排油烟机（台）	33552	102081	102898	32735
电饭锅（个）	503	49696	50199	
微波炉（台）	29641	2450112	2414855	63816
家用洗衣机（台）	30704	1339600	1336101	34203
家用吸尘器（台）	31742	770836	753177	36468
家用燃气热水器（台）	11333	1558893	1520252	41656

（续表）

产品名称	年初库存	生产量	销售量	年末库存
微型计算机设备（台）	6670669	17995115	18990807	5674977
移动通信手持机（手机）（台）	1137324	36865779	36190426	1800442
#智能手机（台）	1097553	36865779	36190426	1760671
彩色电视机（台）	21860	1587433	1570736	37935
#液晶电视机（台）	21860	1587433	1570736	37935
#智能电视（台）	19202	1533077	1551981	298
集成电路（万块）	61869	2886703	2859644	86966
集成电路圆片（万片）	37	877	859	54
表（万只）		258059	258059	
光学仪器（台）	10559	1070278	1071410	9427
天然原油（吨）	21529	520300	514633	27235
汽油（吨）	82881	5527895	5539844	70932
煤油（吨）	25067	2298722	2292376	31413
柴油（吨）	52641	6906595	6896982	61179
润滑油（吨）	21655	493335	523891	17626
燃料油（吨）	18020	1043693	1059496	2217
焦炭（吨）		5405837	1065582	
发电量（万千瓦小时）		8190067	6850195	

资料来源：上海市统计局。

图书在版编目（CIP）数据

上海市经济团体联合会年鉴．2021 / 上海市经济团体联合会　上海市工业经济联合会编．—上海：上海社会科学院出版社，2021
ISBN 978－7－5520－3760－9

Ⅰ．①上…　Ⅱ．①上…②上…　Ⅲ．①民间经济团体—上海—2021—年鉴
Ⅳ．①F127.51-54

中国版本图书馆 CIP 数据核字（2021）第 258923 号

上海市经济团体联合会年鉴（2021）

编　　者：上海市经济团体联合会　上海市工业经济联合会
责任编辑：董汉玲
封面设计：上海宝舜会展服务中心
出版发行：上海社会科学院出版社
上海市顺昌路 622 号　　邮编 200025
电话总机 021－63315947　　销售热线 021－53063735
网址 http://www.sassp.cn　　电子邮箱 sassp@sassp.cn
照　　排：上海宝舜会展服务中心
印　　刷：上海新艺印刷有限公司
开　　本：889 毫米 × 1194 毫米　1/16
印　　张：37.125
插　　页：26
字　　数：1340 千字
版　　次：2021 年 12 月第 1 版　2021 年 12 月第 1 次印刷

ISBN 978-7-5520-3760-9/F · 691　　定价：280.00 元